David Hume

Geschichte von England

Von dem Einfall des Julius Cäsar an bis auf die Thronbesteigung Heinrichs des VII.

Erster Band

David Hume

Geschichte von England
Von dem Einfall des Julius Cäsar an bis auf die Thronbesteigung Heinrichs des VII. Erster Band

ISBN/EAN: 9783743682603

Hergestellt in Europa, USA, Kanada, Australien, Japan

Cover: Foto ©ninafisch / pixelio.de

Weitere Bücher finden Sie auf **www.hansebooks.com**

Geschichte von England,

von dem
Einfalle des Julius Cäsar an
bis auf die
Thronbesteigung Heinrichs des VII.
Erster Band,
aus dem Englischen
des
David Hume Esq.

Mit allergnädigsten Freyheiten.

Breßlau und Leipzig,
bey Johann Ernst Meyer 1767.

Innhalt.

Das erste Kapitel.
Die Britannier —— Römer —— Sachsen —— Die Heptarchie —— Das Königreich Kent —— Northumberland —— Ostangeln —— Mercia —— Essex, Sussex —— Wessex. S. 1

Das zweyte Kapitel.
Die Angelsachsen.
Egbert —— Ethelwolph —— Ethelbald —— und Ethelbert —— Ethered —— Alfred der Große —— Edward der Aeltere —— Athelstan —— Edmund —— Edred —— Edwy —— Edgar —— Edward der Märtyrer. 43

Das dritte Kapitel.
Die Angelsachsen.
Ethelred —— Niederlassung der Normänner —— Edmund Ironside —— Canut der Große —— Harold Harefoot —— Hardicanut —— Eduard der Bekenner —— Harold —— 85

Erster Anhang.
Die angelsächsische Regierung und ihre Sitten.
Die erste sächsische Regierung —— Thronfolge der Könige —— Die Wittenagemot —— Die Aristocratie —— Die verschiedenen Klassen der Unterthanen —— Gerichtshöfe —— Peinliches Recht —— Regeln der Probe —— Kriegsmacht —— öffentliches Einkommen —— Werth des Geldes —— Sitten, 131

Das vierte Kapitel.
Wilhelm der Eroberer.
Folgen der Schlacht bey Hastings —— Unterwerfung der Engländer —— Einrichtung der Regierung —— Der König reiset nach der Normandie zurück —— Mißvergnügen der Engländer —— Ihr Aufstand —— Härte der normännischen Regierung —— Neue Aufstände —— Neue Härte der Regierung —— Einführung des Feudalgesetzes —— Neuerung in der Kirchenregierung —— Aufstand der normännischen Baronen —— Streit wegen der Investituren —— Empörung des Prinzen Robert —— Domesdaybook —— Der neue Forst —— Krieg mit Frankreich —— Tod —— und Charakter Wilhelms des Eroberers. 153

Das fünfte Kapitel.
Wilhelm Rufus.
Thronbesteigung des Wilhelm Rufus —— Verschwörung gegen den König —— Einfall in die Normandie —— die Kreuzzüge —— Erwerbung der Normandie —— Streit mit dem Primas, Anselm —— Tod —— und Charakter des Wilhelm Rufus. 189

Das sechste Kapitel.
Henrich der Erste.
Die Kreuzzüge —— Henrich gelanget zum Thron —— Vermählung des Königs —— Vergleich mit dem Robert —— Einfall in die Normandie —— Eroberung der Normandie —— Fortsetzung des Streites mit dem Primas Anselm —— Vergleich mit ihm —— Auswärtige Kriege —— Tod des Prinzen Wilhelm —— Zweyte Vermählung des Königes —— Tod und Charakter Henrichs. 205

Innhalt.

Das siebente Kapitel.
Stephen.
Stephen gelangt zum Thron —— Krieg mit Schottland —— Aufstand zum Besten der Matilda —— Stephen wird gefangen —— Matilda wird gekrönet —— Stephen wird auf freyen Fuß gestellet —— Gelangt wieder zur Krone —— Fortsetzung der Bürgerkriege —— Vergleich zwischen dem König und dem Prinzen Henrich —— Tod des Königes. S. 230

Das achte Kapitel.
Henrich der Zweyte.
Zustand von Europa —— von Frankreich —— Erste Handlungen in der Regierung Henrichs —— Streitigkeiten zwischen der bürgerlichen und geistlichen Gewalt —— Thomas a Becket, Erzbischof von Canterbury —— Streit zwischen dem Könige und dem Becket —— Landesverordnungen von Clarendon —— Verbannung des Becket —— Vergleich mit ihm —— Seine Wiederkunft aus der Verbannung —— Seine Ermordung —— Betrübnuß und Demüthigung des Königes. 244

Das neunte Kapitel.
Henrich der Zweyte.
Zustand von Irrland —— Eroberung dieser Insel —— Vergleich des Königs mit dem römischen Hofe —— Aufruhr des Prinzen Henrich und seiner Brüder —— Kriege und Empörung —— Krieg mit Schottland —— Buße des Henrich, wegen der Ermordung des Becket —— Wilhelm, König von Schottland, wird geschlagen und gefangen —— Vergleich des Königs mit seinen Söhnen —— Billige Regierung des Königs —— Kreuzzüge —— Aufstand des Prinzen Richard —— Tod und Character Henrichs —— Vermischte Vorfälle in seiner Regierung. 279

Das zehnte Kapitel.
Richard der Erste.
Zurüstungen des Königs zum Kreuzzuge —— Er bricht auf —— Vorfälle in Sicilien —— Ankunft des Königs in Palästina —— Zustand von Palästina —— Unordnungen in England —— Heldenthaten des Königs in Palästina —— Seine Zurückkunft aus Palästina —— Gefangenschaft in Deutschland —— Krieg mit Frankreich —— Der König wird losgelassen —— Seine Zurückkunft in England —— Krieg mit Frankreich —— Tod und Character des Königs —— Vermischte Verfügungen in seiner Regierung. 310

Das eilfte Kapitel.
Johann.
Der König gelangt zum Thron —— Seine Vermählung —— Krieg mit Frankreich —— Mord des Arthur, Herzogs von Bretagne —— Der König wird aus allen seinen französischen Provinzen vertrieben —— Streitigkeiten mit dem Hofe von Rom —— Der Cardinal Langton wird zum Erzbischof von Canterbury ernannt —— Interdikt des Reichs —— Bann wider den König —— Der König demüthiget sich vor dem Pabste —— Mißvergnügen der Baronen —— Aufstand der Baronen —— Die Magna Charta —— Erneuerung der Bürgerkriege —— Prinz Ludewig wird herüber gerufen —— Der Tod —— und Character des Königs. 344

Zweyter Anhang.
Die Feudal- und Angel-Normannische Regierung und Sitten.
Ursprung des Feudalrechtes —— Sein Fortgang —— Feudalregierung von England —— Das Feudalparlament —— Die Gemeinen —— Richterliche Gewalt —— Einkommen der Krone —— Handel —— Die Kirche —— bürgerliche Gesetze —— Sitten. 373

Geschichte

Geschichte von England.

Erstes Kapitel.

Die Britannier — Römer — Sachsen — Die Heptarchie — Das Königreich Kent — Northumberland —. Ostangeln — Mercia — Essex — Sussex — Wessex.

Die Britannier.

Die Neubegierde, welche alle gesittete Nationen haben, von den Thaten und Begebenheiten ihrer Vorfahren unterrichtet zu seyn, erreget gemeiniglich ein Mißvergnügen, daß die Geschichte der alten Zeiten fast immer in eine so tiefe Dunkelheit gehüllet, so ungewiß und widersprechend ist. Scharfsinnige Leute, die Muße haben, gehen mit ihren Untersuchungen oft über diejenigen Zeiten hinaus, wo alle geschriebene Monumente verfasset, oder aufgehoben sind, ohne zu bedenken, daß die Geschichte vergangner Begebenheiten sogleich verlohren gehet, oder sehr entstellt wird, so bald sie dem Gedächtniß, oder einer mündlichen Ueberlieferung überlassen ist; und daß die Ebentheuer barbarischer Nationen, wenn sie auch aufbehalten wären, doch denen wenig oder gar keinen Unterricht ertheilen könnten, welche in aufgeklärteren Zeiten gebohren sind. Gemeiniglich machen die Zerrüttungen eines gesitteten Staates den lehrreichsten und interessantesten Theil seiner Geschichte aus; aber die plötzlichen, gewaltsamen und unvorbereiteten

Hume Gesch. v. Großbr. III. Theil.   A   Staats-

Staatsänderungen bey barbarischen Nationen werden so sehr von dem Eigensinn geleitet, und endigen sich so oft in Grausamkeit, daß sie uns durch ihre Einförmigkeit mißfallen; und es ist vielmehr für die Gelehrsamkeit ein Vortheil, wenn sie in Stillschweigen und Vergessenheit begraben liegen. Das einzige gewisse Mittel, wodurch ein Volk seine Neugierde in Untersuchungen seines entfernten Ursprunges befriedigen kann, ist, daß es auf die Sprache, die Sitten und Gebräuche seiner Vorfahren seine Aufmerksamkeit richte, und dieselben mit den Gebräuchen benachbarter Völker vergleiche. Die Fabeln, welche man gemeiniglich die Stelle der wahren Geschichte vertreten läßt, müssen gar nicht geachtet werden; und wofern diese allgemeine Regel ja eine Ausnahme leidet, so kann es nur in Ansehung der alten griechischen Erdichtungen seyn, welche so berühmt und so angenehm sind, daß sie jederzeit ein Gegenstand der Aufmerksamkeit der Menschen bleiben werden. Wir werden demnach alle mündliche Ueberlieferungen, oder vielmehr Mährchen, welche die ältesten Geschichte von Britannien betreffen, übergehen, und nur bloß den Zustand der Einwohner so betrachten, wie ihn die Römer bey ihrem Einfall in dieses Land fanden. Wir wollen die Begebenheiten, welche diese Eroberung begleitet, nur kürzlich durchlaufen; weil sie mehr zu der römischen als brittischen Geschichte gehören; wir wollen durch die finstre und trockne Periode der sächsischen Jahrbücher hindurch eilen, und eine vollständigere Erzählung bis auf diejenigen Zeiten ersparen, wo die Wahrheit so ausgemacht und so vollständig ist, daß sie dem Leser Vergnügen und Unterricht verspricht.

Alle alte Schriftsteller, welche von den ersten Einwohnern Britanniens Nachricht ertheilt haben, kommen darinn überein, daß sie ursprünglich ein Stamm von den Galliern, oder Celten gewesen sind, welcher diese Insel von dem benachbarten vesten Lande aus bevölkert hat. Sie hatten einerley Sprache, einerley Sitten, Regierungsform und Aberglauben, nur mit demjenigen geringen Unterschiede, den Zeit, oder Umgang mit den angränzenden Nationen nothwendig hervorbringen mußte. Die Einwohner Galliens, und vornehmlich desjenigen Theils, welcher an Italien gränzt, hatten sich durch den Verkehr mit ihren südlichen Nachbarn einige Verbesserung in den Künsten erworben, welche sich nach und nach nach Norden ausbreiteten, und über diese Insel nur ein schwaches Licht streueten. Die griechischen und römischen Seefahrer und Kaufleute, (denn andre Reisende gab es zu diesen Zeiten nicht) brachten fürchterliche Erzählungen von der Wildheit der Britannier zurück, welche sie, der Gewohnheit nach, noch vergrößerten, um die Bewunderung ihrer Landsleute zu erregen. Gleichwohl hatte der südöstliche Theil von Britannien schon vor Cäsars Zeiten den ersten und nöthigsten Schritt zu einer bürgerlichen Verfassung gethan, und die Menschen hatten sich durch den Landbau in dieser Gegend sehr vermehret a). Die übrigen Einwohner der Insel erhielten sich noch immer von der Viehzucht. Ihre Kleidung bestund aus Thierhäuten: sie wohnten in Hütten, welche sie in den Wäldern und Sümpfen, womit ihr Land bedeckt war, errichteten: sie konnten ihre Wohnplätze leicht verändern, wenn entweder Hoffnung zur Beute, oder Furcht vor dem Feinde sie dazu trieb: die Bequemlichkeit, ihr Vieh zu weiden, war ihnen schon ein hinlänglicher Bewegungsgrund, ihren Aufenthalt zu verwechseln; und gänzlich unbekannt mit einem weichlichen Leben, waren ihre Bedürfnisse so eingeschränkt und klein, als ihre Haabseligkeiten.

Die

a) Caesar Lib. IV.

Geschichte von England. Kap. I.

Die Britannier waren in viele kleinere Stämme oder Nationen eingetheilet; und als ein kriegerisches Volk, dessen ganzes Eigenthum sein Schwerd und sein Vieh war, fiel es, nachdem sie einmal einen Geschmack an der Freyheit gefunden hatten, ihren Anführern und Oberhäuptern unmöglich, eine despotische Gewalt über sie zu errichten. Ihre Regierungsform, ob sie gleich monarchisch war, war dennoch frey b), wie aller celtischer Nationen, und es scheinet selbst, daß das gemeine Volk mehr Freyheit unter ihnen c), als unter den gallischen Nationen d), von welchen sie entsprungen waren, genossen habe. Jeder Staat war an sich selbst in Parteyen getheilet e): er suchte den benachbarten Staaten nachzuweisen; und so lange die Künste des Friedens bey diesem Volke noch unbekannt waren, war der Krieg die Hauptbeschäfftigung und der vornehmste Gegenstand der Ruhmbegierde des Volks.

Die Religion der Britten war eines der beträchtlichsten Stücke ihrer Regierungsform; und ihre Priester, die Druiden, besaßen ein großes Ansehen unter ihnen. Außer der Bedienung des Altares, und der Besorgung der übrigen Pflichten der Religion, hatten sie auch die Aufsicht über die Erziehung der Jugend; sie waren frey von allen Kriegsdiensten und Auflagen; sie hatten eine bürgerliche und peinliche Gerichtsbarkeit; sie entschieden alle Streitigkeiten, sowohl unter den Ständen, als unter Privatpersonen, und wer sich weigerte, sich ihrem Ausspruche zu unterwerfen, wurde mit den schwersten Strafen belegt. Er wurde in den Bann gethan, ihm wurde der Zutritt zu den Opfern, und dem öffentlichen Gottesdienste untersagt; er war aller Gemeinschaft mit seinen übrigen Landsleuten, selbst in den gemeinen Geschäfften des Lebens, beraubt; seine Gesellschaft wurde, als profan und gefährlich, vermieden; die Gesetze versagten ihm ihren Schutz f); und der Tod selbst wurde für einen solchen Elenden eine erwünschte Zuflucht, seiner Schande zu entgehen. So thaten die Schrecken des Aberglaubens die glückliche Wirkung, die Bande der Regierungsform zu bevestigen, welche für sich selbst unter diesem rohen und unruhigen Volke los waren.

Keine Art von falscher Religion ist schrecklicher gewesen, als diejenige, welche die Druiden lehrten. Außer den harten Strafen, welche die Geistlichen in dieser Welt auflegen konnten, lehrten sie auch die ewige Seelenwanderung, und breiteten dadurch ihr Ansehen so weit aus, als die Furcht ihrer leichtgläubigen Sklaven. Sie begiengen ihre Gebräuche in dunkeln Hainen, oder andern geheimen Oertern g), und um ihre Religion geheimnißvoller zu machen, lehrten sie die Sätze bloß den Eingeweihten, und verboten aufs strengste, sie schriftlich abzufassen; damit sie nicht einstens der Untersuchung des unheiligen Pöbels ausgestellet seyn möchten. Sie hatten den Gebrauch, Menschen zu opfern. Die Beuten des Krieges wurden oft ihren Gottheiten geweihet, und diejenigen mit den grausamsten Martern belegt, welche sich unterstunden, das geringste von dergleichen geweihten Sachen unterzuschlagen. Sie verwahrten ihre Schätze in den Wäldern und Gehölzen, ohne alle andre Wache, als das Schrecken ihrer Religion h),

und

b) *Diod. Sic. L. 4. Mela Lib. 3. Cap. 6. Strabo Lib. 4.*
c) *Dion. Cassius Lib. 75.*
d) *Caesar Lib. 6.*
e) *Tacit. Agr.*
f) *Caesar Lib. 6. Strabo Lib. 4.*
g) *Plin. Lib. 12. Cap. 1.*
h) *Caesar Lib. 6.*

und diese Ehrfurcht, wodurch sie vermögend waren, den Geiz der Menschen so lange im Zaume zu halten, verdienet mehr bewundert zu werden, als daß sie die Menschen zu den größten und gewaltsamsten Thaten anfeuerten. Kein Götzendienst hat sich ein solches Ansehen über die Gemüther erworben, als der bey den alten Galliern und Britten; und als die Römer nach ihrer Eroberung dieser Länder es unmöglich fanden, so lange er fortdaurete, diese Nation an die Gesetze und Gebräuche ihrer Herren zu gewöhnen, waren sie genöthiget, denselben durch Strafgesetze auszurotten; eine Gewaltthätigkeit, deren diese duldende Eroberer sich bey keiner andern Gelegenheit schuldig gemacht haben i).

Die Römer.

Die Britten waren schon lange in diesem rohen, aber unabhängigen Zustande gewesen, als Cäsar, nachdem er ganz Gallien durch seine Siege überschwemmet hatte, seine Augen auf ihre Insel warf. Er wurde weder durch ihren Ruhm, noch durch ihre Reichthümer angelocket, sondern der Ehrgeiz allein, die römischen Waffen in eine neue Welt, welche damals gänzlich unbekannt war, zu bringen, bewog ihn, sich einer kurzen Muße, welche ihm der gallische Krieg ließ, zu bedienen, und einen Einfall in Britannien zu thun. So bald die Einwohner von seinem Vorhaben Nachricht erhielten, sahen sie ein, daß der Streit ungleich seyn würde, und suchten ihn durch Unterwerfung zufrieden zu stellen, welches ihn aber von der Ausführung seines Entschlusses nicht abhielt. Nach einigem Widerstande landete er, wie man glaubt, bey Deal; und nachdem er einige Vortheile über die Britten erhalten, und sie gezwungen hatte, ihm zur Versicherung ihres künftigen Gehorsams Geisseln zu versprechen, nöthigten ihn seine Umstände, und der herrannahende Winter, wieder nach Gallien zurückzugehen. Als die Britten von dem Schrecken seiner Waffen befreyet waren, ließen sie die Erfüllung der geschlossenen Bedingungen aus der Acht, und der stolze Eroberer beschloß, sie auf den nächsten Sommer für diesen Bruch des Friedens zu züchtigen: Er landete mit einer größern Macht, und schlug sie, so oft sie sich mit ihm in ein Treffen einließen, ungeachtet er größern Widerstand, als im vorigen Jahre fand, weil die Britten sich unter dem Cassivellaunus, einem ihrer kleinen Fürsten, vereiniget hatten. Er drang tiefer ins Land, gieng im Angesichte des Feindes über die Themse, eroberte die Hauptstadt des Cassivellaunus, und verbrannte sie, machte seinen Bundesgenossen, den Mandubratius zum souverainen Herrn über die Trinobanten, zwang die Einwohner, sich ihm aufs neue zu unterwerfen, und ließ bey seinem Abzuge die Herrschaft der Römer mehr dem Namen, als der That nach, auf dieser Insel zurück.

Anno ant. C. 55.

Die bürgerlichen Kriege, welche erfolgten, und zu der Einführung der monarchischen Regierung in Rom den Weg bahnten, befreyeten die Britten von dem Joche, das ihnen drohete. Augustus, der Nachfolger Cäsars, zufrieden mit dem Siege, den er über die Freyheit seines Vaterlandes erhalten hatte, bemühete sich nicht, Ruhm durch auswärtige Kriege zu erlangen; und die Furcht, daß eben die ungeheure Größe des römischen Reichs, welche die Republik gestürzt hatte, auch das Kaiserthum zu Grunde richten

---

i) *Sueton.* in Vita Claudii.

Geschichte von England. Kap. I.

richten möchte, bewog ihn, seinen Nachfolgern den Rath zu ertheilen, daß sie nicht suchen sollten, die Gränzen ihres Reichs zu erweitern. Tiberius, der seinen Feldherren A.ant.C.55. den Ruhm, den sie etwa erwerben möchten, mißgönnete, gebrauchte diesen Rath des Augustus zum Vorwande seiner Unthätigkeit k). Die thörichten Prahlereyen des Caligula, Britannien durch einen Einfall heimzusuchen, machten nur ihn und das Reich lächerlich, und die Britten hatten nun fast hundert Jahre ihre Freyheit ungehindert genossen, als die Römer unter der Regierung des Claudius anfiengen, ernsthaft darauf zu denken, wie sie sie unter ihre Herrschaft bringen möchten. Sie suchten ihre Feind- A.D.43. seligkeiten so wenig durch Gründe zu rechtfertigen, als die Europäer bey der Bekriegung der Afrikaner und Amerikaner. Sie setzten eine Armee unter der Anführung des Plautius, eines geschickten Generals, nach der Insel über, welcher einige Siege über die Einwohner erhielt, und einen großen Theil derselben unter die römische Herrschaft brachte. Als Claudius fand, daß die Sachen zu seinem Empfange hinlänglich vorbereitet waren, that er selbst eine Reise nach Britannien. Verschiedene brittische Staaten, als der Cantier, der Atrobaten, der Regner, und der Trinobanten, welche die südöstlichen Theile der Insel bewohnten, und wegen ihrer Güter, und etwas gesitteterm Lebensart williger waren, den Frieden mit ihrer Freyheit zu erkaufen, bezeigten ihm ihre Ehrerbietung. Die übrigen Britannier, unter der Anführung des Caractacus, fuhren noch immer fort, den Römern hartnäckig zu widerstehen; und diese erhielten wenig Vortheile über sie, bis Ostorius Scapula die Anführung ihrer Armee bekam. Dieser Feldherr A.D.50. erweiterte die römischen Eroberungen gegen die Britten, drang in das Land der Siluter, einer kriegerischen Nation, welche an den Ufern der Severne wohnte, schlug den Caractacus in einem großen Treffen, nahm ihn gefangen, und schickte ihn nach Rom, wo seine heldenmüthige Aufführung ihm eine bessere Begegnung erwarb, als diese Eroberer gefangenen Prinzen gemeiniglich zu bezeigen pflegten l).

Demungeachtet waren die Britten noch nicht unter das Joch gebracht, und die ehrgeizigen Römer sahen diese Insel noch immer für ein Feld an, wo Ruhm zu erlangen war. Unter der Regierung des Nero wurde dem Suetonius Paullinus die Füh- A.D.59. rung des Krieges aufgetragen; und er machte Anstalten, seinen Namen durch Siege über die Barbaren berühmt zu machen. Die Insel Mona, itzt Anglesey, war der vornehmste Sitz der Druiden; er beschloß also, sie anzugreifen, und sich dieses Ortes zu bemächtigen, der der Mittelpunkt ihres Aberglaubens war, und alle ihre geschlagene Truppen in Schutz nahm. Die Britten wandten sowohl die Waffen, als den Schrecken ihrer Religion an, ihm die Landung auf diese geheiligte Insel zu verwehren. Die Weiber und Priester stunden unter den Soldaten gemischt am Ufer; sie schweiften mit brennenden Fackeln in den Händen umher, schüttelten ihre fliegenden Haare, und jagten durch ihr Heulen, durch ihr Geschrey, und durch ihre Verfluchungen den erstaunten Römern ein größeres Schrecken ein, als die wirkliche Gefahr vor ihren Waffen zu thun vermochte. Suetonius ermahnte seine Truppen, die Drohungen eines Aberglaubens, den sie verachteten, nicht zu fürchten, befahl ihnen, die Feinde anzugreifen, trieb die Britten aus dem Felde, verbrannte die Druiden in eben dem Feuer, welches sie für ihre gefangenen Feinde angelegt hatten, zerstörte alle geweihte Haine und Altäre, und glaubte,

A 3 daß,

k) Tacit. Agr.   l) Tacit. Ann. Lib. 12.

A. D. 59. daß, nachdem er über die Religion der Britten triumphiret hätte, es ihm nun leicht seyn würde, das ganze Volk zu bezwingen. Aber seine Hoffnung schlug ihm fehl: Die Britten machten sich seiner Abwesenheit zu Nutze, griffen alle zu den Waffen; und nachdem sie Boadicea, die Königinn der Icener, welcher die römischen Tribunen höchst schimpflich begegnet hatten, an ihrer Spitze sahen, hatten sie schon einige Plätze ihrer beleidigten Ueberwinder mit Erfolg angegriffen. Suetonius eilte London zu Hülfe, welches damals schon eine blühende römische Colonie war; allein, bey seiner Ankunft fand er, daß es zur Erhaltung der allgemeinen Wohlfahrt nöthig war, diesen Ort der unbändigen Wuth des Feindes zu überlassen. London wurde in einen Aschenhaufen verwandelt; alle Einwohner, welche darinnen blieben, elendiglich ermordet. Römer und Fremde ohne Unterschied, an der Zahl 70,000, kamen durchs Schwerd um; und es schien, als wenn die Britten den Krieg deswegen so blutig führten, um alle Hoffnung zu einem Vergleich mit dem Feinde abzuschneiden. Aber Suetonius rächte diese Grausamkeit in einem grossen und entscheidenden Treffen, worinnen 80,000 Britten umgekommen seyn sollen. Boadicea selbst, um dem aufgebrachten Sieger nicht in die Hände zu fallen, endigte ihr Leben durch Gift m). Kurz darauf rief Nero den Suetonius vom Commando zurück, weil man ihn für ungeschickt hielt, nachdem er so viel Unglück erlitten, und zugefügt hatte, den Zorn der äusserst aufgebrachten Einwohner zu besänftigen. Nach einiger Zeit erhielt Cerealis die Anführung von dem Vespasian, und seine Tapferkeit erweiterte den Schrecken vor den römischen Waffen. Julius Frontinus folgte ihm im Commando, und erhielt sich bey gleichem Ruhme; der Feldherr aber, welcher die

A. D. 78. Herrschaft der Römer auf dieser Insel befestigte, war Julius Agricola. Er führte den Krieg unter den Kaisern Vespasianus, Titus und Domitianus, und that sich in diesem Felde hervor.

Dieser grosse Heerführer machte sich einen ordentlichen Plan, Britannien zu bezwingen, und den Siegern ihre Eroberung nützlich zu machen. Er gieng mit seinen siegreichen Waffen nordwärts, schlug die Britten bey jeder Gelegenheit, drang in die unzugänglichen Wälder und Gebirge von Caledonien, brachte den ganzen südlichen Theil der Insel unter seine Bothmäßigkeit, und jagte alle diejenigen Völkerschaften vor sich weg, denen ihre wilden und unbiegsamen Gemüther den Krieg, und selbst den Tod erträglicher, als Knechtschaft unter den Siegern machten. Er schlug sie so gar in einem entscheidenden Treffen, worinn Galcacus ihr Anführer war; und durch einen Wall, den er zwischen dem Clyde und Forth zog, und mit Besatzung versah, trennete er die übrigen Inseln, und setzte die römische Provinz gegen einen Einfall der barbarischen Einwohner in Sicherheit n).

Unter diesen kriegerischen Unternehmungen versäumte er die Künste des Friedens nicht. Er führte Gesetze und ein gesitteteres Leben unter den Britten ein, lehrte sie, sich die Bequemlichkeiten des Lebens zu verschaffen, gewöhnte sie an die römische Sprache und Sitten, unterwies sie in Künsten und Wissenschaften, und wandte alles an, ihnen die Ketten, welche er geschmiedet hatte, leicht und angenehm zu machen o). Da die Einwohner aus der Erfahrung gelernt hatten, wie wenig ihre Macht den Römern

m) Tacit. Ann. Lib. 14.   n) Tacit. Agr.   o) Tacit. Agr.

mern gewachsen war; so gewöhnten sie sich an ihre Herren, und wurden diesem mächtigen Reich nach und nach als ein Theil desselben einverleibet.

A. D. 78.

Dieses war die letzte dauerhafte Eroberung, welche die Römer machten; und Britannien gab, nachdem es einmal bezwungen war, dem Sieger keine weitere Unruhe. Caledonien allein, welches nur durch seine unfruchtbaren Berge, und durch die Verachtung, welche die Römer gegen dieses Land hatten, vertheidiget wurde, verheerte manchmal die angebauten Theile der Insel durch die Einfälle seiner Einwohner. Um die Gränzen des Reichs desto besser zu verwahren, ließ Adrianus, als er diese Insel besuchte, einen starken Wall zwischen Tyne und dem Busen von Sollway errichten. Lollius Urbicus, unter dem Antoninus Pius, ließ den Wall des Agricola ausbessern; Severus, der einen Feldzug nach Britannien that, und mit seinen Waffen bis an die äussersten Theile der Insel drang, that neue Bevestigungen zu dem Walle des Adrianus hinzu, und während der ganzen Regierung der römischen Kaiser herrschte eine so tiefe Ruhe in Britannien, daß die Geschichtschreiber dieser Zeiten der Insel nur selten erwähnen. Das einzige, was vorfiel, ist, daß die römischen Legionen, welche hier ihre Quartiere hatten, verschiedenemal einen Aufstand erregten, und daß einige römische Statthalter sich die kaiserliche Würde anmaßten. Die Eingebohrnen, welche entwaffnet, muthlos und unterthänig waren, hatten alles Verlangen, und selbst den Begriff ihrer ehemaligen Freyheit und Unabhängigkeit verlohren.

Aber nun war der Zeitpunkt gekommen, wo das ungeheure römische Reich, welches über einen ansehnlichen Theil der Erdkugel Knechtschaft und Unterdrückung, Ruhe und Menschlichkeit verbreitet hatte, sich seinem Untergange näherte. Italien, der Mittelpunkt des Reichs, war schon seit einigen Menschenaltern von allem Kriege entfernet gewesen, und hatte seinen ehemaligen Muth gänzlich verlohren. Ein ohnmächtiges Geschlecht hatte es bevölkert, das eben so willig war, ein fremdes Joch, als die Tyrannen seiner eigenen Beherrscher zu ertragen. Die Kaiser sahen sich genöthiget, ihre Legionen mit Mannschaft aus den an der Gränze liegenden Provinzen zu besetzen, wo der kriegerische Geist zwar geschwächt, aber doch nicht völlig erloschen war; und diese gedungene Truppen verachteten die Gesetze und bürgerlichen Verfassungen; sie führten eine militärische Regierungsform ein, die dem Fürsten und dem Volke mit gleicher Gefahr drohete. Der fernere Fortgang dieser Unordnungen brachte die angränzenden Barbaren in den römischen Dienst; und die kraftlose Policey der Kaiser, welche gewohnt waren, eines durch das andre zu zerstören, war nicht mehr im Stande, diese wilde Nationen im Zaum zu halten, die ihr Kriegszucht und Geschicklichkeit mit ihrer angebohrnen Tapferkeit zu vereinigen gelernt hatten. Sie fühlten ihre Stärke, und der Anblick einer so reichen Beute lockte unter der Regierung des Arcadius und Honorius alle nördlichen Barbaren an, die Gränzen des römischen Reichs auf einmal anzufallen; und nachdem sie ihre erste Raubsucht gesättiget hatten, dachten sie darauf, in den verwüsteten Provinzen ihren Wohnsitz aufzuschlagen. Die entferntern Barbaren, welche die verlassenen Wohnungen der erstern bezogen hatten, verfolgten ihre Vortheile, und drückten mit neuer Schwere den römischen Staat, welcher der Last der erstern schon nicht gewachsen war. Anstatt das Volk zu seiner eigenen Vertheidigung zu bewaffnen, riefen die Kaiser die entferntesten Legionen, auf welche allein sie noch einiges Vertrauen setzen konnten, zurück, und versammleten ihre Macht, um die Hauptstadt und den Mittelpunkt

A. D. 78.

punkt des Reichs zu vertheidigen. Die Nothwendigkeit der Selbsterhaltung hatte ihren Ehrgeiz nach Macht überwogen, und es war bey diesen verzweifelten Umständen unmöglich, den ehemaligen Grundsatz, die Gränzen des Reichs nie einzuziehen, länger zu achten.

Britannien wurde durch seine Lage wider die Wuth dieser barbarischen Einfälle beschützt; und weil es außerdem eine entlegene, und von den Römern wenig geachtete Provinz war; so führten sie die daselbst gelegenen Legionen zur Vertheidigung Galliens und Italiens ab. Aber diese Provinz, welche die See vor einem Einbruch der größern barbarischen Nationen sicherte, fand an seiner Gränze Feinde, welche sich den gegenwärtigen vertheidigungslosen Zustand derselben zu Nutze machten. Die Picten und Scoten, welche in den nördlichen Theilen, jenseits des Walles des Antoninus wohnten, thaten Einfälle in das Gebiethe ihrer friedfertigen und weibischen Nachbaren; und außerdem, daß sie von Zeit zu Zeit Verheerungen anrichteten, droheten sie der ganzen Provinz die Unterwerfung; oder was die Einwohner noch mehr fürchteten, Plünderung und Verwüstung. Die vorige Nation scheint ein Stamm von eingebohrnen Britten gewesen zu seyn; nachdem aber Agricola sie durch seine Eroberungen in die nördlichen Theile vertrieben hatte, vermischten sie sich mit den dasigen Einwohnern; die andre war gleichfalls celtischen Ursprungs, hatte sich erst in Irrland vest gesetzt, hatte eine Colonie in die nordwestlichen Theile von England übergesetzt, und hatte seit langer Zeit die Gewohnheit, sowohl aus ihren alten, als neuen Wohnsitzen, die römische Provinz durch ihre Raubereyen unsicher zu machen. Als diese zwey Stämme sahen, daß ihre reicheren Nachbaren ihren Einfällen bloß gestellet waren, brachen sie bald über die römische Mauer, welche die römischen Waffen nun nicht länger vertheidigten; und ungeachtet sie an sich ein verächtlicher Feind waren, fanden sie doch von den unkriegerischen Einwohnern keinen Widerstand. Die Britten, welche sowohl in Dingen, die ihre Vertheidigung, als ihre Regierung betrafen, gewohnt waren, sich an die Kaiser zu wenden, schickten nach Rom um Hülfe; und es wurde ihnen auch eine Legion zu ihrem Schutze gesandt. Diese war den Barbaren mehr, als gewachsen, schlug sie, wo sie sie antraf, trieb sie in ihre alte Gränzen zurück, und kehrte im Triumph zur Vertheidigung der südlichen Provinzen des Reichs zurück p). Ihr Zurückzug bewog die Feinde zu einem neuen Einfall. Die Britten wandten sich abermals nach Rom, und erhielten abermals den Beystand einer Legion, welche sie auf gleiche Art befreyete. Aber die Römer, welche zu Hause selbst aufs Aeusserste gebracht waren, und denen diese entfernten Unternehmungen zu viel kosteten, kündigten den Britten an, daß sie auf ihren Beystand keine weitere Rechnung zu machen hätten, ermahnten sie, selbst die Waffen zu ihrer Vertheidigung zu ergreifen, und die Freyheit, welche ihnen itzt von ihren alten Herren geschenket wäre, durch ihre eigene Tapferkeit zu beschützen q). Damit sie die Insel mit besserem Anstande verlassen möchten, halfen sie ihnen die Mauer des Servius wieder herstellen, die von Grund auf von Steinen erbaut war; denn die Britten hatten zu der Zeit keine Handwerker, welche geschickt genug waren, sie auszubessern r). Nachdem

sie

---

p) *Gildas, Bede,* Lib. 1. Cap. 12. *Paull. Diacon. Alured. Beverl.* S. 43. ex edit. Hearne.
q) *Bede,* Lib. 1. Cap. 12. *Guil. Malm.* S. 8. *Ann. Beverl.* S. 44.
r) *Bede,* Lib. 1. Cap. 12. *Ann. Beverl.* S. 44.

Geschichte von England. Kap I

sie den Einwohnern diesen letzten Dienst erwiesen hatten, nahmen sie ums Jahr 448 von Britannien Abschied, nachdem sie beynahe vier hundert Jahre den besten Theil desselben besessen hatten.

A. D. 78.

Die Britten.

Die niederträchtigen Britten hielten dieses Geschenk ihrer Freyheit für ein Unglück. Sie waren nicht im Stande, den weisen Rath, welchen die Römer ihnen gegeben hatten, zu ihrer eigenen Vertheidigung die Waffen zu ergreifen, in Ausübung zu bringen. Der Gefahren des Krieges, und der Sorgen einer bürgerlichen Regierung gleich ungewohnt, waren sie unfähig, die geringsten Maasregeln zu ergreifen, um sich den Einfällen der Barbaren zu widersetzen. Hierzu kam noch, daß die beyden Römer, Gratien und Constantinus, kurz vorher den Purpur in Britannien angenommen, und die Blüthe der brittischen Jugend nach dem vesten Lande übergeführet hatten. Ihre Versuche, sich des kaiserlichen Thrones zu bemächtigen, liefen unglücklich ab, sie kamen um, und entblößten zugleich die Insel von denen, welche bey diesen verzweifelten Umständen am geschicktesten waren, sie zu vertheidigen. Nachdem die Römer Britannien verlassen hatten, sahen die Picten und Scoten dieses Land für eine gewisse Beute an, und erneuerten mit verdoppelten Kräften ihre Angriffe auf die nördliche Mauer. Die Britten, welche schon unter ihrer Furcht erlagen, sahen die Mauer nur für eine schwache Vertheidigung an, flohen von ihren Posten, und ließen das ganze Land den Streifereyen des Feindes offen. Die Feinde brachten Verderben und Verwüstung, wohin sie kamen, und trieben ihre angebohrne Grausamkeit aufs Aeußerste, ohne sich durch den hülflosen Zustand der Einwohner, oder durch ihr demüthiges Betragen erweichen zu lassen s). Die unglücklichen Britten nahmen zum drittenmal ihre Zuflucht zu den Römern, ungeachtet sie ihnen ihren Entschluß, sie zu verlassen, erklärt hatten. Aetius, der Patricier, hielt noch damals durch seinen Heldenmuth und seine Tapferkeit die wankenden Ruinen der Republik aufrecht, und belebte auf eine kurze Zeit unter den ausgearteten Römern den Muth, und die Kriegszucht ihrer Vorfahren.

Die brittischen Abgesandten überreichten ihm das Schreiben ihrer Landsleute, welches zur Ueberschrift hatte: die Seufzer Britanniens. Der Inhalt des Briefes kam mit der Ueberschrift überein. Von der einen Seite, sagten sie, jagen die Barbaren uns ins Meer, von der andern wirft das Meer uns zu den Barbaren zurück, und wir haben nur noch die unglückliche Wahl, ob wir durchs Schwerd, oder in den Wellen umkommen wollen t). Aber Aetius war durch die Waffen des Attila, des fürchterlichsten Feindes, den das römische Reich je gehabt hat, zu sehr in die Enge getrieben, um die Klagen solcher Bundsgenossen hören zu können, denen er doch nur aus einem Triebe der Großmuth würde beygestanden haben u). Die abgewiesenen Britten wurden zur Verzweiflung gebracht, verließen ihre Wohnungen, und den

A. D 418

---

s) *Gildas, Beda,* Lib. 1. Ang. Beverl S. 45.
t) *Gildas, Beda,* Lib 1. Cap. 13. *Malmesbury* Lib. 1. Cap. 1. Beverl. S. 45.
u) Chron. Sax. S. 11. Fäit. 1692.

Hume Gesch. v. Großbrit. III. Theil.   B

A. D. 448.

den Ackerbau, und begaben sich in den Schutz der Wälder und Berge, wo sie eben so viel vom Hunger, als vom Feinde litten. Die Barbaren selbst fiengen an, in dem Lande, welches sie verwüstet hatten, den Mangel zu fühlen; und da auch die zerstreuten Britten, welche nicht den Muth gehabt hatten, sich ihnen mit gesammter Macht zu widersetzen, ihnen hie und da Schaden zufügten, so giengen sie mit ihrer Beute in ihr Land zurück x).

Die Britten machten sich die Abwesenheit des Feindes zu Nutze, und kehrten zu ihren gewohnten Beschäfftigungen zurück. Die günstige Jahreszeit, welche einfiel, und ihrem Fleiße zu Hülfe kam, ließ sie bald ihres vergangenen Elendes vergessen, und verschaffte ihnen einen Überfluß an allen Nothwendigkeiten des Lebens. Sie besaßen mehr, als man bey einem so rohen Volke vermuthen sollte, dem von der Mäurerkunst nicht einmal so viel bekannt war, daß sie ohne Beystand der Römer zu ihrer Vertheidigung eine Mauer von Steinen aufführen konnten. Gleichwohl klagen die Geschichtschreiber y) unter den Mönchen, welche von diesen Begebenheiten handeln, über die Schwelgerey der Britten in diesen Zeiten, und schreiben diesem Laster, nicht ihrer Feigheit, oder ihrer Unvorsichtigkeit, ihr ganzes nachmaliges Unglück zu.

Die Britten überließen sich gänzlich dem Vergnügen über ihre gegenwärtige Ruhe, ohne Maasregeln vorzukehren, um dem Feinde zu widerstehen, der durch ihre ehemalige Furchtsamkeit angelocket, ihnen bald einen neuen Einfall drohete. Wir wissen nicht genau, welche Art von bürgerlicher Regierung die Römer bey ihrem Abzuge unter ihnen einführten; allein es ist wahrscheinlich, daß man in den verschiedenen Districten den angesehensten Personen zwar eine Art von königlicher, aber doch ungewisser Würde übertrug; und daß sie großen theils unabhängig von einander lebten a). Zu dieser Uneinigkeit in den allgemeinen Rathschlägen kamen noch die Streitigkeiten der Gottesgelahrtheit, und die Schüler des Pelagius, der selbst von Geburt ein Britte war, vermehrten sich so sehr, daß sie der Geistlichkeit Besorgnisse erregten, welche eifriger gewesen zu seyn scheinet, sich diesem zu widersetzen, als den öffentlichen Feind zurück zu treiben a). Wider diese häuslichen Uebel kämpfend, und mit einem feindlichen Einfalle bedrohet, sahen die Britten allein auf das, was ihnen ihre itzige Furcht eingab. Auf den Rath des Vortiger, Fürsten von Dumnonium, der, ungeachtet er mit allen Lastern befleckt war, doch die oberste Herrschaft unter ihnen besaß b), schickten sie eine Gesandschaft nach Deutschland ab, um die Sachsen zu ihrem Schutz und Beystand einzuladen.

Die Sachsen.

Von allen barbarischen Nationen, welche in alten oder neuern Zeiten bekannt gewesen sind, sind die Deutschen diejenigen, die sich durch ihre Sitten und politische Einrichtung am meisten unterschieden, und die Tapferkeit, und die Liebe zur Freyheit aufs höchste getrieben haben; die einzigen Tugenden, welche unter einem

unge-

x) Ann. Beverl. S. 45.
y) Gildas, Bede, Lib 1. Cap. 14.
z) Gildas, Usber. Ant. Brit. p. 248. 247.
a) Gildas, Bede, Lib 1 Cap. 17. Constant.
In vita Germ. Matth. West. anno 446. Hunting.

Lib. 2. Ann. Bqverl. S. 51. Spelm. Conc. S. 47. 48.
b) Gildas, Gul. Malm. S. 8.

Geschichte von England. Kap. I.

A. D. 418

ungesitteten Volke Statt finden können, wo Gerechtigkeit und Menschlichkeit gemeiniglich aus der Acht gelassen werden. An denen Orten, wo die königliche Regierung unter den Deutschen noch eingeführet war, (denn sie war es nicht überall) besassen sie nur eine sehr eingeschränkte Macht; und der Fürst war, ungeachtet er gemeiniglich aus der königlichen Familie gewählt wurde, doch gezwungen, sich in allem, was er unternahm, nach dem Willen der Nation, über welche er herrschte, zu richten. Sollte etwas wichtiges vorgenommen werden, so kamen alle Krieger aus der Nation mit ihren Waffen zusammen. Diejenigen, welche das größte Ansehen besaßen, suchten durch Ueberredung ihre Einwilligung zu erhalten. Das Volk gab seine Einwilligung durch ein Geräusch mit den Waffen, und seine Mißbilligung durch Murmeln zu erkennen. Kein sorgfältiges Sammlen der Stimmen war hier nöthig; eine große Mehrheit derselben gab gemeiniglich der einen oder der andern Seite den Ausschlag; und diejenigen Maasregeln, welche man mit dieser allgemeinen Bewilligung ergrief, wurden mit Hurtigkeit und Nachdruck ausgeführt. Selbst im Kriege herrschte der Fürst mehr durch sein Beyspiel, als durch sein Ansehen. Zu Friedenszeiten aber hörte die bürgerliche Einigkeit meistens auf, und die geringern Heerführer verwalteten das Recht, ein jeder an seinem Orte, und ohne von jemanden abzuhängen. Diese wurden in den großen Versammlungen des Volks erwählt, und man sah zwar nur auf den Adel der Person, doch waren ihre persönlichen Eigenschaften, und vornehmlich ihre Tapferkeit, dasjenige, was ihnen bey ihren Landsleuten diesen rühmlichen, oder gefährlichen Vorzug erwarb. Die Krieger aus einem jeden Stamme ergaben sich mit der größten Treue und der unverbrüchlichsten Standhaftigkeit ihrem Heerführer. Sie begleiteten ihn als sein Gepränge im Frieden, seine Vertheidigung im Kriege, und seine Rathgeber in der Verwaltung der Gerechtigkeit. Ihr unermüdeter Wetteifer, sich im Kriege den größten Ruhm zu erwerben, war der unverletzlichen Freundschaft nicht nachtheilig, welche sie für ihr Oberhaupt und für ihre Mitsoldaten hegten. Für die Ehre ihrer Gesellschaft zu sterben, war ihr größter Ruhm; den Schimpf derselben, oder den Tod ihres Anführers überleben, hielten sie für schändlich. Sie nahmen so gar ihre Weiber und Kinder mit ins Feld, und diese nahmen alle kriegerische Gesinnungen der Männer an. Von allen menschlichen Bewegungsgründen also angespornet, waren sie unüberwindlich, so oft sie nicht gegen die benachbarten Deutschen, welche eben die Sitten und Gebräuche hatten, oder gegen die ihnen an Kriegszucht, Waffen, und Anzahl überlegenen Römer fochten c).

Die Anführer und ihre Kriegesgefährten wurden durch die Arbeit ihrer Sklaven, oder derjenigen schwächeren, und nicht so kriegerischen Theils der Gesellschaft, welchen sie beschützten, unterhalten. Die Auflagen, welche sie ausschrieben, reichten blos zu ihrem Unterhalte zu, und die einzige Belohnung, welche sie für ihre grössere Gefahr und Beschwerden erhielten, war die Ehre, die ihr vornehmerer Stand ihnen gab. Die feineren Künste des Lebens waren den Deutschen gänzlich unbekannt. Selbst der Ackerbau wurde von ihnen versäumt. Es scheinet so gar, als wenn sie sich Mühe gaben, alle Verbesserungen von der Art sorgfältig zu verhindern; und die Anführer theilten jährlich alles Land unter den Bewohnern der Dörfer aufs neue aus, um sie dadurch zu verhindern,

c) *Cæsar. Lib. 6. Tacit. de Mor. Germ.*

12 Geschichte von England. Kap. I.

A. D. 448.

hindern, daß sie sich nicht an eigene Besitze gewöhnen, noch sich zu sehr auf den Landbau legen möchten, welches ihre Lust zum Kriege, die vornehmste Beschäfftigung der Gemeine, hätte schwächen können d).

Die Sachsen hatten sich seit einiger Zeit als einen der kriegerischsten Stämme dieses kühnen Volkes bekannt gemacht, und waren der Schrecken aller benachbarten Nationen geworden e). Sie hatten sich von den nördlichen Theilen Deutschlands bis zu dem cimbrischen Chersonesus ausgebreitet, und die ganze Seeküste von der Mündung des Rheins bis nach Jütland in Besitz genommen; von da sie durch ihre Seeraubereyen schon lange alle östlichen Theile Britanniens, und das nördliche Gallien unsicher gemacht hatten f). Um ihre Anfälle zurück zu treiben, hatten die Römer einen sogenannten Grafen des sächsischen Ufers eingesetzet, und weil die Künste der Schiffahrt nur unter einem gesitteten Volke blühen können, so scheinet es, als wenn es ihnen leichter fiel, die Sachsen abzuhalten, als irgend ein anderes barbarisches Volk, von dem sie angegriffen wurden. Die Abnahme der römischen Macht bewog die Sachsen, ihre Einfälle zu erneuern; und es war ihnen ein sehr angenehmer Umstand, daß die Britten sie durch ihre Abgesandten zu einer Unternehmung aufsoderten, zu der sie schon ohnehin sehr geneigt waren g).

Hengist und Horsa waren zwey Brüder, die großes Ansehn unter den Sachsen besaßen, und ihres Adels und der Tapferkeit wegen sehr berühmt waren. Sie wurden, wie die meisten sächsischen Prinzen, für Abkömmlinge des Woden gehalten, der unter diesen Nationen als ein Gott verehret wurde. Man sagte, daß sie seine Urenkel wären h); ein Umstand, der ihr Ansehen sehr vergrößerte. Wir wollen uns nicht bemühen, der Abkunft dieser Prinzen und Nationen noch weiter nachzuspüren. Man siehet augenscheinlich, wie vergeblich die Mühe seyn würde, nach Jahrbüchern eines Volkes in diesen barbarischen und unwissenden Zeiten zu forschen, da ihre ersten Prinzen, welche aus irgend einer glaubwürdigen Geschichte bekannt sind, von ihnen für die vierten Abkömmlinge einer fabelhaften Gottheit, oder eines Menschen gehalten wurden, den die Unwissenheit zum Gott erhoben hatte. Der dunkele Fleiß eines Alterthumsforschers, der der entfernten Analogie der Namen, oder einer ungewißen Tradition folgte, würde sich vergebens bemühen, durch jene tiefe Finsternisse zu bringen, worein die alte Geschichte dieser Nationen gehüllet ist.

Da diese beyden Brüder sahen, daß die übrigen Provinzen Deutschlands schon von einem kriegerischen und dürftigen Volke in Besitz genommen, und auch die reichen Provinzen Galliens schon erobert, oder von Deutschen überschwemmet waren; so fiel es ihnen nicht schwer, ihre Landsleute zu einer Unternehmung zu bereden, welche eine günstige Gelegenheit versprach, ihre Tapferkeit zu beschäfftigen, und ihre Haabsucht zu befriedigen. Sie setzten ihre Truppen in drey Schiffe, und führten im Jahre 449 oder 450 i), 1600 Mann über, welche auf der Insel Thanet landeten, und unmittelbar darauf zur Vertheidigung der Britten wider die nördlichen Einwohner zu Felde zogen.

Die

---

d) *Cæsar.* Lib 6. *Tacit.* de Mor. Germ.
e) *Amm. Marcell.* Lib 28 *Orosius.*
f) *Amm. Marcell.* Lib. 27. Cap. 7. Lib 28 Cap. 7.
g) *Will. Malm.* p. 8.

h) *Bede.* Lib. 1. Cap. 15. Saxon. Chron. S. 13. *Nennius.* Cap 28.
i) Saxon. Chronic. S. 12. *Gul. Malm.* S. 4. *Huntington* Lib. 2. S. 309. *Ethelwerd. Brompton.* S. 728.

Die Scoten und Picten waren nicht vermögend, der Tapferkeit dieser Hülfsvölker zu widerstehen; und die Britten freueten sich sehr über ihre Klugheit, die Sachsen zu Hülfe gerufen zu haben, und hofften unter dem mächtigen Schutze dieses kriegerischen Volkes hinführo Ruhe und Sicherheit zu geniessen.

A. D. 448.

Aber Hengist und Horsa schlossen aus ihrem leichten Siege über die Picten und Scoten, mit wie geringerer Mühe sie die Britten selbst bezwingen würden, welche jenen schwachen Feinden nicht hatten widerstehen können; und beschlossen, für ihre eigene Größe, nicht zur Vertheidigung ihrer elenden Bundesgenossen zu fechten. Sie schickten Bericht nach Sachsen von der Fruchtbarkeit und dem Reichthum Britanniens. Sie ließen ihren Landsleuten vorstellen, daß die Bezwingung eines Volkes so gut, als gewiß sey, welches sich so lange von den Waffen entwöhnt hätte, itzt von den römischen Reiche getrennet, dessen Proviny ihr Land seit so vielen Jahren gewesen wäre, unter sich selbst uneinig sey, und weder Liebe zu seinen neuen Freyheiten, noch eine Nationalfreundschaft und Achtung gegen sich selbst besäße k). Die Laster und die Feigheit des Vortiger, Heerführers der Britten, waren ein neuer Grund zur Hoffnung; auch überließen die Sachsen in Deutschland sich gern so angenehmen Vorstellungen, und führten Hengist und Horsa eine Verstärkung von 5000 Mann in siebenzehn Schiffen zu. Itzt fiengen die Britten an, gegen die Absicht ihrer Bundesgenossen, deren Anzahl sich immer vermehrete, Verdacht zu schöpfen; aber eine leidende Unterwürfigkeit war das einzige, worinn sie ihre Zuflucht suchten. Auch dieses schwache Hülfsmittel fehlte ihnen bald. Die Sachsen suchten einen Streit, und beschwerten sich, daß ihre Subsidien schlecht bezahlt, und ihre Lebensmittel ihnen entzogen wurden l). Bald darauf zogen sie die Larve völlig ab, errichteten einen Bund mit den Picten und Scoten, und übten öffentlich Feindseligkeiten wider die Britten aus m).

Durch diese gewaltsame Beleidigungen gezwungen, und voll Unwillen wider ihre verrätherischen Bundesgenossen, griffen die Britten zu den Waffen. Sie setzten Vortigern ab, den seine lasterhafte Aufführung und der schlechte Erfolg seiner übereilten Anschläge verhaßt gemacht hatten, und begaben sich unter die Anführung seines Sohnes Vortimer n). Sie lieferten ihren Feinden viele Schlachten; und ob gleich die brittischen und sächsischen Jahrbücher sich über die Siege streiten, so beweisen doch die Eroberungen, welche die Sachsen machten, daß der Vortheil meistens auf ihrer Seite gewesen sey. Inzwischen wurde doch in einem Treffen, welches bey Eglesford, itzt Ailsford, vorfiel, Horsa, der sächsische Heerführer, erschlagen, und die Anführung seiner Landsleute fiel dem Hengist allein zu o). Dieser muthige General, der aus Deutschland unaufhörlich mit frischen Truppen verstärket wurde, brachte die Verheerung bis in die entferntesten Theile Englands; und da seine vornehmste Sorge dahin gieng, den Schrecken seiner Waffen auszubreiten, so schonte er weder Alter, Geschlecht, noch Stand, wohin er nur mit seinen siegreichen Völkern kam. Die privat- und öffentlichen Gebäude der Britten wurden in Asche gelegt: Die Priester wurden von diesen abgöttischen

k) Chron Sax. S. 12. Ann. Beverl. S. 49.
l) Bede, Lib. 1. Cap. 5. Nennius, Cap. 39. Gildas, §. 23.
m) Bede, Lib. 1 Cap. 15 Gildas, Sax. Chron. S. 12. 13. Ann. Beverl. S. 50.

n) Matth. West. A. D. 454. Gul. Malm. C. 9.
o) Matth. West. A. D. 455. Saxon. Chron. p. 13. Nennius. Cap. 46.

14 Geschichte von England. Kap. I.

A. D. 448. göttischen Verheerern an den Altären erschlagen: die Bischöfe und der Adel hatten einerley Schicksal mit dem gemeinen Mann. Das Volk, welches auf die Berge und in die Einöden entflohe, wurde aufgefangen, und haufenweise getödtet. Einige waren froh, Leben und Knechtschaft von den Ueberwindern zu erhalten; eine große Anzahl verließen ihr Vaterland, und suchten Zuflucht in der Provinz Armorika; hier wurden sie von den Einwohnern, welche einerley Sprache und Sitten mit ihnen hatten, liebreich aufgenommen, und sie gaben dem Lande den Namen Bretagne p).

Die brittischen Geschichtschreiber geben eine Ursache an, welche den Sachsen den Eingang in diese Insel erleichterte, nämlich die Liebe, welche Vortigern gegen Rovena, die Tochter des Hengist, hegte, und deren sich dieser kluge Krieger bediente, den unbesonnenen Monarchen zu verblenden q). Eben diese Schriftsteller fügen hinzu, daß nach dem Tode Vortimers gestorben, Vortiger wieder auf den Thron gesetzt, und vom Hengist zu Stonehenge zu einem Feste eingeladen worden sey, wobey 300 von seinem Adel verrätherischer Weise getödtet, und er selbst wäre gefangen genommen worden r). Aber es scheint, daß sie diese Umstände erdichtet haben, um die schwache Gegenwehr ihrer Landesleute zu beschönigen, und von dem schnellen Fortgange der sächsischen Waffen, und ihren ausgelassenen Grausamkeiten einen Grund anzugeben s).

Nach dem Tode des Vortimer wurde Ambrosius, ein Britte, obgleich von römischer Abkunft, mit der Stelle eines Heerführers über seine Landesleute bekleidet. Er bemühete sich mit gutem Fortgange, sie zum Widerstande gegen die Sachsen zu vereinigen: diese Streitigkeiten vergrößerten die Feindschaft der beyden Nationen, und weckten den kriegerischen Geist der alten Einwohner aus der unglücklichen Schlafsucht, worein er bisher versunken war. Hengist behauptete sich jedoch, ungeachtet ihrer Gegenwehr, noch immer in Britannien. Um die Macht und Aufmerksamkeit der Britten zu theilen, rief er einen neuen Stamm von Sachsen, unter der Anführung seines Bruders Octa und des Ebissa, eines Sohnes des Octa, herüber, und wies ihnen in Northumberland Wohnungen an. Er selbst blieb in dem südlichern Theile der Insel, und stiftete das Königreich Kent, welches die Grafschaft dieses Namens, Middlesex, Essex, und einen Theil von Surrey in sich begrif. Er schlug seinen königlichen Sitz zu Canterbury auf, woselbst er über vierzig Jahre regierte, und im Jahr 488, oder doch um die Zeit, starb, und sein erobertes Reich seinen Nachkommen hinterließ.

Der glückliche Fortgang des Hengist erregte die Begierde der übrigen Einwohner der nördlichen Theile Deutschlands, so, daß sie zu verschiedenen Zeiten, und unter verschiedenen Anführern, haufenweise nach Britannien übergiengen. Diese Eroberer bestunden vornehmlich aus drey Stämmen, aus Sachsen, Angeln, und Jüten t), welche alle unter einer gemeinschaftlichen Benennung, manchmal Sachsen, manchmal Angeln benannt wurden. Sie redeten einerley Sprache, und wurden nach einerley
Regie-

p) Bede Lib. I. cap. 15. Usher S. 226.
Gildas §. 24.
q) Nennius Galfr. lib. 6. Cap. 12.
r) Nennius cap. 47. Galf.
s) Stillingfleets orig Britt. S. 324. 325.
t) Bede lib. 1. cap. 15. Ethelwerd. p. 833.
Edit. Camdeni. Chron. Sax. p. 12. Ann. Beverl.
p. 78. Die Einwohner von Kent und der Insel Wight waren Jüten. Essex, Middlesex, Surrey, Sussex, und alle südliche Grafschaften von Cornwall, wurden von Sachsen bewohnet; Mercia, und die übrigen Theile des Reichs reichs von Angeln.

Regierungsform beherrschet, und dieses sowohl, als ihr gemeinschaftlicher Vortheil bewog sie, sich wider die alten Einwohner zu vereinigen. Die Britten führen noch immer fort, so ungleich der Streit auch war, Widerstand zu thun; allein er wurde von Tage zu Tage schwächer. Ihr Unglück ließ ihnen nur wenig Frist, bis sie endlich nach Cornwal und Wallis getrieben wurden, und in der Entlegenheit und den unzugänglichen Bergen dieses Landes Schutz fanden. A. D. 448.

Der erste sächsische Staat, welcher nächst Kent in Britannien errichtet wurde, war das Königreich Südsachsen. Im Jahr 477 u) führte Aella, ein General der Sachsen, eine Armee aus Deutschland über; landete an der südlichen Küste, und suchte von dem benachbarten Lande Besitz zu nehmen. Die nunmehro bewaffneten Britten verließen nicht auf eine feige Art ihre Besitze, sondern wurden erst nach vielen verlohrnen Schlachten von ihren kriegerischen Feinden daraus vertrieben. Das merkwürdigste Treffen, dessen die Geschichtschreiber erwähnen, fiel bey Mearcredes-Burn vor x), wo die Sachsen zwar Sieger blieben, aber einen so beträchtlichen Verlust erlitten, daß der Fortgang ihrer Eroberung einen Aufschub dadurch bekam. Nachdem Aella durch eine neue Anzahl seiner Landesleute verstärket war, zog er wieder gegen die Britten zu Felde; er belagerte Andred-Ceaster, welches die Besatzung und die Einwohner mit einer Tapferkeit, die der Verzweiflung nahe kam, vertheidigten y). Durch diesen Widerstand, und durch die Beschwerlichkeiten und Gefahren, welche sie erlitten hatten, erbittert, verdoppelten die Sachsen ihre Angriffe auf diesen Ort; und nachdem sie ihn erobert hatten, ließen sie ihre Feinde ohne Unterschied über die Klinge springen. Dieser entscheidende Vortheil erleichterte dem Aella seine Eroberung. Er nahm den Titel eines Königes an, und breitete seine Herrschaft über Sussex, und einen großen Theil von Surrey aus. Nach Osten zu wurde er von dem Königreich Kent, und nach Westen von einem andern Stamm Sachsen, welcher von dem Lande Besitz genommen hatte, gehindert, seine Eroberung weiter zu treiben.

Diese letztern wurden von der Lage des Landes, welches sie bewohnten, Westsachsen genannt. Sie landeten im Jahr 495, unter der Anführung des Cerdic und seines Sohnes Kenric z). Die Britten waren durch ihre erlangte Erfahrung so sehr auf ihrer Hut, und sowohl in Bereitschaft, den Feind zu empfangen, daß sie dem Cerdic an eben dem Tage, da er landete, ein Treffen lieferten; und obgleich überwunden, vertheidigten sie dennoch ihre Freyheit eine Zeitlang wider die Anfälle ihrer Feinde. Kein einziger Stamm von Sachsen hatte einen so lebhaften Widerstand angetroffen, noch so viel Tapferkeit und Standhaftigkeit in seinen Eroberungen bewiesen. Cerdic wurde so gar genöthiget, sowohl bey seinen Landesleuten im Königreiche Kent und Sussex, als auch in Deutschland Hülfe zu suchen, und aus diesem verstärkte er sich mit einem neuen Heere, unter der Anführung des Porte, und seiner Söhne Bleda und Megis¹). Nach dieser Verstärkung fiel im Jahre 508 eines der hartnäckigsten Treffen zwischen ihm und den Britten vor; diese wurden vom Nazan-leob angeführet, und waren im Anfange des

---

u) Chron. Sax. p. 14. Ann. Beverl. p. 81.
x) Saxon. Chron. A. D. 485. Flor. Wigorn.
y) Hen. Huntin. lib. 2.
z) Will. Malm. lib. 1. cap. 1. p. 12. Chron. Sax. p. 15.
a) Chron. Sax.

des Treffens Sieger, indem sie den Flügel, welchen Cerdic selbst commandirte, schlu-
A. D. 448 gen. Aber Kenric, der mit dem andern Flügel die Oberhand behalten hatte, kam seinem Vater zeitig zu Hülfe, und stellte das Treffen wieder her, welches sich mit dem
vollkommenen Siege der Sachsen endigte b). Najand-leod kam mit 5000 der Eini-
nigen um. Sein Tod hinterließ die Britten mehr geschwächet als muthlos. Der
Krieg wurde noch immer fortgesetzt, obgleich das Glück gemeiniglich auf Seiten der
Sachsen war, denen ihre kurzen Schwerter, und ihre Art in der Nähe zu fechten, einen großen Vortheil über die Wurfspieße der Britten gaben. Cerdic verfolgte sein Glück;
um seine Eroberungen weiter zu treiben, belagerte er den Berg Badon, oder Banes-
downe bey Bath, wohin sich der hartnäckigste Theil der geschlagenen Britten gezogen
hatte. In dieser äußersten Noth ersuchten die südlichen Britten den Arthur, Fürsten
der Silluren um Hülfe, dessen heldenmüthige Tapferkeit sein fallendes Vaterland unterstützte c). Dieses ist eben der Arthur, der duch die Gedichte des Thaliessin, und der
übrigen brittischen Barden so berühmt geworden ist, und dessen kriegerische Thaten mit
so vielen Fabeln untermischt sind, daß sie Gelegenheit gegeben haben, zu zweifeln, ob
er je wirklich gelebet habe. Aber gemeiniglich haben doch die Dichter, ob sie gleich die
meisten wahren Begebenheiten durch ihre Erdichtungen verstellen, und da, wo sie, wie
bey den Britten, die einzigen Geschichtschreiber sind, sich seltsame Freyheiten mit der
Wahrheit nehmen, auch in ihren ausschweifendsten Vergrößerungen einigen Grund. So
viel ist gewiß, daß die Sachsen die Belagerung von Badon im Jahre 520 aufhoben,
und daselbst von den Britten in einem großen Treffen geschlagen wurden d). Dieses
Unglück hinderte zwar den Fortgang der Waffen des Cerdic, doch zwang es ihn nicht,
die schon gemachten Eroberungen fahren zu lassen. Er und sein Sohn Kenric, welcher
ihm folgte, errichteten das Königreich der Westsachsen, oder Wessex, über die Grafschaften Hants, Dorset, Wilts, Berks, und die Insel Wight, und hinterließen ihre
neueroberte Herrschaft ihrer Nachkommenschaft. Cerdic starb im Jahr 534 e), und
Kenric im Jahre 560 f).

Indem die Sachsen in den südlichen Theilen so weit kamen, waren ihre Landsleute
in den übrigen gleichfalls nicht müßig. Im Jahre 527 g) landete ein großer Stamm
derselben unter verschiedenen Anführern auf der östlichen Küste Britanniens, und errichtete, nach vielen gelieferten Schlachten, von denen die Geschichte keine besondern
Umstände aufbehalten hat, drey neue Königreiche in dieser Insel. Uffa nahm im Jahr
575 den Titel eines Königes der Ostangeln an; Criba nannte sich im Jahre 585 König von Mercia h), und Erkenwin von Ost-Sachsen, oder Essex, um eben die Zeit;
denn das Jahr ist unbekannt. Dieses letzte Königreich war ein abgerissenes Stück von
dem Königreiche Kent, und enthielt die Grafschaften Essex, Middlesex, und einen
Theil von Herfordshire. Den Ost-Angeln gehörten die Grafschaften Cambridge, Suffolk und Norfolk. Mercia breitete sich über alle mittlern Grafschaften aus, von den
Ufern der Severne an, bis zu den Gränzen der andern beyden Königreiche.

Bald

b) H. Hunting. lib. 2. Ethelwerd. lib. 1, Chron. Sax. p. 17.
c) Hunting. lib. 2.
d) Gildas, Saxon. Chron. H. Hunting. lib. 2.
e) H. Hunting. lib. 2.
f) Will. Malm. Ethelwerd. Hunt. lib. 2.
g) H. Hunting. lib. 2.
h) Matth. West. Huntingdon. lib. 2.

Geschichte von England. Kap. I.

Bald nach der Landung des Hengist hatten die Sachsen sich in Northumberland niedergelassen; woselbst sie aber einen hartnäckigen Widerstand fanden, und in Bezwingung der Einwohner keinen sonderlichen Fortgang hatten. Ihre Sachen geriethen in einen so schlechten Zustand, daß in langer Zeit keiner von ihren Prinzen den Titel eines Königes annahm. Ida, ein sächsischer Prinz von vielen Verdiensten i), und der, wie alle übrige Prinzen dieser Nation, seine Abkunft von Woden herleitete, führte endlich im Jahre 547 k) eine Verstärkung von Deutschen herüber, und setzte dadurch die Northumbrier in den Stand, ihre Eroberung zu vollenden. Er bezwang die ganze Grafschaft, welche wir itzt Northumberland nennen, ferner das Bischofthum Durham, wie auch einige südöstliche Grafschaften von Schottland, und ließ sich die Krone unter dem Titel eines Königes von Bernicia aufsetzen. Ungefähr um eben die Zeit eroberte Aella, ein andrer sächsischer Prinz, Lancashire, nebst dem größten Theile von Yorkshire, und nahm die Benennung eines Königes von Deiri an l). Diese beyden Königreiche wurden unter der Herrschaft des Ethelfried, eines Enkels des Ida vereiniget, welcher die Acca, eine Tochter des Aella heyrathete, und nachdem er ihren Bruder Edwin vertrieben hatte, eines der mächtigsten sächsischen Königreiche, unter dem Namen von Northumberland, stiftete. Wie weit seine Herrschaft sich in dem heutigen Schottlande erstrecket habe, ist ungewiß; daran aber ist nicht zu zweifeln, daß alle die niedrigen Gegenden, und vornehmlich die östliche Küste des Landes, großentheils von Deutschen bewohnt gewesen sey: wenn gleich die mannichfaltigen Kriegszüge, welche die Sachsen unternommen haben, den Federn der Geschichtschreiber entgangen sind. Die Sprache dieses Landes, welche gänzlich sächsisch ist, ist ein stärkerer Beweis davon, als die unvollkommenen, oder besser zu sagen, die fabelhaften Jahrbücher geben können, welche uns von den schottischen Geschichtschreibern aufgedrungen sind.

Die Heptarchie.

So wurde endlich nach vielen heftigen Kriegen von beynahe hundert und funfzig Jahren, die Heptarchie, oder sieben sächsische Königreiche in Britannien errichtet, und der ganze südliche Theil der Insel, ausgenommen Wallis und Cornwallis, hatte seine Einwohner, Sprache, Gebräuche und politische Verfassung durchaus verändert. Die Britten hatten unter der römischen Herrschaft in den Künsten und in der Liebe zum gesellschaftlichen Leben so zugenommen, daß sie außer einer großen Anzahl Dörfer und Landsitzen, acht und zwanzig ansehnliche Städte in ihrer Provinz gebauet hatten m). Allein, unter den stolzen Eroberern, denen sie itzt unterwürfig waren, sank alles in seine vorige Barbarey zurück, und die wenigen Eingebohrnen, welche nicht umgekommen oder aus ihrem Lande vertrieben waren, befanden sich in der härtesten Sklaverey. Keine von den übrigen nordischen Eroberern, weder die Franken, Gothen, Vandalen, oder Burgundier, ob sie gleich wie ein ungeheurer Strom die südlichen Provinzen überschwemmten, richteten solche Verwüstungen in den eroberten Ländern

A. D. 448.

i) *Will. Malmf.* p. 19.
k) Chron. Sax. p. 19.
l) Ann. *Beverl.* p. 78.
m) *Gildas*, *Beda* lib. 1.

Hume Gesch. v. Großbr. III. Theil.

beern an, oder bewiesen eine solche Erbitterung wider die alten Einwohner. Da die Sachsen nur von Zeit zu Zeit, und in getheilten Haufen herüber kamen, so bewog dieses die Britten, ob sie gleich im Anfange unkriegerisch waren, sich zur Gegenwehre zu setzen. Anstatt andere von ihrer Nation auszuschließen, um die Beute und das Eigenthum der alten Einwohner nicht mit ihnen theilen zu dürfen, sahen die ersten Deutschen, welche die Insel angriffen, sich genöthiget, bey ihren Landesleuten Verstärkung zu suchen, und die gänzliche Ausrottung der Britten war das einzige Mittel, den neuen Ankömmlingen Wohnungen und Unterhalt zu verschaffen. Daher hat die Geschichte wenig Eroberungen aufzuweisen, welche verderblicher gewesen sind, als der Sachsen, und wenig Revolutionen, welche gewaltsamer erfolgt sind, als diejenigen, welche sie einführten.

So lange der Krieg mit den Eingebohrnen währte, beobachteten die sächsischen Prinzen eine gewisse Einigkeit in ihren Rathschlägen, und in ihrem Interesse; als aber die Britten in den unzugänglichen Gegenden von Wallis und Cornwallis eingeschlossen waren, und den Eroberern keine weitere Unruhe verursachten, trennete sich auch größtentheils das Bündniß, welches die Prinzen der Heptarchie unter sich geschlossen hatten. Zwar scheinet es, daß ein Prinz sich jederzeit eine gewisse Gewalt über das Ganze angemaßet habe; doch ist sein Ansehen, wo man es je für gesetzmäßig gehalten hat, sehr eingeschränkt gewesen, und jeder Staat handelte als gänzlich verschieden und unabhängig von den übrigen. Kriege also, Revolutionen und Mißhelligkeiten, waren unter einem unruhigen und kriegerischen Volke unvermeidlich, und diese sollen ihr, ungeachtet ihrer Dunkelheit und Verworrenheit, der Gegenstand unserer Aufmerksamkeit seyn. Aber, ausser der Schwierigkeit, die Geschichte sieben unabhängiger Königreiche in eins zu bringen, ist die Ungewißheit, oder wenigstens die Trockenheit der bis auf uns gekommenen Nachrichten, schon zureichend, einen Schriftsteller abzuschrecken. Die Mönche, welche in den damaligen Zeiten die einzigen waren, die Jahrbücher hielten, lebten entfernet von öffentlichen Geschäften, sie betrachteten die bürgerlichen Angelegenheiten als gänzlich abhängend von der Kirche, und außer der damaligen allgemeinen Unwissenheit und Barbarey waren sie von Leichtgläubigkeit, von der Liebe zum Wunderbaren, und einem Hang zu Betrügereyen angestecket; Fehler, welche von ihrem Stande und von ihrer Lebensart untrennlich sind. Die Geschichte dieser Zeiten hat einen Ueberfluß an Namen; aber einen desto größern Mangel an Begebenheiten; oder sie sind auch so sehr ohne Umstände und Ursachen erzählet, daß der beredteste Schriftsteller verzweifeln muß, sie dem Leser angenehm oder lehrreich vortragen zu können. Selbst die schöpferische Einbildungskraft des gelehrten Milton erlag unter dieser Last; er gesteht ohne Bedenken, daß seiner Meynung nach die Gefechte der Habichte und Krähen eben so gut verdienten erzählt zu werden, als die verworrenen Thaten und Schlachten der sächsischen Heptarchie [a]). Um gleichwohl die Begebenheiten in einen erträglichen Zusammenhang zu bringen, wollen wir eine kurze Nachricht von den Königen, wie sie auf einander gefolget sind, wie auch von den vornehmsten Veränderungen eines jeden Reiches mittheilen. Wir machen mit dem Königreiche Kent, als dem ältesten, den Anfang.

Das

---

a) *Milton* in Kennet p. 50.

Das Königreich Kent.

A. D. 512.

Escus folgte seinem Vater, dem Hengist, in dem Königreiche Kent; es scheint aber nicht, daß er den kriegerischen Ruhm dieses Eroberers, welcher den sächsischen Waffen die erste Gelegenheit, in Britannien einzudringen, verschaffte, geerbt habe. Alle Sachsen, welche ihren Ruhm in der Tapferkeit, oder neue Wohnplätze durch die Waffen zu erhalten suchten, begaben sich unter die Fahnen des Aella, Königes von Sussex, der einen glücklichen Krieg gegen die Britten führte, und den Grund zu einem neuen Reiche legte. Escus begnügte sich, das Königreich Kent ruhig zu besitzen. Er hinterließ es im Jahre 512 seinem Sohne Octa, unter dessen Regierung die Ost-Sachsen ihre Monarchie errichteten, und dem Königreiche Kent die Provinzen Esser und Middlesex entrissen. Nach einer Regierung von zwey und zwanzig Jahren machte sein Tod im Jahre 534 seinem Sohne Hermenric Platz, welcher während einer Herrschaft von zwey und vierzig Jahren nichts merkwürdiges verrichtete; ausgenommen, daß er sich seinen Sohn Ethelbert in der Regierung zugesellte, um die Erbfolge auf seinem Hause desto besser zu befestigen, und die in einer unruhigen und barbarischen Monarchie gewöhnlichen Revolutionen zu verhindern.

Ethelbert erweckte den Ruhm seines Hauses wieder, der seit einigen Geschlechtern in einem tiefen Schlafe gelegen hatte. Die Unwirksamkeit seiner Vorfahren, und die Lage seines Landes, welches für alle Feindseligkeiten der Britten gesichert war, hatte den kriegerischen Geist der kentischen Sachsen sehr geschwächet; und dem Ethelbert geriethen seine ersten Versuche, die Gränzen seines Landes zu erweitern, und seinen Namen berühmt zu machen, schlecht °). Er wurde in zweyen Treffen von dem Ceaulin, Könige von Wessex, geschlagen, und gezwungen, dem Vorrang in der Heptarchie diesem ehrsüchtigen Prinzen zu lassen, der sich bey seinem Siege nicht zu mäßigen wußte, und dadurch, daß er sich das Königreich Wessex unterwürfig machte, die Eifersucht aller übrigen Fürsten erregte. Es wurde ein Bündniß wider ihn errichtet, und Ethelbert, dem die Anführung der Bundesgenossen aufgetragen wurde, lieferte ihm ein Haupttreffen, und erhielt einen entscheidenden Sieg ᵖ). Ceaulin starb bald darauf: und Ethelbert folgte ihm sowohl in der Oberherrschaft über die sächsischen Staaten, als in seinen übrigen ehrgeizigen und ausschweifenden Anschlägen. Er machte sich alle Prinzen, den König von Northumberland ausgenommen, unterwürfig, und setzte sich mit Gewalt auf den Thron von Mercia, des größten der sächsischen Königreiche. Das Beyspiel des Ceaulin setzte ihn gleichwohl in Furcht, ein ähnliches Bündniß wider sich errichtet zu sehen; und er überließ sehr weislich den Thron von Mercia dem Webba, dem rechtmäßigen Erben, und Sohn des Crida, welcher dieses Reich gestiftet hatte. Aber er ließ sich mehr von Ehrbegierde, als Gerechtigkeit beherrschen, und gab dem Webba den Besitz der Krone unter solchen Bedingungen, welche ihn wenig besser, als zum Vasallen seines Wohlthäters machten.

Allein die denkwürdigste und glücklichste Begebenheit, welche die Regierung dieses großen Prinzen merkwürdig machte, war die Einführung der christlichen Religion un-

---

o) Chron. Sax. p. 21.   p) H. Hunting. lib. 2.

A. D. 534

ter den englischen Sachsen. Der Aberglaube der Deutschen, und vornehmlich der Sachsen, war von der gröbsten und barbarischsten Art; er gründete sich bloß auf gewisse mündliche Ueberlieferungen, welche sie von ihren Vorfahren erhalten hatten; er war in kein System gebracht, noch so, wie die Religion der Druiden, durch politische Verfassungen unterstützet; und es scheinet, daß er wenig Eindruck auf seine Anhänger gemacht, und der neuen Lehre, welche unter ihnen geprediget wurde, leicht seinen Platz überlassen habe. Woden, den sie für den Stammvater aller ihrer Prinzen hielten, wurde für den Gott des Krieges angesehen, und war folglich ihre oberste Gottheit, und der vornehmste Gegenstand ihrer Verehrung. Sie glaubten, wenn sie sich durch Tapferkeit, (denn aus den übrigen Tugenden machten sie nicht so viel) die Gunst dieser Gottheit erwürben, so würden sie nach ihrem Tode in seine Wohnung kommen, daselbst auf Ruhebetten liegen, und sich aus den Hirnschaalen ihrer Feinde, welche sie im Treffen erlegt hatten, mit Bier sättigen. In diesen Vorstellungen vom Paradiese, welche ihre Nachgierde und ihre Unmäßigkeit, die Haupteigungen der Barbaren, bestiedigte, verachteten sie die Gefahren des Krieges, und vermehrten ihre angebohrne Grausamkeit gegen die Ueberwundenen, durch die Vorurtheile ihrer Religion. Von den übrigen theologischen Meynungen der Sachsen ist uns wenig bekannt. Wir finden nur noch, daß sie Götzendiener waren, daß sie Sonne und Mond anbeteten, daß sie den Gott des Donners unter dem Namen Thor verehrten, daß sie Bilder in ihren Tempeln hatten, daß sie Opfer brachten, vest an Zauberey glaubten, und überhaupt ein System von Lehrsätzen hatten, welches sie zwar für heilig hielten, das aber, wie aller Aberglaube, einem jeden, der nicht von Kindheit auf daran gewöhnet ist, rasend vorkommen muß.

Die fortdaurenden Feindseligkeiten, welche die Sachsen gegen die Britten ausübten, mußten jene nothwendig ungeneigt machen, den christlichen Glauben anzunehmen, wenn er ihnen von so verhaßten Feinden geprediget wurde. Vielleicht waren die Britten, wie ihnen von Gildas und Beda vorgeworfen worden ist, auch nicht sehr eifrig, ihnen die Lehre vom ewigen Leben, und von der Seligkeit bekannt zu machen. Gleichwie aber ein gesittetes Volk, wenn es gleich durch die Waffen bezwungen worden ist, noch immer einen merklichen Vorzug vor barbarischen und unwissenden Nationen behält, so waren auch schon alle übrige nordischen Eroberer von Europa bewogen worden, sich zum christlichen Glauben, den sie im römischen Reiche eingeführet fanden, zu bekennen, und es konnte nicht fehlen, daß nicht die Sachsen, auf die Nachricht, welche sie davon erhielten, eine gewisse Ehrfurcht für eine Lehre faßten, welche alle ihre Brüder auf ihre Seite gezogen hatte. Ihre Begriffe mochten auch noch so eingeschränkt seyn, so mußten sie doch den Vorzug, welchen die südlichen Grafschaften, die außerhalb ihrem Bezirke lagen, vor ihnen hatten, einsehen; und es war natürlich, daß sie der überlegnen Erkenntniß und dem Eifer, wodurch die Einwohner der christlichen Königreiche sich auch damals unterschieden, nachgaben.

Aber diese Ursachen würden nicht hinlänglich gewesen seyn, die Einführung des Christenthums in Kent zu bewerkstelligen, wenn nicht ein günstiger Zufall die Mittel dazu erleichtert hätte. Ethelbert hatte bey seines Vaters Lebzeiten die Bertha, die einzige Tochter des Caribert, Königes von Paris q), eines der Abkömmlinge des Clovis,

des

---

q) *Greg. of Tours* lib. 9. cap. 26. *H. Hunting.* lib. 2.

des Eroberers von Gallien gehenrathet; ehe er aber zu dieser Verbindung gelassen war, hatte er sich anheischig machen müssen, der Prinzeßinn ihre freye Religionsübung zu verstatten; eine Nachsicht, welche nicht schwer war von den abgöttischen Sachsen zu erhalten *). Bertha brachte einen französischen Bischof mit an den Hof von Canterbury; sie war eifrig für die Ausbreitung ihrer Religion besorgt, bezeigte sich fleißig in ihren Andachtsübungen, beförderte das Ansehen ihres Glaubens durch einen untadelhaften Wandel, und wandte alles an, ihren Gemahl durch Gefälligkeit und Liebreiz zur Annehmung ihrer Grundsätze zu bewegen. Die Liebe des Hofes gegen sie, und das Ansehn, welches sie über den Ethelbert besaß, hatten den Weg zur Aufnahme der christlichen Religion so gut gebahnet, daß Gregorius, mit dem Zunamen der Große, damaliger römischer Pabst, die Hoffnung faßte, durch die Bekehrung der brittischen Sachsen ein Vorhaben auszuführen, wozu er sich schon vor seiner Besteigung des heiligen Stuhls entschlossen hatte.

A. D. 534.

Als dieser Prälat noch im Privatstande war, bemerkte er einstens auf dem Marktplatze zu Rom einige sächsische Jünglinge, die zum Verkauf ausgestellet waren, und welche die römischen Kaufleute auf ihren Reisen nach Britannien von ihren Aeltern erhandelt hatten. Ihre Schönheit und blühende Jugend bewog den Gregorius, zu fragen, aus welchem Lande sie wären, und als ihm gesaget wurde, daß sie Angeln wären, antwortete er, sie könnten eigentlicher Engel genannt werden, und es sey Schade, daß der Fürst der Finsterniß eine so herrliche Beute haben, und daß in einem so schönen Leibe eine Seele wohnen sollte, der innerliche Gnade und Gerechtigkeit fehlte. Als er weiter nach dem Namen ihrer Provinz fragte, hörte er, daß sie Deiri hieß, (ein Stück von Northumberland) Deiri! antwortete er, das ist gut; sie sind zur Gnade Gottes von seinem Zorn, de ira, gerufen: aber wie heißet der König dieser Provinz? Man sagte ihm Aella oder Alla. Allelujah, rief er, wir müssen machen, daß das Lob Gottes in ihrem Lande gesungen werde. Diese Anspielungen schienen ihm von einer so glücklichen Bedeutung zu seyn, daß er beschloß, selbst eine Mißion nach Britannien vorzunehmen. Er hatte die Erlaubniß dazu vom Pabste erhalten, und machte alle Anstalten zu dieser gefährlichen Reise; aber die Liebe der Römer gegen ihn war so groß, daß sie nicht zugeben wollten, daß er sich solchen Gefahren aussetzte, sondern ihn nöthigten, gegenwärtig alle Gedanken zur Ausführung dieses frommen Vorhabens fahren zu lassen *).

Die Streitigkeiten zwischen den Heiden und Christen waren zu dieser Zeit noch nicht völlig geendiget, und vor dem Gregorius hatte noch kein Pabst den unzeitigen Eifer gegen die erste Religion zu solchen Ausschweifungen getrieben. Er hatte allen kostbarsten Denkmälern der Alten, und selbst ihren Schriften den Krieg erklärt; sowohl der Ton seines Witzes, als der Stil, welcher in seinen Schriften herrschet, beweisen, daß er weder Geschmack noch Genie genug hatte, sie zu verstehen. Aus Ehrgeiz, seine Regierung durch die Bekehrung der brittischen Sachsen merkwürdig zu machen, sah er den Augustinus, einen römischen Mönch aus, und schickte ihn mit vierzig Gehülfen nach Britannien, um auf dieser Insel das Evangelium zu predigen.

C 3 Diese

r) *Bede* lib. 1. cap. 25. *Brompton*. p. 729.   s) *Bede* lib. 2. cap. 1. *Spell.* Conc. p. 91.

22 Geschichte von England. Kap. I.

A. D. 597. Diese Mißionarien ließen sich durch die Gefahr, welche mit der Ausbreitung einer neuen Lehre unter einem so wilden Volke, dessen Sprache ihnen gänzlich unbekannt war, verbunden seyn möchte, bewegen, eine Zeitlang in Frankreich zu warten, und den Augustinus zurück zu senden, um dem Pabste die Gefahr und die Schwierigkeit dieser Unternehmung vorzustellen, und ihn zu bewegen, daß er davon abstehen möchte. Aber Gregorius ermahnte sie, bey ihrem Vorhaben zu bleiben, und rieth ihnen, unter den Franken, welche einerley Sprache mit den Sachsen redeten t), Dollmetscher zu suchen. Er empfahl sie auch der Königinn Brunehout, welche sich damals der Herrschaft in diesem Lande bemächtiget hatte. Obgleich diese Prinzeßinn mit allen Lastern der Verrätherey und der Grausamkeit beflecket war; so besaß sie doch vielen Eifer für diese Sache, oder gab wenigstens vor, ihn zu besitzen, und Gregorius gestand, daß er den glücklichen Ausgang derselben vornehmlich ihrem freundschaftlichen Beystande zu danken hätte u).

Augustinus fand bey seiner Ankunft in Kent im Jahre 597 x) die Gefahr weit geringer, als er sich vorgestellt hatte. Ethelbert, der der christlichen Religion schon geneigt war, wies ihm eine Wohnung auf der Insel Thanet an, und verstattete ihm bald hernach eine Unterredung. Aus Furcht gleichwohl, daß Priester, die einen neuen Gottesdienst aus einem entfernten Lande brächten, sich der Zauberey gegen ihn bedienen möchten, gebrauchte er die Vorsicht, sie unter freyem Himmel zu empfangen, wo er glaubte, daß die Wirkungen ihrer Künste leichter abgewendet werden könnten y). Hier machte Augustinus, durch Hülfe der Dollmetscher, ihm die Lehren des christlichen Glaubens bekannt, versprach ihm dort oben ewige Freude, und ein Königreich im Himmel, welches kein Ende nähme, wofern er sich bewegen ließe, dieser heilsamen Lehre zu folgen z). „Eure Worte und Versprechungen, antwortete Ethelbert, sind schön; da sie „aber neu und ungewiß sind, so kann ich ihnen nicht gänzlich beyfallen, und den Mey„nungen entsagen, denen ich und meine Vorfahren so lange gefolget sind. Ihr seyd „inzwischen willkommen, ihr könnet hier im Frieden bleiben; und da ihr eine so weite „Reise unternommen habt, wie es scheint, bloß unsers Nutzens wegen, so will ich euch „alles Nöthige reichen lassen, und euch erlauben, eure Lehren meinen Unterthanen „vorzutragen a).„

Diese günstige Aufnahme machte dem Augustinus Muth, und da er jtzt einen glücklichen Ausgang absehen konnte, so verdoppelte er seinen Eifer, den Sachsen des Königreichs Kent das Evangelium zu predigen. Er zog ihre Aufmerksamkeit an sich, durch die Strenge seiner Sitten, durch die strenge Buße, welcher er sich selbst unterwarf, und durch die Enthaltsamkeit und Selbstverläugnung, welche er ausübte; und nachdem er ihre Bewunderung durch eine Lebensart, welche der Natur zuwider zu seyn schien, erregt hatte, verschaffte er denen Wundern, die er zu ihrer Bekehrung zu thun vorgab, leich-

t) *Bede* lib. 1. cap. 23.
u) *Greg.* Epist. lib. 9. epist. 56. *Spell.* Concil. p. 82.
x) *Higden* Polychron. lib. 5. Chron. Sax. p. 23.
y) *Bede* lib. 1. cap. 25. *H. Hunting.* lib. 3. *Brompton* p. 719. *Parker* Antiq. Brit. Eccl. p. 61.
z) *Bede* lib. 1. cap. 25. Chron. *W. Thorn.* p. 1759.
a) *Bede* lib. 1. cap. 25. *H. Hunting.* lib. 3. *Brompton.* p. 729.

Geschichte von England. Kap. I.

leichter Glauben b). Durch diese Bewegungsgründe, und durch die Gunst, welche Augustinus bey Hofe besaß, ließen sich viele Einwohner bewegen, sich taufen zu lassen, und der König selbst unterwarf sich diesem Gebrauch des Christenthums. Sein Beyspiel that eine mächtige Wirkung auf seine Unterthanen; aber er brauchte keine Gewalt, sie zur neuen Lehre zu bewegen. Augustinus hielt es für rathsam, in dem Anfange seiner Mission den Schein der größten Gelindigkeit anzunehmen; er sagte dem Ethelbert, daß der Dienst Christi freywillig seyn, und daß keine Gewalt angewendet werden müßte, eine so heilsame Lehre fortzupflanzen c).

A. D. 597.

Die Nachricht von diesen geistlichen Eroberungen verursachten den Römern viele Freude; sie frohlockten so sehr über diese friedfertigen Siege, als ihre Vorfahren über die blutigsten Triumphe und herrlichsten Siege je gethan hatten. Gregorius schrieb einen Brief an den Ethelbert, worinnen er ihn benachrichtigte, daß das Ende der Welt nahe wäre, und ihn ermahnte, seinen Eifer in der Bekehrung seiner Unterthanen sehen zu lassen, den Götzendienst mit Strenge zu verfolgen, und das gute Werk der Heiligkeit durch alle Mittel der Ermahnung, des Schreckens, der Liebkosungen, und der Züchtigung zu befördern d): Eine Lehre, welche den damaligen Zeiten und den Grundsätzen des Pabstthums gemäßer war, als die duldende Religion, welche Augustinus einzuführen für rathsam hielt. Der Pabst beantwortete auch einige Fragen, welche der Missionarius in Absicht der Regierungsform der neuen englischen Kirche aufgeworfen hatte. Unter vielen andern, welche hier anzuführen unnöthig sind, fragte Augustinus: ob es Geschwister-Kindern erlaubt sey, sich zu heyrathen? Gregorius antwortete, die römischen Gesetze hätten dieses zwar bisher verstattet, aber die Erfahrung zeige, daß in solchen Ehen nie Kinder erzeugt werden könnten; und deswegen verböte er sie. Augustinus fragt weiter: ob eine schwangere Frau getauft werden dürfe? Gregorius antwortet, er müßte nichts dawider einzuwenden. Wie bald nach der Geburt das Kind die Taufe empfangen könnte? Es wurde geantwortet: sogleich, wenn es nöthig wäre. Wie bald nach der Niederkunft einer Frau der Mann Gemeinschaft mit ihr haben dürfte? Nicht eher, bis sie ihr Kind gesäugt hätte; ein Gebrauch, zu welchem Gregorius alle Frauen ermahnet. Wie bald ein Mann in die Kirche gehen, oder das Sacrament empfangen dürfe, nachdem er Gemeinschaft mit seiner Frau gehabt hätte? Es wurde geantwortet: wofern er sich ihr nicht ohne alle Begierde, bloß um sein Geschlecht fortzupflanzen, genähert hätte, so wäre er nicht frey von Sünde: aber er wäre allezeit verpflichtet, sich durch Gebet und Waschen zu reinigen, ehe er in die Kirche oder zum Abendmahl gienge; ja wenn er gleich diese Vorsicht gebraucht hätte, so dürfe er doch nicht unmittelbar die heiligen Amtspflichten verrichten e). Es kommen Fragen und Antworten vor, die noch unanständiger und lächerlicher sind f). Ueberhaupt aber

erhellet

b) Bede, Lib. 1. Cap. 26.
c) Bede, Lib. 1. Cap 26 H. Hunting. lib. 5.
d) Bede, Lib. 1 Cap 32. Brompton. p. 73 2. Spell. Conc. p 86.
e) Bede, Lib. 1. Cap. 27. Spell. Conc. p. 97. 98. 99. &c.

f) Augustinus fragt: Si mulier menstrua consuetudine tenetur, an ecclesiam intrare ei liceat, aut sacrae communionis sacramenta percipere? Gregorius antwortet: Sanctae communionis mysterium in iisdem diebus percipere non debet prohiberi. Si autem ex veneratione magna percipere

Geschichte von England. Kap. I.

A. D. 616.

erhellet daraus, daß, wofern Aehnlichkeit der Sitten etwas ausrichten kann, Gregorius und sein Missionär besser, als viele andre von aufgeklärterem Verstande, geschickt waren, bey den unwissenden und barbarischen Sachsen ihren Zweck zu erreichen.

Um die Aufnahme des Christenthums zu erleichtern, befahl Gregorius dem Augustinus, die Götzenbilder von den heydnischen Altären zu nehmen; jedoch ohne die Altäre selbst zu zerstören; denn, sagte er, das Volk wird angelocket werden, den christlichen Gottesdienst zu besuchen, wenn es siehet, daß er an einem Orte gehalten wird, den sie gewohnt sind, als heilig zu verehren. Da die Heyden auch Opfer zu bringen und mit ihren Priestern dabey zu schmausen pflegten; so ermahnte er auch seinen Missionär, ihnen in diesen ihnen so werthen Gebräuchen nachzusehen, und sie zu bereden, daß sie an christlichen Festtagen ihre Thiere in der Nachbarschaft der Kirche schlachten möchten g). Diese kluge Gefälligkeit beweiset, daß, ungeachtet seiner Unwissenheit und Vorurtheile, er nicht ganz unerfahren in der Kunst, die Menschen zu regieren, gewesen sey. Augustinus wurde von dem Gregorius zum Erzbischof von Canterbury ernannt; ihm wurde die Oberaufsicht über alle englische Kirchen aufgetragen, und er erhielt das Pallium, ein Zeichen einer geistlichen Würde, von Rom h). Gregorius rieth ihm auch, sich nicht zu viel mit der Gabe der Wunderwerke zu wissen i), und weil es schiene, daß Augustinus, stolz auf den Fortgang seiner Mission, seine Authorität auf die Bischöfe von Gallien auszudehnen suchte, so benachrichtigte der Pabst ihn, daß diese sich gänzlich ausserhalb der Gränzen seiner Gerichtsbarkeit befänden k).

Die Heyrath des Ethelbert mit der Bertha, und noch mehr, die Annehmung des Christenthums, gab seinen Unterthanen Gelegenheit, mit den Franzosen, Italiänern und andern Nationen des vesten Landes bekannt zu werden, wodurch sie einigermaßen aus der groben Unwissenheit und Barbarey gezogen wurden, worinn bisher alle sächsische Stämme gesteckt hatten l). Mit Genehmigung also der Reichsstände, faßte er ein Gesetzbuch ab m), das erste geschriebene Gesetz, welches von irgend einem nordischen Eroberer gegeben wurde; und seine Regierung war in allen Absichten ihm selbst rühmlich, und seinem Volke nützlich. Er herrschte funfzig Jahre über das Königreich Kent, und nach seinem Tode, der im Jahre 616 n) erfolgte, hinterließ er seinem Sohne Eadbald die Regierung. Dieser Prinz verliebte sich in seine Schwiegermutter o), und wurde auf eine Zeitlang der christlichen Religion, welche diese Blutschande nicht erlaubte, abtrünnig, und mit ihm fiel das ganze Volk in die Abgötterey zurück. Laurentius, der Nachfolger des Augustinus, fand den christlichen Gottesdienst gänzlich verlassen; und rüstete sich schon, nach Frankreich zurückzukehren, damit er sich die Kränkung, den Ungläubi-

cipere non persumitur, laudanda est. Augustinus fragt: Si post illusionem, quæ per somnum solet accidere, vel corpus domini quilibet accipere valeat; vel si sacerdos sit, sacra mysteria celebrare? Gregorius beantwortet diese gelehrte Frage durch viele gelehrte Distinctionen. Rapin bekräftiget übrigens, daß die Fragen des Augustinus eben nicht geschickt sind, uns von den Einsichten dieses berühmten Aposteles einen grossen Begriff zu geben.

g) Bede, Lib. 1. Cap. 30. Spell. Conc. p. 89. Greg. Epist. Lib. 9. Epist. 71.
h) Chron. Sax. p. 23. 24.
i) H. Hunting. Lib. 3. Spell. Conc. p. 83. Bede, Lib. 1. Greg. Epist. Lib. 9. Ep. 62.
k) Bede, Lib. 1. Cap. 27.
l) Will. Malm. p. 10.
m) Wilkins leges Sax. p. 13.
n) Chron. Sax. p. 25.
o) Higden, Lib. 5. H. Hunting. Lib. 3. Chr. Sax. p. 26.

gläubigen das Evangelium ohne Frucht zu predigen, ersparen möchte. Mellitus und Justus, Bischöfe von London, und Rochester, hatten das Königreich schon verlassen p): A. D. 642. als Laurentius, ehe er von seiner Würde gänzlich abdanken wollte, noch einmal alle seine Kräfte anwandte, den König zurück zu bringen. Er erschien vor diesem Prinzen, zog sein Kleid ab, und wies seinen Leib, der von Schlägen ganz zerfleischt war. Eadbald wunderte sich, daß sich jemand unterstanden hätte, einer Person von seiner Würde so zu begegnen. Laurentius sagte ihm, daß er diese Züchtigung vom St. Peter, dem vornehmsten Apostel, empfangen hätte, der ihm in einem Gesichte erschienen wäre, und ihm seinen Entschluß, sein Amt niederzulegen, aufs ernsthafteste erwiesen, und diese sichtbaren Zeichen seines Unwillens gegeben hätte q). Eadbald wurde, entweder von diesem Wunder gerühret, oder er hatte andre Bewegungsgründe; genug, er schied sich von seiner Schwiegermutter, und kehrte zum Christenthume zurück r). Sein ganzes Volk folgte seinem Beyspiele. Eadbald erreichte weder den Ruhm, noch die Macht seines Vaters, er starb im Jahr 640, nach einer Regierung von fünf und zwanzig Jahren s), und hinterließ zwey Söhne, den Erminfrid, und den Ercombert.

Ercombert, obgleich er der jüngste Sohn von der Emena, einer französischen Prinzeßinn war, fand Mittel, den Thron zu besteigen. Beda rühmet ihn zweyer Handlungen wegen, der Einführung der Fastenzeit in seinem Königreiche, und der gänzlichen Ausrottung des Götzendienstes t), den, ungeachtet das päbstliche Christenthum die herrschende Religion war, doch die bey den vorigen Monarchen geduldet hatten. Er regierte vier und zwanzig Jahr, und hinterließ die Krone dem Egbert, seinem Sohne, welcher neun Jahr herrschte. Dieser Prinz erwarb sich Ruhm durch die Aufmunterung der Gelehrsamkeit; aber auch eben so viel Schande, weil er seine beyden Vettern, die Söhne des Erminfrid, seines Oheims, hinrichten ließ u). Die geistlichen Scribenten loben ihn, weil er seiner Schwester, der Dommona, einiges Land auf der Insel Thanet einräumete, um daselbst ein Kloster zu stiften.

Diese blutige Vorsicht des Egberts versicherte doch seinem Sohne Edrik die Krone nicht. Lotharius, ein Bruder des verstorbenen Prinzen, nahm Besitz vom Throne; und damit er das Königreich bey seiner Familie erhalten möchte, nahm er seinen Sohn Richard in der Verwaltung des Reiches zu Hülfe. Edric, der abgesetzte Prinz, bath den Edilwach, den König von Sussex, ihm zur Erhaltung seiner Gerechtsame Hülfe zu leisten, und mit seinem Beystande lieferte er seinem Oheime ein Treffen, worinn derselbe besiegt, und er getödtet wurde. Richard flohe nach Deutschland, und starb zuletzt zu Lucca, einer Stadt im Toscanischen. Wilhelm von Malmesbury schreibt das Unglück des Lotharius zweyen Verbrechen zu, seiner Theilnehmung an dem Morde seiner Vettern, und seiner Verachtung der Reliquien x).

Lotharius regierte eilf Jahre, Edric, sein Nachfolger, nur zwey. Nach dem Tode des letzteren, der im Jahr 686 erfolgte, erhielt Witred, sein Bruder, die Krone.

Die

p) *Bede*, Lib. 2. Cap. 5.
q) *Bede*, Lib. 2. Cap. 6. Chron. Sax. p. 26. *Higden*, Lib. 5.
r) *Brompton*. p. 739.
s) Chron. Sax. p. 30.

t) *Bede*, Lib. 3. Cap. 8. *H. Hunting.* Lib. 3. Chron. Sax. S. 31. Ann. Beverl. S. 80.
u) *Will. Malm.* S. 11.
x) *Will. Malm.* p. 11.

A. D. 723.

Die Revolutionen und Gewaltthätigkeiten, welche die letzten Successionen begleitet, hatten zu vielen Factionen unter dem Adel Gelegenheit gegeben, und dieses bewog den Dedwalla, König von Wessex, und seinen Bruder Mollo, das Königreich Kent anzugreifen. Sie richteten schreckliche Verheerungen darinn an; aber der Tod des Mollo, welcher in einem Scharmützel umkam [?], verschaffte diesem Reiche Zeit, sich zu erholen. Mildred stellte die Sachen wieder her, und hinterließ, nach einer Regierung von zwey und dreyßig Jahren [?] seinen Nachkommen die Krone. Eadbert, Ethelbert, und Alric, Abkömmlinge von ihm, bestiegen einer nach dem andern den Thron. Mit dem Alric, welcher 794 starb, erlosch die königliche Familie von Kent. Die Anführer der verschiedenen Partheyen, welche sich Hoffnung machen konnten, zum Throne zu gelangen, setzten den Staat in Verwirrung [?]: Egbert kam zuerst zur Regierung, und regierte nur zwey Jahre; Cutbred, ein Bruder des Königes von Mercia, regierte sechs; Baldred, ein unächter Abkömmling von der königlichen Familie, regierte achtzehn Jahre, und wurde nach einer unruhigen und ungewissen Regierung im Jahre 723 vom Egbert, Könige von Wessex vertrieben, welcher die sächsische Heptarchie zerstörte, und die verschiedenen Königreiche derselben unter seiner Herrschaft vereinigte.

Das Königreich Northumberland.

Nachdem Adelfried, König von Bernicia, die Acca, die Tochter des Aella, Königes von Deiri, geheyrathet, und ihren unmündigen Bruder Edwyn vertrieben hatte, vereinigte er alle Grafschaften an der nördlichen Seite des Humber in eine Monarchie, und erwarb sich ein großes Ansehn in der Heptarchie. Er brachte den Schrecken der sächsischen Waffen auch auf die benachbarten Völker; und seine Siege über die Picten, Scoten, und Walliser, erweiterten auf allen Seiten die Gränzen seiner Herrschaft. Er belagerte Chester, worauf die Britten mit ihrer ganzen Macht gegen ihn anrückten, um ihn zu einem Treffen zu bringen; sie wurden von 1250 Mönchen aus dem Kloster von Bangor begleitet, welche sich in einer kleinen Entfernung vom Schlachtfelde stelleten, um den Streitenden durch ihre Gegenwart und Ermahnungen Muth einzuflößen. Adelfried erkundigte sich, was der Zweck dieser ungewöhnlichen Erscheinung sey, und man sagte ihm, daß diese Geistlichen gekommen wären, um wider ihn zu beten: So sind sie denn so gut unsere Feinde, antwortete er, als diejenigen, die wider uns fechten wollen b). Er schickte gleich darauf ein Detaschement ab, welches sie anfiel, und ein solches Blutbad unter ihnen anrichtete, daß nicht mehr, als funfzig, mit dem Leben davon kamen c). Die Britten wurden hiedurch in Schrecken gesetzt, und erlitten eine gänzliche Niederlage. Chester mußte sich ergeben; Adelfried verfolgte seinen Sieg, machte sich Meister von Bangor, und zerstörte das Kloster von Grund aus. Es war dasselbe ein so weitläuftiges Gebäude, daß die Entfernung von dem einen Thor bis zu dem andern eine Meile betrug; es enthielte zwey tausend einhundert Mönche, die sich von den Früchten ihrer eignen Arbeit ernähret haben sollen d).

Adel-

y) *Higden*. Lib. 5.
z) *Chron. Sax.* p 52.
a) *Will. Malmesf.* Lib. 1. Cap. 1. p. 11.
b) *Brompton*. p. 779.
c) *Trivet. apud. Spell.* Conc. p. 111.
d) *Bede*, Lib. 2. Cap. 2. *W. Malmesf.* Lib. Cap. 3.

Adelfrid lebte, ungeachtet seines Glückes im Kriege, wegen des jungen Edwins, den er der Krone von Deiri unrechtmäßiger Weise entsetzet hatte, in Unruhe. Dieser Prinz, der nunmehro zum männlichen Alter gekommen war, wanderte von einem Orte zum andern, in beständiger Gefahr vor den Nachstellungen des Adelfrid; endlich fand er an dem Hofe des Redwald, Königes der Ost-Angeln, Schuß, wo sein einnehmendes und höfliches Betragen ihm eine allgemeine Liebe erwarb. Redwald wurde inzwischen von dem Könige von Northumberland aufs äußerste angelegen, seinen Gast umzubringen, oder auszuliefern. Ihm wurden reiche Geschenke verheißen, wenn er hierein willigen wollte, und im Fall einer abschlägigen Antwort, wurde er mit Krieg bedrohet. Nachdem er verschiedene Botschafter mit Vorschlägen von dieser Art zurück gewiesen hatte, fieng seine Großmuth an, den Bewegungsgründen seines Eigennutzes zu weichen, und erhielt den letzten Abgesandten zurück, bis er in einer so wichtigen Sache einen Entschluß gefaßt hätte. Dem Edwin war die Unschlüssigkeit seines Freundes bekannt; aber er war entschlossen, ungeachtet aller Gefahr, in Ost-Angeln zu bleiben; und er glaubte, wenn ihm der Schutz dieses Hofes fehl schlüge, so würde es besser seyn zu sterben, als ein Leben zu verlängern, welches den Verfolgungen seines mächtigen Nebenbuhlers beständig ausgesetzt wäre. Dieses Zutrauen zu der Ehre und Freundschaft des Redwald, nebst seinen andern Vollkommenheiten, zogen die Königinn auf seine Seite. Sie stellte ihrem Gemahl nachdrücklich vor, was es ihm für eine Schande seyn würde, ihren königlichen Gast, der sich vor einen grausamen und eifersüchtigen Feind in seinen Schutz begeben hätte, zu einem gewissen Verderben auszuliefern e). Dieses brachte den Redwald auf großmüthigere Gesinnungen; er hielt es für das sicherste, dem Adelfried zuvorzukommen, ehe er von seiner Entschließung benachrichtiget wäre, und ihn anzugreifen, weil er noch keine Maaßregeln zu seiner Vertheidigung vorgekehret hätte. Er brach plötzlich mit einem Heere in Northumberland ein, und lieferte dem Adelfried ein Treffen, worinn dieser Monarch geschlagen und selbst getödtet wurde, nachdem er sich zuvor durch den Tod des Regner, Sohnes des Redwald, gerächet hatte f). Seine eigenen Söhne, Eanfried, Oswald, und Oswa, alle noch Kinder, flohen nach Schottland, und Edwin nahm Besitz von dem Throne von Northumberland.

Edwin war in der Heptarchie der größte Prinz seiner Zeit. Er that sich hervor, sowohl durch seinen Einfluß über die übrigen Königreiche g), als durch die strenge Verwaltung der Gerechtigkeit in seinem eigenen Gebiethe. Er zog seine Unterthanen aus dem lasterhaften Leben, zu welchem sie gewöhnet waren, und es war eine gemeine Sage, daß unter seiner Regierung ein Weib, oder ein Kind einen Beutel mit Gold überall herumtragen könnte, ohne Gewalt oder Raub befürchten zu dürfen h). Es ist ein merkwürdiges Beyspiel der Liebe, welche seine Bedienten gegen ihn trugen, bis auf uns gekommen. Cuichelm, König von Wesser, war sein Feind; weil er sich aber zu schwach befand, gegen einen so angesehenen, und mächtigen Prinzen einen öffentlichen Krieg zu führen, so beschloß er, sich der Verrätherey gegen ihn zu bedienen, und wählte einen gewissen Eumer zu diesem strafbaren Endzwecke. Nachdem dieser Meuchelmörder sich durch das Vorgeben, daß er eine Botschaft vom Cuichelm auszurichten hätte, einen Zutritt

A. D. 725.

e) W. Malmesb. Lib. 1. Cap. 3. H. Hunting. Lib. 3 Bede.
f) Bede, Lib. 1. Cap. 12, Brompton. p. 718.
g) Chron. Sax. p. 27.
h) H. Hunting. Lib. 2. W. Malmesb.

28 Geschichte von England. Kap. I.

A. D. 723.

tritt verschafft hatte, zog er einen Dolch, und rannte auf den König zu. Lilla, ein Officier von der Armee, sah seines Herrn Gefahr, und weil er nichts hatte, ihn zu vertheidigen, so warf er sich selbst zwischen den König und den Dolch des Eumer, der mit solcher Heftigkeit stieß, daß er den Lilla durchbohrte, ehe er noch den Edwin verwundete. Der Mörder wurde von der Wache ergriffen, ehe er den Stoß wiederholen konnte i).

Die Ost-Angeln empörten sich wider ihren König Redwald, und nachdem sie ihn umgebracht hatten, boten sie dem Edwin die Krone an, dessen Tapferkeit und Fähigkeiten sie während seines Aufenthaltes unter ihnen hatten kennen gelernt. Aus Dankbarkeit aber gegen seinen Wohlthäter nöthigte Edwin sie, sich dem Carpwold, dem Sohne des Redwald, zu unterwerfen; und dieser Prinz erhielt sich bey der Regierung, obgleich nur unter dem Schutze des northumbrischen Monarchen k).

Edwin heyrathete nach seiner Gelangung zum Throne die Ethelburga, eine Tochter des Ethelbert, Königes von Kent. Diese Prinzessinn suchte den Ruhm ihrer Mutter Bertha, welche das Werkzeug der Bekehrung ihres Gemahls und seines Volkes gewesen war, nachzuahmen, und führte den Paullinus, einen gelehrten Bischof mit sich l), ausserdem, daß sie sich eine freye Ausübung ihrer Religion bedung, welche ihr leichtlich zugestanden wurde, wandte sie auch alle Mittel an, den König zur Annehmung derselben zu bewegen. Edwin war unschlüßig bey dem Vorschlage, wie es einem vernünftigen Prinzen geziemte; er versprach aber die Grundsätze dieser Lehre zu untersuchen, und wofern er dieselbe annehmlich fände, sich bekehren zu lassen m). Dem zu folge hielt er verschiedene Unterredungen mit dem Paullinus, erwog die vorgelegten Argumente mit seinen weisesten Räthen, entzog sich der Gesellschaft, um allein diese wichtige Sache reiflich zu überlegen, und erklärte sich, nach einer ernsthaften und langen Untersuchung, für die christliche Religion n). Das Volk folgte bald seinem Beyspiele. Ausser dem Ansehen und Einflusse des Königes wurde es noch durch ein andres rührendes Beyspiel beweget. Crisi, der oberste Priester, wurde durch eine Unterredung mit dem Paullinus bekehret, bahnte den Weg zur Zerstörung der Bilder, welche er so lange verehret hatte, und bewies sich sehr eifrig, durch dieses Opfer seinen vorigen Götzendienst zu vergüten o).

Dieser gute Prinz blieb mit seinem Sohne Osfried in einem großen Treffen, welches er gegen den Penda, den König von Mercia, und Cadwalla, König der Britten lieferte p). Dieser Vorfall, welcher sich in dem acht und vierzigsten Jahre des Alters des Edwin, und in dem siebenzehnten seiner Regierung zutrug q), veranlaßte eine Theilung der Monarchie von Northumberland, welche er in seiner Person vereinet hatte. Eanfrid, der Sohn des Adelfried, kam mit seinen Brüdern Oswald und Oswin aus Schottland zurück, und nahm Besitz von Bernicia, seinem väterlichen Königreiche. Osric, ein Vetter des Edwin, setzte sich in Deiri vest, zu welchem jedoch die Söhne des Edwin ein näheres Recht hatten. Eadfrid, der älteste übrig gebliebene Sohn, floh zum Penda, welcher ihm verrätherischer Weise das Leben nahm. Der jüngere Sohn, Wusofra-

i) *Gul. Malmesf.* Lib. 1. Cap. 3.
k) *H. Hunting.* Lib. 3.
l) *Bede,* Lib. 2. Cap. 9.
m) *Bede,* Lib. 2 Cap. 9.
n) *Bede,* Lib. 2. Cap. 9. *Mal.* Lib. 1. Cap. 3.
o) *Bede,* Lib. 2. Cap. 13. *Brompton Higden.* Lib. 5.
p) *Matth West.* p. 114. Chron. Sax. p. 29.
q) *IV. Malmesf.* Lib. 1. Cap. 3.

Dusofrana, nebst dem Yssi, dem Enkel des Edwin vom Dafried, suchten Schutz in Kent; weil sie sich aber allda nicht sicher hielten, giengen sie nach Frankreich zum Könige A. D. 723. Dagobert, wo sie starben r).

Osric, König von Deiri, und Eanfried, König von Bernicia, fielen zum Heydenthum zurück, und es ist wahrscheinlich, daß das ganze Volk mit ihnen zurückgefallen sey, weil Paullinus, der zum ersten Erzbischofe von York erwählt worden, und der sie bekehret hatte, es für rathsam hielt, sich mit der Ethelburga, der verwittweten Königinn nach Kent zu begeben. Die beyden northumbrischen Könige kamen bald nachher um; Osric in einem Treffen gegen Cadwalla, den Britten; Eanfried durch die Verrätherey dieses Prinzen. Oswald, der Bruder des Eanfried, vereinigte noch einmal im Jahre 634 das Northumberland, und stellte den christlichen Glauben in seinem Reiche wieder her. Er gewann ein großes und hartnäckig befochtenes Treffen gegen den Cadwalla; der letzte nachdrückliche Versuch, welchen die Britten wider die Sachsen unternahmen. Oswald wird von den Geschichtschreibern unter den Mönchen wegen seiner Heiligkeit und Mildigkeit sehr gerühmt s), ja sie geben vor, daß seine Religion Wunder gethan habe, vornehmlich in der Heilung eines kranken Pferdes, welches sich seinem Begräbniß genähert hätte t).

Er blieb in einem Treffen gegen den Penda, König von Mercia. Oswy, sein Bruder, folgte ihm in der Regierung, und bemächtigte sich durch den Mord des Oswin, Sohnes des Osric, und letzten Königes des Geschlechtes von Deiri u), des ganzen northumbrischen Reiches. Sein Nachfolger war sein Sohn Egfried, der, ohne Kinder zu hinterlassen, (weil Atheldrid, seine Gemahlinn, sich weigerte, ihr Gelübde der Keuschheit zu brechen) x, in einem Treffen wider die Picten umkam, worauf sein natürlicher Bruder Alfred zum Besitz des Königreiches gelangte, welches er neunzehn Jahre lang glücklich regierte; er hinterließ es seinem Sohne Osred, einem Knaben von acht Jahren. Dieser Prinz wurde nach einer Regierung von eilf Jahren von Kenred, seinem Verwandten, ermordet y), der, nachdem er die Krone erst ein Jahr besessen hatte, durch ein gleiches Schicksal umkam. Osric, und nach ihm Celwulph, der Sohn des Kenred, besiegen darauf den Thron; der letztere dankte, zum Besten des Eadbert, seines Vettern, im Jahre 738 von der Regierung ab; Eadbert ahmte das Beyspiel seines Vorgängers nach, und gieng in ein Kloster z). Oswolf, der Sohn des Eadbert, wurde ein Jahr nach seiner Gelangung zum Throne in einem Aufruhr erschlagen a), und Mollo, der nicht vom königlichen Geschlechte war, bemächtigte sich der Krone. Er kam um durch die Verrätherey des Alred, eines Prinzen vom Geblüte, und Alred gelangte zwar zu seinem Endzweck, den Thron zu besteigen, wurde aber bald nachher von seinen Unterthanen verjagt b). Etheldred, sein Nachfolger, der Sohn des Mollo, hatte ein gleiches Schicksal. Celwold, der nächste König, ein Bruder des Alfried, wurde von dem Volke abgesetzt und getödtet, und der Thron von dem Osred, seinem Neffen, besetzt,

r) Bede, Lib. 2. Cap. 20.
s) Matth. West. p. 215. Simon Dulnelm. Cap. 2. Chron. Sax. p. 11.
t) Bede, Lib. 3. Cap. 9.
u) W. Malmesf. Lib. 1. Cap. 3. Matth. West. p. 112.
x) Bede, Lib. 4. Cap. 19.
y) W. Malmesf. Lib. 1. Cap. 3.
z) Simon Dunelm. Lib. 1. Cap. 2. 3. Chron. Sax. Cap. 59.
a) Simon Dunelm. Lib. 2. Cap. 4.
b) Chron. Sax. p. 61.

beſetzt, der, nach einer kurzen Regierung von einem Jahre, dem Ethelbert, einem andern Sohne des Mollo, Platz machte, welcher ein eben ſo tragiſches Ende, wie die meiſten ſeiner Vorgänger nahm. Nach dem Tode des Ethelbert herrſche eine allgemeine Anarchie in Northumberland c), und das Volk, das durch ſo viel unglückliche Revolutionen alle Liebe zu der Regierung und zu den Fürſten verlohren hatte, war ſehr geneigt, ein fremdes Joch anzunehmen, welches Egbert, König von Weſſer, ihm zuletzt auflegte.

A. D. 727

Das Königreich Oſt-Angeln.

Die Geſchichte dieſes Königreiches enthält nichts merkwürdiges, ausgenommen die Bekehrung des Earpwold, des vierten Königes, und Uhrenkels des Uffa, Stifters dieſer Monarchie. Das Anſehn des Edwin, Königes von Northumberland, von welchem dieſer Prinz gänzlich abhieng, bewog ihn, dieſen Schritt zu thun. Aber ſeine abgöttiſche Gemahlinn brachte ihn bald zu ſeiner Religion zurück d), und er bezeigte ſich nicht ſtandhaft genug, denen Verführungen zu widerſtehen, welchen die weiſeſten Menſchen untergelegen haben. Nach ſeinem Tode, der, wie der meiſten ſächſiſchen Prinzen, welche nicht zeitig genug ins Kloſter giengen, gewaltſam war, ſtellte Siegebert, ſein Nachfolger und Halbbruder, welcher in Frankreich erzogen war, das Chriſtenthum wieder her, und führete Gelehrſamkeit unter den Angeln ein e). Einige behaupten, daß er die Univerſität zu Cambridge, oder vielmehr einige Schulen an dieſem Ort geſtiftet habe. Es iſt faſt unmöglich, und gänzlich unnöthig in der Erzählung der Thaten der Oſt-Angeln umſtändlicher zu ſeyn. Was für Nutzen oder Vergnügen kann es dem Leſer bringen, eine lange Liſte dieſer barbariſchen Namen zu hören, Egric, Annas, Ethelbert, Ethelward, Aldulf, Elſwald, Beorne, Ethelred, Ethelbert, welche alle nach einander ermordet oder vertrieben wurden, und in der größten Dunkelheit den Thron dieſes Königreichs beſaßen! Ethelbert, der letzte derſelben wurde im Jahre 792 verrätheriſcher Weiſe vom Uffa, Könige von Mercia ermordet, und von der Zeit an wurde, wie wir itzt erzählen werden, dieſer Staat mit dem Staat des Uffa vereiniget.

Das Königreich Mercia.

Mercia, das größte, wo nicht das mächtigſte Königreich der Heptarchie, begriff alle Grafſchaften, welche in der Mitte von England liegen; es gränzte an alle übrige ſechs Königreiche, wie auch an Wallis, von welchem Umſtande es ſeinen Namen erhalten hatte. Wibba, der Sohn des Crida, Stifters dieſer Monarchie, wurde vom Ethelbert, Könige von Kent, auf den Thron geſetzt, und erhielt ſich bey der von ſeinem Vater ererbten Herrſchaft nur durch den Schutz dieſes Prinzen. Nach ſeinem Tode wurde Ceorl, ſein Verwandter, ſeinem Sohne Penda, auf Vermittelung

c) *W. Malm.* Lib. 1. Cap. 3.
d) *Bede,* Lib. 2. Cap. 15. *Bromp. W. Malmes J.* Lib. 1. Cap. 5. *H. von Huntington* ſagt, daß es Redwald geweſen ſey, der abtrünnig wurde. Lib. 3.
e) *Bede,* Lib. 2. Cap. 15. Lib. 3. Cap. 22.

Geschichte von England. Kap. I.

telung des kentischen Monarchen, dem die unruhige Gemüthsart des letztern gefährlich schiene, in der Regierung vorgezogen. Penda war also schon funfzig Jahr alt, als er A. D. 723 den Thron bestieg, dem ungeachtet waren seine Kühnheit und kriegerische Neigungen noch keinesweges durch Zeit, Erfahrung oder Vernunft gemindert. Er nahm unaufhörliche Feindseligkeiten gegen alle benachbarte Staaten vor, und seine Ungerechtigkeit und Gewaltthätigkeiten machten ihn bey seinen Unterthanen und bey fremden gleich verhaßt. Sigebert, Egric und Annas, drey Könige von Ostangeln, kamen in den Schlachten, welche sie ihm lieferten, um; imgleichen Edwin und Oswald, die beyden größten Prinzen, welche den Thron von Northumberland besessen haben f). Endlich schlug Oswy, ein Bruder des Oswald, ihn in einem großen Treffen, und befreyete die Welt von diesem blutgierigen Tyrannen g). Peada, sein Sohn, erhielt die Krone von Mercia im Jahre 655, und lebte unter dem Schutze des Oswy, dessen Tochter er geheyrathet hatte. Diese Prinzessinn war in der christlichen Religion erzogen, und sie wandte ihr Ansehen mit Erfolg an, ihren Gemahl und seine Unterthanen zu derselben zu bekehren h). So hatte das schöne Geschlecht das Verdienst, die christliche Lehre in den vornehmsten Königreichen der sächsischen Heptarchie einzuführen. Peada starb eines gewaltsamen Todes i). Sein Sohn Wolfhere folgte ihm in der Regierung, welcher sich die Königreiche Esser und Ostangeln unterwürfig machte, und die Krone seinem Bruder Ethelred hinterließ, der zwar den Frieden liebte, jedoch zeigte, daß er auch zu kriegerischen Unternehmungen nicht ungeschickt war. Er nahm einen glücklichen Zug wider das Königreich Kent vor, trieb den Egfried, König von Northumberland, der in seine Staaten eingefallen war, zurück, und erschlug den Elswin, den Bruder dieses Prinzen, in einem Treffen. Aus Verlangen jedoch, alle Feindschaft mit dem Egfried beyzulegen, bezahlte er ihm eine Summe Geldes, als eine Schuldbezahlung für den Verlust seines Bruders. Nach einer glücklichen Regierung von dreyßig Jahren überließ er dem Kendred, einem Sohne des Wolfhere, die Krone, und gieng in das Kloster zu Bardney k). Kendred übertrug die geschenkte Krone dem Ceolred, Sohne des Ethelred, und that eine Pilgrimschaft nach Rom; wo er sein Leben in Buße und Uebungen der Andacht zubrachte l). Der Platz des Ceolred wurde durch den Ethelbald m), einen Uhrenkel des Penda, von dem Alwy, seinem Bruder, besetzt, und diesem Prinzen, der in einem Aufruhr erschlagen wurde, folgte Offa, der einen Grad weiter vom Penda, von dem Eawa, einem andern Bruder entfernet war.

Dieser Prinz, welcher im Jahr 755 m) den Thron bestieg, hatte große Eigenschaften, und war glücklich in seinen Kriegen gegen den Lothaire, König von Kent, und dem Kenwulph, König von Wessex. Er schlug den erstern in einer blutigen Treffen

bey

f) Higden. lib. 5. Brompton. p. 771. Ann. Beverl. p 85.
g) Higden. lib. 5. W. Malmesf lib. 1. cap. 3. Flor. Wigorn. p. 560.
h) Bede lib. 3. cap. 21. Brompton. p 771. Higden. lib. 5. H. Huntingt lib 3 Simon Dunelm. lib. 1. cap. 4. Ann. Beverl. p. 56.
i) Hugo Candidus p. 4 sagt, daß er von der Königinn, auf deren Ueberredung er sich zum christlichen Glauben bekannt habe, verrätherischer Weise umgebracht sey. Aber dieser Umstand wird von diesem Geschichtschreiber allein angeführt.
k) Bede lib. 5. cap. 24.
l) Malmesf lib 1. cap 4 Bede lib. 5. cap. 24.
m) Ingulph. p 2.
n) Chron. Sax. p. 59.

bey Orford, an dem Darent, und machte sich sein Königreich unterwürfig. Er erhielt einen Sieg über den letztern bey Bensington in Orfordshire, eroberte diese Grafschaft, und fügte sie, nebst Glocester, seinem übrigen Gebiethe zu. Alle diese Thaten aber wurden durch die verrätherische Ermordung des Ethelbert, Königes der Ostangeln, und seine gewaltsame Bemächtigung dieses Königreiches verdunkelt. Dieser junge Prinz, der große Verdienste besessen haben soll, hatte um die Elfrida, die Tochter des Assa angehalten, und war mit seinem ganzen Hofstaat nach Hereford eingeladen, um daselbst die Vermählung zu vollziehen. Mitten unter den Lustbarkeiten und der Freude des Gastmahls ließ Assa sich seiner bemächtigen, und ihn insgeheim enthaupten. Elfrida, welche die Verrätherey ihres Vaters verabscheuete, hatte Zeit, den ostangli-schen Adel zu warnen, welcher nach seinem Lande flohe. Dem ungeachtet erreichte Assa, nachdem er die königliche Familie vertilget hatte, seinen Zweck, sich dieses Land unterwürfig zu machen º). Der verrätherische Prinz bewies, aus Verlangen, seine Ehre wieder herzustellen, vielleicht auch sein Gewissen zu beruhigen, große Ehrerbietung gegen die Geistlichkeit, und unterwarf sich allen Andachtsübungen der Mönche, welche in diesen unwissenden und abergläubischen Zeiten so hoch geschätzt wurden. Er gab der Kirche den Zehnten von allen seinen Gütern p), machte reiche Geschenke an den Dom zu Hereford, und that sogar eine Pilgrimschaft nach Rom, wo seine große Macht und Reichthümer ihm leichtlich die Absolution von dem Pabste verschafften. Um sich desto besser bey dem heiligen Vater in Gunst zu setzen, machte er sich anheischig, ihm ein jähriches Geschenk von seinem Königreiche, zum Unterhalte eines englischen Collegii zu Rom zu machen q), um die dazu erforderliche Summe aufzubringen, legte er eine Taxe von einem Pfennig auf jedes Haus, welches jährlich dreyßig Pfennige trug. Diese Auflage wurde nach der Zeit von ganz England gehoben, und gemeiniglich Peterspfennig genannt r). Anfänglich war sie eine freywillige Gabe, hernach aber wurde sie als ein dem römischen Pabste schuldiger Tribut eingefordert. Assa trieb seine Heucheley noch weiter: er gab vor, auf himmlische Eingebung die Reliquien des heiligen Albans des Märtyrers zu Verulam gefunden zu haben, und errichtete ein prächtiges Kloster daselbst s). Diese Handlungen der Frömmigkeit haben den Malmesbury, einen der besten alten englischen Geschichtschreiber, zu dem Geständnisse gebracht, daß er nicht wisse, ob die Tugenden, oder Laster dieses Prinzen größer wären t). Assa starb nach einer Regierung von neun und dreyßig Jahren u).

Dieser Prinz hatte sich ein solches Ansehn in der Heptarchie erworben, daß der Kaiser Carl der Große ein Bündniß und Freundschaft mit ihm errichtete; ein Umstand, der ihm Ehre machte, weil entfernte Prinzen damals wenig Gemeinschaft mit einander hatten. Weil der Kaiser ein großer Liebhaber der Gelehrsamkeit und gelehrter Leute in einem Alter war, dem es an dieser Zierde gänzlich fehlete, so schickte Assa auf sein Verlangen den Alcuinus zu ihm, einen seiner Gelehrsamkeit wegen sehr berühmten Geistlichen, welcher große Ehrenbezeigungen von Carl dem Großen erhielt, und sogar sein

Lehrer

o) *Brompton.* p. 750. 751. 752.
p) *Spell.* Conc. p 308. *Brompton.* p. 776.
q) *Spell* Conc p. 230. 310. 312.
s) *Higden.* lib. 5.

r) *Ingulph.* p. 5. *W. Malmes.* lib. 1. cap. 4.
t) *Lib.* I cap. 4.
u) *Chron. Sax.* p 65.

Geschichte von England. Kap. I.

Lehrer in den Wissenschaften wurde. Die vornehmste Ursache, warum er anfangs die Gesellschaft des Alcuinus verlangte, war, seine Gelehrsamkeit der Ketzerey des Felir, Bischofes zu Urgel in Catalonien, entgegen zu setzen, welcher behauptete, daß Christus in Absicht seiner menschlichen Natur, eigentlicher der angenommene, als der natürliche Sohn Gottes genannt werden könne y). Diese ketzerische Lehre wurde auf dem Concilio zu Frankfurt, welches im Jahr 794 gehalten wurde, und aus dreyhundert Bischöfen bestund, verdammet. Von der Art waren die Fragen, welche in den damaligen Zeiten aufgeworfen wurden, und welche nicht nur die Gelehrten der Klöster, sondern selbst die Weisesten und Größten beschäfftigten z).

A. D. 794

Egfrith folgte seinem Vater Offa; aber überlebte ihn nur fünf Monate a), worauf er dem Kenulph, einem Abkömmlinge von der königlichen Familie Platz machte. Dieser Prinz fieng Krieg wider das Königreich Kent an, nahm Egbert, den König gefangen, hieb ihm die Hände ab, stach ihm die Augen aus, und setzte den Cuthred, seinen eigenen Bruder, in Besitz der Krone. Kenulph wurde in einem Aufruhe der Ostangeln erschlagen, deren Krone sein Vorgänger Offa sich bemächtiget hatte. Er hinterließ einen minderjährigen Sohn, mit Namen Kenelm, der aber noch in dem Jahre von seiner Schwester Quendrade, welche die ehrgeizige Absicht, sich des Thrones zu bemächtigen, gefaßt hatte, ermordert wurde b). Auch sie wurde von ihrem Oheime, Ceoluf, aus dem Wege geräumet, und dieser zwey Jahre hernach durch den Beornulf des Throns entsetzt. Die Regierung des letztern, der nicht von der königlichen Familie war, war kurz und unglücklich. Er wurde von den Westsachsen geschlagen, und von seinen eigenen Unterthanen, den Ost-Angeln, umgebracht c). Lubican, sein Nachfolger erlitte dasselbe Schicksal d); und Wiglaff, der nach ihm diesen wankenden Thron bestieg, fand alles in der äußersten Verwirrung, und konnte dem Glücke des Egbert, welcher alle sächsische Königreiche in eine Monarchie vereinte, nicht widerstehen.

Das Königreich Essex.

Dieses Königreich machte wenig Aufsehen in der Heptarchie, und die Geschichte desselben ist sehr unvollkommen. Sleda folgte seinem Vater, Erkenwin, dem Stifter dieser Monarchie; er machte seinem Sohne Sebert Platz, der ein Neffe des Ethelbert, Königs von Kent war, und sich von diesem Prinzen überreden ließ, den christlichen Glauben zu ergreifen e). Seine Söhne und vereinten Nachfolger, Sexred und Seward, fielen in die Abgötterey zurück, und wurden bald darauf von den Westsachsen

y) *Dupin.* cent. 8. chap. 4.
z) Offa zog zur Beschützung seines Landes gegen Wallis, einen Wall oder Graben, von hundert Meilen in die Länge, von Basingwerke in Flintshire bis zur Südsee, bey Bristol. Sube Speeds Beschreibung von Wallis.

a) *Ingulph.* p. 6.
b) *Ingulph.* p. 7. *Brompton.* p. 776.
c) *Ingulph.* p. 7.
d) Ant. Beverl. p. 87.
e) Chron. Sax. S. 24.

Hume Gesch. v. Grosbr. III. Theil.   E

A. D. 794.

ſachſen in einem Treffen geſchlagen. Um uns von der harten Lebensart dieſer Zeiten einen Begriff zu geben, erzählt Bede uns f), daß dieſe beyden Könige eine große Begierde bezeigt haben, das weiße Brod zu eſſen, welches Mellitus, der Biſchof, beym Abendmahle austheilte k). Weil er es ihnen aber verweigerte, wenn ſie ſich nicht taufen laſſen wollten; ſo vertrieben ſie ihn aus ihrem Gebiethe. Die Namen der übrigen Prinzen, welche der Reihe nach in Eſſex regierten, ſind, Sigebert der Kleine, Sigebert der Gute, welcher das Chriſtenthum wieder herſtellte, Swithelm, Sigheri und Offa. Dieſer letzte Prinz, der ungeachtet ſeiner Heyrath mit der Keneſwitha, einer merciſchen Prinzeßinn, Tochter des Penda, ein Gelübde der Keuſchheit gethan hatte, that eine Pilgrimſchaft nach Rom, und verſchloß ſich auf ſeine übrige Lebenszeit in ein Kloſter. Setred, ſein Nachfolger, regierte acht und dreyßig Jahre, und war der letzte aus dem königlichen Geſchlechte, deſſen Untergang das Reich in große Unruhen ſetzte, und es unter die Bothmäßigkeit von Mercia brachte h). Switherd bemächtigte ſich zuerſt wieder der Krone, und ſein Tod machte dem Sigeric Platz, der ſein Leben auf einer Pilgrimſchaft nach Rom endigte. Sein Nachfolger, Sigered, war unvermögend, ſein Königreich zu vertheidigen, ſondern unterwarf ſich den ſiegreichen Waffen des Egbert.

Das Königreich Suſſex.

Die Geſchichte dieſes Königreiches, des kleinſten in der Heptarchie, iſt noch unvollkommner, als die von Eſſex. Aella, der Stifter dieſer Monarchie, hinterließ die Krone ſeinem Sohne Ciſſa, der vornehmlich merkwürdig wegen ſeiner langen Regierung von ſechs und ſiebenzig Jahren iſt. Zu ſeiner Zeit geriethen die Südſachſen gänzlich unter die Bothmäßigkeit des Königreiches Weſſex; und wir wiſſen kaum die Namen derer Könige, welche dieſe Scheinſouverainität beſeſſen haben. Adelwalch, der letzte derſelben, blieb in einem Treffen, welches er gegen den Ceadwalla, König von Weſſex, verlohr; er hinterließ zwey Söhne, die noch in den Kinderjahren waren, und da ſie dem Sieger in die Hände fielen, von ihm ermordet wurden. Der Abt von Bedford widerſetzte ſich dieſer barbariſchen Hinrichtung; aber alles, was er über den Ceadwalla ausrichten konnte, war, daß ſie aufgeſchoben wurde, bis ſie getauft waren. Berethun und Aubhun thaten der Herrſchaft der Weſtſachſen einige Zeit Widerſtand; aber ſie verlängerten dadurch nur noch das Elend ihres Landes; die Bezwingung dieſes Königreiches war der erſte Schritt, den die Weſtſachſen zur Aufrichtung der Monarchie von ganz England thaten i).

f) Lib. 2. Cap. 5.
g) H. Hunting. lib. 3. Brompton. p. 738. 743. Bede cap. 6.
h) Malmeſſ. lib. 1. cap. 6.
i) Brompton. S. 800.

Geschichte von England. Kap. I.

Das Königreich Wessex.

Das Königreich Wessex, welches zuletzt alle übrige sächsische Staaten verschlang, hatte bey seiner Einrichtung große Schwierigkeiten zu überwinden; denn die A.D. 519. Britten, welche itzt des Krieges gewohnt waren, überließen erst nach einem hartnäckigen Widerstande ihre Wohnungen diesen Eroberern. Cerdic, der Stifter dieser Monarchie, und sein Sohn Kenric, lieferten den Eingebohrnen viele Treffen, in welchen theils er, theils die Britten den Vortheil erhielten, und diese fortdaurenden Feindseligkeiten brachten den kriegerischen Geist, welcher der ganzen sächsischen Nation gemein war, unter diesem Stamme auf seinen höchsten Gipfel. Ceaulin, der Sohn und Nachfolger des Kenric, welcher die Regierung im Jahre 560 antrat, übertraf seine Vorgänger noch an Ehrgeiz und unternehmenden Muthe, und erweiterte durch einen ununterbrochenen Krieg gegen die Britten sein Gebiete durch einem ansehnlichen Theil der Grafschaften Devon und Sommerset. Durch den Strom seines Glückes fortgerissen, griff er auch die benachbarten sächsischen Staaten an, aber weil er sich allen fürchterlich machte, errichteten sie ein allgemeines Bündniß wider ihn. Sie erreichten unter der Anführung des Ethelbert, Königs von Kent, ihren Zweck. Ceaulin, der durch seine Gewaltthätigkeiten schon die Liebe seiner Unterthanen verloren hatte, fiel itzt durch sein Unglück in Verachtung; er wurde des Thrones entsetzt k) und starb in Verweisung und Elend. Cunhelm und Cudwin, seine Söhne, beherrschten zusammen das Königreich, bis die Vertreibung des letztern im Jahr 591, und der Tod des erstern 593, dem Cealric Platz machte. Ihm folgte Ceobald im Jahr 593, nach dessen Tode im Jahre 611 die Krone dem Kynegils zufiel. Dieser Prinz begab sich zum Christenthum l) auf Zureden des Oswald, Königes von Northumberland, welcher seine Tochter geheyrathet, und sich ein großes Ansehen in der Heptarchie erworben hatte. Ihm folgte Kenwalch in der Regierung, welcher im Jahre 672 starb, und nach vielen Streitigkeiten, seiner Wittwe, der Serburga, einer Frau von vielen Verdiensten m) die Krone hinterließ. Sie regierte bis an ihren Tod, welcher nach zwey Jahren erfolgte. Darauf bestieg Escwin friedlich den Thron, und machte nach einer zweyjährigen Regierung dem Kentwin Platz, welcher neun Jahre regierte. Ceodwalla, sein Nachfolger, bestieg den Thron nicht ohne Widerstand, ward aber nach den Grundsätzen der damaligen Zeiten ein großer Prinz; das ist, er war unternehmend, kriegerisch und glücklich. Er brachte das Königreich Sussex gänzlich unter seine Bothmäßigkeit, und fügte es seinen übrigen Gebieten bey. Er hatte große Absichten auf Kent; aber der König Wilfred that ihm Widerstand und war glücklich gegen den Mollo, den Bruder des Ceodwalla, und erschlug ihn in einem Scharmützel n). Ceadmalla wurde endlich des Krieges und Blutvergießens müde, und bekam einen Hang zur Andacht; er schenkte der Kirche viele Einkünfte, that eine Pilgrimschaft nach Rom, ließ sich daselbst taufen, und starb im Jahre 689 o). Ina, sein Nachfolger, erbte die kriegerischen Eigenschaften des

E 2 Ceod-

k) Chron. Sax. p. 22.
l) Higden. lib. 5. Chron. Sax. p. 15. Ann. Beverl. p. 94.
m) Bede lib. 4. cap. 12. Chron. Sax. p. 41.
n) H. Hunting. lib. 4. Brompton. p. 757.
o) Bede lib 5. cap. 7. W. Malmesf. lib. 1. cap. 2. Ethelwerd. lib. 2. cap. 10. M. West. p. 138 Chron. Sax. p. 46.

36   Geschichte von England. Kap. I.

A. D. 741.

Ceodwalla, und machte sie durch Gerechtigkeit, Policey und Klugheit noch schätzbarer p). Er führete Krieg wider die Britten in Sommerset, und als er diese Provinz gänzlich bezwungen hatte, bezeigte er sich gegen die Besiegten mit einer Leutseligkeit, welche bisher den sächsischen Eroberern unbekannt gewesen war. Er verstattete den Eigenthümern der Ländereyen, im Besitze derselben zu bleiben q), beförderte Heyrathen und Verbindungen zwischen ihnen und seinen alten Unterthanen r), und gab ihnen das Vorrecht durch einerley Gesetze regiert zu werden. Er vermehrte und bestätigte diese Gesetze s); und seine lange Regierung von sieben und dreyßig Jahren wurde zwar zu verschiedenenmalen durch einen einheimischen Aufstand beunruhiget, doch kann sie für eine der rühmlichsten und glücklichsten der Heptarchie angesehen werden. Im abnehmenden Alter that er eine Pilgrimschaft nach Rom, und nach seiner Zurückkunft verschloß er sich in ein Kloster, wo er starb t).

Obgleich alle Könige von Wesser Prinzen von Geblüte, und Abkömmlinge des Cerdic, Stifters der Monarchie, gewesen waren, so war doch die Erbfolge nichts weniger, als genau beobachtet worden; sondern oft hatte ein entfernterer Prinz Mittel gefunden, zum Nachtheil eines andern, der von einem nähern Zweige des königlichen Hauses abstammte, den Thron zu besteigen. Ina, der keine Kinder hatte, und über welchen die Königinn Ethelburga große Gewalt besaß, vermachte also in seinem letzten Willen die Thronfolge dem Adelard, ihrem Bruder, und seinem weitläuftigen Verwandten u). Aber dieser setzte sich nicht ohne Schwierigkeiten vest. Oswald, ein Prinz, der ein näheres Recht zur Krone hatte, ergriff die Waffen wider den Adelard x), wurde aber überwältiget, und sein Tod, der bald hernach erfolgte, setzte das Recht des Adelard außer allen Streit, welchem sein Vetter Cutred im Jahr 741 folgte y). Die Regierung dieses Prinzen ist eines großen Sieges wegen merkwürdig, den sein General Edelhun über den Ethelbald, König von Mercia, befochte z). Sein Tod machte dem Sigebert, seinem Verwandten, Platz, welcher so übel regierte, daß das Volk einen Aufstand erregte, ihn des Thrones entsetzte a), und den Cenulph an seiner Statt krönte. Der verbannte Prinz fand Zuflucht bey dem Herzoge Cumbran, Statthalter von Hampshire; welcher, um seine Güte gegen den Sigebert vollkommen zu machen, ihm viele heilsame Rathschläge wegen seiner künftigen Aufführung gab, und dieselben mit einigem Tadel der vorigen begleitete. Aber der undankbare Prinz nahm dieses so übel, daß er eine Verschwörung wider das Leben seines Beschützers anstiftete, und ihn verrätherischer Weise ermordete. Nach dieser schändlichen Handlung wurde er von allen verlassen; er schweifte in den Wildnissen und Wäldern umher, wo ihn endlich ein Bedienter des Cumbran entdeckte, und den Tod seines Herrn auf der Stelle an ihm rächte b).

Cenulph,

---

p) W. Malm. T. lib. 1. cap. 2.
q) Vita Adelhelmi p. 32. Siehe auch LL. Inae §. 24 Wilkins p. 18.
r) Concil. Mag. Brit. tom. 1. p. 74.
s) Wilkins p. 14
t) Bede lib. c. cap. 7. Chron. Sax. p. 52. Florent. lib. 5. W. Malm. lib. 1. cap. 3. H. Hunting. lib. 4. M. West. p. 135.

u) W. Malm. T. Lib. 1. cap. 2.
x) Brompton. p. 766.
y) Chron. Sax. p. 55.
z) Brompton. p. 769. Chron. Sax. p. 56.
a) W. Malm. T. Lib. 1. cap. 2. Brompton. p. 770. Chron. Sax. p. 56.
b) Higden. Lib. 5. W. Malm. T. Lib. 1. cap. 2.

Geschichte von England. Kap. I. 37

Cenulph, welcher nach der Vertreibung des Sigebert die Krone erhalten hatte, war A. D. 784.
in vielen Feldzügen gegen die Britannier von Cornwallis glücklich; er verlohr aber nach=
her seinen Ruhm durch sein schlechtes Glück gegen den Offa, König von Mercia ^c).
Auch beunruhigte ihn Kynehard, ein Bruder des abgesetzten Sigebert, welcher, ob er
gleich des Reichs verwiesen war, an den Gränzen herumstreifte, und auf Gelegenheit
wartete, seinen Nebenbuhler anzugreifen. Der König hatte eine Liebesintrigue mit ei=
nem jungen Frauenzimmer, welches sich zu Merton in Surrey aufhielt ^d), wie er sich
nun einst heimlich von ihr wegbegeben wollte, ward er in der Nacht plötzlich von dem
Kynehard und seinen Anhängern umgeben, und nach einer tapfern Gegenwehr mit
seinem ganzen Gefolge ermordet. Das Volk und der Adel von der Nachbarschaft er=
griffen des folgenden Tages die Waffen, rächten an dem Kynehard den Mord ihres Kö=
niges, und liessen alles über die Klinge springen, was in diesem schändlichen Unterneh=
men war verwickelt gewesen ^e). Dieses geschah im Jahr 784.

Nach diesem kam Brithric zur Regierung, ob er gleich von der königlichen Fa=
milie nur sehr weitläufig abstammte. Er bekleidete auch diese Würde nicht ohne Be=
unruhigung. Coppa, Neffinn des Königs Jna, von seinem Bruder Jngild gebahr den
Eata, welcher vor diesem Prinzen starb; dieser war ein Vater des Alchmonds, von wel=
chem Egbert herstammte ^f), ein junger Prinz von grosser Hoffnung, welcher dem itzi=
gen König Brithric viele Eifersucht erweckte, weil er seiner Geburt wegen ein näheres
Recht zur Krone zu haben schien, und weil er sich eine grosse Liebe bey dem Volke er=
worben hatte. Egbert, welcher seine Gefahr wegen des Argwohns des Brithric merkte,
gieng heimlich nach Frankreich ^g), wo er von dem damals regierenden König Carl dem
Grossen sehr wohl aufgenommen wurde. Er erwarb sich solche Vollkommenheiten, in=
dem er am Hofe lebte, in den Armen dieses Prinzen, des grossmüthigsten und be=
sten, unter allen, die viele Jahre hindurch in Europa regiert hatten, dass er nach=
her geschickt war, sich mit so glänzenden Vorzügen auf dem Throne zu zeigen; und
indem er sich zu den Sitten der Franzosen gewöhnte, welche, wie Malmesbury be=
merkt ^h), an Tapferkeit und Höflichkeit es allen westlichen Nationen zuvor thaten,
lernte er das rohe Wesen und die Barbarey der Sachsen poliren; und so schlug sein frü=
hes Unglück ihm zu einem unendlichen Vortheile aus.

Es währte nicht lange, als Egbert Gelegenheit bekam, seine natürlichen und er=
langten Talente zu entdecken. Brithric, König von Wesser, hatte die Eadburga, eine
natürliche Tochter ⁱ) des Offa, Königes von Mercia, gehenrathet, ein schändliches Weib,
welche gleich schändlich wegen ihrer Grausamkeit, als ihrer Unenthaltsamkeit war. Wäl
sie viel bey ihrem Gemahl galt, so reizte sie ihn oft an, diejenigen aus dem Adel aus
dem Wege zu räumen, welche ihr hinderlich wären; und wenn dieses ihr misslung, so
nahm sie keinen Anstand, selbst Hand an die schändlichen Nachstellungen wider ihr Le=
ben

E 3

c) W. Malmesf. Lib. 1. cap. 2.   g) H. Hunt. lib. 4.
d) Flor. Wigorn. p 576. Chron. Sax. p.   h) Lib. 2. cap. 11.
57. 62.   i) Brompton. p. 749. 750. W. Malmesf. lib.
e) Flor. Wigorn. p. 576. Hoveden p. 409.   1. cap. 2. H. Hunting. lib. 4.
f) Chron. Sax. p. 19.

38 Geschichte von England. Kap. I.

A. D. 784

ben zu legen. Sie hatte einen Becher mit Gift für einen jungen Edelmann gemischt, welcher sich die Freundschaft ihres Gemahls erworben hatte, und deswegen der Gegenstand ihrer Eifersucht geworden war: aber unglücklicher Weise trank der König aus diesem unglücklichen Becher, mit seinem Freunde, und starb gleich darauf k). Diese Begebenheit, nebst ihren übrigen Verbrechen, machte die Eadburga so verhaßt, daß sie sich genöthiget sah, nach Frankreich zu fliehen, woraus Egbert zur selbigen Zeit von dem Adel zurück gerufen wurde, um den Thron seiner Vorfahren zu besteigen l). Er gelangte zu dieser Würde im letzten Jahre des achten Jahrhunderts.

In allen Königreichen der Heptarchie war eine genaue Regel wegen der Nachfolge entweder ganz unbekannt, oder wurde nicht genau beobachtet; und daher war der regierende Herr immer eifersüchtig gegen alle Prinzen von Geblüte, welche er als Nebenbuhler ansah, und deren Tod allein ihm eine vollkommne Sicherheit in dem Besitz seines Thrones geben konnte. Aus dieser unglücklichen Ursache, wie auch aus der Bewunderung des Mönchlebens, und dem vermeynten Verdienste der Keuschheit, so gar im ehelichen Leben, sind die königlichen Familien in allen Königreichen, ausgenommen in Wesser, gänzlich vertilgt worden; und die Nacheiferung, der Argwohn, und die Verschwörungen, welche vorher nur auf Prinzen von Geblüte eingeschränkt waren, hatten sich itzt auf den ganzen Adel in den verschiedenen sächsischen Staaten ausgebreitet. Egbert war der einzige Abkömmling von denen Eroberern, die zuerst Britannien sich unterwürfig machten, und ihr Ansehen erhoben, indem sie ihre Abkunft von dem Woden, der vornehmsten Gottheit ihrer Vorfahren, herleiteten. Aber dieser Prinz, ob er gleich durch diesen günstigen Umstand gereizet wurde, Anfälle auf die benachbarten Sachsen zu thun, beunruhigte sie doch einige Zeit lang nicht; und wandte lieber seine Waffen wider die Britten in Cornwall, welche er in verschiedenen Schlachten überwand m). Er wurde von der Eroberung dieses Landes durch einen Einfall, den Bernulf, König von Mercia, in sein Reich that, abgerufen.

Die Mercier waren, vor der Thronbesteigung des Egbert, der Oberherrschaft über die Heptarchie sehr nahe gewesen. Sie hatten sich die Ostangeln unterworfen, und in den Königreichen Kent und Esser Lehnfürsten gesetzt. Northumberland lag in einer Anarchie; und es war kein Staat von Wichtigkeit mehr übrig, ausser Wesser, welcher, ob er gleich in Umfang weit kleiner, als Mercia war, sich doch durch die grossen Eigenschaften seines Regenten erhielt. Egbert wandte seine Armee gegen seine Angreifer, und da er sie bey Ellandun, in Wiltshire antraf, erhielt er einen vollkommen Sieg, und versetzte der Macht der Mercier durch die Niederlage, die sie auf ihrer Flucht erlitten, einen tödlichen Streich. Indem er selbst, auf der Seite von Oxfordshire in ihr Land drang, um seinen Sieg fortzusetzen, und dem Innersten ihres Landes drohte; schickte er eine Armee nach Kent unter dem Commando seines ältesten Sohnes Ethelwolph n), und machte sich bald Meister von diesem Lande, nachdem er den Lehnkönig Alfred vertrieben hatte. Das Königreich Esser wurde eben so leicht erobert; und die Ostangeln ergriffen, aus Haß gegen das mercische Gouvernement, welches durch Verrätherey und Zwang über sie gesetzt, und vermuthlich tyrannisch verwaltet worden war,

die

k) *Higden*, Lib. 5 M.West. S. 152. Asser.
in vita Alfredi S. 3. ex editione Camdeni.
l) Chron. Sax. A. D. 800. Brompton, S. 801.
m) Chron. Sax. p. 69.
n) *Ethelwerd*, Lib. 3. Cap. 2.

Geschichte von England. Kap. I.

die Waffen, und begaben sich in den Schutz des Egbert o). Bernulf, der König von Mercia, welcher wider sie zu Felde zog, wurde geschlagen; und zwey Jahr nachher hatte Ludecan, sein Nachfolger, dasselbe Schicksal. Diese Empörungen und Unruhen erleichterten die Unternehmungen des Egbert, welcher in das Herz des mercischen Gebiethes eindrang, und leichte Eroberungen unter einem muthlosen und zertrennten Volke machte. Um sie besser zu unterwerfen, gab er dem Wiglef, ihrem Landsmann, den Titel eines Königs, er selbst aber behielt die Oberherrschaft aus p). Die Anarchie, welche in Northumberland herrschte, machte, daß er mit seinen siegreichen Waffen weiter gieng, und die Einwohner, unfähig seiner Macht zu widerstehen, und begierig, eine sichere Regierungsform in ihrem Staat zu haben, kamen ihm zuvor, und schickten ihm bey seiner ersten Ankunft Abgesandten, wodurch sie sich seiner Herrschaft unterwarfen, und ihm, als ihrem unumschränkten Beherrscher, den Eid der Treue leisteten. Doch gab Egbert Northumberland, so wie der Provinz Mercia und Ostangeln, die Gewalt, selbst einen König zu wählen, welcher ihm Tribut bezahlte, und von ihm abhieng.

A. D. 827.

Also wurden alle Königreiche der Heptarchie, bald vier hundert Jahr nach der ersten Ankunft der Sachsen in Britannien, in einen großen Staat vereiniget; und die glücklichen Waffen und kluge Politik des Egbert richteten endlich das aus, was von so vielen Prinzen so oft war vergebens versucht worden q). Kent, Northumberland, und Mercia, welche alle nach einander nach der Herrschaft gestrebt hatten, wurden itzt seinem Reiche einverleibet; und die andern geringern Königreiche schienen dasselbe Schicksal willig anzunehmen. Seine Länder waren fast von demselben Umfange, als diejenigen, welche itzt eigentlich England genannt werden; und die Angelsachsen hatten itzt eine glückliche Aussicht, eine civilisirte Monarchie aufzurichten, welche innerlich ruhig, und äußerlich vor dem Einfall Fremder sicher wäre. Diese große Begebenheit trug sich zu im Jahr 827 r).

Obgleich die Sachsen diese Insel lange bewohnt hatten, so scheinen sie sich doch in den Künsten, in den Sitten, Wissenschaften, in der Leutseligkeit, in der Gerechtigkeit, und in dem Gehorsam gegen die Gesetze nicht mehr verbessert zu haben, als ihre deutschen Vorfahren. Auch die christliche Religion, ob sie gleich unter andern Vortheilen ihnen den Weg zu ihrer Verbindung mit den gesittetsten Nationen von Europa bahnte, hatte bey ihnen noch keine große Wirkung, ihre Unwissenheit zu vertreiben, und ihre barbarischen Sitten zu poliren. Da sie diese Lehren aus dem verderbenen Canal von Rom empfiengen, welcher die ursprüngliche Reinigkeit des christlichen Glaubens sehr verderbt hatte, so hatten sie auch eine starke Vermischung von Leichtgläubigkeit und Aberglauben an sich, welche dem Verstande und der Sittlichkeit gleich schädlich waren. Die Verehrung der Heiligen und Reliquien schien die Stelle der Anbetung des höchsten Wesens vertreten zu haben: Beobachtungen gewisser Gebräuche der Mönche wurden bey ihnen für verdienstlicher gehalten, als wirkliche Tugenden; die Erkenntniß natürlicher Ursachen wurden verabsäumet, weil man überall an wunderbare Vermittelungen und Gerichte glaubte. Freygebigkeit gegen die Kirche machte alle Beleidigun-

o) Erkebwerd, Lib. 2. Cap. 3.
p) Ingulph, p. 7. 8. 10.
q) Chron. Sax. p. 72.
r) Ibid.

A. D. 827.

digungen gegen die menschliche Gesellschaft gut; und die Gewissensbisse über Grausamkeit, Todtschlag, Verrätherey, Meuchelmord, und die grösten Laster wurden nicht durch Besserung des Lebens, sondern durch Büßen, Unterthänigkeit gegen die Mönche, und durch eine niedrige und unedle Andacht versöhnet s). Die Ehrfurcht gegen die Geistlichkeit gieng so weit, daß eine jede Person, welche in geistlichen Kleidern erschien, sogar auf der Landstraße vom Volke umgeben wurde, das alle ihre Worte für die heiligsten Orakel annahm, und gegen dieselben alle mögliche Zeichen der tiefsten Ehrfurcht blicken ließ t).

Die militärische Tapferkeit selbst, welche sonst allen sächsischen Stämmen eigen war, fieng itzt an, vernachläßiget zu werden, und der Adel, welcher die Sicherheit und die Muße des Klosters den Tumulten, und dem Ruhm des Krieges vorzog, dünkte sich viel, wenn er Klöster anlegte, worüber er die Aufsicht übernahm u). Auch konnte die Krone, welche durch die häufigen Wohlthaten gegen die Kirche, wozu die Stände des Königreichs auf eine schwache Art beystimmten, ausnehmend verarmt war, der Tapferkeit, und den Diensten im Kriege keine Belohnungen geben, und hatte kaum so viel Einfluß, daß sie die Regierung erhalten x) konnte.

Noch eine andre Schwierigkeit, welche sich bey dieser verderbten Art des Christenthums befand, war die abergläubische Neigung für Rom, und die allmählige Unterwerfung des Königreichs unter eine fremde Bothmäßigkeit. Die Britten hatten niemals einige Unterwürfigkeit unter dem römischen Pabst erkannt, und das ganze Kirchenregiment durch eigne Synoden und Versammlungen geführt y). Die Sachsen aber, welche ihre Religion von den römischen Mönchen empfiengen, lernten zugleich eine tiefe Ehrfurcht gegen den päbstlichen Stuhl, und ließen sich bald verleiten, ihn für den Haupt=sitz ihrer Religion anzusehen. Pilgrimschaften nach Rom wurden für die verdienstlichsten Werke der Andacht gehalten. Nicht allein Edelleute und vornehme Frauenzimmer übernahmen diese langweiligen Reisen z); sondern sogar Könige selbst legten ihre Kronen nieder, und suchten zu den Füßen des römischen Pabstes einen sichern Paß zum Himmel. Neue Reliquien, welche beständig aus dieser immerwährenden Münze des Aberglaubens gesandt, und durch die in Klöstern erdichteten Wunderwerke groß gemacht wurden, wirkten auf die erstaunten Gemüther des Volks; und jeder Prinz erhielt die Lobsprüche der Mönche, der einzigen Geschichtschreiber damaliger Zeiten, nicht nach Verhältniß seiner bürgerlichen und kriegerischen Tugenden, sondern nach seiner andächtigen Neigung für ihren Orden, und seiner abergläubischen Ehrfurcht gegen Rom.

Der

s) Diese Mißbräuche waren allen europäischen Kirchen gemein; aber die Priester in Italien, Spanien und Gallien machten durch andre Vortheile, welche sie der menschlichen Gesellschaft leisteten, noch eine Vergütung dafür. Einige Jahrhunderte hindurch waren sie fast alle Römer, das ist, mit andern Worten, die alten Einwohnern; und sie behielten die römische Sprache und Gesetze mit einigen Ueberbleibseln von der vorigen Höflichkeit. Aber die Priester in der Heptarchie, nach den ersten Missionarien, waren alle Sachsen, und meist eben so unwissend und barbarisch, als die Layen. Daher trugen sie auch sehr wenig zur Verbesserung der menschlichen Gesellschaft in der Erkenntniß oder in den Künsten bey.

t) *Bede*, Lib. 3. Cap. 26.

u) *Bede*, Lib. 5. Cap. 23. Epistola *Bede* ad *Egbert*.

x) *Bede*, Epist. ad *Egbert*.

y) Append. To. *Bede*, numb. 10. ex edit. 1722. *Spelm.* Conc. S. 1. S. 109.

z) *Bede*, Lib. 5. Cap. 7.

Der Pabst, durch diese Blindheit und demüthige Gesinnungen des Volks angetrieben, gieng täglich in seinen Unternehmungen wider die Unabhängigkeit der englischen Kirche weiter. Wilfrid, Bischof von Lindisferne, der einzige Prälat des Königreichs Northumberlands, vollendete im achten Jahrhundert diese Unterwerfung, indem er nach Rom gegen die Schlüsse der englischen Synode appellirte, welche seine Diöcese durch die Errichtung einiger neuen Bisthümer verkleinert hatte a). Der Pabst, Agatho, nahm sogleich diesen ersten Appel an seinen Hof an; und da sich Wilfrid, ob er gleich der stolzeste und üppigste Prälat seiner Zeit war b), bey dem Volke den Charakter der Heiligkeit erworben hatte, so behielt er endlich in diesem Streit die Oberhand. Der Hauptgrund, wodurch er die Gedanken der Leute verwirrt, war, daß St. Peter, dessen Aufsicht die Schlüssel des Himmels anvertraut wären, gewiß allen denen den Eingang verwahren würde, die es an Ehrerbietung gegen seinen Nachfolger hätten ermangeln lassen. Dieser Einfall, der sehr wohl für die Fähigkeiten des Volks eingerichtet war, hatte einige Zeit hindurch eine mächtige Wirkung auf das Volk, und hat auch noch itzt nicht allen seinen Credit in den katholischen Ländern verlohren.

A. D. 827.

Hätte dieser niedrige Aberglauben einen allgemeinen Frieden und Ruhe hervorgebracht, so würde er dadurch alles Uebel, was er stiftete, noch einiger maaßen vergütet haben; aber bey der gewöhnlichen Begierde der Menschen nach Macht und Reichthum, gebahr er nichtswürdige Streitigkeiten in der Theologie, welche um sofviel schädlicher waren, weil sie nicht, wie die übrigen, eine endliche Entscheidung nach hergebrachten Besitzungen zuließen. Die Streitigkeiten, welche in Britannien entstanden, waren von der lächerlichsten Art, und dieser unwissenden und barbarischen Zeiten vollkommen würdig. Es waren verschiedene Bedenklichkeiten, die von allen christlichen Kirchen, wegen Festsetzung des Tages des Osterfestes beobachtet wurden, und von einer mannichfachen Beobachtung des Sonnen- und Mondenlaufes abhiengen; und es trug sich zu, daß die Missionarien, welche die Schotten und Britten bekehrt hatten, einem andern Calender gefolget waren, als damals in Rom gebraucht worden war, da Augustinus die Sachsen bekehrte. Auch waren die Priester aller christlichen Kirchen gewohnt, einen Theil ihres Kopfes zu bescheeren; aber die Gestalt der Glatze war in jener Kirche anders, als sie in den letzten getragen wurde. Die Schotten und Britten wendeten das Alter ihrer Gebräuche vor; die Römer und ihre Schüler, die Sachsen, beriefen sich auf die Allgemeinheit der ihrigen. Alle stimmten darinn überein, daß die Zeit des Osterfestes nothwendig nach einer Regel müßte bestimmt werden, worinn sowohl der Tag des Jahres, als das Alter des Mondes angezeiget wäre; daß das Bescheeren eines Priesters nicht ohne die größte Gottlosigkeit könnte unterlassen werden, war eine Sache, worüber man nicht stritte: die Römer und Sachsen aber hießen ihre Gegner Schismatiker; weil sie das Osterfest gerade an dem Tage des vollen Mondes im März feyerten, wenn derselbe auf einen Sonntag fiel, da sie doch bis auf den folgenden Sonntag warten sollten; und weil sie ihren ganzen Vorkopf von einem Ohr bis zum andern bescheeren, anstatt sich auch auf dem Scheitel in einer Zirkelform zu bescheeren. Um ihre

Gegner

---

a) See Appendix to *Bede*, numb. 19. *Higden*, Lib. 5. *Mattb. West.* S. 124 *Brompt.* S. 793. 794.   b) *Eddius* vita Vilfr. §. 24. 60.

Gegner verhaßt zu machen, behaupteten sie, daß sie alle sieben Jahr einmal mit den Juden zu eben der Zeit dieses Fest feyerten c). Und damit sie ihre Art zu scheeren empfehlen möchten, versicherten sie, daß es eine symbolische Nachahmung der Dornenkrone wäre, welche unser Erlöser in seinem Leiden getragen hätte: dahingegen die andre von Simon Magus erfunden wäre, ohne hierauf gesehen zu haben d). Diese Zwistigkeiten hatten von Anfang an eine solche Feindschaft unter den brittischen und römischen Priestern gestiftet, daß sie, anstatt ihre Bemühungen zur Bekehrung der abgöttischen Sachsen zu vereinigen, alle Gemeinschaft mit einander vermieden; und eine jede Partey ihre Gegner für nichts besser, als Heyden hielt e). Der Streit dauerte länger, als ein Jahrhundert; und endigte sich endlich, nicht, weil man die Thorheit desselben einsah, welches für die menschliche Vernunft gar zu viel gewesen wäre; sondern durch den völligen Sieg der römischen Gebräuche über die schottischen und brittischen f). Wilfrid, Bischof von Lindisferne, erwarb sich großen Ruhm, sowohl bey den Römern, als bey den südlichen Sachsen, indem er das quartodecimau Schisma, wie man es nennet, aus dem Königreich Northumberland vertrieb, worinn es vorher durch die Nachbarschaft der Schotten war eingeführet worden g).

Theodor, Erzbischof von Canterbury, berief im Jahr 680 eine Synode zu Hatfield, worinn alle Bischöfe von Britannien saßen h), und der Schluß des lateranischen Concilii, welches Martin der Erste wider die Ketzerey der Monotheliten versammlet hatte, angenommen und gebilliget wurde. Dieses Concilium und diese Synode behauptete wider die Ketzer, obgleich die göttliche und menschliche Natur in Christo nur eine Person ausmachte, so hätten sie doch immer verschiedene Begierden, Willen, Handlungen, und Empfindungen, und die Einheit der Person begriffe gar nicht die Einheit des Bewußtseyns in sich i). Diese Meynung scheint etwas schwer zu begreifen zu seyn; und niemand, der nicht in der Kirchengeschichte dieser Zeiten bewandert ist, kann sich den großen Eifer und die Heftigkeit vorstellen, womit sie gelehret wurde. Der Ausspruch des lateranischen Concilii nennt die Monotheliten gottlos, verflucht, boshaft, abscheulich, und wohl gar teufelisch; und verflucht, und verdammt sie auf alle Ewigkeit k).

Die Sachsen hatten, von der ersten Einführung der Christenheit an, den Gebrauch der Bilder beybehalten; und vielleicht hätte die christliche Religion, ohne einige von diesen äusserlichen Zierrathen, keinen so geschwinden Fortgang bey diesen Abgöttern gehabt: aber sie haben diese Bilder auch Art angebethet, oder verehret; und dieser Mißbrauch ist nicht eher unter den Christen aufgekommen, als bis er von dem zweyten nicenischen Concilio geheiliget wurde. Zu dieser Zeit wurde er dem Offa vom Carl dem Großen angerathen l); ob es gleich scheinet, daß er anfänglich nicht ohne Widersetzung von der englischen Kirche angenommen wurde.

Das

c) *Bede*, Lib. 3. Cap. 19.
d) *Bede*, Lib. 5. Cap 21. *Eddius*, §. 24.
e) *Bede*, Lib. 3. Cap. 2. 4. 20. *Eddius*, §. 12.
f) *Bede*, Lib. 5. Cap. 16. 22.
g) *Bede*, Lib. 5. Cap. 19. *Eddius*, §. 12.

h) *Spell.* Conc vol. 1. S. 168.
i) *Spell.* Conc. vol. 1. S. 171.
k) *Spell.* Conc vol 1. S. 172. 173. 174.
l) *Spell.* Conc. vol. 1. p. 305.

Das zweyte Kapitel.
Die Angelsachsen.

Egbert — Ethelwolph — Ethelbald —, und Ethelbert — Ethered — Alfred der Große — Edward der Aeltere — Athelstan — Edmund — Edred — Edwy — Edgar — Edward der Märtyrer.

Egbert.

Obgleich die Königreiche der Heptarchie durch die neulich geschehene Eroberung verbunden waren, schienen sie doch unter dem Egbert noch mehr in einen Staat gebracht zu seyn; und die Einwohner verschiedener Provinzen hatten alle Lust verlohren, sich gegen diesen Eroberer aufzuwerfen, oder ihre unabhängige Regierungsform wieder herzustellen. Ihre Sprache war fast an allen Orten dieselbe, so wie ihre Gebräuche, Gesetze, bürgerliche und gottesdienstliche Verfassungen; und da das Geschlecht ihrer alten Könige in allen ihren Staaten völlig ausgelöschet war, so leistete das Volk einen Prinzen leicht den Eid der Treue, welcher ihn, durch den Ruhm seiner Siege, durch seine vortreffliche Regierung, und durch den großen Adel seiner Geburt zu verdienen schien. Die vereinigte Regierungsform gab ihnen eine angenehme Aussicht auf die künftige Ruhe; und es schien glaubwürdiger, daß sie inskünftige ihren Nachbaren fürchterlich, als ihren Einfällen und Verheerungen ausgesetzt seyn würden. Aber diese schmeichelhaften Aussichten wurden bald durch die Ankunft der Dänen verdunkelt, welche einige Jahrhunderte hindurch die Angelsachsen in beständige Unruhe setzten, die barbarischte Verheerung in ihren Ländern vornahmen, und sie zuletzt in harte Knechtschaft zwangen.

Der Kaiser Carl der Große, ob er gleich von Natur edel und menschlich gesinnt war, wurde doch vom Aberglauben verleitet, große Grausamkeiten gegen die heidnischen Sachsen in Deutschland auszuüben, welche er unter den Fuß brachte; und ausserdem, daß er oft ihr Land mit Feuer und Schwerd verwüstete, hatte er alle Unterthanen für ihren Aufruhr decimiret, und sie durch die strengsten Edicte gezwungen, sich dem Scheine nach zu der christlichen Lehre zu bekennen. Die christliche Religion, welche bey den brittischen Sachsen durch Schmeicheleyen und List so leicht eingeführet war, wurde ihren Brüdern, den Deutschen, widerlich, da sie ihnen mit Gewalt von Carl dem Großen aufgedrungen wurde; und die edelsten und tapfersten dieser Helden flüchteten in das nördliche Jütland, um der Grausamkeit seiner Verfolgungen zu entgehen. Weil sie hier ein Volk von gleichen Sitten antrafen, so wurden sie gern von demselben aufgenommen,

827.

nommen, und wiegelten die Einwohner auf, ihnen in ihren Unternehmungen beyzustehen, welche ihnen so wohl Rache an ihren stolzen Bezwingern versprachen, als auch diesen zahlreichen Einwohnern, womit die nördlichen Gegenden damals überschwemmt waren, Unterhalt verschafften a). Sie griffen die Provinzen von Frankreich an, welche durch die Ausartung und Streitigkeiten der Nachkommen Carls des Großen schwach waren, und unter dem allgemeinen Namen der Normänner, welchen sie von der nördlichen Lage ihres Landes bekamen, wurden sie der Schrecken der See- und Landprovinzen. Sie versuchten auch bey ihren östern Streifereyen Einfälle in England; und da sie durch plötzliche Angriffe große Vortheile über ein Volk gewinnen konnten, welches durch keine Seemacht vertheidiget wurde, seine Kriegsmacht nicht auf den Beinen hatte, und in einen Aberglauben gesunken war, der so wohl den Dänen, als den alten Sachsen verhaßt geworden, so machten sie keinen Unterschied in ihren Feindseligkeiten gegen das Königreich Frankreich und England. Ihr erster Einfall in diese Insel war im Jahr 787 b), da Britheric in Weßex regierte. Ein kleines Corps landete in diesem Königreiche, um die Lage des Landes auszuspähen; und wenn ein Magistrat eines Orts sie um ihr Vorhaben fragte, und sie vor den König foderte, um Rechenschaft abzulegen, so tödteten sie ihn, und entflohen auf ihren Schiffen in ihr Land. Der darauf folgende Einfall war in Northumberland im Jahr 794 c), da ein Korps von diesen Seeräubern ein Kloster plünderte; weil aber ihre Schiffe durch einen Sturm beschädigt, und ihr Anführer in einem Scharmützel umgekommen war, wurden sie endlich von den Einwohnern geschlagen, und die Uebriggebliebenen niedergemacht. Fünf Jahre, nachdem Egbert seine Monarchie über England gestiftet hatte, landeten die Dänen auf der Insel Schepen, verwüsteten sie, und giengen ungestraft zurück d). Im folgenden Jahr waren sie nicht so glücklich in ihrem Unternehmen, da sie mit fünf und dreyßig Schiffen ankamen, und den Egbert bey Charmouth in Dorsetshire wider sich hatten. Die Schlacht war blutig: aber obgleich die Dänen viele Mannschaft verlooren hatten, so behielten sie doch den Posten, den sie gefaßt, und verschafften sich einen sichern Rückzug nach ihren Schiffen e). Da sie erfahren hatten, daß sie von diesen kriegerischen Prinzen eine starke Gegenwehr erwarten mußten, so schlossen sie eine Allianz mit den Britten von Cornwallis, und da sie zwey Jahr nachher in dieser Gegend landeten, fielen sie mit ihren Bundesgenossen in die Grafschaft Devon ein; wurden aber von dem Egbert bey Hengesdown empfangen, und gänzlich geschlagen f). Indem sich England in diesem unruhigen Zustande befand, und sich mehr durch geschwinde Mittel, als durch einen regelmäßigen Regierungsplan vertheidigte, starb unglücklicher Weise Egbert, welcher allein wider dieses neue Uebel gute Anstalten machen konnte, und hinterließ die Regierung seinem Sohne, Ethelwolf.

a) *Ypod. Neustria*, S. 414.
b) *Chron. Sax.* p 64.
c) *Chron. Sax.* p. 66. *Alur. Beverl.* S. 108
d) *Chron. Sax.* S. 72. *Mal. West.* S. 155.
e) *Chron. Sax* S. 7 *Ethelwerd*, Lib. 3. Cap. 2. *Matth. West.* S. 155.
f) *Chron. Sax.* p. 72.

Ethel-

Ethelwolf.

Dieser Prinz besaß weder die Geschicklichkeiten, noch die Tapferkeit seines Vaters, und war geschickter, ein Kloster zu regieren, als ein Königreich g). Er fieng seine Regierung damit an, daß er seine Länder theilte, und seinem ältesten Sohne, Athelstan, die neu eroberten Provinzen, Essex, Kent und Sussex einräumte h). Diese Theilung schien doch aber keine Unruhen zu erregen, weil die immerwährende Furcht vor den Einfällen der Dänen allen innerlichen Zwistigkeiten vorbeugte. Es zeigte sich bey Southamton eine Flotte von diesen Räubern, welche aus drey und dreyßig Segeln bestund; sie wurden aber von dem Wolfhere, dem Gouverneur der angränzenden Grafschaft, mit großem Verlust zurück getrieben i). In demselben Jahre schlug Aethelhelm, mit Hülfe der Einwohner von Dorsetshire, eine andre Bande, welche bey Portsmouth gelandet war; er erhielt aber den Sieg nach einem heftigen Gefechte, und erkaufte ihn mit Verlust seines Lebens k). Im folgenden Jahr thaten die Dänen verschiedene Einfälle in England, und lieferten Schlachten, oder vielmehr Scharmützel, in Ostangeln, Lindesey und Kent, wo, ob sich gleich verschiedentlich geschlagen und zurück getrieben wurden, sie doch ihren Zweck erhielten, Beute in dem Lande machten, und sie fortbrachten. Sie vermieden die Gelegenheit, sich in ein Haupttreffen einzulassen, weil dieses dem Plan ihrer Unternehmungen zuwider war. Ihre Schiffe waren klein, und ließen sich leicht in Baye und Flüsse bringen; diese zogen sie aufs Land, und wenn sie ein Rettrenchement um sie her gemacht hatten, welches sie von einigen aus ihrer Anzahl bewachen ließen, zerstreuten sie sich an allen Orten, nahmen den Einwohnern das Vieh, und ihre Güter, eilten wieder in ihre Schiffe, und wurden unsichtbar. Wenn eine Provinz ihre Kriegsmacht versammlet hatte, (denn es war nicht Zeit genug, aus gegenen Truppen herzuholen,) so waren die Dänen entweder im Stande, sie zurück zu treiben, und ihre Raubereyen ungestraft fortzusetzen, oder sie begaben sich auch in ihre Schiffe, und griffen plötzlich ein andres Land an, welches nicht bereit war, sie zu empfangen. Alle Provinzen von England wurden in beständiger Unruhe erhalten; und die Einwohner eines Landes durften den Einwohnern einer andern Gegend keine Hülfe leisten, weil sie dadurch ihre eignen Familien und Eigenthümer in ihrer Abwesenheit der Wuth dieser barbarischen Räuber Preis gaben l). Alle Stände der Menschen waren in diesem Ruin begriffen, und die Priester und Mönche, welche gemeiniglich in den innerlichen Streitigkeiten der Heptarchie waren verschonet worden, waren ist die vorzüglichsten Gegenstände der Wuth und Feindschaft der abgöttischen Dänen m). Jede Jahreszeit war gefährlich, und kein Mensch konnte sich einen Augenblick sicher schätzen, wenn auch der Feind abwesend war.

Diese Einfälle waren nun fast jährlich geworden; als die Dänen, durch ihr Glück sowohl gegen Frankreich, als England, angetrieben (denn beyde Königreiche waren auf gleiche Art diesem Unglück ausgesetzt) das letzte in einem so zahlreichen Corps

---

g) *W. Malm.* Lib. 2. Cap. 2.
h) *W. Malm.* Lib. 2. C. 2. *Ethelward*. Lib. 3. Cap. 3.
i) *Chron. Sax.* S. 73. *Ethelward*, Lib. 3. C. 3. *Matth. West.* S. 155.
k) *Chron. Sax.* S. 73. *H. Hunting.* Lib. 5.
l) *Matth. West.* 156.
m) *Alured. Beverl.* S. 108.

46 Geschichte von England. Kap. II.

851. Corps angriffen, daß sie ihm eine allgemeine Unterwerfung zu drohen schienen. Aber die Engländer, welche tapferer, als die Britten waren, denen sie einige Jahrhunderte vorher mit gleicher Gewaltsamkeit begegnet waren, rüsteten sich mit einer Macht, die nach der Größe der Noth eingerichtet war. Ceorle, der Statthalter von Devonshire, lieferte einem Corps Dänen eine Schlacht bey Wiganburgh n), und schlug sie mit einer großen Niederlage aufs Haupt. Der König Athelstan grief ein andres zur See, bey Sandwich an, versenkte neun von ihren Schiffen, und schlug die übrigen in die Flucht o). Dennoch wagte es ein Corps derselben, zum erstenmal in England Winterquartiere zu nehmen; und da sie im Frühling von ihren Landsleuten eine neue Verstärkung von 350 Schiffen empfiengen, rückten sie aus der Insel Thanet heraus, wo sie sich gelagert hatten; verbrannten die Städte London p) und Canterbury; und nachdem sie den Brichtric, der damals mit dem Titel als König Mercia regierte, in die Flucht geschlagen hatten, drangen sie in das Herz von Surrey ein, und verwüsteten alle Oerter um sich her q). Etelwolf, durch die dringende Gefahr genöthiget, marschirte gegen sie an der Spitze der Westsachsen; er nahm seinen zwenten Sohn, Ethelbald mit, lieferte ihnen ein Treffen bey Okeley, und gewann einen sehr blutigen Sieg r). Dieser Vortheil verschaffte England nur eine kurze Ruhe. Die Dänen behielten immer ihren Sitz auf der Insel Tha-
853. net; und da sie von dem Ealher und Huda, Statthaltern von Kent und Surrey, angegriffen wurden, schlugen sie sie, ob sie gleich im Anfange des Treffens gewichen waren, und tödteten beyde s). Von da giengen sie auf die Insel Schepey, wo sie ihre Winterquartiere nahmen, um ihre Verwüstungen und Raubereyen weiter auszubreiten.

854. Dieser ungewisse Zustand von England hinderte den Ethelwolf nicht, eine Pilgrimmschaft nach Rom zu unternehmen, wohin er seinen vierten und liebsten Sohn, Alfred, mitnahm, der damals nur sechs Jahr alt war t). Er brachte daselbst ein Jahr in Andachtsübungen zu, und ließ es nicht an dem Haupttheil der Andacht fehlen, nämlich an der Freygebigkeit gegen die Kirche von Rom. Ausserdem, daß er den vornehmsten Geistlichen Geschenke machte, gab er dem Stuhle ein immerwährendes Gehalt von drey hundert Mancusen u) jährlich, ein Drittel die Lampen der Peterkirche, einen andern die Lampen der Paulkirche zu unterhalten, und noch einen für den Pabst selbst x). Auf seiner Rückreise heyrathete er die Judith, eine Tochter des Kaisers Carl des Kahlen y), aber bey seiner Ankunft in England fand er einen Widerstand, worauf er gar nicht gedacht hatte.

Weil sein ältester Sohn, Athelstan todt war; so hatte Ethelbald, der zwente Sohn, welcher die Regierung übernommen, mit vielen vom Adel den Anschlag gefaßt, seinen Vater von einem Thron auszuschließen, wozu ihn seine Schwachheit und Aberglauben

n) Hunt. Lib. 5. Ethelward, Lib. 3. Cap. 3. Simeon Dunelm. p. 120.
o) Chron. Sax. S. 74. Afferius S. 2.
p) W. Malm. Lib. 2. Cap. 2.
q) Matth. West. S. 157.
r) Chron. Sax. S. 75. Afferius, S. 2.
s) Chron. Sax. S. 76. Afferius, S. 2. Simeon Dun. S. 120.

t) Afferius, S. 2. Chron. Sax. S. 76. Hunt. Lib. 5.
u) Ein Mancus wog etwas mehr, als unsre halbe Kronen. S. Spellmanns Glossarium, im Worte: Mancus.
x) W. Malm. Lib. 2. Cap. 2.
y) Afferius, S. 2. Chron. Sax. S. 76. H. Hunt. Lib. 5 Ethewerd, Lib. 3. Cap. 3. Simeon. Dunelm. S. 140.

glauben unfähig zu machen schien ᶻ). Das Volk hatte sich zwischen den beyden Prinzen getheilet, und ein blutiger Bürgerkrieg schien zu allem andern Unglücke, welches England sonst litte, unvermeidlich zu seyn; als Ethelwolf so gütig war, seinem Sohn den größten Theil seiner Forderungen zu gewähren ᵃ). Er theilte das Königreich mit ihm, nahm den östlichen Theil für sich, welcher damals für den schlechtesten und gefährlichsten gehalten wurde ᵇ), und übergab dem Ethelbald die Regierung des Westlichen. Kurz nachher berief er alle Stände des Königreichs zusammen, und machte, mit eben derselben Freygebigkeit, der Kirche ein ewiges und sehr wichtiges Geschenk.

Die Geistlichen hatten in diesen unwissenden Zeiten einen sehr schleunigen Fortgang in ihrer Macht und Größe; und wenn sie die abgeschmacktesten und eigennützigsten Lehren vortrugen, fanden sie zwar zuweilen von dem gegenseitigen Vortheil, aber nicht von der Vernunft und dem Verstande der Layen Widerspruch, welchen zu überwinden, Zeit und Kunst erforderte. Nicht zufrieden mit den ihnen von den sächsischen Prinzen und Adel geschenkten Ländern, und mit den täglichen Gaben, die sie von dem andächtigen Volk empfiengen, warfen sie begierige Augen auf ein starkes Einkommen, welches ihnen, nach einem göttlichen, unverbrüchlichen und immerwährenden Rechte zukommen sollte. So wenig sie auch in der Schrift erfahren waren, hatten sie doch gelesen, daß die Priester unter dem jüdischen Gesetze den Zehnten aller Einkünfte des Landes besaßen. Sie vergaßen daher was sie selbst lehrten, daß nämlich nur der moralische Theil dieses Gesetzes die Christen verbände, und bestunden darauf, daß diese Schenkung ein ewiges Eigenthum wäre, welches der Himmel allen denen gegeben hätte, die dem Altar dieneten. Einige Jahrhunderte hindurch waren alle Predigten und Homilien dahin gerichtet; und man sollte, dem Innhalt dieser Reden nach, geglaubt haben, daß alle praktische Theile des Christenthums in der genauen und getreuen Bezahlung des Zehnten an die Geistlichkeit bestünde ᶜ). Durch den guten Fortgang dieser Lehren aufgemuntert, giengen sie noch weiter, als selbst das levitische Gesetz sie berechtigen konnte; und foderten den Zehnten von aller Arbeit, Waaren, Lohn, Geldern und Solde der Soldaten ᵈ); ja einige Geistlichen giengen so weit, daß sie behaupteten, die Geistlichkeit hätte Ansprüche auf den Zehnten des Vortheils, den die Handwerksleute durch ihre Handwerke erwürben ᵉ). Obgleich Honorius, Erzbischof von Canterbury, beynahe zwey Jahrhunderte vorher ᶠ) Pfarren eingesetzt hatte, so hatten doch die Geistlichen sich nie des Zehnten bemächtigen können; und daher ergriffen sie die günstige Gelegenheit, diesen Vortheil zu machen, da ein weichlicher, abergläubischer Prinz auf dem Thron war, und da das Volk, welches durch den Verlust, den es von den Dänen erlitten, den Muth hatte sinken lassen, und sich vor noch künftigen Einfällen fürchtete, aller Eindrücke fähig war, die den Schein der Religion hatten. Diese Verstattung war in den Augen der Engländer so verdienstlich, daß sie es auf eine übernatürliche Hülfe ankommen ließen, die ordentlichen Mittel ihrer Erhaltung versäumten; und auch in der gegenwärtigen äussersten Gefahr

---

z) *W. Malm.* Lib. 2. Cap. 2.
a) *Flor. Wigorn* S. 583.
b) *Asserius*, S. 3 *W. Malm.* Lib. 2. Cap. 2.
Matth. West. S. 158.

c) *Padre Paolo*, sopra beneficii ecclesiastici, p. 51. 52. Edit. Colon. 1675.
d) *Spell. Conc.* vol. 1. p. 268.
e) *Padre Paolo*, S. 132.
f) *Parker*, S. 77.

- Gefahr zugestunden, daß das Einkommen der Kirche von allen Abgaben frey seyn sollte, wenn sie auch zur Vertheidigung und Sicherheit der Nation auferlegt waren g).

Ethelbald und Ethelbert.

857. Ethelwolf lebte nur noch zwey Jahre, nachdem er dieses zugelassen hatte h), und theilte in seinem Testamente England unter seine beyden ältesten Söhne, Ethelbald und Ethelbert; der eine hatte den westlichen, der andre den östlichen Theil i). Ethelbald war ein sehr ausschweifender Prinz, und gab dem Volk ein grosses Aergerniß k), da er seine Stiefmutter Judith heyrathete; aber durch die Ermahnungen des Swithun, Bischofs von Winchester, ward er endlich bewogen, sich von ihr zu scheiden. Seine Regierung war kurz l); Ethelbert, sein Bruder, der ihm darinn 860. folgte, führte sich fünf Jahre hindurch auf eine seiner Geburt und seinem Stande anständigere Art auf. Doch war das Königreich noch immer von den Dänen beunruhiget, welche einen Einfall thaten und Winchester zerstörten m), aber daselbst geschlagen wurden. Auch brach ein Corps von diesen Räubern, welches sich in der Insel Thanet quartiert hatte, unvermuthet in Kent ein, nachdem es die Engländer durch einen Vertrag betrogen hatte, und begieng grosse Grausamkeiten n).

Ethered.

866. Diesem Prinzen folgte sein Bruder Ethered, der sich zwar tapfer vertheidigte, doch seine ganze Regierung hindurch keine Ruhe vor den Einfällen der Dänen genoß. Sein jüngerer Bruder, Alfred, stund ihm in allen seinen Unternehmungen bey; und opferte dem allgemeinen Besten alle Rache edelmüthig auf, welche er hegen konnte, weil ihn Ethered von einem starken Erbgute, welches ihm von seinem Vater war hinterlassen worden, ausgeschlossen hatte.

Die erste Landung der Dänen unter der Regierung des Ethered, war bey den Ostangeln, welche mehr für ihren gegenwärtigen Nutzen, als für das allgemeine Beste besorgt, einen besondern Vertrag mit dem Feinde errichteten; und ihm Pferde verschafften, wodurch er besser in Stand gesetzt wurde, zu lande in das Königreich Northumberland einzufallen o). Er nahm darinn die Stadt York weg; und vertheidigte sie gegen Osbricht und Aella, zwey northumbrische Prinzen, welche in dem Angriff umkamen p). Durch diese Vortheile, und durch die Macht, die sich der Feind durch die Waffen erworben hatte, verließ er itzt unter dem Commando des Hinguar und Hubba die Seeküste, drang in Mercia ein, und nahm seine Winterquartiere bey Nottingham

---

g) *Asserius* S. 2. Chron. Sax. S. 76. *W. Malm.* Lib. 2. c. 2. *Ethelward.* L. 3. c. 3. *M. West.* S. 158. *Ingulf.* S. 17. Ann. Beverl. S. 95.
h) Chron. Sax. S. 76. *Asser.* S. 4.
i) *Hen. Huntin.* lib. 5.
k) *W. Malm.* lib. 2. cap. 3. *Ingulf.* S. 17.
l) Chron. Saxon. S. 77.
m) *W. Malm.* Lib. 2. cap. 3. *Ethelward.* lib. 4. Cap. 1. Ann. Beverl. S. 95.
n) Chron. Sax. S. 78.
o) *Asser.* S. 5. Chron. Sax. S. 78. *Ethelward.* lib. 4. cap. 2. *Simeon Dunelm.* S. 141.
p) *Asser.* S. 6. Chron. Sax. S. 79. *H. Hunting.* lib. 5.

ham, wo er dem ganzen Königreiche die Unterwerfung drohete. Die Mercier baten den Etheredd in dieser Noth um Hülfe; und dieser Prinz führte mit seinem Bruder, Alfred, eine große Armee nach Nottingham, und zwang den Feind, seinen Posten zu verlassen, und sich nach Northumberland zurück zu ziehen q). Der unruhige Zustand, und die Begierde zu plündern, erlaubte dem Feinde nicht lange, in diesen Quartieren zu bleiben. Er brach in Ostangeln ein, schlug den König dieses Landes, Edmund, nahm ihn gefangen, ermordete ihn hernach auf eine grausame Art mit kaltem Blute '), und gab den Ostangeln durch die allerbarbarischten Grausamkeiten, welche er an dem Volke, und besonders gegen die Klöster verübte s), große Ursache, die kurze Erleichterung zu bereuen, welche sie dadurch erhalten hatten, daß sie dem gemeinschaftlichen Feinde beystunden.

870.

Der nächste Standort der Dänen war zu Reading, von wannen sie das angränzende Land durch ihre Einfälle beunruhigten t). Die Mercier, welche gern das Joch des Etheredds u) abschütteln wollten, schlugen ihm ihre Hülfstruppen ab; und dieser Prinz, von dem Alfred begleitet, war genöthiget, mit den Westsachsen, seinen erblichen Unterthanen allein, gegen den Feind zu marschiren. Da die Dänen in einem Treffen geschlagen wurden, ließen sie sich in ihrer Garnison einschließen; thaten aber bald nachher einen Ausfall, schlugen die Westsachsen, und hoben die Belagerung auf. Bald nachher fiel noch eine Schlacht bey Aston x) in Berkshire vor, wo die Engländer, beym Anbruch des Tages, in großer Gefahr waren, eine gänzliche Niederlage zu leiden. Alfred, der mit einem Theil der Armee anrückte, wurde von dem Feinde an einem unbequemen Ort umzingelt; und Etheredd, welcher in der Messe war, wollte ihm nicht eher zu Hülfe kommen, bis diese geendiget wäre y); da er aber nachher den Sieg erhielt, wurde dieses Glück, nicht die Gefahr des Alfred, von den Mönchen der Frömmigkeit dieses Monarchen zugeschrieben. Diese Schlacht bey Aston endigte den Krieg noch nicht: kurz nachher ward noch eine andre Schlacht bey Basing geliefert, worinn die Dänen glücklicher waren z): und da sie aus ihrem Lande mit einer neuen Armee waren verstärkt worden, wurden sie den Engländern täglich fürchterlicher. In dieser Verwirrung starb Etheredd an einer Wunde, die er in einer Action mit den Dänen empfangen hatte; und hinterließ mehr die Erbschaft seiner Sorgen und Unglücksfälle, als seiner Größe seinem Bruder, Alfred, der damals zwey und zwanzig Jahr alt war.

871.

Alfred.

q) *H. Hunt.* lib. 5.

r) *Asser.* S. 4. *W. Malm.* lib. 2. cap. 3. *H. Hunt.* lib. 5. *Matt. West.* S. 164. *Alur. Beverl.* S. 102.

s) Chron. Sax. S. 80. *Ingulf.* S. 22. 23.

t) *M. West.* S. 165.

u) *W. Malmesb.* lib. 2. cap. 3.

x) *Hearne's* Noten zu *Spelmanns* Leben des *Alfred*, S. 41. Chron. Sax. S. 81. *Ethelwerd.* lib. 4. cap. 4.

y) *Asser.* S. 7. *W. Malmesb.* lib. 4. cap. 1. *Flor. Wigorn.* S. 586. 587. *Simeon Dunelm.* S. 125 *Brompton.* S. 808. *Anglia sacra*, vol. 1. S. 20;. *Alur. Beverl.* S. 102.

z) *Asser.* S. 7. Chron. Sax. S. 17.

Alfred.

871.

Dieser Prinz gab sehr frühe Zeichen der großen Tugenden und glänzenden Talente, wodurch er viele unruhige Zeiten hindurch sein Reich von dem gänzlichen Ruin und Umsturz befreyet hat. Sein Vater Ethelwolf hatte ihn, ein Jahr, nachdem er mit demselben von Rom zurück gekommen war, mit einem zahlreichen Gefolge wieder dahin geschickt; und da sich ein Gerücht von dem Tode des Königes ausbreitete ª), salbte der Pabst Leo der Dritte den Alfred zum Könige ᵇ), entweder, weil er seine künftige Größe aus seinem fruchtbaren Genie voraus sah, oder weil er schon damals das Recht verlangte, Königreiche geben zu können. Alfred wurde bey seiner Wiederkunft immer mehr der Gegenstand der zärtlichsten Liebe seines Vaters; da er ihm aber in seinen jugendlichen Vergnügen sehr nachsah, so wurde sehr in seiner Erziehung versäumet; und hatte schon das zwölfte Jahr erreichet, da er noch in den kleinen Anfangsgründen der Gelehrsamkeit unterrichtet war. Sein Genie wurde zuerst durch das Lesen sächsischer Gedichte aufgeweckt, woran die Königinn ihr Vergnügen hatte; und diese Gattung der Gelehrsamkeit, welche auch selbst unter den Barbaren einen guten Fortgang gewinnen kann, breitete die edlen und erhabenen Gesinnungen aus, die er von der Natur empfangen hatte ᶜ). Durch die Königinn, und durch seine eigene heftige Begierde aufgemuntert, lernte er bald die Gedichte lesen; und schritt weiter zur Erlernung der lateinischen Sprache, wo er Schriftsteller antraf, welche seinem heroischen Geiste besser aufhalfen, und seine edlen Absichten leiteten. In dieser angenehmen Arbeit vertieft, war ihm seine Gelangung zur königlichen Würde mehr ein Verdruß, als eine Freude ᵈ); da er aber zum Throne berufen wurde, sowohl mit einem Vorzuge vor den Kindern seines Bruders, und durch den Willen seines Vaters, einer Sache, welche bey den Angelsachsen viel galt ᵉ), als auch von der ganzen Nation wegen des gefährlichen Zustandes der öffentlichen Angelegenheiten ᶠ); so legte er sein Studieren nieder, und sann auf die Mittel, sein Volk zu schützen. Kaum hatte er seinen Bruder beerdigen lassen, als er sich schon genöthigt sah, ins Feld zu gehen, um sich den Dänen zu widersetzen, welche Wilton eingenommen hatten, und ihre gewöhnlichen Verwüstungen in den umherliegenden Ländern trieben. Er marschirte gegen sie mit den wenigen Truppen, die er in der Eile zusammenbringen konnte; und da er ihnen eine Schlacht lieferte, war der Vortheil im Anfange auf seiner Seite; weil er aber seinen Sieg zu weit verfolgen wollte, bekam die Menge der Feinde die Oberhand, und erholte sich mieder g). Doch war ihr Verlust in der Schlacht so groß, daß sie aus Furcht, Alfred möchte täglich von seinen Unterthanen verstärkt werden, sich damit begnügten, einen freyen Abzug zu fodern, und versprachen, das Königreich zu verlassen.

In

---

a) Chron. Sax. p. 77.
b) Asser. S. 2. W. Malmesf. lib. 2. cap. 2. Ingulf. S. 850. Simeon Dunelm. S. 120. 139. Abbas Rieval. S. 352. Ann. Beverl. S. 96.
c) Asser S. 2 M. West S. 1. 2. Flor. Wigorn. S. 58. Simeon Dunelm. S. 122. 141. Brompton. S. 814.
d) Asser. S. 7.
e) Asser. S. 22. Simeon Dunelm. S. 141.
f) Simeon Dunelm S. 127.
g) Asser. S. 8. Chron. Sax. S. 82. H. Hunting lib. 5. Ethelwerd. Lib. 4. cap. 3.

Geschichte von England. Kap. II.

In dieser Absicht wurden sie nach London geführt, und ihnen erlaubt, daselbst ihre Winterquartiere zu nehmen; aber ihres Versprechens uneingedenk, fiengen sie an, auf dem benachbarten Lande Beute zu machen. Burrhed, König in Mercia, in dessen Gebiethe London war, machte einen neuen Vertrag mit ihnen *h*) und bewegte sie durch Geschenke an Gelde, nach Lindesey in Lincolnshire zu gehen *i*); ein Land, welches sie schon zerstöret und verwüstet hatten. Weil sie aber in diesem Orte nichts zu rauben und zu verwüsten fanden, kehrten sie gleich wieder nach Mercia zurück, und zwar in eine Gegend desselben, wo sie sich keinen Widerstand vermutheten; und nachdem sie ihre Quartiere bey Repton in der Derbyshire *k*) genommen hatten, verwüsteten sie das ganze Land mit Feuer und Schwerd. Burrhed, der nicht im Stande war, einem Feinde Widerstand zu leisten, dem keine Macht widerstehen, und den keine Verträge binden konnten, verließ das Königreich, und flohe nach Rom, wo er sich ins Kloster begab.*l*). Er war Alfreds Stiefbruder, und der letzte, der den Titel eines Königs von Mercia führte.

Itzt waren die Westsachsen die einzige übergebliebene Macht in England; und ob sie gleich durch die Tapferkeit und Geschicklichkeit des Alfred erhalten wurden, waren sie doch nicht im Stande, die Angriffe der Räuber auszuhalten, welche sie von allen Seiten anfielen. In diesem Jahre kam noch ein neuer Schwarm von Dänen unter Anführung der drey Prinzen, Guthrum, Oscetel und Anmund an *m*). Zuerst stießen sie zu ihren Landsleuten, fanden es aber hernach für nöthig, sich zu trennen, um für ihren Unterhalt zu sorgen. Ein Theil derselben marschirte unter Commando des Haldene, eines ihrer Anführer *n*), nach Northumberland, wo sie ihren Sitz aufschlugen *o*); ein Theil nahm seine Quartiere bey Cambridge *p*), welche sie aber beym Anfange des Sommers verließen, und Wereham, in der Grafschaft Dorset einnahmen, welches der Mittelpunkt von dem Gebiethe des Alfred war *q*). Dieser Prinz trieb sie in ihren Quartieren so in die Enge, daß sie gern einen Vertrag machten, und einen Abzug aus seinem Lande versprachen *r*). Alfred, welcher ihre Treulosigkeit sehr wohl kannte, zwang sie, bey den heiligen Reliquien zu schwören, daß sie diesen Vertrag halten wollten *s*), nicht, weil er hoffte, sie würden einige Ehrfurcht für dieselben haben; sondern weil er glaubte, wenn sie itzt ihren Eid brächen, so würde ihre Gottlosigkeit ihnen unfehlbar die Rache des Himmels zuziehen. Aber die Dänen, die wenig an diese Gefahr dachten, fielen plötzlich, ohne eine Ursache zu suchen, die Armee des Alfred an; und nachdem sie dieselbe in die Flucht geschlagen hatten, marschirten sie westwärts, und bemächtigten sich der Stadt Exeter *t*). Der Prinz sammlete noch einmal eine Macht, und verhielt sich so tapfer, daß er dem Feinde in einem Jahre acht Treffen lieferte *u*) und ihn in die äußerste Noth brachte.

871.

875.

---

h) Asser. S. 8. *H. Hunting.* lib. 5.
i) M. West. S. 168
k) Asser. S. 8
l) Asser. S. 8 Chron. Sax. p. 82. Ethelwerd. Lib. 4 cap. 4 Flor. Wigorn. S. 589. Simeon Dunelm. S. 127 Ann. Beverl. S. 96.
m) H. Hunting lib 5.
n) Chron Sax. S. 83.
o) Asser. S. 8 Chron. Sax. S. 83.
p) Asser. S 8. Chron Sax. S. 83.
q) H. Hunting. lib. 5. M West. S. 168.
r) Chron. Sax. S 83.
s) Asser. S 8
t) Asser. S 8. Chron. Sax. S 83. H. Hunt. Lib. 5. Flor. Wigorn. S 590.
u) Asser. S 8 die sächsische Chronik sagt S 82. neun Treffen.

brachte. Dennoch gab er noch neuen Friedensvorschlägen Gehör; und begnügte sich mit dem Versprechen, daß sie sich irgendwo in England x) niederlassen, und keine Räuber mehr ins Königreich einlassen wollten. Indem er aber die Erfüllung dieses Vertrages erwartete, welcher den Dänen selbst vortheilhaft zu seyn schien, hörte er, daß ein andres Corps gelandet war, und nachdem es alle zerstreute Haufen seiner Landsleute gesammlet, Chippenham, eine damals ansehnliche Stadt, eingenommen hätte, und allenthalben die gewöhnlichen Raubereyen ausübten y).

Dieser letzte Zufall schmächte den Muth der Sachsen völlig, und brachte sie zur Verzweiflung. Da sie sahen, daß nach allem Jammer und Elend, welches sie an ihren Personen und Gütern erlitten; nach allen tapfern Thaten, welche sie zu ihrer Vertheidigung verrichtet hätten, noch eine neue Rotte, die eben so begierig nach Raub und Mord war, wie die vorige, bey ihnen gelandet war; so glaubten sie sich von dem Himmel zum Verderben bestimmt, und dem Schwarm von Räubern Preis gegeben zu seyn, welche das fruchtbare Norden so unaufhörlich wider sie ausgoß. Einige verließen ihr Vaterland, und giengen nach Wallis, oder flohen über See: andre unterwarfen sich den Siegern, in Hoffnung, durch einen knechtischen Gehorsam ihre Wuth zu stillen z); und da ein jeder auf seine eigene Erhaltung bedacht war, wollte keiner die Ermahnung des Königes hören, welcher sie aufmunterte, unter seiner Anführung nur noch einen Versuch zur Vertheidigung ihres Prinzen, ihres Landes, und ihrer Freyheit zu thun. Alfred selbst sah sich genöthiget, seine Ehrenzeichen abzulegen; seinen Hofstaat abzuschaffen, und in den schlechtesten Kleidern vor den Verfolgungen und der Wuth seiner Feinde Schutz zu suchen. Er zog Bauernkleider an, und hielt sich in dem Hause eines Hirten auf, welchem die Sorge über einige seiner Kühe anvertrauet war a). Hier trug sich eine Sache zu, welche alle Geschichtschreiber erzählet haben, und lange durch mündliche Ueberlieferungen erhalten wurde. Sie enthält zwar an sich selbst weiter nichts wichtiges, als in so fern jeder Umstand interessiret, der mit einer so großen Tugend und Würde in solchem Elende verbunden ist. Die Frau des Kuhhirten kannte den Stand ihres königlichen Gastes nicht; und da sie ihn einsmals beschäftiget fand, am Feuer seinen Bogen und Pfeile zurecht zu machen, hieß sie ihm auf einige Kuchen Acht haben, welche am Feuer stunden, da sie andre häusliche Geschäffte abwartete. Aber Alfred, der seine Gedanken auf etwas anders gerichtet hatte, vergaß es; und da die gute Frau ben ihrer Zurückkunft die Kuchen alle verbrannt sah, verwies sie es dem Könige sehr hart, und warf ihm vor, daß er ihre warmen Kuchen immer gern essen möchte, und doch so wenig Lust hätte, sie zu braten b).

Da Alfred nach und nach fand, daß die Feinde ihn nicht mehr so fleißig aufsuchten, so versammlete er einige seiner Anhänger, und begab sich in die Mitte eines Sumpfes, welche die ausgetretenen Gewässer des Thone und Parret in Sommersetshire machten. Er fand daselbst zwen Morgen vesten Landes; und nachdem er eine Wohnung darauf gebauet hatte, machte er sich sicher durch Bevestigungen, und noch mehr durch die

---

x) Asser. S. 9. Flor. Beverl. S. 104. a) Asser. S. 9.
y) Asser S. 9. H Hunt Lib. 5.
z) Chron. Sax. p. 84. Alured. Beverl. S. 105. b) Asser. S. 9. M. West. S. 170.

Geſchichte von England. Kap. II.

die unbekannten und ſchweren Wege, die dahin führeten, und durch die Wälder und Mo-
räſte, die den Platz rings umgaben. Er nannte dieſen Ort Athelingen, oder die In- 875.
ſel der Edlen c), und iʒt heißt er Athelney. Von hieraus grief er die Dänen ſehr oft
an, und ſie fühlten oft die Stärke ſeines Arms, ohne zu wiſſen, aus welcher Gegend
der Streich kam. Er ernährte ſich und ſeinen Anhang von der Beute, die er machte;
er tröſtete ſie durch Rache, und machte ihnen durch geringe Vortheile die Hoffnung,
daß, ungeachtet ſeines iʒigen Unglücks, ins künftige größere Siege ſeine Tapferkeit begleiten würden d).

Alfred lag hier ein ganzes Jahr verborgen, aber nicht müßig; als die Nachricht
von einer glücklichen Begebenheit ihm zu Ohren kam, und ihn ins Feld rief. Hubba,
der Däne, war zu Devonſhire mit zwey und dreyßig Schiffen gelandet, nachdem er
ganz Wallis mit Feuer und Schwerd verheeret hatte, und belagerte das Schloß Kim-
with, welches an der Mündung des kleinen Fluſſes Tau lag e). Odduue, Graf von Devonſhire, hatte ſich mit ſeinen Anhängern darein geworfen; und weil er ſchlecht mit
Proviant verſehen war, ja ſo gar Mangel an Waſſer hatte, ſo entſchloß er ſich, durch
eine tapfere That der Nothwendigkeit zuvor zu kommen, ſich dem barbariſchen Feinde
zu unterwerfen f). Er that einen plötzlichen Ausfall auf die Dänen, vor Sonnen Auf-
gang; und da er ſie unerwartet angriff, ſchlug er ſie in die Flucht, richtete im Verfolgen ein großes Blutbad unter ihnen an, tödtete den Hubba ſelbſt, und bemächtigte ſich
der berühmten Reufen, oder bezauberten Standarte, worauf die Dänen großes Vertrauen ſetzten g). Sie führte die Figur eines Raben, welche von den drey Schweſtern
des Hinguar und Hubba mit vielen Zauberkünſten darauf geſtickt war, und ſagte durch
ihre verſchiedene Bewegung, wie die Dänen glaubten, den guten oder ſchlechten Ausgang einer Unternehmung h) voraus.

Als Alfred dieſes Zeichen einer glücklichen Gegenwehr bey ſeinen Unterthanen bemerkte, verließ er ſeinen Aufenthalt; ehe er ſie aber wollte die Waffen ergreifen, oder
irgend einen Verſuch machen laſſen, welcher, wenn er unglücklich wäre, ihnen in ihrem iʒigen muthloſen Zuſtande ſchädlich ſeyn könnte, entſchloß er ſich, ſelbſt die Lage
des Feindes in Augenſchein zu nehmen; um von der Wahrſcheinlichkeit des Vortheils
urtheilen zu können. In dieſer Abſicht begab er ſich in ihr Lager, in der Kleidung
eines Harfenſpielers, und gieng ohne Argwohn durch alle Quartiere. Er vergnügte
ſie mit ſeiner Muſik, und mit ſeiner Luſtigkeit ſo ſehr, daß er ſehr wohl aufgenommen
wurde; ſie führten ihn ſo gar in das Zelt des Guthrum, ihres Prinzen, wo er einige
Tage blieb i). Er bemerkte die tiefe Sicherheit der Dänen, ihre Verachtung gegen die Engländer, ihre Nachläßigkeit beym Furagiren und Plündern, und die unbändige Verſchwendung mit demjenigen, was ſie durch
Raub

G 3

c) Chron.Sax S. 85. Will. Malm. lib. 2. cap. 4. Ethelwerd. lib. 4. cap. 4. Ingulf. S. 26.
d) M. Weſt. S. 170. Simeon Dunelm. S. 128.
e) Aſſer. S. 10.
f) Flor Wigorn. 590.
g) Aſſer. S. 10. Chron.Sax S. 84. Abbas Rieval c. 355. Aluc. Beverl. S. 105.
h) Aſſer S. 10.
i) W. Malmeſſ. lib. 2. cap. 4.

Geschichte von England. Kap. II.

875. Raub und Gewalt gewonnen hatten. Durch diese vortheilhafte Bemerkungen angetrieben, sandte er heimlich Boten zu den Ansehnlichsten seiner Unterthanen, und bestellte sie mit ihren Truppen zu einer Versammlung bey Brixton, an der Gränze des Waldes Selwood [k]). Die Engländer, welche gehofft hatten, durch eine knechtische Unterwerfung ihrem Elende ein Ende zu machen, fanden itzt die Grausamkeit und Raubsucht ihrer Bezwinger unerträglicher, als alle ihre vergangenen Unglücksfälle und Gefahren; und vereinigten sich an dem gesetzten Tage voller Freude mit ihrem Prinzen. Als er sich ihnen zeigte, empfiengen sie ihn mit einem Freudengeschrey [l]), und konnten ihre Augen an diesem geliebten Monarchen nicht sättigen, den sie lange für todt gehalten hatten, und der sie itzt mit einer Stimme und mit Blicken, welche Vertrauen auf einen glücklichen Ausgang ausdrückten, zur Befreyung und Rache rief. Er führte sie sogleich nach Eddington, wo die Dänen sich gelagert hatten, und indem er sich des Vortheils seiner vorher genommenen Kenntniß des Orts bediente, richtete er seinen Angriff gegen den schwächsten Theil des Lagers. Die Dänen erstaunten, eine Armee von Engländern, welche sie für gänzlich unterdrückt hielten, und noch mehr, den Alfred zu sehen; sie thaten nur schwachen Widerstand, ob sie gleich an Anzahl überlegen waren, und wurden mit einer großen Niederlage in die Flucht geschlagen [m]). Der Rest von der geschlagenen Armee wurde mit ihrem Prinzen in einem vesten Platze, wohin sie geflohen waren, von Alfred belagert, da sie aber durch Mangel und Hunger ins größte Elend geriethen, ergaben sie sich der Gnade des Siegers, und erbothen sich, sich auf Discretion zu unterwerfen [n]). Der König, welcher nicht weniger großmüthig als tapfer war, schenkte ihnen das Leben, und machte so gar einen Anschlag, aus seinen Todfeinden getreue Unterthanen und Bundsgenossen zu machen. Er wußte, daß die Königreiche Ostangeln und Northumberland von den vielen Einfällen der Dänen ganz wüste waren, und setzte sich vor, dieselben mit dem Guthrum und seinen Anhängern zu bevölkern. Er hoffte, die neue Colonie würde sich endlich zum Fleiß gewöhnen, wenn sie durch seine Verhinderung, und durch den wüsten Zustand des Landes, vom Plündern abgehalten würde, und könnte ihm zum Schutze wider alle künftige Einfälle ihrer Landsleute dienen. Ehe er aber diese gütigen Bedingungen mit den Dänen eingieng, forderte er von ihnen, daß sie sich zum christlichen Glauben bekehren sollten, als ein Pfand ihrer Unterwürfigkeit, und ihres Verlangens, sich mit der englischen Nation zu verbinden [o]). Guthrum und seine Armee hatten wider diesen Vorschlag nichts zu erinnern, und wurden alle, ohne vielen Unterricht, oder Unterredung, zur Taufe gelassen. Der König stund bey dem Guthrum Gevatter, gab ihm den Namen Athelstan, und nahm ihn als seinen Sohn [p]) auf.

Der Ausgang dieser Sache schien mit der Hoffnung des Alfred übereinzustimmen; der größte Theil der Dänen hielt sich in seinen neuen Quartieren ruhig [q]): ein geringerer aber

---

k) Chron. Sax. S. 85.
l) Asser. S. 10. Chron. Sax. S. 85. Simeon Dunelm. S. 128. Alur. Beverl. S. 105. Abb. Rieval. S. 354.
m) Asser. S. 10. Chron. Sax. S. 85. Ethelword. lib. 4. cap. 4.

n) Asser. S. 10. Chron. Sax. S. 85. Alur. Beverl. S. 105.
o) Chron. Sax S. 85.
p) Asser S. 10. Chron. Sax. S. 90.
q) Asser. S. 11. Chron. Sax. S. 86. Simeon Dunelm. S. 129. Alured Beverl. S. 106.

Geschichte von England. Kap. II.

aber, welcher in Mercia zerstreuet war, theilte sich in die fünf Städte Darby, Leicester, Stamford, Lincoln und Nottingham, und wurden daher die Fif- oder Fünf-Bürger genannt. Der unruhigste und aufrührerischte Theil that eine Landung in Frankreich, unter Anführung des Hastings [x], und ausser eines kurzen Einfalles von Dänen, welche die Themse hinauf seegelten, und bey Fulham landeten; aber sich sogleich wieder zu Schiffe begaben, als sie das Land in den Waffen fanden [y], ist Alfred mit den Raubereyen dieser Barbaren weiter nicht beunruhiget worden [z].

Der König bediente sich dieser ruhigen Zwischenzeit, um den Staat wieder in Ordnung zu bringen, welcher so viele heftige Stöße erlitten hatte, indem er bürgerliche und militärische Gesetze gab, die Gemüther der Menschen zum Fleiß und zur Gerechtigkeit gewöhnte, und sich wider die Rückkehr eines solchen Elendes zu bewaffnen suchte. Er war eigentlicher, als sein Großvater, Egbert, der einzige Monarch der Engländer, (denn so wurden itzt die Sachsen überall genannt) weil das Königreich Mercia endlich auch seinem Reiche einverleibet war, und von seinem Stiefbruder Ethelbert, unter dem Titel eines Grafen, regiert wurde; und obgleich die Dänen, welche Ostangeln und Northumberland bewohnten, einige Zeit hindurch von ihren eigenen Prinzen regiert wurden, erkannten sie doch alle die Oberherrschaft des Alfred, und unterwarfen sich seinen Befehlen. Weil die Gleichheit der Unterthanen die große Quelle der Eintracht ist, so gab Alfred den Dänen und Engländern dieselben Gesetze, und setzte sie ganz auf einen Fuß, sowohl in der Civil- als Criminalgerechtigkeit. Die Strafe für den Mord eines Dänen war dieselbe, wie für den Mord eines Engländers; ein Hauptzeichen der Gleichheit zu diesen Zeiten.

Nachdem der König die zerstörten Städte, besonders London [a], welche von den Dänen unter der Regierung des Ethelwolf waren zerstöret worden, hatte wieder aufbauen lassen, schaffte er eine reguläre Miliz zur Vertheidigung des Königreichs an. Er sorgte dafür, daß sein Volk bewafnet und aufgezeichnet wurde, er schrieb ihm eine ordentliche Abwechselung in seinem Dienste vor; einen Theil schickte er in die Castelle und Besatzungen, die er an geschickten Orten errichtete [b], einem andern befahl er, bey jedem Lärm die Waffen zu ergreifen, und sich an angewiesenen Oertern einzufinden; und ließ eine gehörige Anzahl zu Hause, die er zur Anbauung des Landes brauchte, und die hernach ihre Reihe im Soldatendienst beobachten musten [c]. Das ganze Reich war einer großen Vestung gleich; und die Dänen erschienen nicht so bald an einem Orte, als sich schon eine gehörige Anzahl versammlet hatte, sich ihnen zu widersetzen, ohne doch die andern Gegenden wehrlos oder unbewafnet zu lassen [d].

Aber Alfred, welcher einsah, daß die eigentliche Methode, sich einem Feinde zu widersetzen, der Einfälle zur See thut, ihn zur See zu bekriegen sey, versah sich mit einer Seemacht [e], welche bisher von England gänzlich war vernachläßiget worden, ob
sie

---

x) W. Malm. Lib. 2. Cap. 4. Ingulf. S. 26.
y) Chron. Sax. S. 86. Alured Bever l. S. 105.
   S. 11.
u) Asser. S. 18. Chron. Sax. S. 88. Matth. West. S. 171. Simeon Dunelm S. 131. Brompton, S. 812. Alured Bever. ex edit. Hearne. S. 106.

x) Asser. S. 18. Ingulf. S. 27.
y) Chron. Sax. p. 91. 92.
z) Spellmanni Vita Alured. S. 147. edit. 1709.
a) Asser. S. 9. Matth. West. S. 179.

56 Geschichte von England. Kap. II.

880. sie gleich das natürlichste Vertheidigungsmittel einer Insel ist. Er vermehrte die Schiffe seines Reichs an Anzahl und Macht, und übte seine Unterthanen, gut zu seegeln, und ein Seetreffen zu liefern. Er stellte seine bewaffneten Schiffe an gehörige Oerter um die Insel, und war fertig, die dänischen Schiffe eher zu erreichen, als sie ihre Truppen ans Land gesetzt hatten, oder sie gleich nach ihrer Landung anzugreifen; und sie bey allen ihren Einfällen zu verfolgen. Wenn die Dänen schon durch ihre Ueberraschung an der Küste landen konnten, welche durch ihre vielen Raubereyen müsse geworden war, so kam er ihnen doch bey ihrem Abzuge von der englischen Flotte auf den Hals; und sie kamen nicht, wie vorher, damit durch, daß sie ihre Beuten im Stich ließen, sondern büßten, mit ihrem völligen Untergange für die Unordnungen, welche sie angerichtet hatten.

Auf diese Art trieb Alfred verschiedene Einfälle dieser seeräuberischen Dänen ab, und erhielt sein Königreich einige Jahre hindurch in einem ruhigen Zustande. Eine Flotte von hundert und zwanzig Kriegsschiffen lag an den Küsten umher; und da sie mit Kriegsmaschinen und erfahrenen Seeleuten, sowohl Friesen, als Engländern, versehen war, (denn Alfred ersetzte den Mangel seiner Unterthanen dadurch, daß er geschickte Ausländer in seine Dienste nahm) so spielten sie über diejenigen kleinen Rotten, welche
893. England so vielfältig beunruhiget hatten, den Meister [h]. Aber endlich erreichen Hastings, dieser berühmte dänische Anführer, nachdem er alle Provinzen von Frankreich an der Seeküste, oder an den Ufern der Loire und Seine verheeret hatte, und dieses Land zu verlassen, mehr durch die Verwüstung, die er selbst angerichtet, als durch den Widerstand der Einwohner, genöthiget war, mit 330 Seegeln an der Küste von Kent. Der größte Theil der Feinde landete in dem Rother, und bemächtigte sich der Vestung Apuldore. Hastings selbst führete eine Flotte von achtzig Seegeln in die Themse [c], und nachdem er Milton in Kent bevestigt hatte, fieng er an, seine Macht über das Land auszubreiten, und die größten Raubereyen auszuüben. Aber Alfred eilte, beym ersten Gerücht dieser Landung, um sein Volk zu vertheidigen, an die Spitze eines auserlesenen Corps, welches er immer um sich hatte [d]; er zog die bewaffnete Miliz aus allen Quartieren an sich, und erschien mit einer Macht im Felde, die der feindlichen weit überlegen war [e]. Alle streifende Partenen, welche die Noth, oder die Neigung zum Plündern, von ihrem Hauptlager abgezogen hatte, wurden von den Engländern abgeschnitten [f], und diese Räuber, anstatt ihre Beute zu vermehren, fanden sich in ihren Vestungswerken eingeschlossen [g], und genöthiget, sich von der Beute zu ernähren, welche sie aus Frankreich mitgebracht hatten. Dieses Zustandes müde, welcher endlich zu ihrem Verderben ausschlagen musste, brachen die Dänen plötzlich aus ihrem Lager bey Apuldore auf, in der Absicht, gegen die Themse zu marschiren, und nach Esser hinüber zu gehen. Aber sie entgiengen der Wachsamkeit des Alfred nicht, welcher ihnen bey Farnham entgegen kam, sie in die Flucht schlug [h], sich aller ihrer Pferde und Bagage bemächtigte, und sie zurück an Bord ihrer Schiffe jagte, worauf sie die Colne hinauf nach Mersen in Esser fuhren, und daselbst sich verschanzten. Hastings machte zu eben der Zeit, und vermuthlich abgeredter Maaßen,

eine

b) Asser. S. 11. Chron. Sax. S. 86. 87. M. West. S. 176.
c) Chron. Sax. S. 91. 92. H. Hunt. Lib. 5.
d) Asser. S. 19.
e) Chron. Sax. S. 92.
f) Ibid.
g) Flor. Wigorn. S. 595.
h) Chron. Sax. S. Flor. Wigorn. S. 595.

Geschichte von England. Kap. II.

eine kleine Bewegung, und gieng nach Bamflete i), nahe an der Insel Canvey in derselben Grafschaft, nachdem er Milton verlassen hatte, woselbst er sich eilig wider die Macht des Alfreds bevestigte.

Zum Unglück für die Engländer war Guthrum, der Fürst der ostanglischen Dänen gestorben; so wie auch Guthred, den der König zum Gouverneur von Northumberland gemacht hatte. Da nun diese unruhigen Völker nicht mehr durch das Ansehen ihrer Fürsten im Zaum gehalten, und ist durch die große Armee ihrer Landsleute aufgemuntert wurden, rebellirten sie, schüttelten die Herrschaft des Alfred ab, und nachdem sie ihre alte Gewohnheiten und Raubbegierde k) wieder angenommen hatten, setzten sie sich auf zwey hundert und vierzig Schiffe l), und erschienen vor Exeter im westlichen Theile von England. Alfred verlohr keinen Augenblick, sich diesem neuen Feinde entgegen zu stellen. Er ließ einige Truppen bey London zurück, um sich dem Hastings und den andern Dänen zu widersetzen, und marschirte sogleich ins Westliche m); und da er die Rebellen, ehe sie sichs versahen, überfiel, verfolgte er sie mit einer großen Niederlage bis an ihre Schiffe. Der Feind segelte von da nach Sussex, und fieng an, die Gegend um Chichester zu plündern: aber der Befehl, den Alfred allenthalben gegeben hatte, ward hier in seiner Abwesenheit zur Vertheidigung dieses Orts vollzogen; und nachdem die Rebellen eine neue Schlappe bekommen hatten, worinn viele von ihnen umgekommen, und einigen ihre Schiffe genommen worden n), wurden sie genöthiget, wieder in See zu gehen, und abgeschreckt, eine neue Unternehmung zu wagen.

Unterdessen rückten die Dänen, die in Essex waren, nachdem sie ihre Macht unter dem Commando des Hastings vereiniget hatten, in das innere Land, und plünderten alles umher aus, hatten aber bald Ursache, sich ihre Kühnheit reuen zu lassen. Die englische Armee, die bey London gelassen war, griff, mit Hülfe der Bürger, den Feind in seinen Verschanzungen zu Bamflete an, überwältigte die Besatzung, und führte die Frauen und beyden Söhne des Hastings mit fort o), nachdem sie eine große Niederlage unter ihnen angerichtet hatte. Alfred schonte dieser Gefangenen auf eine großmüthige Art, und stellte sie sogar dem Hastings p) wieder zu, doch mit der Bedingung, daß er sich aus dem Königreich entfernen sollte.

Aber ob sich gleich der König mit solcher Ehre von seinem Feinde losgemacht hatte, so hatte er doch die Angreifer noch nicht gänzlich unter den Fuß gebracht, oder vertrieben. Die seeräuberischen Dänen folgten gern auf ihren Streifereyen jedem glücklichen Anführer, der ihnen Hoffnung zur Beute machte; aber sie ließen sich nicht so leicht bereden, von ihrem Vorhaben abzustehen, oder sichs gefallen zu lassen, daß sie ohne Beute und mit leerer Hand in ihr Vaterland zurück kehrten. Eine große Anzahl von denselben nahm, nach dem Abzuge des Hastings, und bevestigte Shobury, an der Mündung der Themse; und da sie eine Besatzung darinn gelassen hatten, giengen sie das Ufer des Flusses hinauf, bis nach Boddington, in der Grafschaft Glocester. Hier wurden sie

von

i) Chron. Sax. S. 92.
k) Chron. Sax. S. 92.
l) Flor. Wigorn S. 596.
m) Chron. Sax. S. 92. H. Hunt. Lib. 5.
n) Chron. Sax. S. 96. Flor. Wigorn S. 596.
o) Chron. Sax. S. 94. Matth. West. 178.
p) Matth. West. S. 179.

58 Geschichte von England. Kap. II.

893. von einigen aus Wallis verstärket, warfen Verschanzungen auf, und schickten sich zur Vertheidigung an. Hier schloß der König sie mit der ganzen Macht seiner Gebiethe ein q); und weil er den Sieg gewiß sah, so entschloß er sich, nichts dem Zufall zu überlassen, sondern seine Feinde lieber durch Hunger, als Gewalt zu überwinden. Sie wurden in solche Noth gebracht, daß sie ihre eigne Pferde aßen, daß viele vor Hunger umkamen r), und daß sie endlich einen verzweifelten Ausfall auf die Engländer thaten, worinn zwar der größte Theil blieb, aber doch ein großes Corps davon kam s). Diese strichen noch eine Zeitlang in England umher, und wurden von der Wachsamkeit Alfreds immer verfolgt; sie griffen Leicester mit gutem Fortgang an, vertheidigten sich in Hartford, und flohen darauf nach Quatford, wo sie endlich aufgerieben, oder unter den Fuß gebracht wurden. Die kleinen Ueberreste von denselben vertheilten sich entweder unter ihre Landsleute in t) Northumberland und Ostangeln, oder begaben sich wieder zur See, wo sie unter der Anführung des Sigefert, eines Northumbriers, Seeräuberey trieben. Da diesem Freybeuter Alfreds Zurüstungen zur See wohl bekannt waren, so hatte er Schiffe von einer neuen Gestalt, höher, länger und schneller, als die Schiffe der Engländer machen lassen: aber die Erfahrung zeigte ihm bald, daß er die Kunst besser verstünde, und baute Schiffe, welche noch höher, länger und geschwinder waren, als die Schiffe der Northumbrier u). Er fiel damit über sie her, als sie in dem Westlichen ihre Verheerungen trieben, nahm zwanzig von ihren Schiffen weg; und nachdem er den Gefangenen zu Winchester den Proceß hatte machen lassen, ließ er sie, als Seeräuber, und gemeine Feinde der Menschen, aufhängen x).

Diese zu rechter Zeit gebrauchte Strenge, imgleichen der treffliche Vertheidigungsstand, der allenthalben hergestellet war, brachte die vollkommne Ruhe in England zurück, und verschaffte der Regierung in der Folge ihre Sicherheit. Die ostanglischen und northumbrischen Dänen bezeugten dem Alfred, so bald er nur an ihren Gränzen erschien, von neuen die demüthigste Unterwerfung; und er fand es der Klugheit gemäß, sie unter seinen eignen Schutz zu nehmen, ohne über sie einen Vicekönig von ihrer eignen Nationen zu setzen y). Auch die Einwohner von Wallis erkannten seine Gewalt; und dieser große Prinz hatte nun durch Klugheit, Gerechtigkeit, und Tapferkeit seine Herrschaft über alle südliche Theile der Insel vestgesetzt, von dem englischen Canal an, bis an die Gränzen von Schottland: als er in der besten Zeit seines Alters, und in der vollen Stärke seiner Seelenkräfte, nach einer ruhmwürdigen Regierung von neun und

901. zwanzig und einem halben Jahre starb z). Er hatte sich nach Verdienst den Namen Alfred des Großen, und den Titel, Stifter der englischen Monarchie, erworben.

Das Verdienst dieses Prinzen im privat und öffentlichen Leben, kann mit Vortheil jedes Monarchen, oder Bürgers, den uns die Jahrbücher irgend einer Zeit oder Nation darstellen können, entgegen gesetzet werden. Er scheint in der That das vollständige Muster von dem vollkommnen Character zu seyn, was die Philosophen unter
dem

---

q) Chron. Sax S. 94.
r) Chron. Sax S. 94. Matth. West. S. 179. Flor. Wigorn S 506.
s) Chron. Sax S. 95.
t) Chron. Sax S. 97.

u) Chron. Sax. S. 98. H. Hunt. Lib. 5. Alur. Beverl. S. 107.
x) Chron. Sax S. 99. H. Hunt. Lib. 5. M. West S. 180. Alured Beverl. S. 107.
y) Flor. Wigorn S. 598.
z) Asser. S. 21. Chron. Sax. S. 99.

dem Namen eines weisen Mannes mit so vieler Liebe gezeichnet haben, mehr wie eine
Erdichtung ihrer Einbildungskraft, als in der Hoffnung, es jemals in Ausübung gebracht zu sehen: so glücklich waren alle seine Tugenden gegen einander abgemessen, so
richtig unter einander gemischt, und so mächtig hielt die eine immer die andre zurück,
daß sie nicht aus ihren gehörigen Schranken trat. Er verstand die Kunst, das kühnste
Unternehmen mit der kältesten Mäßigung, die hartnäckigste Beharrlichkeit mit der un-
gezwungsten Biegsamkeit, die strengste Gerechtigkeit mit der größten Gelindigkeit, das
nachdrücklichste Commando mit der größten Leutseligkeit und Güte a), die größte Fähigkeit und Liebe zu der Wissenschaft, mit den glänzendsten Talenten zu einem thätigen Leben zu verbinden. Seine bürgerlichen und militärischen Tugenden verdienen fast auf
gleiche Art unsre Bewunderung; nur mit der Ausnahme, daß die ersten, weil sie unter
Prinzen seltener und nützlicher sind, vorzüglich unsern Beyfall zu verdienen scheinen.
Auch hatte ihn die Natur, gerade als wenn sie ein so schönes Werk ihrer Kunst aufs
beste hätte schmücken wollen, alle körperliche Vollkommenheiten gegeben; die Stärke
der Glieder, Würde in Wuchs und Minen, und ein angenehmes, einnehmendes und
offenes Gesicht b). Nur das Glück, welches ihn in dieses barbarische Zeitalter setzte,
raubte ihm dadurch Geschichtschreiber, die würdig waren, seinen Ruhm auf die Nachwelt zu bringen; und wir wünschen, ihn in lebhaftern Farben, und mit besonderern Zügen geschildert zu sehen, damit wir wenigstens einige von den kleinen Flecken und Män-
geln sehen möchten, wovon er, als ein Mensch, unmöglich ganz frey seyn konnte.

Aber wir würden von den Verdiensten des Alfred nur einen unvollkommenen Begriff geben, wenn wir unsre Erzählung blos auf seine kriegerische Thaten einschränken,
und in unsrer Nachricht von seinen Verfügungen wegen Handhabung der Gerechtigkeit,
und von seinem Eifer, womit er die Künste und Wissenschaften aufmunterte, nicht
umständlicher reden wollten.

Nachdem Alfred die Dänen überwunden und niedergesetzt, oder vertrieben hatte,
fand er das Reich in dem elendesten Zustande. Es lag durch die Verheerungen dieser
Barbaren in einer Verwüstung und Unordnung, welche sein Elend dauerhaft machen
konnte. Obgleich die Armeen der Dänen zerstreuet waren, so war doch das Land voll
von verlohrnen Truppen dieser Nation, welche, gewohnt, vom Plündern zu leben, unfähig zum Fleiß geworden waren, und sich wegen der natürlichen Wildheit ihrer Sitten
alle Gewaltthat erlaubten, und so gar noch mehr, als die Versorgung ihrer Bedürfnisse
erfoderte. Die Engländer selbst hatten, durch diese fortdauernden Räubereyen in den
größten Mangel gesetzt, die Bande der Regierung abgeworfen; und diejenigen, welche
heute ausgeplündert waren, fiengen morgen ein gleich unordentliches Leben an, begaben
sich den Tag darauf zu den Räubern, und beraubten und plünderten ihre Nebenbürger c). Dieses waren die Uebel, wogegen die Wachsamkeit und Thätigkeit Alfreds
nothwendig Mittel vorkehren mußte.

Damit er die Handhabung der Gerechtigkeit richtig und ordentlich machen möchte,
theilte er ganz England in Grafschaften, die Grafschaften theilte er wieder in Hunderte,
und die Hunderte in Zehntel d). Jeder Hausvater mußte für die Aufführung seiner Familie,

---

a) *Asser.* S. 13.
b) *Asser.* S. 5.
c) *W. Malm.* lib. 2. Cap. 4. M. *West.* S. 177. S. 22.
d) *W. Malm.* Lib. 2. Cap. 4. Ingulf. S. 18. *Brompton.* S. 818. Chron. St. Petri de Burgo.

milie, seiner Sklaven, und so gar seiner Gäste stehen, wenn sie sich über dren Tage in seinem Hause aufhielten e). Zehen benachbarte Hausväter machten eine Gesellschaft aus, wo unter dem Namen Inthing, oder Zehntel, oder Fribourg, einer für des andern Aufführung stehen mußte, und vor welchen eine Person, ein Inthingman, Headbourg, oder Borsholder genannt, den Vorsitz hatte. Ein jeder wurde als ein Landstreicher gestraft, der sich nicht in irgend einer Inthing einzeichnen ließ f); und niemand konnte seine Wohnung verändern, der nicht einen Handschein, oder ein Zertifikat von dem Borsholder der Inthing aufwies, zu welcher er vor dem gehöret hatte.

Wenn sich eine Person einer Inthing eines Verbrechens schuldig gemacht hatte, so wurde der Borsholder zur Verantwortung vorgeloben; und wenn er nicht Bürge seyn wollte, daß sich dieser stellen und rechtfertigen würde; so wurde der Verbrecher so lange ins Gefängniß gesetzt, bis ihm der Proceß gemacht war. Wenn er entflohe, ehe, oder nachdem er Bürgschaft hatte, so wurde der Borsholder, und die Inthing zur Rechenschaft gezogen, und mußte die Strafen des Gesetzes erwarten g). Es wurden ihnen ein und dreyßig Tage gelassen, um den Verbrecher vorzuführen; und wenn diese Zeit verfloß, ohne daß sie ihn finden konnten; so mußte der Borsholder, nebst zwey andern Gliedern, der Inthing, erscheinen, und mit der von den vornehmsten Gliedern der drey benachbarten Inthings, (insgesammt zwölfe) schwören, daß seine Inthing, oder Decennarie von dem begangnen Verbrechen, oder von der Flucht des Verbrechers nichts wüßte. Konnte der Borsholder eine solche Zahl finden, welche für seine Unschuld Gewähr leistete, so mußte die Decennarie dem Könige, nach dem Grade des Verbrechens, durch eine Geldstrafe Genugthuung leisten h). Durch diese Einrichtung war jedermann gezwungen, aus eignem Interesse über die Aufführung seiner Nachbaren ein wachsames Auge zu haben; und war gewissermaaßen Bürge für das Betragen derer, welche unter derjenigen Abtheilung standen, wozu er gehörte: daher bekamen diese Decennarien den Namen Franc-pledges, (Freybürgen.)

Eine so ordentliche Eintheilung des Volks, und eine so genaue Einschränkung desselben in seiner Wohnung, mag in Zeiten, wenn die Menschen besser zum Gehorsam und zur Gerechtigkeit gewöhnet sind, nicht nöthig seyn, und könnte vielleicht in einem policirten Staate der Freyheit und dem Handel für schädlich angesehen werden; allein sie waren sehr geschickt, dieses wilde und ausgelassene Volk unter dem heilsamen Zwang des Gesetzes, und der Regierung zu halten. Aber Alfred bemühete sich, diese Härte durch andre Verfügungen zu lindern, welche der Freyheit und Sicherheit der Bürger dienlich waren; und nichts konnte dem Volke beliebter und edler seyn, als sein Plan zur Handhabung der Gerechtigkeit. Der Borsholder ließ seine ganze Decennarie zusammen kommen, die ihm alle kleinere Streitigkeiten, welche unter den Gliedern dieser kleinen Gemeinde vorfielen, beylegen half. In Sachen von größerer Erheblichkeit, in Appellationen von der Decennarie, oder in Streitigkeiten, die unter Gliedern von verschiedenen Decennarien entstunden, wurde die Sache den Hunderten vorgetragen, welche aus zehen Decennarien, oder hundert Familien von Freyleuten bestunden, und ordentlich

e) Leg. St. Edw. Cap. 27.
f) Ingulf S. 28.
g) W. Malm. Lib. 2. Cap. 4.

h) Leges St. Edw. Cap. 20. apud *Wilkins*, S. 102.

Geſchichte von England. Kap. II.   61

ſich alle vier Wochen einmal zuſammen kamen, um Sachen zu ſchlichten i). Die Weiſe, wie ſie Sachen ſchlichteten, verdienet angemerket zu werden; weil ſie der Urſprung
der Gerichte der Geſchwornen iſt; eine Einrichtung, die an ſich vortrefflich, und zur Erhaltung der Freyheit, und Verwaltung der Gerechtigkeit unter allem, was jemals der
Verſtand der Menſchen erfunden hat, am geſchickteſten angelegt iſt. Es wurden zwölf
Freyſaßen erwählet, welche mit den Hunderten, oder dem präſidirenden Magiſtrat
dieſer Abtheilung ſchwuren, daß ſie die Gerechtigkeit unparteyiſch ausüben wollten k);
und alsdenn die Sache unterſuchten, welche ihrer Entſcheidung vorgelegt war. Und
auſſer dieſen monatlichen Zuſammenkünften der Hunderte war noch eine jährliche Zu-
ſammenkunft zu einer allgemeinen Unterſuchung der Policey des Diſtrktes angeſetzet;
wo die Verbrechen nachgeſehen, die Mißbräuche der Magiſtrate verbeſſert, und alle
Perſonen gezwungen wurden, die Decennarie anzuzeigen, worinn ſie eingerichtet waren. Das Volk kam hier, nach der Weiſe ſeiner Vorfahren, der alten Deutſchen, mit
den Waffen zuſammen; weswegen ein Hunderter zuweilen ein Wapentake genennt
wurde, und ſein Gericht diente bloß zur Erhaltung der Kriegszucht, und zur Verwaltung der bürgerlichen Gerechtigkeit l).

Das nächſte Gericht, welches höher war, als das Gericht der Hunderte, war
das Grafſchaftsgericht, welches zweymal im Jahr zuſammen kam, nach Michaelis
und Oſtern, und aus allen Freyſaßen der Grafſchaft beſtund, die alle eine gleiche
Stimme in der Entſcheidung der Sachen hatten. Der Biſchof und Alderman hatten in dieſem Gerichte den Vorſitz, und der eigentliche Gegenſtand des Gerichtes war,
daß es Appellationen von den Hunderten und Decennarien annahm, und ſolche Streitigkeiten entſchied, welche unter Leuten von verſchiedenen Hunderten entſtunden. Vormals beſaß der Alderman ſowohl die bürgerliche als kriegeriſche Gewalt: weil aber
Alfred merkte, daß dieſe Verbindung zweyer Mächte den Adel gefährlich und unabhängig machte; ſo ernannte er in jeder Grafſchaft auch einen Sherif, der in dem Amte
eines Richters eine gleiche Gewalt mit den erſten hatte m). Vermöge ſeines Amtes
muſte er auch für die Erhaltung der Rechte der Krone in dieſer Grafſchaft ſorgen, und
die aufgelegten Geldſtrafen einheben; welche zu dieſen Zeiten keinen geringen Theil des
öffentlichen Einkommens ausmachten.

Wem in dieſen Gerichten die Gerechtigkeit verſaget war, der konnte ſich an den
König wenden; und weil das Volk die Billigkeit und großen Talente des Alfred erkannte, und ſein größtes Vertrauen auf ihn ſetzte, ſo wurde er bald mit Appellationen
aus allen Theilen von England überhäufet. Er war in der Abfertigung dieſer Sachen
unermüdet n); weil er aber ſah, daß dieſer Zweig ſeiner Pflicht alle ſeine Zeit wegneh-
men müßte, ſo entſchloß er ſich, dieſer Unbequemlichkeit vorzubeugen, und die Unwiſſenheit, oder Beſtechung der unterern Magiſtrate, woraus ſie entſtund, zu verbeſſern o).
Er ſorgte dafür, daß ſein Adel in der Gelehrſamkeit und in den Geſetzen unterrichtet
wurde,

H 3

i) Leg. Edw. Cap. 2.
k) Faedus Alfred. und Guthurn, apud Wilkins. Cap. 3. S. 47. Leg Ethelſtani. Cap 2.
apud Wilkins, S. 58. LL. Ethelr. §. 4. Wilkins
S. 117.

l) Spellman in voce Wapentake.
m) Ingulf. S. 870.
n) Aſſer. S. 20.
o) Aſſer. S. 18. 21. Flor. Wigorn. S. 594
Abbas Rieval, S. 355.

wurde p): er suchte die Grafen und Sherifs unter leuten aus, welche sich wegen Frömmigkeit und Einsichten am berühmtesten gemacht hatten: er bestrafte alle böse Verwaltung des Amtes aufs schärffste q): und setzte alle die Grafen aus, welche er zu dem Amte
nicht tüchtig fand r); nur ließ er einige von den bejahrtesten ihre Dienste durch Deputirte verrichten, bis ihr Tod würdigern Nachfolgern Platz machen würde.

Um die Magistrate zu der Verwaltung der Gerechtigkeit desto besser anzuführen,
verfaßte Alfred ein Corpus von Gesetzen; welches zwar itzt verlohren ist, aber doch
lange Zeit der Grund der englischen Rechtsgelehrsamkeit war, und gemeiniglich für den
Ursprung dessen gehalten wird, was man das gemeine Gesetz (common law) nennt.
Er verordnete alle Jahre zweymal eine ordentliche Versammlung der Stände von England in London s); einer Stadt, die er selbst ausgebessert und verschönert hatte, und
also zur Hauptstadt des Reiches machte. Die Aehnlichkeit vieler von diesen Verordnungen mit den Gebräuchen der alten Deutschen, mit der Gewohnheit der übrigen nordischen Eroberer, und mit den sächsischen Gesetzen unter der Heptarchie zeigt uns, daß wir
den Alfred nicht für den einzigen Urheber dieses Regierungsplanes ansehen müssen; und
verleitet uns vielmehr, zu glauben, daß er, wie ein weiser Mann, sich damit begnügte,
die Verfassungen, welche er schon eingeführet fand, zu verbessern, zu erweitern, und in
Ausübung zu bringen. Ueberhaupt aber war er mit seinen Gesetzen so glücklich, daß
bald alles in England eine neue Gestalt gewann. Die Raubereyen und Ungerechtigkeiten von allen Arten wurden durch Bestrafung, oder Besserung der Sträflichen unter-
brücket t): und die allgemeine Policey war so genau, daß Alfred, wie man sagt, an den
Landstraßen, um groß zu thun, güldene Armbänder aufhieng; und niemand sich unterstund, sie anzurühren u). Dennoch hegte dieser große Prinz, mitten in dieser strengen
Ausübung der Gerechtigkeit, die unverbrüchlichste Achtung für die Freyheit seines Volkes; und es ist ein merkwürdiges Sentiment in seinem letzten Willen, es sey billig, daß
die Engländer beständig so frey blieben, wie ihre Gedanken x).

Wie gute Sitten und Erkenntniß fast in allen Altern, wo nicht in allen Personen, unzertrennlich sind; so war auch die Sorgfalt Alfreds für die Aufmunterung der
Gelehrsamkeit unter seinen Unterthanen ein andrer nützlicher Vorwurf seiner Gesetze,
und diente, die Engländer von ihren vorigen lüderlichen und barbarischen Sitten zurück zu führen: aber in dieser Absicht ließ sich der König nicht so sehr von seinen politischen Aussichten, als von seiner natürlichen Neigung und Liebe für die Wissenschaften
leiten. Als er zum Thron gelangte, fand er die Engländer in der gröbsten Unwissenheit und Barbarey versunken, welche aus den anhaltenden Unordnungen in der Regierung, und aus den Verheerungen der Dänen entstanden waren. Die Klöster waren
zerstöret, die Mönche ermordet, oder zerstreuet, ihre Bibliotheken verbrannt; und so
waren diese einzigen Sitze der Gelehrsamkeit in diesen Zeiten gänzlich zu Grunde gerichtet y). Alfred beklaget sich selbst, daß er bey seiner Thronbesteigung nicht Einen gekannt

p) *Flor. Wigorn.* S. 594. *Brompt.* S. 814.
q) *Le Miroir de Justice*, Cap. 2.
r) *Asser.* S. 20.
s) *Miroir des Justices.*
t) *Ingulf.* S. 27.

u) *Malmesf.* Lib. 2. Cap. 4. *M. West.* S. 177.
Brompton, S. 818.
x) *Asser.* S. 24.
y) *Asser.* S. 18.

Geſchichte von England. Kap. II.

kannt habe, an der Sůdſeite der Themſe, der nur ſo viel Latein gewußt habe, einen Text aus der heiligen Schrift zu erklåren; und ſehr wenige, in dem Nördlichen, welche in der Gelehrſamkeit nur ſo weit gekommen wären a). Aber dieſer Prinz ließ aus allen Ländern von Europa die berühmteſten Gelehrten kommen c); er errichtete allenthalben Schulen zum Unterricht ſeines Volks; er ſtiftete, oder beſſerte wenigſtens die Univerſität zu Oxford wieder aus b), und ſchenkte ihr viele Freyheiten, Einkünfte und Immunitäten; er gebot durch ein Geſetz, daß alle Freyſaßen, welche zwey oder mehr Hoben c) Landes beſäßen, ihre Kinder zum Unterricht in die Schule ſchicken ſollten d); er zog nur diejenigen bey den Bedienungen in der Kirche und in dem Staate vor, welche ſchon etwas in der Gelehrſamkeit gethan hatten e): und durch alle dieſe Mittel hatte er noch vor ſeinem Tode das Vergnügen, in den Staatsangelegenheiten eine große Veränderung zu ſehen, und in ſeinem Werke, welches noch vorhanden iſt, wünſchet er ſich ſelbſt Glück zu dem Fortgange, den die Gelehrſamkeit bereits unter ſeinem Schutz in England gemacht hatte f).

Aber das beſte Mittel, welches Alfred anwandte, die Gelehrſamkeit zu befördern, war ſein eignes Beyſpiel, und die beſtändige Aemſigkeit, womit er ſich, ungeachtet der Menge und der Nothwendigkeit ſeiner Geſchäffte, auf gelehrte Unterſuchungen legte. Er pflegte gemeiniglich ſeine Zeit in drey gleiche Theile einzutheilen; den einen brachte er mit Schlafen und mit den nöthigen Erquickungen des Leibes durch Eſſen und Bewegung zu; den andern mit Abfertigung ſeiner Geſchäffte; den dritten mit Studiren und Andachten; und damit er die Stunden deſto genauer abmeſſen möchte, ſo bediente er ſich brennender Lichter von gleicher Länge, welche er in Laternen ſetzte g), ein Mittel, welches ſich für dieſes rohe Alter ſehr wohl ſchickte, wo man die Gnomonik, und den Mechanismus der Glocken und der Uhren noch gar nicht kannte. Und durch eine ſo ordentliche Eintheilung ſeiner Zeit konnte dieſer kriegeriſche Held, ob er gleich ſehr oft körperlichen Schwachheiten unterworfen war h), dieſer Held, der ſechs und funfzig Schlachten zu Lande und zu Waſſer perſönlich beywohnete i), in einem Leben von keiner auſſerordentlichen Länge ſich mehr Gelehrſamkeit erwerben; und ſogar mehr Bücher ſchreiben, als Leute, die ſich eigentlich auf die Studien gelegt, in der gröſten Muſſe und mit dem gröſten Fleiß in glücklichen Zeiten haben zu erwerben geſucht.

Da Alfred merkte, daß das Volk zu allen Zeiten, vornehmlich aber, wenn Unwiſſenheit und eine üble Erziehung ſeinem Verſtande Hinderniſſe entgegen legen, eines ſpeculativiſchen Unterrichtes nicht fähig ſey; ſo bemühete er ſich, ſeine Sittenlehre in Liedern, Parabeln, Geſchichten, Sinnſprüchen, in Poeſie verfaſſer vorzutragen; und auſſerdem, daß er unter ſeinen Unterthanen ältere Werke von der Art, welche er ſchon in der ſächſiſchen Sprache fand k), bekannt machte, übte er auch ſein poetiſches Genie,

ſowohl

a) Aſſer. S. 25.
a) Matth. Weſt. S. 167. Chron. Abb. de St. Petri de Burgo. S. 1.
b) Aſſer. S. 6 Anglia Sacra. Vol. 1. S. 207.
c) Eine Hyde enthielt Land genug für einen Pflug. S. H. Hunting. Lib. 6. n. A. D. 1008. Annal. Waverl. in A. D. 1083. Gervaſ. von Tilbury ſagt, ſie beſtehe gemeiniglich 100 Acres.
d) Abbas, Rievallenſis, apud Spel.
e) W. Malm. Lib. 2. Cap. 4.
f) Aſſer. S. 26. 27.
g) Aſſer. S. 20. W. Malm Lib. 2. Cap. 4. Flor. Wigorn. S. 94. Chron. Abb. St. Petri de Burgo. S. 22 Anglia Sacra. Vol. 1. S. 208.
h) Aſſer. S. 4. 12. 13. 17. Matth. Weſt. S. 167. Flor. Wigorn. S. 588.
i) W. Malm. Lib. 4. Cap. 4.
k) Aſſer. S. 13. Flor. Wigorn. S. 598.

64 Geschichte von England. Kap. II.

901. sowohl Werke von gleicher Art zu erfinden [1]), als auch die schönen Fabeln Esops aus dem Griechischen zu übersetzen. Er verfertigte auch Uebersetzungen von den Geschichten des Orosius und Bede: imgleichen von des Boethius philosophischen Tröstungen [m]; und er schätzte es seinen übrigen grossen Charakteren, als König, Gesetzgeber, Krieger, Staatskundiger, nicht zu geringe, sein Volk also in der Litteratur anzuführen.

Inzwischen war dieser Prinz nicht nachlässig, die gemeinen und mechanischen Künste zu befördern, welche mit dem Interesse der Gesellschaft in einer sinnlichern, wiewohl nicht genauern Verbindung, stehen. Er zog aus allen Ländern fleißige Fremdlinge in sein Land, welches durch die Verheerung der Dänen zur Wüste geworden war [n]. Er führte Manufacturen von allen Arten ein, beförderte sie, und ließ keinen Erfinder oder Verbesserer einer nützlichen Kunst unbelohnt zurück gehen [o]. Er munterte thätige Leute auf, sich auf die Schiffahrt zu legen, den Handel in die entferntesten Länder auszubreiten, und sich durch Ausbreitung des Fleißes unter ihren Nebenbürgern Reichthümer zu sammlen. Er setze einen siebenden Theil von seinem Einkommen zur Unterhaltung von Handwerkern aus, welche seine zerstörten Städte, Castele, Pallöste und Klöster wieder bauen mußten [p]; sogar das, was zur Verschönerung des Lebens dient, wurde ihnen aus dem mittelländischen Meere und aus Indien gebracht [q]; und da seine Unterthanen diese Werke der Friedenskünste sahen, verbreiteten sie die Tugenden der Gerechtigkeit und des Fleißes, aus welchen sie allein entstehen konnten. So wohl im Leben, als nach dem Tode wurde Alfred nicht weniger von Fremden, als von seinen eignen Unterthanen, nach Carln dem Großen, für den größten Prinzen, welcher in vielen Zeitaltern in Europa gelebet hatte, und für einen der weisesten und besten Könige gehalten, der jemals die Jahrbücher einer Nation gezieret hatte.

Alfred hatte von seiner Gemahlinn Ethelswitha, der Tochter eines mercischen Grafens, drey Söhne und drey Töchter. Der älteste Sohn starb bey seines Vaters Lebzeiten ohne Erben. Der dritte, Ethelwald, erbte die Liebe seines Vaters zur Gelehrsamkeit, und lebte als ein Privatmann. Der zweyte Eduard folgte ihm in der Herrschaft, und bekam den Zunamen Eduard der Aeltere, weil er der erste dieses Namens war, der auf dem englischen Thron saß.

Eduard der Aeltere.

Dieser Prinz, der seinem Vater an kriegerischen Talenten gleich kam, wiewohl er ihm an Einsicht und Gelehrsamkeit nachstund [r], fand sogleich, als er den Thron bestieg, eine Probe von dem unruhigen Leben, worinn sich alle Prinzen, und sogar alle und jede Personen in einem Alter befanden, da die Menschen noch nicht so sehr durch Gerechtigkeit oder Gesetze im Zügel gehalten, noch nicht so sehr von dem Fleiße beschäftiget, für ihre Unruhe keine andre Nahrung fanden, als Kriege, Empörungen, Erschütterung, Rauberey und Verheerung. Ethelwald, sein
Vetter

---

l) *Spelm.* S. 124. *Abbas. Rieval.* S. 355. *Ann. Bever.* S. 96.
m) *W. Malm.* Lib. 2. Cap. 4 *Brompt.* S. 814.
n) *Asser.* S. 13 *Flor. Wigorn.* S. 588.
o) *Asser.* S. 20.
p) *Asser.* S. 20. *W. Malm.* Lib. 2. Cap. 4. *Flor. Wigorn.* S. 594.
q) *W. Malm.* Lib. 2. Cap. 4.
r) *W. Malmes.* Lib. 2. Cap. 5. *Hoveden.* S. 421.

Geschichte von England. Kap. II.

Vetter, Sohn des Königs Ethelbert, der älteste Bruder des Alfred, bestund darauf, daß er ein besseres Recht an dem Throne hätte ˢ); er bewaffnete seine Anhänger, nahm Windbourne in Besitz, und schien entschlossen zu seyn, sich hier bis aufs Aeußerste zu wehren, und den Ausgang seiner Ansprüche zu erwarten ᵗ). Als aber der König mit einer großen Armee vor die Stadt rückte, sah Ethelwald seinen gewissen Untergang vor Augen, machte sich davon, und flüchtete erst in die Normandie, und von da nach Northumberland ᵘ); wo er sich Hoffnung machte, daß das Volk, welches erst neulich von dem Alfred überwunden war, und den Frieden nicht ertragen konnte, bey der Nachricht von dem Tode dieses großen Prinzen, den ersten Vorwand, oder die erste Gelegenheit zu einer Empörung ergreifen würde. Er hatte sich in seiner Hoffnung nicht betrogen; die Northumbrier erklärten sich für ihn ˣ); und nachdem Ethelwald sein Interesse also mit den dänischen Stämmen verbunden hatte, nahm er einen Zug über die See vor, sammlete ein Corps von diesen Freybeutern, und erweckte die Hoffnung aller derer, welche gewohnt gewesen waren, von Raube und Gewaltthaten zu leben ʸ). Die Dänen von Ostangeln stießen zu ihm; die Fünf-Bürger, welche sich in dem Herzen von Mercia niedergelassen hatten, fiengen an, sich in Bewegung zu setzen; und die Engländer sahen, daß sie mit den Erschütterungen, wovon die Tapferkeit und Policey des Alfred sie jüngst erst befreyet hatte, wieder bedrohet würden. Die Rebellen thaten unter der Anführung des Ethelwald einen Einfall in die Grafschaften Glocester, Orford und Wilts; und nachdem sie in diesen Plätzen ihre Verheerungen getrieben hatten, giengen sie mit ihrer Beute wieder zurück, ehe der König, der seine Armee versammlet hatte, ihnen entgegen kommen konnte. Inzwischen führte Eduard, welcher seine Zurüstungen nicht fruchtlos gemacht haben wollte, seine Truppen nach Ostangeln, und vergalt den Einwohnern diejenigen Beleidigungen, welche sie begangen hatten, damit, daß er in ihrem Lande eine gleiche Verwüstung ausbreitete ᵃ). Als er von Rache satt, und mit Beute beladen war, gab er Befehl zum Abzuge: Aber man gehorchte dem Gebote dieser alten Könige im Felde nicht viel besser, als im Frieden; und die Leute aus Kent, welche begierig nach mehr Beute waren, wagten es, seinen wiederholten Befehlen zuwider, hinter ihm zu bleiben, und in Burn ihre Quartiere zu nehmen ˣ). Dieser Ungehorsam schlug in der Folge für den Eduard glücklich aus. Die Dänen griffen die Leute aus Kent an; fanden aber einen so hartnäckigen Widerstand, daß sie zwar das Schlachtfeld gewonnen, aber diesen Vortheil durch den Verlust ihrer tapfersten Anführer und unter andern auch des Ethelwald, welcher in dieser Action blieb, erkaufen mußten ᵇ). Da der König von der Furcht vor einem so gefährlichen Nebenbuhler befreyet war, machte er mit den Ostangeln auf vortheilhafte Bedingungen Friede ᶜ).

901.

Um

s) Chron. Sax. S. 99. 100.
t) Chron. Sax. S. 100. H. Hunting. lib. 5. S. 352.
u) Brompton. S. 832.
x) Chron. Sax. S. 100. H. Hunting. lib. 5. S. 352.
y) Chron. Sax. S. 100. Chron. Abb. St. Petri de Burgo, S. 24.

z) H. Hunting. lib. 5. S. 352. Brompton. S. 832.
a) Chron. Sax. S. 101. H. Hunting. lib. 5. S. 352.
b) Chron. Sax. S. 101. Brompton. S. 832.
c) Chron. Sax. S. 102. Brompton. S. 832. M. West. S. 181.

66 Geschichte von England. Kap. II.

911.
Um England wieder in einen solchen Stand der Ruhe zu setzen, als es damals zu erhalten fähig war, war nichts mehr nöthig, als die Unterwerfung der Northumbrier, welche mit dem Beystande der zerstreuten Dänen in Mercia das Innere des Reichs beständig unsicher machten. Um die Macht dieser Feinde zu zertrennen, rüstete Eduard eine Flotte aus, sie zur See anzugreifen, in der Hoffnung, daß sie, wenn seine Macht an ihren Küsten erscheinen würde, wenigstens zu Hause bleiben, und sich zu ihrer eigenen Vertheidigung anschicken müßten d): aber die Northumbrier waren nicht so sehr bekümmert, ihre eignen Güter in Sicherheit zu setzen, als Beute von ihren Feinden zu machen; und da sie glaubten, daß die größte Macht der Engländer sich auf der Flotte befände, so hielten sie diese Gelegenheit für die beste, und drangen mit ihrer ganzen Macht in die Gebiethe Eduards e). Der König, welcher sich auf diesen Vorfall angeschickt hatte, griff sie auf ihrem Zurückmarsche zu Tetenhall in der Grafschaft Orford an, schlug sie in die Flucht, nahm ihnen alle Beute wieder ab, und verfolgte sie mit großer Niederlage in ihr eignes Land f).

Die ganze übrige Regierung Eduards war eine Scene von anhaltenden und glücklichen Actionen wider die Northumbrier, die Ostangeln, die Fünf-Bürger, und die auswärtigen Dänen, welche ihn aus der Normandie und Bretagne angriffen g). Er war eben so vorsichtig, sein Reich in Vertheidigungsstand zu setzen, als muthig, seinen Feind anzugreifen h), er bevestigte die Städte Chester, Eddesburn, Warwik, Cherbury, Buckingham, Towcester, Maldon, Huntingdon, und Colchester. Er lieferte zu Temsford und Maldon zwey große Schlachten i); er brachte den Thurketil, einen großen dänischen Chieftain, unter den Fuß, und zwang ihn, sich mit seinen Anhängern nach Frankreich zu begeben, und dort auf Beute und Ebentheuer auszugehen k); er brachte die Ostangeln zum Gehorsam, und zwang sie, den Eid der Treue abzulegen: er vertrieb die beyden Nebenbuhler, und Prinzen von Northumberland, den Reginald, und Sibroc, und erhielt für damals die Herrschaft über diese Provinz: er unterwarf sich verschiedene Stämme von den Britten; und selbst die Schottländer, welche unter der Regierung des Egbret von dem Kennet, ihrem Könige, angeführt, durch die Unterwerfung der Picten ihre Macht vergrößert hatten, wurden jedoch gezwungen, ihm Zeichen von ihrer Unterwerfung zu geben l). In allen diesen glücklichen Verrichtungen stund ihm die Thätigkeit und Klugheit seiner Schwester Ethelfleda bey, welche die Wittwe des Ethelbert, Grafen von Mercia war, und nach dem Tode ihres Gemahls die Regierung über diese Provinz behalten hatte m). Diese Prinzeßinn, welche in ihrem Kindbette das Aeußerste hatte ausstehen müssen, wegerte sich nachmals alles Umgangs mit ihrem Gemahl; nicht aus einem schwachen Aberglauben, welcher damals gemein war; sondern weil sie alle häusliche Beschäftigungen ihres männlichen und ehrgeizigen

Geistes

d) *Hen. Hunting.* lib. 5. S. 532.
e) Chron. Sax. S. 102. *Flor. Wigorn.* S. 599.
f) *Hoveden* S. 421. *H. Hunting.* lib. 5. S. 3.2.
g) Chron. Saxon. S. 105. *Brompton.* S. 833.

h) *W. Malm.* lib. 2. cap. 5. *Hoveden* S. 421.
i) Chron. Sax. S. 108 *Flor. Wigorn.* S. 601.
k) Chron. Sax. S. 106.
l) Chron. Sax. S. 110. *Hoveden* S. 421.
m) *H. Hunting.* lib. 5. S. 353.

Geschichte von England. Kap. II.

Geistes für unwürdig hielt n). Sie starb vor ihrem Bruder o); und Eduard übernahm sein übriges Leben hindurch die unmittelbare Regierung von Mercia, welche vormals von der Krone meistens unabhängig gewesen war p). Die sächsische Chronik setzet den Tod dieses Prinzen ins Jahr 925 q): sein Reich kam auf Athelstan, seinen natürlichen Sohn r).

911.

Athelstan.

Der Flecken in der Geburt dieses Prinzen wurde in dieser Zeit für nicht so wichtig angesehen, daß er ihn vom Throne ausschließen könnte; und weil Athelstan so wohl in einem Alter, als von einer Fähigkeit war, die sich für die Regierung schickten; so bekam er den Vorzug vor den jüngern Kindern des Eduard, welche zwar eheliche Kinder, aber noch von gar zu zärtlichem Alter waren, eine Nation zu beherrschen, die sowohl den Angriffen von außenher, als den innerlichen Erschütterungen ausgestellet war. Inzwischen äußerten sich doch bey seiner Thronbesteigung einige Mißhelligkeiten; und Alfred, ein Herr von großer Gewalt, ließ sich dadurch ermuntern, eine Verschwörung wider ihn anzustiften. Diese Begebenheit wird von den Geschichtschreibern mit Umständen erzählt, welche der Leser, nach dem Grade des Glaubens, den er ihnen beylegen will, entweder der Erfindung der Mönche, die sie erdichteten, oder ihrer List zuschreiben mag, welche Mittel fand, sie wahr zu machen. Man sagt, da man sich, auf starken Verdacht, des Alfreds bemächtiget, ohne einen gewissen Beweis wider ihn, habe er die ihm schuld gegebene Verschwörung standhaft geläugnet; und um sich zu rechtfertigen, habe er sich erboten, seine Unschuld vor dem Pabst zu beschwören, in dessen Person man eine so vorzügliche Heiligkeit annahm, daß es niemand wagen dürfte, vor ihm einen falschen Eid zu schwören, und dennoch hoffen könnte, der unmittelbaren Rache des Himmels zu entgehen. Der König nahm die Bedingung an, und Alfred wurde nach Rom geführt; wo er, entweder aus einem Bewußtseyn seiner Unschuld, oder auch aus Verachtung des Aberglaubens, worauf er berufen hatte, vor dem Johannes, der damals den päbstlichen Stuhl besaß, den verlangten Eid schwur. Kaum aber hatte er die tödtlichen Worte ausgesprochen, so fiel er in Verzückungen, woran er drey Tage nachher starb. Der König zog seine Güter ein, als wenn die Schuld des Verschwornen völlig erwiesen wäre, und verschenkte sie an das Kloster von Malmesbury s), in einer völligen Sicherheit, daß künftighin gegen die Gerechtigkeit seines Verfahrens kein Zweifel mehr entstehen würde.

Kaum hatte Athelstan seine Herrschaft über seine englischen Unterthanen bevestiget, so bemühete er sich, der Regierung eine Sicherheit zu verschaffen, indem er alle Vorsicht wider den Aufstand der Dänen gebrauchte, welche seinen Vorgängern so viele Unruhen

924.

n) *W. Malmesf.* Lib. 2. cap. 5. *M. West.*
S. 182. *Ingulf* S. 28. *Higden.* S. 261.
o) Chron. Sax. S 109.
p) Chron. Sax. S. 110. *Brompton.* S. 838.
q) S. 110.

r) *W. Malmesf.* Lib. 2. cap. 6. *Brompton.* S.
831. *M. West.* S. 150.
s) *W. Malm.* Lib. 2. cap. 6. *Spell. Conc.*
S. 407.

68 Geſchichte von England. Kap. II.

ruhen gemacht hatten. Er marſchirte nach Northumberland, und da er ſah, daß die Unterthanen das engliſche Joch ungern trugen, ſo hielt er es für eine Klugheit, dem Sithric, einem däniſchen Edelmanne, den königlichen Titel zu geben, und ihn mit ſeinem Intereſſe zu verbinden, indem er ſeine Schweſter Editha mit ihm vermählte t). Aber dieſe Staatsklugheit wurde zufälliger Weiſe die Quelle von ſehr gefährlichen Folgen. Sithric ſtarb ein Jahr nachher, und ſeine beyden Söhne, Anlaf und Godfrid, gründeten auf die Erhebung ihres Vaters ihre Anſprüche, und maßten ſich die Herrſchaft, ohne Bewilligung des Athelſtan, an. Sie wurden von der Macht dieſes Monarchen bald vertrieben; und der erſte nahm ſeine Zuflucht in Irrland, wie der letztere in Schottland u); wo er von dem Conſtantin, welcher damals die Krone beſaß, auf eine zeitlang Schutz genoß. Indeß verſprach der ſchottländiſche Prinz, da er von dem Athelſtan beſtändig angefodert, ja ſogar bedrohet wurde, zuletzt, ſeinen Gaſt auszuliefern; weil er aber insgeheim dieſe Verrätherey verfluchte, ſo gab er dem Gottfrid eine Warnung, die Flucht zu nehmen x); und dieſer Flüchtling lebte noch einige Jahre von Seeräubereyen, hernach befreyete er den König durch ſeinen Tod von aller Furcht. Athelſtan rückte aus Zorn gegen den Conſtantin mit einer groſſen Armee in Schottland ein; und da er ohne Gegenwehre das Land verwüſtete, brachte er die Schottländer ſo ſehr in die Enge y), daß der König nur vergnügt war, ſeine Krone zu behalten, und ſeinem Feinde die demüthigſte Unterwürfigkeit bezeigte. Die engliſchen Geſchichtſchreiber verſichern z), Conſtantin habe dem Athelſtan für ſein ganzes Königreich gehuldiget; und ſie ſetzen hinzu, da die Hofleute den letzten Prinzen bereden wollen, eine ſo günſtige Gelegenheit nicht fahren zu laſſen, und Schottland gänzlich unter den Fuß zu bringen, habe er geantwortet, es wäre weit rühmlicher, Königreiche zu verſchenken, als zu überwinden q). Aber dieſe Jahrbücher, welche an ſich ſelbſt ſo ungewiß und unvollkommen ſind, verlieren allen Glauben, wenn Nationalvorurtheile und Feindſeligkeit Platz finden: und aus dieſem Grunde ſcheinen die ſchottländiſchen Geſchichtſchreiber, welche, ohne etwas mehr von der Sache zu wiſſen, dieſen Vorfall durchaus läugnen, eher Glauben zu verdienen.

Conſtantin mochte nun ſeine Krone der Mäßigung des Athelſtan zu verdanken haben, welcher ſich wider ſeinen Feind nicht aller Vortheile bedienen wollte, oder auch der Staatsklugheit dieſes Monarchen, welcher die Demüthigung ſeines Feindes für eine gröſſere Eroberung hielt, als die Unterwerfung eines mißvergnügten und aufrühriſchen Volks; ſo glaubte er doch, daß die Aufführung der Engländer mehr ſeinen Zorn, als ſeine Dankbarkeit verdiente. Er ließ ſich mit dem Anlaf, welcher ein groſſes Corps von däniſchen Seeräubern geſammlet hatte, die er auf den irrländiſchen Seen gefunden, und mit einigen Prinzen von Wallis, welchen die zunehmende Gewalt des Athelſtan ſchrecklich wurde, in ein Bündniß ein, und alle dieſe Alliirten fielen auf Verabredung **mit einer groſſen Armee** in England ein. Athelſtan ſammlete ſeine Macht, traf den Feind

---

t) *Alured Beverl.* S. 109. *W. Malm.* Lib. 2 cap. 6 *Hoveden* S. 422.

u) *W. Malmeſſ.* Lib. 2. cap. 6.

x) Ibid.

y) Chron. Sax. S. 111. *Hoveden* S. 422. *H. Hunt.* lib. 5. S. 54

z) *Hoved. n* S. 422.

a) *W. Malm.* lib. 2. cap. 6. *Brompton.* S. 838. *Higden.* S. 262. Anglia ſacra vol. 1. S. 212.

Feind bey Brunsbury in Northumberland an, und schlug ihn in einem Haupttreffen b). Dieser Sieg wurde vornehmlich der Tapferkeit des englischen Kanzlers Turketul zugeschrieben: denn in diesen unruhigen Zeiten war niemand mit bürgerlichen Sachen so sehr beschäfftiget, daß er den kriegerischen Charakter gänzlich bey Seite legte c).

Es findet sich ein Umstand, der nicht unwürdig ist, bemerkt zu werden, welchen die Geschichtschreiber bey diesen kriegerischen Verrichtungen erzählen. Anlaf glaubte bey der Annäherung der englischen Armee, daß er nicht zu viel wagen könnte, sich eines glücklichen Ausschlages zu versichern; er bediente sich der List, welche vormals Alfred wider die Dänen gebraucht hatte, und gieng in der Kleidung eines Musikanten in das Lager des Feindes. Die Kriegslist hatte diesesmal einen gleichen Ausgang. Er gefiel den Soldaten, welche um ihn zusammen liefen, so sehr, daß sie ihn in das Gezelt des Königs führten; und als Anlaf über der Mahlzeit diesem Prinzen und seinen Edelleuten vorgespielet hatte, wurde er mit einer artigen Belohnung entlassen. Er war zu klug, als daß er dieses Geschenk nicht sollte angenommen haben; aber aus Stolz entschloß er sich, das Geld zu vergraben, da er glaubte, daß niemand Acht auf ihn hätte. Aber ein Soldat in dem Lager des Athelstan, der vormals unter dem Anlaf gedienet hatte, war bey dem ersten Anblick des Musikanten auf einen Verdacht gerathen; und ließ sich durch seine Neubegierde verleiten, auf alle seine Tritte Acht zu haben. Er sah diese letzte Handlung für einen völligen Beweis an, daß Anlaf sich verkleidet hätte; und gab nur augenblicklich dem Athelstan Nachricht davon, der es ihm verwies, daß es ihm nicht eher Bericht davon ertheilt, damit er seinen Feind hätte feststellen können. Aber der Soldat sagte ihm, weil er vormals dem Anlaf den Eid der Treue geschworen hätte, so würde er sich die Treulosigkeit, seinen alten Herrn zu verrathen, und zu Grunde zu richten, niemals vergeben haben; und Athelstan selbst würde nach einem solchen Beyspiele von seiner sträflichen Aufführung eben so viel Ursache gehabt haben, an seiner Treue zu zweifeln. Nachdem Athelstan die Edelmüthigkeit der Grundsätze seines Soldaten gelobt hatte, überdachte er diesen Vorfall, und sah, daß er wichtige Folgen nach sich ziehen könnte. Er verlegte sein Gezelt an einen andern Ort des Lagers; und weil an dem Abend ein Bischof mit einer neuen Verstärkung von Truppen eintraf, (denn die Geistlichen waren damals eben so kriegerisch, als die weltlichen Obrigkeiten) so nahm dieser mit seinem Gefolge den Platz ein, den der Abzug des Königs eben ledig gelassen hatte. Man fand die Vorsicht des Athelstan klug: denn kaum war es finster geworden, so brach Anlaf schon ins Lager ein, eilte gleich nach dem Platze hin, wo das Gezelt des Königs gestanden hatte, und tödtete den Bischof, ehe er noch Zeit hatte, sich zu vertheidigen d).

In der Action bey Brunsbury fielen verschiedene dänische und wallische Prinzen e); und Constantin und Anlaf retteten sich noch so eben durch die Flucht, und ließen den

gröſſ-

b) Chron. Sax. S. 112. 113. W. Malmeſſ. Lib. 2. cap. 6. Ethelwerd. Cap. 5. H. Hunting. Lib. 5. S. 3540. Osberne, S. 80. Brompton. S. 849. Flor. Wigorn. S. 603. Matth. West. S. 286. Ingulf. S. 37.

c) Das Amt eines Kanzlers unter den Angelsachsen war der Bedienung eines Staatssecretärs ähnlicher, als unsers itzigen Kanzlers. S. Spell. in voce Cancellarius.

d) W. Malmeſſ. lib. 2. cap. 6. Higden. S. 263.

e) Brompton. S. 839. Ingulf. S. 29.

Geschichte von England. Kap. II.

925. größten Theil ihrer Armee auf dem Schlachtfelde zurück. Nach diesem glücklichen Ausgange besaß Athelstan seine Krone in Ruhe; und er wird für einen der geschicktesten und thätigsten unter diesen alten Prinzen gehalten. Er gab ein merkwürdiges Gesetz aus, welches zur Beförderung des Handels verfaßt, und welches von demjenigen, der es entworfen hatte, einen großen Verstand in diesen Zeiten erforderte; es sollte nämlich ein Kaufmann, welcher auf seine eigne Rechnung zwey lange Seereisen gethan hatte, in den Rang eines Thane oder Edelmanns aufgenommen werden. Dieser Prinz starb zu Glocester im Jahre 941 f), nach einer Regierung von sechzehen Jahren; und sein Bruder Edmond folgte ihm in der Regierung.

Edmond.

941. Edmond wurde bey seiner Thronbesteigung von den rastlosen Northumbriern beunruhiget, welche auf jede Gelegenheit, sich zu empören warteten. Aber der König marschirte plötzlich mit seinen Truppen in ihr Land, und setzte die Rebellen in eine solche Furcht, daß sie sich bemühten, ihn durch die größte Demüthigung zu versöhnen g). Um ihm ein größeres Pfand von ihrem Gehorsam zu geben, erbothen sie sich, die christliche Religion anzunehmen; eine Religion, wozu sich die englischen Dänen oft bekannt hatten, wenn sie in die Enge getrieben waren, welche sie aber eben deswegen für ein Kennzeichen ihrer Knechtschaft ansahen, und eben so oft wieder abschüttelten, wenn sich eine günstige Gelegenheit erboth. Edmond, welcher sich in dieser gezwungnen Unterwerfung wenig auf ihre Aufrichtigkeit verließ, gebrauchte die Vorsichtigkeit, die Fünf-Bürger aus den Städten von Mercia zu entfernen, wo sie sich auf Erlaubniß niedergelassen hatten; weil man immer fand, daß sie sich jeder Unruhe bedienten, und die rebellischen oder auswärtigen Dänen ins Herz des Königreichs hereinzogen h). Er brachte auch von den Britten Cumberland unter sich; und gab diese Provinz dem Malcom, Könige von Schottland, mit der Bedingung, daß er ihm dafür huldigen, und das Nördliche vor allen Streifereyen der Dänen beschützen sollte i).

Edmond war sehr jung, als er zur Krone gelangte; doch war seine Regierung kurz, weil sein Tod gewaltsam war. Als er eines Tages in der Grafschaft Glocester eine Feyerlichkeit anstellte, bemerkte er, daß Leolf, ein bekannter Räuber, den er in die Acht erkläret hatte, dennoch so verwegen war, in den Saal zu kommen, wo er speisete, und sich mit seinem Gefolge an den Tisch zu setzen. Ueber diesen Trotz erbittert, befahl er ihm, gleich aus dem Zimmer zu gehen; da er aber nicht gehorchen wollte, so wurde der König, der ohnedem von Natur jachzornig war, über diese neue Beschimpfung entflammt, sprang auf, und ergriff ihn bey den Haaren. Aber der Meuchelmörder, der aufs Aeußerste getrieben war, zog seinen Dolch aus, und gab dem Edmond eine Wunde, woran

f) Chron. Sax. S. 114.
g) W. Malmesf. lib. 2. cap. 7. Brompton. S. 857.
h) Chron. Sax. S. 114. H. Hunting. lib. 5. S. 355. Brompton. S. 857. Chron. de Muil-

rose, S. 148. Higden. S. 263. Alur. Beverl. S. 110.
i) Chron. Sax. S. 115. W. Malm. lib. 2. cap. 7. Hoveden S. 423. Brompton. S. 857. Flor. Wigorn. S. 604.

Geschichte von England. Kap. II.

woran er gleich starb k). Dieser Vorfall trug sich im Jahr 946 zu¹), und im sechsten Jahre der Regierung des Königs. Edmond ließ männliche Erben nach, aber so jung, daß sie unfähig waren, das Königreich zu regieren, und sein Bruder Ebred wurde zur Krone befördert.

941.

Ebred.

Die Regierung dieses Prinzen wurde so, wie seiner Vorgänger, von den Empörungen und Einfällen der northumbrischen Dänen beunruhiget, welche zwar öfters gedemüthiget, aber niemals gänzlich überwunden wurden, noch auch der Krone von England einen aufrichtigen Gehorsam geleistet hatten. Die Succeßion eines neuen Königs schien ihnen eine glückliche Gelegenheit zu seyn, ihr Joch abzuschütteln; als aber Ebred mit einer Armee erschien, bezeugten sie ihm ihre gewöhnliche Unterthänigkeit; und nachdem der König das Land mit Feuer und Schwerd verheeret hatte, zu einer Strafe für ihre Empörung m), zwang er sie, ihren Huldigungseid zu erneuern, und gieng gleich mit seiner Macht wieder zurück. Der Gehorsam der Dänen dauerte nicht länger, als ihr Schrecken. Voll Zorn über die Verheerung des Ebred, und in der Noth, worinn sie sich befanden, von Plünderungen zu leben, brachen sie in eine neue Rebellion aus, und wurden noch einmal unter den Fuß gebracht n): aber der König, den itzt die Erfahrung belehret hatte, machte wider künftige Empörungen bessere Anstalten. Er legte in ihre wichtigsten Städte englische Besatzungen; und setzte ihnen einen englischen Statthalter vor, der auf alle ihre Bewegungen Acht haben, und ihre Empörungen in den ersten Augenblicken dämpfen möchte. Er zwang auch Malcom, den König von Schottland, ihm für die Länder, welche er von England hatte, von neuen zu huldigen o).

946.

Ebred war zwar nicht unkriegerisch noch unfähig, zu einem thätigen Leben, ließ sich aber doch von dem niedrigsten Aberglauben beherrschen, und hatte sein Gewissen der Führung des Dunstan, gemeiniglich der heilige Dunstan genannt, eines Abtes von Glastenbury p), den er zu den höchsten Bedienungen erhob, und der unter dem Schein der Heiligkeit den gewaltsamsten und trotzigsten Hochmuth verbarg, blindlings überlassen. Dieser Geistliche bediente sich des blinden Glaubens und der blinden Zuversicht, welche der König auf ihn setzte, und führte in England eine neue Art von Mönchen ein, welche den Zustand der kirchlichen Angelegenheiten sehr veränderten, und die gewaltsamsten Unruhen verursachten, als sie zum erstenmal eingeführet werden sollten.

Von der Zeit an, als das Christenthum zuerst unter den Sachsen eingeführet wurde, waren in England Klöster gewesen; und diese Stiftungen hatten sich durch die Schenkungen der Prinzen und Edelleute sehr vermehret; weil der Aberglaube derselben, welcher

k) *W. Malmeſſ.* lib. 2. cap. 7. *Hoveden* S. 423. Chron. de Muilrose S. 1,8.

l) Chron. Sax. S. 115 *M. West.* S. 188. *Ingulf.* S. 29. Brompton. S. 858.

m) *Hoveden,* S. 423. *Wallingford* S. 541.
n) *Ethelwerd* cap. 7. *Hoveden* S. 423.
o) *Matt. West.* S. 186. *Higden.* S. 263.
p) *W. Malmeſſ.* lib. 2. cap. 7. Brompton. S. 862.

cher seinen Ursprung aus ihrer Unwissenheit, und aus ihrem ungewissen Leben nahm, und durch die Gewissensbisse für ihre Verbrechen, wozu sie sich so oft verleiten ließen, vergrößert wurde, kein andres Mittel wußte, die Gottheit zu versöhnen, als eine verschwenderische Freygebigkeit gegen die Geistlichen. Aber die Mönche waren bisher eine Art von weltlichen Priestern gewesen, welche so, wie die heutigen Canonici oder Präbendarien, in Klöstern lebten, und gewissermaßen unter die weltlichen gemischt waren, und sich bemüheten, sich der Welt nützlich zu machen. Man brauchte sie zum Unterricht der Jugend q). Sie konnten ihre Zeit anwenden wie sie wollten: sie waren nicht an die strengen Gesetze eines Ordens gebunden: sie hatten ihren Vorgesetzten keinen ausdrücklichen Gehorsam gelobt r): und es stund immer in ihrer Wahl, ohne daß sie das Kloster verlassen durften, ob sie sich verheyrathen, oder in ihrem ledigen Stande leben wollten s). Aber eine falsch verstandene Frömmigkeit hatte in Italien eine neue Art von Mönchen erzeugt, die man Benedictiner nannte; welche die scheinbaren Grundsätze der Kasteyung noch weiter trieben, sich gänzlich von der Welt ausschlossen, allen Ansprüchen der Freyheit entsagten, und sich aus der unverletzten Keuschheit ein Verdienst machten. Diese Gebräuche und Grundsätze, welche zuerst der Aberglaube erzeugte, wurden von der Staatsklugheit des römischen Hofes begierig angenommen. Der römische Pabst, welcher täglich größere Schritte zu einer allgemeinen Herrschaft über die Geistlichen that, bemerkte, daß der ehelose Stand der Geistlichkeit allein alle ihre Verbindung mit der bürgerlichen Gewalt aufheben, und indem er ihnen alle andre Gegenstände des Ehrgeizes nähme, sie verleiten könnte, mit unaufhörlichem Fleiß die Größe ihres eignen Ordens zu befördern. Er sah ein, daß die Mönche so lange, als man ihnen die Verehlichung erlaubte, und so lange als sie Familien hätten, niemals einer strengen Regel unterworfen, oder zu einer solchen Sklaverey unter ihre Obern gebracht werden könnten, als nöthig wäre, den Befehlen, welche Rom ausgehen ließ, einen willigen und eifrigen Gehorsam zu verschaffen. Man fieng daher an, den ehelosen Stand als eine unumgängliche Pflicht der Priester zu erheben; und der Pabst nahm es über sich, es dahin zu bringen, daß alle Geistlichkeit in der ganzen abendländischen Welt, der Lust, sich zu verheyrathen, entsagte: eine glückliche Staatsklugheit, aber zugleich das schwereste Unternehmen von allen, weil er hier den stärksten Trieben der menschlichen Naturen zu begegnen hatte, und einsah, daß eben die Verbindung mit dem weiblichen Geschlecht, welche gemeiniglich die Andacht befördert, hier dem guten Fortgange seines Anschlages entgegen war. Es ist daher kein Wunder, daß dieser Meisterzug der Kunst heftigen Widerspruch fand, und daß das Interesse der Hierarchie und die Neigung der Priester, da sie ist in diesen sonderbaren Kampf gesetzt waren, ungeachtet der fortgesetzten Bemühungen Roms, die Ausübung dieses kühnen Entwurfs drey Jahrhunderte lang verzögerte.

Weil die Bischöfe und die Geistlichen der Parochie mit ihren Familien allein lebten, und mehr mit der Welt in Verbindung stunden, so waren die Hoffnungen, sie zu

q) *Osberne* in Anglia Sacra, Tom. 2. S. 92.
r) *Osberne* S. 91.
s) Siehe *Wartons* Anmerkungen zu der Anglia Sacra, Tom. 2. S. 91. *Gervas.* S. 1645. Chron. Wint. MS. apud *Spellm.* Conc. S. 434.

Geschichte von England. Kap. II.

zu bereden, schwächer, und der Vorwand, wodurch man sie bereden wollte, dem Ehestande zu entsagen, nicht so scheinbar. Aber da der Pabst sein Auge auf die Mönche, als die Grundveste seiner Gewalt gewandt hatte, so war er entschlossen, sie unter strenge Regeln des Gehorsams zu setzen, ihnen durch einen Schein der härtesten Casteyungen den Credit einer Heiligkeit zu verschaffen, und alle ihre Verbindung abzubrechen, welche seiner geistlichen Staatsklugheit in dem Wege liegen möchte. Er hatte demnach bereits unter dem Vorwande, Mißbräuche abzuschaffen, welche gewisser Maaßen in den alten Verfassungen unvermeidlich waren, über die südlichen Länder von Europa die strengsten Regeln des Mönchlebens ausgebreitet, und fieng an, Versuche zu einer gleichen Neuerung in England zu machen. Die günstige Gelegenheit, welche aus dem schwachen Aberglauben des Edred, und aus dem heftigen und ungestümen Character des Dunstan entstund, both sich selbst an, und wurde begierig ergriffen.

Dunstan war von edlen Aeltern in dem westlichen Theile von England entsprossen, und daher unter seinem Onkel Aldhelm, damals Erzbischofe von Canterbury, erzogen, hatte sich dem geistlichen Stande gewidmet, und sich an dem Hofe des Edmond einiges Ansehen erworben. Er wurde jedoch bey diesem Prinzen als ein Mann von lüderlichen Sitten angeschwärzt t); und da er sah, daß er sein Glück durch diesen Verdacht verscherzt hatte, gab sein Ehrgeiz ihm ein, seine Unvorsichtigkeit dadurch wieder zu vergüten, daß er sich gerade auf die Gegenseite legte. Er schloß sich gänzlich von der Welt aus; er baute sich eine so kleine Zelle, daß er in derselben weder aufrecht stehen, noch, wenn er schlief, seine Glieder ausstrecken konnte; und hier beschäfftigte er sich beständig, entweder mit Andachten, oder mit Handarbeiten u). Es ist wahrscheinlich, daß sein Gehirn mit der Zeit durch diese einsamen Beschäfftigungen verrückt wurde, und daß er Chimären erdachte, welche ihm unter allem Volke den Character der Heiligkeit erwarben, weil er selbst und seine dummen Anhänger sie glaubten. Er bildete sich ein, unter den vielen Besuchen, welche der Teufel bey ihm abgelegt, habe er ihm eines Tages in seinen Versuchungen mehr zugesetzt, als sonst; bis Dunstan, über seinen Ungestüm erzürnt, ihn mit einer heißen Feuerzange, indem er in seine Zelle hereingesehen, bey der Nase gefaßt; und hier hätte er ihn so lange vest gehalten, bis der böse Geist die ganze Nachbarschaft von seinem Gebrülle hätte wiederschallen lassen. Diese merkwürdige Heldenthat wurde von dem Publico im Ernst geglaubet und gepriesen; es hat sie einer bis auf die Nachwelt gebracht, welcher, wenn wir sein Alter betrachten, für einen Schriftsteller von einiger Eleganz gehalten werden kann x). Diese Fabel machte dem Dunstan einen Ruf, welchen er sich durch keine wahre Frömmigkeit, viel weniger durch Tugend, selbst in dem erleuchtetsten Zeitpunkte, bey dem Volke jemals hätte erwerben können.

Durch den Character, den sich Dunstan in seiner Einsamkeit erworben hatte, unterstützt, erschien er wieder bey Hofe, und gewann über den Edred, welcher den Thron bestiegen hatte, so viel Gewalt, daß er ihn nicht nur zu seinem Gewissensrath machte,
sondern

---

t) Osberne S. 95. M. West. S. 187.   u) Osberne S. 96.
x) Osberne S. 97.

246. sondern auch zu seinem Rathgeber in den wichtigsten Angelegenheiten der Regierung. Er wurde an die Spitze der Schatzkammer gestellt y); und weil er sowohl Macht bey dem Hofe, als Credit bey dem Pöbel besaß, so war er im Stande, mit gutem Fortgange die schwersten Unternehmungen zu versuchen. Weil er sah, daß er seine Beförderung der Meynung von seiner strengen Lebensart zuzuschreiben hatte, so bekannte er sich für einen Freund der strengsten Regeln der Mönche, und nachdem er diese Verbesserung in die Klöster Glastenbury und Abingdon eingeführet hatte, bemühete er sich, dieselben auch in dem Reiche allgemein zu machen.

Die Gemüther der Menschen waren zu dieser Veränderung schon gut zubereitet. Einige von den ersten Predigern des Christenthums unter den Sachsen hatten eine unverletzliche Keuschheit bis zur Ausschweifung hochgepriesen; sie hatten das Vergnügen der Liebe für unverträglich mit der christlichen Vollkommenheit ausgegeben; und man schätzte eine gänzliche Enthaltung von allem Umgange mit dem weiblichen Geschlechte für eine so verdienstliche Buße, daß sie zureichend wäre, die allergrößten Gräuel zu vergüten. Es schien daraus, als eine natürliche Folge, zu fließen, daß zum wenigsten diejenigen, welche am Altar dienten, von dieser Befleckung rein seyn mußten; und als die Lehre von der Transsubstantiation, welche sich ihr einschlich z), völlig eingeführet war, gab die Ehrerbietung gegen den wirklichen Leib Christi in der Eucharistie diesem Argumente noch mehr Stärke und Einfluß. Die Mönche verstunden sich darauf, wie sie sich aller Gründe bey dem Volk zu Nutze machen, und ihren Charakter ins beste Licht setzen sollten. Sie nahmen in ihrem Leben und in ihren Sitten die äußerste Strenge an: sie erlaubten sich die größte Ueberspannung der Andacht: sie eiferten aufs bitterste wider die Laster und vorgegebene Ueppigkeit der Zeiten: sie waren ins besondre heftig wider das lüderliche Leben der weltlichen Geistlichkeit, ihrer Nebenbuhler: jedes besondere Beyspiel einer freyen Lebensart bey diesem Orden wurde als ein allgemeines Verderbniß vorgestellt: und wenn es an andern Gründen, sie in üblen Ruf zu bringen, fehlte, so wurde gewiß ihr ehelicher Stand eine Sache, woran sie schmälten, und ihre Frauen wurden Beyschläferinnen, oder mit noch schimpflichern Namen benannt. Die weltliche Geistlichkeit, welche zahlreich und reich war, und die kirchlichen Würden besaß, vertheidigte sich hingegen mit Muth, und bemühete sich, ihren Gegnern gleiches mit gleichem zu vergelten. Das Volk gerieth in Bewegung; und man findet wenige Beyspiele, daß der wichtigste Unterschied in der Religion so heftige Zwistigkeiten erregt habe; oder vielmehr der nichtswürdigste; denn es ist eine allgemeine Anmerkung, daß, je größer die Verwandschaft unter theologischen Parteyen ist, je größer gemeiniglich auch ihre Feindschaft sey.

Der Fortgang der Mönche, welcher schon groß geworden war, wurde durch den Tod des Edred, ihres Freundes, in etwas unterbrochen. Er starb nach einer Regierung von neun Jahren a); er hinterließ zwar Kinder, weil sie aber noch unmündig waren, so wurde sein Neffe Edwy, der Sohn des Edmund, auf den Thron gesetzt.

Edwy.

---

y) *Osberne*, S. 102. *Wallingford*, S. 541.
z) *Spell. Conc.* Vol. I. S. 452. a) *Chron. Sax.* S. 115.

Geschichte von England. Kap. II.

Edwy.

Edwy war damals, als er den Thron bestieg, nicht über sechzehen bis siebenzehen Jahre alt. er hatte die angenehmste Bildung, und besaß auch, glaubwürdigen Nachrichten zufolge, die hoffnungsvollesten Tugenden b). Er würde der Liebling seines Volks geworden seyn, hätte er sich nicht beym Anfange seiner Regierung mit den Mönchen in eine Streitigkeit eingelassen, deren Wuth weder die Grazien des Leibes, noch die Tugenden der Seele besänftigen konnten, und die sein Andenken mit eben der unversöhnlichen Rachbegierde verfolgt haben, welche sie gegen seine Person und Würde, während seiner kurzen und unglücklichen Regierung, ausließen. Es lebte damals eine schöne Prinzeßinn von königlichem Blute, mit Namen Elgiva, welche auf das zärtliche Herz des Edwy Eindruck gemacht hatte; und weil er sich in einem Alter befand, wo man anfängt, die Stärke der Leidenschaften zu fühlen, so hatte er es gewagt, sie wider den Rath seines ernsthaftesten Rathgebers, und wider die Vorstellungen der höhern Kirchenbedienten zu heyrathen c); ob sie gleich mit ihm in den Graden der Verwandschaft stund, in welchen das kanonische Gesetz die Ehe verbiethet d). Weil die Strenge, welche die Mönche annahmen, sich vornehmlich bey dieser Gelegenheit heftig bewies, so bekam Edwy einen starken Widerwillen gegen sie, und schien aus diesem Grunde, ihrem Vorhaben, die weltlichen Geistlichen aus ihren Klöstern zu vertreiben, und sich selbst in den Besitz dieser reichen Stiftungen zu setzen, nicht beyzutreten. Der Krieg war demnach zwischen dem Könige und den Mönchen erklärt; und der erste fand bald Ursache, zu bereuen, daß er so gefährliche Feinde aufgebracht hatte. An dem Tage seiner Krönung versammlete sich sein Adel in einem großen Saale, und vergnügte sich mit der Schwelgerey und der Unordnung, welche den Engländern nach dem Beyspiele ihrer deutschen Vorfahren gewöhnlich geworden waren e); als Edwy, durch das sanftere Vergnügen gereizet, sich in das Zimmer seiner Königinn begab, und sich in dieser Einsamkeit der Zärtlichkeit gegen seine Gemahlinn überließ, welche nur durch die Gegenwart ihrer Mutter gemäßiget wurde. Dunstan muthmaßte die Ursache, warum der König sich entfernt hätte; er nahm den Odo, Erzbischof von Canterbury, über welchen er eine gänzliche Macht gewonnen hatte, mit, drang sich in das Zimmer ein, verwies dem Edwy seine Wollüstigkeit, gab vermuthlich der Königinn die schimpflichsten Beywörter, die man ihrem Geschlechte nur geben kann, riß ihn aus ihren Armen, und zog ihn mit Gewalt auf eine schimpfliche Art in die Gesellschaft der Edelleute zurück f). Obgleich Edwy jung war, und die Vortheile des Volks wider sich hatte, so fand er doch Gelegenheit, sich wegen dieser öffentlichen Beschimpfung zu rächen. Er zog den Dunstan wegen seiner Verwaltung des Schatzes unter seinem Vorgänger zur Rechenschaft g); und als dieser Minister sich weigerte, eine Rechnung von dem Gelde abzulegen, welches, wie er versicherte, auf Befehl des vorigen Königs ausgegeben wäre, so klagte er ihn wegen Unterschleif in seiner Bedienung an, und verbannte ihn aus dem Reiche h). Aber die Cabale

---

b) *H. Hunt.* Lib. 5. S. 356.
c) *W. Malm.* Lib. 2. Cap. 7.
d) Ibid.
e) *Wallingford.* S. 542.

f) *W. Malmesf.* Lib. 2. Cap 7. *Osberne,* S. 83. 105. *M. Wesf.* S. 195. 196.
g) *Wallingf.* S 542. *Alur. Beverl.* S. 113.
h) *W. Malm.* Lib 2 Cap 7. *Hoveden.* S. 425. *Osberne,* S 84. 106. *Brompton,* S. 863.

76   Geschichte von England. Kap. II.

955. Cabale des Dunstan war in seiner Abwesenheit nicht unthätig: sie erfüllte die Ohren des Volks mit hohen Lobsprüchen von seiner Heiligkeit: sie schrie wider die Gottlosigkeit des Königs und der Königinn: und nachdem sie durch diese Verläumdungen die Herzen des Volks vergiftet hatte; schritte sie zu Gewaltthaten wider die königliche Macht, welche noch schimpflicher waren. Der Erzbischof Odo sandte eine Partey Soldaten in den Pallast, welche sich der Königinn bemächtigten, und nachdem sie ihr Gesicht mit einem glüenden Eisen verbrannt hatten, um diese schädliche Schönheit zu zerstören, welche den Edwy verführet hatte, brachten sie sie mit Gewalt nach Irrland, um daselbst in einer beständigen Verbannung zu leben i). Da Edwy sah, daß er sich vergebens widersetzen würde, war er genöthiget, in seine Ehescheidung zu willigen, und diese geschah von dem Odo k); und eine noch unglücklichere Catastrophe erwartete die arme Elgiva. Da diese unglückliche Prinzessinn ihre Wunden hatte heilen lassen, und sogar die Narben verschwunden waren, womit Odo ihre Schönheit hatte zerstören wollen, gieng sie nach England zurück, und flohe in die Arme des Königs, den sie noch immer für ihren Gemahl ansah; sie fiel aber in die Hände einer Partey, welche der Prälat bestellt hatte, sie aufzufangen. Ihr konnte nichts anders, als ihr Tod, dem Odo und den Mönchen Sicherheit geben; und der grausamste Tod wurde erfordert, um ihre Rache zu sättigen. Man schnitte ihr die Sennen ab, und sie starb wenige Tage zu Glocester in den empfindlichsten Martern l).

Anstatt, daß die Engländer, welche der Aberglauben verblendet hatte, sich an diese Unmenschlichkeit hätten stoßen sollen, schrien sie, das Unglück des Edwy und seiner Gemahlinn wäre ein gerechtes Urtheil über sie wegen ihrer gottlosen Verachtung der Kirchengesetze. Sie schritten so gar zu einer Empörung wider ihren König, und nachdem sie den Edgar, einen jüngern Bruder des Edwy, und einen Knaben von dreyzehen Jahren an ihre Spitze gestellet hatten, setzten sie ihn bald in den Besitz von Mercia, Northumberland und Ostangeln; und jagten den Edwy in die südlichen Länder m); damit es nicht zweifelhaft bleiben möchte, auf wessen Antrieb diese Empörung unternommen war; kam Dunstan wieder nach England n) zurück, und übernahm die Regierung des Edgar und seiner Parten. Er wurde zuerst in das Bisthum von Worcester, hiernächst in das Bisthum von London o), und darauf nach dem Tode des Odo, und der gewaltsamen Vertreibung des Bretheim, seines Nachfolgers, auch in das Bisthum von Canterbury eingesetzt p), welche alle er eine lange Zeit besaß. Die Mönche haben uns den Odo un er dem Charakter eines frommen Mannes bekannt gemacht: Dunstan wurde sogar canonisirt: und ist einer von der großen Anzahl der Heiligen von gleichem Gepräge, welche den römischen Calender schänden. Indessen wurde der unglückliche Edwy in den Bann gethan q), und mit unbarmherziger Rache verfolget; aber sein Tod, der

---

i) Osberne, S. 84. Gervase, S. 1644.
k) Hoveden, 425.
l) Osberne, S. 84. Gervase, S. 1645. 1646.
m) Osberne, S. 106. Flor. Wigorn, S. 105. Matth. West. S. 146.
n Hoveden, S. 425. Osberne, S. 107. Brompton, S. 853.

o) Chron. Sax S. 117. Flor. Wigorn, S.6c5. Wallingford. S. 504.
p) Hoveden, S. 425. Osberne, S. 109. Brompton, S. 854. Flor. Wigorn, S. 605. M. West. S. 156. Higden. S. 267.
q) Brompton, S. 863.

der bald darauf erfolgte, befreyete seine Feinde von aller weitern Unruhe, und setzte den Edgar in den ruhigen Besitz seiner Regierung r).

Edgar.

Dieser Prinz, welcher den Thron in so früher Jugend bestieg, entdeckte bald eine vortreffliche Fähigkeit in der Verwaltung der Staatsgeschäffte; und seine Regierung ist eine von den glückseligsten, welche wir in der englischen Geschichte finden. Er bezeigte keinen Widerwillen gegen den Krieg; er machte die weisesten Anstalten gegen die Angreifer; und durch diesen Muth, und durch diese Vorsichtigkeit setzte er sich in den Stand, ohne alle Gefahr, Beleidigungen erdulden zu dürfen, seiner Neigung zum Frieden zu folgen, und sich mit der Unterstützung und Verbesserung der Policey in seinem Reiche zu beschäfftigen s). Er hielt ein Corps von abgerichteten Truppen, welches er im Nördlichen verlegte, um die aufrührischen Northumbrier im Zügel zu halten, und die Angriffe der Schottländer zurück zu weisen. Er erbaute und unterhielt eine mächtige Seemacht t); und damit er die Seeleute in der Ausübung ihrer Schuldigkeit erhalten, und seinen Feinden beständig eine furchtbare Armatur zeigen möchte, legte er drey Esquaders an die Küsten, und befahl ihnen, von Zeit zu Zeit um seine Gebiethe herum zu seegeln u). Die auswärtigen Dänen wagten es nicht, sich einem Lande zu nähern, welches in einem solchen Vertheidigungsstande erschien; die einheimischen Dänen sahen ein, daß ein unvermeidlicher Untergang die Folge ihrer Empörung und Rebellion seyn würde: die benachbarten Prinzen von Wallis, Schotland, und der Insel Man, Orkney, und sogar von Irrland x), sahen sich ge-

zwun-

r) Unter den alten Geschichtschreibern findet sich ein anscheinender Widerspruch in Ansehung der Geschichte des Edwy und der Elgiva. Sie stimmen darinn überein, daß dieser Prinz für seine zweyte oder dritte Nichte, Elgiva, eine heftige Liebe hegte, und heyrathete, ob sie gleich in dem Grade der Verwandtschaft stund, den das canonische Gesetz verbeuth. Auch das sagen sie alle, daß er an dem Tage seiner Krönung von einer Dame angegriffen wurde, und daß man dieser nachmals mit der besagten Grausamkeit begegnete. Der Unterschied ist nur, daß Osberne, und einige andere, sie seine Hure, nicht seine Gemahlinn nennen, wie Malmsbury. Aber diesen Unterschied kann man leicht heben: denn wenn Edwy sie wider das canonische Gesetz heyrathete, so würden die Mönche sie gewiß nicht seine Gemahlinn nennen, und sie bloß für seine Hure halten; so daß wir überhaupt diese Vorstellung der Sache für gewiß, wenigstens für die wahrscheinlichste halten können. Wenn Edwy sich eine Maitresse gehalten hätte; so weiß man, daß es Mittel gab, sich mit der Kirche zu setzen, welche die Geistlichen würden abgehalten haben, so gewaltsam mit ihm zu verfahren: aber seine Vermählung, welche den Kirchengesetzen entgegen war, war eine Beleidigung ihrer Gewalt, und reizte sie zum äußersten Zorn.

s) Chron. Sax. S. 116 Knyghton, S. 2313. Brompton, S. 864 869. Flor. Wigorn. S. 605. Chron Abb St. Petri de Burgo, S. 29.

t) Higden, S. 265.

u) Viele von den englischen Geschichtschreibern setzen die Anzahl der Schiffe des Edgar auf eine übermäßige Anzahl, nämlich 3000 oder 3600. S. Hoveden. S. 426 Flor. Wigorn. S. 607. Abbas Rieval. S. 360. Über Brompton sagt, S. 869. Edgar hatte 4000 Schiffe Wie kann man diese Berechnungen mit der Wahrscheinlichkeit und mit dem Zustande der Seemacht in den Zeiten Alfreds reimen? W. Thorne setzt die ganze Anzahl auf 300, welches wahrscheinlicher ist. Die Flotte des Ethelred Edgars Sohnes, muß nicht 1000 Schiffe ausgemacht haben; doch sagt die sächsische Chronik, S. 137. sie sey die größte Seemacht gewesen, die je in England erhoben worden.

x) Spell. Conc. S. 432.

955.

zwungen, einem so mächtigen Prinzen Gehorsam zu bezeigen. Er trieb seine Oberherrschaft sehr hoch, und könnte leicht eine allgemeine Verbindung wider sich erreget haben, wenn seine Macht nicht so sehr wäre bevestiget gewesen, daß sie seinen Feinden alle Hoffnung benahm, sie zu erschüttern. Man sagt, da er einst zu Chester seine Residenz gehabt, und sich vorgenommen, zu Wasser nach der Abtey St. Johannis des Täufers zu gehen, habe er acht von seinen zinsbaren Königen genöthiget, ihn in einem Kahn die Dee hinauf zu rudern y). Die englischen Geschichtschreiber wollen unter der Anzahl dieser Könige, den König von Schottland, Kenneth den Dritten, zählen: die schottländischen Geschichtschreiber läugnen entweder die Sache, oder behaupten auch, daß ihr König, wofern er sich jemals für einen Vasallen des Edgar erkannt, ihm nicht wegen seiner Krone, sondern wegen der Länder huldigte, welche er von England hatte.

Aber die Hauptmittel, wodurch Edgar sein Ansehen unterstützte, und die öffentliche Ruhe erhielt, waren die Gefälligkeit, welche er dem Dunstan und den Mönchen bewies, die ihn zuerst auf den Thron gesetzt, und durch den Schein ihrer vorzüglichen Heiligkeit und Reinigkeit der Sitten, eine Gewalt über das Volk erlangt hatten. Er betrieb ihren Entwurf, die weltlichen Canonicos aus allen Klöstern zu vertreiben z); er beförderte keinen andern, als ihre Anhänger; er erlaubte dem Dunstan, den Bischofssitz von Worcester dem Oswald, einer seiner Creaturen, zu übergeben a); und einen andern, mit Namen Ethelwold, in den Besitz von Winchester zu setzen b); er befragte diese Prälaten in der Verwaltung aller Kirchensachen; und sogar in der Verwaltung vieler bürgerlichen Angelegenheiten; und ob ihn gleich die Stärke seines Genies abhielt, sich blindlings von ihm regieren zu lassen, so fanden doch der König und die Bischöfe in ihrer Harmonie so große Vortheile, daß sie beständig einmüthig handelten, und ihren Einfluß vereinigten, um den Frieden und die Ruhe des Publici zu erhalten.

Um das große Werk, den neuen Orden in alle Klöster einzuführen, zu Stande zu bringen, schrieb Edgar eine allgemeine Versammlung der Prälaten und aller Ordensbrüder aus. Hier redete er wider das lüderliche Leben der weltlichen Geistlichkeit, schmählte, daß sie sich nur so wenig bescheeren ließen, indem sie, wahrscheinlicher Weise, nicht mehr auf eine Gestalt der Dornenkrone sahen, auf ihre Nachlässigkeit, womit sie die Ausübung ihrer Verrichtung abwarteten; auf ihre Gemeinschaft mit den Layen, da sie mit denselben an dem Vergnügen des Spiels, des Tanzens und Singens Theil nähmen; und auf ihre öffentliche Gemeinschaft mit Beyschläferinnen, worunter er ihre Frauen erstund. Hierauf wandte er sich an den Primas Dunstan, und redete ihn im Namen des vormaligen Königs Edred, seines Vaters, den er so vorstellte, als wenn er aus dem Himmel mit Unwillen über alle diese Greuel herunter sähe, also an: „Du bist es, „Dunstan, auf dessen Rath ich Klöster gestiftet, Kirchen erbauet, und meinen Schatz
„herge-

y) *W. Malm.* Lib. 2. Cap. 8. *Hoveden*, S. 426. *H. Hunt.* Lib. 5. S. 356. *Brompt.* S. 869. *Flor. Wigorn.* S. 607. *Matth. West.* S. 192. *Higden.* S. 267. *Alur. Beverl.* S. 112.

z) *Chron. Sax.* S. 117. 118. *W. Malm.* Lib. 2. Cap. 8. *Hoveden,* S. 425. 426. *Osberne.* S. 111. *Gervas.* S. 1646. *Brompton,* S. 867. *Flor. Wigorn,* S. 605. 606. *Matth. West.* S. 193.

Dicets, S. 458. *Higden,* S. 264. *Spell. Conc.* 433. 438. 439. 443.

a) *W. Malm.* Lib. 2. Cap. 8. *Hoveden,* S. 425.

b) *Gervas.* S. 1646. *Brompton,* S. 864. *Flor. Wigorn.* S 606. Chron. Abb. St. Petri de Burgo, S. 27. 28.

„hergegeben habe, um die Religion und ihre Häuser zu unterstützen. Du warest in
„allen diesen Entwürfen mein Rathgeber und mein Gehülfe; du warest mein Gewis-
„senrath: dir war ich in allen Stücken gehorsam. Wann foderrest du Zuschuß, den
„ich dir versagte? Habe ich den Armen nicht immer beygestanden? Habe ich der Geist-
„lichkeit und den Klöstern Unterstützung und Gehalte versagt? Gab ich deinen Vorschlä-
„gen nicht Gehör, wenn du mir sagtest, daß diese Gaben meinem Schöpfer vor allen
„andern angenehm wären, und einen beständigen Grund zur Unterstützung der Religion
„legten; und sind denn nun alle diese frommen Bemühungen durch das lüderliche Leben
„der Priester vereitelt worden? Nicht als ob ich den geringsten Tadel auf dich werfe;
„du hast Gründe, Bitten, Ermahnungen, Vorwürfe angewandt, itzt aber mußt du
„schärfere und nachdrücklichere Mittel gebrauchen; du mußt dein geistliches Ansehen mit
„der bürgerlichen Macht vereinigen, und den Tempel Gottes mit Nachdruck von Dieben
„und Eingeschlichenen reinigen c).„ Man kann leicht denken, daß diese Rede die verlangte Wirkung that; und daß es nicht lange dauerte, als die Mönche die Oberhand
behielten, und fast in allen Klöstern die neuen Regeln einführten; da der König und
die Prälaten mit dem Vorurtheile des Volks so sehr einstimmten.

Wir müssen bemerken, daß sowohl in dieser Rede, als in allen Geschichtschreibern
die Beschuldigungen wider die weltliche Geistlichkeit in allgemeinen Ausdrücken vorgetragen werden; und weil dieser Orden gemeiniglich von der Anständigkeit ihres Charakters,
der höhern Beweggründe nicht zu gedenken, in Schranken gehalten wird, so ist
es schwer zu glauben, daß die Klagen wider seine lüderlichen Sitten so allgemein richtig
waren, als man vorgab. Wahrscheinlicher ist es, daß die Mönche durch eine angenommene strenge Lebensart sich dem Volke gefällig machen wollten, und dadurch, daß sie
die unschuldigsten Freyheiten, welche sich die übrigen Geistlichen erlaubten, als unverzeihliche Abscheulichkeiten vorstellten, den Weg zu der Aufnahme ihrer eignen Macht
bahneten. Inzwischen richtete sich Edgar, als ein wahrer Staatskluger, nach der her-
schenden Partey; und er gab ihnen sogar in ihren Ansprüchen nach; eine Gefälligkeit,
wodurch er zwar die Mönche bewegen konnte, die königliche Gewalt, so lange er regierte, zu unterstützen; die aber nachmals für seine Nachfolger gefährlich wurde, und die
ganze bürgerliche Macht in Unordnung brachte. Er war der Staatsklugheit des römischen Hofes behülflich, indem er einigen Klöstern das Vorrecht gab, daß sie unter keiner bischöflichen Gerichtsbarkeit stunden; er erlaubte den Klöstern, sogar denen, welche
von Königen gestiftet waren, sich ihren eignen Abt zu erwählen: und er ließ ihre Verfälschungen alter Freybriefe gelten, nach welchen sie sich, vermöge einer vorgeblichen
Bewilligung vormaliger Könige, gleiche Freyheiten und Ausnahmen anmaßten d).

Durch diese Verdienste hat sich Edgar von den Mönchen das größte Lob erworben;
und er wird uns nicht unter dem Charakter eines großen Staatskundigen und thätigen
Prinzen, (ein Lob, worauf, wie es scheinet, er ein Recht hatte,) sondern auch unter dem
Namen eines großen Heiligen und tugendhaften Mannes bekannt gemacht. Aber
nichts konnte seine Heucheley, womit er wider die freyen Sitten der weltlichen Geistlichkeit, und den eigennützigen Geist seiner Anhänger, da sie seine Frömmigkeit so sehr erhoben, mehr verrathen, als sein ganzer Lebenslauf, welcher im höchsten Grade aus es

---

c) *Abbas Rieval.* S. 360. 361. *Spell. Conc.*
S. 476. 477. 478.

d) *Chron. Sax.* S. 118. *W. Malmesf. Lib.* 2.
Cap. 8. *Seldeni Spicileg. ad Eadmer.* S. 149. 57.

laſſen war, und alle menſchliche und göttliche Rechte beleidigte. Dennoch ſahen dieſe Mönche, welche, wie uns Ingulf, ein ſehr alter Geſchichtbeſchreiber ſagt, von keinen Verdienſten in der Moral, oder in der Religion den mindeſten Begriff hatten, wenn wir die Keuſchheit und den Gehorſam ausnehmen, bey ſeinem Greuel nicht durch die Finger, ſondern überhäuften ihn auch mit den höchſten Lobſprüchen. Die Geſchichte hat uns jedoch noch einige Beyſpiele von ſeinen Liebeshändeln aufbehalten, welche eine Probe ſeyn mögen, woraus wir auf die übrigen ſchlieſſen können.

Edgar brach in ein Kloſter ein, entführte mit Gewalt eine Nonne Editha, und begieng ſogar an ihrer Perſon eine Gewaltthätigkeit e). Für dieſe Entweihung eines heiligen Ortes und viehiſche That gab ihm Dunſtan einen Verweis; und damit er ſich mit der Kirche verſöhnen möchte, wurde ihm geboten, nicht ſich von ſeiner Maitreſſe zu trennen, ſondern ſieben Jahre lang ſeine Krone nicht zu tragen, und ſich ſo lange dieſer unnützen Zierde zu berauben f). Dieſe Strafe war dem, was der unglückliche Edwy hatte erdulden müſſen, ſehr ungleich; da dieſer einer Heyrath wegen, welche im ſtrengſten Verſtande nur den Namen einer Unregelmäſigkeit verdienen konnte, aus ſeinem Reiche vertrieben wurde, ſeiner Königinn mit der äuſſerſten Barbarey begegnen ſah, mit Verläumdungen beladet wurde, und der Nachwelt unter den häßlichſten Farben bekannt gemacht iſt. So groß iſt die Gewalt, welche man durch Heucheley und Cabale über die Menſchen gewinnen kann!

Edgar hatte noch eine andre Maitreſſe, mit Namen Elfleda, mit welcher er zuerſt durch eine Art von Zufall in Bekanntſchaft kam. Als er eines Tages Andover vorbey fuhr, hielt er ſich in dem Hauſe eines Edelmanns auf, deſſen Tochter mit allen Grazien der Perſon und der Aufführung begabt war, und ihm bey dem erſten Anblicke die heftigſte Begierde einflöſte, nebſt dem Entſchluß, ſie auf alle Weiſe zu befriedigen. Weil er ſich nicht die Zeit ließ, ihre Schmeicheleyen und Liebkoſungen zu machen, um ſeine Abſicht zu erreichen, ſo gieng er ſogleich zu ihrer Mutter, erklärte ihr die Heftigkeit ſeiner Liebe, und bath ſie, dem jungen Mägdchen zu erlauben, daß ſie noch dieſe Nacht bey ihm zubrächte. Die Mutter war eine tugendhafte Frau, und entſchloſſen, ihre Tochter und ihr Haus durch dieſe Gefälligkeit nicht zu entehren; weil ihr aber doch die heftige Gemüthsart des Königs bekannt war, ſo glaubte ſie, es würde leichter und ſicherer ſeyn, ihn zu betrügen, als ihm zu verſagen. Sie ſtellte ſich demnach, als wenn ſie ſeinem Willen gehorchen wollte; insgeheim aber befahl ſie, einem Dienſtmägdchen, welches nicht unangenehm gebildet war, wenn ſich alle Geſellſchaft zur Ruhe begeben hätte, ſich ins Bette des Königs zu ſchleichen. Des Morgens, vor Anbruch des Tages, wollte ſich das Mägdchen, nach die Vorſchrift ihrer Frau, entfernen; aber Edgar, welcher ſich in ſeinen Wollüſten nicht mäſſigen konnte, und deſſen Liebe zu ſeiner Beyſchläferinn durch den Genuß nur noch mehr entflammt war, wollte ſie nicht gehen laſſen, und wandte Bitten und Drohungen an, ſie zurück zu halten. Elfleda, welche ſich auf ihre Reitzungen und auf die Liebe verließ, die ſie, wie ſie hoffte, dem Könige eingeflöſt hätte, that wahrſcheinlicher Weiſe nur einen ſchwachen Widerſtand, und der anbrechende Tag entdeckte dem Edgar den Betrug. Er hatte die Nacht ſo vergnügt zugebracht, daß er der alten Dame wegen ihres Betruges kein Mißvergnügen entdeckte;
ſeine

---

e) *W. Malmesb.* Lib. 2. Cap. 8. *Osberne,* S. 8.   f) *Osberne,* S. 111.
Diceto, S. 457. *Hygden,* S. 265. 267. 268.

Geschichte von England. Kap. II.

seine Liebe wandte sich zu der Elfleda; sie wurde seine liebste Maitresse, und behielt ihre Gewalt so lange über ihm, bis er die Elfrida heyrathete g).

Die Umstände seiner Heyrath mit dieser Person waren noch sonderbarer, und und noch sträflicher. Elfrida war die Tochter und Erbinn des Olgar, Grafens von Devonshire; und ob sie gleich auf dem Lande erzogen, und niemals am Hofe erschienen war, hatte sie doch ganz England mit dem Ruf von ihrer Schönheit angefüllt. Edgar selbst, der gegen solche Nachrichten nicht gleichgültig war, wurde durch die häufigen Lobsprüche, welche er von der Elfrida hörte, neubegierig; und da er ihre edle Geburt bedachte, entschloß er sich, wenn er fände, daß sie so schön wäre, wie das Gerücht sagte, sie auf anständige Bedingungen zu besitzen. Er entdeckte sein Vorhaben seinem Lieblinge, dem Grafen Etelwold; gebrauchte aber die Vorsicht, ehe er ihren Aeltern einen Antrag that, diesem Edelmann Befehl zu geben, daß er, unter einem Vorwande, einen Besuch bey ihnen ablegen, und ihm von der Schönheit ihrer Tochter eine zuverläßige Nachricht bringen sollte. Als Ethelwold zu dem jungen Frauenzimmer geführet wurde, sah er, daß das gemeine Gerücht noch bey weiten die Wahrheit nicht gesagt hatte; und da er selbst von der heftigsten Liebe eingenommen wurde, faßte er den Entschluß, dieser neuen Leidenschaft alle seine Treue gegen seinen neuen Herrn, und gegen das auf ihn gesetzte Vertrauen aufzuopfern. Er kam zu dem Edgar zurück, und sagte ihm, die Reichthümer und der hohe Stand der Elfrida allein wären der Grund von derjenigen Bewunderung gewesen, welche man ihr bezeigt hätte, und ihre Reizungen wären so wenig ausserordentlich, daß man sie bey einem Frauenzimmer von niedrigem Stande gar nicht achten würde. Als er durch diesen Betrug den König von seinem Vorhaben abgebracht hatte, nahm er nach einiger Zwischenzeit Gelegenheit, noch einmal von der Elfrida zu reden, und sagte ihm, es hätte zwar das Ansehen und Vermögen der Aeltern der Elfrida ihn in Ansehung ihrer Schönheit nicht so bethört, als andre; doch könnte er nicht umhin, zu bedenken, daß sie überhaupt eine vortheilhafte Partey für ihn seyn würde; und durch die Geburt und Reichthümer die Mittelmäßigkeit ihrer persönlichen Reizungen genugsam ersetzen würde. Wenn der König seinen Anschlag demnach billigen wollte, so wäre er entschlossen, für sich selbst bey dem Grafen von Devonshire einen Antrag zu thun, und er zweifelte nicht, daß er nicht sowohl seine, als der jungen Lady Bewilligung zu einer Vermählung erhalten würde. Edgar freute sich, daß er ein Mittel gefunden hätte, seines Lieblings Glück zu machen; und ermunterte ihn nicht nur, sein Vorhaben auszuführen, sondern er beförderte auch den Fortgang desselben durch seine Empfehlungen an die Aeltern der Elfrida. Und Atelwold wurde bald durch den Besitz seiner Geliebten glücklich gemacht. Da er sich inzwischen fürchtete, daß seine List entdeckt werden möchte, bediente er sich aller Vorwände, seine Elfrida auf dem Lande zu lassen, und sie vor den Augen des Edgar verbergen zu halten.

Die heftige Liebe des Atelwold hatte ihn verblendet, die nothwendigen Folgen nicht einzusehen, welche diese Aufführung nach sich ziehen mußte, und die Vortheile, welche die zahlreichen Feinde, die beständig einen königlichen Günstling verfolgen, hiedurch wider

---

g) *W. Malmsb.* Lib. 2. Cap. 8. *Higden.* S. 268.

Hume Gesch. v. Grosbrit. III. Theil.

955. wider ihn gewinnen würden. Edgar wurde bald von der Wahrheit benachrichtiget; ehe er aber seine Rache an dem Atelwold wegen seiner Treulosigkeit ausüben wollte, entschloß er sich, sich durch seine eigene Augen von der Gewißheit und von der ganzen Größe seiner Schuld zu überzeugen. Er sagte ihm, er wäre entschlossen, ihn auf seinem Castele zu besuchen, und mit seiner jungen Gemahlinn Bekanntschaft zu machen; und da Atelwold diese Ehre nicht ausschlagen konnte, erbath er sich nur die Erlaubniß, daß er einige Stunden vorausgehen dürfte, um zu dem Empfang des Königs bessere Anstalten zu machen. Hierauf entdeckte er die ganze Sache der Elfrida, und bath sie, wenn sie für ihre eigne Ehre, oder für sein Leben einige Achtung hätte, so möchte sie vor dem Edgar durch alle Umstände in der Kleidung, und in der Aufführung diejenige mächtige Schönheit verbergen, welche ihn verführet, einem Freunde ungetreu zu werden, und zu so vielen Lügen fortgerissen hätte. Elfrida versprach ihm, gefällig zu seyn, ob sie gleich an nichts weniger dachte. Sie glaubte, daß sie dem Atelwold für eine Liebe, welche sie einer Krone beraubt hatte, schlecht verbunden wäre; und da sie die Stärke ihrer eignen Reitzungen kannte, so verzweifelte sie noch nicht, sich noch itzt zu diesem Stande zu erheben, dessen die List ihres Gemahls sie beraubt hatte. Sie erschien vor dem Könige in allen denen Vortheilen, welche der kostbarste Anzug, und die einnehmendsten Minen ihr nur geben konnten, und erregte in seinem Herzen zugleich die stärkste Liebe gegen sie, und die grausamste Rachbegierde gegen ihren Gemahl. Er verstund jedoch die Kunst, seinen Zorn zu verbergen; er lockte den Etelwold, unter dem Vorwande, auf die Jagd zu gehen, aufs Feld, stieß ihn mit eigner Hand nieder, und heyrathete bald nachher die Elfrida öffentlich h).

Ehe wir unsre Nachricht von dieser Regierung beschließen, müssen wir noch zweener Umstände gedenken, welche die Geschichtschreiber bemerket haben. Der Ruhm des Edgar lockte eine Menge von Ausländern, seinen Hof zu besuchen; und er ermunterte sie selbst, sich in England aufzuhalten i). Man sagt uns, daß sie alle Laster aus ihren Ländern mitbrachten, und die einfältigen Sitten der Eingebohrnen zu verderben fiengen k): da aber diese Einfalt der Sitten, welche so sehr, und oft so unvernünftig, erhoben wird, das Volk nicht vor Barbarey und Treulosigkeit schützte, den größten unter allen Lastern, welche sich bey einem rohen und unausgebildeten Volke gemeiniglich zu finden pflegen; so müssen wir vielleicht ihre Bekanntschaft mit den Ausländern vielmehr für vortheilhaft ansehen; weil sie dazu dienen konnte, seine Aussichten zu erweitern, und es von allen unanständigen Vorurtheilen und bäurischen Sitten, welche Insulaner gern an sich zu haben pflegen, frey zu machen.

Ein andrer merkwürdiger Vorfall war die Ausrottung der Wölfe in England. Diesen Vortheil erhielt das Land durch die fleißige Policey des Edgar. Er gab sich viele Mühe, diese Raubthiere zu jagen, und zu verfolgen; und als er fand, daß sie alle in die Gebirge und Wälder von Wallis geflüchtet waren, verwandelte er den Geldtribut, welchen Athelstan den wallischen Prinzen aufgeleget hatte l), in einen jährlichen

Tribut

---

h) *W. Malmes.* Lib. 2. Cap. 8. *Hoveden*, S. 426. *Brompton*, S. 855. 866. *Flor. Wigorn*, S. 606. *Hyden*, S. 268.

i) *Chron. Sax.* 146. *H. Hunting.* Lib. 5. S. 356. *Brompton*, S. 865.

k) *W. Malmef.* Lib. 2. Cap. 8.

l) *W. Malm.* Lib. 2. Cap. 6. *Brompt.* S. 838.

Geschichte von England. Kap. II. 83

Tribut von dreyhundert Wolfsköpfen; welches einen solchen Fleiß erregte, diese Thiere
zu jagen, daß man sie in dieser Insel nicht mehr gesehen hat.
955.

Edgar starb nach einer Regierung von sechszehen Jahren im drey und dreyßigsten
Jahre seines Alters. Ihm folgte Eduard, sein Sohn, den er in seiner ersten Ehe
mit der Tochter des Grafen Ordmer zeugte m).

Eduard der Märtyrer.

Dieser Prinz, der bey dem Tode seines Vaters nur funfzehn Jahr alt war, gelangte 957.
nicht ohne Schwierigkeit und Widerstand auf den Thron. Elfrida, seine
Stiefmutter, hatte einen Sohn von sieben Jahren, mit Namen Ethelred, den
sie gern auf den Thron setzen wollte. Sie versicherte, die Vermählung des Edgar mit
der Mutter des Eduard wäre unbeantwortlichen Einwürfen unterworfen; und weil sie
bey ihrem Gemahl grossen Credit gehabt hatte, so hatte sie Mittel gefunden, sich Anhänger zu verschaffen, welche ihr in allen Foderungen beystunden. Aber das Recht des
Eduard hatte viele Vortheile vor sich. Er war in dem Testamente seines Vaters zum
Nachfolger ernannt n): er näherte sich schon dem Alter eines Mannes, und konnte die
Zügel der Regierung bald in seine eigene Hände nehmen: der vornehmste Adel, welcher
sich vor der herrschsüchtigen Gemüthsart der Elfrida fürchtete, wollte nicht gern ihren
Sohn auf dem Thron sehen, wodurch ihre Gewalt müßte vergrössert worden seyn, wofern sie nicht gar die Regierung geführet hätte: und vor allen hatte sich auch Dunstan,
der sich durch seinen Charakter der Heiligkeit bey dem Volke den grössten Credit erworben, der Sache des Eduard angenommen, über den er bereits viel Einfluß gewonnen
hatte o), und war entschlossen, das Testament des Edgar zu seinem Vortheile in Ausübung zu setzen. Um allen Ansprüchen ein Ende zu machen, salbte und krönte Dunstan den jungen Prinzen zu Kingston; und das ganze Königreich unterwarf sich ihm
ohne fernere Widersetzung p).

Es war für den Dunstan und für die Mönche eine Sache von Wichtigkeit, daß
sie einen König auf den Thron setzten, der ihrer Sache günstig war: die weltliche Geistlichkeit hatte noch immer Anhänger in England, welche sie in dem Besitze der Klöster
und der kirchlichen Gewalt zu erhalten wünschten. Kaum war der Tod des Edgar bekannt geworden, so vertrieb Alfere, der Herzog von Mercia, die neuen Ordensmönche
aus allen Klöstern, welche in seiner Gerichtsbarkeit lagen q); Aber Elswin, Herzog
von Ostangeln und Brithnot, Herzog der Ostsachsen, schützten sie in ihren Gebiethen,
und drungen auf die Ausübung der neulich zu ihrem Vortheil gegebenen Gesetze r).
Um diesen Streit zu entscheiden, wurden verschiedene Synoden zusammen gerufen, welche

L 2 nach

m) *W. Malm.* lib. 2. cap. 8. *Hoveden* S.
426. *Knygbton* S. 2313.
n) *Hoveden* S. 427. *Eadmer* S. 3.
o) *Eadmer*, ex edit. seldeni. S. 3
p) *W. Malmesf.* Lib. 2. cap. 9. *Hoveden* S.
427. *Osberne* S. 113. *Gervas.* S. 1647.
Knygbton. S. 2313 *Brompton.* S. 872 *Flor.*

Wigorn. S. 607. Chron. Abb. St. Petri de Burgo, S. 29.
q) Chron. Sax. S. 123. *W. Malm.* Lib. 2.
cap. 9 *Hoveden* S. 427. *Brompton.* S. 870.
Flor. Wigorn. S. 607.
r) *Hoveden* S. 427. *Brompton.* S. 870.
Higden. S. 269.

nach der Gewohnheit dieser Zeiten, theils aus geistlichen Gliedern, theils aus Layen von Adel bestunden. Die Mönche fanden Mittel, zu allen diesen Versammlungen die Oberhand zu behalten; wiewohl, wie es scheinet, wider die geheimen Wünsche, wo nicht gar wider den offenbaren Widerstand derer, welche die Hauptpersonen der Nation waren s). Sie waren erfindsamer, zur Unterstützung ihrer Sache Wunderwerke zu schmieden; oder da sie so glücklich gewesen waren, durch ihre scheinbare Strenge den Character der Frömmigkeit zu erhalten, fanden auch ihre Wunder bey dem Volke mehr Glauben.

Als Dunstan in einer Synode fand, daß die meisten Stimmen wider ihn waren, stund er auf, und sagte der Versammlung, er hätte in diesem Augenblicke eine unmittelbare Offenbarung zum Vortheile der Mönche gehabt; und die Versammlung wurde über diese Nachricht so bestürzt, oder vielmehr so sehr von dem Pöbel in Furcht gesetzt, daß sie in ihrer Berathschlagung nicht weiter fortfuhr. In einer andern Synode ließ sich von dem Crucifix eine Stimme hören, welche den Gliedern sagte, die Einführung der Mönche gründete sich auf den Willen des Himmels, und es wäre eine Gottlosigkeit, darwider zu reden t). Aber das Wunderwerk, welches in der dritten Synode geschah, machte noch mehr Aufsehen: der Boden des Saales, worinn die Versammlung zusammen gekommen war, fiel plötzlich ein, und eine große Menge von den Gliedern wurde im Fall entweder beschädiget, oder gar getödtet. Man merkte an, daß Dunstan den König abgehalten hatte, an diesem Tage in der Versammlung zu erscheinen, und daß der Balken, worauf sein Stuhl stund, der einzige war, der unter der Last der Versammlung nicht einsank u): aber anstatt, daß diese Umstände den Verdacht hätten erregen sollen, daß die Sache angelegt war, wurden sie vielmehr für den sichersten Beweis angesehen, daß die Vorsehung für diese Lieblinge des Himmels selbst ins Mittel getreten wäre x).

Eduard lebte noch vier Jahre nach seiner Thronbesteigung; und es trug sich unter seiner Regierung nichts merkwürdiges zu. Sein Tod war merkwürdig und tragisch y). Dieser junge Prinz besaß die liebenswürdigste Unschuld in Sitten; und weil seine Absichten beständig aufrichtig waren; so war er unfähig, gegen andre einen Verdacht zu fassen. Ob sich gleich seine Stiefmutter seiner Thronbesteigung widersetzte und für ihren Sohn eine Parten wider ihn erregt hatte; so gab er ihr doch beständig Zeichen von der größten Hochachtung, und bezeigte so gar seinem Bruder bey allen Gelegenheiten die zärtlichste Liebe к . Eines Tages jagte er in einem Walde in Dorsetshire, und da er in der Verfolgung eines Thiers bey Corfe-Castle, die Residenz der Elfrida gekommen war,

s) *W. Malmesf.* lib. 2. cap. 9.

t) *W. Malmesf.* lib 2 cap. 9. *Osberne* S. 112. *Gervase.* S. 1647. *Brompton.* S. 870. *Higden.* S 169.

u) *Chron. Sax.* S. 124. *Will. Malm.* lib. 2. cap. 9. *Hoveden* S. 427 *H. Hunting.* lib. 5. S. 357 *Gervase* S 1647 *Brompton.* S. 870. *Flor. Wigorn* S 607. *Higden* S. 269. *Chron. Abb St Petri de Burgo,* S. 29.

x) Ich habe bereits eine Anmerkung gemacht, (und es würde langweilig seyn, sie so oft zu wiederholen, als es nöthig ist) daß wir, wenn wir solche Geschichte in den alten Verfassern finden, mit Recht zweifeln können, ob man sie der Dichtung der nachfolgenden Mönche, die sie ersunnen, oder der List derjenigen Mönche zuschreiben müsse, welche zu der Zeit lebten, und den Pöbel betrogen.

y) *Chron. Sax.* S. 124.

z) *W. Malmesf.* Lib. 2 cap 9 *Brompton.* S. 873. *M. West.* S. 193. *Wallingford.* S. 545.

war, so nahm er diese Gelegenheit, einen Besuch bey ihr abzulegen, ohne eine einzige Person bey sich zu haben; und hiermit gab er ihr die Gelegenheit, welche sie längst gewünscht hatte. Nachdem er aufs Pferd gestiegen war, bat er sich ein wenig Wasser aus; und indem er den Becher an den Mund hielt, trat ein Bedienter der Elfrida hinzu, und versetzte ihm von hinten zu einen Stoß. Da der Prinz merkte, daß er verwundet war, gab er dem Pferde die Spornen; weil er aber durch den Verlust des Blutes ohnmächtig wurde, so fiel er aus dem Sattel, sein Fuß blieb in dem Steigbügel hängen, und er wurde von seinem schönen Pferde fortgeschleifet, bis er starb a). Man gieng den Spuren des Blutes nach, und fand seinen Körper, welcher von seinen Bedienten zu Wereham in der Stille begraben wurde. 957.

Die Jugend und Unschuld dieses Prinzen, nebst seinem tragischen Tode erweckte solches Mitleiden unter dem Volke, daß es glaubte, es geschähen Wunder bey seinem Grabe b); und man gab ihm den Namen Märtorer, ob gleich seine Ermordung aus keinem Grundsatze oder Meynung der Religion entstanden war. Elfrida bauete Klöster, und that verschiedene Werke der Buße, um ihre Schuld wieder zu vergüten; konnte aber durch alle ihre Heucheley, oder Bereuung niemals die gute Meynung des Publici wieder gewinnen, da es sich doch sonst in diesen unwissenden Zeiten so leicht betrügen ließ.

~~~~~~~~~~

Das dritte Kapitel.
Die Angelsachsen.

Ethelred — Niederlassung der Normänner — Edmund Ironside — Canut der Große — Harold Harefoot — Hardicanut — Eduard der Bekenner — Harold —

Ethelred.

Die Freyheit, welche England so lange von den Raubereyen der Dänen genossen hatte, scheinet theils daraus hergekommen zu seyn, daß sich diese Nation in dem Nördlichen von Frankreich niedergelassen hatte, welches alle ihre überflüßigen Hände beschäftigte, um das Land zu bevölkern, und es zu vertheidigen; theils auch aus dem Muthe und kriegerischen Geiste einer langen Reihe von englischen Prinzen, welche das Land zu Wasser und Lande in einem Vertheidigungsstande erhielten, und alle Unternehmungen der Feinde 978.

L 3

a) *W. Malmesf.* lib. 2. cap 9. *Knyghton.* S. 2313. *Brompton.* S. 874. 875. 876 *M. West.* S. 876. S. 194 *Higden.* S. 269.   b) *Knyghton.* S. 2313, 2314. *Brompton.*

978. Feinde entweder verhüteten, oder zurückwiesen. Da itzo aber ein neues Geschlecht von Menschen in den nördlichen Gegenden entsprossen war, welche sich ihrer Bürde nach der Normandie hin nicht mehr entledigen konnten; so hatten die Engländer Ursache, zu besorgen, daß sie wieder eine Insel besuchen würden, wohin sowohl das Andenken ihres vormaligen glücklichen Fortgangs, als auch die Hoffnung sie lockte, daß sie von ihren Landsleuten Beystand erhalten würden, welche sich zwar schon lange in dem Reiche niedergelassen hatten, aber doch noch nicht gänzlich mit den Eingebohrnen vereiniget waren, noch auch ihre alten Gewohnheiten zu kriegen und zu rauben gänzlich vergessen hatten: und da der gegenwärtige König minderjährig war, und auch nach der Zeit, als er sein männliches Alter erreichte, niemals Muth noch Fähigkeit genug bezeigte, seine eigene Unterthanen zu regieren, noch viel weniger einen mächtigen Feind zurück zu treiben; so mußte das Volk mit Recht erwarten, von so gefährlichen Zeitläuften das größte Elend zu erdulden.

981. Ehe die Dänen es wagten, ein wichtiges Unternehmen gegen England auszuführen, thaten sie einen kleinen Einfall, wie zum Versuche; und da sie mit sieben Schiffen bey Southampton gelandet waren, verheerten sie das Land, bereicherten sich durch Beute, und zogen ungestraft wieder ab a).

991. Sechs Jahre nachher thaten sie in dem Westlichen einen gleichen Versuch, und waren gleich glücklich b); und da die Angreifer nun sahen, daß die Sachen in einem ganz andern Zustande waren, als vormals; so munterten sie ihre Landsleute auf, eine größere Macht zu sammeln, und wichtigere Vortheile zu hoffen. Sie landeten in Esser unter dem Commando zweyer Chieftains, und nachdem sie zu Malton den Herzog dieser Grafschaft, Brithnot c), welcher es wagte, sie mit einer kleinen Macht anzugreifen, geschlagen hatten, breiteten sie ihre Verwüstungen über alle benachbarte Provinzen aus. In dieser Noth gab Ethelred, dem die Geschichtschreiber den Bernamen der Unbereitete gaben d), anstatt, daß er sein Volk erwecken sollte, seine Ehre und sein Eigenthum muthig zu vertheidigen, dem Rathe des Sewricius, Erzbischofes von Canterbury, Gehör, dem noch viele von dem ausgearteten Adel beytraten. Er zahlte dem Feinde die Summe von 10,000 Pfund aus, und bestach ihn damit, daß er das Königreich verließ e). Dieses schimpfliche Mittel hatte den Ausgang, welchen man davon erwarten konnte. Die Dänen erschienen im folgenden Jahre an der östlichen Küste, in der Hoffnung, ein Volk zu überwinden, welches sich lieber durch sein Geld vertheidigte, wodurch Feinde angelockt würden, als durch seine Waffen, womit es dieselben vertreiben könnte. Aber die Engländer, welche ihre Thorheit erkannt hatten, waren in der Zwischenzeit in einem großen Rathe zusammen gekommen, und hatten beschlossen, bey London eine Flotte zu versammeln, welche den Feind zurücktreiben könnte f); wiewohl diese

a) Chron. Sax. S. 125. H. Hunting. S. 357. Hoveden S. 427. Chron. St. Petri di Burgo. S. 50. Simeon Dunelm. S. 161. Brompton. S. 875.
b) Chron. Sax. S. 126. Hoveden S. 427. Simeon Dunelm. S. 161.
c) H. Hunt. S. 357 Hoveden S. 428.
d) Anglia sacra vol. I. S. 225.
e) Chron. Sax. S. 126. W. Malm. S. 62. H. Hunting. S. 357. Hoveden S. 428.
f) Chron. Sax. S. 126.

diese vernünftigen Maasregeln durch die Treulosigkeit des Alfric, Herzogs von Mercia fehl- 991.
schlug; ein Name, der sich in den Jahrbüchern dieser Zeiten durch das viele Unglück,
welches seine wiederholte Treulosigkeit über sein Land brachte, schändlich gemacht hat.
Dieser Edelmann war im Jahr 983 seinem Vater Alfere in der hohen Befehlshaber-
stelle gefolget; da er aber derselben zwey Jahre nachher beraubet, und aus dem Königreiche verbannet worden war g), so mußte er seine ganze List und alle seine Gewalt
anwenden, welche für einen Unterthanen zu groß war, um in seinem Vaterlande aufgenommen, und in seine Bedienung wieder eingesetzt zu werden. Da er einmal den
Versuch gemacht hatte, wie groß der Credit und die Ungunst seiner Feinde war, so setzte
er seine Sicherheit nicht mehr in seine Dienste, oder in die Liebe seiner Nebenbürger,
sondern in den Einfluß, den er über seine Vasallen erlangt hatte, und in das Unglück
des Publici, welches, wie er glaubte, bey jeder Unruhe seinen Beystand nothwendig
machen müßte. Nachdem er sich dieses vest vorgenommen hatte, entschloß er sich,
jeden glücklichen Vorfall zu verhüten, welcher die königliche Gewalt veststehen, oder seine
eigne Situation abhängig und ungewiß machen möchte. Da die Engländer den Anschlag hatten, die dänische Flotte in dem Hafen zu umringen und zu zerstören, so gab
er dem Feinde von ihrer Gefahr heimlich Nachricht; und als sie in See stachen, um
diesen Plan auszuführen, seegelte er mit der Esquadre unter seinem Commando den
Abend vor dem Gefechte davon, und vereitelte dadurch alle Bemühungen seiner Landsleute h). Ethelred, ergrimmt über diese Treulosigkeit, ließ seinen Sohn Alfgar greifen, und ihm die Augen ausstechen i). Aber die Macht des Alfric war so groß, daß
er sich noch einmal mit Gewalt wieder in seine Bedienung setzte k) und ob er gleich von
seinem Charakter diese Probe abgelegt hatte, und auf diese kränkende Art war beleidigt
worden; so fand man es doch nöthig, ihm von neuen die Statthalterschaft über Mercia anzuvertrauen. Diese Auffuhrung des Hofes, welche in allen ihren Umständen so
barbarisch, unvorsichtig und schwach war, verdiente, und prophezeihete das allerhärteste
Unglück.

Die nördlichen Angreifer, welche ißt mit dem vertheidigungslosen Zustande von 993.
England bekannt waren, thaten unter der Anführung des Sweyn, Königs von Dä-
nemark, und Olafs, Königs von Norwegen, eine Landung mit einer grossen Macht;
und da sie den Humber hinauf seegelten, breiteten sie ihre Zerstörungen und Verwüstungen allenthalben aus. Lindesey wurde in eine Wüste verwandelt, Banbury wurde
zerstöret l); und alle Northumbrier, ob sie gleich meistens von dänischer Abkunft waren, wurden gezwungen, entweder zu den Siegern überzutreten, oder sich ihre Verwüstungen gefallen zu lassen. Man versammlete eine mächtige Armee, und es erfolgte
ein allgemeines Treffen; aber die Engländer sahen sich in dem Treffen durch die Feigheit,
oder Treulosigkeit ihrer drey Anführer, Frena, Frithegist und Godwin, alle drey Männer

g) Chron. Sax. S. 125. Chron. St. Petri de Burgo S. 31. Brompton. S. 879.

h) Chron. Sax. S. 127. W. Malm. S. 62. Higden. S. 270.

i) Chron. Sax. S. 128. W. Malm. S. 62. H. Hunting. S. 358. Higden. S. 270.

k) H. Hunt. S. 357. Higden. S. 270

l) Chron. Mailr. S. 152. Simeon. Dunelm. S. 162

88 Geschichte von England. Kap. III.

993. ner von dänischer Abkunft, welche den Truppen unter ihrem Commando das Beyspiel einer schändlichen Flucht gaben, verlassen m).

Aufgemuntert durch diesen guten Fortgang, und noch mehr durch die Verachtung, welche dieselbe ihnen gegen ihren Feind einflößte, wagten es die Seeräuber bis in den Mittelpunkt des Reichs einzudringen. Sie liefen mit vier und neunzig Schiffen in die Themse ein, belagerten London, und droheten dieser Stadt den gänzlichen Untergang. Aber die Bürger, durch die Gefahr beunruhiget, thaten in einer vesten Vereinigung miteinander einen kühnern Widerstand, als die Feinde von der Feigheit des hohen und niedrigen Adels hatten erwarten können n), und die Belagerer mußten, nach ausgestandenen großen Beschwerden, endlich ihren Anschlag aufgeben. Um sich zu rächen, verwüsteten sie Esser, Kent, Sußer und Hampshire; und als sie sich hier Pferde genommen hatten, waren sie noch mehr im Stande, die Wuth ihrer Verheerungen bis in die innern Grafschaften auszubreiten o). In dieser Noth nahmen Ethelred und seine Edelleute ihre Zuflucht zu dem ersten Mittel; sie schickten Gesandten an die beyden nordischen Könige, und versprachen ihnen Unterhalt und Tribut, wenn sie ihre Verheerungen ein Ende machen, und bald darauf das Reich räumen wollten. Sweyn und Olaf nahmen die Bedingungen an, legten sich ruhig zu Southampton in ihre Quartiere, wo ihnen die Summe von 16000 Pfund bezahlet wurde p). Olav that sogar eine Reise nach Andover, wo Ethelred seine Residenz hatte; und empfieng hier von den englischen Bischöfen die Confirmation, und von den Könige kostbare Geschenke. Hier versprach er, daß er die englischen Gebiethe niemals wieder angreifen wollte, und er hielt dieses Versprechen auch getreu q). Dieser Prinz bekömmt von der römischen Kirche den Namen St. Olaf; und ungeachtet des allgemeinen Vorurtheils, welches entweder wider den Verstand, oder wider die Sitten eines jeden obwaltet, welcher in diesen unwissenden Zeiten mit diesem Titel beehret wurde, scheint er doch ein Herr von Verdienst und Tugend gewesen zu seyn. Sweyn war zwar nicht so gewissenhaft, als Olaf, sah sich aber durch den Abzug des norwegischen Prinzen genöthiget, auch seine Anhänger aus dem Königreiche abziehen zu lassen.

997. Dieser Vergleich gab den Engländern in ihrem Elende nur eine kleine Frist. Die dänischen Seeräuber erschienen bald nachher wieder in der Severne; und nachdem sie in Wallis, in Cornwallis und Devon Beuten gemacht hatten, seegelten sie um die südliche Küste herum, liefen in die Tamar ein, und verwüsteten auch diese Grafschaften. Hierauf kehrten sie wieder nach dem Canal bey Bristol zurück, drangen über den Fluß Avon ins Land ein, breiteten sich über die ganze Nachbarschaft aus, und kamen mit Feuer und Schwerd bis nach Dorsetshire r). Hierauf veränderten sie den Sitz des Krieges; und nachdem sie die Insel Wight verheeret hatten, liefen sie in die Themse und
Medway

m) Chron. Sax. S. 128. W. Malm. S. 63. H. Hunt. S. 385. Hoveden S. 418. Brompton. S. 880.

n) W. Malm. S. 63. H. Hunt. S. 358. Hoveden S. 428.

o) Chron. Sax. S. 128. W. Malm. S. 63. H. Hunt. S. 358. Hoveden S. 428 Simeon Dunelm S. 161. 163.

p) Chron. Sax. S. 129. Hoveden S. 428. Chron Mailr. S. 152.

q) Chron. Sax. S. 129 H. Hunt. S. 358. Hoveden S. 428 Chron. Mailr. S. 152. Sim. Dunelm. S. 163. Brompton. S. 880.

r) Chron. Sax. S. 129. Hoveden S. 428. Simeon Dunelm. S. 163.

Geschichte von England. Kap. III.   89

Medway ein, und belagerten Rochester, wo sie in einer großen Schlacht die Einwohner
von Kent schlugen s). Nach diesem Siege wurde die ganze Provinz Kent eine Scene   998.
des Blutbades, des Feuers und der Verwüstung. Die äußerste Größe dieses Elendes zwang die Engländer, sich zur Vertheidigung zur See und zu Lande zu berathschlagen; aber die Schwäche des Königs, die Spaltungen unter dem Adel, die Treulosigkeit einiger, und die Feigheit anderer, der Mangel an Einmüthigkeit bey allen, vereitelten alle ihre Bemühungen; und ihre Flotten und Armeen kamen entweder zu spät,
um den Feind anzugreifen, oder wurden auch mit Schimpf zurückgetrieben; und das
Volk wurde also eben so wohl durch seinen Widerstand, als durch seine Unterwerfung zu
Grunde gerichtet t). Die Engländer nahmen demnach, da es ihnen in ihrer Berathschlagung an Klugheit und Einmüthigkeit, und im Felde an Muth und Verschlagen-
heit fehlte, ihre Zuflucht zu dem vorigen schwachen Mittel, davon sie aus der Erfahrung
hätten wissen sollen, wie unwirksam es war; und boten den Dänen an, für eine große
Summe Geldes den Frieden von ihnen zu erkaufen. Diese Verwüster trieben ihre Foderungen immer höher, und verlangten itzt 24,000 Pfund, und die Engländer waren
so kleinmüthig und unvorsichtig, daß sie es sich gefallen ließen u). Der Abzug der Dänen gab ihnen eine kurze Frist zur Ruhe, welche sie so genossen, als wenn sie beständig
fortdauren würde, ohne einige nachdrückliche Zurüstungen zu machen, um sie bey ihrer
nächsten Wiederkunft besser zu empfangen.

Außer dem Empfange dieser Summe war noch ein anderer Umstand, der die Dänen verleitete, ein Königreich zu räumen, welches so wenig im Stande zu seyn schien,
ihren Kräften zu widerstehen; sie wurden von ihren Landsleuten in der Normandie eingeladen, welche damals von den Waffen Roberts, des Königs von Frankreich, sehr
geängstiget wurden, und es schwer fanden, den Sitz zu vertheidigen, den sie mit so
großem Vortheil für sich, und so vieler Ehre für ihre Nation, in diesem Lande erfochten hatten. Es ist auch wahrscheinlich, daß Ethelred, da er die genaue Verbindung
sah, welche alle Dänen mit einander unterhielten, so unterschieben sie auch nach ihrer
Regierung oder ihrer Lage waren, mit diesem mächtigen Volke gern in Allianz treten
wollte; und da er itzt ein Wittwer war, so hielt er in dieser Absicht um die Emma, die
Schwester Richard des Zweyten, des Herzogs von der Normandie an, und seine Unterhandlungen gewannen bald einen glücklichen Ausgang. Die Prinzeßinn kam in diesem Jahre nach England über, und wurde mit dem Ethelred vermählet x).

Am Ende des neunten, und im Anfange des zehnten Jahrhunderts, als der Nord   1001.
noch nicht erschöpft durch die Menge von Volk, oder vielmehr von Nationen, welche   Niederlassung
er nach einander ausgesandt hatte, ein neues Geschlecht nicht von Siegern, wie vorher,   der Norman-
sondern von Seeräubern und Verwüstern, ausgoß, die das Land angriffen, welches   ner.
seine vormals kriegerischen Söhne besaßen; lebte in Dännemark ein kleiner Prinz oder
Schief-

---

s) *H. Humph.* 153. *Hoveden* S. 429. *Chron.*   a) *Hoveden* S. 429. *Chron. Mailr.* S.
Mailr. S. 153. *Brompton.* S. 882.   153. *Simeon Dunelm.* S. 164. *Dicero* S. 461.
t) *Chron. Sax.* S. 129. 130. *W. Malm.* S.
63. *Hoveden* S. 429. *Higden* S. 271. *Sim.*   x) *H. Hunting.* S. 359. *Higden.* S. 271.
Dunelm. S. 164.

Hume Gesch. v. Großbr. III. Theil.   M

Schieftain, mit Namen Rollo, der sich durch seine Tapferkeit und Fähigkeiten bald die
1001. Aufmerksamkeit seiner Landsleute zuzog. Er war in seiner Jugend der Eifersucht des
Königs von Dännemark ausgesetzt gewesen, welcher sein kleines, aber unabhängiges
Fürstenthum angriff; da diesem jeder Versuch fehlschlug, so bediente er sich einer Treulosigkeit, um das auszurichten, was er mit Gewalt der Waffen umsonst versucht hatte y); er machte den Rollo durch einen hinterlistigen Frieden sicher; fiel dann plötzlich
über ihn her, ermordete seinen Bruder, und seine tapfersten Officiers, und zwang ihn,
seine Sicherheit in Scandinavien zu suchen. Hier stellten sich viele von seinen alten
Unterthanen, theils von der Liebe zu ihren Prinzen, theils von der Unterdrückung des
dänischen Monarchen getrieben, bey seiner Fahne ein, und erbothen sich, ihm in jeder
Unternehmung zu folgen. Anstatt daß Rollo den Anschlag fassen sollen, sein väterliches
Gebiethe wieder zu erobern, wobey er von den Dänen einen tapfern Widerstand vermuthen mußten, entschloß er sich zu einem leichtern, aber wichtigern Unternehmen, und
wollte sein Glück so, wie seine Landsleute, durch Räubereyen auf den reichern und südlichern Küsten von Europa machen. Er sammelte ein Corps von Truppen, welches,
wie das Corps aller dieser Verheerer, aus Norwegen, Schweden, Friesen, Dänen
und Landstreichern von allen Nationen bestund, die zu einem herumschwärmenden unruhigen Leben gewöhnt waren, und bloß an Krieg und Räubereyen ihr Vergnügen fanden.
Sein Ruf zog ihm aus allen Gegenden Gefährten zu; und eine Erscheinung, welche er
im Traume gesehen haben wollte, und welche, seiner Auslegung nach, ihm das größte
Glück andeutete, wurde auch bey diesem unwissenden und abergläubischen Volke ein
mächtiger Trieb z).

Den ersten Versuch that Rollo auf England, gegen das Ende der Regierung des
Alfred; als dieser große Monarch den Guthrun und seine Anhänger in Ostangeln, und
andre von diesen Freybeutern in Northumberland niedergesetzet, und durch den Frieden,
den er seinem Lande wieder gegeben, die vortrefflichsten Verfügungen, sowohl
im Kriege, als im bürgerlichen Leben eingeführet hatte. Da der kluge Däne sah, daß
er über ein solches Volk, welches von einem solchen Prinzen beherrschet wurde, keine
Vortheile gewinnen konnte; so wandte er seine Unternehmungen bald gegen Frankreich,
wo er gegen seinen Angriff mehr Blöße fand a); und begieng unter den Regierungen
des Eudes, eines Usurpateurs, und Carls des Einfältigen, eines schwachen Prinzen,
die verderblichsten Verwüstungen sowohl mitten im Lande, als in den am Meer belege-
nen Provinzen dieses Reichs. Die Franzosen wußten keine Mittel, sich wider einen
Schieftain zu vertheidigen, welcher alle Tapferkeit seiner Landesleute mit der Policey
civilisirter Nationen verband, waren gezwungen, zu dem Mittel zu greifen, was Alfred ergriffen hatte, und den Angreifern einen Sitz in denen Provinzen anzubieten, welche sie durch Waffen entvölkert hatten b).

Die

y) *Dudo* ex Edit. *Duchesne*, S. 70, 71.   a) *Gul. Gemet.* lib. 2. Cap. 6.
Gul. Gemeticensis, Lib. 2 cap. 2, 3.
z) *Dudo*, S. 71. *Gul. Gem.* in epist. ad   b) *Dudf.* S. 82.
Gul. Cuig.

Geschichte von England. Kap. III.

Die Ursache, warum die Dänen viele Jahre noch einander ganz andre Maasregeln hatten, als die Gothen, Vandalen, Franken, Burgundier, Longobarden, und andre nordische Eroberer, war der große Unterschied in der Art und Weise anzugreifen, welche diese verschiedene Nationen ausübten, und wozu die Beschaffenheit ihrer besondern Lagen sie nothwendig nöthigten. Die letzten Stämme thaten, weil sie mitten im Lande lebten, zu Lande Einfälle in das römische Reich; und wenn sie sich über die Gränzen entfernten, so mußten sie ihre Weiber und Familien mitnehmen, die sie nicht so bald hoffen konnten, wieder zu sehen; und die sonst ihre Beute mit ihnen nicht hätten theilen können. Dieser Umstand brachte sie bald auf andre Gedanken, sich in denen Provinzen, die sie überschwemmt hatten, mit Gewalt einen Sitz zu verschaffen; und indem sich diese Barbaren über das Land ausbreiteten, fanden sie ihr Interesse dabey, dasjenige Volk, welches sie überwunden, in seinem Eigenthume und Fleiße zu schützen. Aber die Dänen und Norweger hatten durch Anweisung ihrer Lage an der See, und da sie sich in ihrem unbebauten Lande durch den Fischfang ernähren mußten, einige Erfahrung in der Schiffahrt erlangt; und folgten, in ihren kriegerischen Streifereyen, derjenigen Methode, welche die frühern Sachsen wider das römische Reich ausgeübt hatten. Sie thaten in kleinen Corps aus ihren Schiffen, oder vielmehr Böten, Landungen, plünderten die Küsten, und kehrten mit der Beute zu ihren Familien zurück, welche sie zu diesen wagelichen Unternehmungen nicht bequem mitnehmen konnten. Wenn sie aber ihre Ausrüstungen zur See vergrößerten, in die innern Länder Einfälle thaten, und es sicher fanden, sich mitten unter ihren Feinden länger aufzuhalten, so hatten sie die Gewohnheit gehabt, ihre Schiffe mit ihren Weibern und Kindern zu besetzen; und da sie alsdann keine weitere Versuchung hatten, in ihr eignes Land zurück zu kehren, bedienten sie sich gern der Gelegenheit, sich in warmen Himmelsgegenden, und in bebauten Feldern der südlichen Länder niederzulassen.

So stunden auch die Sachen des Rollo und seiner Gefährten, als Carl den Vorschlag that, ihnen die Provinz zu überlassen, welche vormals Neustria genannt wurde, und den Frieden auf diese harte Bedingung von ihnen erkaufte. Nachdem alle Bedingungen völlig ausgemacht waren, kam dem hochmüthigen Dänen nur ein Umstand anstößig vor: er sollte dem Carl für seine Provinz huldigen, und sich der demüthigen Stellung unterziehen, welche die Gebräuche des Feudalrechts den Vasallen auflegten. Er wollte sich dieser Unanständigkeit lange nicht unterziehen; weil er aber doch auch nicht gern so wichtige Vortheile um einer bloßen Ceremonie willen verlieren wollte, so opferte er seinen Stolz seinem Interesse auf, und erkannte sich in Form für den Vasallen des französischen Monarchen c). Carl gab ihm seine Tochter Gisela zur Gemahlinn; und damit er ihn mit seinem Interesse desto vester verbinden möchte, schenkte er ihm, nachdem, was er ihm nach den ausgemachten Bedingungen geben mußte, noch ein großes Stück Landes. Als einige von den französischen Edelleuten dem Rollo sagten, man erwarte, daß er sich aus Dankbarkeit für ein so großmüthiges Geschenk dem König zu Füßen zu werfen, und ihm für seine Gnade gehörig danken würde; so antwortete Rollo: lieber wollte ich den ganzen Tractat aufheben; und sie konnten ihn kaum bereden, daß er dieses Compliment durch einen seiner Hauptleute verrichten ließ. Der hie-

c) *Ypod. Neustr.* S. 417.

92 Geschichte von England. Kap. III.

1001. zu bevollmächtigte Däne, voll Zorn über den Befehl, und voll Verachtung gegen einen so unkriegerischen Prinzen, faßte den Carl beym Fuße, that, als wenn er ihn zum Munde führen wollte, um ihn zu küssen, und warf ihn in Beyseyn aller Hofleute über den Haufen. Die französische Nation, welche ihre gegenwärtige Schwäche fühlte, fand es für klug, diese Beschimpfung zu übersehen d).

Rollo, der sich itzt in den abnehmenden Jahren seines Lebens befand, und der Kriege und Räubereyen müde war, wandte seine reiflichen Sorgen auf die Einrichtung seines neu erworbenen Landes, welches von der Zeit an die Normandie genannt wurde; und theilte es unter seinen Capitainen und Gefährten aus. Er folgte in dieser Theilung den Gewohnheiten des Feudalgesetzes, welches damals überall in den südlichen Ländern von Europa eingeführet war, und welches sich zu den besondern Umständen dieser Zeiten schickte. Er begegnete den französischen Unterthanen, die sich ihm unterwarfen, milde und gerecht; er hielt seine alte Gefährten von ihrer Wildheit und Gewaltthätigkeit ab; er führte in seinem ganzen Staate Gesetze und Ordnung ein; und nachdem er sein Leben in Tumulten und Verheerungen zugebracht hatte, starb er ruhig in einem hohen Alter, und hinterließ seine Gebiete seiner Nachkommenschaft e).

Wilhelm der Erste, der ihm folgte, regierte das Herzogthum fünf und zwanzig Jahre lang; und in dieser Zeit waren die Normänner gänzlich unter die Franzosen gemischt, hatten ihre Sprache gelernt, hatten ihre Sitten angenommen, und hatten es in der Cultur so weit gebracht, daß bey dem Tode Wilhelms, sein Sohn Richard, ob er gleich minderjährig war f), seine Gebiete erbte: ein gewisser Beweis, daß die Normänner in bürgerlichen Sitten schon weit gekommen waren, und daß ihre Regierung itzt auf ihren Gesetzen und bürgerlichen Verfassungen ruhen konnte, und nicht gänzlich durch die Fähigkeiten des Regenten unterstützt wurde. Nach einer langen Regierung von vier und funfzig Jahren hatte Richard seinen Sohn von gleichem Namen zum Nachfolger im Jahr 996 g); welches fünf und achtzig Jahr nach der Zeit geschah, wo sich die Normänner zuerst in Frankreich niedergelassen hatten. Dieser war der Herzog, welcher seine Schwester Emma dem Könige von England, Ethelred, zur Gemahlin gab, und sich dadurch Verbindungen mit einem Lande verschaffte, welches zu bezwingen so bald hernach seine Nachkommenschaft bestimmt war.

Die Dänen hatten sich in England schon eine längere Zeit niedergelassen, als in Frankreich; und obgleich die Aehnlichkeit ihrer Muttersprache mit der sächsischen eine frühere Vereinigung mit den Eingebohrnen hätte veranlassen sollen, so hatten sie doch noch so wenige Exempel feiner Sitten unter den Engländern gefunden, daß sie ihre ganze alte Wildheit behielten, und sich allein auf den Nationalcharakter ihrer Tapferkeit im Kriege etwas dünkten. Sowohl die neuen, als die ältern Thaten ihrer Landsleute unterstützten diese Gedanken; und die englischen Prinzen, vornehmlich Athelstan und Edgar, welche diesen Vorzug erkannten, pflegten Corps von dänischen Truppen in Sold
zu

---

d) *Gul. Gemet.* lib. 2. cap. 17.

e) *Gul. Gemet.* lib. 2. cap. 19. 20. 21.

f) *Order. Vitalis.* S. 459. *Gul. Gemet.* lib. 4. Cap. 1.

g) *Order. Vitalis.* S. 459.

Geschichte von England. Kap. III.

zu halten, welche auf dem Lande im Quartiere lagen, und viele Gewaltthaten an den Einwohnern begiengen. Diese besoldeten Truppen hatten es, nach dem Ausspruche der alten englischen Schriftsteller h), in der Üppigkeit so weit gebracht, daß sie einmal des Tages ihr Haar kämmten, sich einmal in der Woche badeten, und oft ihre Kleider veränderten; und durch alle diese Künste der Weichlichkeit, ingleichen durch ihre Tapferkeit, machten sie sich bey dem schönen Geschlechte so beliebt, daß sie die Weiber und Töchter der Engländer beschliefen, und viele Familien entehrten. Was aber die Einwohner am meisten verdroß, anstatt sie gegen auswärtige Angreifer zu schützen, waren sie immer bereit, sie den auswärtigen Dänen zu verrathen, und sich immer mit den streifenden Parteyen der Nation zu verbinden. Die Feindseligkeit unter den Einwohnern von England, und den dänischen Geschlechtern, war durch diese wiederholte Beleidigungen sehr hoch gestiegen; als Ethelred, aus einer Staatsklugheit, wozu schwache Prinzen geneigt sind, den grausamen Entschluß faßte, die leztern in allen seinen Gebiethen nieder machen zu lassen i). Es wurden geheime Befehle ausgefertiget, die Hinrichtung allenthalben an einem Tage anzufangen; und es wurde dazu der Festtag St. Brice, der auf einen Sonntag fiel, ein Tag, woran die Dänen sich gemeiniglich zu baden pflegten, angesehet. Es ist unnöthig, daß wir hier die Nachrichten wiederholen, welche uns von der Barbarey dieses Blutbades hinterlassen sind: die Wut des Pöbels, welche durch so viele Beleidigung erweckt, durch Beyspiele angespornt wurde, machte unter Schuld und Unschuld keinen Unterschied, verschonte keines Geschlechts, und keines Alters, und ließ sich nicht ohne Martern, und ohne den Tod der unglücklichen Schlachtopfer sättigen k). Selbst Gunilda, die Schwester des Königs von Dännemark, welche den Grafen Paling geheyrathet, und die christliche Religion angenommen hatte, wurde auf den Rath des Edric, Grafen von Wilts, ergriffen, und auf Befehl des Königs zum Tode verurtheilt, nachdem ihr Gemahl, und ihre Kinder vor ihren Augen waren niedergemacht worden. Die unglückliche Prinzessinn weissagte in der Angst ihrer Verzweiflung, daß ihr Mord bald durch den Untergang der englischen Nation würde gerächet werden l).

1001.

1002. den 13ten November.

M 3 Keins

h) *Wallingford.* S. 547.
i) Fast alle Geschichtschreiber reden von diesem Morde der Dänen, als wenn er allgemein gewesen, und als wenn jedermann von dieser Nation in ganz England wäre getödtet worden. Aber die Dänen waren in den Königreichen Northumberland und Ostangeln fast die einzigen Einwohner, und waren auch in Mercia sehr zahlreich: diese Vorstellung der Sache ist dennach durchaus unmöglich. Es müßte ein großer Widerstand geschehen, und gewaltsame Kriege erfolgt seyn, welches doch nicht geschehen ist. Man muß diese Nachricht, welche uns Wallingford giebt, als eine unwahre gelten lassen, oder sie gleich allein auf

ne, ein müßiger, träger Mensch, welcher auf Kosten andrer Leute lebt, käme von der Aufführung der Dänen her, welche nieder gemacht wären. Aber die englischen Prinzen waren verschiedene Geschlechter hindurch völlige Herren gewesen; und wollten nur ein Kriegesheer von dieser Nation. Es scheinet daher wahrscheinlich zu seyn, daß es nur diese Dänen waren, welche getödtet wurden.

k) *W. Malmesb.* S. 64 *H Hunting.* S. 360 *H yeden.* S. 429 *Ihg. lu,* S. 272. Ab. b.u *Reval* S. 2. B o jun. S. 8. *Matth. West* J. 200. *Ypod Neust* S. 427.

l) *W. Malm.* S. 69.

94　　　　Geschichte von England.　Kap. III.

1003. Keine Prophezeihung ist richtiger erfüllet worden; und niemals ist eine barbarische Staatsklugheit, denen, die sie ausübten, schädlicher geworden. Swenn, und seine Dänen, welche nur einen Vorwand suchten, die Engländer anzugreifen, ließen sich an der westlichen Küste sehen, und droheten für den Mord ihrer Landleute eine völlige Rache zu nehmen. Exeter fiel zuerst in ihre Hände durch die Nachläßigkeit des Grafen Hugh, eines Normanns, welcher durch das Vorwort der Königinn Emma zum Gouverneur war gemacht worden m). Sie fiengen an, ihre Verwüstungen über das Land auszubreiten. Als die Engländer, welche wohl einsahen, was für Beleidigungen sie itzt von ihrem barbarischen und beleidigten Feinde erwarten müßten, zeitiger und in grösserer Anzahl zusammen kamen, als sonst, und sich das Ansehen gaben, als wenn sie einen tapfern Widerstand thun würden. Aber alle diese Zurüstungen wurden durch die Verrätherey des Herzogs Alfric vereitelt; ihm war das Commando anvertrauet, er stellte sich aber krank, und wollte die Armee nicht eher wider die Dänen aufführen, bis sie den Muth verlohren hatten, und zuletzt durch seine üble Anführung zerstreuet wurden n). Alfric starb bald hernach; und Edric, ein noch größerer Verräther, als er, welcher die Tochter des Königs geheirathet, und über ihm eine völlige Gewalt gewonnen hatte, bekam die Statthalterschaft des Alfric über Mercia, und wurde mit dem Commando über die englische Armee bekleidet o). Zu allem übrigen Elende der Einwohner kam noch eine grosse Hungersnoth, welche theils aus der schlimmen Witterung, theils aus dem Ver-
1007. fall des Ackerbaues entstund p). Das Land, verheeret von den Dänen, mitgenommen durch die fruchtlosen Feldzüge seiner eignen Truppen, lag in der äussersten Verwüstung; und ließ sich endlich den Schimpf gefallen, durch eine Summe von 30000 Pfund von seinem Feinde einen unsichern Frieden zu erkaufen q).

Die Engländer bemüheten sich in dieser Zwischenfrist Zurüstungen zu machen, wenn die Dänen etwa wieder kommen sollten, welches sie bald zu erwarten Ursache hatten. Es wurde ein Gesetz gegeben, daß ein jeder, welcher acht Hiden Land besäße, sich mit einem Reuter, und mit einer vollständigen Rüstung versehen sollte. Diejenigen, welche drey hundert und zehen Hiden besassen, sollten zur Vertheidigung der Küste ein Schiff ausrüsten r); Als diese Flotte versammlet wurde, welche gegen acht hundert Schiffe ausgemacht haben muß s), wurden alle Hoffnungen eines guten Ausschlages durch Factionen, Feindseligkeiten und Zwiespalt unter dem Adel vereitelt. Edric hatte seinen Bruder Brightric angetrieben, den Wolfnoth, Gouverneur von Sussex, den Vater des berühmten Grafen Godwin, wegen Verrätherey anzuklagen; und dieser Herr, dem die bösen Absichten sowohl, als die Macht seiner Feinde bekannt waren, fand kein ander Mittel, sich zu retten, als daß er mit zwanzig Schiffen zu den Dänen übergieng.

Brigh-

m) Chron. Sax. S. 133. H. Hunting. S. 360. Hoveden, S. 429. Sim. Dun. S. 165.
n) Chron. Sax. S. 133. H. Hunting. S. 360. Hoveden, S. 429. Chron. St. Petri de Burgo, S. 33. Sim. Dun. S. 165. Brompton, S. 886.
o) W. Malm. S. 63. Hoveden, S. 430. Chron. Mailr. S. 154.
p) Chron. Sax. S. 183. W. Malm. S. 63. H. Hunt. S. 360.

q) Chron. Sax. S. 136. W. Malm. S. 63. H. Hunt. S. 360. Hoveden, S. 430. Higden, S. 272.
r) Chron. Sax. 136. S. H. Hunt. S. 360. Hoveden, S. 430. Sim. Dun. S. 166. Brompton, S. 887. Matth. West. S. 198. Flor. Wigorn, S. 612.
s) Es waren 243, 600 Hyden in England. Folglich mußten 785 Schiffe ausgerüstet seyn. Die Reuterey betrug 30,450.

Geschichte von England. Kap. III.

Brighteric verfolgte ihn mit einer Flotte von achtzig Seegeln; weil aber seine Schiffe von einem Sturm zerstreuet wurden, und an der Küste strandeten, so wurde er plötzlich 1007. von dem Wolfnoth angegriffen, und alle seine Schiffe verbrannt und zu Grunde gerichtet t). Die Schwachheit des Königs war gar nicht geschickt, diesen üblen Fehler wieder gut zu machen: die Verrätherey des Edric verbarb jedweden Plan zu einer künftigen Vertheidigung u); Und endlich wurde die englische Flotte, nachdem ihr alles fehlgeschlagen war, muthlos und zertrennt, wieder in ihre Hafen zurück geworfen x).

Es ist unmöglich, und würde auch langweilig seyn, alles das Unglück besonders zu erzählen, was die Engländer von der Zeit an auszustehen hatten. Wir hören von nichts anders, als von Zerstören und Verbrennen der Städte, von Verwüstung des offenen Landes, von der Erscheinung des Feindes in allen Gegenden des Königreichs, von der grausamen Aemsigkeit, womit sie jeden Winkel aufsuchten, der von ihren vorigen Gewaltsamkeiten noch nicht zerstöret war. Die abgebrochene und unzusammengefügte Erzählung der alten Geschichtschreiber ist hier der Natur des Krieges sehr gemäß, welcher durch so plötzliche Einfälle geführet wurde, die so gar einem vereinigten und wohl beherrschten Reiche würden gefährlich gewesen seyn; aber da verderblich wurden, wo nichts, als eine allgemeine Bestürzung, wechselseitiges Mißtrauen und Zwietracht herrschte. Die Statthalter einer Provinz wegerten sich, zum Beystand der andern zu marschiren, und wurden zuletzt abgeschreckt, ihre Macht zur Vertheidigung ihrer eignen Provinz zu versammlen y). Es wurden allgemeine Rathsversammlungen zusammen berufen; aber es wurde entweder kein Entschluß gefaßt, oder keiner ausgeführet: und das einzige Mittel, wozu sich die Engländer verstunden, war das niederträchtige und unvernünftige, daß sie sich noch einmal von den Dänen für 48,000 Pfund den Frieden erkauften z).

Diese Maasregel verschaffte ihnen nicht einmal die kurze Frist von Ruhe, welche sie 1011. erwartet hatten. Die Dänen setzten alle ihre Verpflichtung aus den Augen, und fuhren mit ihren Verwüstungen und Feindseligkeiten fort; sie hoben eine neue Contribution von 8000 Pfund von der Grafschaft Kent allein; ermordeten den Erzbischof von Canterbury, weil er zu dieser Erpressung nicht hatte behülflich seyn wollen a), und der englische Adel fand keine andre Zuflucht, als daß er sich allenthalben dem dänischen Menschen unterwarf, ihm Gehorsam schwur, und für seine gute Aufführung Geißeln auslieferte b). Ethelred, der sich vor der Gewaltsamkeit des Feindes eben so sehr fürchtete, als vor der Treulosigkeit seiner eignen Unterthanen, floh in die Normandie, wohin er 1013. seine Gemahlin Emma, und seine beyden Söhne, Alfred und Eduard, schon voraus gesandt hatte c). Richard empfieng seine beyden unglücklichen Gäste mit einer Großmuth, welche seinem Andenken Ehre macht.

Der König war nicht über sechs Wochen in der Normandie gewesen, als er von 1014. dem Tode des Sweyn Nachricht erhielt, welcher zu Gainsborough starb, ehe er noch Zeit
hatte,

---

t) Chron. Sax. S. 137. W. Malm. S. 63.
Hoveden. S. 432 Sim. Dun. S. 165.
u) Hoveden. S. 431. Sim. Dun. S. 167.
W. Malm. S. 187.
x) H. Hunt S. 351.
y) Chron. Sax. S. 140.

2) Hoveden. S. 432. Chron. Mailr. S. 154.
Chron. St. Petri de Burgo. S. 35. Sim. Dun.
S. 169.
a) Chron. Sax. S. 142. Eadmer. S. 4.
b) Sim Dun. S. 169. 170.
c) Chron. Sax. S. 144. W. Malm. S. 70.

hatte, sich in seinem neu eroberten Lande vest zu setzen d). Die englischen Prälaten
1014. und Edelleute bedienten sich dieses Vorfalls, sandten Deputirte in die Normandie, bathen den Ethelred, zu ihnen herüber zu kommen, bezeugten ihm ihre Begierde, von einem eingebohrnen Prinzen wieder beherrscht zu werden, und erklärten ihm ihre Hoffnung,
da er itzt durch die Erfahrung besser unterrichtet wäre, so würde er auch alle die Fehler
vermeiden, welche ihm und seinem Volke so viel Unglück zugezogen hätten e). Aber
die schlechte Regierung des Ethelred war unheilbar; und als er die Regierung wieder annahm, zeigte er eben die Unfähigkeit, Nachläßigkeit, Leichtgläubigkeit und Feigheit,
welche ihn so oft den Beleidigungen seiner Feinde ausgesetzt hatten. Sein Schwiegersohn, Edric, behielt, unerachtet seiner häufigen Treulosigkeiten, einen so großen Einfluß am Hofe, daß er dem Könige gegen den Sigefert und Morcar, zween von den vornehmsten Edelleuten in Mercia, ein Mistrauen einflößte. Er lockte sie in sein Haus,
wo er sie ermordete f); und Ethelred machte sich dieser Schandthat mit schuldig, indem
er ihre Güter einzog, und die Wittwe des Sigefert ins Kloster stieß. Sie war eine
Frau von besonderer Schönheit und Verdiensten; und da der Prinz Edmond, des Königs ältester Sohn, sie in ihrer Gefangenschaft besuchte, flößte sie ihm eine so starke Liebe ein, daß er sie aus dem Kloster befreyte, und bald darauf, ohne Bewilligung seines
Vaters, heyrathete g).

Unterdessen fanden die Engländer in dem Canut, dem Sohn und Nachfolger des
Sween, einen eben so schrecklichen Feind, als der Prinz gewesen war, wovon der Tod
sie neulich erst befreyet hatte. Er verwüstete die östliche Küste mit unbarmherziger
Wuth, und setzte den Sandwich alle englische Geisseln an Land, nachdem er ihnen die
Hände und die Nasen abgeschnitten hatte h). Seine Angelegenheiten zwangen ihn,
eine Reise nach Dännemark zu thun; da er aber bald wieder zurück kam, setzte er seine
Verheerungen auf der südlichen Küste fort; brach so gar in die Grafschaften Dorset,
1015. Wilts, und Sommerset ein, wo unter dem Commando des Prinzen Edmond, und des
Herzogs Edric, eine Armee wider ihn auf die Beine gebracht wurde. Der letzte setzte
seine Treulosigkeit immer fort; und nachdem er sich unsonst bemühet hatte, den
Prinzen in seine Gewalt zu bekommen, fand er Mittel, die Armee zu zerstreuen, und
gieng darauf mit vierzig Schiffen öffentlich zu dem Canut über i).

Ungeachtet dieses Unglücks ließ Edmond den Muth doch nicht fahren; sondern
brachte die ganze Macht von England zusammen, und war im Stande, dem Feinde ein
Treffen zu liefern. Der König hatte so öftere Proben von der Treulosigkeit seiner Unterthanen gehabt, daß er alles Zutrauen zu ihnen verlohren hatte; und er blieb in London,
unter dem Vorwande einer Krankheit, in der That aber aus Furcht, daß sie die Absicht
haben möchten, ihn in die Hände der Feinde zu liefern, und sich so den Frieden zu erkaufen k). Die Armee rief laut um ihren König, daß er an ihrer Spitze den Dänen
entgegen marschiren möchte; und da er sich weigerte, ins Feld zu ziehen, wurde sie so
muth-

d) *Sim. Dun.* 170.
e) Chron. Sax. S. 145. *W. Malm.* S. 71. Hoveden. S. 434. *Higden.* S. 273. *Sim. Dun.* S.
171. *Diceto.* S. 476. *Alur. Beverl.* S. 115.
f) *W. Malm.* S. 71. *H. Hunt.* S. 363. Hoveden. S. 433. *Sim. Dun.* S. 171. Brompton,
S. 892. 893.

g) *W. Malm.* S. 71.
h) Chron. Sax. S. 145. *W. Malm.* S. 71.
Hoveden. S. 433. *Higden.* S. 273.
i) Chron. Sax. S. 145. *W. Malm.* S. 71. *H.
Hunt.* S. 162. Hoveden. S. 433.
k) *Sim. Dun.* S. 172. Brompton, S. 893.

Geschichte von England. Kap. III.

muthloß, daß alle diese großen Zurüstungen zur Vertheidigung des Königreichs nichts verschlugen¹). Da sich Edmond aller ordentlichen Mittel, seine Truppen zu unterhalten, beraubt sah, wurde er gezwungen, eben so zu verheeren, wie die Dänen ᵐ); und nachdem er einige vergebliche Züge ins Nördliche gethan hatte, welches sich gänzlich unter die Gewalt des Canuts ergeben, so zog er sich nach London zurück, und war entschlossen, den kleinen Ueberrest der englischen Freyheit hier bis auf den letzten Blutstropfen zu vertheidigen. Er fand hier, durch den Tod des Königs, welcher nach einer unglücklichen und unrühmlichen Regierung von fünf und dreyßig Jahren verstarb, alles in Unordnung. Er hinterließ zween Söhne von seiner ersten Ehe, den Edmond, der ihm in der Regierung folgte, und den Edwy, den Canut nachmals ermordete ⁿ). Seine beyden Söhne von der zweyten Ehe, Alfred und Edward, wurden gleich nach dem Tode des Ethelred von der Königinn Emma nach der Normandie gebracht.

1015.

1016.

Edmond Ironside.

Dieser Prinz, welcher den Namen Ironside (Eisenseite) von seiner kühnen Tapferkeit bekam, besaß Muth und Fähigkeiten genug, sein Vaterland zu erhalten, daß es nicht in dieses Elend versunken wäre; aber er war nicht fähig, es aus dem Abgrunde dem wieder aufzuheben, worein es bereits gesunken war. Bey dem übrigen Unglücke der Engländer hatte sich auch Treulosigkeit und Haß unter dem Adel, und den Prälaten eingeschlichen; und Edmond wußte kein besseres Mittel, den weitern Fortgang dieses verderblichen Uebels zu hemmen, als daß er seine Armee sogleich ins Feld führte, und gegen den gemeinschaftlichen Feind gebrauchte. Nachdem er bey Gillingham einiges Glück gehabt hatte ᵒ), schickte er sich an, in einer allgemeinen Schlacht das Schicksal der Krone zu entscheiden, und lieferte dem Feinde zu Scörsten in der Grafschaft Glocester, ein Treffen, worinn auf feindlicher Seite Canut und Edric das Commando führten. Das Glück erklärte sich beym Anfange des Tages für ihn; aber Edric schlug einem, mit Namen Osmar, den Kopf ab, steckte ihn auf einen Speer, trug ihn im Triumph durch die Glieder, und rief den Engländern laut zu, es wäre Zeit, daß sie die Flucht nähmen, denn hier wäre der Kopf ihres Königs ᵖ), und obgleich Edmond, da er die Bestürzung seiner Truppen sah, seinen Helm abnahm q), und sich ihnen zeigte, so konnte er doch durch seine Thätigkeit und Tapferkeit nichts mehr ausrichten, als den Sieg unentschieden zu lassen. Edric erwählte itzt ein sicheres Mittel, ihn zu Grunde zu richten, indem er sich stellte, als wenn er zu ihm übergienge; und weil dem Edmond seine Macht wohl bekannt war, und er auch vermuthlich unter dem vornehmsten Adel keinen kannte, auf den er mehr Zutrauen setzen könnte, so fand er sich gezwungen, ihm, seiner öftern Treulosigkeit ungeachtet, ein wichtiges Commando in der Armee zu geben ʳ). Bald darauf erfolgte zu Assington in Essex eine Schlacht; wo

Edric

1) Chron. Sax. S. 147. *Hoveden*, S. 434. *Sim. Dun.* S. 172.
m) Chron. Sax. S. 14. *Hoveden*, S. 434.
n) *Hoveden*, S. 426. Chron Malt. S. 155.
o) *W Malm* S. 72. H. Hunt. S. 203. *Hoveden*, S. 434. *Higden*, S. 273.

p) *W. Malmesf.* S. 72. *Hoveden*, S. 435. *Higden*, S. 273.
q) *W. Malm.* S. 72.
r) *W. Malm.* S. 72. *Hoveden*, S. 435.

Edric gleich anfangs flüchtete, und dadurch eine gänzliche Niederlage der Engländer verursachte, woben viele vom Adel niedergemacht wurden s). Der unermüdete Edmond fand dennoch eine Zuflucht. Er brachte zu Glocester eine neue Armee zusammen, und war wieder im Stande, dem Feinde das Feld streitig zu machen; als der dänische und englische Adel, welcher dieser Unruhen gleich müde war, die Könige zwang, einen Vergleich zu treffen, und das Reich durch einen Tractat unter sich zu theilen. Canut behielt den nördlichen Theil, Mercia, Ostangeln und Northumberland, welches er gänzlich unter sich gebracht hatte; die südlichen Theile wurden dem Edmond gelassen t). Dieser Prinz überlebte den Tractat ungefähr einen Monat; und wurde zu Oxford von zweyen seiner Kammerherren, (Gelittern des Edric, ermordet u), welche dadurch dem dänischen Canut den Weg zur Krone von England eröffneten.

Canut der Große.

1017. Die Engländer, welche unter einem so thätigen und tapfern Prinzen, wie Edmond war, ihr Land nicht hatten vertheidigen, und ihre Unabhängigkeit nicht hatten behaupten können, konnten, nach seinem Tode, von dem Canut nichts anders erwarten, als eine gänzliche Unterwerfung, da er selbst thätig und tapfer war, sich an der Spitze einer grossen Macht befand, und in Bereitschaft war, sich der Minderjährigkeit des Edwy und Eduards, der beyden Söhne des Edmond, zu Nutze zu machen. Doch bezeigte sich dieser Eroberer, der sich sonst so wenig Bedenken machte, besorgt, wie er seine Ungerechtigkeit unter scheinbaren Vormünden verbergen möchte; und ehe er das Gebiethe der englischen Prinzen angriff, ließ er eine allgemeine Versammlung der Stände von England zusammen kommen, um die Thronfolge in dem Reiche zu bestimmen. Hier hatte er einige Edelleute bestellt, welche aussagen mußten, daß in dem Tractat zu Glocester verabredet wäre, wenn Edmond stürbe, so sollte entweder Canut der Nachfolger in seinem Reiche, oder der Vormund seiner Kinder seyn x): (denn die Geschichtschreiber sind in diesem Stücke nicht einig) und diese Aussage, welche von der grossen Macht des Canut unterstützet wurde, bestimmte die Stände, sogleich den dänischen Monarchen in Besitz der Regierung zu setzen. Canut, eifersüchtig auf die beyden jungen Prinzen, sah doch wohl ein, wie sehr verhaßt er sich machen würde, wenn er sie in England umbringen liesse, schickte sie zu seinem Alliirten, dem König von Schweden, und bath ihn, so bald sie an seinen Hof kämen, ihn durch ihren Tod aller weitern Bekümmerniß zu überheben. Der schwedische Monarch war zu großmüthig, diese Bitte zu erfüllen, weil er sich aber fürchtete, daß er sich einen Streit mit dem Canut zuziehen möchte, wenn er die englischen Prinzen in Schutz nähme; so sandte er sie zu dem Solomon, Könige von Ungarn, um sie an seinem Hofe erziehen zu lassen y). Edwy der Aeltere wurde nachmals mit der Schwester des Solomon verheyrathet, da er aber ohne Erben starb,

s) W. Malm. S. 72. Hoveden, S. 435. Higden, S. 274. Wallinford, S. 549.
t) W. Malm. S. 72.
u) H. Hunt S. 363. Higden, P. 274. Chron. St. Petri de Burgo, S. 36. Diceto, S. 466. Brompton, S. 906.

x) Hoveden, S. 435. Higden, S. 274. Sim. Dun. S. 175. Abbas Rieval, S. 365. Brompton, S. 907.
y) W. Malmesf. S. 73. Hoveden, S. 436. Chron. Mailr. M. Higden, S. 273. Sim. Dun. S. 176. Diceto, S. 456.

starb, gab dieser König seine Halbschwester, Agatha, eine Tochter des Kaisers Heinrich des Zweyten, dem jüngern Bruder Eduard zur Gemahlinn; und sie gebahr ihm den Edgar Atheling, Margaretha, nachmalige Königinn von Schottland, und Christina, welche sich in ein Kloster begab.

1017.

Obgleich Canut die Hauptsache, wornach sein Ehrgeiz gestrebt, erhalten hatte, nämlich die Krone von England; so mußte er doch anfänglich derselben viel aufopfern; und den vornehmsten Adel dadurch zufrieden stellen, daß er ihnen große Gouvernements und Gerichtsbarkeiten einräumte. Er ernannte den Churkill zum Grafen, oder Herzog von Ostangeln; (denn diese Titel bedeuteten beynahe einerley) den Yric von Northumberland, und den Edric von Mercia, und behielt sich allein die Regierung über Essex vor [z]). Nachmals aber ergrif er eine günstige Gelegenheit, den Churkill und Yric aus ihren Statthalterschaften zu vertreiben, und verbannte sie aus dem Reiche [a]). Er ließ viele von dem englischen Adel ermorden, auf dessen Treue er sich nicht verlassen konnte, und welche er wegen ihrer Treulosigkeit gegen ihren eignen Herrn haßte [b]): und verurtheilte so gar den Verräther Edric, da er die Vermessenheit besaß, ihm seine Dienste vorzuwerfen, daß er hingerichtet, und sein Körper in die Themse geworfen werden sollte; eine verdiente Belohnung für seine vielfältigen Treulosigkeiten und Empörungen [c])!

Canut sah sich auch gezwungen, im Anfange seiner Regierung sein Volk mit schweren Auflagen zu belasten, um seine Dänen, die er bey sich hatte, zu belohnen. Er foderte von demselben zu einer Zeit die Summe von 72,000 Pfund; ausser 11,000 Pfund, welche er von London allein hob [d]). Vermuthlich wollte er aus politischen Bewegungsgründen diese Stadt hart am Gelde strafen, weil sie dem Edmond so sehr angehangen, und unter der vorigen Regierung in zwoen hartnäckigen Belagerungen der dänischen Macht widerstanden hatte [e]). Aber diese Härte schrieb man der Nothwendigkeit zu; und Canut war, wie ein weiser Prinz, entschlossen, dem englischen Volke, welches itzt aller seiner gefährlichen Anführer beraubt war, das dänische Joch durch die Gerechtigkeit und Billigkeit seiner Regierung erträglich zu machen [f]). Er sandte von seinen Gefährten so viele nach Dännemark, zurück, als er mit Sicherheit entbehren konnte: er stellte in einer allgemeinen Versammlung der Stände des Königreichs die sächsischen Gebräuche wieder her [g]): er machte unter den Dänen und Engländern in Handhabung der Gerechtigkeit keinen Unterschied [h]); und sorgte durch eine genaue Ausübung der Gesetze davor, das Leben und das Eigenthum aller seiner Völker zu schützen. Die Dänen wurden nach und nach seinen neuen Unterthanen einverleibt; und beyde freueten sich, daß sie von diesem vielfachen Elende, in welchem sowohl der eine, als der andre, in ihrem heftigen Kampfe um die Gewalt, so verderbliche Folgen gefunden hatten, einmal ein wenig ausruhen könnten.

Canut

z) Chron. Sax. S. 151. W. Malmesb. S. 73. Hoveden. S. 436. Higden. S. 274. Brompton, S. 906.
a) Hoveden. S. 437.
b) H. Hunt. S. 3/3 Abbas Rieval. S. 365.
c) W. Malm. S. 7. Hoveden. S. 436.
d) Chron. Sax. S. 151. H. Hunt. S. 363. Chron. St. Petri de Burgo. S. 37.
e) W. Malm. S. 72. In einer dieser Belagerungen leitete Canut die Themse ab, und brachte so seine Schiffe über die Brücke in London hinauf.
f) Ingulf. S. 58.
g) Chron. Sax. S. 151. Chron. Mailr. S. 155. Higden. S. 275.
h) W. Malmesb. S. 73.

1017. Canut sah die Entfernung der Kinder des Edmond in ein so entferntes Land, als Ungarn war, nächst ihrem Tode, für die größte Sicherheit seiner Regierung an; und er machte sich weiter keine Sorgen, als wegen dem Alfred und Eduard, welche von ihrem Onkel Richard, dem Herzoge von der Normandie, in Schuß genommen und unterstützet wurden. Richard sandte sogar eine starke Flotte aus, um die englischen Prinzen wieder auf den Thron ihrer Vorfahren zu setzen; und obgleich die Flotte durch einen Sturm zerstreuet wurde, so sah doch Canut die Gefahr, der er durch die Feindschaft eines so kriegerischen Volks, als die Normänner wären, ausgesetzet war. Um sich die Freundschaft dieses Herzogs zu erwerben, sprach er die Königinn Emma, die Schwester dieses Prinzen an, und versprach, daß er die Kinder, welche er in dieser Ehe zeugen würde, in den Besitz der Krone von England setzen wollte. Richard ließ sich seinen Vorschlag gefallen, und sandte die Emma nach England über, wo sie bald darauf mit dem Canut vermählt wurde i). Zwar mißbilligten es die Engländer, daß sie den tödtlichen Feind ihres ersten Gemahls und ihrer Familie heyrathete; doch freuten sie sich, am Hofe einen König zu finden, zu dem sie schon gewöhnt waren, und der bereits mit ihnen Verbindungen gemacht hatte; und auf diese Weise sicherte Canut nicht nur durch diese Heyrath seine Allianz mit der Normandie, sondern erwarb sich auch das Zutrauen seines eignen Volks k). Der normännische Prinz überlebte die Vermählung der Emma nicht lange; und ließ das Erbe seines Herzogthums seinem ältesten Sohne gleiches Namens; da dieser ein Jahr nach ihm ohne Kinder starb, so folgte ihm sein Bruder, Robert, ein tapferer und fähiger Herr.

Nachdem Canut seine Macht in England so vest gesetzet hatte, daß keine Staatsveränderung zu befürchten war, that er eine Reise nach Dännemark, wo der König von Schweden ihn angegriffen hatte; und nahm ein großes Corps von Engländern mit, unter dem Commando des Grafen Godwin. Dieser Herr fand hier Gelegenheit, dem König einen Dienst zu erzeigen, wodurch er die englische Nation beliebt machte, zugleich sich selbst die Freundschaft dieses Prinzen erwarb, und den Grund zu dem unermeßlichen Vermögen legte, welches er seiner Familie erwarb. Er hatte sein Standlager zunächst an dem schwedischen; und da er eine vortheilhafte Gelegenheit wahrnahm, welche er geschwind ergreifen mußte, griff er den Feind in der Nacht an, und trieb ihn aus seinen Verschanzungen, brachte ihn in Unordnung, verfolgte seinen Vortheil, und gewann einen entscheidenden Sieg über ihn. Als Canut den folgenden Morgen das englische Lager gänzlich verlassen sah, glaubte er, daß diese übelgesinnte Truppen zu dem Feinde übergegangen wären; und wurde auf eine angenehme Art überrascht, als er hörte, daß sie eben itzt die geschlagnen Schweden verfolgten l). Dieser glückliche Ausschlag, und die Art, wie er erhalten war, gefiel ihm so sehr, daß er dem Godwin seine Tochter zur Gemahlinn gab, und ihm nachmals beständig ein gänzliches Vertrauen und die größte Achtung bey ies.

1028. Auf einer andern Reise, welche Canut nachmals nach Dännemark that, griff er Norwegen an, und vertrieb den gerechten, aber unkriegerischen Olaus aus seinem Reiche, welches er im Besitz behielt, bis dieser Prinz starb m). Er hatte nun durch seine Eroberungen,

i) Chron. Sax S. 151. W Malm S. 73.
k) W. M. loc — 3 Higden. S. 275
l) W. M. in S. 71 l. Hunt - .65. Higden, S. 275. Bromp. S. 9. W. M. West. S. 207.

m) Chron. Sax. S. 153. H Hunt. S. 364 Hoveden S. 57. Chron. Mailr. S. 155. Chron. St. Petri de Burgo. S. 38.

Geschichte von England. Kap. II.

berungen und Tapferkeit das Aeußerste gewonnen, was sein Ehrgeiz verlangen konnte; und da er nun Zeit hatte, von Kriegen und Staatsränken auszuruhen, empfand er, wie wenig alle menschlichen Freuden befriedigen können. Müde der Ehre und der Mühsamkeiten des Lebens, fieng er an, seine Augen auf dasjenige künftige Daseyn zu wenden, welches die menschliche Seele, sie mag des Glückes satt, oder des Unglücks überdrüßig seyn, so gern zum Gegenstand ihrer Aufmerksamkeit zu machen pflegt. Zum Unglück gab der Geist, welcher in diesen Zeiten herrschte, seiner Andacht eine unrichtige Leitung, und anstatt, daß er denen eine Vergütung hätte machen sollen, welche er durch seine vormaligen Gewaltthaten gekränkt hatte; beschäfftigte er sich gänzlich mit denenjenigen Uebungen der Gottesfurcht, welche ihm die Mönche, als die verdienstlichsten vorstellten, er baute Kirchen, beschenkte die Klöster ⁿ), bereicherte die Geistlichen, und stiftete Gehalte für Meßkirchen zu Assington, und an andern Plätzen, wo er Messen für die Seelen derer lesen ließ, welche hier in einem Treffen wider ihn geblieben waren °): Er übernahm sogar eine Pilgrimschaft nach Rom ᵖ), wo er sich eine ziemlich lange Zeit aufhielt; und ausserdem, daß er von dem Pabste für eine englische Schule, die er daselbst errichten ließ, einige Freyheiten erhielt, beredete er auch alle Prinzen, durch deren Gebiethe er reißen mußte, die schweren Auflagen und Zölle nachzulassen, welche sie von den englischen Pilgrims zu nehmen pflegten ᵠ). Durch diesen Geist der Andacht erwarb er sich eben sowohl, als durch seine gelinde und politische Regierung, großer maßen die Liebe seiner Unterthanen.

Es konnte nicht fehlen, daß nicht dem Canut, welcher der größte und mächtigste Prinz der damaligen Zeit, König von Dännemark, Norwegen und England war, von seinen Höflingen nicht Schmeicheleyen gesagt werden sollten; ein Tribut, welcher sogar den kleinsten und schwächsten Prinzen entrichtet wird. Als einsmals einige von seinen Schmeichlern über seine Größe in Verwunderung ausbrachen, und rühmten, daß ihm alles möglich wäre, soll er beyohlen haben, daß man seinen Stuhl an die Seeküste setzte, als die Fluth kam; und indem das Wasser sich näherte, befahl er ihm zurück zu treten, und der Stimme desjenigen zu gehorchen, welcher der Herr des Oceans wäre. Er stellte sich, als wenn er eine Zeitlang auf den Gehorsam des Wassers wartete; als ihm aber die See immer näher kam, und schon anfieng, ihn mit ihren Wellen zu benetzen, wandte er sich zu seinen Hofleuten, und sagte ihnen, jede Creatur auf der Welt wäre schwach und ohnmächtig, und die Macht wohnte nur einem Wesen bey, welches alle Elemente in seinen Händen hätte, zu dem Ocean sagen könnte: So weit sollst du kommen, und nicht weiter! und mit einem Winke die hohen Gebäude des menschlichen Stolzes und Ehrgeizes dem Boden gleich machen könnte ʳ).

Die einzige merkwürdige That, welche Canut nach seiner Zurückkunft von Rom unternahm, war ein Feldzug wider den Malcolm, den König von Schottland ˢ). Unter der Regierung des Etheired war auf allen Ländereyen von England für jede Hide eine

1028.

1031.

R 3 Tare

n) Ingulf. S. 61.
o) W. Malm. S. 72. Diceto. S. 467.
p) Chron. Sax. S. 143. W. Hunt S. 364. Hoveden, S. 437. Ingulf. S. 59. Chron. Mailr. S. 155.

q) W. Malm. S. 74. 75. Hoveden. S. 427. Ingulf. S. 59. 60. Higden. S. 275. Sim Dun. S 178
r) Higden, S. 276. Brompton, S. 912 M. West. S. 209. Anglia Sacra Vol. 1. S. 232.
s) Chron. Sax. S. 153. 154

102 Geschichte von England. Kap. III.

1031. Taxe von einem Schilling aufgelegt, welches gemeiniglich Dänen-Geld genannt wurde, weil man das Geld gebrauchet hatte, entweder Frieden von den Dänen zu erkaufen, oder Zurüstungen wider die Angriffe dieser feindseligen Nation zu machen. Dieser Prinz hatte verlangt, daß die Länderyen von Cumberland, welche die Schottländer hatten, eben dieses Geld bezahlen sollten; aber Malcolm, ein kriegerischer Prinz, sagte ihm, da er immer im Stande wäre, die Dänen mit seiner eignen Macht zu vertreiben, so wäre er weder gesonnen, Frieden von seinen Feinden zu erkaufen, noch auch andern zu bezahlen, daß sie sich ihnen widersetzten. Ethelred, beleidiget durch diese Antwort, welche einen geheimen Vorwurf wider seine eigne Aufführung in sich faßte, übernahm einen Feldzug gegen Cumberland; und ob er gleich Verwüstungen auf dem Lande t) verübte, so konnte er doch den Malcolm niemals so weit bringen, daß er demüthiger wurde, oder seinen Willen that. Canut foderte, nach seiner Thronbesteigung, den König von Schottland vor sich, damit er sich für einen Vasallen wegen Cumberland gegen die Krone von England erkenne, aber Malcolm wollte es nicht thun; und wandte vor, diese Ehrerbietung wäre er nur denen Prinzen schuldig, welche dieses Königreich durch das Recht des Blutes erbeten. Canut war nicht der Herr, der diese Beschimpfung vertragen konnte; und der König von Schottland erfuhr bald, daß ihn ganz andre, als die schwachen Hände des unentschlossenen Ethelred ihr Zepter führten. Als Canut mit einer starken Armee an den Gränzen Malcolms erschien, machte dieser König aus, daß sein Enkel und Erbe Duncan, den er in Besitz von Cumberland setzte, die verlangte Unterthänigkeit verrichten, und daß sich die Erben von Schottland wegen dieser Provinz beständig für Vasallen von England erkennen sollten u).

Canut lebte nach diesem Unternehmen noch vier Jahr in Frieden, und starb zu Shaftesbury x); und hinterließ ten Söhnen, Harold, und Hanicanut. Swegn, den er aus seiner ersten Ehe mit der Alfeven, der Tochter des Grafen von Hampshire hatte, wurde in Norwegen gekrönt: Hardicanut, den Emma ihm gebohren hatte, behielt Dännemark. Harold, der mit dem Swegn von einer Mutter war, befand sich damals in England.

Harold Harefoot.

1035. Obgleich Canut in seinem Tractate mit dem Herzog Richard ausgemacht hatte, daß seine Kinder von der Emma zur Krone von England gelangen sollten; so hatte er doch entweder geglaubt, daß der Tod des Richard ihn von diesem Versprechen frey mache, oder es auch für gefährlich gehalten, ein noch unbevestigtes Reich in den Händen eines so jungen Prinzen zu lassen, als Hardicanut war; und deswegen ernannte er in seinem letzten Willen den Harold zum Thronfolger y). Ausserdem war dieser Prinz gegenwärtig, stund bey den Dänen in Gunst z); und nahm sogleich Besitz von seines Vaters Schätzen, welche ihm immer nützlich seyn konnten; er mochte es nun nöthig finden, zur Versicherung seiner Thronfolge sich der Gewalt, oder der List zu bedienen a).

Hardi-

t) Chron. Abb. St. Petri de Burgo. S. 33. Sim. Dun. S. 164. Flor. Wigorn. 610.
u) W. Malmes. S. 74.
x) Chron. Sax. S. 154. W. Malm. S. 76.

y) Hoveden, S. 437. Chron. Mailr. S. 156. Sim. Dun. 179.
z) Chron. Sax. S. 154. W. Malm. S. 76. H. Hunt. S. 364. Ingulf. S. 61. Higden. S. 276.
a) Hoveden, S. 438. Sim. Dun. S. 179.

Geschichte von England. Kap. III.

Hardicanut hingegen hatte die Stimme aller Engländer, welche ihn für ihren Landsmann ansahen, weil er von der Königinn Emma gebohren war; er hatte durch die Artickel des Tractats mit dem Herzog von der Normandie einen Vorzug; und was das Wichtigste war, der Graf Godwin, der mächtigste Edelmann im Reiche, vornehmlich in den Provinzen von Wesser, dem vornehmsten Sitze der alten Engländer, hatte sich seiner angenommen b). Die Sachen stunden so, daß sie in einen Bürgerkrieg ausbrechen wollten, als durch die Vermittelung des Adels von beyden Parteyen ein Vergleich getroffen wurde; und es wurde ausgemacht, daß Harold nebst Londen alle Provinzen nach der nördlichen Seite der Themse besitzen, und Hardicanut in Besitz der südlichen bleiben sollte: und bis dieser Prinz kommen, und seine Gebiethe in Besitz nehmen möchte, nahm Emma ihre Residenz zu Winchester, und fieng die Herrschaft über den Theil ihres Sohnes an c).

Unterdessen starb Robert, der Herzog von der Normandie auf einer Pilgrimschaft nach dem heiligen Lande, und da ihm ein noch minderjähriger Sohn in der Regierung folgte, so ergriffen die beyden englischen Prinzen, Alfred und Eduard, welche in diesem Lande nicht mehr Unterstützung und Schutz fanden, diese Gelegenheit, ihre Mutter Emma, welche in einem so mächtigen und prächtigen Zustande zu seyn schien, mit einem ansehnlichen Hofstaate zu besuchen. Aber die Sachen bekamen bald ein betrübteres Aussehen. Der Graf Godwin hatte sich durch die List des Harold gewinnen lassen, da er ihm Hoffnung machte, seine Tochter zu heyrathen; und da der Tractat noch ein Geheimniß war, machten diese beyden Tyrannen einen Entwurf, die englischen Prinzen umzubringen. Alfred wurde von dem Harold mit vielen Freundschaftsversicherungen nach Londen eingeladen; als er aber bis nach Guilford gekommen war, fielen die Vasallen des Godwin über ihn her, ermordeten gegen sechshundert von seinem Gefolge d) auf die grausamste Art, nahmen ihn selbst gefangen, stachen ihm die Augen aus, und brachten ihn in das Kloster von Ely, wo er bald nachher starb. Da Eduard und Emma vernahmen, was auf sie wartete, flüchteten sie über Meer, der erste in die Normandie, die andren nach Flandern e): und Harold nahm ohne Widerstand triumphirend durch seine blutdürstige Staatsklugheit Besitz von allen Gebiethen, die seinem Bruder bestimmet waren.

Dieses ist die einzige merkwürdige Handlung, welche dieser Prinz in einer Regierung von vier Jahren verrichtet hat: der von seinem Charakter eine so böse Probe gab, und dessen körperliche Eigenschaften uns bloß durch seinen Namen Harefoot bekannt sind, den er wegen seiner Behendigkeit im Laufen und Gehen bekam. Er starb den vierzehnten April 1029 f), sehr wenig von seinen Unterthanen bedauert, oder geschätzt, und ließ den Thron für seinen Bruder Hardicanut offen.

Hardi-

1035.

b) Chron. Sax. S. 151. W. Malm. S. 76.
Higden. S. 276 M. West. S. 209.
c) Chron. Sax. S. 154. H. Hunt. S. 364.
Ingulf. S. 61. Chron Mailr S. 1 6.
d H. Hunt. S. Ysed Neust. S. 4·4 Hoveden. S. 438 Chron Mailr 156 Higden. S. 277. Chron. St. Petri de Burgo S. 3. Sim.

Dun. S. 179 Abbas Rieval. S. 365. 374.
Brompton. S. 935 Gul Gemt Lib. 7. Cap. 11.
M. West. West. S. 20. Flor. Wigorn. S. 622.
Alur Beve l S. 118
e) Chron Sax S. 1·5. H. Malmes S. 76.
f) Chron. Sax. S. 155.

Hardicanut.

1039. Obgleich Hardicanut, das ist, Canut der Harte, oder der Starke (denn auch er ist wegen seiner körperlichen Vollkommenheiten bekannt,) weil er so lange in Dännemark blieb, seines Antheils in der Theilung des Königreichs beraubt war, so gab er doch seine Ansprüche nicht auf, und war entschlossen, vor dem Tode des Harold durch die Waffen das wieder zu gewinnen, was er entweder durch seine Nachläßigkeit, oder durch die Nothwendigkeit seiner Umstände verlohren hatte. Er hatte unter dem Vorwande, die verwittwete Königinn in Flandern zu besuchen, eine Flotte von sechzig Seegeln zusammen gebracht, und machte eben Anstalten zu einer Landung in England g); als die Nachricht von dem Tode seines Bruders ihn verleitete, gerades weges nach London zu seegeln, wo er im Triumph empfangen, und ohne Widerstand zum Könige ernannt wurde.

Die erste Handlung in der Regierung Hardicanuts gab den Engländern einen sehr schlechten Vorschmack von seiner künftigen Aufführung. Er war wider den Harold so erbittert, weil er ihn seines Antheils beraubt, und seinen Bruder Alfred ermordet hatte, daß er in seiner äussersten Rachbegierde gegen einen Todten seinen Körper aufgraben, und in die Themse werfen ließ; und da er von einigen Fischern gefunden, und in London wieder begraben wurde, ließ er ihn noch einmal aufgraben, und wieder in die Themse werfen: allein, er wurde zum zweytenmal aufgefischt, und sehr geheim begraben h). Godwin, der eben so knechtisch, als trotzig war, ließ sich so tief herab, in dieser unnatürlichen und viehischen Handlung sein Werkzeug zu seyn.

Dieser Edelmann wußte, daß jedermann ihn für einen Mitschuldigen an dem Tode des Alfred hielt, und daß er deswegen von dem Könige viel zu befürchten hätte; und vielleicht glaubte er, daß er sich von aller Theilnehmung an den Anschlägen des Harold rechtfertigen würde, wenn er gegen das Andenken desselben seine Wuth ausließe. Aber da der Prinz Eduard, auf Einladung des Königs, seines Halbbruders i), herüber kam, klagte er sogleich den Godwin wegen des Mordes des Alfred an, und foderte wegen dieser barbarischen That Gerechtigkeit wider ihn. Godwin, um den König zu besänftigen, machte ihm ein kostbares Geschenk von einer Gallere mit einem vergüldeten Steuerruder, welche von vierzig Leuten gerudert wurde, davon jeder ein golden Armband, sechszehn Unzen schwer, trug, und aufs kostbarste bewaffnet und gekleidet war. Hardicanut fand an diesem Schauspiele ein solches Vergnügen, daß er den Mord seines Bruders bald vergaß; und den Godwin lossprechen ließ, da er schwur, daß er an der That unschuldig wäre k).

Obgleich Hardicanut vor seiner Thronbesteigung von den Engländern war hierüber gerufen worden, verlohr er doch bald durch seine üble Aufführung die Liebe der Nation. Nichts aber war ihr beschwerlicher, als daß er die Auflage des Dänengelds wieder erneuerte,

g) Hoveden, S. 422. Sim. Dun. S. 180.
h) W. Malm. S. 76. Hoveden, S. 425. Ingulf. S. 62. Chron. Maile. S. 156. Higden. S. 276. Chron. St. Petri de Burgo, S. 39. Sim. Dun. S. 180. Brompton, S. 933. Flor. Wigorn, S. 623.

i) Chron. Sax. S. 156. W. Malm. S. 76. H. Hunt. S. 365.
k) W. Malmes. S. 77. Hoveden, S. 439. Chron. St. Petri de Burgo, S. 39. Sim. Dun. S. 180.

neuerte, und sie zwang, der Flotte, welche ihn von Dännemark herüber gebracht hatte, eine große Geldsumme zu zahlen. Das Mißvergnügen wurde an einigen Orten sehr groß; 1039. und in Worchester stund der Pöbel auf, und tödtete zwey von denen, die das Geld sammleten¹). Der König, über diesen Widerstand erbittert, schwur, sich an der Stadt zu rächen, und befahl dreyen Herren, dem Godwin, Herzog von Wesser, dem Syward, Herzog von Northumberland, und dem Leofric, Herzoge von Mercia, seine Drohungen mit der äussersten Härte zu vollziehen. Sie sahen sich genöthiget, die Stadt in Brand zu stecken und von ihren Soldaten plündern zu lassen: aber sie verschonten das Leben der Einwohner, welche sie auf eine kleine Insel, Beverey genannt, brachten, bis sie den König besänftigen, und für die Supplicanten eine Gnade auswirken könnten ᵐ).

Diese gewaltsame Regierung war von sehr kurzer Dauer. Hardicanut starb innerhalb zwey Jahren nach seiner Thronbesteigung auf der Hochzeit eines dänischen Lords, welche er mit seiner Gegenwart beehrte ⁿ). Seine übliche Gewohnheit in der Unmäßigkeit und Schwelgerey war so bekannt, daß, seiner starken Leibesbeschaffenheit ungeachtet, sein plötzlicher Tod seine Unterthanen eben so wenig in Verwunderung setzte, als sie ihn bedauerten.

Eduard der Bekenner.

Die Engländer sahen bey dem Tode des Hardicanut eine vortheilhafte Gelegen- 1041. heit, ihre Freyheit wieder zu gewinnen, und das dänische Joch abzuwerfen, worunter sie lange geseufzet hatten. Sweyn, der König von Norwegen, und älteste Sohn des Canut, war nicht zugegen; und weil der letzte König ohne Erben verstorben war, so war von diesem Stamme niemand übrig, den die Dänen zum Nachfolger auf den Thron setzen konnten. Zum Glück war der Prinz Eduard am Hofe, als sein Bruder verstarb; und obgleich die Abkömmlinge des Edmond Ironside die rechten Erben der sächsischen Familie waren; so wurde doch ihre Entfernung in einem so weiten Lande, als Ungarn war, von einem Volke, das, wie die Engländer, so wenig gewohnt war, auf eine regelmäßige Ordnung der Thronfolge ihrer Monarchen zu sehen, für einen zureichenden Grund gehalten, sie auszuschließen. Aller Aufschub hätte gefährlich seyn können; und die gegenwärtige Gelegenheit mußte in der Eil ergriffen werden; da die Dänen, ohne Abrede genommen zu haben, ohne einen Anführer, über den gegenwärtigen Vorfall bestürzt, und nur für ihr eignes Leben besorgt, sich nicht unterstunden, der einmüthigen Stimme der ganzen Nation zu widersprechen.

Allein dieser Zusammenlauf von Umständen, welche den Eduard begünstigten, möchten noch vielleicht ihre Wirkung nicht gehabt haben, wenn sich Godwin, der durch seine Macht, seine Allianzen und Fähigkeiten zu allen Zeiten großen Einfluß hatte, und noch weit

nie, ͭͨ

l) *W. Malmesb.* S. 76. m) *Hoveden,* S. 439. *Higden* S. 276 *Sim. Dun.* S. 181.

n) *Hoveden,* S. 439 *Sim. Dun.* S. 181. *Flor. Wigorn.* S. 623.

1041. mehr bey solchen Eräugnungen, welche allemal mit einer Regierungsveränderung verbunden sind, und welche sehr viel entscheiden, wenn man sie ergreifet, oder vernachlässiget, seiner Thronfolge widerrig hätte. Es waren Umstände da, welche die Nation zwischen Furcht und Hoffnung ließen, was sie von der Aufführung des Godwin erwarten sollte. Eines Theils war dieser Herr vornehmlich in Wessex in Ansehen, welches fast gänzlich von Engländern bevölkert war; und man glaubte deswegen, daß er den Wünschen seines Volks beytreten, die sächsische Linie wieder einsetzen, und die Dänen, von welchen sowohl er, als sie, Ursache hatten, die härtesten Drückungen zu befürchten, wie sie denn dieselben schon gefühlet hatten, demüthigen würde. Andern Theils befand sich zwischen dem Eduard und Godwin eine erklärte Feindschaft wegen des ermordeten Alfred; einer That, deren der letzte von dem Prinzen öffentlich war beschuldiget worden, und welche er vielleicht für eine so harte Beschuldigung ansehen mochte, daß er sie ihm nimmer, wegen nachfolgender Verdienste, aufrichtig vergeben könnte. Aber hier schlugen sich ihre gemeinschaftlichen Freunde ins Mittel; sie stellten ihnen vor, wie nothwendig es wäre, daß sie in einem guten Vernehmen mit einander stünden, und beredeten sie, alles Mißtrauen und allen Groll bey Seite zu setzen; und einmüthig die Freyheit ihres Vaterlandes wieder herzustellen. Godwin bedung sich nur aus, daß Eduard, zu einer Versicherung seiner aufrichtigen Versöhnung, seine Tochter Editha o) zu heyrathen versprechen sollte; und da er sich durch diese Verbindung gestärket hatte, berief er zu Guillingham einen allgemeinen Nationalrath zusammen, und richtete alles in den Stand, dem Eduard die Thronfolge zu sichern. Die Engländer waren in ihren Entschließungen einmüthig und eifrig. Die Dänen waren muthloß und uneinig, ein kleiner Widerspruch, welcher sich in dieser Versammlung äußerte, wurde abgewiesen und unterdrückt; und Eduard wurde unter den größten Bezeugungen des Gehorsams und der Liebe zum Könige gekrönt p).

Der Triumph der Engländer über diesen großen und entscheidenden Vortheil war anfänglich mit einiger Gewaltsamkeit gegen die Dänen verbunden; aber der neue König machte den letztern durch die Sanftmuth seines Charakters seine Regierung bald angenehm, und nach und nach verschwand der Unterschied unter beyden Nationen. Sie lebten in den meisten Provinzen unter den Engländern; sie redeten beynahe eine Sprache, sie waren in ihren Sitten und Gesetzen wenig unterschieden; die Größe der einheimischen Zwistigkeiten in Dännemark verhinderte auf eine lange Zeit einen starken Einfall von daher q), welchen die Feindseligkeiten wieder hätte erwecken können; und weil die normännische Eroberung, die bald darauf erfolgte, beyde Nationen unter eine Herrschaft brachte, so finden wir bey unsern Geschichtschreibern keines weitern Zwistes unter ihnen gedacht. Inzwischen machte die Freude über die gegenwärtige Befreyung einen solchen Eindruck auf die Gemüther der Engländer, daß sie einen jährlichen Festtag wegen dieser großen

Wege-

---

o) *W. Malmesb.* S. 80. *H. Hunting.* S. 365. *Ingulf.* S. 62.

p) *W. Malmesb.* S. 80.

q) Im Jahr 1046. thaten die Dänen aus fünf und zwanzig Schiffen einen Einfall, und das ist der einzige, wovon wir lesen. *Chron. Sax.* S. 158. Der König Edward erließ die Taxe, das Danegelt genannt. *Brompton.* S. 942. *Chron. Dunstaple.* V. I. S. 18.

Begebenheit einsetzen, und dieser wurde in einigen Gesellschaften noch zu den Zeiten des Spellmann gefeyert r).

1041.

Die Liebe, welche Eduard bey seiner Thronbesteigung hatte, wurde durch die erste Verrichtung seiner Regierung nicht aufgehoben, da er alles wieder zurück nahm, was seine unmittelbaren Vorgänger verschenket hatten; ein Unternehmen, welches gemeiniglich die gefährlichsten Folgen nach sich ziehet. Die Armuth der Krone überzeugte die Nation, daß diese gewaltsame Handlung unumgänglich nothwendig geworden war; und weil der Verlust hauptsächlich auf die Dänen fiel, welche von den vorigen Königen, ihren Landsleuten, wegen ihrer Dienste, die sie ihnen bey der Eroberung des Königreichs geleistet hatten, grosse Geschenke bekommen hatten; so freuten sich die Engländer vielmehr, sie in ihre erste Armuth wieder zurück gesetzt zu sehen. Auch die Härte des Königs gegen seine Mutter, die verwitwete Königinn, wurde zwar etwas mehr getadelt; doch nicht sehr allgemein gemißbilliget. Er hatte bisher mit dieser Prinzeßinn in keinem besondern Vernehmen gestanden: er beschuldigte sie, daß sie ihn und seinen Bruder in ihrem Unglück nicht geachtet hätte s). Er sagte, so, wie die vorzüglichen Eigenschaften des Canut, und seine bessere Begegnung gegen sie t) das Andenken des Ethelred ihr ganz gleichgültig gemacht hätte; so hätte sie auch ihren Kindern von der zweyten Ehe den Vorzug gegeben, und den Hardicanut immer für ihren Liebling angesehen. Eben diese Ursachen hatten vermuthlich gemacht, daß sie in England nicht beliebt war; und ob sie sich gleich durch Wohlthaten gegen die Mönche die Gunst dieses Ordens erworben hatte, so war es doch der Nation überhaupt nicht unangenehm, sie von dem Eduard der grossen Reichthümer beraubt zu sehen, welche sie gesammlet hatte u). Er schloß sie auf ihr übriges Leben in ein Kloster zu Winchester ein; doch trieb er seine Härte gegen sie nicht weiter. Die Geschichte, daß er sie angeklagt haben soll, als wenn sie an der Ermordung Alfreds, ihres Sohns, Theil genommen, und mit dem Bischof von Winchester ein sträfliches Verständniß gehabt hätte; und ferner, daß sie sich gerechtfertiget, indem sie mit blossen Füßen über neun glüende Pflugschaaren gegangen sey, war die Erfindung der Geschichtschreiber unter den Mönchen, und wurde durch die alberne Verwunderung der Nachkommen fortgepflanzt und geglaubt x).

Die Engländer schmeichelten sich, daß sie durch die Thronbesteigung Eduards auf immer von der Herrschaft der Ausländer befreyet seyn würden; allein sie empfanden bald, daß dieses Uebel noch nicht gänzlich gehoben war. Der König war in der Normandie erzogen, und hatte mit vielen Eingebohrnen dieses Landes eine vertraute Freundschaft errichtet; auch liebte er ihre Sitten vorzüglich y). Der Hof von England wurde bald mit Normännern angefüllt, welche sowohl durch die Gunst des Eduard, als durch einen Grad der Hochachtung, welcher etwas grösser war, als gegen die Engländer, unterschieden wurden; und ihre Sprache, ihre Gebräuche und Gesetze bald in dem Reiche

O 2

mo-

r) *Spellm.* Glossar. in verbo *Hocday.*
s) Anglia sacra, Vol. 1. S. 237.
t) *W. Malmes.* S. 64. 80. *Brompton.* S. 906.
u) Chron. Sax. S. 157. *W. Malm.* S. 80. *Hoveden,* S. 439. *Hygden.* S. 277.
x) *Hygden.* S. 277.
y) *Ingulf.* S. 62.

modisch machten. Es wurde unter dem Volke sehr gemein, die französische Sprache zu
1041. erlernen. Die Hofleute ahmten diese Nation in ihrer Kleidung, ihrem Aufzuge,
ihren Wastereyen nach: sogar die Advocaten bedienten sich einer fremden Sprache in
ihren Aufsätzen und Schriften z): ja was noch mehr ist, die Kirche empfand den Einfluß und die Herrschaft dieser Fremdlinge. Ulf und Wilhelm, zwey Normänner,
welche vordem des Königs Capellane gewesen waren, wurden zu Bischöfen von Dorchester und London ernannt. Robert wurde zu dem bischöflichen Sitz von Canterbury erhoben a), und stund beständig bey seinem Herrn in der größten Gnade, welche er denn
auch durch seine Fähigkeiten verdiente. Und obgleich der König, entweder aus Klugheit, oder aus Mangel an Macht, den Eingebohrnen meist alle Aemter im Civil- und
Kriegsstande gab, so fielen doch die Kirchenbedienungen oft den Normännern zu; und
weil die letztern das Vertrauen des Eduard besaßen; so hatten sie insgeheim einen grossen Einfluß über die Angelegenheiten des Publici, und erregten die Eifersucht ins besondere des Grafen Godwin b).

Dieser mächtige Herr hatte, außerdem, daß er Herzog oder Graf von Wessex war,
zu seinen Herrschaften noch die Grafschaften Kent und Sussex bekommen. Sein ältester Sohn, Swoyn, besaß eine gleiche Gewalt in den Grafschaften Orford, Berks,
Glocester und Hereford; und Harold, sein zweyter Sohn, war Herzog von Ostangeln,
und besaß dabey noch die Herrschaft von Essex c). Die übermäßige Gewalt dieser Familie wurde durch unermeßliche Güter und mächtige Alliantzen unterstützt; und sowohl
die Fähigkeiten, als der Ehrgeiz des Godwin selbst, machten dieselbe noch gefährlicher.
Ein Prinz von größerer Fähigkeit und Lebhaftigkeit, als Eduard, würde es schwer gefunden haben, die Würde der Krone unter solchen Umständen zu erhalten; und weil
Godwin oft aus Hochmuth die Ehrerbiethung vergaß, die er seinem Prinzen schuldig
war, so gründete sich Eduards Feindschaft gegen ihn sowohl auf persönliche als politische Betrachtungen, so wohl auf neue, als auf ältere Beleidigungen. Der König hatte,
nach seinem Versprechen, die Editha, die Tochter des Godwin d), wirklich geheyrathet; aber diese Vermählung wurde vielmehr eine Quelle der Feindschaft unter ihnen.
Eduards Haß gegen den Vater fiel auch auf diese Prinzeßinn; und obgleich Editha viele
liebenswürdige Vollkommenheiten besaß; so konnte sie doch niemals das Zutrauen und
die Liebe ihres Gemahls gewinnen. Man sagt sogar, er habe sich sein ganzes Leben
hindurch alles ehelichen Umgangs mit ihr enthalten; und die ungereimte Bewunderung
einer unverletzlichen Keuschheit war in diesen Zeiten so groß, daß die Geschichtschreiber
unter den Mönchen seine Aufführung in diesem Stücke ungemein lobten, und daß er sich
auch dadurch den Titel eines Heiligen und Bekenners erwarb e).

1048. Der beliebteste Vorwand, worauf Godwin sein Mißvergnügen wider den König
und seine Regierung gründen konnte, waren Klagen über den Einfluß der Normänner
in die Regierung; und daraus war zwischen ihm und diesen Günstlingen eine erklärte
Wider-

z) Ingulf. S. 62.
a) Chron. Sax. S. 161.
b) W. Malmesf. S. 80.
c) Hoveden. S. 441. Higden. S. 279. Sim. Dunelm. S. 184.

d) Chron. Sax. S. 157.
e) W. Malm. S. 80. Higden. S. 277. Abbas Rieval S. 366. 177. Matt. West. S. 221 Chron. Thom. Wykes. S. 21. Anglia sacra, Vol. I. S. 241.

Geschichte von England. Kap. III.

Widersetzung entstanden. Es dauerte nicht lange, so brach diese Feindschaft schon in Thätigkeit aus. Eustaz, Graf von Bologne, hatte bey dem Könige einen Besuch abgelegt, 1048. und gieng in seiner Zurückreise Dover vorbey; und da einem von seinem Gefolge der Zugang zu dem Zimmer verwehret wurde, welches für ihn bestimmet war, wollte er sich mit Gewalt Platz machen, und verwundete in dem Kampfe den Herrn des Hauses. Der Bürger rächte diese Beleidigung durch den Tod des Fremdlings; der Graf und sein Gefolge griffen zu den Waffen, und ermordeten den Bürger in seinem eigenen Hause; hierauf erfolgte ein Tumult; es wurden von beyden Seiten gegen zwanzig Personen getödtet, und da sich Eustaz von der Anzahl überwältiget sah, wurde er gezwungen, durch die Flucht sein Leben vor der Wuth des Pöbels zu retten f). Er eilte sogleich nach Hofe, beklagte sich über die Begegnung, die ihm wiederfahren war; der König nahm sich des Streites eifrig an, und wurde zornig, daß ein Fremdling von solchem Stande, den er an seinen Hof geladen hatte, ohne alle gerechte Ursache, wie er glaubte, den Trotz und die Feindseligkeit seines Volks so sehr hätte empfinden müssen. Er gab dem Godwin, in dessen Herrschaft Dover lag, sogleich Befehl, sich dahin zu verfügen, und die Einwohner für ihr Verbrechen zu strafen: aber Godwin, der das Mißvergnügen des Volks gegen diese Fremden lieber vergrößern, als beylegen wollte, wollte nicht gehorchen, und bemühete sich, die ganze Schuld auf den Grafen von Bologne und sein Gefolge zu schieben g). Eduard, an einem so empfindlichen Orte angetastet, sah sich gezwungen, sich seiner königlichen Gewalt zu bedienen; und drohete dem Godwin, ihn, wenn er nicht gehorchte, die äussersten Wirkungen seines Zorns fühlen zu lassen.

Da der Graf sah, daß ein Bruch unvermeidlich war, und sich gern mit einer Sache abgeben wollte, worinn er von seinen Landsleuten Unterstützung hoffen konnte; so rüstete er sich zu seiner Vertheidigung, oder vielmehr zu einem Angriffe des Eduard, und brachte, unter dem Vorwande, als wenn er einige Unruhen an den Gränzen von Wallis dämpfen wollte, eine grosse Armee zusammen, und rückte gegen den König an, welcher ohne alle Kriegsmacht, Argwohn, und ohne Verdacht zu (Glocester h) seine Residenz hatte. Hierauf sprach der König den Siward, Herzog von Northumberland, und den Leofric, Herzog von Mercia, zween mächtige Herren, um Hülfe an; und diese liessen sich sowohl durch ihre Eifersucht über die Grösse des Godwin, als durch ihre Schuldigkeit gegen die Krone bewegen, dem König in dieser Noth beyzustehen. Sie eilten mit so vielen von ihren Anhängern zu ihm, als sie nur in der Geschwindigkeit zusammen bringen konnten; und da sie die Gefahr noch grösser fanden, als sie besorgt hatten, gaben sie Befehl aus, alle Truppen in ihrer Herrschaft zu mustern, und unverzüglich zur Vertheidigung der Person, und der Macht des Königs in Marsch zu setzen i). Unterdessen bemühete sich Eduard, die Zeit mit Unterhandlungen hinzuziehen; und Godwin, welcher glaubte, daß der König völlig in seiner Gewalt wäre, und gern allen bösen Schein vermeiden wollte, fiel in die Schlinge. Er sah nicht ein, daß er alles wagen müßte, nachdem

O 3 er

---

f) Chron. Sax. S. 162. W. Malm. S. 81. Hoveden S. 441. Higden. S. 279. Sim. Dun. S. 184.

g) Chron. Sax. S. 163. W. Malm S. 81. Higden. S. 279.

h) Chron. Sax. S. 163. W. Malm. S. 81.

i) Hoveden S. 441. Sim. Dun. S. 184.

110 Geschichte von England. Kap. III.

1048. er einmal so weit gegangen war, und ließ die günstige Gelegenheit, sich zum Meister der Regierung zu machen, aus den Händen.

Obgleich die Engländer keine sehr große Gedanken von dem Muth und der Fähigkeit Eduards hatten; so liebten sie ihn doch sehr wegen seiner Leutseligkeit, Gerechtigkeit und Frömmigkeit, auch wegen des alten Stammes von eingebohrnen Königen, von welchem er abstammte; und eilten aus allen Gegenden, ihn in der gegenwärtigen Gefahr zu beschützen. Seine Armee war itzt so stark, daß er sich ins Feld wagte; er marschirte nach London, und berief einen großen Reichsrath zusammen, um über die Rebellion des Godwin und seiner Söhne zu richten. Diese Herren stellten sich anfänglich, als wenn sie bereit wären, das Gericht auszustehen; nachdem sie sich aber umsonst bemühet hatten, ihre Anhänger zu bereden, daß sie bey der Rebellion beharren möchten [k]; erbothen sie sich, nach London zu kommen, wofern man ihnen für ihre Sicherheit (Geiseln liefern wollte [l]); und da dieser Vorschlag verworfen wurde, sahen sie sich gezwungen, ihre Truppen abzudanken, und ihre Sicherheit in der Flucht zu suchen [m]. Baldwin, Graf von Flandern, nahm den Godwin, und seine drey Söhne, Gurth, Sweyn, und Tosti in Schutz; der letzte von diesen hatte die Tochter dieses Prinzen geheyrathet. Harold und Leofwin, zween andre von seinen Söhnen, nahmen ihre Zuflucht nach Irrland [n]. Die Güter des Vaters und der Söhne wurden eingezogen: ihre Herrschaften wurden andern gegeben: die Königinn Editha wurde zu Warewell in ein Kloster gesteckt; und die Größe dieser Familie, welche vormals so furchtbar war, schien itzt gänzlich über den Haufen geworfen zu seyn [o].

1052. Aber Godwin hatte sein Ansehen gar zu vest gegründet, und er wurde sowohl von auswärtigen als einheimischen Allianzen gar zu sehr unterstützt, als daß er nicht noch mehr Unruhen hätte erregen, und sich von neuen bestreben sollen, seine Wiederherstellung zu bewirken. Der Graf von Flandern erlaubte ihm, Schiffe in seinem Hafen zu kaufen, und zu miethen; und nachdem Godwin sie mit seinen Anhängern, und mit Freybeutern von allen Nationen bemannet hatte, stach er in See, und versuchte eine Landung bey Sandwich. Der König, welcher von seinen Zurüstungen Nachricht bekam, hatte eine ansehnliche Flotte, welche der feindlichen weit überlegen war, ausgerüstet; und der Graf zog sich eilig, ehe sie erschien, in die Häfen von Flandern zurück [p]. Der englische Hof, durch die gegenwärtige Sicherheit gelockt, und ohne alle nachdrückliche Rathschläge, dankte die Seeleute ab, und ließ die Flotte verfallen [q]; indem Godwin, der dieses erwartete, seine Leute zu Thätigkeiten in Bereitschaft hielt. Er stach sogleich wieder in See, und segelte nach der Insel Wight, wo Harold mit einer Esquadre zu ihm stieß, die dieser Herr in Irrland zusammengebracht hatte. Nun war er Meister der See; er drang in alle Häfen der südlichen Küste, und bemächtigte sich

---

k) Hoveden S. 441. Sim. Dun. S. 185.
l) Higden S. 279.
m) Chron. Sax. S. 164. W. Malmes. S. 81. 82.
n) Hoveden S. 441. Higden S. 279. Alur. Beverl. S. 120.
o) Chron. Sax. S. 165. W. Malmes. S. 82. Hoveden S. 441. Chron. Mailr. S. 157.
p) Sim. Dun. S. 186.
q) Chron. Sax. S. 166.

sich aller Schiffe °): und both seine Anhänger in diesen Grafschaften auf, die seiner Regierung so lange waren unterworfen gewesen, ihm beyzustehen, daß er sich, seiner Familie, und seinem Lande wider die Tyranney der Ausländer Gerechtigkeit verschaffen 1052. möchte ʳ). Da er mit einer großen Menge von allen Gegenden verstärkt war, lief er in die Themse ein; und als er zu London erschien, setzte er alles in Verwirrung. Der König allein schien entschlossen zu seyn, sich aufs Aeußerste zu wehren; aber die Vermittelung des englischen Adels, von welchem viele dem Godwin günstig waren, brachten den Eduard dahin, daß er einem Vergleiche Gehör gab; und die erdichtete Demuth des Grafen, welcher alle Absichten, Gewalt gegen seinen Herrn zu gebrauchen, von sich ablehnte, und sich nur in einem rechtmäßigen und öffentlichen Processe zu rechtfertigen verlangte, bahnte den Weg, daß er desto leichter angenommen wurde ᵗ). Es wurde ausgemacht, daß er für seine gute Aufführung Geiseln geben, und daß der Primas und alle Ausländer verwiesen werden sollten ᵘ). Durch diesen Tractat wurde dem gegenwärtigen Bürgerkriege vorgebeugt; aber die Macht der Krone war sehr geschwächt, oder vielmehr gänzlich vernichtet. Eduard sah ein, daß er nicht Macht genug hatte, die Geiseln des Godwin in England in Sicherheit zu setzen, und sandte sie zu seinem Verwandten, dem jungen Herzoge von der Normandie ˣ).

Der Tod des Godwin, welcher bald darauf erfolgte, da er mit dem Könige an 1053. der Tafel saß ʸ), hielt ihn ab, die übermäßige Gewalt, welche er schon erworben hatte, völlig vest zu setzen, und dem Eduard sich noch mehr zu unterwerfen ᶻ). Es folgte ihm in seiner Regierung über Weßex, Sußex, Kent und Eßex, und in der Bedienung, und in dem Amte eines Steward der Houshold, einer Stelle von sehr großer Macht, sein Sohn Harold, welcher von eben einem so großen Ehrgeiz, wie sein Vater, getrieben wurde, und ihn an Geschicklichkeit, Einschmeichlung und Tapferkeit übertraf. Er erwarb sich durch ein sittsames und sanftes Betragen die Gunst des Eduard; oder schwächte wenigstens denjenigen Haß, welchen dieser Prinz schon lange gegen seine Familie geheget hatte ᵃ); und da er sich täglich durch seine Freygebigkeit und Güte neue Anhänger erwarb, gieng er auf eine geheimere und daher gefährlichere Art, zur Vergrößerung seines Ansehens, immer weiter. Der König, welcher nicht Lebhaftigkeit genug hatte, sich seinem Fortgange gerade zu widersetzen, wußte kein anders Mittel, als dieses wegliche, daß er ihm in der Familie des Leofric einen Nebenbuhler erregte, dessen Sohn Algar mit der Statthalterschaft über Ostangeln bekleidet war, welche vor der Verbannung des Harold diesem letzten Herrn zugehört hatte. Aber diese

r) Chron. Sax. S. 166.
s) Hoveden S. 442. Sim. Dun. S. 186. Flor. Wigorn. S. 628.
t) Chron. Sax. S. 167. W. Malmesf. S. 82.
u) Chron. Sax. S. 167. 168. W. Malmesf. S. 82. Chron. Mailr. S. 157. Higden S. 279.
x) W. Malmesf. S. 82. Hoveden S. 439.
y) W. Malm. S. 81. H Hunting. S. 366.
z) Der sinnreiche Verfasser des Artikels Godwin in der Biographia britannica, hat sich bemühet, das Andenken dieses Herrn dadurch zu rechtfertigen, daß er annimmt, alle englische Jahrbücher wären von den normännischen Geschichtschreibern nach der Eroberung verfälschet. Daß aber diese Voraussetzung nicht viel Grund habe, erhellet daraus, daß fast alle diese Geschichtschreiber seinem Sohne Harold einen guten Character beygeleget haben, den die Normänner doch ihres Vortheils halber am ersten hätten anschwärzen sollen.

a) Brompton. S. 948.

Geschichte von England. Kap. III.

1053. diese Staatsklugheit, entgegengesetzte Parteyen im Gleichgewicht zu halten, verlangte eine standhaftere Hand, als Eduards, und erregte Factionen, so gar bürgerliche Streitigkeiten, unter Edelleuten von so mächtigen und unabhängigen Ansehen. Algar wurde bald hernach durch die Kunstgriffe und durch die Gewalt des Harold aus seiner Statthaltschaft vertrieben b); da er aber von Griffle, dem Prinzen von Wallis, unterstützet wurde, welcher seine Tochter geheyrathet hatte, und durch die Macht seines Vaters Leofric unterstützet wurde; so zwang er den Harold zu einem Vergleich, und wurde in die Statthalterschaft über Ostangeln wieder eingesetzt. Der Friede dauerte nicht lange: Harold machte sich des Todes des Leofric zu Nutze, der bald nachher erfolgte, vertrieb den Algar aufs neue, und verbannete ihn aus dem Reiche c): und obgleich dieser Herr mit einer Armee von Norwegen einen Einfall in Ostangeln that, und das Land überschwemmte d); so befreyte doch sein Tod, der bald nachher erfolgte, den Harold von den Ansprüchen eines so gefährlichen Nebenbuhlers. Eduard, sein ältester Sohn, wurde zwar zu der Statthalterschaft über Mercia erhoben; aber das Gleichgewicht, welches der König zwischen diesen beyden mächtigen Familien einführen wollte, gieng gänzlich verlohren, und der Einfluß des Harold behielt völlig das Uebergewicht.

1055. Der Tod des Siward, Herzogs von Northumberland, eröffnete diesem Herrn noch eine weitere Bahn, seinen Ehrgeiz zu vergnügen. Siward hatte, ausser seinen andern Verdiensten, auch dem Lande durch seine glückliche Ausführung des einzigen auswärtigen Unternehmens, welches in der Regierung des Eduard ausgeführet ward, Ehre gemacht. Duncan, der König von Schottland, war ein Prinz von sehr sanfter Gemüthsart, besaß aber nicht Lebhaftigkeit genug, ein so unruhiges Land zu beherrschen, das überdem von den Intrigen und Feindseligkeiten der Großen so sehr angefochten war. Macbeth, ein mächtiger Edelmann, der nahe mit der Krone verwandt war, war noch nicht damit zufrieden, daß er die Macht des Königs zügelte, sondern trieb seinen verderblichen Ehrgeiz noch weiter: Er tödtete seinen König, jagte den Malcolm Kentmure, seinen Sohn und Erben, nach England, und maßte sich die Krone an. Siward, dessen Tochter mit dem Duncan verheyrathet war, übernahm, auf Befehl des Eduard, den Schutz dieser unglücklichen Familie. Er ließ eine Armee nach Schottland marschiren; und nachdem er den Macbeth im Treffen geschlagen und getödtet hatte, setzte er den Malcolm wieder auf den Thron seiner Väter e). Dieser Dienst, nebst seiner vormaligen Verbindung mit der königlichen Familie in Schottland, vermehrte sehr das Ansehen des Siward in dem Nördlichen; weil er aber in dem Treffen wider den Macbeth seinen ältesten Sohn Osbern verlohren hatte; so schlug es am Ende zum Unglück seiner Familie aus. Sein zweyter Sohn Walthoef schien bey dem Tode seines Vaters zu jung zu seyn, daß ihm die Statthalterschaft über Northumberland könnte anvertrauet werden; und Harold gewann durch seinen Einfluß das Herzogthum für seinen Bruder Tosti f).

Man

b) Chron. Sax. S. 169. H. Huntin. S. 366. Hoveden. S. 443. Ingulf. S. 66. Chron. Mailr. S. 158. Higden. S. 251.

c) Hoveden S. 444.

d) Ingulf. S. 66. Chron. St. Petri de Burgo, S. 44.

e) W. Malm S. 79. Hoveden. S. 443. Chron. Mailr. S. 15. Buchanan. S. 115. edit. 1715.

f) H. Hunting. S. 366.

Geschichte von England. Kap. III.

Man erzählt von dem Siward zwey Umstände, welche zeigen, daß er viel Ehrbegierde und Neigung zum Kriege besaß. Als ihm die Nachricht von dem Tode seines Sohnes Osbern gebracht wurde, war er untröstbar; bis er hörte, daß er eine Wunde in der Brust bekommen, und daß er sich im Treffen sehr tapfer gehalten hatte g). Als er fühlte, daß sein Tod nahe war, befahl er seinen Dienern, ihm eine völlige Rüstung anzuziehen; richtete sich in seinem Bette auf, nahm den Speer in die Hand, und erklärte sich, daß er in dieser Stellung, als der einzigen, welche einem Krieger anstünde, den Augenblick des Todes erwarten wollte h).

1055.

Der König, der itzt von Sorgen und Schwachheiten mitgenommen war, empfand, daß sein Leben sehr abnahm; und weil er selbst keinen Erben hatte, so fieng er an, sich nach einem Thronfolger umzusehen. Er sandte Abgeordnete nach Ungarn, um den Eduard, seinen Neffen, und Sohn seines ältern Bruders, als den einzigen Erben der sächsischen Linie, nach England einzuladen i); dieser Prinz, welcher die Thronfolge leicht und unbestritten erhalten haben würde, kam mit seinen Kindern, dem Edgar, mit dem Zunamen Acheling, mit Margaretha und Christina nach England; aber sein Tod, welcher wenige Tage nach seiner Ankunft erfolgte, setzte den König in neue Schwierigkeiten. Er sah, daß die große Macht und der Ehrgeiz des Harold ihn versucht hatten, sich bey der ersten Erledigung Hoffnung auf den Besitz des Thrones zu machen, und daß Edgar wegen seiner Jugend und Unerfahrenheit sehr ungeschickt war, sich den Anmaßungen eines so beliebten und unternehmenden Nebenbuhlers zu widersetzen. Die Feindschaft, welche er lange wider den Grafen Godwin gehegt hatte, machte ihm die Thronfolge seines Sohns zuwider; und er konnte nicht ohne den äußersten Widerwillen an die Aufnahme der Größe einer Familie denken, welche sich aus den Ruinen des königlichen Ansehens erhoben, und durch den Mord des Alfred, seines Bruders, so viel zur Entkräftung der sächsischen Linie beygetragen hatte. In dieser Unentschlossenheit wandte er insgeheim seine Augen auf seinen Landsmann, Wilhelm, den Herzog von der Normandie, als auf die einzige Person, deren Macht, Charakter und Fähigkeit alles das unterstützen könnte, was er wegen der Ausschließung des Harold und seiner Familie bestimmen würde k).

Dieser berühmte Prinz war ein natürlicher Sohn des Herzog Roberts von der Normandie, mit der Harlotta, der Tochter eines Gärbers in Falaise l), und wurde sehr bald in derjenigen Größe bevestiget, von welcher seine Geburt ihn so weit zu entfernen schien. Als er erst neun Jahr alt war, hatte sein Vater sich entschlossen, eine Pilgrimschaft nach Jerusalem zu unternehmen; eine Handlung der Frömmigkeit, welche damals Mode war, die Stelle der Pilgrimschaften nach Rom vertrat, und weil sie mit mehr Schwürigkeit und Gefahr verbunden war, weit frömmer und verdienstlicher zu seyn schien. Vor seiner Abreise berief er die Stände des Herzogthums zusammen; stellte ihnen sein Vorhaben vor, und beredete sie, seinem natürlichen Sohn Wilhelm
zu

g) *H. Hunting.* S. 366. *Higden,* S. 280. *Brompton,* S. 9, 6.
h) *Higden,* S. 281. *Chron. St. Petri de Burgo,* S. 43. *Diceto,* S. 77.
i) *H. Hunting.* S. 366. *Hoveden,* S. 444. *Ingulf.* S. 66. *Chron. Mailr.* S. 158.
k) *Ingulf.* S. 68.
l) *Brompton.* S. 910.

zu huldigen, den er, aus Mangel an einem ächten Erben, zum Nachfolger in seinen
1055. Gebiethen hinterlassen wollte, wenn er etwa auf seiner Pilgrimschaft sterben sollte m).
Weil er ein kluger Prinz war, so mußte er auch die großen Unbequemlichkeiten voraus
sehen, die mit seiner Reise, und mit dieser Ernennung seines Nachfolgers verbunden waren, und aus der natürlichen Unruhe der Großen, aus den Ansprüchen von andern
Zweigen der herzoglichen Familie, und aus der Macht des französischen Monarchen entstehen mußten: aber alle diese Betrachtungen wurden gegen den herrschenden Eifer für
die Pilgrimschaften aus den Augen gesetzt n); und vermuthlich dünkte Robert sich desto
größer, je wichtiger sie waren, daß er sie dem aufopferte, was er für eine Pflicht seiner
Religion hielt.

Dieser Prinz starb, wie er vermuthet hatte, auf seiner Pilgrimschaft; und die
Minderjährigkeit seines Sohnes zog alle diejenigen Umstände nach sich, welche in seiner
Situation unvermeidlich waren. Die ausgelassenen Edelleute brachen, da sie von der
Furcht vor der Macht ihres Beherrschers frey waren, in persönliche Feindschaften wider einander aus, und machten das ganze Land zu einer Scene des Kriegs und der Verwüstung o). Roger, Graf von Toni, und Alain, Graf von Bretagne, gaben Ansprüche
auf die Herrschaft des Staats vor; und Heinrich der Erste, König von Frankreich, hielt
das für eine günstige Gelegenheit, die Macht eines Vasallen einzuschränken, welcher sich
anfänglich seine Niederlassung auf eine so gewaltsame und verhaßte Art verschafft hatte,
und seinem Herrn so furchtbar geworden war p). Die Regierung, welche Robert eingesetzt hatte, fand große Schwürigkeiten, die Herrschaft wider diese vielfache Gefahr zu
beschützen; und als der junge Prinz heran wuchs, fand er sich sehr tief herunter gebracht.
Aber die großen Eigenschaften, welche er bald im Felde und im Cabinet entdeckte, ermunterten seine Freunde, und jagten seinen Feinden ein großes Schrecken ein. Er setzte
sich allenthalben seinen rebellischen Unterthanen und den auswärtigen Feinden entgegen;
und blieb durch seine Tapferkeit und Klugheit in jeder Action Meister. Er zwang den
König von Frankreich, auf billige Bedingung Frieden mit ihm zu machen; er vertrieb
alle diejenigen, welche Anspruch auf die Herrschaft machten; und brachte seine unruhigen Barons so unter den Fuß, daß sie sich seiner Gewalt unterwerfen, und ihre Feindschaften gegen einander einstellen mußten. Die natürliche Strenge seines Gemüthsart
zeigte sich in einer scharfen Verwaltung der Gerechtigkeit; und nachdem er die glücklichen
Wirkungen dieses Regierungsplanes eingesehen hatte, ohne welchen in diesen Zeiten die
Gesetze gänzlich ohnmächtig wurden; so nahm er es als eine gewisse Staatsregel an,
daß ein unbiegsames Betragen die erste Pflicht eines Beherrschers wäre.

Die Ruhe, welche Wilhelm in seinen Gebiethen eingeführt, hatte ihm Zeit verschafft, damals, als Godwin verbannet war, den König von England zu besuchen;
und er wurde so empfangen, wie es sich für den großen Ruhm, den er erworben hatte,
für die Verwandschaft, worinn er mit dem Eduard stund, und für die Verbindlichkei-
ten, welche dieser Prinz gegen seine Familie hatte, schickte q). Als Godwin wieder zurück kam, und die normännischen Günstlinge vertrieben wurden, hatte Robert, Erzbischof von Canterbury, den Eduard vor seiner Abreise beredet, daß er darauf denken
möchte,

m) W. Malmes. S. 95.
n) Ypod Neustr. S. 452.
o) H. Mulm. S. 95. Gul. Gemet. lib. 7. C. 1.
p) W. Malm. S. 97.
q) Hoveden, S. 442 Ingulf. S. 65. Chron. Mailr. S. 157. Higden, S. 279.

Geschichte von England. Kap. III.

möchte, den Wilhelm als seinen Nachfolger anzunehmen; ein Rath, welcher von dem Wi- 1055. derwillen des Königs gegen den Godwin, von seiner Liebe gegen die Normänner, und von seiner Hochachtung gegen den Herzog unterstützet wurde. Der Prälat bekam demnach einen Befehl, den Wilhelm von den guten Gesinnungen des Königes gegen ihn zu unterrichten; und er war der erste, welcher den Prinzen veranlassete, sich diese stolze Hoffnungen zu machen *r*). Aber als Eduard, der in seinem Vornehmen unentschlossen und schwach war, sah, daß die Engländer die Wiedereinsetzung der sächsischen Linie lieber sehen würden, so hatte er unterdessen die Erben seines Bruders aus Ungarn eingeladen, in der Absicht, sie für Erben des Thrones erkennen zu lassen *s*). Der Tod seines Neffen, die Unerfahrenheit, und die wenig versprechenden Eigenschaften des jungen Edgar bewogen ihn, seine vorigen Entschließungen in Ansehung des Herzoges von der Normandie wieder zu fassen; obgleich seine Abneigung für mögliche Unternehmungen ihn trieb, die Ausübung zu verschieben, und sogar seine Absicht vor allen seinen Ministern zu verbergen.

Harold fuhr indeß fort, auf eine offenbarere Art die Liebe des Volkes zu vergrössern, seine Macht vest zu setzen, und sich den Weg zu seiner Beförderung bey der ersten Erledigung des Thrones zu bahnen; eine Begebenheit, welche, wegen des Alters und der Schwachheiten des Königes, nicht sehr entfernt zu seyn schien. Aber es war doch noch ein Hinderniß da, welches er vorher übersteigen mußte. Der Graf Godwin hatte damals, als er wieder zu seiner Macht und seinem Glücke gelanget war, zur Versicherung seiner guten Aufführung Geißeln gegeben; und unter andern auch einen Sohn, und Großsohn, welche Eduard, größerer Sicherheit halber, zum Verwahrsam nach der Normandie geschickt hatte. Harold wußte zwar nicht, daß der Herzog sein Nebenbuhler war, es war ihm aber unangenehm, daß so nahe Verwandte in einem fremden Lande gefangen seyn sollten; und er besorgte, daß Wilhelm zum Vortheil des Edgar diese Pfänder behalten möchte, um dadurch alle andre Prätendenten zurück zu halten *t*). Er stellte demnach dem Könige seinen ungeheuchelten Gehorsam gegen die königliche Macht, seine standhafte Treue gegen seinen Prinzen vor, und zeigte, wie unnöthig es wäre, daß er, nach einer so langen Prüfung seines Gehorsames, diese Geißeln noch länger behalten wollte, welche damals gefodert wären, als man die bürgerlichen Unordnungen beygeleget hätte. Durch diese Gründe, welche von seiner grossen Macht unterstützet wurden, erhielt er des Königs Bewilligung, daß sie losgelassen würden; und er reisete sogleich mit einem zahlreichen Gefolge nach der Normandie ab *u*). Ein Sturm verschlug ihn an das Gebiethe des Guy, Grafens von Ponthieu, der ihn, so bald er von seinem Stande benachrichtiget wurde, gefangen nahm *x*), und ein übermäßiges Lösegeld foderte. Harold fand Mittel, dem Herzoge von der Normandie Nachricht von seinem Zustande zu geben; und stellte ihm vor, indem er an seinen Hof hätte kommen wollen, um einen Auftrag von dem Könige von England auszurichten, hätte ihm der eigennützige Graf von Ponthieu so hart begegnet.

Wilhelm sah sogleich ein, wie wichtig dieser Vorfall war. Er sah voraus, daß ihm der Weg zum Thron von England offen stehen, und daß Eduard weiter kein Hin-
P 2   derniß

---

r) Ingulf. S. 68. Gul. Gemet. Lib. 7. Cap. 31. Order. Vitalis. S 492.
s) W. Malm. S. 93. H. Hunt. S. 366.
t) Brompton, S. 947.
u) Hoveden, S. 449. Brompton, S. 947. Eadmer, Lib. 1. S. 4. Alur. Bever!. S. 125.
x) Hoveden, S. 449.

116 Geschichte von England. Kap. III.

1055. dernis finden würde, die vortheilhaften Entschließungen, die er für ihn gefaßt hätte, auszuführen, wenn er den Harold entweder durch Gnadenbezeugungen oder Drohungen gewinnen könnte. Er sandte also einen Gesandten an den Guy, um die Freyheit seines Gefangenen anzuhalten; und dieser Herr wagte es nicht, einem so großen Prinzen etwas abzuschlagen, und übergab den Harold den Händen des Gesandten, der ihn nach Rouen brachte y). Wilhelm empfieng ihn mit Bezeugungen der Achtung und Freundschaft; und nachdem er sich geneigt bezeigt hatte, sein Verlangen zu erfüllen, und die Geisseln auszuliefern, nahm er Gelegenheit, ihm das große Geheimniß seiner Ansprüche auf die Krone von England, und des Testamentes, welches Eduard zu seinem Vortheil zu machen gesonnen wäre, zu entdecken. Er ersuchte den Harold um seinen Beystand in der Ausführung dieses Anschlages; versprach ihm für eine so große Verbindlichkeit die größte Dankbarkeit; versicherte ihn, daß die itzige Größe der Familie des Harold, welche Mühe hätte, sich unter der Eifersucht und dem Hasse des Eduard empor zu halten, von einem Thronfolger, der ihm für seine Erhebung so sehr verbunden seyn würde, einen neuen Zuwachs erhalten sollte. Harold erstaunte über diese Erklärung des Herzoges; weil er aber erkannte, daß er niemals seine, viel weniger die Freyheit seines Bruders und Neffen erhalten würde, wenn er ihm seine Bitte abschlüge, so stellte er sich, als wenn er dem Wilhelm gefällig seyn wollte, entsagte allen eignen Hoffnungen auf die Krone, und versicherte, daß er das Testament Eduards schützen, und den Ansprüchen des Herzogs von der Normandie behülflich seyn wollte. Um ihn vester zu seinem Dienste zu verbinden, both Wilhelm ihm seine Tochter zur Gemahlinn an z), und ließ ihn einen Eid ablegen, daß er sein Versprechen erfüllen wollte. Und um diesen Eid bindender zu machen, bediente er sich einer Kunstgriffes, der sich gut zu der Unwissenheit und dem Aberglauben dieser Zeit schickte. Er steckte heimlich die Reliquien eines der angesehensten Märtyrer unter den Altar, an welchem Harold schwören wollte; und als Harold den Eid abgeleget hatte, zeigte er ihm die Reliquien, und ermahnte ihn, eine Verbindung, welche durch eine so furchtbare Sanction bestätiget wäre *), gewissenhaft zu erfüllen. Der englische Herr ward bestürzt; ließ aber seine Zerstreuung nicht merken, wiederholte sein erstes Versprechen, und wurde von dem Herzoge von der Normandie mit allen Zeichen eines gegenseitigen Vertrauens entlassen.

Als Harold sich in Freyheit fand, gab sein Ehrgeiz ihm Ausflüchte genug ein, den Bruch seines Eides zu rechtfertigen, der ihm durch Furcht abgenöthiget war, und der, wenn er erfüllet würde, die Unterwerfung seines Vaterlandes unter eine auswärtige Gewalt nach sich ziehen konnte. Er fuhr immer fort, sich auf alle Art Liebe zu erwerben, die Anzahl seiner Anhänger zu vermehren, den Gemüthern der Engländer die Gedanken von seiner Thronfolge angenehm zu machen, ihren Haß gegen die Normänner zu erwecken, und durch eine Prahlerey mit seiner Macht, und seinem Einflusse den furchtsamen Eduard von der Ausführung seiner vorgenommenen Bestimmung mit dem Wilhelm abzuschrecken. Das Glück gab ihm um diese Zeit zwey Vorfälle an die Hand, wodurch

y) W. Malmef. S. 93. Hoveden, S. 449.
Brompt. S. 947. Gul. Gemet. Lib. 7. Cap. 31.
z) W. Malm. S. 93. H. Hunting. S. 366.
Hoveden, S. 449. Ingulf. S. 68.

*) Wace, S. 459. 460. M.S. penes Carte, S. 354. W. Malm. S. 93. H. Hunt. S. 366. Hoveden, S. 449. Brompton, S. 947.

Geschichte von England. Kap. III.

wodurch er eine allgemeine Liebe erwerben, und den Charakter der Tugend und Fähigkeit, welchen er bereits erworben hatte, vermehren konnte.

1055.

Die Walliser waren zwar kein so furchtbarer Feind, als die Dänen; doch waren sie lange gewohnet, die westlichen Gränzen unsicher zu machen; und wenn sie auf dem platten Lande geplündert hatten, so zogen sie sich gemeiniglich eilig in die Gebirge zurück, wo sie vor der Verfolgung ihrer Feinde Schutz hatten, und in Bereitschaft stunden, bey der ersten günstigen Gelegenheit ihre Raubereyen wieder anzufangen. Griffith, ihr itziger Prinz, hatte sich in diesen Streifereyen sehr hervor gethan; und sein Name war den Engländern so schrecklich geworden, daß Harold sah, er könnte nichts thun, was dem Publico angenehmer, und ihm selbst rühmlicher wäre, als wenn er diesen gefährlichen Feind unterdrückte. Er entwarf einen Plan zu einem Feldzuge gegen Wallis; und da er einige leicht bewaffnete Fußvölker in Bereitschaft hatte, die die Eingebohrnen bis in ihre vesten Oerter verfolgen, einige Reuterey, welche das offene Land reinigen, und eine Esquadre von Schiffen, welche die Seeküste angreifen konnte, so bediente er sich dieser gesammten Macht gegen die Walliser, verfolgte seinen Vortheil mit Nachdruck, ließ von seinen Angriffen nicht nach; und brachte den Feind zuletzt so sehr in die Enge, daß er, um seinen gänzlichen Untergang zu verhüten, seinen Prinzen aufopferte, dem der Kopf abgeschlagen und dem Harolde zugeschickt wurde: er nahm endlich auch zwey Edelleute aus Wallis, welche Eduard zur Regierung ernannte, zu seinen Beherrschern an b).

Tosti, Harolds älterer Bruder, war zum Herzog von Northumberland ernannt worden; war aber so heftig und tyrannisch, und hatte so viel Ungerechtigkeit und Grausamkeit wider die Einwohner begangen, daß sie einen Aufstand erregten, und ihn aus dem Lande jagten. Morcar und Edwin, zween Brüder, welche in diesen Gegenden große Gewalt besaßen, und Enkel des großen Herzogs Leofric waren, hatten an diesem Aufstande Theil genommen; und der erste, der zum Herzog erwählet war, rückte dem Harold, den der König bevollmächtiget hatte, die Northumbrier zu demüthigen, und zu strafen, mit einer Armee entgegen. Ehe es zwischen den Armeen zum Gefechte kam, bemühete sich Morcar, dem die Großmuth des englischen Heerführers bekannt war, seine Aufführung vor ihm zu rechtfertigen, und stellte ihm vor: Tosti hätte sich der Stelle, wozu er erhoben wäre, unwürdig aufgeführet, und niemand, so gar sein Bruder selbst, könnte solche Tyranney dulden, ohne gewissermaaßen an der Schande, welche sie verdiente, Theil zu haben: die Northumbrier wären an eine gesetzmäßige Regierung gewöhnt, und sähen sie für ihr Geburtsrecht an, wollten sich auch dem Könige gern unterwerfen, doch verlangten sie einen Gouverneur, welcher für ihre Rechte und Freyheiten Achtung bewiese: sie hätten von ihren Vorfahren gelernet, daß der Tod der Knechtschaft vorzuziehen wäre; und erschienen itzt im Felde, in dem Entschlusse, lieber zu sterben, als noch einmal die Mißhandlungen auszustehen, denen sie so lange wären ausgesetzt gewesen; und sie hätten das Vertrauen zu dem Harold, daß er, wenn er die Sache überlegte, die gewaltthätige Aufführung, wovon er sich in seiner eignen Statthalterschaft immer so weit entfernet hätte, nicht in einem andern schützen würde c). Diese beherzte Vorstellung war mit einer solchen Menge von Beweisen unterstützet, daß Ha-

P 3

rold

b) Chron. Sax. S. 170. W. Malm. S. 79. S. 68. Chron. Mailr. S. 159. Higden, S. 283.
K Hunt. S. 367. Hoveden, S. 446. Ingulf. Simeon. Dunelm. 192.
c) Higden, S. 283.

rold es für klug fand, die Sache seines Bruders zu verlassen. Er gieng zu dem Eduard zurück, und beredete ihn, die Northumbrier zu begnadigen, und den Morcar in der Statthalterschaft zu bestätigen d). Er heyrathete sogar die Schwester dieses Herrn e); und machte durch seine Interesse, daß Edwin, der jüngere Bruder, zum Statthalter von Mercia erwählet wurde. Tosti verließ voll Zorn das Königreich, und begab sich mit seinem Schwiegervater, dem Grafen Baldwin, nach Flandern f).

1055.

Durch diese Heyrath brach Harold mit dem Herzoge von der Normandie völlig; und Wilhelm sah deutlich, daß er sich auf seine Eide und Versprechungen, die er ihm abgenöthiget hatte, nicht mehr verlassen konnte. Aber der englische Herr glaubte, itzt in einem solchen Stande zu seyn, daß er sich nicht länger verstellen dürfte. Er hatte in seinem Betragen gegen die Northumbrier eine solche Probe von seiner Mäßigung gegeben, daß er sich die Liebe aller seiner Landsleute erwarb. Er sah, daß fast ganz England unter seinem oder seiner Freunde Gebothe stund; indem er die Statthalterschaft über Wessex, Morcar über Northumberland, und Edwin über Mercia besaß. Itzt strebte er offenbar nach der Thronfolge, und behauptete, da man nach aller Bekenntniß die königliche Familie, wegen der Schwachheit des Edgar, des einzigen Erben, der noch am Leben wäre, übergehen müßte, so wäre niemand so fähig, den Thron zu besetzen, als ein Herr von großer Gewalt, von reifem Alter, von langer Erfahrung, von geprüftem Muth und Fähigkeit, der als ein Eingebohrner des Reichs dasselbe wider die Herrschaft und Tyranney der Ausländer kräftig beschützen würde. Eduard, von Alter und Schwachheiten mitgenommen, fand die Schwürigkeiten, die er wider sich hatte, für seine Kräfte zu groß; und ob er sich gleich nach seinem alten Hoffe der Ansprüche des Harold nicht annahm, so machte er doch nur schwache und unentschlossene Anstalten, um dem Herzoge von der Normandie zur Thronfolge zu verhelfen g). Indem er in dieser

Unge-

d) Chron. Sax. S. 171. W. Malm. S. 83. H. Hunt. S. 367. Higden. S. 283. Sim. Dunelm. S. 193.

e) Order. Vitalis, S. 492.

f) H. Hunting. S. 367. Higden. S. 283. Simeon Dunelm. S. 193. Alur. Beverl. S. 122.

g) Die ganze Geschichte von den Vorfällen zwischen dem Eduard, Harold, und dem Herzoge von der Normandie, wird von den alten Schriftstellern so verschiedentlich erzählt, daß in der englischen Geschichte wenig wichtige Stellen vorkommen, welche so ungewiß wären, als diese. Es ist nicht wahrscheinlich, daß Eduard ein Testament zum Vortheil des Herzogs ausführte, noch weniger, daß er es von den Ständen des Königreichs, wie einige versichern, bestätigen ließ. Das Testament würde dann allen bekannt gewesen seyn, und der Eroberer, dem es einen so scheinbaren, und in der That so gerechten Ausspruch gegeben, würde es aufgewiesen haben; aber die zweifelhafte und zweydeutige Art, worinn er desselben im-

mer zu gedenken scheint, beweiset, daß er sich nur auf die bekannte Gesinnung des Monarchen berufen konnte, welche er gern ein Testament nennen wollte. Wir haben zwar einen Brief von dem Eroberer, den uns der Doctor Hikes aufbehalten hat, B. 1. worinn er sich selbst Rex Hereditarius nennt; er mennet einen Erben vermöge des Testaments; aber ein Prinz, der so viel Gewalt besitzt, und so viel Glück gehabt hat, kann sich eines jeden Vorwandes bedienen, der ihm beliebt: sein Vorgeben wird dadurch genugsam widerleget, daß unter den Geschichtschreibern ein großer Zweifel, und eine große Verschiedenheit in Ansehung eines Punktes herrschte, der, wenn er wahr gewesen wäre, alle müßten eingestanden haben.

Wiederum behaupten einige Geschichtschreiber, vornehmlich Malmesbury, und Matthias Westminster, daß Harold gar nicht gesonnen war, nach der Normandie überzugehen, sondern, daß er zum Vergnügen, um frische Luft zu schöpfen, in einem Boothe an der Küste habe herum

Geschichte von England. Kap. III. 119

Ungewißheit fortfuhr, wurde er von der Krankheit überfallen, die ihn den fünften Jen- 1055.
ner 1066 im fünf und sechszigsten Jahre seines Alters, und im fünf und zwanzigsten
Jahre seiner Regierung ins Grab brachte.

Dieser Prinz, dem die Mönche den Titel eines Heiligen und eines Bekenners ga-
ben, war der letzte von der sächsischen Linie, der England beherrschte; und obgleich seine
Regierung friedfertig und glücklich war, so hatte er doch dieses Glück weniger seiner
Geschicklichkeit zu verdanken, als den Zeitläuften. Die Dänen, welche sich mit andern
Unternehmungen befaßt hatten, versuchten diese Einfälle nicht, welche allen seinen Vorfahren so beschwerlich, und einigen so verderblich gewesen waren. Seine friedfertige
Gemüthsart machte, daß er sich die Regierung Godwins und seines Sohns Harold gefallen ließ; und sowohl die Fähigkeit, als die Macht dieser Herren, setzten sie in den
Stand, daß sie, mit einer Herrschaft bekleidet, im Lande Friede und Ruhe erhalten
konnten. Der löblichste Umstand in der Regierung Eduards war seine Aufmerksamkeit
für die Handhabung der Gerechtigkeit, und daß er zu diesem Ende ein Corpus von Gesetzen zusammentragen ließ, welche er aus den Gesetzen des Erhelbert, Ina und Alfred sammlete. Diese Sammlung, welche zwar itzt verlohren ist, (denn die Gesetze,
die unter dem Namen Eduards aufgesetzt sind, wurden nachher verfaßt b,) war lange
ein Gegenstand der Liebe der englischen Nation.

Eduard der Bekenner war der erste, welcher den Kropf berührte: die Meynung
von seiner Heiligkeit verschaffte dieser Cur unter dem gemeinen Mann Glauben; und seine
Nachfolger hielten es für einen Theil ihrer Gewalt und ihrer Größe, diese Meynung
zu unterhalten. Sie hat bis auf unsre Zeiten fortgedauret: und die itzige königliche Familie hörte zuerst auf, sie auszuüben, weil sie bemerkte, daß sogar der Pöbel nicht mehr
darüber erstaunte, und daß sie in den Augen aller verständigen Leute lächerlich war.

Harold.

Harold hatte vor dem Tode des Königs so gute Anstalten gemacht, daß er sich gleich 1066.
auf den erledigten Thron setzte; und seine Thronbesteigung fand so wenig Wider- im Jenner.
spruch und Unruhe, als wenn er nach dem unstreitigsten Erbrechte König geworden wäre. Die Bürger von London waren seine eifrigsten Anhänger: die Bischöfe
und die Geistlichkeit hatten sich seiner Sache angenommen, und der ganze mächtigste
Adel,

herum fahren wollen, und durch einen Sturm abgebildet, wie er von dem König Eduard zur
in die Gebiethe des Guy, Grafen von Pembieu, Ausrichtung einer Commißion Abschied nimmt,
verschlagen sey: aber ausserdem, daß diese Ge- und mit einem großen Gefolge zu Schiffe geschichte an sich selbst nicht wahrscheinlich ist, het. Die wahrscheinlichste Ursache von dieser
widersprechen ihr auch die meisten alten Geschicht- Reise, die man angeben kann, ist die, daß er
schreiber, und sie wird von einem sehr seltenen seinen Bruder und Neffen, welche Geißeln
und glaubwürdigen Monumente, welches in waren, losmachen wollte; und diese wird auch
neuern Zeiten entdeckt ist, widerlegt. Es ist von den Fabyan, Howeden, Brompton und
dieses eine Tapete, welche in dem herzoglichen Simeon von Durham angegeben. Wer von
Pallaste von Rouen aufbehalten ist, und wel- dieser Tapete weitere Nachrichten haben will,
che auf Befehl der Matilda, der Gemahlin der sehe die Histoire de l'Academie de Littera-
des Kaisers, gemacht seyn soll: wenigstens ist ture T. IX. S. 535. nach.
sie von sehr hohem Alter. Harold ist darauf
b) *Seldon.* in verbo *Ballicus*.

Abel, der entweder durch Heyrathen oder Freundschaft mit ihm verbunden war, unter-
1066. stützte ihn willig in seinen Anmaßungen. Man redete kaum von dem Rechte des Edgar
Atheling, vielweniger von dem Anspruche des Herzogs von der Normandie; und Harold versammlete den Staatsrath, und empfieng von dessen Händen die Krone, ohne eine
ordentliche Versammlung der Stände abzuwarten, oder die Sache ihrer freyen Wahl
oder Entscheidung zu überlassen i). Wenn sich einige fanden, welche mit dieser Entschließung nicht zufrieden waren, so waren sie doch gezwungen, ihre Gedanken zu verbergen; und der neue Prinz, welcher ein allgemeines Stillschweigen für eine Einwilligung hielt, wurde gleich den Tag nach dem Tode des Eduard von Alred, dem Erzbischof von York, zum Könige gekrönet und gesalbet. Die ganze Nation schien ihm mit
Freuden den Huldigungseid abzulegen.

Die ersten Zeichen der Gefahr, welche der König entdeckte, kamen von außen her,
und zwar von seinem eignen Bruder Tosti, der sich freywillig nach Flandern verbannet hatte. Voll Zorn über den glücklich ausgeschlagnen Ehrgeiz des Harold, wofür er
selbst ein Opfer geworden war, erfüllte er den Hof des Baldwin mit Klagen über die
Ungerechtigkeit, die er hätte leiden müssen: brachte diese Familie wider seinen Bruder
auf seine Seite: sandte seine Emissarien nach Norwegen, um die Freybeuter dieses Reichs
in die Waffen zu bringen, und bey ihnen die Hoffnung zu erregen, daß sie aus dem unbevestigten Zustande der Sachen bey der Usurpation des neuen Königs Vortheil ziehen
könnten: und damit er die Verbindung desto mächtiger machen möchte, reisete er nach
der Normandie, in der Hoffnung, daß der Herzog, welcher die Matilda, eine andre
Tochter des Baldwin geheyrathet hatte, sowohl um sich selbst wegen seiner eignen Beleidigung, als auch, das erlittene Unrecht des Tosti zu rächen, seinen vorgenommenen
Einfall durch seinen Rath und seine Truppen unterstützen würde k).

Als der Herzog von der Normandie die erste Nachricht von den Intrigen und der
Thronbesteigung Harolds erhielt, war er in den größten Zorn gerathen; damit er aber seinen Ansprüchen eine desto bessere Farbe geben möchte, so sandte er eine Gesandschaft nach
England, welche diesem Prinzen den Bruch seines Versprechens vorwarf, und ihn ermahnte, daß er dem Besitz des Reichs sogleich entsagen möchte. Harold antwortete den normannischen Gesandten, der Eyd, den man ihm vorwürfe, wäre ihm durch eine wohlge-
gründete Furcht vor Gewaltsamkeit abgenöthiget worden, und könnte deswegen niemals für
verbindend angesehen werden: er hätte weder von dem vorigen Könige, noch von den Ständen von England eine Vollmacht, welche allein über die Krone zu sagen hätten, dem Herzoge von der Normandie ein Geschenk mit der Thronfolge zu machen; und wenn er als eine
Privatperson sich so viel Macht angemaßt, und sogar auch freywillig geschworen hätte, die
Foderungen des Herzogs zu unterstützen, so wäre dennoch der Eyd widergesetzlich, und
seine Schuldigkeit erfoderte, ihn bey der ersten günstigen Gelegenheit zu brechen; er
hätte die Krone durch die einmüthigen Wohlstimmen des Volks erhalten; und würde
sich der Gunst desselben ganz unwürdig bezeigen, wenn er nicht diejenigen Nationalfrey-
heiten,

i) G. Pict. S. 196. Yped. Neust. S. 436.
Order. Vitalis. S. 492. M. West. S. 222. W.
Malm. S. 93. Lugnif. S. 18. Brompton. S.
957. Knyghton. S. 2319. H. Hunt S. 210.
Viele von den Geschichtschreibern sagen, daß
Harold ordentlich von den Ständen gewählt
sey: Einige sagen, Eduard hätte ihn im Testa-
ment zum Erben eingesetzet.

k) Order. Vitalis. S. 492.

heiten, welche es ihm anvertrauet hätte, tapfer vertheidigte; und wenn der Herzog einen
Versuch durch die Gewalt der Waffen machen wollte, so sollte er die Macht einer verei- 1066.
nigten Nation erfahren, welche von einem Prinzen angeführet würde, der die Pflichten erkennte, die seine königliche Würde ihm auferlegte, und entschlossen wäre, seine
Regierung zugleich mit seinem Leben zu endigen ¹).

Wilhelm hatte keine andre Antwort erwartet; und er hatte sich schon vorher entschlossen, auf England einen Angriff zu wagen. Da er nur seinen Muth, seinen Zorn,
und seinen Ehrgeiz zu Rathe zog, so übersah er alle Schwürigkeiten, welche einen Einfall in ein grosses Königreich mit einer so viel schwächern Macht begleiten mußten; und
sah nur auf die Umstände, die sein Unternehmen erleichtern würden. Er bedachte, daß
England seit der Thronbesteigung des Canut, eine Zeit bey nahe von funfzig Jahren
hindurch die tiefste Ruhe genossen hatte, und daß es für dessen Soldaten, welche
durch einen langen Frieden den männlichen Muth verlohren hätten, lange Zeit erfodern
würde, die Kriegszucht zu lernen, und für ihre Generale, sich Erfahrung zu erwerben.
Er wußte, daß das Land gar nicht mit vesten Städten versehen war, wodurch es den
Krieg verlängern könnte, sondern daß sein ganzes Glück auf eine entscheidende Schlacht
mit einem zum Krieg gewohnten Feind müßte ankommen lassen, der, wenn er einmal
das Feld gewonnen hätte, im Stande seyn würde, das Reich zu überschwemmen. Er
sah, daß Harold, ob er gleich Proben von seinem Muthe und seiner Tapferkeit abgelegt, erst neulich einen Thron bestiegen, den er durch Faction erlangt, wovon er eine
sehr alte königliche Familie ausgeschlossen hatte; und welcher schon durch seine eigne Ungewißheit unter ihm wankte, noch vielmehr aber wanken würde, wenn ihm ein gewaltsamer Stoß von aussenher erschütterte. Und er hoffte, daß eben der Umstand, daß er
über See gienge, sein eignes Land verließe, und sich alle Hoffnung zu einer Retraite ab-
schnitte, den Feind durch die Kühnheit des Unternehmens in Erstaunen setzen, seine
Soldaten durch Verzweiflung muthig machen, und erwecken würde, die Ehre der normännischen Waffen zu behaupten.

Wie die Normänner sich lange durch ihre Tapferkeit vor allen andern europäischen
Nationen ausgenommen hatten, so waren sie itzt zu der höchsten Stufe des Ruhms
und der Ehre im Kriege gelanget. Ausserdem, daß sie sich durch die Waffen ein so
schönes Land in Frankreich erobert hatten, daß sie es über die beständigen Angriffe des
französischen Monarchen und aller seiner Nachbaren vertheidigten, daß sie unter ihren
itzigen Regenten so viele herzhafte Thaten verrichtet; hatten sie gerade um diese Zeit durch
die allerwaglichsten Thaten, und durch das bewundernswürdigste Glück in dem andern
Theile von Europa auch ihren alten Ruhm wieder erweckt. Einige wenige normännli-
sche Ebentheurer in Italien hatten nicht nur über die Italiäner und Griechen, sondern
auch über die Deutschen und Saracenen eine solche Uebermacht gewonnen, daß sie diese
Ausländer vertrieben, sich selbst weitläuftige Sitze erwarben, und den Grund zu dem
reichen Königreiche Neapolis in Sicilien legten ᵐ). Diese Unternehmungen von Leuten,
alle mit einander Vasallen in der Normandie, zum Theil wegen Factionen und Empörungen

l) W. Malm. S. 99. Higden. S. 285. M.   m) Gul. Gemet. Lib. 7. Cap. 30.
West. S. 222. Degest Angl. incerto auctore,
S. 331.

rungen verbannt waren, erregten den Ehrgeiz des stolzen Wilhelms; der nach solchen Beyspielen des Glücks, und der Tapferkeit es für verächtlich hielt, sich von dem Angriff auf ein benachbartes Land abschrecken zu lassen, worinn ihn die ganze Macht seines Herzogthums unterstützen konnte.

1066.

Auch der Zustand von Europa machte dem Wilhelm Hoffnung, daß er noch ausser seinen tapfern Normännern den Kern der kriegerischen Macht, der sich in allen andern Ländern zerstreut befand, wider England würde gebrauchen können. Frankreich, Deutschland und die Niederlande waren durch den Fortgang der Feudalverfassung in viele kleine Fürstenthümer und Baronien eingetheilt; und die Besitzer, welche sowohl eine bürgerliche Gerichtsbarkeit, als das Recht der Waffen genossen, handelten in vielen Stücken wie unabhängige Herren, nicht sowohl nach Maßgebung der Gesetze, als nach ihrer eignen Macht und Tapferkeit. Es hatte sich durch ganz Europa überall ein kriegerischer Geist ausgebreitet, und die verschiedenen Anführer, deren Seelen durch ihren fürstlichen Stand erhoben waren, übernahmen begierig die abentheuerlichsten Unternehmungen, und weil sie von Kindheit an nichts anders gehöret hatten, als Erzählungen von dem Glücke, das auf Krieg und Schlachten folgt, so wurden sie von einem natürlichen Ehrgeiz getrieben, diese Abentheuer nachzumachen, welche so sehr gerühmt, und durch die Leichtgläubigkeit der Zeit so sehr übertrieben wurden. Weil sie durch ihre Pflicht gegen einen höhern Herrn, so schwach es auch seyn mögte, und durch ihre Verbindung mit dem großen Körper der Gemeine verbunden waren, so wünschte ein jeder, seinen Ruhm über seinen Distrikt hinaus zu verbreiten; und in allen Versammlungen, sie mochten nun zu bürgerlichen Berathschlagungen, oder zu kriegerischen Feldzügen, oder bloß zur Pracht und zum Vergnügen angestellet seyn, durch den Ruhm ihrer Stärke, und ihres Muths sich einander zu übertreffen. Daher kam ihre Lust zur Ritterschaft; daher war ihnen Friede und Ruhe so zuwider; und daher waren sie so bereit, sich in jegliches wagliche Unternehmen einzulassen, so wenig es sie auch interessirte, es mochte fehlschlagen, oder glücklich ausfallen.

Wilhelm hatte durch seine Macht, durch seinen Muth, und durch seine Fähigkeiten unter diesen stolzen Oberhäuptern lange den Vorzug behauptet; und ein jeder, der sich durch seine Geschicklichkeit in kriegerischen Uebungen, oder durch seine Tapferkeit in der Action unterscheiden wollte, hatte sich eine Ehre daraus gemacht, sich an dem Hofe, und unter den Armeen der Normandie Ruhm zu erwerben. Da sie mit der Gastfreyheit, und Höflichkeit aufgenommen wurden, welche dieses Alter unterschied, hatten sie Freundschaften mit diesem Prinzen aufgerichtet, und gaben denen Aussichten der Ehre und des Vortheils gern Gehör, welche er ihnen zur Vergeltung versprach, wenn sie an seinem Feldzuge nach England Theil nehmen wollten. Je mehr Größe das Unternehmen zu haben schien, je mehr entsprach es ihrem romantischen Geiste: das Gerücht von dem beschlossenen Angriffe hatte sich schon allenthalben ausgebreitet: es drängten sich Haufen zu, welche dem Herzog ihre Dienste, und die Dienste ihrer Untersassen und Vasallen anbothen ⁿ): und Wilhelm fand es nicht so schwer, seine Recruten vollzählich zu machen, als die ältesten und erfahrensten auszusuchen, und das Anbiethen derer zu verwerfen, welche sich unter einem so berühmten General Ruhm erwerben wollten.

Ausser

n) Gul. Pictavienſis, S. 198.

Geschichte von England. Kap. III.

Auſſer dieſen Vortheilen, welche Wilhelm ſeiner perſönlichen Tapferkeit und guten Anführung zuzuſchreiben hatte; war er auch dem Glücke Dank ſchuldig, daß es ihm einigen Beyſtand verſchaffte, und viele Hinderniſſe wegräumte, welche er natürlicher Weiſe in einem Unternehmen erwarten mußte, worinn alle ſeine Nachbaren ſo ſehr verwickelt waren. Conan, der Herzog von Bretagne, war ſein Todtfeind, und um dem Unternehmen ein Hinderniß in den Weg zu legen, bediente er ſich dieſer Zeit-Umſtände, ſeinen Anſpruch auf die Normandie wieder hervor zu ſuchen, und verlangte, daß der Beſitz dieſes Herzogthums, wenn Wilhelms Unternehmen wider England glücklich ausfiele, wieder auf ihn kommen ſollte °). Aber Conan ſtarb plötzlich, nachdem er dieſe Foderung gemacht hatte; und Howel, ſein Nachfolger, anſtatt eben dieſe böſe Abſicht, oder vielmehr dieſe Klugheit anzunehmen, unterſtützte den Anſchlag des Herzogs eifrigſt, und ſandte ſeinen älteſten Sohn, Alain Fergand, mit einem Corps von 5000 Bretagnern in ſeine Dienſte. Die Höfe von Anjou und Flandern munterten ihre Unterthanen auf, dieſem Feldzuge beyzuwohnen; und ſelbſt der Hof von Frankreich, ob er gleich Grund hatte, die Größe eines ſo gefährlichen Nachbars zu fürchten, ſorgte bey dieſer Gelegenheit nicht muthig und beſorgt genug für ſein Intereſſe. Philipp der Erſte, der regierende König in Frankreich, war minderjährig; und da Wilhelm dem Staatsrathe ſein Vorhaben vorgeſtellt, um Hülfe angeſucht, und ſich erbothen hatte, wenn er glücklich ſeyn ſollte, Frankreich wegen der Krone von England zu huldigen, ſo bekam er zwar Befehl, alle Gedanken eines ſolchen Unternehmens bey Seite zu legen; aber der Graf von Flandern, ſein Schwiegervater, welcher das Haupt der Regierung war, beförderte unter der Hand ſeine Werbung, und ermunterte den unternehmenden Adel, ſich zu der Fahne des Herzogs von der Normandie zu begeben.

Der Kaiſer Heinrich der Vierte erlaubte auſſerdem allen ſeinen Vaſallen, dieſem Feldzuge beyzuwohnen, welcher die Aufmerkſamkeit von Europa ſo ſehr erregte, verſprach, in der Abweſenheit des Prinzen dieſes Herzogthum zu beſchützen, und ſetzte ihn dadurch in den Stand, England mit ſeiner geſammten Macht anzugreifen p). Aber der mächtigſte Alliirte, den Wilhelm durch ſeine Unterhandlungen gewann, war der Pabſt, der einen mächtigen Einfluß über die alten Baronen hatte, welche in ihren Religionsgrundſätzen eben ſo andächtig, als tapfer in kriegeriſchen Unternehmungen waren. Der römiſche Pabſt fieng nun an, nach einem unmerklichen Fortgange, durch verſchiedene Alter voll Finſterniß und Unwiſſenheit ſein Haupt öffentlich über alle Prinzen von Europa empor zu heben; ſich in den Streitigkeiten der größten Monarchen das Amt eines Mittlers, ja ſogar eines Schiedsrichters anzumaſen; ſich in alle weltliche Sachen zu miſchen; und ſeinen gehorſamen Schülern ſeine Befehle als die höchſten Geſetze aufzubringen. Es war für den Alexander den Zweyten, den regierenden Pabſt, ſchon Bewegungsgrund genug, ſich der Streitigkeit des Wilhelms anzunehmen, daß er allein ſich zu ſeinem Richterſtuhle gewendt, und ihn in dem Streite mit dem Harold zum Schiedsrichter gewählt hatte; aber dieſer Pabſt ſah auch voraus, daß aus der Eroberung Englands von den Waffen der Normänner noch andre Vortheile entſpringen müſſten. Obgleich dieſes Königreich anfänglich von römiſchen Miſſionarien bekehret war, ob es gleich nachmals noch einige nähere Schritte, ſich Rom zu unterwerfen, gethan hatte, ſo behauptete es doch noch immer in ſeiner Kirchenregierung eine große Unabhängigkeit; und da es an ſich

selbſt

---
o) *Gul. Gemet.* Lib. 7. Cap. 33.   p) *Gul. Pict.* S. 198.

selbst eine Welt ausmachte, welche gänzlich von dem übrigen Europa abgesondert war, so hatte es sich bisher von denen übermäßigen Foderungen, welche die Größe des Pabstthums unterstützten, nicht beykommen lassen. Alexander hoffte demnach, daß die französischen und normännischen Baronen, wenn sie in ihrem Unternehmen glücklich wären, eine demüthigere Ehrfurcht für dem heiligen Stuhl in diesem Königreich einführen, und die englischen Kirchen mit den übrigen europäischen Kirchen in eine größere Gleichförmigkeit setzen würden. Er erklärte sich sogleich für die Ansprüche Wilhelms q); nannte den Harold einen meineidigen Usurpateur; ließ wider ihn un' seine Anhänger den Bann ergehen; und um den Herzog von der Normandie zu seinem Unternehmen noch mehr aufzumuntern, übersandte er ihm eine geweihete Fahne, und einen Ring, worinn sich eines von den Haaren des heiligen Petrus befand r). So wurde der ganze Ehrgeiz, und die Gewaltsamkeit dieses Einfalls sicher mit dem breiten Mantel der Religion bedeckt!

Aber die größte Schwürigkeit, welche Wilhelm in seinen Zurüstungen fand, kam von seinen eignen Unterthanen in der Normandie her. Die Stände des Herzogthums waren zu Lisiebone versammlet; und da zu dem beschlossenen Unternehmen, welches ihrem Lande so viel Ehre und Vortheil versprach, Zuschuß geodert wurde, bezeigten viele Glieder einen Widerwillen, so wohl Summen herzugeben, welche das gemeine Maaß in den damaligen Zeiten so weit überstiegen, als auch, sichs aufbringen zu lassen, daß sie außer ihrem Lande Kriegsdienste leisteten. Da es der Herzog gefährlich fand, sie insgesamt darum zu ersuchen, so beredete er sich absonderlich mit den reichsten Personen in der Provinz; und da er bey denen anfieng, auf deren Liebe er sich am meisten verließ, so beredete er nach und nach alle, die verlangten Summen herzuschießen. Der Graf von Longueville, der Graf von Mortaigne, Odo, der Bischof von Bajeux, und vornemlich Wilhelm Fitz-Osborne, Graf von Breteuil und Constabel des Herzogthums, halfen ihm in dieser Unterhandlung. Jedermann, der sich einmal selbst angegeben hatte, bemühete sich, auch andre zu bereden; und zuletzt erklärten sich die Stände selbst, nachdem sie vorher ausgemacht hatten, daß man sich künftig hierauf, nicht als auf ein Recht berufen sollte, daß sie ihrem Prinzen in seiner beschlossenen Unternehmung mit dem äußersten Kräften beystehen wollten s).

Wilhelm hatte nun eine Flotte von 3000 Schiffen, großen und kleinen versammlet t); und hatte aus der zahlreichen Menge von Recruten, welche sich aus allen Ländern angaben, und um seine Dienste bathen, eine Armee von 60,000 Mann ausgesucht. Das Lager sah prächtig, aber doch kriegerisch aus, wegen der Kriegszucht der Leute, der Lebhaftigkeit der Cavallerie, und des Glanzes der Waffen und der Monttierung; vornehmlich aber wurde es durch die hohen Namen des Adels prächtig, welcher sich unter die Fahne des Herzogs von der Normandie begeben hatte. Die berühmtesten waren Eustaz, Graf von Boulogne, Almeri von Thouars, Hugh d'Estaples, Wilhelm d' Evreux, Gioffrey von Rotrou, Roger von Braumont, Wilhelm von Warenne, Roger von Montgomeri, Hugh von Grantmesnil, Carl Martel, und Geoffery Gifard u). Diesen kühnen Heerführern hielt Wilhelm die Leute von England, als einen Preis ihrer

Tapfer-

q) *W. Malmes.* S. 100. *Ingulf.* S. 69. *Higden*, S. 285. *Brompton*, S. 958.

r) *Baker*, S. 22. edit. 1684.

s) *Camden*, H. Introd. ad Britann. S. 212. 2d Edit. Gibl. Veritegan, S. 173.

t) *Gul Gemet.* Lib - Cap 34.

u) *Ordericus Vitalis*, S. 501.

Geschichte von England. Kap. III.

Tapferkeit, vor; er wies mit den Fingern nach den gegenüber liegenden Ufern, und rief ihnen zu, dort sey das Feld, wo sie ihrem Namen Trophäen errichten, und ihre Wohnungen nehmen müßten.

1066.

Indem der Herzog diese großen Zurüstungen machte, machte er auch den alten Groll des Tosti, um die Anzahl der Feinde des Harold zu vergrößern, wieder rege, und ermunterte ihn, in Verbindung mit dem Harold Halfager, dem Könige von Norwegen, die Küste von England anzugreifen. Tosti brachte gegen sechzig Schiffe in dem Hafen von Flandern zusammen, und stach in See; und nachdem er auf den südlichen und östlichen Küsten einige Verheerungen getrieben hatte, seegelte er nach Northumberland, wo Halfager zu ihm stieß, der mit einer großen Armatur von 300 Schiffen übergekommen war v). Die vereinigten Flotten liefen in den Humber ein, und setzten ihre Truppen aus, welche anfiengen, allenthalben zu verheeren: als Morcar, Graf von Northumberland, und Edwin, Graf von Mercia, des Königs Schwäger in der Eile einige Truppen zusammenzogen, und ihnen ein Treffen zu liefern wagten. Die Schlacht endigte sich mit der gänzlichen Niederlage und Flucht dieser beyden Edelleute w).

Als Harold von diesem Unglück Nachricht bekam, eilte er mit seiner Armee, sein Volk zu schützen; und legte den größten Eifer an den Tag, sich der Krone würdig zu zeigen, welche ihm war übertragen worden. Obgleich dieser Prinz die ganze Größe der Gefahr durch die große Verbindung wider ihn nicht kannte, so hatte er doch alle beliebte Künste angewandt, die Liebe des Publici zu gewinnen, und gab so viel Proben von einer billigen und klugen Regierung, daß die Engländer keine Ursach fanden, sich die Wahl eines solchen Königs reuen zu lassen x). Sie kamen aus allen Theilen zu seiner Fahne; und sobald er nur den Feind bey Standford antraf, war er im Stande, ihm ein Treffen zu liefern. Die Schlacht war sehr blutig, aber der Sieg war auf der Seite des Harold entscheidend, und endigte sich mit der gänzlichen Niederlage der Dänen, und mit dem Tode des Tosti und Halfager y). Selbst die dänische Flotte fiel in die Hände des Harold, der die Großmuth besaß, dem Prinzen Olave, dem Sohne des Halfager, die Freyheit zu geben, und ihm zwanzig Schiffen wegsegeln zu lassen z). Aber er hatte kaum Zeit, sich über diesen Sieg zu freuen, da die Nachricht einlief, daß der Herzog von der Normandie mit einer großen Armee in dem Südlichen von England gelandet war.

Den 25sten September.

Die normännische Flotte und Armee war früh im Sommer an der Mündung des kleinen Flußes Dive zusammengekommen, und alle Truppen waren den Augenblick eingeschifft worden; allein die Winde waren entgegen, und hielten sie in dem Haven zurück:

Q 3

---

v) Chron. Sax. S. 171. W. Malm. S. 94. H. Hunt S. 357. Higden. S. 84.
w) Chron. Sax. S. 172. W. Malm. S. 94. Hoveden. S. 448. Ingulf. S. 284. Alured Beverl. S. 123.
x) W. Malmes. S. 93. Hoveden. S. 447. Hist. Eliensis Cap. 44. Sim. Dun. S. 193. Flor. Wigorn. S. 613.

y) Chron. Sax. S. 172. W. Malm. S. 94. H. Hunt. S. 368. Ingulf. S. 69. Hist. Ramesf. S. 461.

z) Hoveden. S. 448. Ingulf. S. 69. Higden. S. 285. Chron. Abb. St. Petri de Burgo. S. 46.

rück ᵃ): jedoch das Ansehen des Herzogs, die gute Kriegeszucht, welche unter den Seeleuten und Soldaten gehalten wurde, und die große Sorge, sie mit Lebensmitteln zu versehen, hatten allen Unordnungen vorgebeuget; als der Wind wieder günstig wurde, und sie in den Stand setzte, die Küste hinunter zu seegeln, bis sie St. Valori erreichten. Es giengen jedoch in dieser kleinen Ueberfahrt verschiedene Schiffe verlohren; und da die Winde noch einmal widrig wurden, fieng die Armee an sich einzubilden, daß der Himmel sich wider sie erkläre, und daß sie, ungeachtet des päbstlichen Segens, zum gewissen Untergange ᵇ) bestimmt wäre. Diese kühnen Krieger, welche wirkliche Gefahr verachteten, waren der Furcht vor eingebildeten sehr unterworfen; und viele fiengen an, aufrührisch zu werden, und einige traten sogar aus; als der Herzog, um ihre sinkende Hoffnung wieder aufzuheben, eine Procession mit den Reliquien des heiligen Valori anstellen ᶜ), und Gebethe um ein günstiges Wetter verrichten ließ. Die Winde veränderten sich den Augenblick; und weil sich dieser Zufall am Abend des Festes des heiligen Michaelis, des Schutzheiligen der Normandie zutrug, so brachen die Truppen, welche sich einbildeten, in allen diesen zusammenlaufenden Umständen die Hand des Himmels zu sehen, mit der größten Munterkeit auf ᵈ). Sie fanden auf ihrer Reise kein Hinderniß; eine große Flotte, welche Harold zusammengebracht, und welche den ganzen Sommer an der Insel Wight gekreuzet hatte, war aus einander gegangen, weil Harold eine falsche Nachricht bekommen, daß Wilhelm, durch widrige Winde und andre Zufälle abgeschreckt, seine Zurüstungen eingestellt hätte ᵉ). Die normännische Flotte, welche in großer Ordnung heran kam, kam ohne einen wichtigen Verlust nach Pevensey in Sussex, und die Armee wurde ungestört ausgeschifft. Als der Herzog aufs Ufer sprang, stolperte er und fiel; er faßte sich aber so gut, daß er dieses Vorzeichen zu seinem Vortheil ausbeutete, und laut ausrief, er hätte Besitz von dem Lande genommen ᶠ). Und ein Soldat lief zu einer benachbarten Hütte, zog ein Strohreiß von dem Dache, und überreichte es seinem Feldherrn, als wenn er ihm ein Zeichen zum Besitz des Königreichs gäbe. Die Freude und Munterkeit Wilhelms, und seiner ganzen Armee war so groß, daß sie den Muth auch da nicht verlohren, als sie von dem großen Siege Harolds über die Dänen hörten; und sie schienen vielmehr die Ankunft des Feindes mit großer Ungeduld zu erwarten ᵍ).

Der Sieg des Harolds, so groß und rühmlich er auch war, war dennoch überhaupt seinem Interesse schädlich gewesen, und kann für die unmittelbare Ursache seines Untergangs angesehen werden. Er verlohr viele von seinen tapfersten Officieren und Soldaten in der Schlacht; und machte die übrigen mißvergnügt, weil er die dänischen Beuten unter ihnen nicht vertheilen wollte h); ein Betragen, welches seiner gewöhnlichen Großmuth nicht entsprach, welches aber die Begierde, sein Volk zu dem Kriege, der ihm von dem Herzog von der Normandie bevorstund, bey guter Laune zu erhalten, wahrscheinlicher Weise verursachet hatte. Er eilte mit geschwinden Märschen, diesen neuen

---

a) *Order. Vitalis.* S. 500.
b) *W. Malm.* S. 100.
c) *Higden,* S. 285. *Order. Vitalis* S. 500. *Matth. Paris* edit. Parisienf. anno 1644. S. 2.
d) *W. Malm.* S. 100.
e) *Hoveden,* S. 448. *Simeon Dunelm.* S. 194. *Diceto,* S. 479.
f) *Baker.* S. 22.
g) *Gul. Pict.* S. 199.
h) *W. Malmef.* S. 94. *Higden,* S. 285.

neuen Angreifer zu erreichen; allein ob er gleich zu London und an andern Orten mit
neuen Truppen verstärket wurde, fand er sich doch durch den Austritt seiner alten Sol- 1066.
daten, welche wegen Beschwerlichkeit und Mißvergnügen insgeheim seine Fahnen verließen, auch sehr geschwächt. Sein Bruder Gurth, ein tapferer und kluger Mann,
fieng an, den Ausgang zu befürchten; und stellte dem Könige vor, es würde klüger
seyn, den Krieg zu verlängern, oder doch wenigstens in der Schlacht seiner eignen
Person zu schonen. Er stellte ihm vor, wie die verzweifelte Situation des Herzogs von
der Normandie, es diesen Prinzen nothwendig machte, die Sache zu einer schleunigen
Entscheidung zu bringen, und sein ganzes Glück auf den Ausschlag eines Treffens ankommen zu lassen; aber der König von England hätte in seinem eignen Lande, von seinen Unterthanen geliebt, mit allem Nöthigen versehen, unfehlbarere, und nicht so gefährliche Mittel, sich des Sieges zu versichern: die normännischen Truppen, da sie an
der einen Seite von der größten Hoffnung aufgemuntert würden, und an der andern
keine Hoffnung sähen, wofern sie geschlagen würden, würden bis aufs äußerste fechten,
und weil sie der Kern von allen Kriegern des vesten Landes wären, so müßten sie den
Engländern für furchtbar angesehen werden. Wenn man ihr erstes Feuer, und ihren
Muth, welche allemal am gefährlichsten wären, aus Mangel an Thätigkeit ermatten
ließe; wenn man sie durch kleine Scharmützel ermüdete, und ihre Lebensmittel beengte,
so müßten sie endlich durch das böse Wetter, und durch die tiefen Wege, im Winter,
welcher heranbrach, ermüdet, ihrem Feinde leicht und ohne Blutvergießen zur Beute
werden. Wenn er ein allgemeines Treffen verschöbe, so würden die Engländer die
große Gefahr erkennen, worinn sowohl ihre Güter, als Freyheiten von diesen raubsüchtigen Feinden gesetzt wären, aus allen Gegenden zu seinem Beystande eilen, und
seine Armee unüberwindlich machen. Wenigstens, wenn er es nöthig fände, ein Treffen zu wagen, müßte er doch seine eigne Person nicht aufs Spiel setzen; sondern im
Fall eines unglücklichen Ausschlages für die Freyheit und Unabhängigkeit dieses Reichs
noch eine Zuflucht aufheben. Und da er einmal so unglücklich gewesen wäre, zu einem
Eide gezwungen zu seyn, und zwar bey den heiligen Reliquien, daß er die Ansprüche
des Herzogs von der Normandie unterstützen wollte; so wäre es besser, daß ein andrer
die Armee commandirte, der nicht durch diese heilige Bande gebunden wäre, und also
den Soldaten mehr Hoffnung zu einem glücklichem Ausschlage des Zwistes machen
könnte i).

Harold war gegen alle diese Vorstellungen taub; und weil er durch sein voriges
Glück stolz war, und von seinem angebohrnen Muthe angetrieben wurde, entschloß er
sich, in Person ein Treffen zu liefern; und in dieser Absicht rückte er den Normännern
näher, welche ihr Lager und ihre Flotte nach Hastings verlegt hatten, wo sie ihre Quartiere nahmen. Er war eines glücklichen Ausschlages so gewiß, daß er dem Herzoge Bothen zuschickte, und ihm eine Summe Geldes versprach, wenn er ohne Blutvergießen
das Königreich verlassen wollte: aber sein Erbieten wurde mit Verachtung verworfen;
und Wilhelm, um seinem Feinde in Pralerey nichts nachzugeben, sandte ihm durch einige Mönche eine Bothschaft, und ließ ihm sagen, er sollte entweder sein Königreich
abtreten,

i) *W. Malm.* S. 100. *Higden,* S. 286. *Order. Vitalis,* S. 500. *M. West.* S. 222.

abtreten, oder es von ihm zum Lehn nehmen, oder ihre Sache der Entscheidung des
1066. Pabstes überlassen, oder auch mit ihm einen Zweykampf angehen k). Harold antwortete, der Gott der Schlachten würde bald der Schiedsrichter ihrer Streitigkeit seyn l).

Den 14ten Die Engländer und Normänner machten sich itzt zu dieser wichtigen Entscheidung
October. fertig; aber die Sachen sahen den Abend vor der Schlacht in den beyden Lägern sehr verschieden aus. Die Engländer brachten ihre Zeit in Schwelgerey, Lustbarkeit und Unordnung zu; die Normänner in Stille, Gebeth und Religionsandachten m). Des Morgens rief der Herzog die Angesehensten von seinen Heerführern zusammen, und hielt eine Rede an sie, die sich zu dem Vorfalle schickte. Er stellte ihnen vor, die Begebenheit, welche sie und er längst gewünscht hätten, wäre nun da; und das ganze Kriegsglück beruhete itzt auf ihren Schwertern, und würde in einer einzigen Schlacht entschieden werden: niemals hätte eine Armee größere Bewegungsgründe gehabt, ihren Muth zu bezeigen, man möchte nun den Preiß ansehen, den ihr Sieg nach sich ziehen würde, oder den unvermeidlichen Untergang, welcher erfolgen müßte, wenn sie geschlagen würden. Wenn ihre kriegerischen und alten Truppen nur durch diese rohen Soldaten, welche sich unbedachtsam gewagt hätten, ihnen nahe zu kommen, durchbrechen könnten, so eroberten sie mit einem Streiche ein Königreich, und hätten in Recht, alle seine Güter als eine Belohnung für ihre glückliche Tapferkeit zu fodern. Wenn sie aber das geringste von ihrem gewohnten Muth nachließen, so würde ein erbitterter Feind ihnen im Rücken folgen, das Meer sie auf ihrer Flucht zurückhalten, und ein schmählicher Tod die gewisse Strafe für ihre unvernünftige Feigheit seyn. Er hätte sich aller menschlichen Mittel zum Siege bedienet, indem er eine so zahlreiche und tapfere Armee zusammengebracht, und der Aufführer des Feindes hätte ihn durch seine sträfliche Aufführung eine gerechte Ursache gegeben, die Gunst des Himmels zu hoffen, in dessen Händen allein der Ausgang der Kriege und Schlachten stünde, und ein meineidiger Usurpateur, über dem der höchste Priester den Fluch gesprochen, und der sich seines Meineides bewußt wäre, würde von Schrecken getroffen werden, so bald er sie sähe, und sich selbst das Schicksal vorher sagen, was seine vielfältigen Verbrechen so wohl verdienten n). Hierauf theilte der Herzog seine Armee in drey Linien; die erste, unter der Anführung des Montgomery, bestund aus Bogenschützen und leicht bewaffneter Infanterie: die andre, welche Martel anführte, bestund aus seinen tapfersten Geschwadern, welche schwer bewaffnet waren, und in geschlossenen Gliedern stunden: seine Reuterey, an deren Spitze er sich selbst stellte, machte die dritte Linie aus, und war so gestellt, daß sie sich über das Fußvolk hinausstreckte, und beyden Flügeln der Armee die Flanken deckte o). Er gab Befehl, das Zeichen zum Treffen zu geben; und die ganze Armee setzte sich auf einmal in Marsch, sang die Hymne, oder das Lied des Roland, des berüh-

k) W. Malmef. S. 100. Higden, S. 286.   n) H. Hunting. S. 368. Brompton, S. 959.
l) Higden, S. 286.   Gul. Pict. S. 201.
m) W. Malmef. S. 101. De Gest. Angl.   o) Gul. Pict. S. 201. Order. Vitalis,
S. 33 a   S. 50.

rühmten Schwestersohns p), Carls des Großen, und rückte mit Ordnung und Muth
gegen den Feind an.

1066.

Harold hatte sich eines vortheilhaften Grundes bemächtiget, hatte außerdem einige Graben gezogen, um seine Flanken zu sichern, und war entschlossen, defensiv zu verfahren, und ein Treffen mit der Cavallerie zu vermeiden, woran er schwächer war q). Die Soldaten aus Kent stunden im Vordertreffen, ein Posten, den sie immer als ihnen gebührend foderten: die aus London beschützten die Fahne: und der König selbst, nebst seinen beyden tapfern Brüdern Gurth und Leofwin, stiegen vom Pferde herab, stellten sich an die Spitze der Fußvölker, und legten ihren Entschluß an den Tag, daß sie entweder siegen, oder im Treffen sterben wollten r). Der erste Angriff der Normänner war verzweifelt, wurde aber von den Engländern mit gleicher Tapferkeit empfangen; und nach einem wütenden Kampfe, welcher lange unentschieden blieb, fiengen die ersten an, durch die Schwierigkeit des Bodens überwunden, und von dem Feinde sehr ins Gedränge gebracht, erst in ihrer Hitze nachzulassen, und dann zu weichen, und die Unordnung breitete sich schon unter alle Glieder aus, als Wilhelm, der sich am Rande des Unterganges sand, mit einem ausgesuchten Trupp herzueilte, seinen muthlosen Truppen beyzustehen s). Seine Gegenwart stellte das Treffen wieder her, die Engländer wurden mit Verlust gezwungen, sich zurück zu ziehen, und der Herzog, welcher seine zwote Linie anrücken ließ, erneuerte den Angriff mit frischen Truppen, und mit doppeltem Muthe. Da er sah, daß der Feind, durch den Vortheil des Bodens unterstützt, und durch das Beyspiel seiner Prinzen aufgemuntert, einen lebhaften Widerstand that, so verfuchte er eine Kriegeslist, welche sehr bedenklich in ihrer Ausführung war, die ihm aber doch in seiner itzigen gefährlichen Situation sehr rathsam zu seyn schien, da er so gut, als gänzlich verlohren war, wenn er nicht einen völligen Sieg gewann: er gab nämlich Befehl, daß seine Truppen sich eilig zurückziehen sollten, um durch diese verstellte Flucht den Feind von seinem hohen Grunde herunter zu ziehen. Die List glückte wider diese unerfahrnen Truppen, welche durch das Gefecht erhitzt, und in ihren vollen Hoffnungen den Normännern in das platte Feld folgten t). Wilhelm gab Befehl, daß die Infanterie auf einmal gegen ihre Verfolger Fronte machen, die Cavallerie ihre Flügel angreifen, und beyde zusammen den Vortheil verfolgen sollten, den das Erstaunen und der Schrecken des Feindes ihnen in diesem kritischen und entscheidenden Augenblicke geben müßte. Die Engländer wurden mit großer Niederlage bis auf den Hügel zurückgetrieben, wo die Tapferkeit des Harold sie wieder zusammenbrachte, daß sie, ungeachtet ihres Verlustes, noch im Stande waren, den Posten zu behaupten, und das Gefechte fortzusetzen. Der Herzog versuchte eben dieselbe Kriegslist mit gleichem Glücke noch einmal; aber sogar nach diesem doppelten Vortheile fand er doch noch ein großes Corps Engländer, welches sich

p) *W. Malmsf.* S. 101. *Hygden*, S. 286. *M. West.* S. 223. *Du Cange's* Glossarium in Verbo Cantilena Rolandi.

q) *Gul. Pict.* S. 201. *Order. Vitalis*, S. 501.

r) *W. Malm* S. 101.
s) *Gul. Pict.* S. 202. *Order. Vitalis.* S. 501.
t) *W. Malm.* S. 101. *H. Hunt* S. 386. *Hygden*, S. 286. *Brompton*, S. 960. *Gul. Pict.* S. 202. *M. Paris*, S. 3.

sich in vester Schlachtordnung hielt, und entschlossen zu seyn schien, ihm den Sieg bis aufs Aeußerste streitig zu machen. Er ließ seine schwer bewaffnete Infanterie den Angriff auf sie thun, indem seine Bogenschützen, welche er hinter dieselbe gestellt hatte, den Feind beunruhigen mußten, der auf dem erhabenen Grunde bloß stund, und genug zu thun hatte, daß er sich wider die Schwerter und Speere der Angreifer vertheidigte u). Durch diese Anordnung behielt er endlich die Oberhand; Harold wurde von einem Pfeil getödtet, indem er mit großer Tapferkeit an der Spitze seiner Leute fochte x). Seine beyden Brüder hatten ein gleiches Schicksal; und die Engländer, die durch den Fall dieser Prinzen den Muth verlohren, wichen an allen Seiten, und wurden von den siegreichen Normännern mit großer Niederlage verfolgt. Dennoch wagten sich einige Truppen von den Ueberwundenen, sich gegen ihre Verfolger zu wenden; und da sie dieselben auf einem tiefen und morastigen Boden hatten, erhielten sie einige Rache für die Niederlage, und den Schimpf dieses Tages y). Aber die Ankunft des Herzogs zwang sie, ihre Sicherheit durch die Flucht zu suchen, und die Finsterniß sicherte sie vor aller weitern Verfolgung des Feindes.

Also gewann Wilhelm, der Herzog von der Normandie, den großen und entscheidenden Sieg bey Hastings, nach einem Treffen, welches vom Morgen an bis nach Sonnenuntergang dauerte z); und welches durch die heldenmüthigen Thaten der Tapferkeit, die beyde Armeen, und beyde Heerführer verrichteten, würdig zu seyn schien, das Schicksal eines großen Reichs zu entscheiden. Dem Wilhelm waren drey Pferde unter dem Leibe getödtet, und von den Normännern blieben gegen 15,000 Mann a). An der Seite der Ueberwundenen war der Verlust noch weit größer; außerdem waren auch der König und seine beyden Brüder geblieben. Der Leichnam des Harold wurde dem Wilhelm überbracht, der ihn ohne Lösegeld großmüthig seiner Mutter wieder geben ließ b). Die normännische Armee verließ das Schlachtfeld nicht, ohne dem Himmel auf die feyerlichste Art für ihren Sieg zu danken; und nachdem der Herzog seine Truppen erfrischet hatte, machte er sich fertig, seinen Vortheil wider die getrennten, muthlosen und zerstreuten Engländer aufs äußerste zu treiben.

u) *Diceto*, S. 48c.
x) *W. Malmesf.* S. 101. *H. Hunt.* S. 369. *Ingulf.* S. 69. *Simeon Dunelm.* S. 195.
y) *Gul. Pict.* S. 203. *Ord. Vitalis*, S. 501.
z) *Alur. Beverl.* S. 124. *Ypod. Neustr.* S. 436.
a) *Gul. Gemet.* lib. 7. Cap. 36.
b) *W. Malm.* S. 103. *Higden* S. 286. *Chron. Abb. St. Petri de Burgo*, S. 46.

Geschichte von England. Erster Anhang.

Erster Anhang.
Die angelsächsische Regierung und ihre Sitten.

Die erste sächsische Regierung — Thronfolge der Könige — Die Wittenagemot — Die Aristocratie — Die verschiedenen Klassen der Unterthanen — Gerichtshöfe — Peinliches Recht — Regeln der Probe — Kriegsmacht — öffentliches Einkommen — Werth des Geldes — Sitten.

Die Regierungsart der Deutschen und aller nordischen Nationen, welche sich auf die Ruinen von Rom setzten, war beständig sehr frey; und dieses wilde Volk, gewöhnt zur Unabhängigkeit, und in Waffen erzogen, wurde mehr durch Beredung, als Geboth, zu der Unterwürfigkeit geführet, die es seinen Prinzen bezeigte. Der kriegerische Despotismus, welcher in dem römischen Reiche war eingeführet worden, und der noch vor dem Einfalle dieser Eroberer das Genie der Menschen herabgesetzet, und alle edle Grundsätze der Wissenschaft und der Tugend zerstöret hatte, war nicht vermögend, den muthigen Angriffen eines freyen Volkes zu widerstehen; und Europa zündete, als wenn eine neue Epoche angefangen wäre, seinen alten Geist wieder an, und schüttelte die niederträchtige Dienstbarkeit unter einem eigenmächtigen Willen, und willkührlicher Gewalt ab, worunter es so lange gerungen hatte. Die freyen Staatsverfassungen, welche damals eingeführet waren, so sehr sie auch durch die gewaltsamen Eingriffe auf ein ander folgender Prinzen geschwächet wurden, haben doch noch immer ein Ansehen von Unabhängigkeit und gesetzmäßiger Verwaltung, welche die europäischen Nationen unterscheiden; und wenn dieser Theil der Erde Sentiments der Freyheit, der Ehre, der Billigkeit, der Tapferkeit, mehr, als alle andre Menschen hat, so hat er diese Vortheile vornehmlich dem Saamen zu verdanken, den diese großmüthige Barbaren gepflanzet hatten.

Die Sachsen, welche Britannien bezwangen, behielten hartnäckig die unschätzbare Freyheit in ihrem neuen Lande bey, welche sie in ihrem vorigen genossen; und brachten eben die Grundsätze der Unabhängigkeit, welche sie von ihren Vätern geerbet hatten, in diese Insel. Die Chieftains, (denn das waren sie eigentlicher, als Könige, oder Fürsten) welche sie in diesen kriegerischen Feldzügen anführten, besaßen noch immer eine sehr eingeschränkte Gewalt; und weil die Sachsen die alten Einwohner mehr ausrotteten, als bezwangen, so waren sie wirklich auf ein neues Gebieth verpflanzet, doch behielten sie alle ihre bürgerlichen und kriegerischen Verfassungen unverändert. Die Sprache war die reine sächsische; so gar die Namen der Oerter, welche oft bleiben, wenn

Die erste sächsische Regierung.

die Sprache sich gänzlich verändert hat, wurden ihnen fast überall von den neuen Siegern beygelegt. Die Sitten und Gewohnheiten waren völlig deutsche; und ein gleiches Gemälde von der wilden und kühnen Freyheit, welches der meisterhafte Pinsel des Tacitus gezeichnet hat, wird sich auf diese Stifter der englischen Regierungsform schicken. Weit gefehlt, daß der König zu einer willkührlichen Macht berechtiget war; er wurde nur für den ersten unter den Bürgern angesehen; seine Gewalt beruhete mehr auf seinen persönlichen Eigenschaften, als auf seinem Stande; er war so gar in so weit seinen übrigen Einwohnern gleich, daß ein bestimmter Preis auf seinen Kopf gesetzt, und von seinem Mörder eine dem Gesetze gemäße Geldstrafe gefodert wurde, welche zwar ein Verhältniß zu seinem Stande hatte, und größer war, als für das Leben eines andern Bürgers, aber doch zugleich sichtbar zeigte, daß er der Gemeine unterworfen war.

Thronfolge der Könige. Man kann sich leicht vorstellen, daß ein unabhängiges Volk, welches so wenig an Gesetze gebunden, und durch Wissenschaften aufgeräumet war, nicht sehr genau auf eine ordentliche Thronfolge der Prinzen hielt. Ob es gleich der königlichen Familie eine große Ehrerbietung bezeigte, und derselben einen unbestrittenen Vorrang einräumte, so hatte es doch entweder gar keine Regel, oder doch keine, welche beständig beobachtet wurde, den erledigten Thron zu besetzen; und man sah mehr bey solchen Fällen auf die Umstände der Zeit, als auf allgemeine Grundsätze. Wir müssen jedoch nicht denken, daß man die Krone gänzlich für eine Wahlkrone ansah; und daß man in der Staatsverfassung einen regelmäsigen Plan angelegt hatte, wornach man durch die Wahlstimmen des Volkes allemal, wenn der Tod der höchsten Magistratsperson den Thron erledigte, die Stelle besetzte. Wenn ein König bey seinem Tode einen Sohn hinterließ, der seinem Alter, und seiner Fähigkeit nach, zur Regierung geschickt war, so bestieg der junge Prinz gemeiniglich den Thron: war er minderjährig, so wurde sein Onkel, oder der nächste Blutsverwandte zur Regierung erhoben, und der Zepter kam auf dessen Nachkommen. Jeder Fürst hatte es ziemlich in seiner Gewalt, wenn er mit den Häuptern des Volk vorher seine Maasregeln nahm, seinen Nachfolger zu ernennen: alle diese Veränderung, und in der That auch die ordentliche Verwaltung der Regierung, erforderten den ausdrücklichen Beytritt, oder zum wenigsten eine stillschweigende Einwilligung des Volkes; aber der jedesmalige Besitz, er mochte nun erhalten seyn, wie er wollte, that viel, um es in Gehorsam zu erhalten, und die Achtung für jedes Recht, welches einmal ausgeschlossen war, war nur schwach und unvollkommen. Dieses fällt in allen barbarischen Monarchien vor, und ereignet sich so oft in der Geschichte der Angelsachsen, daß wir uns von ihrer Regierung schwerlich einen andern Begriff machen können. Der Begriff einer erblichen Thronfolge ist den Menschen so natürlich, und ist durch die gewöhnliche Regel, wornach man Privateigenthümer andern übergiebt, so sehr bestätiget, daß er eine grosse Gewalt über jede Gesellschaft haben muß, welche denselben durch die neuen Verbesserungen einer republikanischen Staatsverfassung nicht ausschließet. Weil aber unter einer Regierung, und unter Privateigenthümern ein merklicher Unterschied ist, und nicht jeder zu dem einen so geschickt ist, als zu dem andern, so kann ein Volk, welches die allgemeinen Voortheile nicht einsiehet, die mit einer beständig beobachteten Regel verknüpft sind, in der Thronfolge leicht grosse Sprünge machen, und oft diejenige Person übergehen, die, wenn sie die erforderlichen Jahre und Fähigkeiten besessen hätte, zu der Regierung für berechtiget würde gehalten worden seyn. Auf diese Weise sind diese Monarchien, genau

Geschichte von England. Erster Anhang.

nau zu reden, weder Wahl- noch Erbreich; und ob man gleich oft der Bestimmung eines Prinzen, der seinen Nachfolger ernennet, folgen mag, so kann man doch nicht sagen, daß die Thronfolge gänzlich nach einem Testamente gehe. Die Wahlstimmen des Staats mögen wohl zuweilen einen König ernennen; aber öfterer erkennen sie doch denjenigen, den sie schon auf dem Throne sehen; einige Große nehmen das Vorwort; das Volk, in Ehrfurcht gesetzt, und beredet, unterwirft sich der Regierung; und der regierende Prinz, wofern er nur von der königlichen Familie ist, wird ohne Bedenken für den rechtmäßigen König gehalten.

Es ist ausgemacht, daß unsre Wissenschaft in der angelsächsischen Geschichte und ihren Alterthümern zu unvollkommen ist, um uns Mittel an die Hand zu geben, daß wir alle Vorrechte der Krone und Freyheiten des Volks mit Gewißheit bestimmen, oder einen genauen Abriß von der Regierung geben könnten. Es ist auch wahrscheinlich, daß die Staatsverfassung unter den verschiedenen Nationen der Heptarchie etwas unterschieden seyn mochte, und daß sie sich in einer Zeit von sechs Jahrhunderten, welche seit dem ersten Einfall der Sachsen bis auf die Eroberung der Normänner verflossen war, sehr verändert haben mußte a). Aber das meiste von diesem Unterschiede, und diesen Veränderungen, nebst seinen Ursachen und Wirkungen, ist uns unbekannt: wir sehen nur, daß zu allen Zeiten, und in allen Königreichen, ein Nationalrath war, den man Wittenagemot, oder die Versammlung der weisen Männer nannte, (denn das ist die Bedeutung dieses Wortes) deren Einwilligung nöthig war, wenn ein Gesetz gegeben, oder die hauptsächlichen Verfügungen der öffentlichen Regierung gut geheißen werden sollten. Der Eingang zu allen Gesetzen des Ethelbert, des Ina, des Alfred, Edward des Aeltern, Athelstan, Edmund, Edgar, Ethelred, und Edward des Bekenners, so gar der Eingang zu den Gesetzen des Canut, ob er gleich gewisser maaßen ein Eroberer war, setzet dieses außer allen Zweifel, und giebt allenthalben Zeugnisse von einer eingeschränkten Regierung. Wer aber die Glieder waren, welche diese Wittenagemot ausmachten, das haben die Alterthumsforscher nicht mit Gewißheit ausgemacht. Man kömmt darinn überein, daß die Bischöfe und Aebte b) ein wesentlicher Theil derselben gewesen sind: und es erhellet auch aus dem Innhalte dieser alten Gesetze, daß die Wittenagemot Landesverordnungen ausgab, welche sowohl die kirchliche als bürgerliche Regierung ordneten, und daß die gefährlichen Grundsätze, wodurch die Kirche gänzlich von dem Staate abgesondert wird, den Angelsachsen

Die Witten-
agemot.

bisher

---

a) Wir wissen von einer nicht unbeträchtlichen Veränderung in der sächsischen Staatsverfassung. Die *Saxon annals* S. 49. unterrichten uns, daß der König das Vorrecht hatte, die Herzoge, Grafen, Aldermänner und Sherifs der Grafschaften zu ernennen. Asser, ein Schriftsteller, der um diese Zeit lebte, sagt uns, daß Alfred alle unwissende Aldermänner absetzte, und Männer von größerer Fähigkeit in ihre Stelle setzte: dennoch sagen die Gesetze Eduards des Bekenners §. 35. ausdrücklich,

daß die Herzoge, oder Herzoge und Sherifs von den Freysaßen in der Folkmote, einem Gerichte der Grafschaft, welches jährlich einmal zusammen kam, und worinn alle Freysaßen dem Könige den Eid der Treue schwuren, gewählet wurden.

b) Oft wurden Aebtissinnen dazu gelassen; wenigstens zeichnen sie oft die Schenkungsbriefe des Königes. *Spelm. Gloss.* in verbo *parliamentum*.

Geschichte von England. Erster Anhang.

bisher unbekannt waren c). Es erhellet gleichfalls, daß die Alderman, oder Gouverneurs der Grafschaften, welche nach den Zeiten der Dänen oftmals Grafen d) genannt wurden, in den Rath aufgenommen waren, und zu den öffentlichen Verordnungen ihre Bewilligung gaben. Aber außer den Prälaten und Alderman, wird auch noch der Wites, oder weisen Männer, als einer besondern Gattung von Männern in der Wittenagemot gedacht; wer aber diese waren, ist weder in dem Gesetze, noch in der Geschichte dieser Zeit ausgemacht. Diese Sache würde, nach aller Wahrscheinlichkeit, schwer zu entscheiden seyn, wenn man sie auch unparteyisch untersuchen wollte; weil sich aber unsre Parteyen über diesen Punkt getheilet haben, so ist über die Frage mit desto größerer Bitterkeit gestritten, und die Gründe sind daher von beyden Seiten desto verfänglicher und betrüglicher geworden. Unsre monarchische Parteyen behauptet, diese Wites, oder Sapientes wären die Richter und Rechtsgelehrten gewesen: die Parteyen des Volkes behauptet, sie wären Repräsentanten der Städte, oder das gewesen, was wir itzt Gemeinen nennen.

Die Ausdrücke, deren sich die alten Geschichtschreiber bedienen, wenn sie der Wittenagemot gedenken, scheinen dieser Erklärung zu widersprechen. Die Glieder werden fast immer *Principes, Satrapae, Optimates, Magnates, Proceres* genannt; Namen, welche eine Aristocratie anzudeuten, und die Gemeinen auszuschließen scheinen. Die Städte waren auch, wegen des schlechten Zustandes der Handlung, so klein und arm, und die Einwohner befanden sich in einer solchen Abhängigkeit von den Großen e), daß es gar nicht wahrscheinlich zu seyn scheinet, daß sie zu einem Theile der Nationalversammlungen würden aufgenommen seyn. Man weis genug, daß die Gemeinen an den Regierungen, welche die Franken, Burgundier, und andre nördliche Nationen einführten, keinen Antheil hatten; und wir können daraus schließen, daß die Sachsen, welche länger barbarisch und ungesittet blieben, als diese Stämme, niemals darauf bedacht, dem Gewerbe und dem Fleiße eine so außerordentliche Freyheit zu geben. Das Kriegshandwerk war unter allen diesen Eroberern allein in Ehren: die Krieger lebten

von

---

c) *Wilkins* passim.

d) Es erhellet aus den alten Uebersetzungen der sächsischen Annalen und Gesetze, und aus des Königs Alfred Uebersetzung des Bede, wie auch aus allen alten Geschichtschreibern, daß *Comes* im Lateinischen, *Aldermann* im Sächsischen, und *Earl* un Dänisch-sächsischen ganz synonimisch waren. Es ist nur eine Clausel eines Gesetzes von dem König Athelstan (S. *Spellm.* Conc. S. 406.) welche einigen Alterthumsforschern ein Anstoß gewesen ist, und sie auf die Gedanken gebracht hat, *Earl* sey mehr als *Aldermann*. Das Weregild, oder der Preiß für das Leben eines *Earl* ist darinn auf 15,000 Thrimsas, eben so hoch als der Preiß für einen Erzbischof gesetzet: hingegen ist der Preiß eines Bischofs, oder Aldermanns nur 8000

Thrimsas. Um diese Schwierigkeit zu heben, müssen wir unsre Zuflucht zu Seldens Muthmaßung nehmen (S. seine Titles of Honour. Cap. 5. S. 603. 604.) daß der Titel *Earl* in den Zeiten des Athelstan in England eben erst in Gebrauch kam, und damals für den Atheling, oder Prinzen des Geblütes, Erben der Krone gesetzt wurde. Dieses erweiset er mit einem Gesetze Canuts, §. 55 wo ein Atheling, oder ein Erzbischof auf gleichem Fuß genommen wird. In einem andern Gesetze ebendieses Athelstan wird gesagt, das Weregild des Prinzen, oder Atheling sey 15,000 Thrimsas. S. *Wilkins*, S. 71. Er ist also eben der, welcher in dem ersten Gesetze *Earl* genannt wird.

e) *Brady's* treatise of English boroughs, S. 3. 4. 5. etc.

von ihren Eigenthümern an Ländereyen: sie wurden durch ihren Einfluß über ihre Vasallen, Unterthanen, Pächter und Sklaven, ansehnlich: und man hat starke Beweise nöthig, um uns darzuthun, daß sie Leuten von einem Range, der so tief unter dem ihrigen war, als die Bürger, erlauben würden, die gesetzgebende Macht mit ihnen zu theilen. Tacitus versichert zwar, daß bey den Deutschen die Einstimmung aller Glieder der Gemeine zu wichtigen Berathschlagungen erfodert wurde; aber er redet von keinen Repräsentanten; und dieser alte Gebrauch, dessen die römischen Geschichtschreiber gedenken, konnte nur bey kleinen Zünften statt finden, wo ohne Unbequemlichkeit jeder Bürger bey einem ausserordentlichen Vorfall zusammen gerufen werden konnte. Nachdem die Fürstenthümer grösser wurden; nachdem der Unterschied des Eigenthumes Unterscheidungen gemacht hatte, welche wichtiger waren, als die, so aus persönlicher Stärke und Tapferkeit entstanden; nach dieser Zeit können wir annehmen, daß die national Versammlungen ihrer Zahl nach mehr eingeschränkt seyn, und nur aus den angesehensten Bürgern bestehen mußten.

Aber ob wir gleich die Gemeinen aus der sächsischen Wittenagemot ausschließen müssen; so findet sich doch einige Nothwendigkeit, anzunehmen, daß diese Versammlung noch aus andern Gliedern, als den Prälaten, Aebten, Alderman, und den Richtern, oder dem geheimen Rathe bestund. Denn da diese bis auf wenige Kirchenbediente f), in alten Zeiten von dem König ernannt wurden, so würde, wenn keine andre gesetzgebende Macht da gewesen wäre, die königliche Gewalt großen Theils despotisch gewesen seyn, gerade wider den Ausspruch aller Geschichtschreiber, und wider die Gewohnheit aller nordlichen Nationen. Wir können demnach schließen, daß die angesehensten Besitzer der Ländereyen ohne Wahl die Glieder waren, welche die national Versammlung mit ausmachten; und wir haben Grund zu glauben, daß vierzig Hiden, oder gegen vier, bis fünf tausend Morgen Landes das nöthige Vermögen waren, was den Besitzer berechtigen konnte, dieses angesehene Vorrecht zu genießen. Wir haben eine Stelle in einem alten Schriftsteller g), woraus erhellet, daß eine Person von edler Geburt, so gar einer, die mit der Krone verwandt war, für keinen *Princeps* gehalten wurde, (das ist der Name, den die alten Geschichtschreiber gebrauchen, wenn sie von der Wittenagemot reden) bis er ein Vermögen von diesem Werthe erworben hatte. Und wir dürfen auch nicht denken, daß der öffentliche Rath durch Aufnahme einer so großen Menge unordentlich oder verwirrt werden würde. Das Eigenthum an Ländereyen war wahrscheinlich zu den Zeiten der Sachsen in sehr wenigen Händen; wenigstens in der letzten Zeit dieser Periode: und weil die Leute sich wenig aus der Ehre machten, diesen öffentlichen Rathsversammlungen beyzuwohnen, so war auch nicht zu besorgen, daß die Versammlung zu Abfertigung der wenigen Geschäffte, welche ihnen vorgetragen wurden, zu zahlreich werden konnte.

Die Aristocratie.

Es

---

f) Wir haben einigen Grund zu glauben, daß die Bischöfe zuweilen von der Wittenagemot gewählet, und von den Könige bestätiget werden. *Eddius*, Cap. 2. Die Aebte in den Klöstern von königlicher Stiftung wurden in alten Zeiten von dem König ernannt; obgleich Edgar den Mönchen die Wahl ließ, und sich nur die Bestätigung vorbehielt. Diese Verfügung wurde nachmals oft beleidiget; und sowohl die Aebte, als Bischöfe nach der Zeit von dem Gerichte ernannt, wie wir von dem *Ingulf* hören, einem Schriftsteller, der zu der Zeit der Eroberung lebte.

g. Hist Eliensis, Cap. 36, 40. Diese Stelle hat Dusdale angemerket (præf. zu seinem Baron. B. 1.) und er ziehet eine gleiche Folge daraus.

Es ist gewiß, daß die angelsächsische Regierung, wie mögen in Ansehung der Glieder, so die Wittenagemot ausmachten, welche die gesetzgebende Gewalt hatte, bestimmen, was wir wollen, in der Zeit, die vor der Eroberung der Normänner herging, ungemein aristocratisch geworden war: die königliche Gewalt war sehr eingeschränkt; das Volk, auch dann, wenn es zu dieser Versammlung zugelassen wurde, hatte wenig zu sagen, oder zu bedeuten. Die Geschichtschreiber geben uns oft zu verstehen, was für große Gewalt und Reichthümer gewisse Edelleute hatten: und es mußte sich zutragen, daß nach der Abschaffung der Heptarchie, da die Könige von den Provinzen in einer Entfernung wohnten, diese große Eigenthumsherren, welche auf ihren Gütern sich aufhielten, ihre Gewalt über ihre Vasallen und Unterthanen, und über alle Einwohner der Nachbarschaft, sehr vergrößerten. Daher kam die große Gewalt, welche sich Harold, Godwin, Leofric, Siward, Morcar, Edwin, Ebrle und Alfric anmaßten, die die Macht der Könige zügelten, und sich in der Regierung fast nothwendig machten. Die beyden letzten behielten immer noch ihre Macht und ihren Einfluß, ob sie gleich von dem Volke verflucht wurden, weil sie sich mit einem ausländischen Feinde verbunden hatten; und wir können daher schließen, daß ihr Ansehen sich nicht auf die Liebe des Volkes, sondern auf Rechte und Güter der Familie gründete. Es wird eines gewissen Athelstan unter der Regierung des Königs gleiches Namens gedacht, welcher Alderman von ganz England genannt wird, und ein Halbkönig gewesen seyn soll; obgleich der Monarch selbst ein Prinz von großer Tapferkeit und Fähigkeit war h). Und wir finden, daß in den letztern Zeiten der Sachsen, und in diesen allein, die größen Bedienungen von dem Vater auf den Sohn kamen, und gewissermaßen in Familien erblich wurden i).

Die Umstände, welche mit dem Einfalle der Dänen verbunden waren, dienten gleichfalls dazu, die Macht des vornehmsten Adels zu vergrößern. Diese Freybeuter thaten in alle Länder unerwartete Einfälle; und es war nöthig, daß jede Grafschaft ihnen mit einer eignen Macht widerstund, und zwar unter der Anführung ihrer eignen Magistrate und Edelleute. Aus eben denen Ursachen, wodurch ein allgemeiner Krieg, der mit gesammter Macht des ganzen Staats geführet wird, gemeiniglich die Gewalt der Krone vermehret; schlugen auch diese privat Kriege und Einfälle zum Vortheil des Aldermanns, und der Edelleute aus.

Unter diesem kriegerischen und unruhigen Volke, das dem Handel und den Künsten so sehr entgegen, zum Fleiß so wenig gewöhnet war, wurde die Gerechtigkeit meistens nur schlecht gehandhabet, und es scheinen große Unterdrückungen und Gewaltsamkeit geherrschet zu haben. Diese Unordnungen mußten durch die übermäßige Gewalt der Aristocratie noch größer werden; und mußten hinwiederum zur Vergrößerung jener gereichen. Leute, welche es nicht wagten, sich auf den Schutz der Gesetze zu verlassen, fanden sich genöthiget, sich zu dem Dienste des Chieftains zu verstehen, dessen Befehlen sie, selbst zur Beunruhigung der Regierung, oder zur Kränkung ihrer Nebenbürger

---

h) Histor. Ramef. §. 3. S. 347.

i) Roger. Hoveden, indem er die Ursache angiebt, warum Wilhelm der Eroberer den Cospatrik zum Grafen von Northumberland machte, sagt: nam ex materno sanguine attinebat ad eum honor illius comitatus. Erat enim ex matre Algitha, filia Vchredi comitis. S. auch *Sim. Dun.* S. 205. Wir sehen in diesen Beyspielen eben die Neigung, die Aemter erblich zu machen, welche schon in einem frühern Zeitpunkte auf dem vesten Lande herrschte; und welche bereits ihre völlige Wirkungen gethan hatte.

ger gehorcheten, und der sie dagegen vor aller Beschimpfung oder Ungerechtigkeit gegen Freunde schützete. Daher sehen wir aus den Auszügen, die uns der Doctor Brady von dem Domesday gegeben hat, daß sich fast alle Einwohner, so gar der kleinen Städte, in die Clientel eines Edelmanns begaben, dessen Schutz sie durch jährliches Geld erkauften, und den sie mehr für ihren Herrn ansehen mußten, als ihren König, oder selbst als die gesetzgebende Macht k). Ein Client eines Freyen wurde eben so sehr für einen Clienten seines Patrons angesehen, daß der Mörder desselben, dem Gesetze nach, dem letztern zur Vergütung seines Verlustes eine Geldstrafe erlegen mußte; so wie er dem Herrn für den Mord seines Sklaven Geld zu bezahlen hatte l). Leute, welche von einem angesehenen Rang, aber nicht mächtig genug waren, sich durch ihr unabhängiges Ansehen zu unterstützen, schlossen förmliche Verbindnisse mit einander, und machten eine Art von besonderer Republik aus, welche sich allen Angreifenden furchtbar machte. Der Dr. Hikes hat uns eine sehr seltene sächsische Verbindung von dieser Art aufbehalten, die er *Sodalitium* nennt, und die viele Umstände enthält, welche die Sitten und Gebräuche dieser Zeiten charakterisiren m). Es wird darin gesagt, daß die Verbundenen alle angesehene Leute aus der Grafschaft Cambridge waren; und sie schwuren vor den heiligen Reliquien, daß sie ihre Verbindung halten, und sich einander treu seyn wollten: sie versprachen, jeden Bundsgenossen, der sterben würde, an dem Orte zu begraben, den er selbst anwiese: zu seinem Begräbniß Geld zusammen zu schießen, und seiner Leiche zu folgen; und ein jeder, der ihm diese letzte Pflicht nicht erweisen würde, verbindet sich zu einem Maas Honig. Wenn einer von den Verbundenen in Gefahr ist, und seinen Mitgenossen zu Hülfe ruft, so verspechen sie, ausserdem, daß sie ihm zu Hülfe eilen wollen, auch dem Sherif Nachricht zu geben; und wenn er saumselig ist, die Person zu beschützen, welche sich in Gefahr befindet, so verbinden sie sich, eine Strafe von einem Pfund von ihm einzuheben: wenn der Präsident der Gesellschaft selbst in diesem Stücke nicht das Seinige thut, so verpflichtet er sich, ein Pfund zu bezahlen, wofern er sich nicht mit der gerechten Entschuldigung einer Krankheit, oder einer schuldigen Verrichtung für seinen Obern rechtfertigen kann. Wenn von den Verbundenen einer ermordet wird, so sollen sie von dem Mörder acht Pfund eintreiben; und wenn er diese nicht bezahlen will, so sollen sie ihn, auf gemeinschaftliche Kosten, gerichtlich verfolgen. Wenn einer von den Verbundenen, der arm ist, einen Menschen tödtet, so soll die Gesellschaft seine Strafe nach einer gewissen Proportion erlegen: jeder eine Mark, wenn die Strafe 700 Schilling beträgt; weniger, wenn die getödtete Person ein Bauer, und die Hälfte von dieser Summe, wenn sie aus Wallis gebürtig ist. Wenn aber einer von den Verbundenen einen Menschen mit Vorsatz und ohne Ursache tödtet, so muß er selbst die Geldstrafe bezahlen. Wenn einer von den Verbundenen einen Mitgenossen auf eine eben so sträfliche Art tödtet, so soll er ausserdem, daß er den Verwandten des Ermordeten die gewöhnliche Geldstrafe erleget, auch der Gesellschaft acht Pfund bezahlen,

k) Brady's Treatise of Boroughs, z. 4. 5. u. f. w. Eben so war es mit den Freyleuten auf dem Lande. S. Vorrede zu seiner Geschicht. S. 8. 9. 10. u. s. w.

l) LL. Edw. Conf. §. 8. apud *Logulf*.

m) Dissert. Epist. S. 21.

ken, oder den Vortheilen derselben entsagen: in diesem Fall verbinden sie sich, unter der Strafe eines Pfundes, niemals mit ihm zu essen oder zu trinken; es sey denn in Gesellschaft des Königes, Bischofes, oder Aldermans. Es sind noch andre Anordnungen darinn, wie sie sich und ihre Knechte gegen alle Beleidigungen vertheidigen, sich wegen begangener rächen, und verhüten wollen, daß sie einander nicht schimpfen, und die Strafe, wozu sie sich für diese Beleidigung verpflichten, ist ein Maaß Honig.

Man kann nicht daran zweifeln, daß nicht eine Verbindung von dieser Art eine große Quelle der Freundschaft und Liebe hat seyn müssen, da die Menschen vor Feinden, Räubern und Unterdrückern in beständiger Gefahr lebten, und vornehmlich ihren Schutz in ihrer persönlichen Tapferkeit, und in dem Beystande ihrer Freunde oder Patronen suchen mußten. Weil damals die Feindseligkeiten heftiger waren, so waren auch die Verbindungen herzlicher, sie mochten nun willkührlich gemacht seyn, oder aus einer Blutsverwandschaft herkommen. Die entferntesten Grade der Verwandschaft wurden geachtet: man behielt Wohlthaten in unauslöschlichem Andenken: man übete eine harte Rache wegen Beleidigungen aus, sowohl aus einer Liebe zur Ehre, als weil es das beste Mittel war, sich in Sicherheit zu setzen: und weil die bürgerliche Vereinigung schwach war, so trat man in viele privat Verbindungen, um ihre Stelle zu ersetzen, und den Menschen diejenige Sicherheit zu verschaffen, welche die Gesetze und ihre Unschuld ihnen allein nicht geben konnten.

Ueberhaupt genoß der große Haufen des Volks, der anscheinenden Freyheit, oder vielmehr der Ausgelassenheit der Angelsachsen ungeachtet, in diesen Zeiten in der That weit weniger eine wahre Freyheit, als da, wo die Gesetze am strengsten ausgeübt werden, und wo die Unterthanen gezwungen sind, sich aufs genaueste in ihren Schranken zu halten, und sich dem bürgerlichen Magistrat zu unterwerfen. Die Ursache fließt aus dem Mißbrauche dieser Freyheit selbst her. Die Menschen müssen sich auf alle Art gegen Beleidigungen und Beschimpfungen vertheidigen; und wo sie von den Gesetzen und von der Obrigkeit keinen Schutz haben, da werden sie denselben dadurch suchen, daß sie sich Höhern unterwerfen, und in ein geringeres Bündniß, welches unter der Aufsicht eines mächtigen Schieftains handelt, zusammen treten. Und so ist alle Anarchie die unmittelbare Ursache der Tyranney, wo nicht über den Staat, doch wenigstens über viele einzelne Personen.

Die verschiedenen Stände. Die deutschen Sachsen waren so, wie die andern Nationen des vesten Landes, in drey Klassen von Menschen abgetheilet, in die Edlen, die Freyen, und die Sklaven n). Diesen Unterschied brachten sie nach England mit über.

Die Edlen wurden Thanes genannt, und waren zweyerley, die Königs Thanes, und die geringern Thanes. Die letzten scheinen von den erstern abhängig gewesen zu seyn, und Länder bekommen zu haben, wofür sie Pachtgeld zahlten, Dienste thaten, oder ihnen im Krieg oder Frieden aufwarteten o). Wir wissen von keinem andern Rechte, welches jemanden zu dem Rang eines Thane erhob, als eine edle Geburt, und ein Besitz von Ländereyen. Die erste wurde allzeit unter allen deutschen Nationen, sogar in einem Zustande, wo ihre Barbarey am größten war, sehr angesehen; und weil der sächsische Adel wenig kostbare Lustbarkeiten hatte, wobey er sein Vermögen hätte verschwenden können; und die Gemeinen wenig Gewerbe und Fleiß trieben, wodurch sie sich

Schätze

n) Nithard. hist. lib. 4. o) Spelm. Feuds and Tenures, S. 40.

Schätze sammlen konnten, so mochten vielleicht diese beyden Klassen von Menschen, ob sie gleich nach positiven Gesetzen nicht unterschieden waren, lange getrennet bleiben, und die edlen Familien viele Jahre hindurch in Reichthum und Pracht leben. Es war kein Mittelrang, der sich nach und nach mit dem höhern vermischen, und sich unvermerkt in Ehre und Ansehen setzen konnte. Wenn durch irgend einen ausserordentlichen Zufall ein geringer Mann Reichthümer erwarb, so machte ein so sonderbarer Umstand ihn bekannt und angesehen; er wurde von allen Adlichen beneidet und gehasset; er würde das, was er erworben hatte, schwerlich haben beschützen können; und würde es unmöglich gefunden haben, sich vor der Unterdrückung auf eine andre Art zu schützen, als wenn er sich unter den Schutz irgend eines Chieftains begab, dem er eine grosse Summe für seine Sicherheit zahlte.

Es finden sich unter den sächsischen Gesetzen zwey Verordnungen, welche in der Absicht, diese verschiedenen Stände zu vermischen, aufgesetzt zu seyn scheinen; die eine von dem Athelston, kraft welcher ein Kaufmann, der auf seine eigne Rechnung drey lange Reisen zur See gethan hatte, zu der Würde eines Thane berechtigt wurde p); die andre von eben diesem Prinzen, vermöge welcher ein Ceorle oder Landmann, der sich fünf Hiden an Ländereyen kaufen konnte, und eine Kapelle, Küche, eine Stube und Glocke besaß, zu eben diesem Rang erhoben wurde q). Aber es waren der Gelegenheiten, wodurch ein Kaufmann oder Bauer sich so über seinen Rang erheben konnte, so wenige, daß das Gesetz die herrschenden Vorurtheile niemals überwinden konnte; der Unterschied unter dem ablichen und schlechten Blute blieb immer unauslöschlich; und die wohlgebohrnen Thanes verachteten den, der durch das Gesetz zum Thane gemacht war. Ob wir gleich von keinem dieser Umstände von den Geschichtschreibern Nachricht erhalten, so gründen sie sich doch so sehr auf die Natur der Dinge, daß wir sie für eine nothwendige und unfehlbare Folge von der Situation des Königreiches in diesen Zeiten annehmen können.

Die Städte scheinen nach dem Buche Domesday zu der Zeit der Eroberung wenig besser gewesen zu seyn, als Dörfer r). York selbst, ob sie gleich allzeit die zweyte, wenigstens die dritte s) Stadt in England, und die Hauptstadt einer grossen Provinz war, welche sich niemals mit den übrigen gänzlich vereiniget hatte, enthielt damals nicht mehr, als 1418 Familien t). Malmesburn sagt uns u), der Hauptunterschied zwischen dem angelsächsischen, und dem französischen oder normännischen Abel bestund darinn, daß der letzte prächtige und kostbare Schlösser bauete; da der andre hingegen sein unermeßliches Vermögen in schlechten Häusern durch Wohlleben und Gastfreyheit verschwendete. Wir können hieraus schliessen, daß die Künste in England einen weit schlechteren Fortgang gemacht hatten, als in Frankreich; die grossen Familien hielten eine grössere Men-

p) *Wilkins.* S. 71.
q) Selden Titles of honour. S. 515. *Wilkins.* S. 70.
r) Winchester, als die Hauptstadt der westsächsischen Monarchie, war in alten Zeiten eine ansehnliche Stadt. *Gul. Pict.* S. 210.
s) Norwich hatte 738 Häuser, Exeter 315, Ipswich 538, Northampton 60, Hertford 146, Canterbury 262, Bath 64, Southampton 84, Warwick 113. S. Brady of Boroughs, S. 3, 4, 5, 6, u. s. w. Diese sind die wichtigsten unter denen, die er nennt. Die Nachricht ist aus dem Domesday Buche genommen.
t) Brady's Treatise of Boroughs. S. 10.
u) S. 102. Siehe auch d. Gesch. Angl. S. 333.

ge von Bedienten und Unterfaßen; und weil diese auch in Frankreich mächtig genug waren, die Ausübung der Gesetze in Unordnung zu setzen, so können wir schließen, wie viel Macht sich die Aristocratie in England erworben hatte. Als der Graf Godwin den Bekenner in London belagerte, ließ er von allen Seiten her seine Hußcarles, oder Hausleute und Clienten zusammen kommen, und zwang seinen König, die Bedingungen anzunehmen, die er ihm vorschlug.

Die niedrigere Klasse der Freyen wurde unter den Angelsachsen Coerles genannt; und wo sie fleißig waren, da beschäfftigten sie sich meistens mit dem Ackerbau, daher wurden die Namen ein Coerle, und ein Landmann fast synonimische Benennungen. Sie bauten die Güter der Adlichen, oder der Thanes, wofür sie Pachtgelder zahlten; und es scheint, als wenn sie nach Willkühr konnten abgeschafft werden. Denn man findet unter den Angelsachsen keiner Contracte gedacht: der Stolz des Adels, und die allgemeine Unwissenheit in der Schreibkunst, muß diese Contracte sehr selten gemacht, und die Landleute in einem sehr abhängigen Zustande gehalten haben. Die Pachtgelder für die Güter wurden in Natur bezahlet x).

Aber die zahlreichste Klasse in der Gemeine scheinen die Sklaven oder Villains gewesen zu seyn, welche das Eigenthum ihrer Herren, und folglich unfähig waren, selbst ein Eigenthum zu haben. Der Dr. Brady versichert uns aus einer Durchsicht des Domesday-Buchs y), daß in allen Grafschaften von England der größte Theil des Landes von diesen besetzt war, und daß, gegen sie gerechnet, der Landleute, und noch mehr der Socmen, welche Unterfaßen waren, die nicht nach Gefallen abgeschafft werden konnten, nur sehr wenige waren. So war es nicht bey den deutschen Nationen, so viel wir aus den Nachrichten des Tacitus abnehmen können. Die beständigen Kriege in der Heptarchie, und die Raubereyen der Dänen scheinen die Ursache von dieser großen Veränderung bey den Angelsachsen gewesen zu seyn. Die Gefangenen, die sie im Kriege machten, oder in den öftern Streifereyen einbrachten, wurden Sklaven; und wurden, nach dem Kriegsrechte z), dem Willen ihrer Herren gänzlich Preis gegeben. Ein großes Eigenthum der Adlichen, vornehmlich, wenn eine unregelmäßige Verwaltung der Gerechtigkeit dazu kömmt, befördert natürlicher Weise die Macht der Aristocratie; aber noch mehr, wenn die Gewohnheit der Sklaveren angenommen und sehr gemein geworden ist. Der Adel besitzet nicht nur den Einfluß, welcher beständig mit dem Reicht'hum verbunden ist, sondern auch die Macht, welche die Gesetze ihm über seine Sklaven und Villains giebt. Alsdenn wird es einem Privatmann schwer, ja fast unmöglich, ganz frey und unabhängig zu bleiben.

Unter den Angelsachsen hatte man zwey Gattungen von Sklaven: Hausklaven, nach der Weise der Alten, und Land- oder Bauersklaven, nach der Weise der Deutschen a). Diese letzten dienten den Serfs, welche man itzt noch in Pohlen, Dännemark, und in einigen Oertern von Deutschland hat. Die Gewalt eines Herrn über seine Sklaven war unter den Angelsachsen nicht uneingeschränkt, wie unter ihren Vorfahren. Wenn

---

x) LL. Inae. § 70. Diese Gesetze bestimmen das Pachtgeld für eine Hide: allein es ist schwer, dasselbe nach heutigem Maaße zu bestimmen.

y) Allgemeine Vorrede zu seiner Geschichte. S. 7. 8. 9. u. f. w.

z) LL Edg. §. 14. apud *Spelm.* Conc. Vol. 1. S. 47.

a) *Spelm.* Glof. in verbo: Servus.

Wenn jemand seinem Sklaven ein Auge oder die Zähne ausschlug, so bekam der Sklave seine Freyheit wieder b): wenn er ihn todt schlug, so bezahlte er dem Könige eine Geldstrafe; wofern der Sklave einen Tag nach der Zeit starb, wo er die Wunde oder den Streich bekommen hatte: sonst gieng er ohne Strafe durch c). Es war bey den Deutschen beständig die Gewohnheit gewesen, sich, oder seine Kinder zu Sklaven zu verkaufen d), und sie dauerte bey den Angelsachsen fort e).

Die grossen Lords und Aebte unter den Angelsachsen besaßen in ihren Gebiethen ein Criminalgericht, und konnten ohne Appellation alle Diebe und Räuber, die sie daselbst fiengen, bestrafen f). Diese Verfassung muß eine ganz andre Wirkung gehabt haben, als sie haben sollte, und muß den Räubern in den Ländern derer Edelleute, welche nicht im Ernst gesonnen waren, diese Unordnungen abzustellen, einen sichern Schutz gegeben haben.

Aber obgleich der allgemeine Gang der angelsächsischen Regierung scheinet aristocratisch geworden zu seyn, so blieb doch noch viel von der alten Democratie übrig, welches zwar nicht zureichend war, den niedrigsten Pöbel zu schützen, ohne daß ein grosser Lord sich seiner annahm, aber doch dem kleinern Adel Sicherheit, und sogar einen Grad des Ansehens geben konnte. Die Handhabung der Gerechtigkeit, insbesondere von den Gerichten der Zehn, der Hundertmänner, und der Grafschaft, war gut dazu eingerichtet, die allgemeine Freyheit zu vertheidigen, und die übermäßige Gewalt der Edlen in Schranken zu halten. In den Gerichten der Grafschaften, oder in den Shiremotes wurden alle Jahre alle Freysaßen zweymal versammlet, und empfiengen die Appellationen aus den niedrigern Gerichten. Sie entschieden alle Sachen, sowohl kirchliche, als bürgerliche; und der Bischof, nebst dem Alderman, oder Grafen, hatte darinn den Vorsitz g). Die Sache wurde auf eine summarische Art, ohne lange Recesse, Formalitäten, oder Langwierigkeit, durch die Ueberzahl der Stimmen entschieden; und der Bischof und Alderman hatte nicht mehr Gewalt, als unter den Freysaßen Ordnung zu erhalten, und ihre Meynung vorzutragen h). Wurde jemanden in dreyen Sitzungen der Hunderte, und nachmals von dem Landgerichte Gerechtigkeit versagt, so konnte er an das Gericht des Königs appelliren i); doch das geschah nicht bey kleinen Sachen. Der Alderman bekam einen dritten Theil der Strafgelder, welche in diesen Gerichten bezahlet wurden k); und weil damals die meisten Strafen in Geldbußen bestunden, so machten diese Sporteln einen grossen Theil der Einnahme dieses Amtes aus. Auch die zwey Drittheile, welche der König bekam, machten keinen verächtlichen Theil des öffentlichen Einkommens aus. Jeder Freysaßie, der dreymal diesen Gerichten nicht beygewohnet hatte, mußte eine Geldstrafe erlegen l).

Da wegen der äussersten Unwissenheit dieser Zeiten Aufsätze und Schriften ungemein selten waren, so waren die Landgerichte und die Höfe der Hunderte der Ort, wo die denk-

Gerichte.

b) LL. Aelf. §. 20.
c) LL. Aelf. §. 17.
d) Tacit. de mor. Ger.
e) LL. Inae §. 11. LL. Aelf. §. 12.
f) Higden. Lib. 1. C. 50 LL. Edw. Conf. §. 26. Spelm. Conc. V. 1. S. 415. Gloss. in verb. Haligemot und Infangenthefe.
g) LL. Edg. §. 5. Wilkins, S. 78. LL. Canut. § 17. Wilkins, S. 136.
h) Hickes, Dissert. Epist. S. 2, 3, 4, 5, 6, 7, 8.
i) LL. Edg. §. 2. Wilkins, S. 77. LL. Canut. §. 18 apud Wilkins, S. 136.
k) LL. Edw. Conf. §. 31.
l) LL. Aethelst. § 20.

denkwürdigsten bürgerlichen Verfügungen zu Stande gebracht wurden, um ihr Andenken zu verwahren, und alle künftige Streitigkeiten zu verhüten. Hier wurden Testamente eröffnet, Sklaven frey gelassen, und Kauf und Handel geschlossen; und oft wurden, grösserer Sicherheit halber, die wichtigsten von diesen Verträgen in den unbeschriebenen Blättern der Kirchenbibel eingeschrieben, welche also ein Register wurde, das zu heilig war, um verfälschet zu werden. Es war nicht ungewöhnlich, daß man dem Vertrage einen Fluch gegen alle diejenigen anhieng, welche sich einer Verfälschung schuldig machen würden m).

Unter einem Volke, das so einfältig lebte, als die Angelsachsen, ist die richterliche Gewalt immer wichtiger, als die Macht der Gesetzgebenden. Die Stände legten wenige, oder gar keine Abgaben auf; es wurden wenige Landesverordnungen ausgefertiget; und die Nation wurde nicht so sehr durch Gesetze als Gewohnheiten beherrschet, welche eine sehr weitläuftige Erklärung litten. Wenn man dennoch auch zugiebt, daß die Wittenagemot gänzlich aus dem vornehmsten Adel bestund, so machten doch die Landgerichte, worinn alle Freysaßen aufgenommen waren, und welche alle tägliche Vorfälle des Lebens entschieden, einen sehr weiten Grund zur Regierung aus, und waren kein geringer Zügel für die Aristocratie. Aber es ist noch eine andre, weit wichtigere Macht da, als die gerichtliche, oder Gesetzgebende; und das ist die Macht, mit Gewalt und Zwang jemanden zu beleidigen, oder ihn dienstbar zu machen, eine Sache, für welche man in Justitzgerichten schwerlich eine Vergütung erhalten kann. In allen weitläuftigen Regierungen, wo die Handhabung der Gesetze schwach ist, fällt diese Macht natürlicher Weise in die Hände des vornehmsten Adels; und der Grad derselben, welcher eingeführet ist, kann nicht so wohl durch die öffentlichen Landesverordnungen, als durch kleine Züge der Geschichte, besondere Gewohnheiten, und zuweilen durch den Grund und die Beschaffenheit der Dinge bestimmet werden. Die Bergschotten haben längst nach dem Gesetze ein Recht auf alle Freyheiten der britannischen Unterthanen; allein es geschah erst sehr spät, daß das gemeine Volk wirklich diese Freyheiten genoß.

Die Geschichtschreiber und Alterthumsforscher streiten sich über die Gewalt aller Glieder in der angelsächsischen Regierung; und die äusserste Dunkelheit der Sache würde, wenn sich auch kein Parteneiser mit der Frage abgegeben hätte, dennoch natürlicher Weise diese Streitigkeiten erreget haben. Aber der grosse Einfluß der Lords über ihre Sklaven und Unterfaßen, die Clientel der Bürger, der gänzliche Mangel an Leuten von einem mittlern Rang, auch der gänzliche Mangel an Rechtsgelehrten, welche damals noch keine besondre Profeßion ausmachten, die Größe der Monarchie, die nachläßige Handhabung der Gesetze, die fortdauernden Unordnungen und Erschütterungen in dem Staate; alle diese Umstände erweisen es, daß die angelsächsische Regierung zuletzt ungemein aristocratisch wurde; und die Vorfälle in dem Zeitpunkte, der vor der Eroberung hergieng, bestätigen diesen letzten Schluß oder Muthmaßung.

Criminal-Recht.

So wohl die Strafen, welche die angelsächsischen Gerichte den Verbrechen zuerkannten, als die Mittel, deren sie sich bedienten, in allen Sachen Beweise beyzubringen, scheinen etwas sonderbar zu seyn, und sind von denen, welche heut zu Tage unter allen gesitteten Nationen herrschen, sehr unterschieden.

Wir

m) *Hickes*, Differt. Epist.

Geschichte von England. Erster Anhang.

Wir müssen uns vorstellen, daß die alten Deutschen sich von dem ursprünglichen Zustande der Natur sehr wenig entfernet hatten: die gesellschaftliche Verbindung unter ihnen war mehr kriegerisch, als bürgerlich: sie hatten vornehmlich die Mittel, wie sie öffentliche Feinde angreifen, oder sich gegen sie vertheidigen, nicht aber die Mittel, wie sie sich gegen ihre Nebenbürger schützen wollten, vor Augen: ihre Eigenthümer waren so klein, und so gleich, daß sie keiner großen Gefahr ausgesetzt waren: und die natürliche Tapferkeit des Volkes machte, daß ein jeder sich auf sich selbst, und auf seine besondern Freunde zu seiner Vertheidigung oder Rache verließ. Dieser Mangel an politischer Vereinigung machte das Band der besondern Verbindungen viel vester: die Beschimpfung eines Menschen wurde von allen seinen Verwandten und Verbundenen für eine gemeinschaftliche Beschimpfung angesehen: sie waren sowohl durch die Ehre, als durch eine Empfindung des allgemeinen Interesses verbunden, seinen Tod, oder alle Gewalt, die er erlitten hatte, zu rächen: sie vergolten dem Angreifer Gewalt mit Gewalt; und wenn er, wie es denn natürlich war, von seiner eignen Clan beschützet wurde, so breitete sich der Streit noch weiter aus, und erzeugte in der Nation Unordnungen ohne Ende.

Die Friesen, ein Stamm von den Deutschen, hatten sich noch nicht über diesen wilden Zustand der Gesellschaft weggesetzt; und das Recht der privat Rache blieb noch immer ohne Einschränkung und Gränzen unter ihnen im Gebrauch °). Aber die andern deutschen Nationen, in den Zeiten des Tacitus, hatten zur Vollendung der politischen oder bürgerlichen Verbindung einen Schritt weiter gethan. Ob es gleich noch immer eine Sache der Ehre war, wovon niemand frey gesprochen werden konnte, daß eine jede Clan den Tod, oder die Beleidigung eines Mitgenossen, rächen mußte, so hatten doch die Magistrate ein Recht, den Streit zu vermitteln, und ihn beyzulegen. Er zwang die beschädigte oder beleidigte Person, und die Verwandten eines Getödteten, ein Geschenk von dem Beleidiger und seinen Verwandten °), als eine Vergütung für die Beleidigung ᵖ), anzunehmen, und alle fernere Rache einzustellen. Damit die Beylegung eines Streites nicht neue erregen möchte, war dieses Geschenk vest gesetzt, und nach dem Rang der getödteten oder beleidigten Person ausgemacht, und wurde meistens an Vieh, dem hauptsächlichsten Gute dieser rohen und ungesitteten Nationen, entrichtet. Ein Geschenk von der Art befriedigte die Rache der beleidigten Clan, durch den Verlust, den der Beleidiger litte: es befriedigte ihren Stolz durch die Demüthigung, welche es an den Tag legte; es verringerte den Kummer über den Verlust, oder die Beleidigung eines Verwandten, durch das neue Eigenthum, was sie bekam; und so wurde auf einige Augenblicke ein allgemeiner Friede unter der Nation wieder hergestellet q).

Als sich aber die deutschen Nationen eine Zeitlang in den Provinzen des römischen Reichs niedergelassen hatten, giengen sie noch einen Schritt weiter, zu einem gesittetern leben, und ihre Criminalgerechtigkeit verbesserte und policte sich nach und nach. Der Magi-

n) LL. Fris. tit. 2. apud *Lindenbrog* S. 491.

o) LL. Aethelb. §. 23. I.L. Aelf. §. 27.

p) Bey den Sachsen *mægbota* genannt.

q) *Tacitus* de mor. Germ. Der Verfasser sagt, der Preiß des Vergleiches sey bestimmt gewesen; welches durch das Gesetz und die Vermittelung des Magistrates geschehen seyn muß.

144 Geschichte von England. Erster Anhang.

Magistrat, der dafür sorgen mußte, daß der öffentliche Friede erhalten, und die privat Feindseligkeiten im Zwange gehalten wurden, bildete sich ein, daß er durch jede seinem Volke zugefügte Beleidigung selbst beleidiget würde; und hielt sich für berechtiget, ausser der Vergütung der Person, welche beleidiget war, oder seiner Clan, eine Strafe einzufodern, die man Fridwit nannte, zu einer Vergütung des Friedensbruches, und zu einer Belohnung für die Mühe, welche er sich gegeben hatte, den Streit beyzulegen. Als dieser Gedanke, der so natürlich war, einmal aufkam, wurde er sowohl von dem Magistrate, als dem Volke, begierig angenommen. Die Menge von Strafgeldern, welche eingehoben wurde, vermehrten die Einnahmen der Könige ungemein: und das Volk erkannte, daß er wachsamer seyn würde, mit seinen Diensten ins Mittel zu treten, wenn er dabey so unmittelbar seinen Vortheil fände; und daß die Beleidigungen nicht so häufig würden begangen werden, wenn die Beleidiger, ausser der Vergütung für die beleidigte Person, auch noch diese Strafe bezahlen müßten r).

Dieser kurze Auszug enthält die Geschichte der criminal Rechtsgelehrsamkeit der nordischen Nationen viele Jahrhunderte hindurch. Den Zustand von England in diesem Stücke während des Zeitpunktes der Angelsachsen kann man aus der Sammlung der alten Gesetze, welche Lombard und Wilkins herausgegeben haben, beurtheilen. Der Hauptzweck dieser Gesetze ist nicht, allen privat Streitigkeiten gänzlich vorzubeugen, oder sie abzustellen; die Gesetzgeber wußten, daß das unmöglich war; sondern sie nur ordentlicher und mäßiger zu machen. Die Gesetze des Alfred gebiethen, daß, wenn jemand wußte, daß sein Feind, oder Beleidiger, nachdem er ihm eine Beleidigung zugefüget, entschlossen sey, sich in seinem Hause, oder auf seinen Ländern aufzuhalten s), er sich mit ihm nicht eher schlagen sollte, bis er für die Beleidigung eine Vergütung von ihm gefodert hätte. Wenn er stark genug wäre, ihn in seinem Hause zu belagern, so könnte er es auf sieben Tage lang thun, ohne ihn anzugreifen; und wenn der Beleidiger in dieser Zeit sich und seine Waffen übergeben wollte, so konnte sein Gegner ihn dreyßig Tage lang in Verwahrung halten, nachher aber mußte er ihn seinen Verwandten sicher wieder zustellen, und sich mit der Vergütung abfinden lassen. Wenn der Schuldige in einen Tempel flüchtete, so durfte dieser heilige Schutzort nicht beleidiget werden. Wenn der Kläger nicht stark genug war, den Schuldigen in seinem Hause zu belagern, so mußte er sich zu dem Alderman um Beystand wenden; und wenn der ihm Beystand versagte, so mußte der Kläger zu dem Könige gehen; und hatte nicht die Erlaubniß, das Haus eher zu belagern, bis dieser höchste Magistrat ihm die Hülfe versagt hatte. Wenn jemand seinem Feinde begegnete, und nicht wußte, daß er entschlossen war, sich auf seinen Ländern zu halten, so mußte er, ehe er ihn angrif, erst von ihm fodern, daß er sich gefangen gäbe, und seine Waffen auslieferte, und in diesem Fall konnte er ihn dreyßig Tage vest halten: wenn er aber seine Waffen nicht abgeben wollte, so konnte er ihn nach dem Gesetze angreifen. Ein Sklave konnte in dem Streit seines Herrn; ein Vater in der Sache seines Sohnes mit jedem andern fechten, nur nicht mit seinem Herrn t).

Der

r) Ausser dem, daß der Mörder den Verwandten des Erschlagenen, und dem König Geld bezahlen mußte, mußte er auch dem Herrn eines Sklaven oder Vasallen für seinen Verlust eine Vergütung erlegen. Man nannte das die Manbote. S. Spelim. in verb. Fredum. Manbot. s. Diese Worte mit Schwabacher müssen nothwendig hinzugesetzt werden, wie aus der Folge in eben diesem Gesetze erhellet.

t) LL Aelfr. §. 28. Wilkins, S. 43.

Geschichte von England. Erster Anhang.

Der König Ina hatte gebothen, daß niemand sich wegen einer Beleidigung eher rächen sollte, als bis er erst eine Vergütung gefodert hätte, und sie ihm versagt wäre u).

Der König Edmond gedenket in dem Eingange seiner Gesetze des allgemeinen Mißvergnügens, welches die vielen Privat-Fehden und Schlachten verursachten; und setzet verschiedene Mittel vest, wodurch diese Beschwerde könnte gehoben werden. Er verordnet, daß derjenige, der einen andern ermordet, mit Hülfe seiner Verwandten innerhalb eines Jahres die Strafe für sein Verbrechen erlegen könnte; und wenn sie ihm erlassen, so sollte er allein die tödtliche Fähde, oder den Streit mit den Verwandten des Ermordeten ausführen; seine eigne Verwandte sind frey von der Fähde, doch mit der Bedingung, daß sie mit dem Verbrecher weder umgehen, noch auch ihm Essen, oder andre Bedürfnisse reichen: wenn jemand von diesen ihn, nachdem er ihm entsagt hatte, in sein Haus aufnahm, oder ihm Beystand gab, so wurde er bey dem Könige straffällig, und nahm Theil an der Fähde. Wenn die Verwandten des Ermordeten sich an jemand anders, als an dem Schuldigen, rächeten, nachdem er von seinen Verwandten Preiß gegeben war, so war alles verfallen, was sie besaßen, und sie wurden für Feinde des Königs, und aller seiner Freunde erkläret x). Es wird auch gebothen, daß die Strafe für einen Mord von dem Könige niemals solle erlassen werden y); und daß kein Verbrecher, der in eine Kirche, oder in eine von den Städten des Königs flüchtet, getödtet werden solle z); und der König erkläret selbst, daß sein Haus Mördern nicht eher Schutz verleihen solle, bis sie durch ihre Buße die Kirche befriediget, und den Verwandten der Ermordeten ihre Vergütung entrichtet haben a). Hernach folget die angewiesene Methode, wie dieser Vergleich geschlossen werden könnte b).

Diese Versuche des Edmond, die Fähden zu verkürzen, und zu verringern, waren dem alten Geiste der nordischen Barbaren zuwider, und eine Beförderung einer ordentlichern Handhabung der Gerechtigkeit. Vermöge des salischen Gesetzes konnte sich jedermann durch eine öffentliche Erklärung von seinen Familienzwisten lossagen: dann aber wurde er, dem Gesetze nach, für eine Person angesehen, welche nicht mehr zu dieser Familie gehörete; und er wurde aller Successionsrechte, zu einer Strafe seiner Feigheit, beraubt c).

Der Preiß für den Kopf des Königs, oder das Weregild, wie es genannt wurde, war dem Gesetze nach 30,000 Thrimsas, eine Münzforte, deren Werth ungewiß ist. Der Preiß für den Kopf des Prinzen war 15,000 Thrimsas; für den Kopf eines Bischofes oder Aldermanns 8000, eines Sherifs 4000; eines Thanes, oder Geistlichen 2000; eines Ceorle 266. Diese Preise waren nach den Gesetzen der Angeln vest gesetzt. Nach dem mercischen Gesetze war der Preiß für den Kopf eines Ceorle 200 Schillinge; eines Thanes sechsmal so viel; des Königs sechsmal so viel d). Nach den Gesetzen von Kent war der Preiß für den Kopf eines Erzbischofes höher, als für den Kopf des Königes e). So groß war damals **die Ehrerbietung** für **die** Geistlichen! Man muß

versie-

u) LL. Inac. §. 9.
x) LL. Edm §. 1. *Wilkins*, S. 73.
y) LL. Edm. §. 3.
z) LL. Edm. §. 2.
a) LL. Edm. §. 4.

b) LL. Edm. §. 7.
c) Tit. 63.
d) *Wilkins*, S. 71, 72.
e) LL. *Ethelred*. apud *Wilkins*, S. 110.

verstehen, daß jede Person, welche die Strafe nicht bezahlen konnte, ausser dem Schutze der Gesetze war, und die Verwandten des Verstorbenen hatten die Freyheit, ihn nach Gefallen zu bestrafen.

Einige Alterthumsforscher haben gemeynet f), daß diese Vergütungen bloß für unvorsetzliche Mordthaten, nicht aber für vorsetzlichen Mord, entrichtet wurden: allein ein solcher Unterschied zeigt sich in den Gesetzen nicht, und wird durch die Gewohnheit aller andern barbarischen Nationen g), der alten Deutschen h), und durch das seltene oben gedachte Monument von den sächsischen Alterthümern, das uns Hickes aufbehalten hat, widerleget. Es ist zwar ein Gesetz des Alfred vorhanden, welches den vorsetzlichen Mord zu einem Todesverbrechen macht i); allein dieses scheinet nur ein Versuch von diesem großen Gesetzgeber gewesen zu seyn, um eine bessere Policey in dem Königreiche einzuführen, und nicht ausgeübet worden zu seyn. Vermöge der Gesetze eben dieses Prinzen konnte eine Verschwörung wider den König mit einer Geldbuße abgekaufet werden k).

Es war auch der Preiß für alle Arten von Wunden nach dem sächsischen Gesetze bestimmt: Eine Wunde, eines Zolls lang unter dem Haare wurde mit einem Schilling bezahlt: eine von gleicher Größe im Gesicht mit zwey Schillingen; der Verlust eines Ohres mit dreyßig Schilling, und so ferner l). Es scheinet nicht, als wenn man in Ansehung der Würde einer Person einen Unterschied gemacht habe. Nach den Gesetzen des Ethelbert mußte eine jede Person, welche mit der Frau seines Nachbars einen Ehebruch begieng, ihm eine Geldstrafe bezahlen, und ihm eine andre Frau kaufen m).

Diese Verfassungen sind den alten Deutschen nicht allein eigen. Sie scheinen der nothwendige Fortgang der Criminal-Rechtsgelehrsamkeit unter jedem freyen Volke zu seyn, wo man dem Willen des Regenten nicht schlechterdings gehorchete. Wir finden sie unter den alten Griechen in den Zeiten des trojanischen Krieges. Nestor gedenket in seiner Rede an den Achilles im neunten Buche der Iliade der Vergütungen wegen Mord, und nennet sie ἄποινα. Die Irrländer, welche mit den deutschen Nationen niemals eine Verbindung hatten, nahmen eben diese Gewohnheit an, und hatten sie noch sehr spät; und der Preiß für den Kopf einer Person wurde unter ihnen Eric genannt; wie wir von dem Ritter John Davis lernen. Eben der Gebrauch scheinet auch unter den Juden im Schwange gewesen zu seyn n).

Diebstahl und Raubereyen waren unter den Angelsachsen sehr gemein. Um diese Verbrechen einigermaaßen im Zügel zu halten, wurde befohlen, daß niemand etwas, was mehr kostete, als zwanzig Pfennige, anders, als auf öffentlichen Märkten kaufen, oder verkaufen sollte o); und jeder Kauf oder Verkauf mußte vor Zeugen geschlossen werden p). Rauberbanden beunruhigten den Frieden des Landes gar sehr; und das Gesetz machte aus, daß eine Rotte von Banditen, die zwischen sieben und fünf und dreyßig Perso-

---

f) *Tyrrel* Introduction. Vol. 1. S. 126. Carte, V. 1. S. 366.
g) *Lindenbrogius* passim.
h) *Tacit. mor. Germ.*
i) LL. Aelf. §. 12. *Wilkins*, S. 29. Es ist wahrscheinlich, daß Alfred unter vorsetzlichen Mord einen heimtückischen verstehet, welchen jemand begehet, der keinen erklärten Säbel wider einem andern hat.
k) LL. Aelf. §. 4. *Wilkins*, S. 35.
l) LL. Aelf. §. 40. Siehe auch LL. *Esbelb.* §. 34 &c.
m) LL. Esbelb. §. 32.
n) Exod. Cap. 21. 29. 30.
o) LL. Aethel. §. 12.
p) LL Aethel. §. 10. 12. LL. Edg. apud *Wilkins*, S. 80. LL. Aethel. §. 4. ibid. S. 103. *Hlotb* & *Eadm.* §. 16. LL. Canut §. 22.

Geschichte von England. Erster Anhang.

Personen stark war, eine *Turma*, oder ein Trupp genannt werden sollte: eine gröſſere Bande wurde eine Armee genannt q). Die Strafen für dieſes Verbrechen waren mannichfaltig, kein einziges aber war capital r). Wenn jemand die Fußtapfen ſeines geſtohlnen Viehes über den Grund eines andern aufſpüren konnte, ſo mußte der letzte zeigen, daß die Fußtapfen weiter giengen, als ſein Grund reichte, oder den Werth derſelben bezahlen s).

Verrätherey und Rebellion, ſo hoch ſie auch mochten getrieben werden, waren damals kein Todesverbrechen, ſondern konnten mit einer Summe Geldes abgekaufet werden t). Da die Geſetzgeber wußten, daß es unmöglich war, allen Unordnungen vorzubeugen, ſo ſetzten ſie nur auf Friedensbrüche, die am Hofe des Königes, oder vor einem Alderman oder Biſchof begangen wurden, eine höhere Geldſtrafe. Es ſcheinet auch, als wenn ein Bierhaus für einen privilegirten Ort angeſehen wurde; und alle Streitigkeiten, welche daſelbſt entſtunden, wurden härter beſtraft, als anderswo u).

Wenn die Strafen der Verbrechen unter den Angelſachſen uns ſeltſam vorkommen, ſo waren es die Beweiſe nicht weniger; und auch dieſe waren eine natürliche Folge der Situation dieſes Volkes. Wir mögen von der gewöhnlichen Treue und Aufrichtigkeit der Menſchen, welche in einem rohen und barbariſchen Zuſtande leben, denken was wir wollen; ſo herrſchet doch unter ihnen mehr Falſchheit und Treuloſigkeit, als unter geſitteten Nationen; und die Tugend, welche nichts anders iſt, als eine erweiterte und angebautere Vernunft, blühet nirgend anders in einigem Grade, noch iſt ſie ſonſt wo auf ſtandhaften Grundſätzen der Ehre gegründet, als da, wo eine gute Erziehung allgemein geworden iſt; und wo die Menſchen von den ſchädlichen Folgen des Laſters, der Verrätherey und der Unſterblichkeit unterrichtet ſind. So gar der Aberglaube, ob er gleich unter unwiſſenden Nationen mehr herrſcht, iſt nur eine elende Erſetzung für den Mangel an Wiſſenſchaft und Erziehung; und unſre europäiſchen Vorfahren, welche ſich alle Augenblicke des Mittels bedienten, bey außerordentlichen Kreuzen und Reliquien zu ſchwören, ſahen in allen ihren Verbindungen weniger auf die Ehre, als ihre Nachkommen, welche aus Erfahrung dieſe unwirkſamen Sicherheiten bey Seite geſetzt haben. Dieſe allgemeine Neigung zum Meineid wurde durch den gewöhnlichen Mangel an Einſicht der Richter noch vergröſſert, welche eine verworrene Ausſage nicht auseinander ſetzen konnten, und ſich genöthiget fanden, die Zeugniſſe der Zeugen mehr zu zählen, als dem Gewichte nach zu unterſuchen v). Daher kam der lächerliche **Gebrauch, daß man** die Leute zwang, Zeugen zu bringen, welche ſagten, **die von** der Sache, **oder von der** Handlung nichts wußten, aber ſich **doch** eidlich erklärten, **daß ſie glaubten, die Perſon**
würde

---

q) LL. *Inae*. §. 12.
r) LL. *Inae*. §. 37.
s) LL. *Aethelſt*. §. 1. *Wilkins*, S. 63.
t) LL. *Ethelredi*, apud *Wilkins*, S. 110. LL. *Aelf*. §. 4 *Wilkins*, S. 25.
u) LL. *Hloth* et *Eade*. §. 12. 13. LL. *Ethelr*. apud *Wilkins*, S. 117.

v) Zuweilen gaben die Geſetze leichte allgemeine Regeln an, wornach die Glaubwürdigkeit der Zeugen ausgemacht wurde. Ein Mann, der auf 120 Schillinge geſchätzet wurde, war ſo gut, als ſechs Ceorles, deren Leben nur auf 20 Schillinge geachtet war, und ſein Eid war eben ſo gut, als wenn alle ſechs geſchworen hätten. S. *Wilkins*, S. 72.

würde die Wahrheit reden; und diese Zeugen wurden in einigen Fällen bis auf eine Anzahl von dreyhundert vermehrt x). Auch wurde der Gebrauch des Zweykampfs von den meisten Nationen des vesten Landes, als ein Mittel gegen falsche Zeugnisse gebraucht y), und ob sie gleich oftmals durch den Widerspruch der Geistlichen eingestellet wurden; so wurden sie doch beständig wieder hervorgesucht, weil man Erfahrungen hatte, daß die Aussage der Zeugen falsch gewesen war z). Es wurde endlich eine Art von Rechtsgelehrsamkeit, und die Fälle wurden von dem Gesetze bestimmt, in welchem die Partey ihren Gegner, oder die Zeugen, oder den Richter selbst herausfodern konnte a); und obgleich diese Gewohnheiten ungereimt waren, so waren sie doch vielmehr eine Verbesserung der Methoden des Processes, welche vormals unter diesen barbarischen Nationen üblich gewesen waren, und welche noch immer unter den Angelsachsen beybehalten wurden.

Wenn für die unwissenden Richter eine Streitigkeit über eine That gar zu verwickelt geworden war, so nahmen sie ihre Zuflucht zu dem, was sie das Gericht Gottes nannten, das ist, zu dem Glücke; und die Weise, dieses Orakel zu befragen, war mannichfaltig. Eine von denselben war die Entscheidung durch das Kreuz, und sie wurde auf folgende Art angestellt: Wenn eine Person eines Verbrechens halber angeklagt war, so rechtfertigte sie sich zuerst durch einen Eid, den eilf Zeugen bekräftigten; hernach nahm sie zwey Stücken Holz, auf deren einem ein Kreuz gezeichnet war, sie wickelte beyde in Wolle ein, und legte sie auf den Altar, oder auf eine berühmte Reliquie. Nach feyerlichen Gebeten für den guten Fortgang dieses Versuchs nahm ein Priester, oder an seiner Stelle, irgend ein unerfahrner Jüngling eines von den beyden Hölzern auf, und traf es sich, daß er das mit Kreuz bezeichnete Holz nahm, so wurde die Person für unschuldig, wo nicht, für schuldig erklärt b). Wie dieser Gebrauch aus Aberglauben entstanden war, so wurde er auch aus Aberglauben in Frankreich wieder abgeschafft. Der Kaiser Ludwig der fromme verboth diese Art des Processes, nicht, weil sie ungewiß war, sondern damit diese heilige Figur des Kreuzes, sagte er, durch die gemeinen Zänkereyen und Streitigkeiten nicht entweihet würde c).

Das Ordeal war eine andre hergebrachte Methode der Untersuchung unter den Angelsachsen. Es wurde entweder mit kochendem Wasser oder glühendem Eisen angestellt. Das Wasser, oder das Eisen, wurde durch viele Gebethe, Messen, Fasten und Exorcismen eingeweihet d); hernach nahm die angeklagte Person entweder einen Stein aus einer gewissen Tiefe des Wassers e), oder sie trug auch das Eisen eine gewisse Strecke fort; und wenn nach dreyen Tagen, wo seine Hand verbunden, und der Verband zugesiegelt war, bey einer Untersuchung keine Zeichen gesehen wurden, daß sie sich verbrannt hatte; so wurde er für unschuldig, wo nicht, für schuldig erklärt f). Die Probe mit kaltem Wasser

x) *Pref. Nicol* ad *Wilkins,* S. 11.
y) LL. Burgund Cap. 45. LL. Lomb. lib. 2. tit. 55 Cap. 91.
z) LL. Longob. lib. 2. tit. 55. Cap. 23. apud *Lindenbrog.* S. 661.
a) S. *Defontaines* und *Beaumanfir.*
b) LL. Friden. tit. 14 apud *Lindenbrogium* S. 496.

c) *Du Cange* in verb. Crux.
d) *Spelm.* in verb. Ordeal. *Parker,* S. 155. *Lindenbrog* S. 1299.
e) LL. Iuae. § 77.
f) Oft gieng die angeklagte Person mit blossen Füßen über ein gluendes Eisen.

Geschichte von England. Erster Anhang. 149

Waſſer war verſchieden: die Perſon wurde in geweihtes Waſſer geworfen; ſchwamm ſie, ſo war ſie ſchuldig; gieng ſie unter, unſchuldig g). Es iſt uns ſchwer zu begreifen, wie eine unſchuldige Perſon in der einen Probe entkommen, oder ein Verbrecher durch die andre überzeugt werden konnte. Aber man hatte noch einen andern Gebrauch, welcher eine vortreffliche Erfindung war, jeden Sträflichen entlaufen zu laſſen, der nur Herz hatte, es zu verſuchen. Es wurde ihm ein geweiheter Kuchen gegeben, den man Corsaed nannte, wenn er dieſen verſchlingen und verdauen konnte, ſo wurde er für unſchuldig erkläret h).

Es iſt zweifelhaft, ob das Feudalgeſetz überall unter den Angelſachſen ſtatt fand; *Militäriſche Macht.* gewiß iſt es, daß es ſich nicht über alles Eigenthum an Ländereyen erſtreckte, und daß es nicht mit dieſen Folgen des Frohndienſtes der Löſegelder i), Vormundſchaft, Ehe, und andern Bürden verknüpft war, welche in den Königreichen des veſten Landes von demſelben nicht getrennet werden konnten. Da die Sachſen die alten Britten entweder vertrieben, oder gänzlich ausrotteten, ſo pflanzten ſie ſich in dieſer Inſel auf eben dem Fuß an, wie ihre Vorfahren in Deutſchland, und fanden die Feudalverfaſſungen k) nöthig, welche ſo eingerichtet wurden, daß ſie beſtändig eine Art von ſtehender Armee bey der Hand hatten, jeden Aufſtand des überwundenen Volks zu dämpfen. Die Mühe und die Koſten der Vertheidigung des Staates in England lagen dem ganzen Lande auf gleiche Art ob; und es war gebräuchlich, daß man von fünf Hiden einen Mann zum Dienſt ausrüſtete. Die trinoda neceſſitas, wie ſie genannt wurde, oder die Bürde wegen Feldzüge, Verbeſſerung der Landſtraßen und Anlegung und Unterhaltung der Brücken, war mit einem Eigenthum an Ländereyen untrennlich verbunden, wenn es auch der Kirche oder Klöſtern zugehörte, wo es nicht durch einen beſondern Freyheitsbrief frey geſprochen war l). Die Ceorles, oder Landleute, wurden mit Waffen verſehen, und mußten nach der Reihe den Kriegsdienſt verrichten m). Man rechnete in England auf 243,600 Hiden n), und folglich beſtund die ordentliche Kriegsmacht dieſes Königreiches aus 48,720 Mann; wiewohl bey außerordentlichen Fällen, ohne Zweifel eine größere Macht zuſammen gebracht werden konnte. Der König und der Adel ſcheinen einige militäriſche Vaſallen gehabt zu haben, welche Sithcun-männer genannt wurden o). Und vermuthlich waren mit der Bedienung eines Aldermanns, und mit einigen andern Aemtern, einige Ländereyen verbunden; doch ſcheinen ſie nicht groß geweſen zu ſeyn, und wurden nur auf eine beliebige Zeit eingeräumet, wie im Anfang des Feudalrechtes in andern Ländern von Europa.

L 3 Die

g) *Spelm.* in verb. Ordealium.
h) *Spelm.* in verb Cortned. *Parker*. S. 156. Text. Roffenſ. S. 33.
i) Bey dem Tode eines Aldermanns, erbſſern oder getagtern Thane, wurde dem König eine Bezahlung für ſeine beſten Waffen gegeben, und das nannte man ſein *Heriot* aber das gehörte nicht unter dieſe Abgabe. S. *Spelm.* of tenures S. 32. Der Werth dieſer Heriot war in Canuts Geſetzen beſtimmt. §. 69.

k) *Bracton* de Acqu. rer. domin. lib. 1. Cap. 16. Weitläuftiger davon redet *Spelm.* of feuds and tenures, und *Cragius* de iure feud. lib. 1. dieg. 7.
l) *Spelm* Conc. Vol. 1. S. 256.
m) Inæ, §. 51.
n) *Spelm.* of feuds and tenures, S. 17.
o) *Spelm.* Conc. Vol. 1. S. 195.

150 **Geschichte von England. Erster Anhang.**

Oeffentliches Einkommen.

Die Einkünfte des Königs scheinen vornehmlich aus seinen Domainen, welche groß sind, aus den Frohndiensten und Auflagen bestanden zu haben, die er wahrscheinlich nach Gefallen von den Flecken und Seehäfen einhob, welche in seinen Domainen lagen. Er konnte keinen Theil seiner Ländereyen, selbst nicht zum Religionsgebrauch, ohne Bewilligung der Stände entäußern p). Das Danegelt war eine Landtare zu einem Schilling von einer Hide, und wurde von den Ständen aufgelegt q), entweder zur Bezahlung der von den Dänen gefoderten Summen, oder um das Königreich gegen Angreifer in Verfassung zu setzen r).

Werth des Geldes.

Das sächsische Pfund, und auch die nach der Eroberung in einigen Jahrhunderten geprägten Münzen, betrugen am Gewicht dreymal soviel, als unsre heutigen Münzen. Es giengen acht und vierzig Schilling auf ein Pfund, und fünf Pfennige auf einen Schilling s); und folglich war ein sächsischer Schilling um einen fünften Theil schwerer; und ein sächsischer Pfennig dreymal so schwer, als der unsre t). Was den Werth des Geldes in diesen Zeiten gegen die Bedürfnisse des Lebens betrifft, so hat man einige, wiewohl nicht gewisse Mittel, ihn zu berechnen. Nach den Gesetzen des Athelstan war ein Schaaf auf einen Schilling, das ist, funfzehn Pfennige unsers Geldes, angeschlagen. Die Wolle machte zwey Fünftheile von dem Werthe des ganzen Schaafes aus u), weit mehr, als sie itzt im Preiße steht. Vermuthlich war die Ursache diese, weil die Sachsen, wie die Alten, von andern Kleidungen, als von Wolle gemachten, wenig wußten. Seide und Cattun waren ganz unbekannt: Leinewand war nicht sehr im Gebrauche. Ein Ochs wurde dreymal so hoch angeschlagen, als ein Schaaf; eine Kuh viermal so hoch x). Wenn wir annehmen, daß das Vieh in diesen Zeiten, aus mangelhafter Landwirthschaft, nicht so groß war, als es itzt in England ist, so können wir nachrechnen, daß das Geld damals fast zehenmal mehr betrug. Ein Pferd wurde ungefähr auf sechs und dreyßig Schilling unsers Geldes, oder auf dreyßig sächsische Schillinge geschätzt y); ein Mutterpferd auf einen Dritteheil weniger. Ein Mann auf drey Pfund z). Das Kostgeld für ein Kind im ersten Jahr betrug sechs Schillinge, so viel, wie die Weide für eine Kuh im Sommer, und für einen Ochsen im Winter a). Wilhelm von Malmesbury nennt es einen theuren Preiß, daß Wilhelm Rufus funfzehen Mark, oder gegen dreyßig Pfund unsers Geldes für ein Pferd gab b). Zwischen den Jahren 900 und 1000 kaufte Ednoth eine Hide Land für eine Summe von ungefähr 118 Schillinge c). Dieses betrug etwas mehr, als einen Schilling auf einen Morgen, welches in der That der gewöhnliche Preiß gewesen zu seyn scheinet, wie wir aus andern Nachrichten sehen können d). Ein Klepper kostete um das Jahr 966 zwölf Schillinge e). Der Preiß eines Ochsen betrug in der Zeit des Königs Ethelred zwischen sieben und acht Schillingen; einer Kuh gegen sechs Schillinge

p) Spelm. Conc. Vol. 1. S. 342.
q) Chron. Sax. S. 128.
r) LL. Edw. Con. §. 12.
s) LL. Aelf. §. 40.
t) Fleetwoods Chron. Pretiosum. S. 27. 28. u. s. w.
u) LL. Inae. §. 69.
x) Wilkins, S. 66

y) Wilkins, S. 126.
z) Ibid.
a) LL. Inae. §. 38.
b) P. 121.
c) Hist. Ramef. 415.
d) Hist. Eliens. S. 473.
e) Hist. Eliens. S. 471.

Geschichte von England. Erster Anhang.

Schillinge f). Gervas von Tillbury sagt, daß zu Heinrichs des Ersten Zeit Brodt für hundert Mann auf drey Schillinge, oder auf einen Schilling der damaligen Zeit gerechnet worden; denn man glaubt, daß bald nach der Eroberung ein Pfund Sterling in zwanzig Schillinge getheilet sey: ein Schaaf wurde auf einen Schilling geschätzet, und so nach Verhältniß andre Dinge. In der Zeit des Athelstan wurde ein Hammel auf einen Schilling angeschlagen, oder auf vier Pfennige sächsischen Geldes g). Die Vasallen von Shireburen mußten entweder sechs Pfennige, oder vier Hennen bezahlen, welches in ihrer Wahl stund h). Um das Jahr 1232 miethete der Abt von St. Albans, da er eine Reise that, sieben gute starke Pferde, und versprach, wenn eines unter Weges fiele, dem Eigner für das Stück 30 Schillinge unsers heutigen Geldes zu bezahlen i). Man muß bemerken, daß in allen alten Zeiten das Korn, weil es eine Art von Manufactur war, immer im höhern Preiße stund, mit dem Vieh verglichen, als in unsern Zeiten k). Die sächsische Chronik sagt uns l), unter der Regierung Edwards des Bekenners sey die schrecklichste Hungersnoth gewesen, die man jemals erlebt, so daß ein Quarter Waizen auf sechzig Pfennige kam, oder auf funfzehen Schillinge nach unserm Gelde. Folglich war er so theuer, als wenn er itzt sieben Pfund zehen Schillinge Sterling kostete. Dieses übertrifft die große Hungersnoth am Ende der Regierung der Königinn Elisabeth weit, wo ein Quarter Waizen für vier Pfund bezahlet wurde. Das Geld stund in dieser letzten Zeit mit dem unsrigen beynahe gleich. Diese abscheulichen Theurungen sind ein gewisser Beweis von einer schlechten Landwirthschaft.

Ueberhaupt hat man drey Dinge zu betrachten, wenn in **alten Zeiten einer Summe** Geldes gedacht wird. Erstlich die Veränderung der Benennung, wodurch ein Pfund auf den dritten Theil seines alten Gewichts an Silber herabgesetzet ist: Zweytens die Veränderung in dem Werth durch den größern Zuwachs der Menge des Geldes, welche das gleiche Gewicht des Silbers gegen die Waaren auf einen zehnmal geringern Werth herab gesetzet hat, und folglich ein Pfund Sterling auf den dreyzehnten Theil seines alten Werthes. Drittens, die geringere Anzahl der Leute, und des Fleißes, welche man damals in dem europäischen Reiche fand. **Dieser Umstand machte es schwerer,** so gar den dreyzehnten Theil von dieser **Summe zusammen zu bringen, und machte,** daß jede Summe um dreyßigmal mehr **Gewicht und Einfluß in- und außerhalb Landes** hatte, als in unsern Zeiten: eben so wie eine Summe, zum Exempel von hundert tausend Pfund, heut zu Tage in kleinen **Staaten,** wie etwan in **Barern,** schwerer zusammen zu bringen ist, und in solchen **kleinen Gemeinen größere** Wirkungen haben kann, als in England. Dieser letzte **Unterschied** läßt sich nicht leicht bestimmen: wenn wir aber annehmen, daß England itzt über fünfmal so viel Fleiß, und dreymal so viel Volk hat, als es zur Zeit der Eroberung, und in einigen Regierungen nach derselben hatte, so können wir, nach dieser Voraussetzung, wenn wir alle Umstände zusammen nehmen, uns einen Begriff von jeder **Summe** machen, wovon die Geschichtschreiber so reden, als wenn sie hundertmal **mehr betragen habe, als eine Summe von gleicher** Benennung in unsern Tagen.

In

---

f) *Wilkins*, S. 126.
g) *Wilkins*, S. 56.
h) Monast. Anglic. Vol. 2. S. 518.
i) *Matt. Paris*.
k) *Fleetwood*, S. 83 94 96 98.
l) P. 157.

Geschichte von England. Erster Anhang.

In den Zeiten der Sachsen wurden die Ländereyen unter allen männlichen Erben eines Verstorbenen, nach dem Gebrauch der Gavelkind, in gleiche Theile getheilet. Zu diesen Zeiten waren zuweilen Erbbelehnungen im Gebrauch m). Die Länder waren vornehmlich zwiefach, Bockländer, oder solche, die jemand vermöge eines Buches, oder eines Frenbriefes hatte; diese wurden für völlige Eigenthümer angesehen, und erben auf die Kinder der Besitzer: und Folkländer, oder solche, welche die Ceorles, und das gemeine Volk besaßen, die nach Gefallen abgesetzt werden konnten, und in der That nur Pachter waren, so lange ihre Herren wollten.

Der erste Versuch, den wir in England finden, die kirchliche Gerichtsbarkeit von der bürgerlichen abzusondern, war das Gesetze des Edgar, vermöge dessen alle Streitigkeiten unter der Geistlichkeit vor den Bischof gebracht worden sollten n). Die Bußen waren damals sehr hart: weil man sich aber mit Geld abkaufen, oder andre für sich stellen konnte, die sie verrichteten, so fielen sie den Reichen sehr leicht o).

Sitten. Von den Sitten der Angelsachsen können wir wenig mehr sagen, als daß sie ein unwissendes, ungesittetes Volk waren, von keiner Gelehrsamkeit wußten, ungeschickt in den mechanischen Künsten, sich an keine Gesetze und Regierung binden wollten, und der Unmäßigkeit, der Schwelgerey und der Unordnung ergeben waren. Ihre beste Eigenschaft war ihre Tapferkeit im Kriege, welche jedoch von keiner Kriegszucht oder Klugheit unterstützet war. Man siehet aus der Geschichte ihrer letzten Zeit deutlich, daß sie ihrem Prinzen, und allem, was ihnen anvertrauet war, untreu und unmenschlich waren. So gar die normännischen Geschichtschreiber reden, ungeachtet die Künste auch in ihrem Lande in schlechten Umständen waren, von ihnen, als Barbaren, wenn sie von dem Angriff reden, den der Herzog von der Normandie gegen sie that. Dieser Sieg setzte das Volk in einen Stand, die Anfangsgründe der Wissenschaft und der Verbesserung der Sitten von außenher nach und nach zu empfangen, und seine rauhen und frechen Sitten zu verbessern.

m) L.L. *Aelf.* §. 37. apud *Wilkins*, S. 43.   o) *Wilkins*, S. 96. 97. *Spelm.* Conc. S. 473.
n) *Wilkins*, S. 83.

Das vierte Kapitel.
Wilhelm der Eroberer.

Folgen der Schlacht bey Hastings — Unterwerfung der Engländer — Einrichtung der Regierung — Der König reiset nach der Normandie zurück — Mißvergnügen der Engländer — Ihr Aufstand — Härte der normännischen Regierung — Neue Aufstände — Neue Härte der Regierung — Einführung des Feudalgesetzes — Neuerung in der Kircheuregierung — Aufstand der normännischen Baronen — Streit wegen der Investituren — Empörung des Prinzen Robert — Domesdaybook — Der neue Forst — Krieg mit Frankreich — Tod- und Charakter Wilhelms des Eroberers.

Nichts war größer, als die Bestürzung, worein die Engländer geriethen, als sie die Nachricht von der unglücklichen Schlacht bey Hastings, dem Tode des Königes, der Ermordung ihres vornehmsten Adels, und der Flucht und Zerstreuung der übrigen hörten. Allein ob gleich der Verlust, den sie in dieser unglücklichen Schlacht erlitten hatten, ansehnlich war, so hätte er doch von einer grossen Nation leicht wieder ersetzet werden können, wo das Volk gemeiniglich in Waffen war, und so viele mächtige Edelleute in allen Provinzen wohnten, welche ihre Unterthanen hätten versammeln, den Herzog von der Normandie zwingen, seine Armee zu theilen, und sie, aller Wahrscheinlichkeit nach, in vielen Actionen und Scharmützeln hätten aufreiben können. So hatte das Reich in vorigen Zeiten viele Jahre lang seinen Angreifern widerstanden, und war nur nach und nach, durch die fortgesetzten Bemühungen der Römer, der Sachsen und Dänen überwunden worden; und Wilhelm hätte in dieser kühnen und waglichen Unternehmung eben diese Schwierigkeiten besorgen können. Aber es fanden sich in der angelsächsischen Regierung verschiedene grobe Fehler, wodurch es den Engländern schwer wurde, *in so kritischen Zeitläuften ihre Freyheiten zu vertheidigen*. Das Volk hatte guten theils den Stolz und Nationalgeist, durch seine noch frische und lange Unterthänigkeit unter den Dänen verlohren; und weil Canut, in der Folge seiner Regierung, *viel von der Härte des Siegers nachgelassen*, und es mit Gelindigkeit nach seinen eigenen Gesetzen beherrschet hatte, so sah es die Schmach eines fremden Joches mit desto *geringerm Schrecken* an, und hielt die Unbequemlichkeiten einer Unterwerfung für nicht so fürchterlich, als den Schaden des Blutvergießens, des Krieges und des Widerstandes. Auch war seine alte Liebe für die

1066.
Folgen der Schlacht bey Hastings.

1066. die königliche Familie durch die lange gewohnte Unterthänigkeit unter den dänischen Prinzen, und durch seine vorige Wahl des Harold, oder seine Zufriedenheit mit seiner angemaßten Regierung sehr geschwächet. Und weil es lange gewohnt gewesen war, den Edgar von der sächsischen Linie für unfähig zur Regierung so gar in Zeiten der Ordnung und Ruhe anzusehen; so konnte es sich nur wenig Hoffnung machen, im Stande zu seyn, daß es so manchen großen erlittenen Verlust ersetzen, oder den siegreichen Waffen des Herzogs von der Normandie widerstehen würde.

Damit indeß die Engländer es in dieser äußersten Noth nicht gänzlich an allem möchten ermangeln lassen, so thaten sie einige Schritte zur Vereinigung ihrer zerrissenen Regierung, um sich wider den allgemeinen Feind zu vereinigen. Die beyden mächtigen Grafen, Edwin und Morcar, welche mit dem Ueberrest der zerstreuten Armee nach London geflüchtet waren, übernahmen bey dieser Gelegenheit die Anführung; riefen, mit Beystand des Stigand, Erzbischofes von Canterbury, eines Mannes, der ein großes Ansehen und starke Einkünfte besaß, den Edgar zum Könige aus, und bemühete sich, das Volk wider die Normänner in Vertheidigungsstand zu setzen, und ihnen zu widerstehen a). Aber der Schrecken der letzten Niederlage, und die Nähe der Feinde vermehrte die Verwirrung, die von großen Veränderungen unzertrennlich ist; und jeder vorgeschlagene Entschluß war übereilt, wankend, veränderlich; wurde durch Furcht, oder Faction vereitelt; war übel entworfen, und wurde noch schlechter ausgeführet.

Wilhelm setzte sich, nach seinem Siege, damit seine Feinde nicht Zeit haben möchten, sich aus ihrer Bestürzung zu erholen, oder sich zu berathschlagen, sogleich in Marsch, und entschloß sich, ein Unternehmen, welches durch nichts, als Geschwindigkeit und Lebhaftigkeit am Ende glücklich ausschlagen konnte, ganz auszuführen. Sein erster Versuch gieng gegen Rumney, dessen Einwohner er wegen ihrer grausamen Aufführung gegen einige normännische Seeleute und Soldaten, welche das Wetter, oder ein Irrthum in ihrem Cours dahin gebracht hatte, hart bestrafte b): und weil er voraussah, daß seine Eroberung von England noch mit vielen Schwierigkeiten, und vielen Widerstande verknüpfet war, so fand er es für nöthig, ehe er tiefer ins Land rückte, sich Meister von Dover zu machen, wodurch er sich, im Fall eines Unglücks, einen Rückzug versichern, und zugleich einen Platz haben konnte, wo der neue Entsatz von Truppen, die er nöthig haben möchte, um seine Vortheile weiter zu treiben, landen könnte. Der Schrecken, der sich von seinem Siege bey Hastings ausgebreitet hatte, war so groß, daß die Besatzung in Dover, so stark und so wohl sie auch mit allem versehen war, sogleich capitulirte; und da die Normänner, indem sie in die Stadt stürzten, um sie in Besitz zu nehmen, in der Eile einige Häuser anzündeten, vergütete Wilhelm, der sich gern bey den Engländern durch einen Schein der Gelindigkeit und Gerechtigkeit beliebt machen wollte, den Einwohnern ihren Schaden c).

Weil die normännische Armee sehr von der Dissenterie mitgenommen wurde, so mußte sie hier acht Tage bleiben; und als sie sich erholt hatte, rückte der Herzog mit geschwin-

---

a) *Gul. Pictau.* S. 205. *Order. Vitalis*, S. 502. *Hoveden*, S. 449. *Knyghton*, S. 2343.

b) *Gul. Pictau.* S. 204.

c) Ibid.

Geschichte von England. Kap. IV.

geschwinden Märschen gegen London, und vermehrte durch seine Annäherung die Verwirrungen, welche in den Berathschlagungen der Engländer schon gar zu sehr walteten. 1066. Vornehmlich fiengen die Geistlichen an, welche einen großen Einfluß über das Volk hatten, sich für ihn zu erklären; und weil die meisten Bischöfe und hohen Geistlichen so gar damals schon Franzosen oder Normänner waren, so wurde die Bulle des Pabstes, worinn seine Unternehmung gebilliget und geheiliget war, öffentlich als ein Grund angeführet, warum sich alles unterwerfen müßte. Die größere Gelehrsamkeit dieser Prälaten, wodurch sie sich unter der Regierung des Bekenners über die unwissenden Sachsen erhoben hatten, machte, daß man ihre Meynung schlechthin auf Glauben annahm; und ein junger Prinz, wie Edgar, dessen persönliche Eigenschaften so mittelmäßig waren, war schlecht geschickt, dem Eindrucke zu widerstehen, den sie auf die Gemüther des Volkes gemacht hatten. Der Schrecken, da ein Corps aus London von hundert normannischen Reutern zurückgetrieben worden, erneuerte den Schrecken wegen der großen Niederlage bey Hastings d); die leichte Unterwerfung aller Einwohner von Kent war ein neuer Umstand, der sie niederschlug e); der Brand von Southwark, der vor ihren Augen geschah, machte, daß sie für ihre Stadt ein gleiches Schicksal befürchteten; und niemand dachte auf etwas anders, als auf unmittelbare Sicherheit und Selbsterhaltung. Selbst die Grafen, Edwin und Morcar begaben sich, aus Verzweiflung, durch ihren Widerstand etwas auszurichten, mit ihren Truppen ins Nördliche in ihre eignen Provinzen f), und von der Zeit an entschloß sich das Volk einmüthig, dem Sieger nachzugeben. So bald Wilhelm bey Wallingford über die Themse gieng, und Berkhamstead erreichte, unterwarf sich ihm der Primas, Stigand; und ehe der Prinz der Stadt im Gesichte kam, kam der höchste Adel, und Edgar Atheling, der neu erwählte König selbst zu ihm ins Lager, und erklärten sich, daß sie sich seiner Gewalt unterwürfen g). Sie bathen ihn ihre Krone anzunehmen, welche sie itzt für erlediget ansähen, und erklärten sich vor ihn, daß sie, so wie sie immer von königlicher Macht wären beherrschet worden, auch in diesem Stücke gern dem Beyspiele ihrer Vorfahren folgen wollten, und keinen kennten, der würdiger wäre, als er, die Zügel der Regierung zu führen h).

Unterwerfung der Engländer.

Obgleich dieses die Hauptabsicht war, warum der Herzog dieses Unternehmen gewagt hatte, so schien er doch sich über das Anerbieten zu bedenken; und weil er anfangs gern den Schein einer gesetzlichen Regierung beobachten wollte; so wünschte er, sowohl von seiner Armee, als von der englischen Nation eine förmlichere Bewilligung zu erhalten i); als ihm aber Aimar aus Aquitanien, ein Mann, der wegen seiner Tapferkeit im Felde, und seiner Klugheit in der Berathschlagung in gleichem Ansehen stund, die Gefahr vorstellten, wenn er in so kritischen Zeitläuften Bedenken nähme, so legte

U 2
er

---

d) *Gul. Pict.* S. 205. *Ordor. Vitalis.* S. 503.
e) *Gul. Pict.* S. 205. Man sagt, die Einwohner von Kent hätten sich mit der Bedingung ergeben, daß sie ihre Freyheiten behielten. S. *Thom. Spott.* apud *Wilkins* gloss. in verb. *Bocland.*
f) *Hoveden* S. 449.
g) *Hoveden* S. 450. *Flor. Wigorn* S. 634.
h) *Gul. Pictau.* S. 205. *Ord. Vital.* S. 503.
i) *Gul. Pictau.* S. 205.

156 Geschichte von England. Kap. IV.

1066. er alle weitere Zweifel bey Seite, und nahm die ihm angetragene Krone an. Es wurden sogleich die Befehle ausgegeben, zu der Krönungsceremonie alle Anstalten zu machen; weil er sich aber noch immer scheuete, den Einwohnern von London gänzlich zu trauen, da sie zahlreich und kriegerisch waren, so ließ er indessen Forteressen anlegen, um sie im Zügel zu halten, und seine Person und Regierung in Sicherheit zu setzen k).

Stigand stund bey dem Herzoge nicht sehr in Gunst, sowohl weil er sich bey der Absetzung des Normannes, Robert, in den Bischofsitz eingedrungen hatte, als auch, weil er über die Engländer so viel Macht und Gewalt hatte l), daß er einer neu errichteten Monarchie hätte schaden können. Wilhelm wollte sich demnach von ihm nicht einsegnen lassen, unter dem Vorwande, daß der Primas seinen Bischofsmantel auf eine unregelmäßige Art von dem Pabst Benedict IX. der selbst ein Usurpateur war, erhalten hätte m), und gab diese Ehre dem Aldred, Erzbischofe von York. Die Westmünsterabtey war der Platz, der zu dieser prächtigen Ceremonie bestimmet wurde; die angesehensten vom Adel, sowohl Engländer als Normänner, versammleten sich hier bey dem Herzoge; Aldred fragte die ersten in einer kurzen Rede, ob sie den Wilhelm zu ihrem Könige haben wollten; der Bischof von Cosnitz that dieselbe Frage an die andern, und da beyde mit einem Zuruf antworteten n), so legte Aldred dem Herzoge den gewöhnlichen Krönungseid vor, wodurch er sich verpflichtete, die Kirche zu beschützen, Gerechtigkeit zu handhaben, und die Gewaltsamkeit zu unterdrücken; darauf salbte er ihn, und setzte ihm die Krone auf o). In den Gesichtern der Zuschauer zeigte sich nichts, als Freude: aber in eben diesen Augenblicken brachen die stärksten Zeichen der Eifersucht und der Feindseligkeit aus, welche unter den Nationen herrschten, und welche beständig zunahmen, so lange dieser Prinz regierte. Die normännischen Soldaten, welche vor die Thüren gestellet waren, um die Kirche zu beschützen, hörten das Geschrey in der Kirche, und bildeten sich ein, daß die Engländer sich an dem Herzoge vergriffen; augenblicklich griffen sie den Pöbel an, und setzten die benachbarten Häuser in Brand. Der Lärm kam bis zu dem Adel, der sich um den Prinzen befand; so wohl Engländer als Normänner eilten voll Furcht heraus, um sich vor der gegenwärtigen Gefahr in Sicherheit zu setzen; und Wilhelm selbst konnte den Aufruhr kaum stillen p).

Den 26ten December.

1067. Als der König sich so durch eine vergebliche Ernennung des Königs Edward, und durch eine unregelmäßige Wahl des Volks, noch mehr aber durch Gewalt der Waffen, auf den Thron gesetzet hatte; so begab er sich von London nach Berking in Essex: und hier machte ihm aller Adel, der bey der Krönung nicht zugegen gewesen war, die Aufwartung. Edric, mit dem Zunamen der Forester, ein Großneffe desjenigen Edric, der sich durch seine wiederholten Treulosigkeiten unter den Regierungen des Ethelred und

Einrichtung der Regierung.

---

k) *Gul. Pict.* S. 205.
l) *Eadmer*, S. 6.
m) *Gul. Pictav.* S. 206. *Ingulf.* S. 69. *IV. Malm.* S. 102. *Hoveden* S. 45. *M. West.* S. 245. *Flor. Wigorn* 635. *M. Paris*, S. 4. *Anglia sacra*, Vol. 1. S. 248. *Alur. Beverl.* S. 127.
n) *Order Vital.* S. 503.

o) *IV. Malmesf.* S. 171. sagt, er habe auch versprochen, die Normänner und Engländer nach gleichen Gesetzen zu regieren; und dieser Zusatz zu dem gewöhnlichen Eide ist nicht unwahrscheinlich, wenn wir die Zeitumstände betrachten.
p) *Gul. Pict.* S. 206. *Order. Vitalis*, S. 503.

und Edmund so berüchtigt gemacht hatte; der Graf Copo, ein Mann, der seiner Tapferkeit wegen berühmt war; so gar Edwin und Morcar, die Grafen von Mercia und Northumberland, nebst den übrigen vornehmsten von England kamen zu ihm, schwuren den Huldigungseid, wurden gnädig aufgenommen und in dem Besitze ihrer Güter und Würden bestätiget q). Alles hatte das Ansehen des Friedens und der Ruhe; und Wilhelm hatte sonst nichts zu thun, als die Ausländer, welche ihm zum Throne geholfen, und seine neue Unterthanen zu vergnügen, die sich ihm so bald unterworfen hatten.

1067.

Er hatte den Schatz des Harold, der sehr groß war, in Besitz genommen; und da ihm auch von den begüterten Leuten in allen Theilen von England, welche sich gern die Gnade des neuen Königs erwerben wollten, reiche Geschenke gebracht wurden; so theilte er unter seinen Truppen große Summen aus, und machte ihnen durch diese Freygebigkeit die Hoffnung, daß sie mit der Zeit diese dauerhaftern Sitze erhalten würden, welche sie sich von seiner Unternehmung versprochen hatten s). Die Kirchenbedienten, sowohl die einheimischen als auswärtigen, hatten seinen guten Fortgang sehr befördert; und er ließ es hinwieder an seiner Seite nicht ermangeln, ihnen seine Dankbarkeit und Ehrerbietung auf eine Art, wie sie es am liebsten sahen, an den Tag zu legen: er sandte die Standarte des Harold, nebst vielen ansehnlichen Geschenken an den Pabst: alle ansehnlichen Klöster und Kirchen in Frankreich, worinn man für seinen glücklichen Fortgang gebetet hatte, schmeckten itzt seine Milde s): die englischen Mönche fanden ihn ganz geneigt, ihren Orden zu begünstigen; und er erbaute ein neues Kloster bey Hastings, welches er die Schlacht-Abtey, (Battle-Abtey) nannte, und welches, unter dem Vorwande, daß hier Mönche unterhalten werden sollten, um für seine und Harolds Seele zu beten, zum beständigem Denkmaale diente t).

Er führte in England diejenige genaue Handhabung der Gerechtigkeit ein, für welche seine Regierung in der Normandie so sehr war gerühmet worden; und sogar in der Zeit dieser gewaltsamen Veränderung wurde jede Unordnung oder Unterdrückung aufs härteste bestrafet u). Insbesondere wurde seine eigne Armee in strenger Zucht gehalten; und ungeachtet Sieger trotzig sind, wurde doch dafür gesorget, daß die Eifersucht der Ueberwundenen, so wenig als möglich, gekränket würde x). Der König bezeigte sich bekümmert, die Normänner und Engländer auf eine freundschaftliche Art, durch Ehen und Heyrathen zu vereinigen; und alle seine neuen Unterthanen, welche sich seiner Person näherten, wurden mit Güte und Achtung aufgenommen. Er ließ keine Zeichen des Argwohns blicken; nicht einmal gegen den Edgar Atheling, den Erben der alten königlichen Familie, den er in dem Range als Grafen von Orford bestätigte, den Harold ihm ertheilet hatte, und dem er, als einem Neffen des Bekenners, seines großen Freundes und Wohlthäters y), aufs zärtlichste begegnete. Ob er gleich die
Güter

q) Gul. Pict. S. 208. Ord. Vitalis, S. 506.
r) Gul. Pict. S. 206.
s) Gul. Pict. S. 206.
t) Gul. Gemet. S. 288. Chron. Sax. S. 189. Matth. West. S. 226. Matth. Paris. S. 9. Diceto, S. 482. Dieses Kloster wurde von ihm von aller bischöflichen Gerichtsbarkeit frey gesprochen. Monast. Aug. tom. 1. S. 311. 312.
u) Gul. Pict. S. 208. Ord. Vitalis, S. 506.
x) Gul. Pict. S. 207. Order. Vitalis, S. 505. 506.
y) Gul. Pict. S. 208.

1067. Güter des Harold und derer, welche in der Schlacht bey Hastings für diesen Prinzen gefochten hatten, den er für einen Usurpateur ausgab, einzog, so schien er doch bereitwillig zu seyn, alle scheinbare Entschuldigungen der vergangenen Widersetzung gegen seine Rechte gelten zu lassen *), nahm diese, welche die Waffen wider ihn geführet hatten, in seine Gnade auf. Er bestätigte die Freyheiten und Vorrechte von London, und von den andern Städten in England; und stellte sich, als wenn er gern alles wieder in seinen vorigen Stand setzen wollte. In seiner ganzen Regierung beobachtete er den Schein eines gesetzmäßigen Prinzen, nicht eines Siegers a); und die Engländer fiengen an, sich zu schmeicheln, daß sie nicht die Form der Regierung, sondern nur die Thronfolge ihrer Könige verändert hätten, eine Sache, woraus sie sich wenig machten. Und damit er seine Gewalt bey seinen neuen Unterthanen desto beliebter machen möchte, so that er eine Reise durch einige Theile von England; und außer einem prächtigen Hofe, und der prächtigen Gegenwart der Majestät, welche das Volk, das bereits von seinem Ruhme im Kriege gerühret war, in Ehrfurcht setzen, gewann auch der Schein seiner Gnade und Gerechtigkeit den Beyfall der Klugen, die auf die ersten Schritte ihres neuen Königs genaue Acht hatten b).

Doch unter diesem Vertrauen, und dieser Freundschaft, welche er gegen die Engländer an den Tag legte, trug er Sorge, alle wirkliche Gewalt den Händen der Normänner zu übergeben, und immer das Schwerd zu behalten, dem er seine Erhebung zu einem Monarchen über fremde Völker zu danken hatte. Er entwaffnete die Stadt London, und andre Plätze, welche die kriegerischsten und volkreichsten zu seyn schienen c); erbauete in dieser Hauptstadt sowohl, als in Winchester, Hereford, und in denen Städten, welche am besten gelegen waren, das Reich in Ehrfurcht zu erhalten, Forteressen und Citadellen, legte normännische Soldaten hinein, und ließ nirgend eine Macht, die sich ihm hätte widersetzen können d). Er gab die eingezogenen Güter den Mächtigen seiner Generale, und legte Fonds nieder, woraus seine Soldaten besoldet wurden e). Und so waren seine militärische Verfügungen, Verordnungen eines Herrn und Tyrannen, indem seine bürgerliche Regierung das Ansehen einer gesetzmäßigen Obrigkeit hatte; wenigstens waren die ersten Verfügungen eines Prinzen, der sich selbst die Gewalt vorbehielt, den Charakter eines Tyrannen, wenn es ihm gefiele, anzunehmen.

Des Königs Rückreise nach der Normandie im Merz.

Indessen hatte er doch durch diese Vermischung von Strenge und Güte die Gemüther der Engländer so beruhiget, daß er glaubte, er könnte sein Vaterland sicher besuchen, und den Triumph und die Glückwünsche seiner alten Unterthanen anhören. Er ließ die Regierung in den Händen seines Bruders von einer Mutter des Odo, Bischofs von Bajeux, und des Wilhelm Fiz Osbern f); und damit ihre Gewalt weniger Gefahr besorgen möchte, nahm er den angesehensten Adel von England mit sich, welcher durch seine Gegenwart und prächtiges Gefolge seinem Hofe einen Glanz gaben, und zugleich

*) *Gul. Pict.* S. 207. *Order. Vital.* S. 506.
a) *Brompton.* S. 962.
b) *Gul. Pict.* S. 203.
c) *Baker* S. 24.
d) *Gul. Pict.* S. 208. *Ord. Vital.* S. 506. *M. West.* S. 215. *M. Paris.* S. 4.
e) *Gul. Pict.* S. 208.
f) *Flor. Wigorn.* S. 635. *Simeon Dunelm.* S. 197. *Alur. Beverl.* S. 125.

Geschichte von England. Kap. IV.   159

zugleich die Geißel für die Treue der Nation seyn sollte g). Unter diesem befanden sich
Edgar Atheling, Stigand der Primas, die Grafen Edwin und Morcar, Waltheof, 1067.
der Sohn des berühmten und tapfern Grafen Siward, nebst andern, welche wegen der
Größe ihrer Güter und Familien, oder wegen ihrer kirchlichen und bürgerlichen Würden
angesehen waren h). Es besuchten ihn in der Abtey Fescamp, wo er sich eine Zeitlang
aufhielt, Rodulph, ein Onkel des Königs von Frankreich i), und viele mächtige Prinzen und Edelleute, welche zu seiner Unternehmung waren beförderlich gewesen, und itzt
begierig waren, Theil an der Freude und den Vortheilen des glücklichen Ausganges zu
nehmen. Die englischen Hofleute des Königs, die sich bey ihrem neuen Könige gern beliebt machen wollten, bemühten sich in die Wette, sich an Equipage und Gastereyen
einander zu übertreffen; und zeigten solche Reichthümer, daß die Ausländer darüber erstaunten. Wilhelm von Poictiers, ein normännischer Geschichtschreiber k), welcher ein
Augenzeuge war, redet mit Bewunderung von der Schönheit ihrer Personen, von der
Größe und künstlichen Arbeit ihres Silbergeräthes, von der Kostbarkeit ihrer Verbrä-
mungen, einer Kunst, worinn sich die Engländer damals hervor thaten; und er drückt
sich in solchen Worten aus, welche unsern Begriff von dem Reichthum und dem Schmu-
cke des Volkes sehr vergrößern könnten l). Aber obgleich alles das Ansehen der Freude
und Lustbarkeit hatte, und Wilhelm selbst seinen neuen Hofleuten mit vieler scheinbaren
Güte begegnete, so war es doch unmöglich, alle Beschimpfungen der Normänner zu
verhüten; und die englischen Herren fanden wenig Vergnügen an diesen Gastmahlen,
wobey sie sich für Leute ansahen, welche ihr pralerischer Ueberwinder im Triumph auf-
führete.

Die Sachen in England gewannen unter der Abwesenheit des Königs immer eine Mißvergnü-
schlechtere Aussicht. Allenthalben vermehrten sich Mißvergnügen und Klagen; es wur- gen der Eng-
den wider die Regierung geheime Verschwörungen geschmiedet; in vielen Plätzen hatten länder.
die Feindseligkeiten bereits ihren Anfang genommen; und alles schien eine eben so schleu-
nige Veränderung zu drohen, als diejenige, welche den Wilhelm auf den Thron gesetzt
hatte. Der gedachte Geschichtschreiber, der ein Lobredner seines Herrn ist, giebt die
Schuld gänzlich der wankelmüthigen und aufrührischen Gesinnung der Engländer, und
lobt die Gerechtigkeit und Sanftmuth des Odo und Fitz Osbern in ihrer Regierung aufs
höchste m). Aber andre Geschichtschreiber schreiben die Ursache mit mehr Wahrscheinlichkeit vornemlich den Normännern zu, welche, in ihrer Verachtung gegen ein Volk,
das sich dem Joche so leicht unterworfen hatte, aus Neid gegen seine Reichthümer, und
aus Verdruß über den Zwang, der ihrer Raubsucht aufgelegt war, die Engländer gern
zu einer Empörung reizen wollten, wodurch sie neue Beuten von verfallenen und eingezogenen Gütern zu erhalten, und die unmäßigen Hoffnungen, welche sie sich gemacht hatten, als sie die Unternehmung wagten, zu befriedigen hofften n).   Es

g) Order. Vital. S. 506.
h) Gul. Pict. S. 209. Order. Vital. S. 506. Hoveden, S. 450. Flor. Wig. S. 635. Chron. Abb. St. Petri de Burgo, S. 46. Knyghton S. 2343.
i) Gul. Pict. S. 211. Order. Vital. S. 506.
k) P. 211. 212.
l) Da der Geschichtschreiber vornehmlich von dem Silbergeschirr redet, so zeiget seine Lobre-
de über die englische Pracht nur, wie wenig er fähig war darüber zu urtheilen. Das Silber
stund damals in gnaum höhern Werth, und war zwanzigmal seltner, als itzt; und folglich
muß Silbergeräthe damals am seltensten gewe-
sen seyn.
m) P. 112.
n) Order. Vital. S. 507.

160   Geschichte von England. Kap. IV.

1067. Es ist augenscheinlich, daß die vornehmste Ursache von dieser Veränderung in den Gesinnungen der Engländer der Abreise Wilhelms zugeschrieben werden muß, welcher allein fähig war, die Gewaltsamkeit seiner Heerführer im Zaum, und die Meutereyen seines Volkes in Ehrfurcht zu halten. Nichts ist in der That seltsamer, als daß dieser Prinz, in weniger als drey Monaten nach der Ueberwältigung einer grossen, kriegerischen und unruhigen Nation sich entfernte, um sein eignes Land zu besuchen, welches sich in tiefer Ruhe befand, und von keinem seiner Nachbarn bedrohet wurde; und daß er seine eifersüchtigen Unterthanen dem Willkühr einer trotzigen und ausgelassenen Armee überließ. Wären wir nicht von der Stärke seines Geistes und dem gesunden Verstande überzeuget, den er in allen andern Umständen seiner Aufführung bewies, so könnten wir diesen Einfall einer eiteln Pralerey zuschreiben, welche in ihm eine Begierde erregte, sein Gepränge und seine Pracht unter seinen alten Hofleuten sehen zu lassen. Es ist daher natürlicher zu glauben, daß er sich in eine so ausserordentlichen Schritt von einer geheimen Staatsklugheit führen ließ; und daß er zwar anfangs für dienlich erachtete, das Volk durch den Schein einer gesetzmäßigen Regierung zur Unterwerfung zu locken, aber nachmals sah, daß er seine raubsüchtigen Heerführer nicht befriedigen, noch seine wankende Regierung in Sicherheit setzen konnte, ohne die Rechte des Siegers weiter zu treiben, und sich der Eigenthümer der Engländer zu bemächtigen. Um dieser Gewaltthätigkeit einen Vorwand zu geben, bemühete er sich, ohne seine Absicht zu entdecken, sie zu einem Aufstande zu reizen, welcher seiner Meynung nach nicht gefährlich seyn könnte, indem er den ganzen vornehmsten Adel in der Normandie bey sich hätte, indem eine starke und siegreiche Armee in England läge, und er selbst so nahe wäre, jeden Aufstand, oder jede Empörung zu unterdrücken. Weil aber kein alter Schriftsteller dem Wilhelm diese tyrannische Absicht zugeschrieben hat, so ist es fast nicht erlaubt, ihm, bloß aus Muthmaßung, eine solche Schuld aufzubürden.

Ihre Empörungen. Allein wir mögen nun diesen Anschlag aus der Eitelkeit oder Staatsklugheit des Königs erklären, so war er doch unmittelbar die Ursache alles mannichfaltigen Unglücks, welches die Engländer unter dieser, und unter den folgenden Regierungen ausstehen musten, und des wechselseitigen Mißtrauens und der Feindseligkeiten unter ihnen und den Normännern, welche nicht eher beygeleget wurden, als bis eine lange Zeitfolge die beyden Nationen nach und nach vereiniget, und aus ihnen ein Volk gemacht. Die Einwohner von Kent, welche sich den Sieger zuerst unterworfen hatten, waren die ersten, die es versuchten, sein Joch wieder abzuwerfen; und thaten, mit dem Beytritt des Eustaz, Grafens von Boulogne, den die Normänner gleichfalls mißvergnügt gemacht hatten, einen Versuch, wiewohl unglücklich, auf die Besatzung in Dover o). Edric, der Forester, dessen Güter an den Ufern der Severne lagen, machte, da er durch die Raubereyen einiger normännischen Officiere in Harnisch gebracht wurde, ein Bündniß mit dem Blethyn und Rowallan, zween Prinzen aus Wallis; und bemühete sich, mit ihrem Beystande Gewalt mit Gewalt zu vertreiben p). Aber obgleich diese offenbare Feindseligkeiten nicht viel zu bedeuten hatten, so war doch das Mißvergnügen unter den Engländern, welche, wiewohl zu spät, gemerket hatten, wie unvertheidiget sie waren, und bereits anfiengen, diejenigen Beschimpfungen und Beleidigungen zu erfahren, welche eine

Nation

---

o) *Gul. Gemet.* S. 289. *Order. Vit.* S. 508.   p) *Hoveden,* S. 450. *M. West.* S. 226.
Anglia Sacra, Vol. I. S. 245.   *Sim. Dun.* S. 197.

Geschichte von England. Kap. IV. 161

Nation immer erwarten muß, die sich in einen so verächtlichen Stand hat setzen lassen, allgemein. Sie hatten sich heimlich verschworen, an einem Tage alle Normänner nie-1067. der zu machen, so wie sie es vormals mit den Dänen gemacht hatten q), und der Streit war so allgemein und national geworden, daß die Vasallen dem Grafen Coxo, da sie ihn gebethen, sie zu einer Empörung anzuführen, und entschlossen gefunden hatten, seine Treue gegen den Wilhelm zu behaupten, als einen Verräther des Landes tödteten r).

Als der König von diesem gefährlichen Mißvergnügen Nachricht erhielt, eilte er den 6ten noch England hinüber; und vereitelte durch seine Gegenwart, und durch die lebhaften December. Maasregeln, die er nahm, alle Entwürfe der Verschwornen. Diejenigen, welche sich offenbarer empöret hatten, verriethen ihre Schuld dadurch, daß sie flüchteten, oder sich versteckten; und die Einziehung ihrer Güter setzte den Wilhelm in Stand, indem sie die Anzahl der Mißvergnügten vermehrte, die Raubsucht seiner normännischen Officiere noch weiter zu vergnügen, und machte ihnen zugleich die Hoffnung zu neuen Confiscationen und Beraubungen s). Der König fieng an, alle seine englische Unterthanen für alte und unversöhnliche Feinde anzusehen; und entschloß sich von der Zeit an, oder bestärkte sich auch in dem schon gefaßten Entschluß, sich ihrer Güter zu bemächtigen, und sie in die niederträchtigste Sklaverey zu setzen. Ob ihn gleich seine natürliche Heftigkeit, und die Strenge seiner Gemüthsart unfähig machte, in der Ausübung dieser tyrannischen Absicht ein Bedenken zu finden; so war er doch listig genug, seine Gedanken zu verbergen, und noch immer in seinen Unterdrückungen einigen Schein der Gerechtigkeit zu beobachten. Er befahl, daß alle Engländer, welche in seiner Abwesenheit von den Normännern willkührlich aus ihren Gütern vertrieben worden, wieder eingesetzt werden sollten t), zugleich aber schrieb er eine allgemeine Auflage, das Danegelt aus, welches der Bekenner abgeschafft hatte, und welches der Nation immer höchst verhaßt gewesen war u).

Weil die Wachsamkeit Wilhelms die Mißvergnügten in Furcht hielt, so waren 1068. ihre Empörungen mehr eine Folge der ungeduldigen Laune des Volks, als einer ordentlichen Verschwörung, welche der Nation Hoffnung machen konnte, wider die vestgesetzte Macht der Normänner etwas mit Erfolg auszurichten. Die Einwohner von Exeter weigerten sich, auf Anstiften der Githa, der Mutter des Königs Harold, eine normännische Besatzung einzunehmen, und da sie zu den Waffen griffen, bekamen sie von den benachbarten Einwohnern aus Devonshire und Cornwal eine Verstärkung x). Der König brach in Eile mit seinen Truppen auf, um diese Empörung zu züchtigen; und als er kam, beredeten die klügern und angesehenern Bürger, welche einsahen, wie ungleich der Streit war, das Volk, sich zu unterwerfen, und für seinen Gehorsam Geiseln auszuliefern. Ein plötzlicher Aufstand des Pöbels vereitelte diesen Vertrag; und da Wilhelm sich den Mauren näherte, ließ er einer Geißel ein Auge ausstechen, um eine

War-

q) *Gul. Gemet.* S. 289.
r) *Gul. Pict.* S. 212. *Order. Vit.* S. 509.
s) *H. Hunt.* S. 569 *M. West.* S. 225.
t) Chron. Sax. S. 173. Diese Handlung ist ein völliger Beweiß, daß die Normänner große Ungerechtigkeit begangen hatten, und wirklich Ursache an dem Aufstande der Engländer waren.
u) *Hoveden.* S. 450. *Simeon Dunelm.* S. 197. *Alur. Bever.* S. 127.
x) *Order. Vital.* S. 510.

Hume Gesch. v. Großbrit. III. Theil. E

Warnung von der Härte zu geben, welche die Rebellen würden erwarten müssen, wenn
1068. sie bey der Empörung beharreten y). Die Einwohner geriethen noch einmal in Schrecken, ergaben sich auf Gnade, warfen sich dem Könige zu Füßen, und bathen um Gnade und Vergebung. Wilhelm war nicht ohne alle Großmuth, wenn seine Gemüthsart nicht entweder von der Staatsklugheit oder Leidenschaft verhärtet wurde: er ließ sich bewegen, den Rebellen zu verzeihen, und besetze alle Thore mit Wachen, um die Raubsucht und die Frechheit der Soldaten zu zügeln z). Githa flüchtete mit ihren Schätzen nach Flandern a). Die Empörer in Cornwall machten es so, wie die in Exeter, und kamen eben so durch: und da der König in dieser Stadt eine Citadelle erbauet hatte, worinn er dem Baldwin, dem Sohn des Grafen Gilbert b), das Commando gab, so kehrte er nach Winchester zurück, und verlegte seine Armee in die Quartiere. Hier kam seine Gemahlinn, Mathilda, welche England besuchet hatte, und die er itzt von dem Erzbischof Aldred krönen ließ, zu ihm c). Bald nachher vermehrte sie seine Familie durch die Geburt eines vierten Sohnes, den er Henrich nannte d). Seine drey ältern Söhne, Robert, Richard und Wilhelm, hielten sich noch immer in der Normandie auf.

Aber ob schon der König sowohl im öffentlichen als Privatleben so glücklich zu seyn schien, vermehrte sich doch das Mißvergnügen der englischen Unterthanen täglich; und die Beleidigungen von beyden Seiten machten den Streit zwischen ihm und den Normännern ganz unheilbar. Der Trotz der siegreichen Herren, welche im ganzen Reiche vertheilet waren, wurde den Eingebohrnen unerträglich; und wo sie nur die Normänner getheilet, oder in kleinen Corps antrafen, griffen sie dieselbigen heimlich an, und vergnügten ihre Rache durch den Mord ihrer Feinde e). Aber ein Aufstand in dem Nördlichen zog die allgemeine Aufmerksamkeit dahin, und schien wichtigere Folgen zu versprechen. Edwin und Morcar erschienen an der Spitze dieser Rebellion; und diese mächtigen Edelleute hatten sich, ehe sie zu den Waffen griffen, nach auswärtiger Hülfe von ihrem Neffen Blethin, dem Prinzen von Nordwallis, von dem Malcolm, Könige in Schottland, und Swenn, Könige in Dännemark, umgesehen. Außer dem allgemeinen Mißvergnügen, welches ganz England eingenommen hatte, waren die beyden Grafen auch durch eigne Beleidigungen in den Harnisch gebracht. Wilhelm hatte, um sie auf seine Seite zu ziehen, bey seiner Thronbesteigung dem Edwin seine Tochter zur Gemahlinn versprochen; aber entweder war er niemals im Ernst gesonnen gewesen, dieses Versprechen zu erfüllen, oder er dachte auch, nachdem er seinen Regierungsplan in England von der Gelindigkeit in Strenge verändert hatte, daß es ihm wenig verschlagen könnte, eine Familie zu gewinnen, indem er die ganze Nation erbitterte. Als demnach Edwin seine Ansprache wiederholete, schlug er es durchaus ab f); und diese Abweisung, welche zu so vielen andern Ursachen des Mißvergnügens hinzu kam, bewegte diesen Herrn und seinen Bruder, ihren erbitterten Landsleuten beyzutreten, und noch einmal zu versuchen, ob sie ihre alte Freyheiten wieder erlangen könnten. Wilhelm wußte, wie viel an der Eile gelegen war, um einen Aufstand zu dämpfen, welcher von so mächtigen

y) *Order. Vital.* S. 510.
z) Ibid.
a) *Hoveden*, S. 450. *Flor. Wigorn*, S. 635.
b) *Order. Vital.* S. 510.
c) Ibid. *Hoveden*, S. 450. *M. West.* S. 226. *Flor. Wigorn*, S. 635.
d) *M. West.* S. 226.
e) *M. West.* S. 225.
f) *Order. Vital.* S. 511.

tigen Anführern unterstützet wurde, und dem Wunsche des Volkes so sehr entsprach; und da er seine Truppen in steter Bereitschaft hielt, rückte er mit starken Märschen ins 1068. Nordliche. Auf seinem Marsche ließ er das Schloß zu Warwick und Nottingham bevestigen; in das erste legte er den Henrich von Beaumont, in das andre den Wilhelm Peverell, einen andern normannischen General g) als Commandanten. Er erreichte York, ehe die Resellen im Stande waren, sich zu wehren; oder einen andern auswärtigen erwarteten Entsatz zu erhalten, als eine kleine Verstärkung aus Wallis h); und die beyden Grafen sahen kein andres Mittel, sich zu retten, als daß sie sich der Gnade des Siegers übergaben. Archil, ein mächtiger Edelmann in diesen Ländern, folgte ihrem Beyspiele, und lieferte seinen Sohn als eine Geißel für seine Treue aus i); und das Volk, dergestalt von seinen Anführern verlassen, war nicht fähig, länger zu widerstehen. Aber die Begegnung Wilhelms gegen die Chieftains und ihre Anhänger, war sehr unterschieden. Er hielt aufs genaueste die Bedingungen, welche er den erstern eingeräumet hatte; und ließ sie vorerst in dem Besitze ihrer Güter; aber die letzten ließ er seine ganze Strenge fühlen, zog ihre Güter ein, und gab ihre Länder seinen Ausländern, welche, da sie in dem ganzen Lande sich vest setzten, und die militarische Macht in Händen hatten, den Edwin und Morcar, die sie dem Vorgeben nach schonten, ohne alle Hülfe in einem Stande erhielten, worinn sie zu Grunde gehen mußten, so bald er es nur für gut finden würde. Ein Friede, den er mit dem Malcolm machte, welcher ihm wegen Cumberland huldigte, schien zu gleicher Zeit ihnen alle Hoffnung zu einem auswärtigen Beystand zu nehmen k).

Itzt sahen die Engländer wohl, daß ihr letzter Untergang beschlossen war; und daß sie sich, nicht einem Könige, den sie anfänglich durch ihre Unterwerfung zu gewinnen gehofft hatten, sondern auf eine knechtische Art, ohne Widerstand, einem Tyrannen und Ueberwinder übergeben hatten. Obgleich die frühe Einziehung der Güter der Anhänger des Harold unbillig zu seyn scheinen möchte; da sie auf Leute ausgedehnet wurde, welche dem Herzoge von der Normandie niemals Treue geschworen hatten, welche von seinen Ansprüchen nichts wußten, und welche bloß zur Vertheidigung der Regierung gefochten, die sie selbst in ihrem Lande eingeführet hatten: so wurde doch diese Härte, so sehr sie auch den alten sächsischen Gesetzen entgegen war, mit den dringenden Bedürfnissen des Prinzen entschuldiget; und diejenigen, welche an dem gegenwärtigen Untergange keinen Theil nahmen, hofften, daß sie künftighin ihre Güter und ihre Würden ohne Beunruhigung genießen würden. Aber der Untergang so vieler andern Familien nach einander überzeugte sie, daß der König gesonnen war, sich gänzlich und allein auf den Rückhalt und die Liebe der Ausländer zu verlassen; und sahen neue Confiscationen, Ächtserklärungen und Gewaltsamkeiten, als eine nothwendige Folge dieses zerstörenden Regierungsplanes voraus. Sie bemerkten, daß kein Engländer sein Vertrauen besaß, noch daß er ihm ein Commando eine Gewalt ertheilte, und daß die Ausländer, welche sich durch eine strenge Kriegeszucht nur schlecht würden haben im Zaum halten lassen, in allen Handlungen des Trotzes und der Tyranney wider sie Recht bekamen. Die leichte Unterwerfung des Reichs bey dem ersten Angriff hatte die Eingebohrnen in Verachtung gesetzet; die nachfolgenden Beweise ihrer Feindseligkeit und Nach-

Strenge der normännischen Regierung.

begierde

g) Order. Vital. S. 511.
h) Ibid.
i) Ibid.
k) Ibid.

164   Geschichte von England. Kap. IV.

1068. begierde hatten sie zum Gegenstande des Hasses gemacht; und sie waren itzt aller Mittel beraubt, wodurch sie hoffen konnten, sich bey ihrem König entweder in Achtung, oder in Liebe zu setzen. Von der Empfindung dieser unglücklichen Situation getrieben, flohen viele Engländer in andre Länder, in der Absicht, ihr Leben ausser Landes frey von der Unterdrückung hinzubringen, oder zu gelegener Zeit wieder zurück zu kommen, und ihren Freunden zur Wiedererlangung ihrer angebohrnen Freyheiten beyzustehen). Edgar Atheling selbst, der sich vor den hinterlistigen Liebkosungen Wilhelms fürchtete, ließ sich von dem Cospatric, einem mächtigen Herrn aus Northumberland, bereden, mit ihm nach Schottland zu flüchten, und nahm seine beyden Schwestern, Margaretha und Christina mit. Sie wurden von dem Malcolm wohl aufgenommen, der bald nachher die Margaretha, die älteste Schwester m), heyrathete; und theils aus Absicht, sein Königreich durch den Zuwachs so vieler Fremden zu stärken, theils in der Hoffnung, sie wider die zunehmende Macht Wilhelms zu gebrauchen, unterstützte er die englischen Verbannten sehr n). Viele derselben ließen sich daselbst nieder, und legten den Grund zu Familien, welche nachmals in diesem Königreiche Aufsehen machten.

Indem die Engländer unter diesen Unterdrückungen litten, waren auch die Fremden sogar nicht sehr vergnügt; sondern da sie sich an allen Seiten von erbitterten Feinden umgeben sahen, welche sich aller Vortheile gegen sie bedieneten, und ihnen noch blutigere Wirkungen des öffentlichen Zorns droheten, fiengen sie wieder an, sich die Ruhe und Sicherheit ihres Vaterlandes zu wünschen. Hugh von Grentmesnil, und Humphrey von Teliol, verlangten ihren Abschied, ob sie gleich ein hohes Commando besaßen; und einige andre machten es ebn so: eine Austretung, welche der König höchst übel nahm, und mit der Einziehung aller ihrer Güter bestrafte o). Aber der Milde Wilhelms gegen alle seine Anhänger konnte es nicht fehl schlagen, daß sie nicht viele neue Fremdlinge zu seinem Dienst anlocken sollte; und die Wuth der überwundenen Engländer diente nur dazu, die Aufmerksamkeit des Königs und dieser kriegerischen Chieftains zu erwecken, und hielt sie in Bereitschaft, jeden Anfang einer innerlichen Empörung, oder eines Angriffs von aussenher zu unterdrücken.

1069. Neue Aufstände.   Es dauerte nicht lange, so fanden sie schon eine Arbeit für ihre Tapferkeit und Klugheit im Kriege. Godwin, Edmond und Magnus, drey Söhne des Harold, hatten, gleich nach der Schlacht bey Hastings, ihre Zuflucht nach Irrland genommen; und weil sie dort von dem Dermot, und andern Prinzen des Landes sehr gütig waren aufgenommen worden, so machten sie den Entwurf zu einem Angriff auf England p), und hofften, daß alle Verbannte aus Dännemark, Schottland und Wallis, mit dem Beystande einiger Truppen aus diesen Ländern, auf einmal Feindseligkeiten anfangen, und den Zorn der Engländer gegen ihre Ueberwinder erregen würden. Sie landeten in Devonshire; fanden aber den Briam, den Sohn des Grafen von Bretagne, an der Spitze einiger ausländischen Truppen in Bereitschaft, sie zu empfangen; und da sie in verschiedenen Actionen geschlagen worden, waren sie gezwungen, sich zu ih-

---

l) *Order. Vital.* S. 509. *M. West.* S. 225.
M. Paris. S. 4. *Sim. Dun.* S. 197.

m) *Chron. Mailr.* S. 160. *H. Hunt.* S. 369. *Hoveden,* S. 450. 452.

n) *W. Malmef.* S. 103. *M. West.* S. 225. *M. Paris,* S. 4.

o) *Order. Vital.* S. 512.

p) *Gul. Gemet* S. 290. *Order. Vit.* S. 513. *Ypod. Neustr.* S. 437.

Geschichte von England. Kap. IV.

ren Schiffen zu begeben, und mit großem Verlust nach Irrland zurück zu kehren q).
Die Normänner wandten nun ihre Macht gegen das Nördliche, wo die Sachen in der 1069.
äußersten Verwirrung stunden. Die ungeduldigen Northumbrier hatten den Robert
de Cummin, der Commandant von Durham war, angegriffen; und da sie durch seine
Nachläßigkeit den Vortheil über ihn gewonnen, tödteten sie ihn in dieser Stadt nebst
sieben hundert seiner Anhänger r). Dieses Beyspiel ermunterte die Einwohner von
York, welche zu den Waffen griffen, und ihren Commandanten, den Robert Fitz-Richard ermordeten s); und den Wilhelm Mallet, dem itzt das Commando zugefallen
war, belagerten. Kurz nachher landeten die dänischen Truppen in 300 Schiffen, unter der Anführung des Osberne, des Bruders des Königs Sweyn, der die beyden Söhne dieses Monarchen, Harold und Canut bey sich hatte t). Edgar Atheling erschien
aus Schottland, und brachte den Cospatric, Waltheof, Siward, Bearne, Merleswain, Adelin, und andre Chieftains mit u), welche theils durch Hoffnung, die sie den
Northumbriern zu einer Verstärkung aus Schottland machten, theils durch das Ansehen, welches sie in diesen Ländern hatten, diese kriegerischen und mißvergnügten Einwohner leicht beredeten, Theil an dem Aufstande zu nehmen. Mallet, um die Citadelle von
York desto besser zu vertheidigen, brannte einige daran belegene Häuser ab v); aber dieses Mittel schlug bald zu seinem Untergang aus. Die Flammen ergriffen die nächsten
Straßen, und legten die ganze Stadt in die Asche; und die ergrimmten Einwohner bedienten sich, mit Hülfe der Dänen, der Verwirrung, das Schloß anzugreifen, nahmen
es mit Sturm ein, und liessen die Besatzung, gegen 3000 Mann stark, ohne Gnade
über die Klinge springen x).

Dieser glückliche Ausschlag wurde für viele andre Theile in England ein Signal,
und gab dem Volke eine Gelegenheit, seine Bosheit gegen die Normänner auszulassen.
Hereward, ein Edelmann in Ostangeln, der seiner Tapferkeit wegen berühmt war, versammlete seine Anhänger, und da er seine Sicherheit in der Insel Ely nahm, fiel er in
alle benachbarte Länder ein y). Die Engländer in den Graffschaften Somerset und Dorset
griffen zu den Waffen, und belagerten den normännischen Commandanten Montacute;
indem die Einwohner von Cornwall und Devon Exeter unsicher machten, welches aus
Dankbarkeit für die Gnade Wilhelms ihm noch immer getreu blieb z). Edric, der
Forester, rief die Einwohner aus Wallis zu Hülfe, belagerte Shrewsbury, und both
dem Grafen Briant und Fitz-Osberne, der in diesen Quartieren das Commando hatte,
die Spitze a). Die Engländer, welche allenthalben ihre vorige leichte Unterwerfung bereuten, schienen entschlossen zu seyn, einmüthig etwas Großes wagen zu wollen, um
ihre Freyheiten wieder zu erwerben, und ihre Unterdrücker zu vertreiben.

L 3   Wilhelm

q) Gul. Gemet. S. 290. Order. Vit. S. 513.
Anglia sacra V. 1. S. 246.

r) Order. Vital. S. 512. Chron. de Maile.
163. Hoveden, S. 450. M. Paris, S. 5 Sim.
Dun. S. 198.

s) Order. Vital. S. 512.

t) Chron. Sax. S. 174. Order. Vit. S. 513.
Hoveden, S. 451. M. Wesl. S. 226.

u) Order. Vital. S. 513. Hoveden. S. 451.
Flor. Wigorn, S. 656. M. Paris, S. 5 Sim.
Dun. S. 198.

v) Ibidem. Bromptor, S. 966.

x) Order. Vital. S. 513. Hoveden, S. 451.
Flor. Wigorn, S. 636. Brompt. S. 966.

y) Ingulf. S. 71. Chron. Abb. St Petri de
Burgo. S. 47.

z) Order. Vital. S. 514.

a) Ibid.

166 Geschichte von England. Kap. IV.

1069. Wilhelm versammlete, unerschrocken in diesem Auftritte der Verwirrung, seine Truppen, ermunterte sie durch die Hoffnung neuer Confiscationen, marschirte den Empörern im Nördlichen, die er für die furchtbaresten hielt, und deren Niederlage alle andre Rebellen in Schrecken setzen würde, entgegen. Er verband Staatsklugheit mit der Gewalt, und versuchte, ehe er anrückte, den Feind dadurch zu schwächen, daß er die Dänen von ihnen zog; und brachte den Osberne durch große Geschenke und durch eine angebothene Erlaubniß, die Seeküste zu plündern, dahin, daß er sich ohne weitere Feindseligkeiten wieder nach Dännemark begab [b]). Cospatric, der an einem glücklichen Erfolg verzweifelte, folgte seinem Beyspiele; er demüthigte sich vor dem Könige, zahlte eine Summe Geldes, als eine Vergütung für seinen Aufstand, wurde zu Gnaden aufgenommen, und sogar mit der Würde eines Grafen von Northumberland bekleidet. Waltheof, welcher Pork lange muthig vertheidigte, ließ sich von diesem Schein der Gnade verführen; und weil Wilhelm die Tapferkeit auch bey einem Feinde zu schätzen wußte, so hatte dieser Edelmann keine Ursache, sein Vertrauen zu bereuen [c]). Selbst Edric, durch Noth gezwungen, unterwarf sich dem Sieger, und erhielt Vergebung, worauf bald hernach einiges Vertrauen und einige Gunst folgete [d]). Da Malcolm zu spät kam, seine Bundesgenossen zu unterstützen, so wurde er gezwungen, sich zurück zu ziehen; und alle englische Empörer in allen andern Ländern, ausgenommen Hereward, der sich noch immer in seinen sichern Oertern hielt, giengen von selbst auseinander, und ließen den Normännern die völlige Herrschaft über das Reich. Edgar Atheling suchte mit seinen Anhängern vor der Verfolgung seiner Feinde seine Zuflucht noch einmal in Schottland [e]).

1070. Neue Strenge der Regierung. Aber die scheinbare Gnade Wilhelms gegen die englischen Anführer floß bloß aus List, oder aus seiner Hochachtung für eine oder die andre Person her: sein Herz war gegen alles Mitleid mit dem Volke verhärtet; und er trug kein Bedenken, jede Maasregel, so gewaltsam und heftig sie auch seyn mochte, zu ergreifen, wenn sie nöthig zu seyn schien, seinen Plan einer tyrannischen Regierung zu unterstützen. Da er die unruhige Gemüthsart der Northumbrier sah, so entschloß er sich, sie unfähig zu machen, daß sie ihm jemals wieder Unruhen erregen könnten, und gab Befehle aus, dieses fruchtbare Land, welches sechszig Meilen lang zwischen dem Humber und dem Tees liegt, gänzlich zu verwüsten [f]). Die unbarmherzigen Normänner legten die Häuser in die Asche, nahmen das Vieh, und trieben es weg, zerschlugen das Ackergeräthe, und zwangen die Einwohner, ihren Unterhalt entweder in den südlichen Theilen von Schottland zu suchen, oder wenn sie aus einem Widerwillen, ihre alten Wohnungen zu verlassen, in England verweilten, so starben sie elendiglich in den Wäldern vor Kälte und Hunger. Man rechnet, daß dieser Streich einer barbarischen Staatsklugheit das Leben von hundert tausend Menschen aufgeopfert habe [g]), eine Staatsklugheit, welche ein Mittel gegen ein Uebel, das seine Zeit hat, suchete, und der Macht und dem Reichthum an Volk in einer Nation eine langdaurende Wunde beybrachte.

Aber

b) *Hoveden*, S. 451. *Flor. Wig.* S. 636. *Chron. Abb. St. Petri de Burgo*, S. 47. *Sim. Dun.* S. 199.
c) *W. Malm.* S. 104. *H. Hunting.* S. 369.
d) *Hoveden*, S. 453, 454. *Flor. Wigorn.* S. 636. 637. *Sim. Dun.* S. 203.
e) *Hoveden*, S. 452.

f) *Chron. Sax.* S. 174. *Ingulf.* S. 79. *W. Malm.* S. 105. *Hoveden*, S. 451. *Chron. Abb. St. Petri de Burgo*, S. 47. *M. Paris*, S. 5. *Sim. Dun.* S. 199. *Brompton*, S. 966. *Knyghton*, S. 2344. Anglia Sacra, Vol. I. S. 702.
g) *Order. Vital.* S. 515.

Aber da Wilhelm sah, daß er völlig Herr über ein Volk war, welches ihm so augenscheinliche Beweise von seiner ohnmächtigen Wuth und Feindseligkeit gegeben hatte; so entschloß er sich nun, zu den äußersten Gewaltsamkeiten gegen alle eingebohrne Engländer zu schreiten, und sie in einen Stand zu setzen, worinn sie seiner Regierung nicht mehr furchtbar seyn könnten. Die Empörungen und Aufstände in so vielen Gegenden des Reiches hatten den größten Theil der Besitzer der Ländereyen, einige mehr, andre weniger, in die Schuld der Verrätherey verflochten; und der König bediente sich dieser Gelegenheit, die Gesetze der Confiscation und der Acht mit der äußersten Härte wider sie auszuüben. Zwar meistens schonte er ihres Lebens, aber ihre Güter wurden eingezogen, und entweder zu den Domainen des Königes geschlagen, oder auch mit der freygebigsten Milde unter seinen Normännern und Ausländern ausgetheilet h). Da die offenbare Absicht des Königes dahin gieng, den englischen Adel zu unterdrücken oder vielmehr gänzlich auszurotten i), so kann man leicht glauben, daß man in diesen gewaltsamen Verfahren schwerlich auf eine Form der Gerechtigkeit achtete k); und daß jeder Verdacht zu den gewissesten Beweisen der Schuld wider ein Volk gebrauchet wurde, welches zum Untergang bestimmet war. Es war für einen Engländer Verbrechen genug, wenn er reich, vom hohen Adel, oder mächtig war; und die Staatsklugheit des Königes, welche der Raubsucht der ausländischen Ebentheuer zu Hülfe kam, machte fast eine gänzliche Veränderung in dem Besitze der Ländereyen in diesem Reiche. Alte und angesehene Familien geriethen an den Bettelstab; und dem hohen Adel selbst wurde allenthalben schmählich und verächtlich begegnet; sie hatten das Herzeleid, ihre Schlösser und Länder in dem Besitz der Normänner von der niedrigsten Geburt, und dem schlechtesten Stande zu sehen l), und fanden sich sorgfältig aller Mittel beraubt, wodurch sie zu Reichthümern oder Ehrenstellen gelangen konnten m).

Weil gemeiniglich dem Vermögen die Macht nachfolget, so gab diese Veränderung allein den Ausländern schon eine große Sicherheit; aber Wilhelm sorgte auch in den neuen

1070.

Einführung des Feudalrechtes.

---

h) *W. Mahn.* S. 104.
i) *H. Hunt.* S. 370.
k) Es ist noch ein Papier, oder eine Urkunde von der Familie Sharneborne vorhanden, welche versichert, diese Familie, welche sächsisch war, sey, nach einem Erweise ihrer Unschuld, nebst andern sächsischen Familien wieder bergestellet worden. Obgleich diese Schrift so große Alterthumsforscher, wie Spelman, (S. Gloss. in Verb. Drenges) und Dugdale sind (S. Baron. Vol. I S. 118.) bat betrügen können; so hat doch Dr. Brady bewiesen, (S. answ to Petyt. S. 11 12.) daß sie falsch ist; und auch Thyrel hat sie dafür erkannt, so ein hartnäckiger Vertheidiger seiner Partey er auch ist. (S. seine Gesch. Vol. 2. inveo. S. 51. 73.) *Ingulf.* S. 70 sagt uns, daß Heerwaed ob er gleich zur Zeit der Eroberung nicht im Lande gewesen, schon sehr früh aus allen seinen Gütern vertrieben sey, und keine Vergütung habe erhalten

können. Wilhelm beraubte sogar die Klöster. *Flor. Wigorn.* S. 635. Chron. Abb. St Petri de Burgo. S. 48. *M. Paris,* S. 5. Sim. Dun. S. 200. Diceto. S. 482. *Brompton,* S. 967. *Knighton,* S. 2344 *Alur Bev.* S. 130. Ingulf sagt uns, daß Ivo de Taillebois das Kloster Croyland eines großen Theils seiner Länder beraubt habe, ohne daß es Vergütung erhalten konnte.

l) *Order. Vital.* S. 521. *M West.* S. 229
m) *Polidor Virg.* Lib. 9. stellet den Zwang, daß alle Unterthanen zu gewissen Stunden, wenn eine Glocke angezogen wurde, welche curfeu hieß, Licht und Feuer auslöschen mußten, als ein Zeichen der Knechtschaft der Engländer vor. Aber dieses war ein Policeygesetz, welches Wilhelm schon vorher in der Normandie eingeführet hatte. S. du Moulin hist de Normandie, S. 160. Eben dieses Gesetz war auch in Schottland. LL. *Burgor.* Cap 86.

neuen Einrichtungen, die er einführte, daß er die militärische Gewalt in solche Hände
1070. spielte, welche ihn in den Stand gesetzet hatten, das Reich unter seinen Fuß zu bringen. Er führte in England das Feudalrecht ein, welches er in Frankreich und in der
Normandie fand, und welches in dieser Zeit der Grund, sowohl der Dauerhaftigkeit,
als der Unordnungen in den meisten europäischen Monarchien war. Er theilte alle Länder
in England, mit sehr geringer Ausnahme, bis auf die königlichen Domainen noch, in
Baronien; und gab sie, mit der Vorbehaltung gewisser Dienste und Abgaben, den
angesehensten unter seinen Gefährten. Diese große Baronen, welche unmittelbar unter
der Krone stunden, theilten einen großen Theil ihrer Ländereyen unter andern Ausländern
aus, welche Ritter oder Vasallen genannt wurden, und welche ihrem Herrn eben die
Gebühren und den Gehorsam schuldig waren, die der König von ihm zu fodern hatte.
Das ganze Reich hielt gegen 700 von diesen ersten Lehnträgern und 60, 215 Ritterlehne n); und weil keiner von den eingebohrnen Engländern zu der ersten Klasse gelassen
wurde, so waren die wenigen, welche ihr Eigenthum an Ländereyen behielten, froh, daß
sie in die zweyte aufgenommen wurden, und beladeten sich und ihre Nachkommen, unter dem Schutze eines mächtigen Normannes, gern mit dieser schweren Bürde, für
Güter, welche sie von ihren Vorfahren frey erhalten hatten o). Das wenige von der
englischen Verfassung, welches in diese bürgerliche oder militärische Regierung mit eingemischet wurde, (denn sie hatte etwas von beyden) war dadurch, daß sie den Ausländern untergeben wurden, so eingeschränkt, daß die normännische Herrschaft ihr auf dem
dauerhaftesten Grunde zu ruhen, und allen Bemühungen ihrer Feinde Trotz zu biethen schien.

Um die Theile der Regierung desto besser zusammen zu fügen, und in ein System
zu verbinden, welches sich gegen Auswärtige vertheidigen, und die innerliche Ruhe schützen könnte, zog Wilhelm die Kircheneinkünfte unter eben dieses Feudalrecht; und ob er
gleich bey seinem ersten Angriffe und Thronbesteigung der Kirche viel Achtung bewiesen
hatte, so legte er ihr doch itzt Bürden auf, welche die Geistlichen für eine harte Sklaverey, und die größte Unanständigkeit für ihre Profession ansahen. Die Bischöfe und
Aebte mußten dem Könige, wenn er es foderte, in Kriegszeiten, eine Anzahl Ritter oder
militärische Untersaßen stellen, welche nach der Größe der Güter bestimmt war, die ein
jedes Bisthum oder eine jede Abtey besaß; und wenn sie das nicht thaten, so waren sie
mit den Layen gleichen Strafen unterworfen p). Der Pabst und die Kirchenbedienten
klagten über diese Tyranney, wie sie es nannten; aber die Gewalt des Königs über seine
Armee, welche alles von seiner Milde hatte, war so sicher, daß selbst der Aberglaube, sogar in diesen Zeiten, wo er am mächtigsten war, sich gezwungen fand, seiner größten
Rache nachzugeben.

Weil aber doch der größte Theil der Geistlichkeit noch immer aus Eingebohrnen
bestand, so hatte der König noch immer große Ursache, die Würkungen ihres Zorns zu
fürchten; und deswegen brauchte er die Vorsicht, die Engländer aller hohen Würden zu
entsetzen, und an ihrer Stelle Ausländer zu befördern. Die Liebe des Bekenners zu seinen Normännern war so groß gewesen, daß sie, mit der Beyhülfe ihrer größern Gelehrsamkeit,

---

n) *Order. Vital.* S. 523. Secretum Abbatis,
apud Selden. Titles of honour. S. 573. *Spelm.*
Gloss. in verb. Feodum. Sir. Rob. Cotton.

o) *M. West.* S. 225. *M. Paris,* S. 4. *Brapton,* Lib. 1. Cap. 11. num. 1. *Fleta,* Lib. 1.
Cap. 8. num. 2.

p) *M. Paris,* S. 5. Anglia Sacra, V. 1. S. 248.

Geschichte von England. Kap. IV.

samkeit, durch dieselbe zu vielen Bisthümern in England gelanget waren; und schon vor der Eroberung waren kaum sechs bis sieben vor den Prälaten landeskinder. Unter diesen aber war Stigand, Erzbischof von Canterbury; ein Mann, der durch seine Klugheit und Lebhaftigkeit, durch die Größe seiner Familie und Verwandten, durch die Würde seines Amtes und seines Ansehens unter den Engländern, und bey dem Könige ein großes Mißtrauen erregte q). Obgleich Wilhelm bey seiner Thronbesteigung diesen Prälaten dadurch beleidiget hatte, daß er sich von dem Erzbischof einsegnen ließ, so fuhr er doch fort, ihn mit Ehre und Liebkosungen zu überhäufen, und jede Gelegenheit, wodurch er ihn noch einmal beleidigen könnte, zu vermeiden, bis sich eine gelegene Zeit finden würde, ihn gänzlich zu Grunde zu richten r). Die Unterdrückung der neulichen Empörung, und die gänzliche Unterwerfung der Engländer, machte ihm Hoffnung, daß diese Handlung, so gewaltsam sie auch wäre, von seinem großen Glück bedecket, und unter den andern wichtigen Veränderungen, welche das Eigenthum und die Freyheiten des Reichs so sehr kränkten, würde übersehen werden. Doch, dieser großen Vortheile ungeachtet, fand er es nicht anders sicher, die Ehrerbietung zu beleidigen, welche man dem Primas bezeigte, als unter dem Deckmantel eines neuen Aberglaubens, welchen er hauptsächlich durch ihn in England einführete.

Die Lehre, welche die päbstliche Macht über alle menschliche Gewalt erhob, hatte sich nach und nach aus der Stadt und von dem Hofe Roms ausgebreitet; und hatte in diesen Zeiten in den südlichen Gegenden mehr Ueberhand genommen, als in den nördlichen Reichen von Europa. Der Pabst Alexander, welcher dem Wilhelm zu der Eroberung von England geholfen hatte, erwartete mit Grunde, daß die Franzosen und Normänner eben diese Ehrfurcht für seinen heiligen Character auch in England einführen würden, welche sie in ihrem Lande eingesogen hätten; und daß sie sowohl die geistliche als bürgerliche Unabhängigkeit der Sachsen, welche bisher ihre Kirchenregierung zwar so geführet hatten, daß sie den Vorzug des römischen Stuhles erkannten, aber doch ohne einen großen Begriff von seinem Rechte auf die Herrschaft oder Gewalt demüthigen würden. So bald also der normännische Prinz auf dem Thron vest genug zu sitzen schien, sandte der Pabst den Ermenfroy, den Bischof von Sion, als seinen Legaten nach England; und dieser Prälat war der erste, welcher unter diesem Character jemals in irgend einem Theile der brittischen Inseln erschienen war. Obgleich der König aller Wahrscheinlichkeit nach durch Grundsätze verleitet wurde, diese Demüthigung gegen Rom zu bezeigen, so entschloß er sich doch, wie das gewöhnlich ist, diesen Vorfall zu einem Mittel zu seinen politischen Absichten zu brauchen, und diese englische Prälaten, welche ihm verhaßt geworden waren, herunter zu setzen. Der Legat ließ sich gefallen, das Werkzeug seiner Tyranney zu werden; und glaubte sehr natürlich, je gewaltsamer die Macht ausgeübet würde, je gewisser würde sie die Gewalt desjenigen Hofes bestärken, von dem er seine Vollmacht hatte. Er berief demnach zu Winchester eine Versammlung von Prälaten und Aebten; und unter dem Beystande zweener Cardinäle, des Peter und John, foderte er den Stigand, Erzbischof von Canterbury vor sich, um wegen seiner Aufführung Rede und Antwort zu geben s). Der Primas wurde wegen dreyer

1070.

Neuerung im Kirchenregiment.

---

q) *Parker,* S. 161. s) *Flor. Wigorn.* S. 636.
r) *Parker,* S. 164. *Knyghton,* S. 0314.

170　　　　　Geschichte von England. Kap. IV.

1070. dreyer Verbrechen angeklaget; daß er das Bisthum von Winchester und Canterbury zugleich besäße; daß er in dem Mantel Roberts, seines Vorwesers, seine Dienste verrichtete; und daß er seinen eignen Mantel von Benedict dem IX, der nachmals wegen Simonie, und weil er sich in die päbstliche Würde eingedrungen hätte, abgesetzt wäre, empfangen hätte [t]. Diese Beschuldigungen des Stiganb waren bloße Vorwände; denn das erste war etwas nicht unübliches in England gewesen, und war nirgends härter bestraft worden, als daß der Bischof ein Bisthum niederlegen mußte; das andre war eine bloße Ceremonie; und weil Benedict der einzige Pabst war, der damals den Stuhl verwaltete, und seine Verfügungen niemals wiederrufen wurden, so waren alle Prälaten der Kirche, vornehmlich diejenigen, welche in einer Entfernung lagen, sehr leicht zu entschuldigen, wenn sie sich an ihn wendeten. Allein der Untergang des Stigand war beschlossen, und wurde mit großer Härte ausgeführet. Der Legate entsetze ihn seiner Würde, und der König zog seine Güter ein, und warf ihn ins Gefängniß, wo er sein übriges Leben in großer Armuth und Mangel zubrachte. Eine gleiche Härte wurde gegen die übrigen englischen Prälaten ausgeübet. Algeric, Bischof von Selesey und Agelmare, von Elmham, wurden von dem Legaten abgesetzt, und von dem König ins Gefängniß geworfen [u]. Viele ansehnliche Aebte hatten ein gleiches Schicksal [x]: Egelwin, der Bischof von Durham, flohe aus dem Reiche [y]: Wulstan, von Worcester, ein Mann von unschuldigem Character, war der einzige englische Prälat, der der allgemeinen Aechtserklärung entkam [z], und seine Würde behielt. Aldred, der Erzbischof von York, welcher dem Wilhelm die Krone aufgesetzet hatte, war kurz vorher vor Betrübniß und Gram gestorben, und hatte diesem Prinzen wegen des Bruches seines Krönungseides, und wegen der äußersten Tyranney, womit er seinen englischen Unterthanen begegnete, seinen Fluch hinterlassen [a].

Es war in dieser Regierung, und in einigen nachfolgenden eine festgesetzte Regel, daß kein Eingebohrner zu einer kirchlichen, bürgerlichen oder militärischen Würde erhoben werden sollte [b]; und als demnach Stigand abgesetzt war, beförderte der König den Lanfranc, einen meylländischen Mönch, der wegen seiner Gelehrsamkeit und Frömmigkeit berühmt war, zu dem erledigten Bisthum [c]. Dieser Prälat war sehr strenge, die Vorrechte seiner Würde zu behaupten; und zwang, nach einem langen Proceß vor dem Pabste, den Thomas, einen normännischen Mönch, welcher zu dem Bisthum von York ersehen war, die Primatur des Erzbischofes von Canterbury zu erkennen [d]. Wenn der Ehrgeiz

t) *Hoveden*, S. 453. *Diceto*, S. 482. *Knyghton*. S. 2335 Anglia Sacra, Vol. 1. S. 5. 6. *Ypod. Neust.* S. 438.
u) *Hoveden*, S. 453. *M. West.* S. 226. *Flor. Wigorn.* S. 636.
x) *Diceto*. S. 482
y) *Hoveden*, S. 453. *M. West.* S. 226. *M. Paris*, S. 5. Anglia Sacra. Vol. 1. S. 249.
z) *Brompton* erzählet, auch Wulstan sey von der Synode seiner Würde beraubt worden; da er aber seinen Hirtenstab und Ring keinem andern abliefern wollte, als dem, von welchem er sie empfangen hatte, so gieng er gleich zu dem Grabe des Königs Edward, und stieß den Stab so tief in den Stein, daß ihn niemand, als er selbst heraus ziehen konnte: darauf wurde ihm erlaubt, sein Bisthum zu behalten [*]. Dieses Beyspiel mag, statt vieler, eine Probe von den Wunderwerken der Mönche seyn.
*) S. auch *Annal. Burton.* S. 264.
a) *W. Malmes. de gest. Pont.* S. 154.
b) *Ingulf.* S. 70. 71.
c) *Order. Vital.* S. 519. *Hoveden*, S. 453. *Flor. Wigorn,* S. 636 *Simeon Dunelm*, S. 202. *Diceto*, S. 483.
d) *Chron. Sax.* S. 175. 176. *Ingulf.* S. 92. *M. Paris*, S. 6. *Diceto*, S. 484. *Brompton*, S. 970, 971, 972. *Spelm. Conc.* V. 2. S. 5.

Geschichte von England. Kap. IV.

Ehrgeiz so glücklich seyn kann, daß er seine Unternehmungen, sogar vor der Person selbst, unter dem Scheine eines Grundsatzes verbirget, so ist er unter allen menschlichen Leidenschaften die unheilbarste und unbiegsamste. Daher war Lanfrancs Eifer für den Nutzen des Pabstthums, wodurch er seine eigne Gewalt beförderte, unermüdet e); und hatte darinn ein gemäßes Glück. Die tiefe Ergebenheit gegen Rom wurde in England immer größer: und da sie so wohl durch die Denkungsart des Eroberers, als durch die von dem Edred schon vorher eingeführten, und von dem Edgar bestätigten Klöster, befördert wurde, so stieg sie bald zu eben der Höhe, worinne sie eine Zeitlang in Frankreich und Italien gewesen war f). Nachmals gieng sie noch viel weiter; da ihr die sehr entfernte Lage, welche vormals ihren Fortgang verhindert hatte, zu Hülfe kam; da sie zudem auch durch die Gelehrsamkeit und gute Erziehung, welche in den südlichen Ländern etwas gemeiner war, nicht mehr so sehr gehemmet wurde.

Die Allgemeinheit dieses abergläubischen Geistes wurde einigen von den Nachfolgern Wilhelms sehr gefährlich, und allen sehr unbequem; aber die willkührliche Macht über die Engländer, und sein großes Ansehen über die Ausländer, machten, daß dieser König von demselben noch keine Unbequemlichkeiten empfand. Er hielt die Kirche sowohl, als seine weltliche Unterthanen, in großer Unterthänigkeit; und verstattete niemanden, er mochte seyn wer er wollte, gegen seinen königlichen Willen und Gefallen etwas zu erinnern. Er verboth seinen Unterthanen, keinen für einen Pabst anzunehmen, den er nicht dafür erkannt hätte; es geboth, daß alle Kirchengesetze, welche in irgend einer Synode gemacht würden, ihm zuvor vorgeleget, und von ihm genehmiget werden sollten: sogar die Bullen oder Briefe von Rom sollten erst diese Genehmigung haben, ehe sie vorgezeiget würden: und keiner von seinen Ministern oder Baronen durfte, er mochte begangen haben was er immer wollte, eher einer geistlichen Strafe unterzogen werden, bis er selbst den Bann der Geistlichen bewilliget hatte g). Diese Verordnungen waren eines Königs würdig, und hielten die bürgerliche und geistliche Gewalt, welche die von diesen Prinzen eingeführten Grundsätze unmittelbar hätten trennen müssen, zusammen vereiniget.

Aber die Engländer hatten den grausamen Schmerz zu sehen, daß ihr König seine ganze Gewalt, wie er sie auch immer erhalten, oder ausdehnen mochte, zu ihrer Unterdrückung gebrauchte; und daß der Entwurf zu ihrer Unterwerfung, mit allen Umständen der Schmach und Beschimpfung h), von diesem Prinzen mit Fleiß erfunden, und von seinen Anhängern mit allem Muthwillen ausgeübet wurde i). Wilhelm hatte so gar den schweren Entwurf gemacht, die englische Sprache gänzlich abzuschaffen; und deswegen befahl er, daß die Jugend in allen Schulen des ganzen Reichs in der französischen Sprache unterrichtet werden sollte; eine Gewohnheit, welche bis nach der Regierung Eduard III. fortgesetzet wurde, und in der That nie gänzlich in England aufhörte. Die Recesse in den Judicaturgerichten wurden in französischer Sprache gehalten

---

e) Selden in Fleta, Cap. 6.
f) M. West. S. 228. Lanfranc vertheidigte die wirkliche Gegenwart wider den Berengarius; und seine Schrift wurde in diesen Zeiten der Dummheit und Unwissenheit sehr gelobet.
g) Eadmer. S. 6.
h) Ord. Vitalis S. 523. H. Hunting. S. 370.
i) Ingulf. S. 71.

ten ᵏ): die Urtheile waren oft in eben der Sprache verfaſſet: die Geſetze waren in dieſer Mundart aufgeſetzet ˡ): am Hofe wurde keine andre Sprache geredet: ſie wurde die Sprache aller artigen Geſellſchaften; und die Engländer ſelbſt ſchämten ſich ihres eignen Landes, und bemüheten ſich, ſich in dieſer Sprache hervor zu thun. Von dieſer Achtung Wilhelms, und von den großen auswärtigen Gebieten, welche lange mit der Krone von England verbunden waren, kam die große Vermiſchung des franzöſiſchen, welches wir itzt in der engliſchen Sprache finden, und welches den größten und beſten Theil unſrer Sprache ausmachet. Aber indem der König ſich ſo bemühete, die engliſche Nation zu unterdrücken, ſtellte er, durch die Vorſtellungen einiger Prälaten, und durch die inländigen Bitten des Volks bewogen, einige von den Geſetzen des Königs Edward wieder her ᵐ); worüber die Engländer ſich ungemein erfreueten, ob ſie gleich dem Anſchein nach, zur Beſchützung der allgemeinen Freyheit nicht viel beytrugen, doch aber ein Andenken von ihrer alten Regierung, und ein ungewöhnliches Zeichen der Gefälligkeit ihres gebieteriſchen Ueberwinders waren ⁿ).

Die Situation der beyden großen Grafen, Mercar und Edwin, wurde nun ſehr unangenehm. Ob ſie gleich unter dem allgemeinen Aufſtande ihrer Landsleute treu geblieben waren, ſo hatten ſie ſich doch nicht des Königs Zutrauen erworben, und ſanden ſich der Bosheit der Höflinge ausgeſetzt, welche ſie, wegen ihres Reichthums und ihrer Größe beneideten, und ihnen eben die Verachtung zuzogen, die ſie gegen die Engländer hegten. Da ſie ſahen, daß ſie ihre Würde gänzlich verlohren hatten, und nicht einmal hoffen konnten, lange ſicher zu ſeyn; entſchloſſen ſie ſich, aber zu ſpät, eben das zu wagen, was ihre Landsleute gewagt hatten °); und indem ſich Edwin auf ſein Gurh ins Nördliche begab, in der Abſicht, einen Aufſtand zu erregen, nahm Mercar ſeine Zuflucht auf die Inſel Ely, zu dem tapfern Hereward, der, durch die unzugängliche Lage des Ortes gedecket, ſich noch immer wider die Normänner vertheidigte ᵖ). Aber dieſer Anſchlag beſchleunigte nur den Untergang der wenigen Engländer, welche bisher noch ihren Rang, oder ihr Glück unter den vorgefallnen Erſchütterungen behalten hatten. Wilhelm wandte alle ſeine Kräfte an, die Inſel Ely zu bezwingen. Er umringte

k) 36 *Edw.* III. Cap. 15. *Selden.* Spicileg. ad. *Eadmer.* S. 189. *Fortescue de laud. leg. Angl.* Cap. 48.

l) *Ingulf.* S. 71. 88. Chron. Rothom. A.D. 1066.

m) *Ingulf.* S. 88. *Brompton.* S. 982. *Knyghton*, S. 2355. *Hoveden.* S. 600.

n) Was das für Geſetze Edwards des Bekenners waren, welche die Engländer unter allen Regierungen anderthalb Jahrhunderte hindurch ſo eifrig wünſchen wiederhergeſtellt zu ſehen, darüber ſtreiten die Alterthumsforſcher ſehr, und daß wir nichts von denſelben wiſſen, ſcheinet einer der größten Mängel in der alten engliſchen Geſchichte zu ſeyn. Die Sammlung der Geſetze im Wilkins, welche unter dem Namen Edward gehen, ſind offenbar eine ſpätere und

unwiſſende Sammlung. Diejenigen, welche ſich beym Ingulf finden, ſind ächt, aber ſo unvollkommen, und enthalten ſo wenig günſtiges für die Unterthanen, daß wir keine große Urſache ſehen, warum man ſo heftig für dieſelben geſtritten hat. Es iſt wahrſcheinlich, daß die Engländer das gemeine Geſetz meynten, ſo wie es unter der Regierung Edwards eingeführet war; und wir können muthmaßen, daß dieſes der Freyheit günſtiger geweſen ſey, als die normänniſchen Verordnungen. Die wichtigſten Artikel deſſelben ſtunden in der magna Charta.

o) *Sim. Dun.* S. 203. *Brompton.* S. 968. *Knyghton*, S. 2347.

p) *Hoveden*, S. 454. *Aluv. Beverl.* S. 131.

Geschichte von England. Kap. IV.   173

ringte sie mit Böten, die einen flachen Boden hatten, machte auf zwey Meilen einen
Weg durch die Moräste, und zwang die Rebellen, sich auf Gnade zu ergeben q). He- 1071.
reward allein schlug sich mit dem Degen in der Faust durch den Feind durch; und setzte
seine Feindseligkeiten wider die Normänner zu Wasser noch immer fort, bis Wilhelm
endlich, durch seine Tapferkeit eingenommen, ihn in Gnade aufnahm, und wieder in
seine Güter einsetzte. Der Graf Morcar und Egelwin, Bischof von Durham, die den
Mißvergnügten beygetreten waren, wurden ins Gefängniß gesetzet, und der letztere starb
darinn bald nachher r). Edwin, der nach Schottland entfliehen wollte, wurde von
einigen seiner Gefährten verrathen, und von einer Partey Normänner getödtet, zu
großer Betrübniß der Engländer, und selbst Wilhelms, der dem Andenken dieses tapfern und schönen Jünglings einen Tribut von Thränen entrichtete s). Der König
von Schottland war, in der Hoffnung, aus diesen Erschütterungen Vortheil zu ziehen,
in die nördlichen Grafschaften eingefallen; als aber Wilhelm sich näherte, zog er sich
zurück; und da der König in sein Land rückte, machte er gern Frieden, und leistete
der Krone von England den Huldigungseid t). Um das Glück des Königs vollkommen zu machen, verzweifelte Edgar Atheling selbst an seinem Glücke, ergab sich, eines
flüchtigen Lebens müde, seinem Feinde, und bekam, nebst einem artigen Gehalte, die
Erlaubniß, unbeunruhiget in England zu leben u). Aber Wilhelm schändete diese seine
Großmuth gegen die Anführer, wie gewöhnlich, durch seine Härte gegen die Mißvergnügten. Er ließ vielen Gefangenen, die er auf der Insel Ely genommen hatte, die
Hände abhauen, und die Augen ausstechen, und sandte sie in diesem elenden Zustande,
als Denkmäler seiner Strenge, durch das Land x).

Die Provinz Maine in Frankreich war, vermöge des Testaments des letzten 1073.
Grafen Herbert, einige Jahre vor der Eroberung von England dem Wilhelm zugefallen; aber die Einwohner hatten, aus Mißvergnügen über die normännische Regierung,
und auf Antrieb des Fulk, Grafen von Anjou, welcher einige Ansprüche daran hatte,
einen Aufstand erreget, und die Obrigkeiten vertrieben, welche von dem Könige eingesetzet waren. Die völlige Beruhigung Englands gab ihm itzt Zeit, diesen Trotz
wider seine Macht zu bestrafen; weil er aber seine normännischen Truppen nicht gern
aus dieser Insel entfernen wollte, so brachte er eine starke Armee hinüber, die meistens aus Engländern bestund y), und da er diese zu einigen in der Normandie aufge-
botenen Truppen hatte stoßen lassen, rückte er in die Provinz ein, welche sich empöret
hatte. Die Engländer waren ehrbegierig, sich hiebey hervorzuthun, und sich den
Ruhm der Tapferkeit zu erwerben, der lange unter ihnen national gewesen war; den
aber ihre leichte Unterwerfung unter die Normänner etwas geschwächet und verdunkelt

Y 3

q) Chron. Sax. S. 181. Hoveden, S. 454.
M. West. S. 227. Flor. Wigorn S. 637.
Matth. Paris, S. 5. Sim. Dun. S. 203. Alur.
Beverl. S. 131.
r) Flor. Wig. S. 637. Sim Dun. S. 203.
s) Order. Vitalis, S. 521. Chron. Abb. St.
Petri de Burgo, S. 48.

t) Chron. de Mailr. S. 160. Hoveden S.
454 Matth. West. S. 227. Chron. Abb St.
Petri de Burgo, S. 48. M. Paris, S. 5
u) Chron. de Mailr. S 160 W. Malm. S.
103. Hoveden S. 452 Flor. Wigorn. S. 638.
M. Paris S. 5
x) Hoveden, S. 454. Sim. Dun. S. 203.
y) Chron. Sax. S. 182.

felt hatte. Vielleicht hofften sie auch, durch ihren Eifer und ihre Thätigkeit das Vertrauen ihres Königes wieder zu gewinnen, wie ihre Vorfahren ehemals durch ein gleiches Mittel die Liebe des Canut gewonnen hatten; und seine eingewurzelten Vorurtheile für seine eigne Landesleute zu überwinden. Die Klugheit des Königs im Kriege übermand, mit Hülfe solcher tapfern Truppen, bald allen Widerstand in Maine; die Einwohner wurden unter den Fuß gebracht, und der Graf von Anjou begab sich seiner Ansprüche.

1073.

1074. Aufstand der normännischen Baronen.

Aber unter diesen Verrichtungen wurde die Regierung in England sehr beunruhiget; und zwar von eben denen Ausländern, welche der Milde des Königs alles zu danken hatten, und die einzigen Gegenstände seiner Freundschaft und Achtung waren. Die Chieftains, welche sich mit dem Herzoge von der Normandie zu der Eroberung von England verbunden hatten, besaßen den allerunabhängigsten Geist; und ob sie gleich ihrem Anführer im Felde gehorsam waren, so würden sie doch die reichste Beute mit Verachtung angesehen haben, wenn sie sich dagegen zu einer bürgerlichen Unterwürfigkeit unter den eigenmächtigen Willen eines einzigen hätten verstehen sollen. Aber der gebietherische Charakter Wilhelms, durch seine unumschränkte Herrschaft über die Engländer ermuntert, oft auch durch die Nothwendigkeiten seiner Angelegenheiten getrieben, hatte ihn verleitet, seine Gewalt auch über die Normänner selbst auszudehnen, und zwar weiter, als der freye Geist dieses siegreichen Volks leiden konnte. Das Mißvergnügen war unter diesen hochmüthigen Edelleuten sehr allgemein geworden; und selbst Roger, Graf von Hereford, ein Sohn und Erbe des Fitz-Osberne, des vornehmsten Lieblings des Königes, war sehr davon eingenommen. Dieser Edelmann wollte seine Schwester an den Ralph de Guarder, Grafen von Norfolk verheyrathen, und hatte es für seine Schuldigkeit erachtet, dem Könige davon Nachricht zu geben, und ihn um seine Bewilligung zu ersuchen; da es ihm aber abgeschlagen wurde, vollzog er die Vermählung doch, und bath alle seine eigne, und Guarders Freunde, zur Beywohnung dieser Feyerlichkeit zusammen z). Hier legten die beyden Grafen, welche über die Verweigerung ihres Anhaltens mißvergnügt waren, und die Rache Wilhelms wegen ihres Ungehorsams fürchteten, eine Empörung an; und unter der Lustbarkeit, da die Gesellschaft vom Wein erhitzt war, eröffneten sie ihren Anschlag den Gästen. Sie schmäheten auf die willkührliche Aufführung des Königes; auf seine Tyranney gegen die Engländer, welche sie ietzo bedaureten; auf sein gebietherisches Verfahren gegen die Baronen von der edelsten Geburt, und auf seine sichtbare Absicht, die Sieger und Besiegten in eine schimpfliche Sklaverey zu setzen a). Unter ihren Klagen vergaßen sie auch nicht, den Schimpf, sich einem Bastard zu unterwerfen b); sie zeigten, wie gewiß sie von einer Empörung, unter dem Beystande der Dänen und mißvergnügten Engländer einen guten Ausgang erwarten könnten; und die ganze Gesellschaft, von gleichen Gesinnungen entflammet, und von der Lustbarkeit des Schmauses ange-

z) *W. Malmeſſ.* S. 104. *Flor. Wig.* S. 638. *Diceto,* S. 486. *Brompton,* S. 974.

a) *Order Vital.* S. 534. *M. Paris.* S. 7.

b) Wilhelm schämte sich seiner Geburt so wenig, daß er in einigen seiner Schriften und Freybriefen selbst den Namen Bastard annahm. *Spelm. Gloſſ* in verbo *Baſtardus. Camden* in *Richmonſhire.*

angefeuert, ließ sich durch eine feyerliche Verbindung in den Anschlag ein, die königliche Gewalt abzuwerfen c). Selbst der Graf Waltheof, welcher zugegen war, legte unbedachtsamer Weise seinen Gefallen an der Verschwörung an den Tag, und versprach seine Beyhülfe zu der glücklichen Ausführung d). 1074.

Dieser Edelmann, der letzte unter den Engländern, welcher einige Geschlechtsfolgen hindurch, eine Gewalt, oder ein Eigenthum besaß, war nach seiner Capitulation in York von dem Sieger zu Gnaden aufgenommen worden, hatte eben die Judith, eine Nichte dieses Prinzen, geheyrathet, und war zu den Grafschaften Huntington und Northhampton erhoben worden e). Da Cospatric, Graf von Northumberland sich, nach einer neuen Beleidigung, nach Schottland begeben hatte, wo er von der Güte des Malcolm die Grafschaft Dunbar bekam; so wurde Waltheof zu seinem Nachfolger in dem wichtigen Commando ernannt, und schien noch immer das Zutrauen und die Freundschaft des Königes zu besitzen f). Weil er aber ein Mann von großmüthigen Grundsätzen war, und sein Vaterland liebte, so ist es wahrscheinlich, daß die Tyranney, welche über die Engländer ausgeübet wurde, ihm schwer auf dem Herzen lag, und alles Vergnügen, was er von seiner Größe und Erhöhung hätte empfinden können, zerstörte. Als sich demnach eine Hoffnung zeigte, seine Freyheit wieder zu gewinnen, ergriff er sie in der Geschwindigkeit; indem die Dünste des Weines, und die Hitze der Gesellschaft ihn verhinderten, die Folgen dieses übereilten Anschlages zu bedenken. Als er die Sache aber kaltsinnig überlegte, so sah er voraus, daß die Verschwörung dieser mißvergnügten Baronen wahrscheinlicher Weise gegen die vestgegründete Macht Wilhelms nicht glücklich ausschlagen könnte; oder wenn sie ja so ausschlagen sollte, daß alsdenn die Sklaverey der Engländer, anstatt durch diesen Vorfall leichter zu werden, unter der Menge von ausländischen aufrührischen und hochmüthigen Anführern, deren Eintracht oder Mißhelligkeit dem Volke gleich beschwerlich seyn würde, nur noch härter werden müßte. Von diesen Gedanken gefoltert, eröffnete er seine Meynung seiner Gemahlinn Judith, in deren Treue er keinen Verdacht setzte, die aber insgeheim einen andern liebte, und sich dieser Gelegenheit bediente, ihren offenherzigen und leichtgläubigen Gemahl zu stürzen. Sie gab dem Könige Nachricht von der Verschwörung wider ihn, und vergrößerte alle Umstände, von welchen sie glaubte, daß sie ihn wider den Waltheof erbittern, und ganz unversöhnlich machen würde g). Inzwischen entdeckte der Graf, der noch immer mit der Rolle mißvergnügt war, welche er spielen sollte, das Geheimniß in seiner Beichte dem Lanfranc h), auf dessen Frömmigkeit und Verstand er sich sehr verließ; und dieser Prälat überredete ihn, er sey diesen aufrührischen Baronen, welche ihn überrascht, und so seine Einwilligung zu einem Verbrechen gewonnen hätten, keine Treue schuldig; seine erste Pflicht wäre die gegen seinen König und Wohlthäter, die andre gegen sich selbst und seine Familie; und wenn er die Gelegenheit nicht in Acht nähme, seine Sünde durch eine Entdeckung wieder gut zu machen, so wäre die

c) W. Malmesf. S. 104. H. Hunt. S. 369. Hoveden. S. 450.
d) Chron Abb. St. Petri de Burgo. S. 49. Dicero. S. 486.
e) Order. Vital. S. 522. Hoveden, S. 454.
f) Sim. Dun. S. 205.
g) Order. Vitalis. S. 536.
h) Ingulf. S. 72. Hoveden. S. 456 Diceto. S. 486 Brompton S. 972. Alur. Beverl. S. 134. Ypod. Neustr. S. 489.

176   Geschichte von England. Kap. IV.

1074. Verwegenheit der Verschwornen so groß, daß sie einer andern Person die Mittel geben würden, das Verdienst dieser Entdeckung zu haben. Waltheof, durch diese Gründe überzeuget, reisete nach der Normandie '); ob er aber gleich von dem Könige wohl aufgenommen wurde, und eine Danksagung für seine Treue erhielt, so hatte doch die Nachricht der Judith, die ihm schon zuvorgekommen war, einen tiefen Eindruck bey dem Wilhelm gehabt, und der Reue ihres Gemahls alles Verdienst genommen.

Als die Verschwornen von der Abreise des Waltheof Nachricht bekamen, schlossen sie so gleich, daß ihre Anschläge verrathen wären; und sie griffen zu den Waffen, ehe ihre Entwürfe zur Ausführung reif waren, noch vor der Ankunft der Dänen, auf deren Hülfe sie ihr größtes Vertrauen setzten. Der Graf von Hereford wurde von dem Walter de Lacy, einem großen Baron in diesen Gegenden, aufgehalten: dieser brachte, unter dem Beystande des Bischofs von Worcester, und des Abtes von Evesham, einige Truppen auf die Beine, und hielt den Grafen ab, daß er nicht über die Severne gehen, oder in das Herz des Reiches eindringen konnte ᵏ). Der Graf von Norfolk wurde zu Fagadun, bey Cambridge, von dem Odo, dem Regenten, mit dem Beystande des Richard de Bienfaite und Wilhelms de Warenne, den beyden Justiziarien des Reiches, geschlagen ˡ). Den Gefangenen wurde der rechte Fuß abgehauen, zur Strafe für ihre Verrätherey: der Graf selbst flüchtete nach Norwich, und von da nach Dännemark; wo die dänische Flotte, welche eine unglückliche Landung an der Küste von England versuchet hatte ᵐ), bald zurück kam, und ihm die Nachricht brachte, daß alle seine Bundsgenossen unterdrücket, und entweder getödtet, geflohen oder gefangen wären ⁿ). Ralph begab sich aus Verzweiflung nach Bretagne, wo er ein groß Gut und adliche Gerichtsbarkeiten hatte ").

1075. Der König, der in Eile nach England reisete, um den Aufstand zu dämpfen, fand, daß nichts mehr übrig war, als die Bestrafung der Schuldigen, welche er mit großer Härte vollzog. Viele von den Rebellen wurden gehangen; einigen wurden die Augen ausgestochen; andern die Hände abgehauen ᵖ). Aber Wilhelm bezeigte, seiner gewöhnlichen Marime gemäß, dem Anführer Marime, Grafen von Hereford, mehr Gelindigkeit; und verurtheilte ihn nur zu dem Verlust seines Gutes, und zu einer Gefangenschaft, so lange es dem Könige gefallen würde. Er schien sogar geneigt zu seyn, ihm diese letzte Strafe zu erlassen, wenn ihn Roger nicht durch einen neuen Trotz gereizet hätte, seine Gefangenschaft beständig zu machen ᵠ). Aber Waltheof, weil er ein Engländer war, fand keine so gelinde Begegnung, ob er gleich seine Schuld, welche allzeit weit geringer

i) W. Malmesf. S. 105. Hoveden, S. 456. Flor. Wigorn. S. 638.
k) Hoveden, S. 456. Flor. Wig. S. 638. Diceto, S. 486.
l) Order. Vitalis. S. 535. Hoveden, S. 456.
m) Chron. Sax. S. 183. M. Paris, S. 7.
n) Man glaubt, daß viele von den normännischen Flüchtlingen nach Schottland flohen; wo sowohl sie, als die englischen Flüchtlinge von dem Könige Malcolm in Schutz genommen wurden. Daher kommen die vielen französischen und normännischen Familien, welche man itzt in diesem Lande findet.
o) Order. Vital. S. 535. Hoveden, S. 457.
p) Chron. Sax. S. 183. H. Hunt. S. 369. Hoveden. S. 457. Diceto, S. 486. Brompton, S. 974.
q) Order. Vital. S. 535. W. Malm. S. 105.

Geschichte von England. Kap. IV.

ger war, als die Schuld der andern Verschwornen, durch eine sehr frühe Reue und Wiederkehr zu seiner Pflicht vergütet hatte. Wilhelm befahl, auf Antrieb seiner Nichte, und seiner raubsüchtigen Hofleute, welche nach seinem Gute schmachteten, daß ihm der Proceß gemacht, daß er verurtheilet und hingerichtet würde t). Die Engländer, welche diesen Herrn für die letzte Zuflucht der Nation ansahen, beklagten seinen Tod ungemein, und glaubten, daß seine Reliquien zum Beweis seiner Unschuld und Heiligkeit, Wunder thäten s). Die schändliche Judith fiel bald hernach bey dem Könige in Ungnade, wurde von aller Welt verlassen, und brachte den Rest ihres Lebens in Verachtung, Reue und Elend zu t).

1075.
Den 29ten April.

Wilhelm hatte nun nichts mehr zur Vollendung seiner Zufriedenheit zu wünschen, als die Bestrafung des Ralf de Guarder; und er eilte nach der Normandie zurück, um seine Rachbegierde an diesem Verbrecher zu vergnügen. Aber obgleich der Streit zwischen diesem Edelmann und dem Könige von England sehr ungleich zu seyn schien, so wurde doch Ralph von dem Grafen von Bretagne, und dem Könige in Frankreich so wohl vertheidiget, daß Wilhelm sich gezwungen sah, nachdem er ihn eine Zeitlang in Dol belagert hatte, das Unternehmen aufzugeben, und mit diesem mächtigen Prinzen einen Frieden zu machen, worinn Ralph selbst eingeschlossen wurde u). England blieb, während seiner Abwesenheit in Ruhe; und außer zweyen geistlichen Synoden, wovon die eine in London, die andre in Winchester zusammen kam, fiel nichts merkwürdiges vor. In der ersten wurde der Vorrang unter den bischöflichen Sitzen ausgemacht, und der Sitz einiger von denselben wurde aus den kleinen Flecken in die größten Städte der Diöces verleget x). In der zweyten wurde eine Sache von etwas größerer Erheblichkeit verhandelt.

Der Fleiß und die Beständigkeit, womit die Päbste in diesen Zeiten der Unwissenheit Gewalt und Rechte zusammen häuften, waren erstaunlich; jeder Pabst bediente sich sogar auch des Betruges, um Absichten einer eingebildeten Gottesfurcht zu befördern, und suchte alle Ansprüche auf, welche seinem Nachfolger zum Vortheil gereichen konnten, wenn er selbst schon nicht hoffen konnte, den geringsten Nutzen davon zu haben. Dieser ganze unermeßliche Schatz von geistlicher und weltlicher Macht war itzt auf Gregorius den VII, mit Namen Hildebrand, gefallen, den vermegensten Pabst, der jemals den Stuhl besessen hat, und der sich am wenigsten durch Furcht, Wohlanständigkeit oder Mäßigung zügeln ließ. Nicht zufrieden, daß er das Joch der Kaiser abschüttelte, welche bisher die Macht gehabt hatten, bey jeder Erledigung des Stuhls einen Pabst zu ernennen, oder wenigstens die Wahl zu bestätigen; unternahm er auch das schwere Werk, die geistliche Macht von der weltlichen gänzlich abzusondern, und profane Laien von dem Rechte auszuschließen, welches sie sich angemaßt hatten, die erledigten Bisthümer, Abteyen und andre geistliche Würden zu besetzen y). Die Fürsten

1076.
Streit über die Investituren.

---

r) *Ord. Vitalis.* S. 536. *Hoveden* S. 457.
s) *Ord. Vital.* S. 543. *W. Malm.* S. 164.
t) *Ingulf.* S. 72. 73.

u) *Chron. Sax.* S. 183. *Chron. Mailr.* S. 160. *H. Hunt.* S. 369. *Hoveden,* S. 457. *M. Paris.* S. 7.
x) *Ingulf.* S. 93. *Brompton,* S. 975.
y) *L'Abbe Conc. tom.* X. S. 371. 372. *Con. 2.*

sten, welche diese Macht lange ausgeübet, und sie nicht durch Eingriffe wider die Kirche, sondern wider das Volk erlanget hatten, dem sie ursprünglich gehörte a), widersetzten sich sehr dieser Forderung des römischen Hofes; und Henrich der Vierte, der damalige Kaiser, vertheidigte die Rechte seiner Krone mit einer Lebhaftigkeit und Entschlossenheit, welche die Wichtigkeit derselben erforderten. Die wenigen bürgerlichen und militarischen Bedienungen, welche nach der Feudalverfassung, dem Prinzen zu vergeben gelassen waren, machten das Recht, den Pastoralring und Stab zu vergeben, zu dem kostbarsten Steine in der königlichen Krone; vornehmlich, da die allgemeine Unwissenheit der Zeit den geistlichen Bedienungen eine Würde beylegte, welche sie noch weit größer machte, als die große Gewalt, und die Weite der Güter, die ihnen gehörten. Der Aberglaube, das Kind der Unwissenheit, bekleidete die Geistlichen mit einer fast heiligen Gewalt; und weil sie die kleine Gelehrsamkeit der Zeit besaßen, so wurde ihr Beytritt in allen bürgerlichen Geschäfften nothwendig, und so kam noch ein wirklicher Nutzen im gemeinen Leben zu der geistlichen Heiligkeit ihres Charakters hinzu.

Als demnach die Usurpationen der Kirche so reif geworden waren, daß sie kühn genug wurde, zu versuchen, ob sie der weltlichen Macht die Gewalt über die geistlichen Bedienungen aus den Händen winden könnte; so gerieth Europa, und besonders Italien und Deutschland, in die äußerste Erschütterung, und der Kaiser und Pabst lagen wider einander in einem unversöhnlichen Kriege. Gregorius hatte sogar die Vermessenheit, mit dem Banne gegen den Henrich und seine Anhänger zu donnern, zu erklären, daß er mit Recht abgesetzet wäre, seine Unterthanen von dem Eide der Treue loszusagen; und anstatt, daß er mit diesen groben Eingriffen in die bürgerliche Gewalt den Menschen hätte einen Anstoß geben sollen, fand er das dumme Volk bereit, seinen ungeheuren Forderungen Recht zu geben. Jeder Minister, Diener oder Vasall des Kaisers, der Verdruß gehabt hatte, verdeckte seine Rebellion unter dem Vorwand eines Grundsatzes; und sogar die Mutter dieses Monarchen vergaß alle Bande der Natur, und ließ sich verführen, den Troß seiner Feinde zu unterstützen. Selbst Prinzen, die auf die schädlichen Folgen dieser päbstlichen Ansprüche nicht Acht hatten, bedienten sich derselben zur Beförderung ihrer eignen Absichten; und der Streit, der sich in allen Städten von Italien ausbreitete, erzeugte die Parteyen der Guelfen und Gibellinen; der lebhaftesten und hartnäckigsten Parteyen, welche jemals aus einer Vermischung von Ehrgeiz und Aberglauben entstanden sind. Außer unzähligen Blutbädern, Tumulten und Erschütterungen, welche sie verursachten, rechnet man auch nicht weniger, als sechzig Schlachten unter der Regierung Henrichs des Vierten, und achtzehn unter seinem Nachfolger Henrich dem Fünften, wo endlich der siegreiche Pabst mit seinen Foderungen durchdrang b).

Aber der verwegene Geist des Gregorius, unerschrocken wegen des lebhaften Widerstandes, den er von dem Kaiser fand, breitete seine Usurpationen über das ganze Europa aus; und da er die Natur der Menschen wohl kannte, welche sich durch das Erstaunen immer bewegen lassen, die unverschämtesten Foderungen einzuräumen, so schien es, als wenn er der geistlichen, oder vielmehr der weltlichen Monarchie, die er

aufzüh-

---

a) *Padre Paolo* sopra benef. eccles. S. 30.   b) *Padre Paolo*, ibid. S. 113.

Geſchichte von England. Kap. IV.

aufführen wollte, keine Gränzen ſetzte. Er erklärte den morgenländiſchen Kaiſer Nicephorus in den Bann; Robert Guiscard, der abentheuerliche Normann, der die Herrſchaft in Neapel erlanget hatte, wurde mit gleichen Waffen angegriffen: Er ſetzte den Boleslaus, den König von Pohlen ab; und nahm ſo gar dem Lande Pohlen den Titel eines Königreiches: er drohete dem Philipp, Könige von Frankreich, mit gleicher Härte, welche er gegen den Kaiſer gebrauchet hatte b): er machte Anſpruch auf den gänzlichen Beſitz und die Herrſchaft von Spanien; und theilte das Land unter Ebentheurern, welche wagen wollten, es von den Saracenen zu erobern, und es als ein Lehn von dem Stuhle zu Rom zu beſitzen c): ſo gar die chriſtlichen Biſchöfe, auf deren Beyſtand er ſich zur Ueberwindung der weltlichen Prinzen verließ, ſahen, daß er den Entſchluß gefaßt hatte, ſie in Knechtſchaft zu ſetzen, die ganze geſetzgebende und richterliche Gewalt der Kirche ſich anzumaßen, und alle Macht in dem allein herrſchenden Pabſt zuſammen zu faſſen d).

Wilhelm der Eroberer, der mächtigſte, der politeſte, und der wachſamſte Fürſt in Europa, war, mitten unter ſeinem glänzenden Glücke, vor den Angriffen dieſes unternehmenden Prälaten nicht ſicher. Gregorius ſchrieb ihm einen Brief, worinn er ihn erſuchte, daß er ſein Verſprechen, wegen des Reiches von England, dem römiſchen Stuhl zu huldigen, und ihm den Tribut zu überſenden, welchen alle ſeine Vorgänger dem Statthalter Chriſti gewöhnlich bezahlt hätten, erfüllen möchte. Unter dem Tribut verſtund er den Peterpfennig; welcher anfangs zwar ein Liebesgeſchenk der ſächſiſchen Prinzen war, aber, wie gewöhnlich, von dem römiſchen Hofe für ein Pfand der angenommenen erkannten Unterwürfigkeit des Reiches ausgeleget wurde. Wilhelm antwortete ihm, das Geld ſollte, wie gewöhnlich, eingeſandt werden; aber er hätte weder verſprochen, dem Stuhl zu huldigen, noch hätte er jemals die mindeſten Gedanken gehabt, ſeinem Staate dieſe Knechtſchaft aufzulegen e). Und um dem Gregorius ſeine Unabhängigkeit deſto mehr zu bezeigen, ſo verſagte er, ſo oft ſich auch der Pabſt darüber beklagte, den engliſchen Biſchöfen die Freyheit, bey einer allgemeinen Verſammlung zu erſcheinen, welche dieſer Pabſt wider ſeine Feinde ausgeſchrieben hatte.

Doch, obgleich der König ſeinen Muth in der Vertheidigung der königlichen Würde zeigte, war er doch von dem allgemeinen Aberglauben der Zeit angeſtecket, und entdeckte nicht die ehrgeizigen Abſichten dieſer Neuerungen, welche der römiſche Pabſt Gregorius, unter dem Deckmantel einer Genauigkeit in der Religion, einführte, oder angab. Gregorius gab ſich, indem er durch ſeine Gewaltthätigkeit und Betrügereyen ganz Europa in Brand ſetzte, den Schein einer ängſtlichen Sorge für die Reinigkeit der Sitten; und ſogar die keuſchen Vergnügen des Ehebettes konnten, ſeiner Meynung nach, mit der Heiligkeit des prieſterlichen Charakters nicht beſtehen. Er hatte einen Befehl ausgehen laſſen, worinne den Prieſtern die Ehe verboten, alle Geiſtliche, welche ihre Frauen behielten, in den Bann gethan, und alle dergleichen unerlaubte Vertraulichkeit für Hurerey, und es bey allen Layen für ein Verbrechen erklä-

Z 2 ret

---

b) Epiſt. Greg. XII. epiſt. 32. 35. lib. 2. epiſt. 5.
c) Epiſt. Greg. VII. lib. 1. epiſt. 7.
d) Greg. Epiſt. lib. 2. epiſt. 55.
e) Spicileg. Seldeni ad Eadmer, S. 164.

180   Geschichte von England. Kap. IV.

1076. tet wurde, wenn sie dem Gottesdienste beywohnten, wo ein solcher Priester die Dienste am Altar verrichtete *f*). Dieser Punkt war ein großer Gegenstand in der Staatsklugheit des römischen Hofes; und es kostete demselben unendlich mehr Mühe, ihn einzuführen, als die Fortpflanzung irgend einer speculativischen Ungereimtheit, welche er jemals hatte einführen wollen. Es wurden in Europa viele Synoden gehalten, ehe er völlig ausgemacht wurde; und man bemerkte in denselben, daß die jüngern Geistlichen den Befehl des Pabstes in diesem Stücke gern annahmen, und daß diejenigen, welche älter waren, am meisten dagegen zu erinnern hatten: eine Sache, welche den ersten Hoffnungen der Menschen so wenig gemäß war, daß es nicht fehlen konnte, daß nicht selbst in dieser blinden und abergläubischen Zeit Glossen darüber gemacht werden mußten. Wilhelm erlaubte dem Legaten des Pabstes, daß er in seiner Abwesenheit zu Winchester eine Synode versammlen könnte, um den ehelosen Stand der Geistlichkeit auszumachen; aber die Kirche von England wollte sich noch nicht so weit bringen lassen, als man erwartete; und die Synode begnügte sich damit, daß sie einen Befehl gab, die Bischöfe sollten von der Zeit an keinen Priester oder Diaconus mehr ordiniren, ohne sich von ihm versprechen zu lassen, daß er sich nicht verheyrathen wollte; doch sollte kein andrer, außer denen, welche zu den Collegiat- oder Cathedralkirchen gehöreten, gezwungen seyn, sich von seiner Frau zu scheiden.

Aufstand des Prinzen Robert.   Der König hielt sich einige Jahre in der Normandie auf; aber sein langer Aufenthalt daselbst war nicht gänzlich einer vorzüglichen Liebe zu diesem Herzogthum zuzuschreiben: seine Gegenwart war auch nothwendig zur Beruhigung derjenigen Unruhen, welche in diesem geliebten Lande entstanden, und welche sogar ursprünglich von seinem eignen Hause veranlasset waren. Robert, sein ältester Sohn, mit dem Zunamen Gambaron oder Courthose, von seinem kurzen Beine, war ein Prinz, welcher alle Tapferkeit von seiner Familie oder Nation geerbet hatte; aber ohne diejenige Staatsklugheit und Verstellung, wodurch sich sein Vater so sehr unterschied; und welche ihm eben so viel, als seine Tapferkeit im Kriege zu seinem Glücke beygetragen hatte. Begierig nach Ruhm, unvermögend, Widerspruch zu leiden, ohne Zurückhaltung in seiner Freundschaft, offen in seinen Feindschaften, konnte dieser Prinz keine Vorschrift leiden, nicht einmal von seinem gebietherischen Vater, und strebte öffentlich nach derjenigen Unabhängigkeit, wozu ihn sowohl seine Gemüthsart, als einige Umstände in seiner Situation sehr ermunterten *g*). Als sich anfänglich die Provinz Maine dem Wilhelm unterwarf, hatte er den Einwohnern versprochen, daß Robert ihr Prinz seyn sollte; und ehe er den Feldzug wider England unternahm, hatte er, auf die Vorstellungen des französischen Hofes, ihn zum Nachfolger in der Normandie erkläret, und die Baronen dieses Herzogthums gezwungen, ihm, als ihrem künftigen Fürsten, zu huldigen. Durch diesen Kunstgriff hatte er sich bemühet, die Eifersucht seiner Nachbarn zu beunruhigen, weil er ihnen Hoffnung machte, daß er England von seinen Domainen auf dem vesten Lande trennen würde; als aber Robert ihn um die Vollziehung dieser Versprechungen bath, schlug er es ihm durchaus ab, und sagte ihm, nach dem Sprüchworte, daß er nicht eher

---

f) *Hoveden*, S. 255. 457. *Flor. Wigorn.* S. 638. *Spelm. Concil.* fol. 13. A. D. 1076.   *g*) *Ord. Vital.* S. 545. *Hoveden*, S. 457. *Flor. Wigorn.* S. 649.

Geschichte von England. Kap. IV.

eher gesonnen wäre, seine Kleider auszuziehen, als bis er zu Bette gienge h). Robert gestund öffentlich sein Mißvergnügen, und gerieth in Verdacht, als wenn er den König von Frankreich, und den Grafen von Bretagne zu dem Widerstande aufgewiegelt hätte, den sie dem Wilhelm thaten, und welcher vormals seinen Angriff auf die Stadt Dol vereitelt hatte. Und da der Streit immer größer wurde, so fieng Robert an, eine starke Eifersucht gegen seine beyden Brüder Wilhelm und Henrich zu fassen, (denn Richard war auf der Jagd von einer Hindinn getödtet) weil sie, durch eine größere Demuth und Gefälligkeit die Liebe ihres Vaters gewönnen hatten. Bey diesen Gesinnungen konnte die größte Kleinigkeit leicht einen Bruch unter ihnen verursachen.

Die drey Prinzen, welche bey ihrem Vater das Schloß l'Aigle in der Normandie bewohnten, hatten eines Tages zusammen gespielet; und nach manchem Vergnügen ließen sich die beyden jüngern Prinzen einfallen, den Robert, indem er ihr Zimmer verließ, und durch den Hof gieng, mit Wasser zu bespritzen i); ein Spaß, den er vermuthlich für unschuldig gehalten haben würde, wenn er nicht den Eingebungen des Alberic de Grentmesnil, eines Sohnes von dem Hugh de Grentmesnil, den Wilhelm vormals seiner Güter beraubet hatte, als ihn dieser Baron in seinen größten Verlegenheiten in England verließ, Gehör gegeben hätte. Dieser junge Edelmann, welcher die Beleidigung nicht vergessen hatte, überredete den Prinzen, daß sie ihn durch diese Handlung öffentlich hätten beschimpfen wollen, und er müßte es, seiner Ehre wegen, ahnden; der hitzige Robert zog seinen Degen, und lief die Treppen hinauf, in der Absicht, sich an seinen Brüdern zu rächen k). Das ganze Schloß war im Aufruhr, und der König selbst, welcher aus seinem Zimmer eilte, konnte denselben nicht so leicht stillen. Aber er konnte den Zorn seines ältesten Sohnes auf keine Weise besänftigen, der sich über seine Parteylichkeit beklagte, und in der Einbildung, daß er für seine erlittene Beleidigung keine Vergütung erhalten hätte, noch an demselben Abend den Hof verließ, und nach Rouen in der Absicht eilte, sich der Citadelle dieses Ortes zu bemächtigen l). Da ihm aber dieser Anschlag durch die Vorsichtigkeit und Wachsamkeit des Commendanten, Roger de Ivery, fehlschlug, flohe er zu dem Hugh von Neufchatel, einem mächtigen normännischen Baron, der ihm in seinen Schlössern Schutz gab; und führte öffentlich Krieg wider seinen Vater m). Der dem Volk beliebte Character dieses Prinzen, und eine Gleichheit in den Sitten, bewogte alle junge Edelleute in der Normandie, Maine, Anjou und Bretagne, auf seine Seite zu treten; und man argwöhnte, daß ihn Matilda, seine Mutter, deren Liebling er war, in seiner Empörung heimlich mit Geld und mit der Aufmunterung unterstützte, welche sie seinen Anhängern gab.

Durch diesen Krieg geriethen alle erbliche Provinzen Wilhelms, und seine Familie verschiedene Jahre lang in eine Erschütterung; und er sah sich zuletzt gezwungen, seine Zuflucht zu England zu nehmen, wo diejenige Art von militarischer Regierung, die er eingeführet hatte, ihm mehr Gewalt gab, als die alten Feudalverfassungen ihm erlaubten

h) Chron. de Maile S. 160.
i) Ord. Vitalis. S. 515.
k) Ibid.   l) Ibid.

m) Order. Vital. S. 545. Hoveden. S. 457.
Sim. Dun. S. 210. Diceto, S. 487.

182   Geschichte von England. Kap. IV.

1079. laubten, in der Normandie auszuüben. Er ließ eine Armee aus England unter seinen alten Feldherren kommen, welche den Robert und seine Anhänger bald aus ihren Schlupfwinkeln trieb, und die Gewalt des Fürsten in allen seinen Gebieten wieder herstellte. Der junge Prinz mußte seine Sicherheit in dem Schlosse des Gerberoy in Beauvoisis suchen, welches der König von Frankreich, der alle diese Zwistigkeiten heimlich beförbert hatte, für ihn in Bereitschaft gesetzt. In dieser Forteresse wurde er von seinem Vater hart belagert, und er vertheidigte sich tapfer gegen ihn, da er eine starke Besatzung hatte. Unter den Mauern dieses Platzes fielen manche Scharmützel vor, welche einem ritterlichen Zweykampfe ähnlicher waren, als kriegerischen Actionen unter Armeen; aber einer war wegen seiner Umstände und seines Ausganges vor andern merkwürdig. Robert stieß zufälliger Weise auf den König, der unter seinem Helm nicht erkannt werden konnte; und weil beyde tapfer waren, so erfolgte ein hitziger Kampf, bis endlich der junge Prinz seinen Vater in den Arm verwundete, und ihn vom Pferde warf. Da er um Hülfe rief, erkannte ihn sein Sohn an der Stimme; gerührt von Reue über seine vorigen Verbrechen, und außer sich, vor Furcht, über ein noch weit größeres, welches er so leicht hätte begehen können, warf er sich sogleich seinem Vater zu Füßen, bath um Vergebung für seine Beleidigungen, und erboth sich für diese Vergebung zu aller Vergütung n). Der Zorn, den Wilhelm empfand, war so eingewurzelt, daß er die gehorsame Demuth seines Sohnes nicht gleich mit gleicher Zärtlichkeit beantwortete; sondern gab ihm seinen Fluch, und ritte auf Roberts Pferde, worauf dieser Prinz ihn gehoben hatte, nach seinem Lager o). Bald darauf hob er die Belagerung auf, und marschirte mit seiner Armee in die Normandie; wo die Vermittelung der Königinn, und anderer gemeinschaftlicher Freunde eine Versöhnung bewirkte, welche vermuthlich von der großmüthigen Aufführung des Sohnes in dieser Action, und durch sein Erkenntniß seines vorigen übeln Betragens nicht wenig befördert wurde. Der König schien so gänzlich besänftiget zu seyn, daß er sogar den Robert mit nach England nahm; wo er ihm das Commando auftrug, einen Angriff Malcolms, des Königs von Schottland, zurück zu treiben, und durch einen andern Einfall in sein Land gleiches mit gleichem zu vergelten. Der englische Prinz war glücklich, und zwang den Feind zur Unterwerfung. Um eben die Zeit wurden die Einwohner von Wallis unfähig, der Macht Wilhelms zu widerstehen, genöthiget, für ihre Streifereyen eine Genugthuung zu thun p); und alles war in dieser Insel völlig in Ruhe gebracht.

1081.
Donnersday-
buch.

In diesem Zustande der Sachen hatte Wilhelm Zeit, ein Unternehmen anzufangen und auszuführen, welches seinen großen und ausgebreiteten Geist beweiset, und seinem Andenken Ehre machet; es bestund darinne, daß er alle Länder in dem Reiche, ihre Weite in jedem Districte, ihre Besitzer, Lehne, Einträglichkeit; die Anzahl der Wiesen, Weiden, Holzungen, des Ackerlandes, welches sie hatten; und in einigen Gesellschaften die Anzahl der Unterfaßen, Kasßner und Sklaven von allen Benennungen, welche

n) W. Malmesb. S. 106. H. Hunt. S. 369.   o) H. Hunt. S. 369. Hoveden, S. 457.
Hoveden, S. 457. Flor. Wigorn. S. 639.   M. Paris, S. 7. Ypod. Neustr. S. 439.
Simeon Dunelm. S. 210. Diceto, S. 417.
Knyghton, S. 2351. Alur. Beverl. S. 135.   p) Chron. Sax. S. 184. M. West. S. 228.

Geschichte von England. Kap. IV.

welche in denselben wohnten, untersuchte. Er ernannte dazu Gevollmächtigte, welche alle Umstände nach der Aussage geschworner Leute in ihre Register zeichneten; und nach einer Arbeit von sechs Jahren, (denn so lange dauerte es, ehe das Werk zu Ende gebracht wurde) brachten diese ihm eine genaue Berechnung alles Eigenthumes an Ländereyen in seinem Reiche q). Dieses Monument, genannt Domesdaybuch, das schätzbarste Stück des Alterthums, welches irgend eine Nation besitzet, liegt noch bis auf diesen Tag in der Schatzkammer; und obgleich bisher nur einige Auszüge aus demselben bekannt gemacht sind; so kann es uns doch in vielen Stücken den alten Zustand von England erläutern. Der große Alfred hatte zu seiner Zeit eine gleiche Untersuchung seines Reiches angestellt, welche lange zu Winchester aufbehalten wurde, und vermuthlich dem Wilhelm in seiner Unternehmung zum Muster diente r).

1081.

Der König war meistens ein guter Haushalter; und obgleich noch kein Prinz gegen seine Officiere und Bediente so freygebig gewesen war, so geschah es doch nur deswegen, weil er sich zum allgemeinen Besitzer von England gemacht, und ein ganzes Reich zu vergeben hatte. Er behielt ein sehr großes Einkommen für die Krone zurück; und bey der allgemeinen Vertheilung der Länder unter seinen Anhängern, nahm er Besitz von nicht weniger, als 1422 Gütern in verschiedenen Gegenden von England s), welche ihm die Pachtung entweder in Gelde, oder in Korn, Vieh, und den gewöhnlichen Producten des Landes bezahlten. Ein alter Geschichtschreiber rechnet, daß sein bestimmtes jährliches Einkommen, ausser dem, was ihm durch Sterbfälle, Strafgelder, Beysteuren, und andern gewöhnlichen zufälligen Einnahmen von großem Betrag, einkam, gegen 400,000 Pfund betrug t); eine Summe, welche uns, wenn wir alle Umstände betrachten, ganz unglaublich vorkommen muß. Ein Pfund betrug damals, wie wir vorhin bemerket haben, am Gewicht dreymal so viel Silber, als itzt; und für ein gleiches Gewicht an Silber konnte man damals, der wahrscheinlichsten Rechnung nach, zehnmal mehr Bedürfnisse des Unterhalts kaufen, ob gleich nicht so viel von den feinern Manufacturen. Das Einkommen Wilhelms würde demnach wenigstens soviel gewesen seyn, als itzt neun, bis zehn Millionen; und weil dieser Prinz weder eine Flotte, noch eine Armee zu unterhalten hatte, da die erste nur eine zufällige Ausgabe war, die nicht auf ihn fiel, sondern von seinen kriegerischen Vasallen bezahlet wurde, so müssen wir daraus schließen, daß kein Kaiser, oder Prinz in irgend einer Zeit, oder Nation, dem Eroberer an Reichthum und Schätzen zu vergleichen gewesen sey. Dieses beweget uns zu der Vermuthung, daß sich der Geschichtschreiber in seiner Rechnung sehr geirret habe; ob wir gleich, wenn wir bedenken, daß der Geiz beständig eines von den Lastern war u), welche dem Wilhelm Schuld gegeben wurden, und daß er, da er sich durchs Schwerd zum Herrn aller Ländereyen des Reiches

---

q) Chron Sax S. 190. Ingulf. S. 79. Chron. T. Wiken. S. 23. H. Hunting. S. 370. Hoveden, S. 460. M. West. S. 229. Flor. Wigorn. S. 641. Chron. Abb. St. Petri de Burgo. S. 51. M Paris. S. 8. Die drey nördlichen Grafschaften, Westmorland, Cumberland und Northumberland waren in dieser Untersuchung nicht begriffen; vermuthlich wegen ihres wilden, unbebauten Zustandes.

r) Ingulf. S. 8.

s) Wo die Untersuchung der Weise, wie Pairs ernannt wurden. S. 24.

t) Order. Vital. S 523. Er sagt, 1061 Pfund und einige schlechte Schillinge und Pfennige alle Tage.

u) Chron Sax S. 188 191. H. Malm S. 112. H. Hunting. S. 370. M. West. S. 219. Brompton, S. 979.

1081.

Reiches gemacht hatte, gewiß in der Theilung das größte für sich behalten würde; uns schwerlich irren können, wenn wir behaupten, daß kein König in England so reich, so im Stande war, durch sein Einkommen eine prächtige Hofstaat zu halten, oder so viel auf sein Vergnügen zu verwenden, und in Geschenken an seine Bediente und Lieblinge zu vergeben x).

Der neue Forst.

Es war ein Vergnügen, das Wilhelm, so wie alle Normänner und alten Sachsen, ungemein liebte; nämlich die Jagd: aber dieses Vergnügen machte er sich mehr auf Kosten seiner unglücklichen Unterthanen, deren Bestes er niemals achtete, als mit dem Verluste seiner Domainen, oder Einkünfte. Nicht vergnügt mit den großen Forsten, welche die vorigen Könige in allen Theilen von England besaßen, entschloß er sich, bey Winchester, dem Orte, wo er gemeiniglich seine Residenz hatte, einen neuen Forst anzupflanzen: und in dieser Absicht verwüstete er das Land in Hampshire auf dreyßig Meilen weit, trieb die Einwohner aus ihren Wohnungen, bemächtigte sich ihres Eigenthums, riß sogar Kirchen und Klöster nieder, und vergütete keinem den erlittenen Schaden y). Zu eben der Zeit gab er neue Gesetze, in welchen er allen seinen Unterthanen verboth, in irgend einem seiner Förste zu jagen, und die Strafen weit härter machte, als sie für solche Beleidigungen jemals gewesen waren. War einen Hirsch oder Eber, oder nur einen Hasen tödtete, verlohr seine Augen z); und zwar zu einer Zeit, wo man den Todschlag eines Menschen mit einer mäßigen Geldbuße abkaufen konnte.

Die Handlungen, welche in der übrigen Zeit seines Lebens von ihm aufgezeichnet sind, können mehr für häusliche Vorfälle, welche den Prinzen angehen, als für Begebenheiten, angesehen werden, welche England betreffen. Odo, der Erzbischof von Bajeux, des Königs Halbbruder, den er zum Grafen von Kent erhoben, und dem er während seiner ganzen Regierung a) eine große Gewalt anvertrauete, hatte unermeßliche Schätze zusammen gehäufet; und, so wie die Menschen immer in ihren Wünschen steigen, so fieng er an, das, was er bereits erworben hatte, nur für einen Schritt zu einer fernern Größe anzusehen. Er hatte sich das chimärische Project gemacht, den päbstlichen Stuhl zu kaufen; und obgleich Gregorius, der damalige Pabst, noch sehr alt war, hatte sich dieser Prälat doch so vest auf die Prophezeihung eines Astrologen verlassen, daß er sich Rechnung auf den Tod des Pabstes machte, und durch seine Intrigen, und sein Geld, diesen beneideten Stand der Größe zu erhalten hoffte b). Er entschloß sich demnach, alle seine Reichthümer nach Italien bringen zu lassen, und hatte viele ansehnliche Baronen beredet, und unter andern, den Hugh, Grafen von Chester, es eben so zu machen; in der Hoffnung, daß er ihnen, wenn er den päbstlichen Thron besteigen würde, in diesem Lande weit größere Güter geben wollte c). Der König, dem er alle diese Projecte sorgfältig verschwiegen hatte, bekam endlich Nachricht von dem Vorhaben, und ließ den Odo in Verhaft nehmen. Seine Officiere trugen, aus Ehrfurcht für die Freyheiten, worauf die Geistlichen Anspruch machten, Bedenken, den Befehl zu vollziehen, bis der König

---

x) *Fortescue* de Dom. reg. & politic. Cap. 111.
y) *W. Malm.* S. 3. *H. Hunt.* S. 731. Anglia Sacra, Vol. I. S. 258.
z) *Chron. Sax.* S. 191. *H. Hunt.* S. 371. *M. West.* S. 229. *Diceto,* S. 488. Anglia Sacra. Vol. 1. S. 258.
a) *Order. Vital.* S. 522. Frag. de Gul. Conq. S. 29.
b) *Order. Vital.* S. 646. Frag. de Gul. Conq. S. 29.
c) Ibid.

Geschichte von England. Kap. IV.

König sich genöthiget sah, ihn in eigner Person vest zu nehmen; und da Obo sagte, er wäre ein Prälat, und stünde unter keinem weltlichen Gerichte, antwortete Wilhelm, er zöge ihn nicht als Bischof von Bajeux, sondern als Grafen von Kent in Verhaft d). Er wurde gefangen nach der Normandie gesandt; und aller Vorstellungen und Drohungen des Gregorius ungeachtet, blieb er daselbst lebenslang im Gefängniß e).

Ein andrer häuslicher Zufall gieng dem Könige näher: es war der Tod seiner Königinn Matilda, die er zärtlich liebte, und für die er beständig die aufrichtigste Freundschaft gehabt hatte. Drey Jahre nachher reisete er nach der Normandie, und nahm den Edgar Atheling mit, dem er sehr gern Erlaubniß gab, eine Pilgrimschaft ins gelobte Land vorzunehmen f). Er wurde auf dem vesten Lande durch ein Mißverständniß aufgehalten, welches zwischen ihm und dem Könige von Frankreich ausbrach, und durch Einfälle einiger französischen Baronen an den Gränzen in die Normandie veranlasset wurde g). Es war der Macht der Fürsten damals nicht sehr möglich, den ausgelassenen Adel im Zügel zu halten; aber Wilhelm argwöhnete, daß diese Baronen sich nicht unterstanden haben würden, ihn zum Zorn zu reizen, wenn sie nicht der Unterstützung und des Schutzes von dem Könige Philipp versichert gewesen wären. Sein Mißvergnügen wurde noch größer, als er hörte, daß dieser Monarch einige Spöttereyen gegen ihn hätte entfahren lassen. Wilhelm, welcher sett geworden war, hatte sich, einer Krankheit halber, eine Zeitlang im Bette halten müssen; hierüber sagte Philipp, er wundre sich, daß sein Bruder von England so lange Wochen halten müßte, ehe er seinen großen Bauch los werden könnte. Der König ließ ihm sagen, so bald er gesund wäre, wollte er zu Nottredame so viele Lichter zum Geschenk bringen, daß der König von Frankreich sich vermuthlich nicht sehr darüber freuen sollte; er zielte auf einen üblichen Gebrauch der damaligen Zeiten unter den Frauen nach ihrem Wochenbetten h). Gleich nach seiner Genesung gieng er mit einer Armee in Isle de France, und verwüstete alles durch Feuer und Schwerd: nahm die Stadt Mante ein, und legte sie in die Asche i). Aber der Fortgang dieser Feindseligkeiten wurde durch einen Zufall gehemmet, welcher bald darauf dem Wilhelm das Leben kostete. Sein Pferd sprang auf einmal zur Seite, und er drückte seinen Bauch an dem Sattelknopfe k); und weil er schwächlich von Leibesbeschaffenheit, und zudem auch schon ziemlich bejahret war, so fieng er an, die Folgen zu besorgen, und ließ sich in einer Sänfte nach dem Kloster St. Gervais tragen. Da er sah, daß seine Krankheit zunahm, und die Ankunft seines Todes fühlte, so sah er endlich die Eitelkeit aller menschlichen Hoheit ein, und empfand wegen aller gräulichen Grausamkeiten und Gewaltthaten, welche er in seiner Regierung über England begangen hatte, um dieses Reich zu erhalten, und zu behaupten, eine tiefe Reue l). Er bemühete sich, dieselben durch Geschenke an Kirchen und Klöster zu vergüten; und gab

1083.

1087.
Krieg mit
Frankreich.

---

d) Chron. Abb. St. Petri de Burgo, S. 51. W. Malmef. S. 120.
e) Order. Vit. S. 647. H. Hunt. S. 370.
f) W. Malmef. S. 103.
g) Order. Vital. S. 654. 655.
h) W. Malmef. S. 112. M. Weft. S. 230.

M. Paris, S. 9. Brompton, S. 980 Knyghton, S. 2353. Anglia Sacra, Vol. 1. S. 162.
i) Order. Vital. S. 655. Chron. de Mailr. S. 161.
k) W. Malmef. S. 112. M. Paris, S. 10. Knyghton, S. 2353.
l) Frag. de Gul. Conq. S. 29. 30. 31.

1087.

Sein Tod. den 9ten September.

Und Charakter.

gab Befehle aus, daß der Graf Morcar, Siward, Bearne, und andere englische Gefangene ihre Freyheit haben sollten ᵐ). Er ließ sich sogar, wiewohl nicht ohne Widerstand, bereden, in seinem letzten Augenblicke die Befreyung seines Bruders Odo, gegen den er sehr aufgebracht war, zu bewilligen. Er ließ die Normandie und Maine seinem ältesten Sohn, Robert: er schrieb an den Lanfranc, und bath ihn, daß er den Wilhelm zum Könige von England krönen möchte ⁿ): er vermachte dem Heinrich nichts weiter, als die Güter seiner Mutter, Matilda; sagte aber voraus, daß er dereinst seine beyden Brüder an Macht und Reichthum übertreffen würde ᵒ). Er starb im drey und sechzigsten Jahre seines Alters, in dem ein und zwanzigsten seiner Regierung über England, und im vier und funfzigsten seiner Regierung über die Normandie.

Wenige Prinzen sind so glücklich gewesen, als dieser große Monarch, oder haben mehr Recht zu Größe und Glück gehabt, als er wegen der Fähigkeiten und Stärke seiner Seele hatte, welche er in seinem ganzen Betragen an den Tag legte. Sein Geist war kühn und unternehmend, aber durch Klugheit geleitet: sein Ehrgeiz, der ausschweifend war, und sich von der Gerechtigkeit wenig einschränken ließ, und noch weniger von der Menschenliebe, unterwarf sich dennoch den Vorschriften der Vernunft und gesunden Staatsklugheit. Gebohren in einer Zeit, wo die Gemüther der Menschen noch unbiegsam, und mit der Demüthigung unbekannt waren, war er dennoch fähig, sie nach seinen Absichten zu leiten; und theils durch die Herrschaft seines heftigen Charakters, theils durch List und Verstellung eine uneingeschränkte Gewalt einzuführen. Er war zwar gegen die Großmuth nicht unempfindlich, aber gegen das Mitleiden verhärtet; und er schien in seiner Gnade und in seiner Härte gleich sehr das in die Augen fallende zu lieben, und beydes zu lassen. Die Maasregeln seiner Regierungen waren strenge; könnten aber nützlich gewesen seyn, wenn er sie bloß gebraucht hätte, eine eingeführte Regierung zu erhalten ᵖ): sie waren übel erdacht, die Härte zu mildern, welche, auch bey der sanftesten Begegnung, von einer Eroberung nicht getrennet werden kann. Sein Unternehmen gegen England war das letzte große Unternehmen von der Art, welches in dem Verlauf von sieben hundert Jahren in Europa völlig geglücket ist; und die Größe seines Geistes brach durch die Schranken durch, welche erst die Feudalverfassungen, und hernach die feinere Staatsklugheit der Prinzen, den verschiedenen Staaten in der Christenheit gesetzet haben. Ob er sich gleich bey den englischen Unterthanen unendlich verhaßt machte, so übergab er doch seine Macht seinen Nachkommen, und der Thron ist noch bis auf diesen Tag von seinen Abkommen besetzet: ein Beweis, daß der Grund, den er gelegt hatte, vest war, und daß er, unter allen Gewaltsamkeiten, indem er nur seine gegenwärtige Leidenschaft zu vergnügen schien, immer ein Auge auf die Nachkunft hatte.

Einige Schriftsteller haben diesem Prinzen das Recht eines Eroberers in dem Verstande, worinn es gemeiniglich genommen wird, gern absprechen wollen; und unter dem Vorgeben, daß dieses Wort oft in allen Büchern von denen genommen wird, welche

m) Chron. de Mailr S. 161. Hoveden. S. 460 Chron. Abb. St. Petri de Burgo. S. 52. Ducto, S. 488

n) Gul. Gemet. S. 292. Order. Vital. S. 659. Chron. de Mailr. S. 161. W. Malmes. S. 258.

112 H. Hunt. S. 371. Hoveden, S. 460. M. Hest S. 230.

o) Order. Vital S. 659. Gul. Neub. S. 337 Fragm. de Gul. Conq S. 32

p) M. West. S. 230. Anglia Sacra, Vol. 1

che ein Land durch alle und jede Mittel gewinnen, wollen sie den Anspruch Wilhelms, durch das Recht des Krieges, auf die Krone von England gern verwerfen. Es ist unnöthig, daß wir uns in einen Streit einlassen, welcher seinen Worten nach nothwendig zu einem Wortstreit ausschlagen muß. Es ist genug, wenn wir sagen, daß der erste Angriff des Herzogs von der Normandie gegen diese Insel feindselig war; daß seine nachfolgende Regierung gänzlich durch die Waffen unterstützet wurde; daß er selbst in seinen Gesetzen unter den Engländern und Normännern einen Unterschied q) zum Vortheil der letzten machte, daß er in allen Stücken als ein unumschränkter Herr über die Eingebohrnen handelte, deren Vortheil und Liebe er gar nichts achtete; und daß die Zeit, wo eine Zwischenfrist war, da er den Schein einer Regierung nach den Gesetzen beobachtete, sehr kurz, und weiter nichts war, als ein Opfer seiner Neigung auf eine Zeitlang, welches er, wie die meisten andern Eroberer, seiner itzigen Staatsklugheit bringen mußte. Es ist schwerlich unter allen denen Staatsveränderungen, welche man sowohl in der Geschichte, als in der Sprache des gemeinen Lebens immer Eroberungen genannt hat, eine einzige, welche so gewaltsam zu seyn, oder mit einer so geschwinden Veränderung sowohl der Macht, als des Eigenthums scheinet begleitet gewesen zu seyn. Der römische Staat, welcher seine Herrschaft über Europa ausbreitete, ließ die Gerechtsame einzelner Personen großen theils unangefochten; und diese gesitteten Eroberer machten ihr eignes Land zum Sitz der Regierung, und fanden, daß sie aus den überwundenen Provinzen den größten Vortheil ziehen konnten, wenn sie den Eingebohrnen den freyen Genuß ihrer eignen Gesetze und Privatgüter ließen. Die Barbaren, welche das römische Reich bezwangen, ließen sich zwar in den eroberten Ländern nieder, weil sie aber zu einem rohen, unpolirten Leben gewöhnt waren, so fanden sie einen kleinen Theil des Landes groß genug, sie mit allen Bedürfnissen zu versorgen; und befanden sich in keiner Versuchung, große Länder wegzunehmen, welche sie weder zu bebauen, noch zu gebrauchen wußten. Aber die Normänner und andre Ausländer, welche der Fahne Wilhelms folgten, waren, indem sie das eroberte Königreich zum Sitz der Herrschaft machten, schon so weit mit den Künsten bekannt, daß sie die Vortheile großer Güter einsehen konnten; und da sie die Eingebohrnen gänzlich überwältiget hatten, so trieben sie die Rechte der Eroberung (welche in den Augen des Geizes und des Stolzes sehr groß sind, so klein sie auch in den Augen der Vernunft seyn mögen) wider dieselben aufs äußerste. Außer der vorigen Eroberung Englands von den Sachsen selbst, welche durch ganz eigene Umstände verleitet wurden, so gar zu einer Ausrottung der Eingebohrnen zu schreiten, würde man schwerlich in allen Geschichten eine verderblichere, oder eine Staatsveränderung finden, welche mit einer völligern Unterwerfung der alten Unterthanen verbunden sey. Es scheinet auch, als wenn man muthwillig zu der Unterdrückung noch die Schmach hinzu gethan habe r); und die Eingebohrnen waren alle mit einander in einen solchen Stand der Niedrigkeit und der Armuth gebracht, daß der englische Name ein Schimpfwort wurde, und es verflossen verschiedene Geschlechtsalter, ehe eine Familie von sächsischer Abkunft zu ansehnlichen Ehrenstellen erhoben wurde, oder nur den Rang der Baronen des Reichs erhalten konnte s). Diese Umstände erhellen so aus

der

q) *Hoveden*, S. 600.

r) *H. Hunt.* S. 370. *Brompton*, S. 980.

s) Noch zu des Königs Stephens Zeiten redete der Graf von Albemarle die Officiere seiner Armee

188 Geschichte von England. Kap. IV.

1087. der ganzen Folge der englischen Geschichte, daß es niemanden eingefallen seyn würde, sie zu leugnen, oder Ausflüchte zu machen, wenn er nicht durch die Hiße der Streitigkeiten der Parteyen dazu verleitet wäre: indem eine Partey auf eine ungereimte Weise sich vor den ungereimten Folgen fürchtete, welche die andre Parten gern aus diesem Vorfall ziehen möchte. Allein man siehet augenscheinlich, daß die gegenwärtigen Rechte und Freyheiten des Volkes, welches aus Engländern und Normännern bestehet, unter einer Verfügung, welche vor sieben hundert Jahren vorfiel, gar nicht leiden können; und da alle alte Schriftsteller [1], welche der Zeit am nächsten lebten, und den Zustand des Landes am besten wußten, einmüthig von der normännischen Herrschaft, als von einer Eroberung durch Krieg und Waffen reden, so wird kein vernünftiger Mann, aus Furcht vor den eingebildeten Folgerungen, es sich jemals einfallen lassen, ihr übereinstimmendes und ungezweifeltes Zeugniß zu verwerfen.

Der König Wilhelm hatte, außer den drey Söhnen, die ihn überlebten, noch fünf Töchter, nämlich 1) Cecily, die anfänglich eine Nonne in dem Kloster Fescamp, hernach Abtißinn in dem Kloster der heiligen Dreyfaltigkeit zu Caen war, worinn sie starb. 2) Constantia, die Gemahlinn des Alan Fergant, Grafens von Bretagne. Sie starb ohne Erben. 3) Alice, die mit dem Harold vermählt wurde. 4) Adela, die Gemahlinn des Stephen, Grafens von Blois, von dem sie vier Söhne hatte, den Wilhelm, Theobald, Henrich und Stephen; unter welchen der erste, wegen seines schwachen Verstandes, übergangen wurde. 5) Agatha, welche unverheyrathet starb, aber an den König von Gallicien versprochen war. Sie starb auf der Reise dahin, ehe sie ihren Bräutigam sah.

Armee vor dem Vordertreffen so an: *Proceres Angliæ clarissimi, & generis Normanni &c.* Brompton, S. 1036. S. ferner *Abbas Rieval.* S. 319. &c. Alle Baronen und Kriegsleute von England nannten sich immer Normännern.

1) Ingulf. S. 70. *H. Hunt.* S. 370. 372. *M. West.* S. 225 *Gul. Neub.* S. 357. *Alur. Beverl.* S. 114. *De gest. Angl.* S. 333. *M. Paris,* S. 4. *Sim. Dun.* S. 206 *Brompton,* S. 962. 980. 1161. *Gervase Tilb.* Lib. 1. Cap. 16. *Textus Roffensis apud* Seld. Spicileg. ad Ead. S. 197. *Gul. Pict.* S. 206. *Order. Vital* S. 521. 665. 853. Epist. St. Thom. S. 801. *Gul. Malmsf.* S. 52. 57. *Knyghton,* S. 2354. *Eadmer,* S. 115. *Thom. Rudborne* in Ang Sacra, Vol. 1. S. 248. *Monach. Roff.* in Anglia Sacra, Vol. 2. S. 276. *Girald. Cambr.* in eadem, V. 2. S. 413.

Hist. Elyensis, S. 516. Die Worte dieses letzten Geschichtschreibers, der sehr alt ist, sind merkwürdig, und verdienen abgeschrieben zu werden. *Rex itaque factus Willielmus, quid in principes Anglorum, qui tantæ cladi superesse poterant, fecerit, dicere, cum nihil prosit, omitto. Quid enim prodesset, si nec unum in toto regno de illis diceret pristina potestate vel permissum, sed omnes aut in gravem paupertatis ærumnam detrusos, aut exhæredatos, patria pulsos, aut effossis oculis, vel cæteris amputatis membris, opprobrium hominum factos, aut certe miserrime afflictos, vita privatos. Simili modo utilitate carere existimo dicere, quod in mœrorem populum, non solum ab eo, sed à suis altum sit, cum id dictu sciamus difficile, & ob immanem crudelitatem fortassis incredibile.*

Das

Das fünfte Kapitel.
Wilhelm Rufus.

Thronbesteigung des Wilhelm Rufus — Verschwörung gegen den König — Einfall in die Normandie — die Kreuzzüge — Erwerbung der Normandie — Streit mit dem Primas, Anselm — Tod — und Charakter des Wilhelm Rufus.

Kaum hatte Wilhelm, mit dem Zunamen Rufus, von der Farbe seines Haares, das Empfehlungsschreiben an den Primas, Lanfranc von seinem Vater erhalten, so machte er schon in der Geschwindigkeit Anstalten, sich der Regierung von England zu versichern. Er sah wohl, daß eine Schrift, die so wenig nach dem Formal, so schlecht vorbereitet war, und das Recht der Erstgeburt bey dem Robert beleidigte, großen Widerspruch finden könnte, und verließ sich wegen eines glücklichen Ausschlages bloß auf seine Eile und Geschwindigkeit. Er verließ St. Gervois, indem Wilhelm in letzten Zügen lag, und kam nach England, ehe die Nachricht von dem Tode seines Vaters dieses Königreich erreichet hatte a). Er gab Befehle von dem Könige vor, bemächtigte sich der Forteressen Dover, Pevensey und Hastings, welche durch ihre Lage höchst wichtig waren; nahm den Schatz seines Vaters zu Winchester, der sich auf eine Summe von sechzigtausend Pfund belief, in Besitz, und hoffte damit seine Anhänger zu vermehren und zu ermuntern b). Der Primas, dem sein Rang und Ansehen im Reiche eine große Macht gaben, hatte die Aufsicht über seine Erziehung gehabt, und dadurch die Ehre des Ritterstandes erhalten c); und da er durch diese Bande mit ihm verknüpfet war, und vermuthlich seine Ansprüche für gerecht hielt, so erklärte er sich, daß er dem letzten Willen des Eroberers, seines Freundes und Wohlthäters, gern gehorchen wollte. Nachdem er einige Bischöfe und einige von dem höchsten Adel versammlet hatte, schritte er augenblicklich zu der Ceremonie, und krönte den König d); und durch diese Eile kam er aller Gefahr der Faction und des Widerstandes zuvor. Indessen nahm Robert, der bereits zum Nachfolger in der Normandie ernannt war, dieses Herzogthum ruhig in Besitz.

Aber obgleich diese Theilung dem Schein nach ohne Gewaltsamkeit oder Widerspruch gemacht war, so blieben doch in England viele Ursachen zum Mißvergnügen übrig, welche dieses Reich mit einer plötzlichen Veränderung bedroheten. Die normannischen Baronen, welche meistens sowohl in England als in ihrem Lande große

1088. Wilhelm Rufus gelanget zum Thron.

Verschwörung gegen den König.

Güter

a) W. Malm. S. 120. M. Paris, S. 10.
b) Chron. Sax. S. 192. Brompton, S. 983.
c) W. Malmes. S. 120. M. Paris, S. 10. Thom. Rudborne, S. 263.
d) Hoveden, S. 461.

Güter besaßen, sahen die Trennung dieser Länder ungern; und sahen voraus, daß es ihnen unmöglich seyn würde, zween Herren getreu zu bleiben, und daß sie folglich entweder ihrem alten Eigenthum, oder, dem neuen, was sie erworben hatten, entsagen müßten e). Sie hielten das Recht des Robert auf das Herzogthum für unstreitig; seinen Anspruch auf das Königreich für wahrscheinlich; und verlangten alle, daß dieser Prinz, welcher allein einiges Recht hatte, diese Länder zu vereinigen, in den Besitz von beyden gesetzet werden sollte. Es verleitete sie auch eine Vergleichung der persönlichen Eigenschaften dieser beyden Prinzen, dem ältesten den Vorzug zu geben. Der Herzog war tapfer, offenherzig, aufrichtig, großmüthig; und selbst seine herrschenden Fehler, seine ungemeine Trägheit und Gutherzigkeit, waren diesen hochmüthigen Baronen, welche nach einer Unabhängigkeit strebten, und sich ungern einer strengen Regierung ihres Königes unterwerfen wollten, nicht unangenehm. Der König war zwar eben so tapfer, als sein Bruder, aber hesig, hochmüthig und tyrannisch; und schien geneigt zu seyn, mehr durch Furcht, als Liebe, sein Volk zu regieren f). Odo, der Bischof von Bajeux, und Robert, Graf von Mortaigne, Brüder des Eroberers von mütterlicher Seite, beneideten das große Ansehen des Lanfranc, welches durch seinen neulichen Dienst noch größer geworden war, stellten ihren Anhängern alle diese Bewegungsgründe vor, und brachten sie zu einer völligen Verschwörung, den König vom Thron zu werfen g). Sie entdeckten ihren Anschlag dem Eustaz, Grafen von Boulogne, dem Roger, Grafen von Shrewsbury und Arundel, dem Robert von Belesme, seinem ältesten Sohne, dem Wilhelm, Bischof von Durham, dem Robert von Moubray, Roger Bigod, Hugh von Grentmesnil; und brachten diese Herren leicht auf ihre Seite. Die Verschwornen eilten zu ihren Schlössern, und machten alle Anstalten, sich in eine kriegerische Verfassung zu setzen; und da sie sich zu ihrer Unterstützung bald eine mächtige Armee aus der Normandie versprachen, hatten sie schon an vielen Orten Feindseligkeiten angefangen h).

Der König, der seine gefährliche Situation erkannte, bemühete sich, die Liebe der eingebohrnen Engländer zu gewinnen, und weil dieses Volk itzt so gänzlich unter den Fuß gebracht war, daß es nicht mehr nach der Wiederherstellung seiner alten Gerechtsame strebte, und schon mit einiger Milderung der Tyranney bey den normännischen Prinzen zufrieden war, so nahm es sich der Sache Wilhelms eifrigst an, da er ihm überhaupt nur eine gute Begegnung versprach, und in seinen königlichen Wäldern die Jagdfreyheit erlaubte i). Der König war bald im Stande, ins Feld zu rücken; und weil er die Gefahr der Langsamkeit erkannte, marschirte er plötzlich in Kent, wo sein Onkle bereits die Forteressen Pevensey und Rochester in Besitz genommen hatte. Diese beyde Plätze brachte er nach einander durch Hunger in seine Gewalt; und ob er sich gleich von dem Grafen von Chester, Wilhelm de Warrenne und Robert Fitz Hammon, welche auf seine Seite getreten waren, bereden ließ, den Rebellen das Leben zu schenken, so zog er doch alle ihre Güter ein, und verwies sie aus dem Reiche k). Dieser Vortheil gab seiner

e) *Order. Vital.* S. 666.
f) *W. Malm.* S. 120. *Order. Vital.* S. 666.
g) *Hoveden*, S. 461. *Simeon Dunelm*, S. 214. *Diceto*, S. 489.
h) *Chron Sax.* S. 193. *Hoveden*, S. 461. *M. Paris*, S. 10.

i) *Chron. Sax.* S. 194. *W. Malm.* S. 120. *H. Hunt.* S. 372. *Hoveden*, S. 461. *Chron. W. Hemingford*, S. 462. *Sim. Dun.* S. 414. *Alur. Beverl.* S. 137.

k) *Chron. Sax.* S. 193. *Order. Vit.* S. 668.

ner Unterhandlung mit dem Roger, Grafen von Shrewsbury, einen bessern Ausgang, und er zog ihn von seinen Bundsgenossen ab ¹); und weil seine mächtige Flotte, nebst der nachlässigen Gemüthsart des Robert, die Ankunft einer Hülfe aus der Normandie ᵐ) verhinderte, so fanden die übrigen Rebellen kein andres Mittel, als zu flüchten, oder sich zu ergeben. Einige erhielten Gnade; die meisten aber verlohren ihre Güter; und der König schenkte sie denen normännischen Baronen, welche ihm getreu geblieben waren ⁿ). 1088.

Als Wilhelm sich von der Gefahr dieses Auffstandes befreiet sah, dachte er wenig an die Erfüllung dessen, was er den Engländern versprochen hatte; und sie fanden sich noch gleichen Drückungen ausgesetzt, welche sie unter der Regierung des Eroberers erduldet hatten, und welche durch die heftige, ungestüme Gemüthsart des itzigen Monarchen noch vielmehr vergrößert wurden. Der Tod des Lanfranc, welcher noch viel über ihn vermocht hatte, ließ seiner Tyranney bald nachher einen freyen Lauf; und alle Stände fanden Ursache, sich über eine ungesetzliche und willkührliche Regierung zu beklagen ᵒ). So gar die Freyheiten der Kirche, welche in diesen Tagen doch sonst heilig gehalten wurden, waren gegen seine Usurpationen nur eine schlechte Vormauer ᵖ). Er bemächtigte sich der weltlichen Güter aller erledigten Bissthümer und Abteyen; er verschob die Ernennung der Nachfolger in diesen Würden, damit er die Einkünfte derselben desto länger genießen möchte, er gab einige Kirchenländereyen seinen Capitainen und Lieblingen zum Eigenthum; und verkaufte öffentlich diejenigen Bischoffsize und Abteyen, welche er loszuschlagen für gut fand. Obgleich das Murren der Geistlichen, welches sich bald unter der Nation ausbreitete, über diese Beschwerde groß wurde, so erhielt doch das Schrecken vor der Gewalt Wilhelms, bestärket durch die Unterdrückung der neulichen Empörungen, einen jeden in Unterthänigkeit, und schützte in England eine allgemeine Ruhe. 1089.

Der König glaubte sogar, daß er im Stande wäre, seinen Bruder in dem Besitze seines Landes, in der Normandie, zu stören. Die nachlässige und schlechte Regierung dieses Prinzen hatte die normännischen Baronen so verwegen gemacht, daß sie nach einer Unabhängigkeit in ihrer Regierung strebten; und ihre Streitigkeiten unter einander, und Verwüstungen, machten dieses ganze Land zu einer Scene der Gewaltthätigkeit und Beleidigung ᵠ). Zwey von denselben, Odo und Walter, wurden von dem Wilhelm bestochen, die Forteressen St. Valori und Albemarle in seine Hände zu liefern ʳ): andre folgten bald darauf diesem Beyspiel nach; indem sich Philipp, König von Frankreich, der seinen Vasallen in dem Besitz seines Lehens hätte beschützen sollen, nach einigen Bemühungen für ihn, durch große Geschenke bewogen ließ, neutral zu bleiben ˢ). Der Herzog hatte auch Ursache, von den Intrigen seines Bruders Henrich Gefahr zu besorgen. Dieser junge Prinz, der von seines Vaters großen Vermögen nichts weiter, als etwas Geld geerbet hatte, hatte dem Robert, da er seine Zurüstun- 1090. Einfall in die Normandie.

---

l) *W. Malm.* S. 120. *M. Paris*, S. 10.
m) *Chron. Sax* S. 194. *W. Malm.* S. 121. *Annal. Waverl.* S. 138.
n) *H Hunt* S. 372.
o) *W Malm.* S. 122. 123.
p) *Edmer*, S. 14. *M. Paris*, S. 11.

q) *Order. Vital.* S. 670.
r) *Chron. Sax* S. 195. *W. Malm.* S. 121. *Hoveden*, S. 462.
s) *Chron. Sax* S. 196. *W. Malm.* S. 121. *Chron. Abb. St. Petri de Burgo*, S. 53.

rüstungen wider England machte, die Summe von dreytausend Mark vorgeschossen; 1090. und war für diese kleine Summe in den Besitz des Cotentin gesetzt, welches beynahe den dritten Theil von dem Herzogthum Normandie in sich faßte ¹). Robert warf ihn nachmals auf einen Verdacht ins Gefängniß; da er sich aber selbst einem Angriffe von dem Könige in England ausgesetzet sah, und besorgte, daß beyde Brüder sich wider ihn verbinden möchten, so gab er dem Heinrich itzt seine Freyheit wieder, und bediente sich sogar seines Beystandes, die Empörungen seiner rebellischen Unterthanen zu dämpfen. Conan, ein reicher Bürger in Rouen, hatte sich in eine Verschwörung eingelassen, dem Wilhelm diese Stadt zu überliefern; aber als Heinrich sein Verbrechen entdeckte, ließ er den Verräther auf einen hohen Thurm führen, und stieß ihn mit eigner Hand von der Höhe hinunter ᵗ).

Der König erschien in der Normandie an der Spitze einer Armee; und die Sachen schienen zwischen den beyden Brüdern aufs äußerste gekommen zu seyn; als der Adel von beyden Seiten, welcher durch Interesse und Verschwägerungen sehr genau verbunden war, ins Mittel trat, und einen Vergleich bewirkte. Der unmittelbare Vortheil von diesem Tractate fiel auf die Seite Wilhelms, welcher den Besitz des Gebiethes von Eu, die Städte Aumale, Fescamp und andre Plätze erhielt: hingegen versprach er seinem Bruder, daß er ihm zur Ueberwältigung von Maine, welches sich empöret hatte, beystehen wollte; und daß die normännischen Baronen, welche des Roberts wegen ihre Güter verlohren hatten, in England wieder in den Besitz derselben eingesetzet werden sollten. Die beyden Brüder machten gleichfalls aus, daß bey dem Absterben eines oder des andern ohne Erben der überlebende alle Domainen erben sollte; und von beyden Seiten schwuren zwölf der mächtigsten Baronen, daß sie alle ihre Macht anwenden wollten, den ganzen Tractat in Erfüllung zu erhalten ˣ): ein starker Beweis von der großen Unabhängigkeit und Gewalt der Edelleute in diesen Zeiten!

Der Prinz Henrich, voll Verdruß, daß man in dem Vergleiche seines Interesses so wenig gedacht hatte, begab sich nach St. Michaelsberg, einer starken Forteresse an der Küste der Normandie, und machte das benachbarte Land durch seine Streifereyen unsicher ʸ). Robert und Wilhelm belagerten ihn mit ihrer vereinigten Macht in diesem Platze, und hatten ihn fast durch Mangel am Wasser zur Uebergabe gezwungen; als der älteste, da er seine Noth vernahm, ihm die Erlaubniß gab, sich mit Wasser zu versorgen, und ihm sogar zu seinem Tische einige Flaschen Wein schickte. Als Wilhelm ihm diese unzeitige Großmuth vorwarf, so antwortete er: Wie? Soll ich meinen Bruder vor Durst sterben lassen? Wo werden wir einen andern wieder bernehmen, wenn er todt ist ᶻ)? Auch der König that bey dieser Belagerung eine großmüthige That, die sonst seinem Charakter nicht sehr gemäß war. Da er eines Tages allein ausritte, um die Forteresse zu recognosciren, wurde er von zween Soldaten angegriffen, und vom Pferde geworfen. Einer von diesen zog sein Schwerd, um ihn zu tödten; als der König rief: Halt, Nichtswürdiger! ich bin der König von England.

Der

---

t) T. Rudb. S. 263. W. Gemmet, S. 293.   Hoveden. S. 137. W. Heming, S. 463. Sim. Order. Vital. S. 665.   Dun. S. 215. Brompton. S. 986.
u) Order. Vital. S. 690.   y) Chron. de Mailr. S. 161.
x) Chron Sax. S. 197. W. Malm. S. 121.   z) W. Malm. S. 121. T. Rudborne, S. 264.
Hoveden, S. 462. M Paris, S. 11. Annal. Chron. Abb. St. Petri de Burgo, S. 53.

Geschichte von England. Kap. V.

Der Soldat vollführte den Streich nicht; und da er den König mit Ehrerbietung von der Erde aufhob, bekam er eine artige Belohnung, und wurde in seinen Dienst genommen a). Der Prinz Henrich sah sich bald hernach gezwungen, zu capituliren; und da er aller seiner Gebiethe beraubet wurde, strich er eine Zeitlang mit sehr wenigen Gefährten, und oft in großer Armuth herum. 1090.

Die fortgesetzte innerliche Zwietracht der Baronen war in dieser Zeit allein verderblich: die öffentlichen Kriege waren gemeiniglich kurz und schwach, verursachten wenig Blutvergießen, und zogen keine große Folgen nach sich. Auf diesen Krieg wider die Normandie, der bald geendiget war, folgten Feindseligkeiten wider Schottland, welche länger dauerten. Robert führte hier die Armee seines Bruders an, und zwang den Malcolm, Frieden anzunehmen, und der Krone von England zu huldigen b). Dieser Friede war nicht dauerhafter. Malcolm brachte zwey Jahre hernach eine Armee zusammen, und fiel in England ein; und nachdem er Northumberland verheeret hatte, belagerte er Alnwic: hier überfiel ihn eine Partey von des Grafen Monbray Truppen, und es erfolgte eine scharfe Action, worinn Malcolm getödtet wurde c). Dieser Zufall brachte auf einige Jahre die Thronfolge in Schottland in Unordnung. Obgleich Malcolm rechtmäßige Söhne hinterließ, so wurde doch Donald, sein Bruder, wegen der Jugend dieser Prinzen, auf den Thron erhoben; doch behielt er die königliche Würde nicht lange. Duncan, ein natürlicher Sohn des Malcolm, erregte eine Verschwörung wider ihn; und da ihm Wilhelm mit einem kleinen Corps beystund, so bemächtigte er sich des Reiches d). Es erfolgten neue Streitigkeiten mit der Normandie. Die freye, offene, nachläßige Gemüthsart des Robert war schlecht geschickt, dem eigennützigen, raubsüchtigen Charakter Wilhelms zu widerstehen, der, von einer größern Macht unterstützet, immer mehr von dem, was sein Bruder besaß, an sich riß, und seine unruhigen Baronen zu einer Empörung wider ihn aufhetzte e). Da der König dahin gegangen war, um seine Anhänger zu unterstützen, ließ er in England eine Armee von zwanzig tausend Mann auf die Beine bringen, und an die Seeküste führen, als wenn sie gleich eingeschiffet werden sollten. Hier foderte Ralph Flambard, der Minister des Königs, und das vornehmste Werkzeug seiner Erpressungen, von jedem Mann zehen Schillinge, anstatt der Dienste, und ließ sie hernach wieder in ihre Grafschaften zurück gehen f). Dieses Geld brauchte Wilhelm so lustig, daß es bessere Dienste that, als er von der Armee erwartet haben könnte. Er verband den König von Frankreich durch neue Geschenke g), von der Beschützung Roberts abzutreten; und bestach alle Tage die normännischen Baronen, seinen Dienst zu verlassen h). Allein ein Einfall der Einwohner von Wallis, der ihn zwang, nach England zurück zu gehen i), verhinderte ihn, daß er seinen 1091. 1093. 1094.

a) W. Malm. S. 121. T. Rudborne, S. 263. Knyghton, S. 2359.
b) Chron. Sax. S. 198. H. Hunting. S. 373. Hoveden, S. 462. Chron. de Mailr. S. 161. M. West. S. 232.
c) Chron. Sax. S. 199. Hoveden, S. 463. W. Heming. S. 464.
d) Chron. Sax. S. 199. Hoveden, S. 463.

e) M. Paris, S. 12. Annal. Waverl. S. 138.
f) Chron. Sax. S. 201. H. Hunt. S. 373. M. Paris, S. 12. W. Heming. S. 465. Sim. Dunelm, S. 220.
g) Chron. Sax. S. 201. Annal. Waverl. S. 139.
h) Hoveden, S. 464.
i) Chron. Sax. S. 201. W. Heming. S. 465.

Geschichte von England. Kap. V.

nen Vortheil wider seinen Bruder nicht verfolgen konnte. Er fand keine Schwürig-
1094. keit, den Feind zurück zu treiben; konnte aber doch wider das Königreich, welches durch
seine bergichte Lage gesichert war, nichts erhebliches ausrichten. Eine Verschwörung
seiner eignen Baronen, welche um diese Zeit ausbrach, schien von größerer Wichtigkeit
1095. zu seyn, und alle seine Aufmerksamkeit zu verdienen. Robert Mowbray, Graf von
Northumberland, stund an der Spitze dieser Verschwörung; und zog den Grafen
von Eu, Richard Tunbrige, Roger de Lacey, und viele andre mit dazu. Die Verschwornen hatten die Absicht, den König vom Throne zu werfen, und an seiner Stelle
1096. den Steffen, Grafen von Aumale, den Neffen des Eroberers k), zu erheben. Der
Zug Wilhelms verhinderte die Ausführung des Anschlages, und kam den Verschwornen zu früh. Mowban that einigen Widerstand; da er aber gefangen genommen wurde,
verlohr er seine Güter, und wurde ins Gefängniß geworfen, wo er ungefähr dreyßig
Jahre nachher starb l). Der Graf von Eu läugnete, daß er um die Verschwörung gewußt hätte, und schlug sich, in Gegenwart des Hofes zu Winchester, in
einem Zweykampfe mit dem Geofrey Bainard, der ihn beschuldiget hatte. Da er
aber in dem Zweykampfe überwunden wurde, so wurde er verurtheilet, daß er castriret
werden, und seine Augen verlieren sollte m). Man glaubte, daß Wilhelm von Al-
beri, ein andrer Verschworner, ein härteres Urtheil empfangen hätte, da er verurtheilet
war, gehangen zu werden n).

Die Kreuz-
züge.
Aber das Geräusch dieser kleinen Kriege wurde von dem Tumulte der Kreuzzüge übertäubet, welche itzt die Aufmerksamkeit des ganzen Europa auf sich zogen,
und seit der Zeit immer die Neubegierde der Menschen, als das ausnehmendste und
dauerhafteste Zeugniß der menschlichen Thorheit, welches sich jemals in einer
Zeit, oder unter einer Nation gezeiget hatte, an sich gezogen haben. Nachdem Mahomet durch seine vorgegebene Offenbarungen die zerstreuten Araber
unter seine Fahne brachte, so zogen sie aus ihren Wüsten in großen Haufen hervor; und
beseelet vom Eifer für ihre neue Religion, und unterstützet von der Stärke ihrer neuen
Regierung, drangen sie tief in das morgenländische Kaiserthum, welches in Ansehung
der Kriegszucht sowohl, als der bürgerlichen Policen sehr im Verfalle lag. Jerusalem
wurde wegen seiner Lage am ersten von ihnen erobert; und die Christen hatten den
Schmerz, das heilige Grab, und die andern Plätze, welche durch die Gegenwart der
Stifter ihrer Religion berühmt worden waren, in die Hände der Saracenen fallen zu
sehen. Allein die Araber und Saracenen waren in den kriegerischen Unternehmungen, wodurch sie ihr Reich in wenig Jahren von den Ufern des Ganges bis an die
Straße bey Gibraltar ausbreiteten, so sehr beschäftiget, daß sie nicht Zeit hatten, sich
mit theologischen Streitigkeiten zu befassen; und obgleich der Alcoran, das ursprüngliche Monument ihres Glaubens, einige gewaltsame Lehren in sich zu begreifen scheinet,
so waren sie doch von dem Geiste der Bigotterie und der Verfolgung weniger angestecket, als die speculativischen Griechen, welche die Artikel ihres Glaubenssystems beständig verbesserten. Sie beunruhigten die zelotischen Pilgrimme, welche täglich haufenweise

k) Hoveden, S. 465. Sim. Dun. S. 221.   m) W. Malmesf. S. 124. Hoveden, S. 466.
l) Chron. Sax. S. 202, oj. W. Malm S.
124. H. Hunt. S. 373. Arival Waverl. S. 103.   n) Chron. Sax. S. 204.

Geschichte von England. Kap. V.

senweise nach Jerusalem kamen, sehr wenig; und erlaubten allen, die einen kleinen Tribut bezahlten, das heilige Grab zu besuchen, ihre Glaubensandacht zu verrichten, 1096. und ungestört wieder nach Hause zu gehen. Aber die Turcomannen, oder Türken, ein Stamm von Tartarn, welche den mahometanischen Glauben angenommen hatten, machten, nachdem sie den Saracenen Syrien abgenommen, und sich im Jahr 1065 über Jerusalem zu Herren gemacht hatten, diese Pilgrimschaft beschwerlicher, und gefährlicher für die Christen. Die Barbarey ihrer Sitten, und die Verwirrung, welche mit ihrer unbevestigten Regierung verbunden war, setzte die Pilgrimme vielen Beleidigungen, Raubereyen und Erpressungen aus; und diese Zeloten erfüllten, wenn sie von ihren verdienstlichen Mühsamkeiten und Leiden zurück kamen, die ganze Christenheit mit Zorn wider diese Ungläubigen, welche die heilige Stadt durch ihre Gegenwart entweiheten, und die heiligen Geheimnisse an eben dem Orte, wo sie erfüllet worden, verlachten. Gregorius der VII. hatte unter den übrigen großen Einfällen, die er sich machte, auch den Anschlag gefasset, alle abendländische Christen wider die Mahometaner zu vereinigen; aber seine ausschweifenden Unternehmungen gegen die bürgerliche Macht der Prinzen hatten ihm so viele Feinde zugezogen, und seine Entwürfe so verdächtig gemacht, daß er in dieser Unternehmung nicht viel ausrichten konnte. Das Werk war einem geringern Werkzeuge aufbehalten, den sein niedriger Stand keiner Eifersucht aussetzte, und dessen Thorheit ganz geschickt war, den herrschenden Grundsätzen der Zeiten zuzusagen.

Peter, gemeiniglich der Eremit genannt, ein Eingebohrner aus Amiens in der Piccardie, hatte eine Pilgrimschaft nach Jerusalem gethan; und da er tief von den Gefahren gerühret war, welchen itzt diese fromme Handlung ausgesetzt war, und zugleich die Unterdrückung wußte, welche die morgenländischen Christen leiden mußten, so machte er den kühnen, und allem Anschein nach, unmöglichen Entwurf, aus den äußersten Gränzen der Abendländer Armeen nach Asien zu führen, welche groß genug wären, diese mächtige und kriegerische Nationen, welche itzt das heilige Land in Sklaverey und Unterthänigkeit erhielten, zu überwinden o). Er schlug seine Absicht Martin dem Zweyten vor, der den päbstlichen Stuhl besaß, und ob er gleich die Vortheile erkannte, welche das Haupt der christlichen Religion von einem Religionskriege einerndten mußte, und ob er gleich den blinden Eifer Peters für ein geschicktes Mittel hielt, diese Absicht zu erreichen p), sich jedoch entschlossen hatte, sein Ansehen nicht eher dazu herzugeben, bis er mehr Wahrscheinlichkeit sähe, daß der Anschlag gelingen könnte. Er berief zu Placentia eine Versammlung, welche aus vier tausend Geistlichen, und dreyßig tausend Weltlichen bestund, und so zahlreich war, daß kein Saal die Menge fassen konnte, und daß die Versammlung auf offnem Felde gehalten werden mußte. Die Reden des Pabstes, und Peters selbst, welche den betrübten Zustand ihrer Brüder in den Morgenländern, und die Schmach vorstellten, welche der christliche Name litte, wenn man die heilige Stadt in den Händen der Ungläubigen ließe, fanden die Gemüther so gut vorbereitet, daß sich die ganze Menge, als wenn sie von einem übernatürlichen Instinkt getrieben wäre, für den Krieg erklärte, und feyerlich gelobte, dieses, ihrer Meynung nach, bey Gott und Menschen so verdienstliche Werk auszuführen.

o) *Gul. Tyrius*, lib. 1. Cap. 11. *M. Paris*, S. 17.   p) *Gul. Tyrius*, lib. 1. Cap. 13.

196 Geschichte von England. Kap. V.

1096. Aber obgleich Italien also den Anschlag mit Eifer gefaßt hatte, so glaubte doch Martin mit Grunde, um sich eines glücklichen Ausganges zu versichern, wäre es nöthig, die größern und kriegerischen Nationen zu eben dem Vorhaben anzuwerben; und nachdem er den Peter vorher ermahnet hatte, die vornehmsten Städte und Fürsten der Christenheit zu besuchen, so berief er zu Clermont in Auvergne q) noch eine Versammlung. Da sich itzt das Gerücht von diesem großen und frommen Anschlage allenthalben ausgebreitet hatte, so erschienen die größten Prälaten, Edelleute und Prinzen; und als der Pabst und der Eremit ihre pathetischen Ermahnungen wiederholten, rief die ganze Versammlung, als wenn sie von einer unmittelbaren Eingebung, nicht von ihren vorigen Eindrücken gerühret wäre, mit einer Stimme: Es ist Gottes Wille, es ist Gottes Wille! Worte, die man für so merkwürdig, und so sehr für die Wirkung eines göttlichen Einflußes hielt, daß sie in allen folgenden Thaten auf den Kreuzzügen, als ein Feldgeschrey, zu den Versammlungen und in den Schlachten gebraucht wurden r). Leute von allen Ständen griffen mit dem größten Eifer zu den Waffen; und die heiligen Streiter erwählten sich hier auch ein äußerliches Symbolum; ein Umstand von großer Wichtigkeit. Das Zeichen des Kreuzes, welches bisher unter den Christen so sehr verehret war, und welches, je mehr es ein Gegenstand der Verachtung bey den Ungläubigen war, desto beliebter bey jenen wurde, wurde das Zeichen der Vereinigung, und wurde allen, welche sich zu diesem heiligen Dienste angaben, auf die rechte Schulter angeheftet s).

Europa steckte damals in einer tiefen Unwissenheit und Aberglauben: die Geistlichen hatten über die Gemüther der Menschen die größte Gewalt: das Volk, welches wenig durch Ehre, und noch weniger durch Gesetze im Zaum gehalten wurde, kannte keine andre Versöhnung, als die Observanzen, welche ihm seine geistlichen Hirten auflegten; und es war leicht, den heiligen Krieg als ein Equivalent für alle Bußen t), und eine Vergütung für alle Kränkung der Gerechtigkeit und Menschenliebe vorzustellen. Aber mitten unter dem niederträchtigen Aberglauben, der itzt herrschte, hatte sich auch allenthalben der kriegerische Geist ausgebreitet; und war, ob er gleich von keiner List oder Kriegszucht unterstützet wurde, die allgemeine Leidenschaft der Nationen geworden, welche nach dem Feudalrecht beherrschet wurden. Alle große Herren besaßen das Recht, Krieg und Frieden zu machen: sie waren wider einander in beständigen Feindseligkeiten verwickelt; das offene Land war eine Scene der Beleidigungen und der Unordnung geworden: die Städte, welche noch immer klein und arm waren, waren weder mit Wällen versehen, noch durch Gerechtsame geschützet, und allen Beleidigungen ausgesetzet: jedermann mußte sich, seiner Sicherheit halber, auf seine eigne Macht oder auf seine Privatalliirte verlassen; und die Tapferkeit war die einzige Vortrefflichkeit, welche in Ansehen stund, oder einem dem Vorzug vor dem andern gab. Da demnach alle besondre Aberglauben hier in einem großen Gegenstande zusammen kamen, so nahm der Eifer zu Privatfeindseligkeiten denselben Gang; und Europa wurde, durch seine beyden herr-

---

q) Concil. tom 10. Concil. Clarom. M. Paris, S. 16. M. West. S. 2. 3.

r) Historia Bell. sacri, Tom. 1. Musaei Ital.

s) Hist. Bell. sacri, Tom. 1. Muf. Ital. Ord. Vitalis, S. 721.

t) Order. Vitalis, S. 720.

Geschichte von England. Kap. V.

herrschenden Leidenschaften getrieben, gleichsam aus seinem Grunde gehoben, und schien sich in einem vereinigten Körper über den Ost zu stürzen.

1096.

Alle Arten von Menschen sahen die Kreuzzüge für den einzigen Weg zum Himmel an, begaben sich unter die heiligen Fahnen, und waren ungeduldig, sich den Weg nach der heiligen Stadt mit ihren Schwertern zu öffnen. Edelleute, Künstler, Bauren, sogar Priester [n], ließen ihre Namen anzeichnen; und wer sich von diesem verdienstlichen Kriege ausschloß, wurde mit dem Vorwurfe der Gottlosigkeit, oder was man vielleicht noch für schändlicher hielt, der Feigheit und Kleinmüthigkeit gebrandmaalet [x]. Die bejahrten und schwachen Leute trugen zu diesem Feldzuge das ihrige durch Geschenke an Gelde bey; und viele von denselben, mit dieser verdienstlichen Vergütung noch nicht zufrieden, giengen selbst mit, und hatten sich entschlossen, wo möglich, im Gesichte derjenigen Stadt, wo ihr Heiland für sie gestorben war, ihren Geist aufzugeben. Sogar Weiber verbargen ihr Geschlecht unter der Rüstung, und zogen mit aus: und vergaßen gemeiniglich noch mehr ihre Pflicht, und überließen sich ohne Schaam der Armee [y]. Die größesten Verbrecher waren am eifrigsten zu dem Dienste, den sie für eine Versöhnung ihrer Verbrechen ansahen; und Leute, welche zur Bosheit gewöhnt, durch Beyspiele aufgemuntert, und durch Noth getrieben wurden, begiengen, so lange diese Züge dauerten, die abscheulichsten Unordnungen. Die Menge der Cruciaten wurde bald so groß, daß ihre klügern Anführer, Hugh, Graf von Vermandois, ein Bruder des Königes von Frankreich, Raymund, Graf von Tholouse, Grodfried von Boulogne, der Prinz von Brabant, und Stephen, Graf von Blois [z], besorgten, die Größe der Armatur selbst möchte ihr Vorhaben vereiteln; und eine unabgerichtete Menge von 300,000 Mann unter dem Commando Peters des Eremiten, und Walters von Moneyleß, voraus gehen ließen [a]. Diese Leute nahmen ihren Weg durch Ungarn und die Bulgaren nach Constantinopel; und da sie das Vertrauen auf den Himmel hatten, daß er sie schon mit allen Bedürfnissen durch einen übernatürlichen Beystand versorgen würde, so versahen sie sich auf ihrem Marsche mit nichts. Sie sahen sich bald gezwungen, das durch Plündern zu erhalten, was sie umsonst von Wunderwerken erwartet hatten; und die erbitterten Einwohner derer Länder, wodurch sie giengen, versammleten sich in Waffen, griffen die unordentliche Menge an, und machten sie ohne Widerstand nieder. Die abgerichtetern Armeen folgten nach; und da sie über die Engen bey Constantinopel giengen, wurden sie in den Feldern Asiens gemustert, und beliefen sich auf 700,000 streitbare Leute [b].

Unter der allgemeinen Raserey, welche sich, wie eine Seuche, durch ganz Europa, vornehmlich in Frankreich und Deutschland ausbreitete, vergaßen doch die Menschen ihrer gegenwärtigen Vortheile nicht; und sowohl diejenigen, welche diesem Feldzuge beywohnten, als die, so zurück blieben, machten Entwürfe durch denselben, ihren Geiz und ihre Ehrsucht zu befriedigen. Die Edelleute, welche sich mit angaben, wurden

n) *Order. Vital.* S. 720.
x) *W. Malm.* S. 132.
y) *Vertot.* Hist. de Chev. de Malte, Vol. 1. S. 46.
z) *Sim. Dun.* S. 222.
a) *Matt. Paris*, S. 17.
b) *Matth. Paris*, S. 20. 21.

198 Geschichte von England. Kap. V.

1096. den von dem romantischen Geiste dieser Zeit, der sich Hoffnung machte, in den Morgenlanden, dem vornehmsten Sitze der Künste, und des Handels in diesen Zeiten, reiche Güter zu gewinnen, darzu getrieben; und um diese erträumten Projekte auszuführen, verkauften sie ihre alten Schlösser und Erbgüter, welche itzt in ihren Augen allen Werth verlohren hatten, sehr wohlfeil. Die größern Prinzen, welche zu Hause blieben, fanden, außerdem, daß sie durch die Arbeit außer Landes, welche sie der unruhigen und kriegerischen Gemüthsart ihrer Unterthanen gaben, in ihren Gebiethen den Frieden sicherten, auch Gelegenheit, manche ansehnliche Lehne, entweder durch Kauf, oder durch den Abgang der Erben, mit ihrer Krone zu verbinden. Der Pabst wandte oft den Eifer der Cruciaten von den Ungläubigen wider seine eignen Feinde, welche er eben so sträflich abschilderte, als die Feinde der Christen. Die Klöster und andre geistliche Gesellschaften kauften die Güter der Ebentheurer an sich; und weil der Beytrag der Gläubigen meistens ihnen übergeben wurde, so brauchten sie oft zu dieser Absicht das, was wider die Ungläubigen gebraucht werden sollte c). Aber niemand gewann durch diese epitemische Wuth mehr, als der König von England, der sich aller Verbindung mit diesen fanatischen und romantischen Kriegern enthielt.

Wilhelm erlangt die Normandie. Robert, der Herzog von der Normandie, getrieben von der Tapferkeit und falsch verstandnen Großmuth seines Geistes, hatte sich zeitig zu dem Kreuzzuge angegeben; weil es ihm aber immer an Gelde fehlte, so sah er, daß es ihm unmöglich seyn würde, in einem seinem Stande und Range anständigen Aufzuge an der Spitze seiner zahlreichen Vasallen und Unterthanen zu erscheinen, welche, von der allgemeinen Wuth getrieben, ihm nach Asien folgen wollten. Er entschloß sich also, seine Domainen zu versetzen, oder vielmehr zu verkaufen; und bot sie seinem Bruder Wilhelm für keine größere Summe an, als zehen tausend Mark d). Der Kauf wurde bald geschlossen: der König trieb das Geld durch gewaltsame Erpressungen von allen Ständen seiner Unterthanen, sogar von den Klöstern ein, welche ihr Silbergeräthe einschmelzen mußten, um den von ihnen geforderten Theil herzugeben e): er wurde in den Besitz von der Normandie und Maine gesetzt: und Robert versah sich mit einem prächtigen Gefolge, und brach nach dem heiligen Lande auf, um sich Ehre zu erwerben, und, wie er sicher glaubte, sich seiner ewigen Seligkeit zu versichern.

Der geringe Betrag der Summe, nebst den Schwierigkeiten, welche Wilhelm fand, sie aufzubringen, kann schon allein die Rechnung widerlegen, welche Geschichtschreiber von dem ungeheuren Einkommen des Eroberers angenommen haben. Ist es glaublich, daß Robert den raubsüchtigen Händen seines Bruders so große Domainen für eine Summe überlassen würde, welche, jener Rechnung nach, nicht das Einkommen einer Woche von dem Schatze seines Vaters ausmachte? Oder daß der König von England nicht sollte im Stande gewesen seyn, ihm diese Summe zu bezahlen, ohne seine Unterthanen zu drücken? Es ist ausgemacht, daß der Eroberer eben so sparsam, als raubsüchtig war; und doch betrug sein Schatz bey seinem Tode nicht über 60,000 Pfund,

---

c) *Padre Paolo* Hist. delle benef. ecclesiast. S. 128.
d) *W. Malmesb.* S. 123. Chron. T. Wykes. S. 24. Annal. Waverl. S. 139. *W. Heming.*
S. 467. Flor. Wig. S. 648. Sim. Dun. S. 222. Knyghton S. 2364.
e) Eadmer. S. 35. *W. Malmesb.* S. 123. *W. Heming.* S. 467.

Geschichte von England. Kap. V.

Pfund, welches nicht mehr gewesen seyn würde, als sein Einkommen auf zwey Monate: noch ein Grund, womit diese übertriebene Rechnung widerleget wird. 1096.

Die Wuth der Kreuzzüge in diesen Zeiten hatte England nicht so sehr angestecket, als die benachbarten Reiche; vermuthlich, weil die normännischen Eroberer ihre Güter in diesem Reiche etwas unsicher fanden, und es also nicht wagten, ihre Häuser auf weit aussehende Ebentheuer zu verlassen. Auch setzte die eigennützige Gemüthsart des Königes, welche verhinderte, daß die allgemeine Flamme ihn nicht mit entzündete, derselben unter seinem Volke Schranken; und weil er einer öffentlichen Entheiligung beschuldiget wurde f), und einen scharfen Verstand besaß g), so ist es wahrscheinlich, daß er mit der romantischen Ritterschaft der Kreuzzüge beständig seine Spötterey trieb. Zu einem Beweise von seinem Mangel an Religion wird uns gesagt, er habe einst von einem Juden, dessen ältester Sohn ein Christ geworden war, sechzig Mark genommen, und sich durch dieses Geschenk anheischig gemacht, den jungen Menschen zu dem jüdischen Glauben wieder zurück zu bringen. Wilhelm gebrauchte Drohungen und Gründe; da er aber sah, daß der Neubekehrte bey seinem Glauben blieb; so ließ er den Vater kommen, und sagte ihm, da er nichts hätte ausrichten können, so wäre es auch nicht billig, daß er das Geschenk behielte, weil er aber doch sein Aeußerstes gethan hätte, so wäre es billig, daß er für diese Mühe bezahlet würde; und er wollte also nur dreyßig Mark behalten h). Ein andermal, wie man erzählet, ließ er einige gelehrte christliche Theologen, und einige Rabbiner kommen, und in seiner Gegenwart über ihre Religion disputiren: er sagte, er wäre gegen beyde völlig gleichgültig, wollte ihre Gründe und Ueberzeugung anhören, und diejenige Religion annehmen, welche er mit den stärksten Gründen erwiesen sähen würde i). Wenn diese Geschichte wahr ist, so ist es wahrscheinlich, daß er nur seine Lust haben, und beyde lächerlich machen wollte: allein wir müssen uns hüten, daß wir nicht alles annehmen, was die Geschichte der Mönche uns zum Nachtheil dieses Prinzen sagt. Er hatte das Unglück, mit den Geistlichen in Streit gerathen zu seyn, vornehmlich mit dem Anselm, gemeiniglich der heilige Anselm genannt, dem Erzbischofe von Canterbury; und es ist kein Wunder, daß sein Andenken von den Geschichtschreibern dieses Ordens angeschwärzet ist.

Nach dem Tode des Lanfranc behielt der König verschiedene Jahre lang die Einkünfte von Canterbury, und von vielen andern erledigten Bisthümern, für sich selbst; Streit mit da er aber in eine schwere Krankheit fiel, so reuete es ihn, und die Geistlichen stellten dem Primas ihm vor, daß er in Gefahr wäre, ewig verdammt zu werden, wenn er nicht vor seinem Anselm. Tode die vielfältigen Gottlosigkeiten und Kirchenraubereyen, die er begangen hätte, vergüten würde k). Er entschloß sich demnach, das erledigte Bisthum von Canterbury sogleich zu besetzen; und ließ daher den Anselm, einen Piemonteser von Geburt, und Abt zu Bec in der Normandie, der wegen seiner Gelehrsamkeit und Andacht sehr berühmt

f) G. Neubr. S. 358. W. Gemet. S. 292.
g) W. Malm. S. 122.
h) Eadmer S. 47.
i) W. Malm. S. 123.

k) Eadmer. S. 16. Chron. Sax. S. 198. H. Hunt. S. 373. Hoveden. S. 463. M. Paris. S. 12. Annal. Waverl. S. 138. T. Rudb. S. 264. Flor. Wigorn. S. 645. Sim. Dun. S. 217. Diceto. S. 490.

rühmt war, herüber kommen. Der Abt wollte die Würde gar nicht annehmen, fiel
1096. auf seine Knie, weinte, und bath den König, seinen Entschluß zu ändern [1]); und da er
sah, daß der König ihm den Hirtenstab mit Gewalt aufdringen wollte, hielt er seine
Hand so vest zusammen, daß diejenigen, welche zugegen waren, alle Mühe hatten, sie zu
öfnen, und ihn zu zwingen, daß er dieses Zeichen der geistlichen Würden annähme [m]).
Bald darauf wurde Wilhelm wieder gesund; und da seine Leidenschaften ihre vorige
Stärke und Kräfte wieder bekamen, so fieng er auch wieder an, wie vorher, Gewaltthaten und Raubereyen zu treiben [n]). Er behielt verschiedene Personen, die er in der
Zeit seiner Bekehrung hatte in Freyheit setzen wollen, im Gefängniß; er beschnitt die
geistlichen Einkünfte; der Verkauf der geistlichen Würden wurde nach wie vor fortgesetzet; und er behielt einen ansehnlichen Theil von den Einkünften, welche zu dem Bisthume von Canterbury gehörten, im Besitz [o]). Aber er fand bey dem Anselm den hartnäckigen Widerstand, den er von der so scheinbaren Demuth, womit dieser Prälat seine Erhebung ausgeschlagen, zu erwarten Ursache hatte.

Der Widerstand des Anselm war um so viel gefährlicher, weil er durch seinen grossen Eifer wider alle Mißbräuche, vornehmlich in Kleidung und Schmuck, sich in England bald in den Ruf der Frömmigkeit setzte. Es war damals eine Mode, welche in
ganz Europa aufgekommen war, daß sowohl Manns- als Frauenspersonen ihre Schuhe
von ungeheurer Länge, nach vorn zu spitz machen, und dieser Spitze die Gestalt
eines Vogelschnabels, oder irgend einen solchen Zierath geben ließen, der auf-
wärts gebogen stund, und oft von güldenen oder silbernen Ketten, am Knie gebunden, gehalten wurde [p]). Die Geistlichen stießen sich an diesem Zierath,
und sagten, er wäre ein Versuch, die heilige Schrift Lügen zu strafen, welche
versicherte, daß niemand seiner Länge eine Elle zusetzen könnte; und sie eiferten mit dem größten Zorne dawider, ja versammleten einige Synoden, welche denssel-
ben durchaus verwarfen. Aber so groß sind die seltsamen Widersprüche in den Menschen! obgleich die Geistlichen damals Thronen umstoßen konnten, und Gewalt genug
besaßen, mehr als eine Million Menschen auf ihre Bothschaft in die Wüsten Asiens
zu senden, so konnten sie doch wider die langen spitzigen Schuhe nichts ausrichten.
Diese eigensinnige Mode erhielt sich vielmehr verschiedene Jahrhunderte hin; und wenn
die Geistlichen nicht endlich von ihrer Verfolgung abgelassen hätten; so möchte sie vielleicht noch itzt die herrschende Mode in Europa seyn.

Aber Anselm war glücklicher in seinem Eifer wider die besondre Mode, welche
sich seinen Haß zugezogen hatte, und vermuthlich die Liebe des Volks nicht so sehr gewonnen hatte. Er predigte eifrig gegen das lange Haar, und die gekräuselten Locken,
welche damals unter den Hofleuten Mode waren; er versagte am Aschermittwochen denen die Asche, welche so frisirt waren; und sein Ansehen, und seine Beredsamkeit
wirkte so viel, daß die jungen Leute alle mit einander diesen Aufputz wegließen, und mit
abge-

---

l) *Eadmer*, S. 17. *Diceto*, S. 494.   o) *Eadmer*, S. 19. 43. Chron. Sax. S. 199.
m) *Eadmer*, S. 18.   p) *Order. Vitalis*, S. 682. *W. Malmcs.*
n) *H. Hunt.* S. 373. *M. Paris.* S. 12.   S. 123. *Knyghton*, S. 2369.
Diceto, S. 494.

abgeschnittenen Haaren erschienen, so wie es der Primas in seinen Predigten angepriesen hatte. Der bekannte Geschichtschreiber des Anselm, der zugleich sein Gefährte 1096. und Secretär war, rühmet diese Bemühung seines Eifers und seiner Gottesfurcht ungemein q).

Als demnach die profane Aufführung Wilhelms mit seiner Gesundheit wieder anfieng, so gerieth er mit diesem mürrischen Prälaten bald in Streit. Es war damals eine Spaltung in der Kirche zwischen dem Urban und Clemens, welche beyde nach der päbstlichen Würde strebten r); und Anselm, der als Abt von Bec den ersten schon erkannt hatte, war entschlossen, ohne Einwilligung des Königs seine Gewalt in England einzuführen s). Wilhelm, der dem Exempel seines Bruders nachahmte, hatte seinen Unterthanen verbothen, irgend einen Pabst zu erkennen, den er nicht schon angenommen hätte, und wurde über diese Kühnheit erbittert. Er berief zu Rockingham eine Synode, in der Absicht, den Anselm abzusetzen; aber die Suffraganten dieses Prälaten erklärten sich, ohne die päbstliche Gewalt wüßten sie kein Mittel, wie sie ihrem Primas diese Strafe auflegen könnten t). Der König wurde hernach durch andere Bewegungsgründe genöthiget, dem Urban den Vorzug zu geben; Anselm bekam den Mantel von ihm; und die Sachen schienen zwischen dem Könige und dem Primas in ziemlicher Ruhe zu stehen u), als der Streit aus einer neuen Ursache von neuem wieder ausbrach. Wilhelm hatte einen Feldzug gegen Wallis unternommen, und verlangte von dem Erzbischofe seine Anzahl von Soldaten zu seinem Dienste; aber Anselm, welcher diese Forderung für eine Drückung der Kirche hielt, und sich demnach nicht wegern durfte, sandte sie so übel ausgerüstet, daß der König den größten Mißfallen daran hatte, und drohete, ihn zur Rechenschaft zu fordern x). Anselm hingegen forderte, daß alle Einkünfte seines Bisthums ihm wieder gegeben werden sollten; er wandte sich gegen die Ungerechtigkeit des Königs nach Rom y), und die Sachen kamen so weit, daß der Primas, da er es für gefährlich fand, in dem Reiche zu bleiben, den König um Erlaubniß bath, sich über Meer zu begeben. Alle seine weltlichen Güter wurden eingezogen z); aber er wurde von dem Urban mit großer Ehrerbietung empfangen, der ihn für einen Märtyrer für die Religion ansah, und sogar dem Könige wegen seines Verfahrens gegen den Primas mit dem Bann drohete. Anselm wohnte der Versammlung zu Bari bey, wo außer der Entscheidung der Streitigkeit zwischen der griechischen und lateinischen Kirche, über das Ausgehen des heiligen Geistes a), auch erkläret wurde, daß die Wahl zu Kirchenbedienungen der Geistlichkeit allein zukäme, und allen Kirchenbedienten geistliche Strafen gedrohet wurden, welche den Layen wegen ihrer Sitze oder Einkünfte huldigen würden, wenn sie es foderten b). Der Gebrauch bey der Huldigung war nach den Feudalgewohnheiten, daß der Vasall sich auf die Knie setzte,

q) Eadmer. S. 23.
r) Hoveden, S. 463.
s) Eadmer. S. 25. Matth. Paris, S. 13 Diceto. S 494. Spelm. Conc. Vol. 2, S. 16.
t) Eadmer. S. 30.
u) Diceto. S. 495.
x) Eadmer. S. 37. 43.
y) Eadmer. S. 40.
z) M. Paris, S. 13. Parker. S 178.
a) Eadmer. S 49. M. Paris, S. 13. Sim. Dun. S 224.
b) M. Paris, S. 14.

202　　　Geschichte von England. Kap. V.

1096. setzte, seine zusammengelegten Hände zwischen die Hände seines Oberherrn legen, und ihm in dieser Stellung die Treue schwören mußte c). Aber die Versammlung erklärte es für abscheulich, daß reine Hände, welche Gott erschaffen, und ihn als ein Opfer für die Seligkeit der Menschen darreichen könnten, auf diese demüthigende Art zwischen profane Hände gelegt werden sollten, die außerdem, daß sie an Raubereyen und Blutvergießen gewöhnt wären, auch Tag und Nacht durch mit unreinen Dingen umgiengen, und sie berührten d). Das waren die Gedanken, die in dieser Zeit herrschten; Gedanken, welche man zwar nicht mit Schweigen übergehen kann, ohne den seltsamsten, vielleicht nicht unerbaulichsten Theil der Geschichte vorbey zu lassen, aber doch nicht wohl mit dem gehörigen Anstande und der nöthigen Ernsthaftigkeit vortragen kann.

1097. Die Abtretung der Normandie und Maine von dem Herzoge Robert vergrößerte die Gebiete des Königes ungemein; aber vermehrte seine Macht nicht sonderlich, weil diese Länder in so unsicherm Zustande, die Baronen so aufrührisch, und der König von Frankreich so nahe war, der sie in ihren Empörungen unterstützte. So gar Helie, der Herr von la Fleche, einer kleinen Stadt in Anjou, war im Stande, ihn zu beunruhigen; und dieser große Monarch war gezwungen, verschiedene auswärtige Feldzüge zu thun, ohne daß er einen so kleinen Baron, welcher die Liebe und das Vertrauen der Einwohner von le Maine gewonnen hatte, demüthigen konnte. Er war jedoch so

1098. glücklich, daß er ihn zuletzt in einem Scharmützel gefangen bekam; da er ihn aber, auf Vermittelung des französischen Monarchen, und des Grafen von Anjou losgelassen hatte, fand er, daß die Provinz le Maine seinen Intriguen und Streifereyen noch immer bloß gestellt war. Helie wurde von den Bürgern in die Stadt Maaß gelassen, und belagerte die Besatzung in der Citadelle; und Wilhelm, welcher in dem neuen Forst

1099. jagte, als er Nachricht davon bekam, wurde so erbittert, daß er augenblicklich sein Pferd wandte, und nach der Seeküste nach Dortmouth gallopirte; mit der Versicherung, daß er keinen Augenblick verziehen wollte, bis er sich gerächet hätte. Er fand das Wetter so trübe und stürmisch, daß die Seeleute es für gefährlich hielten, in See zu gehen; aber der König eilte zu Schiffe, und befahl ihnen, fortzusegeln; und sagte ihnen, sie würden noch nie gehört haben, daß ein König ertrunken wäre e). Durch diesen Muth und diese Geschwindigkeit entsetzte er die Citadelle von Maas, und verfolgte den Helie in sein eignes Gebiethe, belagerte Majol, ein kleines Castell in diesem Lande; aber eine Wunde, die er in dem Sturme bekam, zwang ihn, die Belagerung aufzuheben; und er gieng wieder nach England.

Die Schwäche der größten Monarchen in ihren kriegerischen Feldzügen wider ihre nächsten Nachbaren scheinet um so viel bewunderungswürdiger zu seyn, wenn wir die ungeheure Menge betrachten, welche sogar kleine Prinzen, zum Behuf der enthusiastischen Wut des Volks, zusammenbringen, und zu gefährlichen Unternehmungen in die entlegensten Länder führen konnten. Wilhelm, Graf von Poitiers und Herzog von Guyenne, entflammet von der Ehre, und nicht muthlos wegen der Unglücksfälle, welche

den

---

c) Spelman. du Cange, in verb. Hominium.　　e) W. Malm. S. 124. H. Hunt. S. 378. M.
d) W. Henning. S. 467. Flor. Wig. S. 649.　　Paris, S. 36. Epod. Neustr. S. 442.
Sim. Dun. S. 224. Brompton. S. 994.

den ersten Kreuzzug begleitet hatten, hatte sich an die Spitze einer unzählbaren Menge gestellet, welche von einigen Geschichtschreibern auf 60,000 Mann zu Pferde, und eine weit größere Anzahl zu Fuße gerechnet wird f), und ihr vorgeschlagen, daß sie in das heilige Land gegen die Ungläubigen führen wollte. Es fehlte ihm an Gelde, um die Zurüstungen zu diesem Zuge zu machen, und er borh dem Wilhelm alle seine Domainen zum Pfande an, ohne das geringste Bedenken gegen die raubsüchtigen und ungerechten Hände zu haben, welchen er sie überließ g). Der König nahm das Erbieten an; und hatte eine Flotte und Armee in Bereitschaft, die das Geld überbringen, und die reichen Provinzen Guienne und Poictou in Besitz nehmen sollte, als ein Zufall seinem Leben und allen seinen ehrgeizigen Entwürfen ein Ende machte. Er war eben auf der Jagd, dem einzigen Zeitvertreibe, und in der That der vornehmsten Beschäftigung der Prinzen in diesen rohen Zeiten, wo die Gesellschaft wenig beliebt war, und die Künste wenig hervorbrachten, was Aufmerksamkeit verdiente. Walter Tyrrel, ein Franzos und bekannter Bogenschütze, war bey dieser Lustbarkeit, welche er sich in dem neuen Forste machte, sein Gefährte; und da Wilhelm nach einem Galop vom Pferde gefallen war, wollte Tyrrel seine Geschicklichkeit zeigen, und schoß seinen Pfeil nach einem Reh, welches plötzlich vor ihm aufsprang. Der Pfeil sprang von einem Baum ab, traf den König in die Brust, und tödtete ihn auf der Stelle h); Tyrrel sagte niemanden den Vorfall, gab seinem Pferde die Spornen, eilte an die Seeküste, gieng zu Schiffe nach Frankreich, und begab sich zu den Cruciaten, und that mit ihnen den Feldzug nach Jerusalem; eine Buße, die er sich wegen seines unvorsetzlichen Verbrechens selbst auflegte. Der Körper des Königes wurde von dem Landvolke in dem Forste gefunden, und ohne Pracht oder Ceremonie zu Winchester begraben. Seine Hofleute vernachläßigten die letzten Pflichten gegen einen Herrn, der so wenig geliebt wurde; und jedermann war gar zu sehr mit dem wichtigen Gegenstande beschäftiget, seinen Nachfolger zu ernennen, als daß man dem Leichenbegängnisse eines verstorbenen Königs hätte beywohnen können.

Den 2ten August.

Sein Tod.

Die Geistlichen haben das Andenken dieses Königes nicht vortheilhaft überliefert, weil er sie beleidiget hatte; und ob wir gleich überhaupt argwöhnen können, daß ihre Nachricht von seinen Lastern ein wenig übertrieben ist, so giebt uns doch seine Aufführung wenig Grund, dem Charakter zu widersprechen, den sie von ihm angegeben haben, oder ihm eine sehr schätzbare Eigenschaft beyzulegen. Er scheinet ein gewaltthätiger und tyrannischer Prinz gewesen zu seyn; ein treuloser, habsüchtiger und gefährlicher Nachbar; ein liebloser und unedelmüthiger Verwandte. Er war eben so verschwenderisch mit seinem Schatze, als er raubsüchtig war, ihn zu erwerben; und wenn er Fähigkeiten besaß, so war er doch der Herrschaft ungestümer Leidenschaften so sehr unterworfen, daß er wenig Gebrauch in seiner Regierung davon machte; und er hieng gänzlich der wüthenden Staatsklugheit nach, welche seiner Gemüthsart entsprach, und welche, wenn sie, so wie bey ihm, durch Muth und Lebhaftigkeit unterstützet wird, oft in unruhigen Zeiten glücklicher ist, als die tiefste Vorsichtigkeit, und die feinste Staatslist.

Und Charakter.

---

f) W. Malmes. S. 149. Order. Vital. S. 789. sagt, die ganze Armee habe 300,000 Mann ausgemacht.

g) W. Malm. S. 127.
h) W. Malmes. S. 136. H. Hunt. S. 378. M. Paris. S. 37. Pet. Bles. S. 110.

Die Denkmäler, welche von diesem Prinzen in England noch vorhanden sind, sind
1099. der Tower, Westminsterhall, und die londner Brücke, welche er bauen ließ. Das
löbliche auswärtige Unternehmen, welches er ausführte, war, daß er drey Jahre vor
seinem Tode den Edgar Atheling mit einer kleinen Armee nach Schottland sendete, um
den Edgar, den rechten Erben dieses Reiches, den Sohn Malcolms, und der Margarethe, einer Schwester des Edgar Atheling, wieder einzusetzen; und das Unternehmen
schlug glücklich aus ⁱ). Man merkte damals an, daß sein älterer Bruder Richard
durch einen Zufall in dem neuen Walde umkam; daß Richard, sein Neffe, ein natürlicher Sohn des Herzogs Robert, sein Leben auf eben die Art, an eben dem Platze verlohr: und bey dem Tode des Königs riefen alle Leute aus, da der Eroberer die größte
Gewaltthätigkeit begangen, indem er alle Einwohner großer Ländereyen vertrieben, um sich
zu seinem Wilde Platz zu machen, so hätte sich die gerechte Rache der Vorsehung an
eben dem Orte durch den Mord seiner Nachkommen gezeigt ᵏ). Wilhelm verlohr sein Leben in dem dreyzehnten Jahre seiner Regierung, und gegen das vier-
zigste Jahr seines Alters ˡ). Weil er niemals verheyrathet war, so hinterließ er
auch keine ächten Kinder.

In dem eilften Jahre seiner Regierung that Magnus, König von Norwegen,
eine Landung auf Anglesea; wurde aber von dem Hugh, Grafen von Shrewsbury,
zurückgetrieben ᵐ). Dieses ist der letzte Versuch, den die nordischen Nationen
gegen England gemacht haben.

i) Chron. Sax. S. 205. W. Malm S. 122.   W. Gemmet S. 296. Sim. Dunelm. S. 225,
Hoveden. S. 466. Chron. Abb. St. Petri de   Brompton. S. 996.
Burgo. S. 56.

       l) W. Malm. S. 127.
k) Hoveden, S. 468. Flor. Wig. S. 649.   m) Sim. Dunelm. S. 223.

Das

Das sechste Kapitel.
Henrich der Erste.

Die Kreuzzüge — Henrich gelanget zum Thron — Vermählung des Königs — Vergleich mit dem Robert — Einfall in die Normandie — Eroberung der Normandie — Fortsetzung des Streites mit dem Primas Anselm — Vergleich mit ihm — Auswärtige Kriege — Tod des Prinzen Wilhelm — Zweyte Vermählung des Königes — Tod — und Charakter Henrichs.

Da die Cruciaten an den Ufern des Bosphorus, gerade gegen Constantinopel über, versammlet waren, so schritten sie zu ihrer Unternehmung; empfanden aber gleich die Schwierigkeiten, welche ihr Eifer ihnen bisher verborgen hatte, und gegen welche sie, wenn sie sie auch voraus gesehen hätten, dennoch unmöglich ein Mittel hätten erfinnen können. Der griechische Kaiser Alexis Comnenus, welcher die abendländischen Christen um Beystand wider die Türken ansprach, machte sich Hoffnung, und zwar nur eine schwache Hoffnung, nur so viel Hülfe zu finden, daß er im Stande wäre, den Feind zu vertreiben; allein er gerieth in Erstaunen, als er seine Gebiete auf einmal von einer solchen Fluth von ausgelassenen Barbaren überschwemmet sah, welche zwar Freundschaft vorgaben, aber seine Unterthanen als unkriegerische Leute verachteten, und als Ketzer verabscheueten. Er bemühete sich, durch alle Staatskünste, worinn er sehr geübt war, den Strom abzulenken; indem er aber Versprechungen, Liebkosungen, Höflichkeit und anscheinende Dienste gegen die Anführer der Cruciaten anwendete, sah er insgeheim diese gebietherischen Alliierten für gefährlichere Leute an, als seine offenbaren Feinde, welche vorhin sein Reich angegriffen hatten. Nachdem er den schweren Anschlag, sie nach Asien überzuschiffen, ausgeführet hatte, ließ er sich mit dem Soliman, dem Kaiser der Türken, heimlich in ein Verständniß ein, und übte alle falsche Griffe aus, welche sein Genie, seine Macht, oder seine Situation ihm nur an die Hand gaben, um das Unternehmen zu vereiteln, und die Lateiner künftig von allen solchen ungeheuren Wanderungen abzuschrecken. Seine gefährliche Staatsflugheit wurde von den Unordnungen unterstützet, welche sich bey einer so großen Menge nicht heben ließen, die nicht unter einem Haupte stund, und von Anführern von dem unabhängigsten, unbiegsamsten Geiste geführet wurde, welche von keiner Kriegszucht wußten, und die bürgerliche Gewalt und Unterwürfigkeit noch mehr haßten. Der Mangel an Lebensmitteln, die äußerste Ermüdung, der Einfluß eines fremden Clima, welche noch zu dem Fehler hinzu kamen, daß sie nicht nach einem verabredeten

1100.
Die Kreuzzüge.

beten Plan zu Werke giengen, und das Schwerd eines kriegerischen Feindes, tödtete die Cruciaten bey Tausenden, und würde den Eifer bey Leuten gekühlet haben, welche durch nicht so gewaltige Bewegungsgründe zum Kriege getrieben wären. Dem ungeachtet trieb ihr Eifer, ihre Tapferkeit, und ihre unwiderstehliche Macht sie weiter, und brachte sie nach und nach zu dem Hauptzwecke ihres Unternehmens. Nach einer hartnäckigen Belagerung nahmen sie Nice ein, den Sitz des türkischen Reiches; sie schlugen den Soliman in zwey Schlachten; sie machten sich Meister von Antiochien; und zerstörten gänzlich die Macht der Türken, welche diese Länder so lange in Unterwürfigkeit gehalten hatten. Der Sultan von Aegypten, dessen Allianz sie bisher gesucht hatten, bekam, bey dem Verfall der türkischen Macht, seine vorige Gewalt in Jerusalem wieder; und ließ ihnen durch seine Gesandten sagen, wenn sie ohne Waffen zu dieser Stadt kommen wollten, so könnten sie itzt ihre Andacht verrichten, und alle christliche Pilgrimme, welche von dieser Zeit an das heilige Grab besuchen wollten, sich aller der guten Begegnung versichert halten, welche seine Vorfahren ihnen immer bewiesen hätten. Dieses Anerbiethen wurde verworfen; man verlangte von dem Sultan, daß er diese Stadt den Christen räumen sollte; und da er nicht wollte, rückten die Cruciaten an, um die Stadt Jerusalem, welche sie für die Vollendung ihrer Mühsamkeiten ansahen, zu belagern. Durch die Detachementer, welche sie ausgesandt, und durch die Unglücksfälle, die sie ausgestanden hatten, war ihre Anzahl auf zwanzig tausend Mann zu Fuße, und funfzehen tausend zu Pferde geschmolzen; aber diese waren wegen ihrer Tapferkeit, ihrer Erfahrung und ihres Gehorsams, welche sie mit Kosten voriger Unglücksfälle gegen ihre Anführer gelernet hatten, noch immer furchtbar. Nach einer Belagerung von fünf Wochen eroberten sie Jerusalem mit Sturm; und machten, aus einer Religionswuth, die sich mit ihrer kriegerischen Tapferkeit vermischte, die zahlreiche Besatzung und die Einwohner ohne Unterschied nieder. Die Waffen beschützten den Tapfern, und die Unterwerfung den Furchtsamen nicht; sie verschonten kein Alter und kein Geschlecht: Kinder an der Brust wurden mit den Müttern durchboret, welche um Gnade fleheten; sogar eine Menge von zehn tausend, welche sich gefangen gegeben und das Versprechen erhalten hatte, daß ihnen das Leben geschenkt seyn sollte, wurde von diesen unbändigen Siegern mit kaltem Blute nieder gemacht [a]. Die Straßen in Jerusalem waren mit todten Körpern bestreuet [b]; und als die triumphirenden Cruciaten alle Feinde überwunden und niedergemacht hatten, wandten sie sich mit Demuth und Reue zu dem heiligen Grabe. Sie warfen ihre Waffen nieder, die noch von Blute trieften; sie traten mit gebogenem Leibe, bloßen Füßen und entblößtem Haupte zu dem heiligen Monumente; sie sangen ihrem Heilande, der ihre Seligkeit durch seinen Tod und seine Leiden erkauft hatte, Danklieder; und ihre Andacht, belebt durch die Gegenwart des Ortes, wo er gelitten hatte, überwand ihre Wuth so sehr, daß sie in Thränen zerflossen, und alle sanfte und zärtliche Empfindungen zu fühlen schienen [c]. So ungleich ist sich die menschliche Natur! Und so leicht verbindet sich der weichlichste Aberglaube mit dem heldenmüthigsten Muthe und mit der grausamsten Barbarey!

Diese

a) *Vertot*, Vol. 1 S. 57.
b) *M. Paris*, S. 34. *Order. Vital.* S. 756.   c) *M. Paris*, S. 34. *Order. Vital.* S. 756. *Diceto*, S. 498.

Diese große Begebenheit ereignete sich den fünften Julius in dem letzten Jahre des eilften Jahrhunderts. Die christlichen Prinzen und Edelleute erwählten den Gottfried von Boulogne zum Könige von Jerusalem, und fiengen an, sich in ihren neu eroberten Ländern niederzulassen; indem einige von ihnen wieder nach Europa zurück giengen, um zu Hause den Ruhm zu genießen, den ihre Tapferkeit in diesem beliebten und verdienstlichen Unternehmen ihnen erworben hatte. Unter diesen war auch Robert, Herzog von der Normandie, der sich, so wie er die größten Domainen eines Prinzen, nur den Kreuzzügen beywohnte, verlassen hatte, durch den unerschrockensten Muth d), durch seine leutselige Gesinnungen und unbegränzte Großmuth, welche die Herzen der Soldaten einnehmen, und einem Prinzen Gelegenheit schaffen, in der kriegerischen Lebensart zu schimmern, beständig hervor gethan hatte. Als er durch Italien gieng, wurde er mit der Sibylla, der Tochter des Grafen von Conversana, einer jungen Dame von großer Schönheit und Verdiensten bekannt, und heyrathete sie e). Hier hieng er seiner neuen Leidenschaft nach, genoß, nach den Ermüdungen so vieler harten Feldzüge, Ruhe und Vergnügen, und hielt sich ein Jahr lang in dieser angenehmen Gegend auf; und obgleich seine Freunde in Norden alle Augenblicke seiner Ankunft entgegen sahen, so wußte doch niemand, wenn er ihn gewiß erwarten könne. Durch diesen Verzug verlohr er das Königreich von England, welches ihm sein großer Ruhm, den er sich in den Kreuzzügen erworben hatte, und sein ungezweifeltes Recht, sowohl der Geburt, als auch des vorhergehenden Vertrages mit seinem Bruder, wenn er zugegen gewesen wäre, ohne allen Zweifel gesichert haben würde.

Der Prinz Henrich war eben mit dem Rufus in dem neuen Forst auf der Jagd, als er von dem Tode dieses Prinzen Nachricht bekam; und weil er seinen Vortheil bey den gegenwärtigen Zeitläuften sah, so ritte er eilig nach Winchester, um sich des königlichen Schatzes zu versichern, welcher ihm nöthig war, um seinen Anschlag auf die Krone zu erleichtern. Kaum hatte er den Ort erreichet, als Wilhelm von Bretteuil, der Aufseher des königlichen Schatzes, kam, und sich dem Henrich widersetzte. Dieser Herr, welcher auch auf der Jagd gewesen war, hatte nicht sobald den Tod seines Herrn erfahren, als er schon forteilete, um sein Amt zu besorgen; und er sagte dem Prinzen, dieser Schatz sowohl, als die Krone gehörten seinem ältern Bruder, der itzt sein König wäre; und er seines Orces wäre entschlossen, trotz allen andern Ansprüchen, ihm getreu zu bleiben. Aber Henrich zog sein Schwerd, und drohete ihm auf der Stelle den Tod, wenn er ihm nicht gehorchen wolte; und weil sich andre von dem Anhange des vorigen Königs, die in diesem Augenblicke nach Winchester kamen, zu dem Prinzen schlugen, so wurde Bretteuil gezwungen zu weichen, und sich diese Gewaltsamkeit gefallen zu lassen f).

Henrich verlohr keinen Augenblick, sondern eilte mit seinem Gelde nach London; und als er einige Edle und Prälaten versammlete, und durch List, Geschicklichkeit oder Geschenke auf seine Seite brachte, so wurde er plötzlich zum König erwählet, oder vielmehr als König begrüßet; und fieng so gleich an, die königliche Macht auszuüben. In weniger als drey Tagen nach seines Bruders Tode wurde die Krönungsceremonie von Maurice, dem Bischof von London, verrichtet, welcher sich bereden ließ, ihm diesen Dienst zu thun g); und so drang er sich durch seinen Muth und seine Geschwindigkeit

auf

---

d) M. Paris. S. 35.   f) Ord. Vitalis. S. 732.
e) W. Malm. S. 153. Gul. Gemet. S. 299.   g) Chron. Sax. S. 208. Ord. Vital. S. 783.

Geschichte von England. Kap. VI.

1100. auf den erledigten Thron. Niemand hatte Muth oder Empfindung seiner Schuldigkeit genug, zur Vertheidigung des abwesenden Prinzen zu erscheinen: alle waren entweder verführet, oder in Furcht gesetzt: die wirkliche Besitznehmung ersetzte das, was dem Henrich an Rechtmäßigkeit fehlte; und sowohl die Baronen, als das Volk, ließen sich die Foderung gefallen, welche zwar nicht gerechtfertiget oder erkläret, aber, wie sie sahen, itzt nicht mehr ohne Gefahr, Bürgerkrieg und Empörung verhütet werden konnte.

Weil aber Henrich leicht voraus sah, daß eine Krone, die er sich wider alle Regeln der Gerechtigkeit angemaßet hätte, sehr ungewiß auf seinem Kopfe sitzen würde, so entschloß er sich, wenigstens durch gute Versprechungen, die Liebe der Unterthanen zu gewinnen. Ausserdem, daß er einen gleichen Krönungseid ablegte, die Gesetze zu schützen, und die Gerechtigkeit zu handhaben, gab er auch einen öffentlichen Brief aus, welcher als ein Mittel zur Abstellung der harten Drückungen verfasset war, worüber man sich unter den Regierungen seines Vaters und Bruders beklaget hatte h). Er versprach darinn, daß er bey dem Absterben eines Bischofes oder Abtes niemals die Einkünfte des Bisthums, oder der Abtey, so lange sie erledigt wären, an sich ziehen, sondern alles dem Nachfolger lassen wollte; und daß er keine geistliche Ländereyen verpachten, oder für Geld verkaufen wollte. Nach dieser Erklärung gegen die Kirche, deren Gunst sehr wichtig war, fuhr der König fort, die bürgerlichen Beschwerden vorzunehmen, welche er zu heben versprach. Er versprach, daß nach dem Tode eines jeden Grafen, Barons, oder militarischen Untersaßen, sein Erbe in den Besitz seiner Güter gesetzt werden sollte, wenn er eine billige und gesetzmäßige Auslösung bezahlte; ohne ferner den unmäßigen Foderungen, welche er unter den vorigen Regierungen hatte zahlen müssen, ausgesetzt zu seyn: er erließ die Vormundschaften der Minderjährigen, und erlaubte, daß Vormünder bestellt werden könnten, welche von ihrer Aufsicht Rechenschaft ablegen sollten: er versprach, keine Erbinn zu verheyrathen, als mit Bewilligung aller Baronen; und wenn ein Baron seine Tochter, Schwester, Nichte oder Verwandtinn ausgeben wollte, so sollte er nur den König mit zu Rathe ziehen, welcher kein Geld für seine Bewilligung zu nehmen, noch auch seine Bewilligung zu versagen versprach, es sey denn, daß die Person, an welche sie verheyrathet werden sollte, sein Feind wäre; er ließ seinen Baronen und militarischen Untersaßen die Freyheit, ihr Geld oder ihre persönlichen Güter durch ein Testament zu vermachen; und wenn sie kein Testament gemacht hatten, so versprach er, daß ihre Erben ihnen folgen sollten: er trat das Recht ab, ihnen Abgaben aufzulegen, und von denen Ländereyen nach Gefallen Auflagen zu fodern, welche die Baronen selbst behielten); er that einige allgemeine Versprechungen, daß er die Geldstrafen mäßigen wollte; er both für Beleidigungen Gnade an; und er erließ alle Schulden, welche die Krone einzufodern hatte; er verlangte, daß die Vasallen der Baronen eben dieselben Freyheiten haben sollten, welche er seinen eignen Baronen gäbe; und versprach eine allgemeine Bestätigung und Beobachtung der Gesetze des Königes Edward. Dieses ist das Wesentlichste von den vornehmsten Artikeln, welche in diesem berühmten Briefe enthalten sind k).

Um diesen Verwilligungen eine größere Rechtmäßigkeit zu geben, legte Henrich eine Abschrift von seinem Briefe in eine Abtey in allen Grafschaften; als wenn er gern wollte,

h) Chron. Sax. S. 208. Simeon Dunelm, S. 225. Brompton. S. 997.
i) S. den Anhang II.
k) Matth. Paris, S. 38. Hoveden, S. 468. Brompt. S. 1021. Hagulstad, S. 310.

wollte, daß alle Unterthanen sie sehen, und daß sie eine beständige Regel der Einschränkung und Verwaltung der Regierung seyn möchten. Dennoch ist es gewiß, daß er, nachdem er seine gegenwärtige Absicht erreichet hatte, in seiner ganzen Regierungszeit nie daran dachte, einen einzigen Punkt zu halten; und der ganze Brief wurde so sehr vergessen und aus der Acht gelassen, daß die Baronen in dem folgenden Jahrhundert, welche durch eine dunkele Ueberlieferung von diesem Briefe gehört hatten, ein Verlangen trugen, ihn zum Model des großen Briefes zu machen, den sie von dem Könige John erzwangen, aber in dem ganzen Königreiche nur Eine Abschrift finden konnten. Was aber die Beschwerden betrifft, deren Abstellung in derselben versprochen wurden, so daureten sie noch immer in gleicher Größe fort; und die königliche Macht in allen diesen Stücken wurde gar nicht eingeschränkt. Die Lösungsgelder der Erben, ein so wichtiger Punkt, wurden niemals vest gesetzt, als zu der Zeit der Magna Charta¹); und es ist offenbar, daß die allgemeine Versprechung, die hier gegeben wurde, daß eine billige und gesetzliche Lösung angenommen werden sollte, genauer hätte bestimmet werden müssen, um den Unterthanen Sicherheit zu verschaffen. Die Drückungen der Vormundschaften und Heyrathen daureten sogar bis zu den Zeiten Carls des Zwenten fort: und man ersiehet aus dem Glanville ᵐ), dem berühmten Justiziarius Henrichs des Zwenten, daß in seinen Zeiten der König oder der Herr des Lehnes, wenn jemand ohne Testament starb, welches denn in diesen Zeiten oft geschehen mußte, da die Kunst zu schreiben so wenig bekannt war, sich die Freyheit anmaßete, alle bewegliche Güter in Besitz zu nehmen, und jeden Erben, sogar die Kinder der Verstorbenen, auszuschließen: ein sicheres Zeichen von einer tyrannischen und eigenwilligen Regierung.

Zwar waren die Normänner, welche sich in England niedergelassen hatten, ein so gewaltthätiges und unbändiges Volk, daß man sagen kann, sie waren einer wahren und regelmäßigen Freyheit unfähig; welche eine solche Verbesserung der Gesetze und Verfassungen, eine solche weitläuftige Einsicht, eine solche Empfindung der Ehre, einen solchen Geist des Gehorsames, und eine solche Aufopferung des Privatnutzens und der Verbindungen gegen die öffentliche Ordnung erfodert, die allein die Folgen einer grossen Ueberlegung und Erfahrung seyn können, und verschiedene Alter einer gesetzten und eingeführten Regierung erfodern, ehe sie zur Vollkommenheit kommen. Ein Volk, welches die Rechte seiner Könige so wenig achtet, daß es ohne Noth die erbliche Thronfolge unterbricht, und einem jüngern Bruder erlaubet, sich in die Stelle seines älteren Bruders, den die Nation hochschätzte, und der weiter nichts verbrochen hatte, als daß er nicht zugegen gewesen war, einzubringen, ein solches Volk konnte nicht erwarten, daß der Prinz für seine Freyheiten eine größere Achtung bezeigen oder zugeben würde, daß seine Versprechungen seine Gewalt fesselten, und ihn von einer ansehnlichen Macht oder Nutzen aus-

---

l) Glanv. Lib. 2. Cap. 36. Was in den Gesetzen des Eroberers, welche Ingulf aufbehalten hat, relief genannt wird, scheint das Herries gewesen zu seyn: denn die reliefs sowohl, als andre Bürden des Feudalgesetzes waren zu Zeiten des Belenners unbekannt, dessen Gesetze diese ursprünglich waren.

m) Lib. 7. Cap. 16. Dieser Gebrauch war in den Gesetzen des Königs Eduard, welche der Bekenner bestätigte, wie Ingulf berichtet, zuwider. Aber die Gesetze hatten damals wenig Einfluß: Macht und Gewalt regierten alles.

ausschliessen sollten. Sie hatten zwar Waffen in Händen, wodurch sie die Einführung eines gänzlichen Despotismus verhinderten, und ihren Nachfolgern Macht genug liessen, die wahre Freyheit zu behaupten, so bald sie nur Vernunft genug erhalten würden: aber ihre unruhige Gemüthsart trieb sie oftmals, von ihren Waffen einen solchen Gebrauch zu machen, daß sie mehr die Ausübung der Gerechtigkeit verhinderten, als den Lauf der Gewaltsamkeit und Unterdrückung hemmeten. Da der Prinz sah, daß man ihm oft mehr widerstund, wenn er auf die Gesetze drang, als wenn er sie beleidigte, so wurde er geneigt, seinen eignen Willen und Gefallen zur einzigen Regel der Regierung zu machen, und allemal mehr auf die Gewalt der Personen, die er beleidigte, als auf die Rechte derer zu sehen, die er beleidigen möchte. So gar die Form des Briefes von Henrich beweiset, daß die normännischen Baronen, (denn diese vielmehr, als das Volk von England kommen darinn in Betracht,) gar nichts von der Beschaffenheit einer eingeschränkten Monarchie wußten, und schlecht geschickt waren, die Maschine der Regierung, mit Hülfe ihres Königs zu leiten. Er ist eine Acte von seiner Macht allein, ist der Erfolg seiner freywilligen Gnade, enthält einige Artikel, welche sowohl ihn, als andre binden, und kann also nicht die Verfügung eines Herrn seyn, der die ganze Gesetzgebende Macht nicht besitzt, und nicht nach Gefallen alle seine Verwilligungen wiederrufen kann.

Der König Henrich setzte ferner, um sich die Liebe des Volkes zu erwerben, den Ralph Flambard herunter, und ins Gefängniß; er war Bischof von Durham, und das vornehmste Werkzeug der Unterdrückung gewesen, dessen sich sein Bruder bedienet hatte n): aber dieser That folgte eine andre, welche gerade zu seinem eignen Brief beleidigte, und ein schlechtes Vorzeichen war, daß er ihn zu halten gesonnen wäre. Er ließ das Bisthum von Durham fünf Jahre lang offen, und nahm indessen die Einkünfte selbst ein. Da er wußte, wie viel Ansehen sich Anselm durch seinen frommen Character, und durch die Verfolgungen Wilhelms erworben hatte, so sandte er häufige Bothen nach Lyon an ihn, wo er sich aufhielt, und bath ihn zurück zu kommen, und seine Würde wieder anzunehmen o). Als der Prälat kam, verlangte er von ihm eben die Huldigung, die er seinem Bruder abgelegt hatte, und welche kein englischer Bischof versaget hatte: aber Anselm hatte auf seiner Reise nach Rom andre Gesinnungen bekommen, und schlug es dem Könige durchaus ab. Er schützte die Decrete der Versammlung zu Bari vor, der er selbst beygewohnet hatte; und erklärte sich, daß er nicht nur für seine geistliche Würde nicht huldigen, sondern auch nicht einmal mit einem Geistlichen Gemeinschaft haben wollte, welcher sich zu dieser Demüthigung verstanden, oder seine Bedienung von einem Layen angenommen hätte. Henrich, welcher in seiner itzigen schlimmen Situation, aus dem Ansehen und der Liebe des Anselm, welche das Volk für ihn trug, große Vortheile ziehen wollte, unterstund sich nicht, über seine Foderung mit ihm zu streiten p): Er verlangte nur, daß der Streit ausgesetzet bleiben möchte; und daß er Bothschafter an den Pabst senden möchte, um von ihm die Bestätigung der Gesetze und Staatsverfassung von England zu erhalten.

Es

n) Chron. Sax. S. 208. W. Malm. S. 156.   o) Chron. Sax. S. 208 Order. Vit. S. 789.
M. Paris, S. 39. Alur. Bever. S. 144.   M. Paris, S. 39 T Rudburne, S. 273.
                                         p) W. Malm. S. 225.

Geschichte von England. Kap. VI.

Es ereignete sich gleich darauf eine wichtige Angelegenheit, in welcher der König seine Zuflucht zu dem Ansehen des Anselm nehmen mußte. Matilda, die Tochter Malcolms des Dritten, Königs in Schottland, und Nichte des Edgar Atheling, war bey dem Tode ihres Vaters, und in den nachfolgenden Veränderungen der schottländischen Regierung nach England gebracht, und unter der Aufsicht ihrer Tante, Christina, in dem Kloster Rumsey erzogen worden. Der Prinz Henrich nahm sich vor, diese zu heyrathen; weil sie aber den Schleyer getragen, obschon niemals das Gelübde gethan hatte, so hätten Zweifel entstehen können, ob die Handlung auch dem Gesetze gemäß seyn möchte; und er mußte sich sehr vorsehen, daß er den Religionsvorurtheilen seiner Unterthanen in keinem Stücke ein Aergerniß geben möchte. Die Sache wurde von dem Anselm in einer Versammlung der Prälaten und Edelleute, welche zu Lambeth zusammen berufen war, untersuchet; und Matilda bewies, daß sie den Schleyer nicht in der Absicht angelegt hätte, um das Klosterleben zu erwählen, sondern nur bloß die Gewohnheit mit zu machen, welche dem englischen Frauenzimmer üblich wäre, da es seine Keuschheit vor der viehischen Gewaltsamkeit der Normänner dadurch schützte, daß es unter dieser Tracht q), welche mitten unter der abscheulichen Ausgelassenheit der Zeiten meistens in Ehren gehalten wurde, seine Sicherheit suchte. Die Versammlung, welche wußte, daß sogar Prinzeßinnen keine andre Sicherheit für ihre Ehre hatten, nahm diesen Grund für gültig an: sie erklärte die Matilda noch für frey, sich zu verheyrathen r); und ihre Vermählung mit dem Henrich wurde von dem Anselm mit großer Pracht und Feyerlichkeit vollzogen s). Keine Handlung des Königes machte ihn bey den englischen Unterthanen beliebter, und setzte ihn auf dem Throne vester. Obgleich Matilda, so lange ihr Bruder und Onkle lebten, keine Erbin der sächsischen Linie war, so war sie den Engländern doch wegen ihrer Verwandschaft mit derselben, werth geworden: und dieses Volk, welches vor der Eroberung in eine Art von Gleichgültigkeit gegen seine alte königliche Familie gefallen war, hatte die Tyranney der Normänner so stark gefühlet, daß es mit unendlicher Betrübniß auf seine alte Freyheit zurück sah, und eine billigere und sanftere Regierung hoffte, wenn das Blut seiner eingebohrnen Prinzen sich mit dem Blute ihrer neuen Könige vereinigen würde t).

Aber die Staatsklugheit und Vorsichtigkeit Henrichs, welche, wenn diese Tugenden Zeit gehabt hätten, alle ihre Wirkungen zu thun, ihm den Besitz der Krone gesichert haben würden, geriet in große Gefahr, durch die plötzliche Ankunft des Robert, welcher ungefähr einen Monat nach dem Tode seines Bruders Wilhelms nach der Normandie zurück kam. Er nahm ohne Widerstand das Herzogthum in Besitz; und rüstete sich sogleich, England wieder zu gewinnen, dessen er in seiner Abwesenheit durch die Intrigen Henrichs ungerechter Weise war beraubt worden. Der große Ruhm, den er sich in dem Morgenlande erworben hatte, beförderte seine Ansprüche; und die normännischen Baronen, welche die Folgen davon einsahen, legten eben das Mißvergnügen über die Trennung des Herzogthums und Königreiches an den Tag, welches sich schon bey der Thronbesteigung Wilhelms geäußert hatte. Robert von Belesme, der Graf von Shrewsbury und Arundel, Wilhelm de la Warenne, Graf von Surrey, Arnulf von Montgomery, Walter Giffard, Robert von Pontefract, Robert von Mallet, Yvo

Einfall des Herzogs Robert.

1100.
Vermählung des Königs.

1101.

---

q) Eadmer, S. 57.
r) Ibid. S. 57.
s) Hoved. p. 268
t) M[...]

1101. von Grentmesnill und viele andre von dem vornehmsten Adel u), bathen ihn, einen Versuch auf England zu thun, und versprachen ihm, daß sie mit allen ihren Truppen bey seiner Landung zu ihm stoßen wollten. So gar die Seeleute waren von seinem beliebten Namen eingenommen, und brachten den größesten Theil der Flotte zu ihm über, welche ausgerüstet war, sich seiner Ueberkunft zu widersetzen v). Henrich fieng in dieser Noth an, sowohl für sein Leben, als seine Krone besorgt zu seyn; und nahm seine Zuflucht zu dem Aberglauben des Volks, um ihren Empfindungen der Gerechtigkeit vorzukommen. Er bezeigte dem Anselm öfters seine Ehrerbietung, und stellte sich, als wenn er seine Heiligkeit und Weisheit verehrte. Er fragte ihn bey allen schweren Vorfällen um Rath; schien sich von ihm in allen Stücken regieren zu lassen; versprach die Kirchenfreyheiten genau zu beobachten; gab eine große Liebe gegen Rom vor, und stellte sich, als wenn er entschlossen wäre, den Schlüssen der Concilien, und dem Willen des obersten Priesters schlechterdings zu gehorchen. Durch diese Liebkosungen und Erklärungen gewann er gänzlich das Zutrauen des Primas, der durch sein Ansehen über das Volk und seinen Einfluß bey den Baronen ihm in dieser Situation die größten Dienste that. Anselm trug kein Bedenken, die Edelleute von der Aufrichtigkeit des Königes in seinen Versprechungen, daß er sich vor der tyrannischen und drückenden Regierung seines Vaters und Bruders hüten wollte, zu überreden x). Er ritte sogar durch die Glieder der Armee, empfahl den Soldaten die Vertheidigung ihres Prinzen; stellte ihnen die Pflicht vor, daß sie den Eid ihrer Huldigung erfüllen müßten, und weißagte ihnen alle Glückseligkeit von der Regierung eines so weisen und gerechten Königs y). Durch dieses Mittel und durch den Einfluß der Grafen von Warwic und Mellent, des Roger Bigod, Richards von Redvers und Robert Fiß-Hammon, dieser mächtigen Baronen, welche seiner Regierung noch anhiengen z), blieb die Armee auf der Seite des Königes, und rückte mit einer anscheinenden Eintracht und Standhaftigkeit an, um dem Robert, welcher mit seiner Macht zu Portsmouth gelandet war, entgegen zu gehen.

Vergleich mit dem Robert. Die beyden Armeen stunden einige Tage lang einander im Gesichte, ohne zu einer Action zu kommen; und beyde Prinzen, welche den Ausschlag befürchteten, der vermuthlich entscheidend seyn würde, gaben der Vermittelung des Anselm und andrer großen Männer, welche einen Vergleich unter ihnen vorschlugen, desto leichter Gehör. Nach einigen Unterhandlungen wurde ausgemacht, daß Robert sich seiner Ansprüche auf England begeben, und dafür eine jährliche Besoldung von 3000 Mark bekommen sollte; wenn einer von den beyden Prinzen ohne Erben sterben sollte, so sollten dem andern seine Domainen zufallen; die Anhänger eines jeden sollten begnadiget, und in alle ihre Güter, sowohl in der Normandie, als in England, wieder eingesetzt werden, und weder Robert noch Henrich sollten von dieser Zeit an die Feinde eines oder des andern weder ermuntern, noch annehmen, noch schützen a).

1102. Obgleich dieser Traktat so vortheilhaft für den Henrich war, so war er doch der erste, der ihn verletzte. Er gab zwar allen Anhängern Roberts ihre Güter wieder; war aber

---

u) Order. Vital. S. 785.
v) Chron. Sax. S. 209. Hoveden, S. 469.
Matth. Paris, S. 40. Ann. Waverl. S. 142.
Brompton, S. 998. Flor. Wigorn. S. 650.
x) W. Malm. S. 225.

y) Eadmer, S. 59. W. Malm. S. 156.
z) Order. Vital. S. 783.
a) Chron. Sax. S. 209. W. Malm. S. 156.
H. Hunt. S. 378. Hoveden, S. 469. Order. Vital. S. 788.

aber heimlich entschlossen, diese so mächtigen und gegen ihn so übelgesinnten Edelleute, welche sowohl Neigung als Vermögen hatten, seine Regierung zu beunruhigen, nicht lange in dem Genuß ihrer itzigen Größe und Reichthums unberuhiget zu lassen. Er fieng bey dem Grafen von Shrewsbury an, welchen er eine Zeitlang durch Spionen belauren, und darnach auf eine Klage, die aus fünf und vierzig Artikeln bestund, vor Gericht ziehen ließ. Der unruhige Edelmann, der sich seiner Schuld bewußt war, und die Parteylichkeit seiner Richter und die Macht seines Anklägers erkannte, grief zu seiner Vertheidigung zu den Waffen; da er aber durch die Thätigkeit und Geschicklichkeit Henrichs bald unterdrücket wurde, vermies er ihn aus dem Reiche, und zog seine Güter ein b). Sein Fall zog den Fall seiner beyden Brüder, des Arnulf von Montgomery und Roger, Grafen von Lancaster nach sich. Bald nach diesen erfolgte die Anklage und Verurtheilung des Robert von Pontefract, und Robert von Mallet, welche sich vor allen Anhängern des Roberts hervor gethan hatten c). Nach diesem wurde Wilhelm von Warenne sein Opfer; sogar Wilhelm, Graf von Cornwall, ein Sohn des Grafen von Mortaigne, des Onkels des Königs, da er sich einen Verdacht zugezogen hatte, verlohr alle große Güter, die seine Familie sich in England erworben hatte d). Obgleich die gewöhnliche Gewaltsamkeit und Tyranney der normännischen Baronen einen scheinbaren Vorwand zu solchen gerichtlichen Untersuchungen gab, und aller Wahrscheinlichkeit nach kein einziges Urtheil, was über sie gesprochen wurde, ganz unbillig war; so sah man doch leicht, oder muthmasete wenigstens, daß ihr Hauptverbrechen nicht die Ungerechtigkeit oder Widergesetzlichkeit ihrer Aufführung war: Robert, erbittert über das Schicksal seiner Freunde, wagte sich übereilt nach England, und stellte seinem Bruder in harten Worten den Bruch des Tractats vor; er wurde aber so übel aufgenommen, daß er anfieng, Gefahr für seine eigne Freyheit zu besorgen, und froh war, daß er nur mit dem Verlust seiner Pension davon kam e).

Die Unvorsichtigkeit setzte den Robert bald schädlichern Beleidigungen aus. Dieser Prinz, der sich durch seine Tapferkeit und Ehrlichkeit in der Ferne Ehrfurcht erworben, hatte nicht so bald seine Macht angenommen, und befand sich im Genuß des Friedens, als seine ganze Lebhaftigkeit fiel, und er bey denen, welche mit ihm umgiengen, oder seiner Macht unterworfen waren, in Verachtung gerieth. Er überließ sich bald lüderlichen Vergnügungen, bald weiblichem Aberglauben, und war in der Aufsicht über seinen Schatz und seine Regierung so nachläßig, daß seine Bediente ihn ohne Strafe bestohlen, so gar seine Kleider raubten, hernach weiter giengen, und an seinen schutzlosen Unterthanen alle Arten von Erpressungen ausübeten f). Die Baronen, welche nur eine strenge Regierung allein im Zwange hätte halten können, ließen ihrer gränzenlosen Rauberey gegen ihre Vasallen, und ihren alten Feindschaften gegen einander den Zügel schießen; und die ganze Normandie war, unter der Regierung dieses gütigen Prinzen, eine

1102.

Angriff der Normandie.

---

b) Chron. Sax. S. 210. W. Malm. S. 156. 157. Howden. S. 469. Order. Vital. S. 805. 807. 808.
c) Order. Vital. S. 805.
d) Chron. Sax. S. 212. W. Malm. S. 157. Howeden, S. 470.
e) Chron. Sax. S. W. Malm. S. 156 Gul. Gemet S. 298. Order. Vital. S. 804. M. Paris, S. 40.
f) Order. Vital. S. 814. 815.

eine Scene der Gewaltthätigkeit und Raubereyen geworden g). Da die Normänner
1102. endlich die ordentliche Regierung sahen, welche Henrich, ungeachtet er sich des Reiches
angemaßet, in England hatte einführen können, so wandten sie sich an ihn, daß er
sich seiner Macht bedienen möchte, diese Unordnungen zu dämpfen; und dadurch gaben
sie ihm einen Vorwand, daß er sich in die Händel der Normandie mischete h). Anstatt
sich einer Vermittelung zu bedienen, um der Regierung seines Bruders Ehrfurcht zu erwecken, oder die Beschwerden der Normänner zu heben; bemühete er sich nur, seine eigne Anhänger zu unterstützen, und durch alle Bestechungen, Intrigen und Vorstellungen ihre
Anzahl zu vermehren. Da er in einem Besuche, den er in diesem Herzogthume abge-
1103. legt, gefunden hatte, daß der Adel geneigter war, sich ihm zu unterwerfen, als seinem
gesetzmäßigen Herrn; so brachte er durch eigenmächtige Erpressungen in England eine
Armee und einen Schatz zusammen i), und gieng das folgende Jahr wieder nach der
Normandie, da er im Stande war, entweder mit Gewalt oder durch Bestechung, die
1105. Herrschaft über dieses Land zu erhalten. Er eroberte Bajeux nach einer hartnäckigen Belagerung mit Sturm: er bemächtigte sich durch die freywillige Unterwerfung der Einwohner der Stadt Caen: da er aber zu Falaise zurück geschlagen, und durch die Win-
terwitterung gezwungen wurde, die Belagerung aufzuheben, so gieng er nach England
zurück; nachdem er seinen Anhängern die Versicherung gegeben hatte, daß er sie ferner
unterstützen und schützen wollte.

1106. Im folgenden Jahre fieng er seinen Feldzug mit der Belagerung von Tenchebray
Eroberung an; und es erhellte aus seinen Zurüstungen und seinem Fortgange genugsam, daß er
der Norman-gesonnen war, sich zum Meister von der ganzen Normandie zu machen. Endlich er-
die. wachte Robert aus seiner Schlafsucht, und brachte, unter dem Beystande des Grafen
von Mortaigne, und des Robert von Bellesme, der geschworensten Feinde des Königs,
eine ansehnliche Armee auf die Beine, und rückte gegen das Lager seines Bruders in der
Absicht an, in einer entscheidenden Schlacht ihren Streit zu endigen. Itzt befand er
sich auf derjenigen Bühne der Handlung, worauf er allein Eigenschaften hatte, sich zu
zeigen; und er belebte die normännischen Truppen durch sein Beyspiel so sehr, daß sie
tief in die Engländer eindrangen, und beynahe den Sieg gewonnen hatten k), als die
Flucht des Bellesme sie in Schrecken setzte, und ihre gänzliche Niederlage veranlaßte.
Henrich bekam, ausserdem, daß er viele niedermachte, auch gegen zehen tausend Gefangene; worunter der Herzog Robert selbst und alle angesehene Baronen waren, die ihm
anhiengen l). Auf diesen Sieg folgte die gänzliche Unterwerfung der Normandie:
Rouen unterwarf sich so gleich dem Sieger: Falaise öffnete, nach einigen Unterhandlungen, seine Thore, und durch diese Eroberung bekam er, ausserdem, daß er sich einer wichtigen Forteresse bemächtigte, auch den Prinzen Wilhelm, den einzigen Sohn
und Erben des Robert, in seine Gewalt. Er ließ die Stände der Normandie zusammen
kommen; und nachdem er sich von allen Vasallen des Herzogthums hatte huldigen lassen,
setzte er die Regierung vest, wiederrief die Donationen seines Bruders, schleifte die neulich

g) *W. Malmesf.* S. 154. 157. *Gul. Gemet.*
S. 298. *Order. Vital.* S. 814.
h) *W. Malmesf.* S. 154. 157. *Gul. Neubr.*
Lib. 1 Cap. 3. *Chron. Abb. St. Petri de Bur-*
go, S. 66.

i) *Eadmer*, S. 83.
k) *H. Hunting.* S. 379. *M. Paris,* S. 43.
Brompton, S. 1002.
l) *Eadmer,* S. 90. *Chron. Sax.* S. 214.
Order. Vital. S. 821.

sich erbauten Castele, gieng nach England zurück, und nahm den Herzog als Gefangenen mit. Dieser unglückliche Prinz wurde, so lange er lebte, im Gewahrsam gehalten, eine Zeit von acht und zwanzig Jahren, und starb in dem Castel Cardiff in der Grafschaft Glamorgan: glücklich, wenn er, ohne seine Freyheit zu verlieren, diejenige Macht hätte verlassen können, welche er zu behaupten, oder auszuüben, nicht die Fähigkeit hatte! Der Prinz Wilhelm wurde dem Helle von St. Saen, welcher die natürliche Tochter Roberts geheyrathet hatte, unter Aufsicht gegeben; und weil er ein Mann war, der mehr Ehre und Frömmigkeit besaß, als in diesen Zeiten gewöhnlich war, so verrichtete er diese Aufsicht mit großer Liebe und Treue. Edgar Atheling, der dem Robert auf seinem Feldzuge nach Jerusalem gefolget war, und seit der Zeit sich immer bey ihm in der Normandie aufgehalten hatte, war der andre hohe Gefangne, der in der Schlacht bey Tenchebray genommen war m). Henrich gab ihm seine Freyheit, und setzte ihm einen kleinen Gehalt aus, womit er sich hinweg begab; und er lebte in einem ziemlich hohen Alter in England gänzlich verachtet und vergessen. Dieser Prinz hatte sich durch persönliche Tapferkeit gezeigt; aber nichts kann ein stärkerer Beweis von seinen schlechten Talenten in allen andern Stücken seyn, als daß er, ungeachtet der Liebe der Engländer, und das einzige gesetzmäßige Recht zum Thron besaß, unter den Regierungen so vieler gewaltsamen und eifersüchtigen Usurpateurs die Erlaubniß hatte, unbeunruhiget zu leben und ruhig zu sterben.

Bald darauf hatte Henrich die Normandie vollends überwunden, und richtete die Regierung dieser Provinz ein, endigte einen Streit, der lange zwischen ihm und dem Pabst wegen der Vergebung der Kirchenämter gewaltet hatte; und ob er gleich gezwungen wurde, einigen alten Rechten der Krone zu entsagen, so half er sich doch weit besser heraus, als die meisten Prinzen, welche in diesen Zeiten das Unglück hatten, mit dem apostolischen Stuhle in Streitigkeiten zu stehen. Die Situation des Königs zwang ihn anfänglich, dem Anselm große Achtung zu bezeigen; und die Vortheile, die er durch die Freundschaft dieses eifrigen Prälaten erhalten hatte, hatten ihm gezeigt, wie sehr die Gemüther des Volkes zum Aberglauben geneigt waren, und was für Gewalt die Geistlichen sich über dieselben hatten erwerben können. Er hatte bey der Thronbesteigung seines Bruders Rufus gesehen, daß, ungeachtet die Rechte der Erstgeburt dabey gekränket, und die Neigungen fast aller Baronen ihm entgegen waren, dennoch die Gewalt des Lanfranc über alle andre Betrachtungen gesieget hatte; und seine eigne Sache, welche noch übler gewesen war, gab ihm ein Exempel, wobey die Geistlichkeit ihren Einfluß und ihr Ansehen noch mehr gezeiget hatten. Indem diese frischen Beyspiele ihn vorsichtig machten, daß er diese mächtige Gesellschaft nicht beleidigen möchte, überzeugten sie ihn zugleich, daß es sehr zu seinem Vortheil wäre, wenn er das vorige Recht der Krone, so wichtige Bedienungen zu besetzen, und die Geistlichen von derjenigen Unabhängigkeit abzuhalten, wornach sie offenbar strebten, für sich behielte. Der Umstand, daß sein Bruder in einem Augenblicke der Reue den Anselm gewählt, war in so weit ein Unglück für die Ansprüche des Königes, daß der Prälat wegen seiner Gottesfurcht, seines Eifers, und der Strenge seiner Sitten berrühmt war; und obgleich seine Mönchmäßige Andacht und eingeschränkte Grundsätze von keiner großen Weltklugheit, noch tiefen Staatskunst zeugten, so war er doch eben deswegen ein desto gefährlicher Werkzeug in

den

1106.

Fortsetzung des Streites mit dem Erzbischof Anselm.

1107.

m) Chron Sax S. 14. Ann Waverl. S. 144.

1107. den Händen der Staatsklugen, und erhielt eine größere Gewalt über den abergläubischen Pöbel. Die Klugheit und die Gemüthsart des Königes zeigen sich in keiner Sache deutlicher, als in der Leitung dieser seiner Angelegenheiten; wo er sah, daß er nothwendig die Krone aufs Spiel setzen mußte, um den besten Edelgestein derselben zu erhalten ⁿ).

Anselm war nicht so bald aus seiner Verbannung zurück gekommen, als seine Weigerung, dem Könige zu huldigen, einen Streit erregte, welchen Henrich in diesen kritischen Zeitläuften dadurch vermied, daß er versprach, einen Boten abzufertigen, der die Sache mit Pascal dem Zweyten, der damals den päbstlichen Stuhl besaß, beylegen sollte. Der Abgeordnete kam, wie man leicht voraus sehen konnte, mit einer völlig abschlägigen Antwort auf das Begehren des Königs zurück ᵒ); und zwar mit vielen Gründen unterstützet, welche sehr tüchtig waren, auf den Verstand der Menschen in diesen Zeiten zu wirken. Pascal führte die Schrift an, um zu beweisen, daß Christus die Thüre wäre; und daraus schloß er, daß alle Kirchendiener durch Christum allein in die Kirche eingehen müßten, nicht durch einen bürgerlichen Magistrat, oder durch profane Layen ᵖ): „Es ist ungeheuer, setzte der Pabst hinzu, daß ein Sohn seinen Vater zeugen, oder ein Mensch seinen Gott erschaffen will: Priester werden in der Schrift „Götter genannt, weil sie die Vicare Gottes sind; und wollet ihr durch eure abscheuli„che Foderungen ihnen ihre Bedienungen zu geben, euch das Recht anmaßen, sie zu „erschaffen„ ᑫ)?

Aber so überzeugend auch diese Gründe seyn mochten, so konnten sie doch den Henrich nicht bereden, ein so wichtiges Recht zu vergeben; und vielleicht glaubte er, weil er viel Verstand und Gelehrsamkeit besaß, daß die römische Kirche nicht mit gutem Anstand den Grund anführte, es sey ungereimt, daß ein Mensch seinen Gott erschaffen wollte, wenn er auch annahm, daß die Priester Götter wären. Weil er aber nicht gern mit der Kirche brechen, oder es wenigstens noch aussetzen wollte, so überredete er den Anselm, er würde schon durch eine andre Unterhandlung mit dem Pascal zu einem Vergleich kommen; und sandte in der Absicht drey Bischöfe nach Rom, indem Anselm selbst zwey Bothen abfertigte, um sich von den Gedanken des Pabstes desto völliger zu versichern ʳ). Pascal schrieb Briefe zurück, sowohl an den König, als den Primas, die eben so positiv und stolz waren; dem ersten schrieb er, dadurch, daß er sich das Recht über die geistlichen Bedienungen anmaßte, begienge er einen geistlichen Ehebruch mit der Kirche, welche die Braut Christi wäre und mit keiner andern Person einen solchen Umgang haben müßte ˢ); und an den letzten schrieb er, die Foderungen der Könige, geistliche Bedienungen vergeben zu wollen, wäre die Quelle aller Simonie; ein Beweis, der in diesen Zeiten nur gar zu sehr gegründet war ᵗ).

Henrich

n) *Eadmer,* S. 56.
o) *W. Malm.* S. 225.
p) *Eadmer,* S. 60. Dieser Grund wird noch ferner ausgeführet, S. 73. 74. *W. Malm.* S. 163.
q) *Eadmer,* S. 61. Ich vermuthe sehr, daß Ihro Heiligkeit diesen Text geschmiedet haben; denn ich habe ihn nicht finden können. Dennoch war er damals überall bekannt, und wurde oft von den Geistlichen als der Grund ihrer Macht angeführet. S. Epist. St. Thom. 169.
r) *Eadmer,* S. 62. *W. Malm.* S. 225.
s) Ibid. S. 63.
t) Ibid. S. 64. 66.

Geschichte von England. Kap. VI.

Henrich hatte itzt kein andres Mittel mehr, als daß er den an ihn gerichteten Brief unterdrückte, und die drey Bischöfe beredete, auf ihre bischöfliche Treue auszusagen, daß Pascal sie insgeheim von seinen guten Gesinnungen gegen den Henrich, und von seiner Entschließung versichert hätte, daß er sich der Ausübung seines Rechtes über die Kirchenbedienungen nicht länger widersetzen wollte; ob er gleich Bedenken trüge, diese Versicherung schriftlich von sich zu geben, damit nicht andre Prinzen diesem Beyspiele nachahmen, und sich eine gleiche Freyheit anmaßen möchten u). Die beyden Bothen des Anselm, welche Mönche waren, versicherten ihn, es wäre unmöglich, daß diese Geschichte einigen Grund haben könnte; aber ihre Aussage wurde gegen die Versicherung der drey Bischöfe nicht für gültig erkannt; und der König, als ob er endlich seine Sache gewonnen hätte, fuhr fort, die Bisthümer Hereford und Salisbury zu besetzen, und die neuen Bischöfe, nach dem gewöhnlichen Gebrauche, mit ihrer Würde zu bekleiden x). Aber Anselm, welcher dem Vorgeben der Bothen des Königs nicht glaubte, wozu er denn gute Ursachen hatte, wollte sie nicht allein nicht einsegnen, sondern auch mit ihnen keine Gemeinschaft haben; und da die Bischöfe sahen, wie verhaßt sie geworden waren, so gaben sie die Zeichen ihrer Würde dem Henrich wieder zurück y). Der Streit zwischen dem König und dem Primas wurde täglich größer: der erste ließ, ungeachtet seiner Klugheit und Mäßigung, Drohungen gegen alle diejenigen aus, welche sich herausnehmen wollten, ihm in der Ausübung seines alten Kronrechtes zu widersprechen: und Anselm, der seine unangenehme und gefährliche Situation erkannte, bat um die Erlaubniß, daß er eine Reise nach Rom thun dürfte, um dem obersten Priester die Sache vorzustellen z). Henrich war sehr vergnügt, einen so unbiegsamen Gegner ohne Gewaltthätigkeit los zu werden; gab ihm diese Erlaubniß gern; und Anselm trat seine Reise an. Eine unzählige Menge begleitete ihn bis an die Seeküste, nicht nur Mönche und Geistliche, sondern Leute von allen Ständen, welche kein Bedenken trugen, sich auf diese Weise für ihren Primas wider den König zu erklären, und seine Abreise für eine gänzliche Abschaffung der Religion und der wahren Gottesfurcht in dem Reiche anzusehen a). Der König zog dennoch alle Einkünfte seines Bisthums ein; und sandte den Wilhelm von Warelwast ab, um mit dem Pascal Unterhandlungen zu pflegen, und ein Mittel zum Vergleich in dieser bedenklichen Sache zu treffen b).

Der englische Minister sagte dem Pascal, sein Herr würde lieber seine Krone verlieren, als das Recht über die Besetzungen der Kirchenämter weggeben. Und ich, antwortete Pascal, wollte lieber meinen Kopf verlieren, als es ihm abtreten c). Henrich verboth dem Anselm unter der Hand, wieder zurück zu kommen, wenn er sich nicht entschließen wollte, sich nach den Gesetzen und Gebräuchen des Reichs zu bequemen;

und

1107

u) *Eadmer*, S. 65. *H. Malmesf.* S. 225.

x) *Eadmer*, S. 66. *W. Malmesf.* S. 225. *Huveden*, S. 469. *Sim. Dun.* S. 218.

y) *Huveden*, S. 470. *Chron. Abb. St. Petri de Burgo*, S. 59. *Flor. Wig.* S. 651.

z) *Eadmer*, S. 70. *W. Malm.* S. 226.

a) *Eadmer*, S. 71.

b) *W. Malm.* S. 226.

c) *Eadmer*. S. 73. *W. Malm.* S. 226. *M. Paris*, S. 40.

und der Prälat nahm seine Residenz in Lyon ᵈ), in Hoffnung, daß der König zuletzt 1107. würde gezwungen werden, den Punkt einzuräumen, worüber itzt gestritten wurde. Bald nachher bekam er Erlaubniß, sich in sein Kloster zu Bec in der Normandie zu verfügen; und Henrich gab ihm nicht nur die Einkünfte seines Bisthums wieder, sondern begegnete ihm auch mit der größten Ehrerbietung, und hatte verschiedene Conferenzen mit ihm, um seine Hartnäckigkeit zu überwinden, und ihn zum Gehorsam zu bereden ᵉ). Das Volk von England, welches glaubte, daß itzt alle Mißhelligkeiten beygelegt wären, tadelten seinen Primas, daß er sich von seinem Amte so lange entfernte; und er empfieng täglich Briefe von seinen Anhängern, worinn ihm die Nothwendigkeit seiner eilfertigen Zurückkunft vorgestellet wurde. Sie schrieben ihm, aus Mangel an seiner väterlichen Aufsicht würde eine gänzliche Vertilgung der Religion und des Christenthums erfolgen; die ärgerlichsten Gebräuche in England einreißen; und da man sich itzt vor seiner Strenge nicht mehr zu fürchten hätte, so würden Sodomitereyen, und die Mode langes Haar zu tragen, unter allen Ständen Fuß fassen, und diese Abscheulichkeiten würden allenthalben ohne Empfindung der Schaam, oder der Furcht von Strafen, öffentlich getrieben werden ᶠ).

Man hat die Staatsklugheit Roms meistens immer bewundert: und Leute, welche nach dem glücklichen Erfolge urtheilen, haben diejenige Klugheit, wodurch eine Macht, von einem so kleinen Anfange ohne Kriegesmacht und Waffen, zu einer solchen Größe gelangen konnte, daß sie eine fast unumschränkte Monarchie in Europa einführte, mit den größten Lobsprüchen erhoben. Aber die Weisheit von einer so langen Reihe von Männern, welche den päbstlichen Stuhl besaßen; und von so verschiedenem Alter, Gemüthsarten und Interessen waren, läßt sich nicht erklären, und konnte unmöglich in der Natur statt finden. In der That ist das Werkzeug, womit sie arbeiteten, die Unwissenheit, und der Aberglaube des Volkes, ein so plumpes Werkzeug, hat ein so allgemeines Ansehen, und die Zufälle und die Unordnung so wenig ausgesetzet, daß es auch in den ungeschicktesten Händen seine Wirkung thun, und kaum ein Unverstand seine Wirkungen vereiteln kann. Indem der römische Hof öffentlich den gröbsten Unordnungen überlassen, ja indem er durch Spaltungen und Factionen zerrüttet war, nahm die Gewalt der Kirche täglich in Europa zu; und die Verwegenheit des Gregorius, und die Behutsamkeit des Pascal, waren beyde gleich glücklich, sie zu befördern. Da die Geistlichen empfanden, wie nothwendig es wäre, daß sie wider die Gewaltthätigkeit der Prinzen, oder der Strenge der Gesetze einen Schutz haben müßten, so hiengen sie mit Freuden einem auswärtigen Haupte an, welches, in seiner Entfernung von der Furcht vor der bürgerlichen Gewalt, die Macht der ganzen Kirche frey ausüben konnte, um ihre alten oder angemaßten Rechte und Eigenthümer zu vertheidigen, wenn sie in irgend einem Lande angegriffen würden: die Mönche, welche nach einer Unabhängigkeit gegen ihre Vorgesetzten strebten, bezeigten der dreyfachen Krone eine noch größere Ergebenheit; und das dumme Volk besaß weder Wissenschaft, noch Vernunft, welche es den allerunmäßigsten Foderungen entgegen setzen konnte. Unsinn galt für Erweis:

die

---

d) *Eadmer*, S. 75. W. *Malmesf.* S. 226. e) *Hoveden*, S. 471.
M. *Paris*, S. 41. Chron. Dunstaple, S. 18. f) *Eadmer*, S. 81.

die sträflichsten Mittel wurden durch die Frömmigkeit ihres Endzwecks heilig: man hielt keine Tractaten für verbindend, wenn sie das Interesse Gottes betrafen: die alten Gesetze und Gebräuche hatten gegen ein göttliches Recht keine Kraft: unverschämte Verfälschungen wurden für ächte Monumente des Alterthums angenommen: und die Streiter der heiligen Kirche wurden, wenn sie glücklich waren, als Helden gerühmet; wenn sie unglücklich waren, als Märtyrer angebetet; und so schlugen alle Vorfälle auf gleiche Art zum Vortheil der geistlichen Usurpationen aus. Pascal selbst, der ißige Pabst, war in dem Fortgange dieser Streitigkeit über die geistlichen Aemter in' Umständen verwickelt, und genöthiget, eine Aufführung anzunehmen, welche allen weltlichen Fürsten Schimpf und Untergang zugezogen haben würde, wenn sie so unglücklich gewesen wären, in eine gleiche Situation zu gerathen. Der Kaiser Henrich der Fünfte bemächtigte sich seiner Person, und er wurde gezwungen, dieser Monarchie durch einen förmlichen Tractat das Recht, Kirchenbedienungen zu besetzen, worüber sie so lange gestritten hatten, abzutreten s). Um diesen Vertrag feyerlicher zu machen, nahmen der Kaiser und der Pabst in dem Abendmahle eine Hostie; davon die eine Hälfte dem Prinzen, und die andre dem Pabste gereichet wurde: es wurden die allerfurchtbarsten Flüche öffentlich wider denjenigen ausgesprochen, der von ihnen den Tractat brechen würde: dennoch hatte Pascal nicht so bald seine Freyheit wieder bekommen, als er alles, was er eingeräumet hatte, wiederrief, und den Bann wider den Kaiser ergehen ließ, der am Ende gezwungen wurde, sich die verlangten Bedingungen gefallen zu lassen, und alle seine Foderungen, die er nicht wiederrufen konnte, aufzugeben h).

Der König von England wäre beynahe in eine gleiche Situation gerathen: Pascal hatte bereits den Grafen von Meulent, und die übrigen Minister Henrichs, welche seine Werkzeuge waren, wodurch er seine Foderungen unterstüßte i), in den Bann gethan: er drohete dem Könige täglich selbst mit gleicher Strafe; und verschob den Streich nur deswegen, um ihm Zeit zu lassen, daß er sich noch unterwerfen könnte. Die Mißvergnügten erwarteten ungeduldig die Gelegenheit, seine Regierung durch Verschwörungen und Rebellionen zu beunruhigen k): die größten Freunde des Königes waren über die Erwartung eines Vorfalles besorgt, welcher ihre Religions- und bürgerlichen Pflichten in einen Streit setzen mußte: und die Gräfinn von Blois, seine Schwester, eine fromme Prinzeßinn, welche viel über ihn vermochte, erschrack vor der Gefahr der ewigen Verdammniß ihres Bruders l). Henrich hingegen schien sich entschlossen zu haben, daß er lieber alle Gefahr wagen, als ein Recht von solcher Wichtigkeit aufgeben wollte, welches alle seine Vorgänger besessen hatten; und es war wegen seiner großen Klugheit und Fähigkeit wahrscheinlich, daß er seine Gerechtsame schützen, und endlich in dem Streite den Sieg erhalten würde. Indem Pascal und Henrich sich hernach so vor einander fürchteten, war es um sooviel leichter, zwischen ihnen einen Vergleich zu treffen, und ein Mittel zu finden, das sie sich beyde gefallen liessen.

g) *W. Mahn.* S. 167.
h) *Padre Paolo,* sopra benef. ecclef. S. 122. *W. Mahn.* S. 170. Chron. Abb. St. Petri de Burge, S. 83. Sim. Dun. S. 233.

i) *Eadmer,* S. 79.
k) *Eadmer,* S. 80.
l) *Eadmer,* S. 79.

Geschichte von England. Kap. VI.

1107.
Vergleich mit dem Anselm.

Ehe die Bischöfe ihre Würden in Besitz nahmen, hatten sie sich vormals zwey Ceremonien gefallen lassen müssen: sie empfiengen von der Hand des Königes einen Ring und Hirtenstab, als Sinnbilder ihres Amtes: und dieses nannte man ihre Investitur: sie bezeigten auch dem Prinzen diejenige Ehrerbietung, welche Vasallen, nach den Gebräuchen der Feudalgesetze, bezeigen mußten, und die den Namen Huldigung bekamen. Und da der König beydes verwegern konnte, so wohl die Investitur zu geben, als auch die Huldigung anzunehmen, so hatte er, obgleich das Kapitel vermöge einiger Kirchengesetze der mittlern Zeit das Wahlrecht besaß, dennoch in der That allein die Macht, Prälaten zu ernennen. Urban der Zweyte hatte den Layen beyde, sowohl die Investitur als die Huldigung abgesprochen [m]. Die Kaiser waren, durch alle ihre Kriege und Unterhandlungen, nicht vermögend gewesen, es dahin zu bringen, daß ein Unterschied darunter gemacht würde: der Beytritt der profanen Layen wurde in allen Stücken für gottlos und abscheulich vorgestellet: und die Kirche strebte öffentlich nach einer völligen Unabhängigkeit von dem Staate. Aber Henrich hatte sowohl England als die Normandie in einen solchen Stand gesetzt, daß er seinen Unterhandlungen ein größeres Gewicht geben konnte; und Pascal war gegenwärtig zufrieden, daß er das Recht der Investitur abtrat, wodurch, der Meynung nach, die geistliche Würde ertheilet wurde; und er erlaubte den Bischöfen, für ihre weltlichen Güter und Freyheiten die Huldigung abzulegen [n]. Der Pabst war sehr vergnügt, dieses erworben zu haben, welches, wie er hoffte, mit der Zeit das Ganze in sich fassen würde: und der König freuete sich, in seiner Besorgniß, wie er einer sehr gefährlichen Situation entkommen möchte, daß er doch einige, wiewohl ungewisse Gewalt, in der Wahl der Prälaten behielt.

Nachdem der Hauptstreit beygeleget war, so wurde es nicht schwer, die übrigen Zwistigkeiten zu vergleichen. Der Pabst erlaubte dem Anselm, mit den übrigen Prälaten zu communiciren, welche bereits ihre Investituren von der Krone empfangen hatten; und verlangte von diesen nur für ihre vorige üble Aufführung einige Abbitte [o]. Er gab auch dem Anselm die Erlaubniß, alle andre Unordnungen zu heben, welche, wie er sagte, aus der Barbarey des Landes entstehen möchten [p]. Solche Gedanken hatten damals die Päbste von den Engländern; und nichts kann ein stärkerer Beweis von der erbärmlichen Unwissenheit seyn, worein das Volk damals versenket war, als daß ein Mann, der auf dem päbstlichen Stuhle saß, und sich durch Ungereimtheit und Unsinn erhielt, sich berechtiget glaubte, sie Barbaren zu nennen.

Während dieser Streitigkeiten wurde zu Westminster eine Synode gehalten, worinn der König, der nur auf die Hauptstreitigkeit achtsam war, einige Kirchengesetze von geringerer Erheblichkeit, welche zur Beförderung der Usurpationen der Geistlichen dienten, gestattete. Es wurde die Priesterheyrath verboten; ein Punkt, bey dessen Einführung sich noch immer große Schwierigkeiten fanden, und sogar den Layen wurde verbo-

---

m) Eadmer, S. 91. W. Malm. S. 163. S. 274. Brompton. S. 1000. Wilkins, S. 303.
Sim. Dunelm. S. 230. Chron. Dunst. S. 21.
n) Eadmer, S. 91. W. Malm. S. 164. 227. o) Eadmer, S. 87.
Hoveden, S. 471. Matt. Paris, S. 43. T. Rudb. p) Eadmer, S. 91.

Geschichte von England. Kap. VI.

verbothen, sich in dem siebenten Grade der Verwandschaft zu verheyrathen ᵖ). Hierdurch vermehrte der Pabst die Vortheile, welche er aus seinen Dispensationen zog; wie auch die Vortheile aus den Ehescheidungen. Denn weil damals die Schreibkunst selten war, und die Kirchspielregister nicht ordentlich gehalten wurden, so war es nicht leicht, die Grade der Verwandschaft auch unter den Leuten von Range zu bestimmen; und ein jeder, der Geld genug hatte, dafür zu bezahlen, konnte eine Ehescheidung erhalten, unter dem Vorwande, daß seine Frau ihm näher verwandt wäre, als die Kirchengesetze gestatteten. Die Synode gab auch ein Verboth, daß die Layen kein langes Haar tragen sollten ᵠ). Der Haß der Geistlichen gegen diese Mode schränkte sich nicht in England ein. Als der König nach der Normandie gieng, ehe er diese Provinz erobert hatte, bath ihn der Bischof von Seez in einer förmlichen Anrede gar sehr, er möchte doch die mannichfaltigen Unordnungen in der Regierung abstellen, und dem Volke befehlen, daß es sein Haar auf eine anständige Art beschnitte. Obgleich Henrich seine Vorrechte bey der Kirche nicht wollte fahren lassen, so war er doch sehr bereit, sein Haar wegzugeben: er schnitte es so, wie es die Geistlichen verlangten, und alle Hofleute mußten seinem Beyspiele folgen ʳ).

1107.

Die Eroberung der Normandie war für den Ehrgeiz Henrichs ein wichtiger Punkt; weil sie der alte Sitz seiner Familie und das einzige Land war, welches ihm, so lange Kriege, er es besaß, auf dem vesten Lande großes Ansehen und Gewicht gab: aber die Ungerechtigkeit, wodurch er sie erworben hatte, war die Quelle großer Unruhen, verwickelte ihn in öftere Kriege, und zwang ihn, den englischen Unterthanen die vielen willkührlichen und schweren Abgaben aufzulegen, worüber sich alle Geschichtschreiber dieser Zeit beklagen ˢ). Sein Neffe, Wilhelm, war nur sechs Jahre alt, als er ihn der Aufsicht des Helie von St. Saen anvertrauete; und wahrscheinlicher Weise hatte er dabey, daß er dieses wichtige Amt einem Mann von so verschiedenem Charakter übergab, die Absicht, allen boshaften Verdacht zu vermeiden, wenn etwa ein Zufall das Leben des Prinzen befallen möchte. Es reuete ihn bald seine Wahl; als er aber den Wilhelm wieder in seine Gewalt zurück foderte, so schaffte Helie seinen Untergebenen weg, und brachte ihn an den Hof des Fulk, Grafen von Anjou, der ihn in Schutz nahm ᵗ). So wie der junge Prinz zu seinen männlichen Jahren heran wuchs, entdeckte er Tugenden, die seiner Geburt gemäß waren; und indem er zu verschiedenen Höfen in Europa reisete, erwarb er sich das freundschaftliche Mitleiden vieler Prinzen, und erregte gegen seinen Onkel, der ihm seine Erbländer so ungerecht geraubet hatte, einen allgemeinen Unwillen. Ludwig der Dicke, der Sohn Philipps, war damals König in Frankreich, ein tapfrer und großmüthiger Prinz, den Henrich, da er in den Lebzeiten seines Vaters nach England flüchten müssen, um den Verfolgungen seiner Stiefmutter Bertruda zu entgehen, in Schutz genommen, und sich daher bey ihm eine persönliche Freundschaft erworben hatte. Allein diese Bande wurden bald hernach, als Ludwig zum Thron gelangte, aufgelöset; er fand sein Interesse in so vielen Stücken dem Interesse des englischen Monarchen sehr entgegen, und sah die Gefahr ein, wenn die Normandie mit

1110.

England

---

p) *Eadmer.* S. 67, 68. *Spelm.* Conc. Vol. 2. S. 22.
q) *Eadmer*, S. 68.
r) *Order. Vital.* S. 816.

s) *Eadmer,* S. 83 Chron. Sax. S. 211, 213, 219, 220, 218. H. Hunt. S. 380, *Hoveden*, S. 470. Annal. Waverl. S. 143.
t) *Order. Vital.* S. 837.

England verbunden bliebe. Er trat demnach den Höfen von Anjou und Flandern bey, 1110. dem Henrich in seiner Regierung Unruhe zu erregen; und dieser Monarch fand sich genöthiget, um seine auswärtigen Länder zu vertheidigen, sich nach der Normandie zu verfügen, wo er sich zwey Jahre lang aufhielt. Der Krieg unter diesen Prinzen, welcher darauf erfolgte, war mit keinen merkwürdigen Folgen verbunden, und bestund bloß aus kleinen Scharmützeln an den Gränzen, wie es gemeiniglich in dem schwachen Zustande der Fürsten in dieser Zeit zu seyn pflegte, wenn sie nicht durch eine grosse und bringende Ursache aufgehetzet wurden. Henrich vermählte seinen ältesten Sohn Wilhelm mit der Tochter des Fulk u), zog dadurch diesen Prinzen von der Allianz ab, und zwang die übrigen, einen Vergleich mit ihm zu treffen. Dieser Friede daurete nicht lange. Sein Neffe, Wilhelm, begab sich an den Hof des Baldwin, Grafen von Flandern, der sich seiner Sache annahm; und da der König von Frankreich bald darauf, aus andern Ursachen, zu dieser Parthey trat, so entzündete sich in der Normandie ein neuer Krieg, welcher keine denkwürdigere Folgen hatte, als der erste. Endlich gab der Tod 1118. des Baldwin, welcher in einer Action bey Eu blieb, dem Henrich einige Frist zur Ruhe, und setzte ihn in den Stand, daß er den Krieg wider seine Feinde mit grösserm Vortheil führen konnte x).

Da Ludewig sich unvermögend fand, dem Könige durch die Macht der Waffen die Normandie zu nehmen, so nahm er seine Zuflucht zu dem gefährlichen Mittel, sich an die geistliche Macht zu wenden, und den Kirchenbedienten einen Vorwand zu geben, daß 1119. sie sich in die weltlichen Händel der Prinzen mischen möchten. Er führte den jungen Wilhelm in eine allgemeine Versammlung, welche der Pabst Calixtus der Zweyte zusammen berufen hatte, stellte ihn demselben vor, beklagte sich über die offenbare Usurpation und Ungerechtigkeit des Henrichs, bath die Kirche um ihren Beystand, daß sie den wahren Erben wieder in seine Länder einsetzen möchte, und stellte ihr vor, wie abscheulich es sey, daß Henrich den tapfern Prinzen, Robert, einen der vornehmsten Cruciaten, der eben durch diese Eigenschaft unter dem unmittelbaren Schutz des heiligen Stuhles stünde, im Gefängnisse sitzen liesse y). Henrich verstund die Kunst, die Rechte seiner Krone mit Nachdruck und Geschicklichkeit zu vertheidigen. Er hatte die englischen Bischöfe zu dieser Synode gesandt; aber hatte ihnen vorher zur Nachricht gesagt, daß er entschlossen wäre, wenn etwa der Pabst oder die Geistlichen noch eine Foderung entfallen liessen, den Gesetzen und Gebräuchen von England anzuhangen; und die Kronrechte auszuüben, welche seine Vorfahren ihm hinterlassen hätten. „Gehet, sagte er zu „ihnen, grüsset den Pabst von mir, höret seine apostolischen Gebothe; aber hütet euch, „keine von seinen neuen Erfindungen in mein Reich zurück zu bringen. „ Da er aber doch sah, daß es ihm leichter seyn würde, den Bemühungen des Calixtus auszuweichen, als ihnen zu widerstehen, so gab er seinen Gesandten Befehle, den Pabst und seine Lieblinge durch Geschenke und Versprechungen zu gewinnen. Seit der Zeit wurden die Klagen des normännischen Prinzen von der Versammlung mit grosser Kaltsinnigkeit angehöret; und Calixtus bekannte nach einer Conferenz, welche er in eben demselben Sommer mit dem Henrich hatte, er wäre unter allen Menschen, die er bisher nur gekannt hätte,

---

u) Chron. Sax. S. 221. W. Malm. S. 160. Knyghton, S. 2380.   x) Chron. Sax. S. 222. H. Hunt. S. 380. Order. Vital. S. 843. M. Paris, S. 47.
y) Order. Vital. S. 858.

Geschichte von England. Kap. VI.   223

hätte, über aller Vergleichung der beredteste und geschickteste Mann in der Kunst zu überreden. 1119.

Die kriegerischen Maaßregeln Ludewigs schlugen eben so fruchtlos aus, als seine Intrigen. Er hatte den Entwurf gemacht, Noyon zu überrumpeln; aber Henrich, welcher von diesem Anschlage Nachricht bekommen hatte, marschirte aus, um den Ort zu entsetzen, und grief die Franzosen plötzlich bey Andeley an, als sie vor Noyon rücken wollten. Es kam zu einer scharfen Action; worinn Wilhelm, der Sohn Roberts, sich sehr tapfer bewies, und der König selbst in der äußersten Gefahr war. Er wurde von dem Crispin, einem tapfern normännischen Officier, welcher die Parten Wilhelms ergriffen hatte, an dem Kopfe verwundet a); allein, da er durch diesen Streich mehr erbittert, als erschrocken wurde, schlug er gleich darauf seinen Feind zu Boden, und munterte durch sein Exempel seine Truppen so auf, daß sie die Franzosen völlig schlugen, und beynahe ihren König selbst gefangen bekommen hätten. Die Würde der Personen, die in diesem Scharmützel fochten, machte ihn zu der denkwürdigsten Action: denn sonst war er von keiner großen Wichtigkeit. Es fochten an beyden Seiten neun hundert Reuter; und doch wurden nur drey Personen getödtet. Die übrigen wurden von der schweren Rüstung, welche die Reuterey damals trug, beschützet a). Bald darauf wurde zwischen den Königen von Frankreich und England ein Vergleich getroffen, und das Interesse des jungen Wilhelm wurde gänzlich darinn vergessen.

Aber dieses öffentliche Glück Henrichs wurde von einem häuslichen Unglücke, welches 1120. ihn befiel, weit überwogen. Sein einziger Sohn, Wilhelm, hatte itzt sein achtzehntes Tod des Jahr erreichet; und der König, welcher nach jeder der Leichtigkeit, womit er die Krone Prinzen an sich gebracht hatte, besorgte, daß eine gleiche Veränderung seine Familie herabsetzen Wilhelm. möchte, hatte die Vorsorge gehabt, ihn für seinen Thronfolger von den Ständen des Königreiches ernennen zu lassen b), und hatte ihn nach der Normandie mitgenommen, daß er sich daselbst von den Baronen dieses Herzogthums huldigen lassen möchte. Als er wieder zurück kam, segelte er von Barfleur ab, und verlohr bald guten Wind das Land aus dem Gesichte. Der Prinz wurde durch einen Zufall aufgehalten, und weil sowohl die Seeleute, als ihr Capitain, Thomas Fitz Stephens, die kleine Zwischenfrist mit Trinken zugebracht hatten, waren so berauschet, daß sie in der Geschwindigkeit, um dem Könige nachzukommen, das Schiff unversehens auf einen Felsen laufen ließen, wo es den Augenblick scheiterte c). Der Prinz war in ein Boot gesetzt, und aus dem Schiffe entkommen, als er das Schreyen seiner natürlichen Schwester, der Gräfinn von Perche hörte, und den Seeleuten befahl, zurück zu rudern, in der Hoffnung, sie noch zu retten; aber die Menge, welche in das Boot sprang, senkte es; und der Prinz kam mit seiner ganzen Hofstaat um d). Es giengen dabey über hundert und vierzig junge Edelleute von den vornehmsten Familien in England und in der Normandie verlohren. Ein Fleischer aus England war die einzige Person am Bord, welche davon kam e): er schlung sich um den Mast, und wurde am folgenden Morgen von Fischern aufgefangen.

Auch

z) H. Hunt. S. 381. M. Paris, S. 47. Ditto. S. 505. Brompton, S. 1007. M. West. S. 239.
a) Order. Vital. S. 854.
b) W. Malm. S. 165.

c) Order. Vital. S. 868.
d) W. Malmes. S. 165. H. Hunt. S. 381. Hoveden, S. 476. Brompton, S. 1012.
e) Simeon Dunelm, S. 242. Alur. Beverl. S. 148.

Auch der Capitain Fitz-Stephens hielt sich an den Mast; da der Fleischer ihm aber sagte, daß der Prinz Wilhelm geblieben sey, so sagte er, er wollte dieses Unglück nicht überleben; und stürzte sich über Kopf ins Meer *). Henrich hoffte noch drey Tage lang, daß sein Sohn in irgend einem entfernten Hafen von England eingelaufen sey: als ihm aber die gewisse Nachricht von dem Unglück gebracht wurde, sank er in Ohnmacht; und man bemerket, daß er nach der Zeit nie wieder gelachet, noch auch seine gewohnte Lustigkeit wieder angenommen habe g).

Der Tod Wilhelms kann in einem Stücke für ein Unglück der Engländer angesehen werden; weil er die unmittelbare Quelle derjenigen Bürgerkriege war, welche nach dem Absterben des Königes solche Verwirrung in der Nation verursachten: allein man bemerket, daß der junge Prinz einen starken Haß wider die Eingebohrnen gefaßt hatte; und man hatte von ihm die Drohung gehört, wenn er König seyn würde, so sollten sie den Pflug ziehen, und er wollte sie zu Lastthieren gebrauchen. Diese vorgefaßten Gesinnungen hatte er von seinem Vater geerbet, der zwar, wenn es sein Vortheil erfoderte, sich seiner Geburt als eines Engländers zu rühmen pflegte h), aber doch in dem Lauf seiner Regierung ein ungemeines Vorurtheil gegen das Volk bezeigte. Er versagte ihnen in der ganzen Zeit seiner Regierung alle geistliche und weltliche Würden; und jeder Ausländer, so unwissend und unwürdig er auch seyn mochte, konnte versichert seyn, in allen Bewerbungen vor ihnen den Vorzug zu haben i). Weil die Engländer der Regierung in einer Zeit von funfzig Jahren keine Unruhen gemacht hatten, so scheinet dieser eingewurzelte Haß eines Prinzen von so vieler Mäßigung und Scharfsinnigkeit, eine Vermuthung zu veranlassen, daß die Engländer dieser Zeit noch ein rohes und barbarisches Volk, sogar gegen die Normandie betrachtet, gewesen seyn müssen, und giebt uns keinen sehr vortheilhaften Begriff von den angelsächsischen Sitten.

Der Prinz Wilhelm hinterließ keine Kinder; und der König hatte itzt keinen ächten Erben mehr, ausser einer Tochter Matilda, welche er im Jahr 1110 im achten Jahre ihres Alters k) mit dem Kaiser Henrich dem Fünften vermählet und sie weggesandt hatte, um sie in Deutschland erziehen zu lassen l). Weil aber durch ihre Abwesenheit und Vermählung mit einem auswärtigen Prinzen ihre Erbfolge in Gefahr setzen konnte, so ließ sich Henrich, welcher itzt ein Wittwer war, bereden, sich zu verheyrathen, in der Hoffnung, Erben zu bekommen; und bewarb sich um die Adelais, eine Tochter Gobfrieds, des Herzogs von Lovaine, und eine Nichte des Pabstes Calixtus, eine junge liebens-

Zweyte Vermählung des Königes. 1121.

f) *Order. Vital.* S. 868.
g) *Hoveden*, S. 476. *Order. Vital.* S. 869. *Simeon Dunelm.* S. 242. *Ahr. Beverl.* S. 148.
h) *Gul. Neub.* Lib. 1. Cap. 3.
i) *Eadmer*, S. 110.
k) *Chron. Sax.* S. 215. *W. Malm.* S. 166. *Ord. Vital.* S. 838.
l) Henrich war, nach dem Feudalgebrauche, berechtiget, zur Vermählung seiner ältesten Tochter eine Taxe zu heben, und er schrieb drey Schilling von einer Hyde Land in ganz England aus. *H. Hunting*, S. 379. Einige Geschicht-

schreiber (wie *Brody*, S. 270. und *Tyrrel*, B. 2. S. 182.) setzen aus Versehen die Summe über 800,000 Pfund unsers Geldes: aber sie konnte nicht über 135,000 betragen. Fünf Hyden, oft weniger, machten einen Rittersitz aus, von welchen in England gegen 60,000 waren, und folglich gegen 300,000 Hyden: wenn wir nun auf jede Hyde 3 Schilling nehmen, so macht die Summe gegen 45,000 Pfund unsers Geldes. S. *Rudborne*, S. 257. In den Zeiten der Sachsen wurden nur 243,600 Hyden in England gerechnet.

Geschichte von England. Kap. VI.

liebenswürdige Prinzeßinn ᵐ). Aber Adelay gebahr ihm keine Kinder; und der Prinz, welcher am ersten um die Thronfolge, ja sogar um den unmittelbaren Besitz der Krone 1121. streiten konnte, faßte wieder Hoffnung, seinen Nebenbuhler, welcher sich nach und nach aller seiner väterlichen Domainen bemächtiget hatte, herunter zu stoßen. Wilhelm, der Sohn des Herzogs Robert, genoß noch immer den Schutz am Hofe Ludewigs, des Königs von Frankreich; und weil Henrichs Verbindungen mit dem Fulk, Grafen von Anjou, durch den Tod seines Sohnes unterbrochen waren, so schlug sich dieser Graf auf die Seite dieses unglücklichen Prinzen, gab ihm seine Tochter zur Gemahlinn, und stund ihm bey, Unruhen in der Normandie zu erregen. Aber Henrich fand Mittel, den Grafen von Anjou abzuziehen, indem er mit ihm eine nähere Verbindung machte, als die vorige, die zudem für das Interesse seiner Familie weit wichtiger war. Da 1127. der Kaiser, sein Schwiegersohn, ohne Erben starb, gab er seine Tochter dem Gobfried, dem ältesten Sohne des Fulk, und bemühete sich, ihr die Thronfolge dadurch zu sichern, daß er sie für die Erbinn aller seiner Gebiethe erkennen ließ, und die Baronen so wohl in der Normandie, als in England zwang, ihr den Eid der Treue zu schwören ⁿ). Er hoffte, die Wahl ihres Gemahls würde allen seinen Unterthanen angenehmer seyn, als der Kaiser gewesen war; weil sie dadurch vor der Furcht, unter die Herrschaft eines großen und entfernten Potentaten zu fallen, der sie unter den Fuß bringen, und ihr Land in eine Provinz verwandeln möchte, sicher gestellet würden: aber es mißfiel den Baronen, daß er einen für das Nationalinteresse so wichtigen Schritt gethan hatte, ohne sie um Rath zu fragen ᵒ); und Henrich hatte ihre unruhige Gemüthsart nur zu empfindlich erfahren, daß er sich vor den Wirkungen ihres Zorns nicht hätte fürchten sollen. Es kam ihm wahrscheinlich vor, daß die Parten seines Neffen sich durch die Vermehrung der Mißvergnügten verstärken könnte; und dieser Zuwachs an Macht, welche dieser Prinz bald darauf erbte, machte seine Ansprüche noch gefährlicher. Da Carl, der Graf von Flandern unter währendem Gottesdienste ermordet wurde, setzte Ludewig den jungen Prinzen sogleich in den Besitz der Grafschaft, auf welche er wegen seiner Großmutter Matilda, der Gemahlinn des Eroberers, Anspruch hatte ᵖ). Aber Wilhelm überlebte dieses kleine Glück, welches ihm zu einem höhern Glück die Thüre zu öffnen schien, nicht lange. 1128. Er wurde in einem Scharmützel mit dem Landgrafen von Elsaß, der mit ihm Anspruch auf Flandern hatte, getödtet; und dieser Tod machte für itzt der Eifersucht und Unruhe Henrichs ein Ende ᑫ).

Das größte Verdienst der Regierung dieses Prinzen bestehet in der tiefen Ruhe, welche er herstellte, und die meiste Zeit seiner Regierung hindurch in allen seinen Gebiethen erhielt ʳ). Die aufrührischen Baronen waren gezügelt; und seine Nachbarn fanden

m) Chron. Sax. S. 223. W. Malm. S. 165.
n) Chron. Sax S. 230. W. Malm. S. 175. Gul. Gemet. S. 304. Chron. St. Petri de Burgo. S. 68.
o) W. Malm S. 175. Die Annals h. d. Waverly S. 150. sagen, der König habe alle Baronen um ihre Einstimmung ersuchet, und sie erhalten.
p) Chron. Sax. S. 231. Gul. Gemet. S. 299. Alur. Beverl. S. 151.
q) Chron. Sax. S. 232.
r) Gul. Gemet. S. 302.

den ihn bey allen ihren Angriffen gegen ihn so wohl bereitet, daß sie die Lust verlohren, 1128. ihre Unternehmungen fortzusetzen, oder zu erneuren. Um die Einfälle der Einwohner von Wallis zurück zu weisen, brachte er im Jahre 1111 einige aus Flandern herüber, und gab ihnen Sitze in Pembrokshire, wo sie lange eine fremde Sprache redeten, und andre Gebräuche und Sitten behielten, als ihre Nachbarn [s]. Obgleich seine Regierung in England willkürlich gewesen zu seyn scheinet, war sie doch klug und verständig, und so wenig drückend, als die Nothwendigkeit seiner Sachen nur leiden wollte. Es fehlte ihm nicht an Achtsamkeit, Beschwerden abzustellen; und die Geschichtschreiber sagen uns, daß er sich bemühete, die Purvoyance zu erleichtern und einzuschränken. Die Innhaber der königlichen Domainenländer mußten damals den Hof ohne Entgelt mit Lebensmitteln versehen, und auf gleiche harte Bedingung, wenn der König in irgend eine Grafschaft reisen wollte, das Fuhrwerk stellen. Diese Lehndienste waren so beschwerlich, und die Sachen wurden auf eine so ausgelassene Art hengetrieben, daß die Pächter, wenn sie von der Ankunft des Hofes hörten, oft ihre Wohnungen verließen, als wenn ein Feind sie heimsuchte [t], und für ihre Personen und Familien vor dem Troß des königlichen Gefolges in den Wäldern Schutz suchten. Henrich verboth diese Grausamkeiten, und bestrafte die schuldigen Personen damit, daß er ihnen Hände, Füße, oder andre Glieder abhauen ließ [u]. Doch blieb das Recht der Krone beständig; das Mittel, welches Henrich gebrauchte, dauerte nur auf einige Zeit; und die Gewaltsamkeit des Mittels, anstatt eine Sicherheit für das Volk zu seyn, war vielmehr nur ein Beweis von der Wildheit der Regierung in dieser Zeit, und drohete eine baldige Wiederkehr gleicher Mißbräuche.

Ein wichtiger und schwerer Gegenstand der Klugheit des Königes war dieser, daß er sich vor den Eingriffen des römischen Hofes hüten, und die Freyheiten der englischen Kirche beschützen möchte. Der Pabst hatte im Jahr 1101 den Guy, Erzbischof von Vienne, als Legaten nach Britannien gesandt; und ob er gleich seit vielen Jahren der erste war, der daselbst unter diesem Charakter erschienen war, und sein Antrag großes Aufsehen [x] machte, so mußte der König sich doch, weil er seine Regierung erst angetreten hatte, und sich in vielen Schwürigkeiten befand, diesen Eingriff in seine Macht gefallen lassen. Aber im Jahr 1116 verboth er dem Anselm, Abte von St. Sabes, welcher mit einer gleichen Vollmacht als Legat überkommen wollte, in sein Reich zu kommen [y]; und der Pabst Calixtus, welcher damals selbst viele Verdrüßlichkeiten hatte, weil Gregorius, ein Antipabst, Ansprüche auf den Stuhl machte, fand sich gezwungen, zu versprechen, daß er künftig niemals einen Legaten wieder senden wollte, es sey denn, daß der König es selbst verlangte [z]. Demungeachtet gab der Pabst, so bald als er nur seinen Gegner unter den Fuß gebracht hatte, dem Cardinal von Crema die Vollmacht eines Legaten für England; und der König, der wegen der Intrigen und Angriffe seines Neffen sich damals in einer gefährlichen Situation befand, war genöthiget, sich die Ausübung dieser Vollmacht gefallen zu lassen.

s) *W. Malm.* S. 158. *Brompton.* S. 1003.
t) *Eadmer,* S. 94. *Chron. Sax.* S. 212.
u) *Eadmer,* S. 94.
x) *Eadmer,* S. 58.
y) *Hovden,* S. 474.
z) *Eadmer,* S. 125, 137, 138.

fen ᵃ). Der Legate berief zu London eine Synode, worinn, außer andern Kirchengesetzen, auch eine Verordnung gegeben wurde, welche die Ehe der Geistlichen unter schar- 1128.
fen Strafen verboth ᵇ); und der Cardinal erklärte es in einer öffentlichen Rede für eine
unverzeihliche Abscheulichkeit, wenn ein Priester in dem Augenblicke darauf, wo er von
der Seiten einer Hure aufstünde, sich erkühnte, den Leib Christi einzusegnen und zu be-
rühren: denn diesen sittsamen Namen, Huren, gab er den Frauen der Geistlichen. Aber
es trug sich zu, daß noch in derselbigen Nacht die Justizbedienten in ein lüderliches Haus
einbrachen, und den Cardinal bey einer Maitresse im Bette fanden ᶜ); ein Zufall, der
ihn so lächerlich machte, daß er sich gleich darauf aus dem Reiche schlich: die Synode
gieng aus einander; und die Gesetze wider die Ehe der Geistlichen wurden schlechter
beobachtet, als zuvor ᵈ).

Henrich sandte, um diese abwechselnde Veränderung von Einräumungen und gewaltsamen Eingriffen ein Ende zu machen, Wilhelm, den Erzbischof von Canterbury
nach Rom, um dem Hofe diese Mißbräuche vorzustellen, und die Freyheiten der englischen Kirche zu beschützen. Jeder Pabst hatte die gewöhnliche Maxime, daß er, so
bald er sah, daß er mit seinen Forderungen nicht durchdringen konnte, den Prinzen oder
Staaten eine Macht einräumte, welche sie immer ausgeübet hatten, damit er zu rechter Zeit den Anspruch, welchen er zu vergeben schien, wieder hervorsuchen und vorgeben
könnte, die bürgerliche Obrigkeit hätte diese Gewalt bloß aus einer Specialbewilligung
von dem römischen Pabste gehabt. Nach dieser Regel hatte der Pabst, da er sah, daß
die französische Nation seinen Anspruch auf die Austheilung der Investituren nicht gelten
lassen wollte, eine Bulle ausgefertiget, worinn er dem Könige diese Macht ertheilte;
und itzt machte er es eben so, um die Klagen des Königes von England zu vereiteln.
Er machte den Erzbischof von Canterbury zu seinem Legaten, erneuerte seine Vollmacht
von einer Zeit zur andern, und gab immer vor, daß alle diejenigen Rechte, welche dieser Prälat von je her als Metropolitan ausgeübet hätte, gänzlich von der Bewilligung
des apostolischen Stuhles herkämen. Die englischen Könige, und insbesondre Henrich,
welche froh waren, einen unmittelbaren Streit von so gefährlicher Art zu vermeiden,
ließen sich gemeiniglich durch ein Stillschweigen diese Forderungen des römischen Hofes
gefallen ᵉ).

Ff 2 Da

a) Chron. Sax. S. 229.
b) Spelm. Conc. vol. 2. S. 34.
c) Hoveden. S. 478. M Paris. S. 48. M.
West. ad ann. 1125. H. Huntington. S. 382.
Es ist merkwürdig, daß dieser letzte Schriftsteller, der eben sowohl ein Geistlicher war, als die
andern, sich entschuldiget, daß er sich gegen
Kirchenväter einer solchen Freyheit bediente; er
sagt aber, die Sache sey weltkundig, und dürfte
nicht verhalten werden.
d) Chron Sax. S. 234.
e) Die Legaten a latere, wie sie genannt
wurden, waren gewisser Maaßen Delegaten,

welche die völlige Gewalt des Pabstes in allen
ihnen anvertrauten Provinzen besaßen, und sehr
geschäftig waren, sie sowohl zu erweitern, als
auszuüben. Sie ernannten die Personen zu allen erledigten Kirchenbedienungen, beriefen Synoden, und waren sehr besorgt, die Freyheiten
der Geistlichen zu behaupten, welche nicht völlig
geschützt werden könnten, ohne Eingriffe in die
bürgerliche Gewalt zu thun. Wenn beyde
Mächte in Collision kamen, oder sich widersprachen, so nahm man immer an, daß die weltliche nachgeben müßte: alle Sachen, welche nur
den mindesten Schein eines geistlichen Umstandes

Da in England alles in der tiefsten Ruhe war, bediente sich Henrich der Gelegenheit, und besuchte die Normandie, wozu ihn sowohl seine Liebe für das Land, als auch die Zärtlichkeit seiner Tochter, der Keiserinn Matilda, welche er sehr liebte, bewog. Bald darauf kam diese Prinzessinn mit einem Sohne nieder, der den Namen Henrich bekam, und der König ließ, um ihr die Thronfolge noch sicherer zu machen, allen Adel in England und in der Normandie den Eid der Treue, den sie ihr geschworen hatten, noch einmal schwören f). Die Freude über diesen Vorfall, und das Vergnügen, welches der König in der Gesellschaft seiner Tochter fand, welche noch nach einander zwey Söhne gebahr, machte ihm seinen Aufenthalt in der Normandie sehr angenehm g): und er schien sich entschlossen zu haben, den Rest seiner Tage in diesem Lande zuzubringen; als ein Einfall der Einwohner von Wallis ihn zwang, an seine Zurückreise zu denken. Er schickte sich zu seiner Reise an, als er zu St. Denis le Forment plötzlich von einer Krankheit befallen wurde, da er zu viel Lampreten gegessen hatte, eine Speise, welche immer mehr nach seinem Geschmack, als für seine Leibesbeschaffenheit war h). Er starb in dem sieben und sechzigsten Jahr seines Alters, und im fünf und dreyßigsten seiner Regierung; und ließ in seinem letzten Willen seine Tochter Matilda, als Erbinn aller seiner Gebiethe, ohne ihres Gemahls Gottfried, welcher ihm einige Ursachen zum Mißvergnügen gegeben hatte, mit einem Worte zu erwähnen i).

Dieser Prinz war einer von den vollkommensten, welche den englischen Thron besessen haben, und hatte alle Eigenschaften des Leibes und der Seele, natürliche und erworbene, welche ihn zu dem hohen Stande, den er erreichte, geschickt machten. Seine Person war männlich, seine Bildung einnehmend, seine Augen hell, heiter, durchdringend. Seine Gesprächigkeit ermunterte diejenigen, welche etwa wegen seiner Würde, oder seiner Weisheit furchtsam seyn mochten; und ob er gleich oft seiner kurzweiligen Laune den Lauf ließ, so verstund er doch die Kunst, dieselbe durch Verstand zu mäßigen, und hielt sich beständig von allen Vertraulichkeiten mit seinen Hofleuten zurück. Seine vorzügliche Beredsamkeit, und seine Beurtheilungskraft, würden ihn, wenn er auch im Privatstande gebohren wäre, empor gebracht haben; und seine persönliche Tapferkeit würde ihm Ehrfurcht erworben haben, wenn sie auch nicht so sehr durch Klugheit und Staatslist wäre unterstützet worden. Durch seinen großen Fortgang in der Litteratur erwarb er sich den Namen *Beau-clerc*, oder eines Gelehrten; aber sein sitzender Fleiß im Studieren schwächte seine Wachsamkeit und Geschäfftigkeit in der Regierung gar nicht; und obgleich die Gelehrsamkeit der damaligen Zeit mehr geschickt war, den Verstand zu verderben, als zu verbessern, so erhielt sich doch sein natürlich guter Verstand frey von der Pedanterie, und dem Aberglauben, welche damals unter den Gelehrten so sehr herrsch-

des hatten, zum Exempel Ehen, Testamente, Versprechungsfälle, wurden vor das geistliche Gericht gebracht, und konnten in einem weltlichen Gerichte nicht entschieden werden. Das waren die eingeführten Kirchengesetze; und wo unmittelbar ein Legate von Rom gesandt war, da behauptete er sicher die Ansprüche des Pabstes mit der äußersten Strenge: aber es war ein Vortheil für den König, daß der Erzbischof von Canterbury zum Legaten ernannt wurde, weil die Verbindungen dieses Prälaten mit dem Reiche seine Maaßregeln mäßigten.

f) *W. Malm.* S. 177.
g) *H. Hunt.* S. 215.
h) *H. Hunt.* S. 385. *M. Paris* S. 50.
i) *W. Malm.* S. 178.

Geschichte von England. Kap. VI.

herrschten. Seine Gemüthsart war so wohl der Empfindungen der Freundschaft, als des Zornes sehr fähig k); und sein Ehrgeiz, der zwar groß war, konnte doch für mäßig 1135. und vernünftig gehalten werden; wenn er nicht durch seine Aufführung gegen seinen Bruder und Neffen gezeigt hätte, daß er gar zu geneigt war, alle Maximen der Gerechtigkeit und Billigkeit demselben aufzuopfern. Aber die gänzliche Unfähigkeit des Robert zur Regierung, gab seinem jüngern Bruder einen Grund oder einen Vorwand, sich des Zepters, sowohl in der Normandie, als in England zu bemächtigen; und wenn ein Prinz erst einmal Gewaltthätigkeit und Usurpation angefangen hat, so zwinget ihn die Noth, auf eben die sträfliche Art fortzufahren, und treibe ihn zu Anschlägen, welche er sonst, nach seiner bessern Einsicht, und seinen gesundern Grundsätzen mit Eifer und Zorn verworfen haben würde.

Der König Henrich war dem Frauenzimmer sehr ergeben; und die Geschichtschreiber reden von nicht weniger, als sieben unächten Söhnen, und sechs Töchtern, welche er gezeuget hatte l). Die Jagd war auch eine seiner liebsten Belustigungen; und er verfuhr sehr strenge gegen diejenigen, welche sich an den königlichen Wäldern vergriffen, die unter seiner Regierung noch vermehret wurden m), so groß und zahlreich sie auch schon waren. Ein Reh zu tödten, war ein eben so großes Verbrechen, als einen Menschen zu ermorden: er ließ alle Hunde lähmen, welche man an den Außenseiten seiner Wälder ertappte; und er untersagte zuweilen seinen Unterthanen die Freyheit, auf ihren eignen Ländern zu jagen, oder so gar ihr eignes Holz zu fällen. In andern Stücken übte er Gerechtigkeit, und zwar mit Strenge; die beste Maxime, welche ein Prinz in diesen Zeiten ergreifen konnte. Der Diebstahl wurde erst unter seiner Regierung ein Todesverbrechen n): das falsche Münzen, welches damals ein gemeines Verbrechen war, und das Geld ungemein heruntergebracht hatte, wurde von dem Henrich sehr hart bestrafet o). Beynahe funfzig solcher Verbrecher wurden auf einmal gehangen, oder verstümmelt; und ob es gleich scheinet, als wenn diese Strafen etwas eigenwillig ausgeübt wurden, so waren sie doch dem Volke angenehm, welches mehr auf die gegenwärtigen Vortheile sah, als eifersüchtig auf allgemeine Gesetze war. Man hat einen Coder, welcher unter dem Namen Henrichs des Zweyten bekannt ist, allein die besten Alterthumsforscher halten ihn einmüthig für unächt. Er ist indeß ein sehr altes Werk, und kann den Nutzen haben, daß er uns von den Gebräuchen und Sitten dieser Zeiten unterrichtet. Man siehet aus demselben, daß damals ein großer Unterschied unter den Normännern und den Engländern, zum großen Vortheil der ersten, gemacht wurde p). Die tödtlichen Fehden, und die Freyheit der Privatrache, welche die sächsischen Gesetze erlaubt hatten, dauerten noch immer, und waren noch nicht ganz widergesetzlich q).

Ff 3   Henrich

---

k) *Order. Vital.* S. 805.
l) *Guil Gemet.* lib. 8. Cap. 29.
m) *W Malm.* S. 179.
n) *Sim. Dunelm.* S. 251. *Brompton,* S. 1000. *Flor. Wigorn.* S. 653. *Hoveden,* S. 471.

o) *Simeon Dunelm.* S. 233. *Brompton,* S. 1000. *Hoveden,* S. 471. *Annal. Waverl.* S. 149.
p) LL. Hen. 1. §. 18. 75
q) LL Hen. §. 82.

Henrich gab bey seiner Thronbesteigung der Stadt London einen Freyheitsbrief,
1135. welcher der erste Schritt gewesen zu seyn scheinet, diese Stadt zu einer Corporation zu machen. Vermöge dieses Briefes hatte sie die Freyheit, die Pachtung von Middelsex jährlich für drey hundert Pfund zu behalten, ihren eignen Sherif und Justiziarius zu ernennen, und Processsachen der Krone zu führen; sie war von dem Scotgelde, dem Danegelt, von gerichtlichen Proben durch einen Zweykampf, und von Beherrschung des Gefolges des Königes frey. Diese, nebst einer Bestätigung der Gerechtsame ihres Gerichtes von Hustings, ihrer Districtgerichte, und gemeiner Gerichte, ihrer Jagdfreyheit in Middelsex und Surrey, machen die Hauptpunkte dieses Briefes aus [1]).

Das siebente Kapitel.

Stephen.

Stephen gelangt zum Thron — Krieg mit Schottland — Aufstand zum Besten der Matilda — Stephen wird gefangen — Matilda wird gekrönet — Stephen wird auf freyen Fuß gestellet — Gelangt wieder zur Krone — Fortsetzung der Bürgerkriege — Vergleich zwischen dem König und dem Prinzen Heinrich — Tod des Königes.

1135. In dem Fortgange und der Vestsetzung des Feudalgesetzes hatte das männliche Successionsrecht zu Lehen eine Zeitlang vor dem weiblichen gegolten; und da die Güter für kriegerische Besoldungen, nicht für ein Eigenthum angesehen wurden, so wurden sie nur denen übergeben, welche in den Armeen dienen, und in eigner Person die Bedingungen erfüllen konnten, auf welche sie ihnen gegeben wurden. Aber nach diesem hatte die Fortdauer der Rechte, die einige Geschlechtsfolgen hindurch bey einer Familie geblieben waren, die erste Idee gewissermaßen verlöschet; das weibliche Geschlecht kam nach und nach in den Besitz des Feudaleigenthums; und eben die Veränderung der Grundsätze, welche diesem die Erbschaft der Privatgüter verschaffte, führte auch natürlicher Weise ihre Folge in der Regierung und Herrschaft ein. Aus Mangel an männlichen Erben für das Reich England, und das Herzogthum Normandie, schien daher die Thronfolge, ohne einen Nebenbuhler, der Kaiserinn Matilda offen zu stehen; und weil Henrich alle seine Vasallen in beyden Staaten ihr den Eid der Treue hatte schwören lassen, so glaubte er, sie würden sich nicht leicht bewegen lassen,

auf

[1]) *Lambardi Archaionomia* ex edit. *Twisden Wilkins*, S. 235.

Geschichte von England. Kap. VII.

auf einmal von dem Erbrechte, und von ihren wiederholten Eiden und Verpflichtungen abzugehen. Aber die unregelmäßige Art, wie er selbst zur Krone gekommen war, 1135. hätte ihn lehren können, daß weder seine Normänner noch Engländer noch zur Zeit fähig waren, einer genauen Regierungsregel anzuhangen; und weil jedes Beyspiel von dieser Art neuen Usurpationen eine Vollmacht zu geben scheinet, so hatte er Ursache, so gar von seiner eigenen Familie, einen Angriff gegen das Recht seiner Tochter, welches er so gern hatte vestsetzen wollen, zu besorgen.

Abela, die Tochter Wilhelms des Eroberers, war mit dem Stephen, Grafen von Blois, vermählet worden, und hatte ihm verschiedene Söhne gebohren; von diesen waren Stephen und Henrich, die beyden jüngsten, von dem vorigen Könige nach England berufen worden, und hatten große Ehre, Reichthümer und Bedienungen von der eifrigen Freundschaft erhalten, welche dieser Prinz gegen einen jeden hegte, der so glücklich gewesen war, sich seine Gunst und gute Meynung zu erwerben. Henrich, welcher sich dem geistlichen Stande gewidmet hatte, war zum Abt von Glastenburn, und zum Bischof von Winchester ernannt; und obgleich diese Würden ansehnlich waren, so hatte doch Stephen, sein Bruder, von der Freygebigkeit seines Onkels noch eine grössere und dauerhaftere Versorgung erhalten a). Der König hatte ihn mit der Matilda vermählet, welche die Tochter und Erbinn des Eustaz, Grafens von Boulogne war, und ihm, außer der Feudalherrschaft in Frankreich, auch unermeßliche Güter in England zugebracht hatte, die der Eroberer, als er die Länder austheilte, der Familie von Boulogne gab. Stephen bekam auch durch diese Ehe eine neue Verwandschaft mit der königlichen Familie in England; weil Maria, die Mutter seiner Gemahlinn, eine Schwester des David, des itzigen Königes von Schottland, und der Matilda, der ersten Gemahlinn Henrichs, und der Mutter der Kaiserinn war. Der König, welcher immer glaubte, daß er die Interessen seiner Familie stärkte, wenn er den Stephen erhübe, fand ein Vergnügen daran, ihn durch neu gegebene Güter zu bereichern; und schenkte ihm das große Gut, welches dem Robert Mallet in England genommen war, und das eingezogene Gut des Grafen von Mortaigne in der Normandie. Stephen bezeigte seinem Onkle dagegen große Liebe; und stellte sich für die Thronfolge der Matilda so eifrig, daß er, als die Baronen ihr den Eid der Treue schwuren, mit dem Robert, Grafen von Gloester, einem natürlichen Sohn des Königes, stritte, wer von ihnen zuerst dieses Zeugniß des größten Eifers und der Treue ablegen sollte b). Unterdessen suchte er sich durch alle beliebte Kunstgriffe die Freundschaft und Liebe der englischen Nation zu erwerben; und viele Tugenden, die er zu besitzen schien, begünstigten seine Absichten. Durch seine Tapferkeit, Thätigkeit und Lebhaftigkeit erwarb er sich die Hochachtung der Baronen: durch seine Großmuth, und durch eine leutselige und vertrauliche Umgänglichkeit, welche damals unter Leuten von hohem Stande gebräuchlich waren, gewann er die Neigung des Volkes, und insbesondre die Liebe der Einwohner von London c): Und ob er gleich nicht wagte, einen Schritt zu seiner Größe weiter zu gehen, damit er sich nicht der Eifersucht eines so scharfsinnigen Prinzen, als Henrich war, aussetzen möchte; so hoffte
er

---

a) *Gul. Neubr.* S. 360. *Brompton.* S. 1023. c) *W. Malm.* S. 179. *Gest. Steph.* S. 928.
b) *W. Malm.* S. 192.

er doch immer, daß er durch die Liebe des Volkes dereinst im Stande seyn würde, sich den Weg zum Throne zu bahnen.

1135. Kaum war Henrich gestorben, als schon Stephen, ohne Achtung gegen alle Bande der Dankbarkeit und Treue, und blind gegen alle Gefahr, seinem sträflichen Ehrgeize alle Zügel schießen ließ, und glaubte, daß die Geschwindigkeit seines Unternehmens, und die Kühnheit seines Versuches, auch ohne vorher einige Intrigen gespielt zu haben, die schwache Neigung überwinden würden, welche die Engländer und Normänner damals für die Gesetze und Rechte ihrer Beherrscher trugen. Er eilte nach England; und obgleich die Bürger in Dover und in Canterbury, welche von seiner Absicht Nachricht hatten, die Thore vor ihm verschlossen, so ruhete er doch nicht eher, als bis er in London kam, wo einige von dem niedrigern Range, von seinen Emissarien angereizet, und von der allgemeinen Liebe des Volkes gegen ihn bewogen, ihn sogleich als König begrüßten. Hierauf suchte er sich die Neigung der Geistlichen zu erwerben; und da die Ceremonie der Krönung vollzogen war, setzte er sich auf den Thron, und war versichert, daß es nicht so leicht seyn würde, ihn wieder herunter zu werfen. Sein Bruder, der Bischof von Winchester, that ihm hierbey große Dienste; und nachdem er den Roger, Bischof von Salisbury d), gewonnen hatte, welcher dem vorigen Könige zwar seine Erhebung zuzuschreiben, aber gegen die Familie dieses Prinzen keine Dankbarkeit mehr hatte, so wandte er sich mit diesem Prälaten an den Wilhelm, Erzbischof von Canterbury, und bath ihn, daß er, kraft seines Amtes, dem Stephen die Krone aufsetzen möchte. Der Primas, welcher sowohl, als alle andre, der Matilda Treue geschworen hatte, wollte die Ceremonie nicht verrichten e); aber sein Widerspruch wurde durch ein Mittel, welches eben so schändlich war, als die andern Schritte, wodurch diese große Staatsveränderung bewirket wurde, bald gehoben. Hugh Bigod, der königliche Haushofmeister, schwur vor dem Primas, daß der verstorbene König auf seinem Sterbebette ein Mißfallen gegen seine Tochter Matilda entdecket, und seinen Willen, den Grafen von Boulogne zum Erben aller seiner Gebiethe einzusetzen, an den Tag gelegt hätte f).

Den 22sten December. Wilhelm, der die Aussage des Bigod entweder glaubte, oder doch that, als wenn er sie glaubte, salbte den Stephen, und setzte ihm die Krone auf; und durch diese heilige Ceremonie bekam dieser Prinz, ohne allen Schatten des Erbrechtes, oder auch der Bewilligung des Adels, oder des Volkes, die Erlaubniß, zur Ausübung der königlichen Gewalt zu schreiten. Bey seiner Krönung waren sehr wenige Baronen zugegen g); aber niemand widersetzte sich seiner Usurpation, so ungerecht und grob sie auch war. Die Empfindung der Religion, welche, wenn sie in Aberglauben ausartet, oft wenig Kraft hat, den Pflichten der bürgerlichen Gesellschaft Stärke zu geben, übersah die vielfältigen Eide, welche für die Matilda geschworen waren, und erhielten das Volk nur gegen einen Prinzen, den die Geistlichkeit unterstützte, und der von dem Primas die königliche Salbung empfangen hatte, und eingesegnet war, im Gehorsam h).

Da

d) H. Hunt. S. 886. Gul. Neubr. S. 360. 362. Ann. Waverl. S. 152.
e) Gest. Steph. S. 929.
f) Matth. Paris, S. 51. Diceto, S. 505. Chron. Dunst. S. 23.
g) Brompton, S. 1023.
h) Es wurde vormals so viel auf den Gebrauch der Krönung gesehen, daß die Geschichtschreiber unter den Mönchen keinem Prinzen den Titel, König, geben, ehe er gekrönet worden

Geschichte von England. Kap. VII.

Damit Stephen seinen wankenden Thron destomehr befestigen möchte, gab er einen Freyheitsbrief aus, worinn er allen Ständen große Versprechungen that: der Geistlichkeit versprach er, daß er alle erledigte Kirchenbedienungen eiligst besetzen, und die Einkünfte von keiner einzigen in der Zeit einziehen wollte; und dem Volke, daß er ihm die Auflage des Danegelt erlassen, und die Gesetze des Königes Edward wieder herstellen wollte k). Der vorige König hatte zu Winchester einen großen Schatz, der sich auf hundert tausend Pfund belief l): und nachdem Stephen sich desselben bemächtiget hatte, wandte er diese Vorsorge, welche dieser Prinz zur Größe und Sicherheit seiner Familie gebraucht hatte, sogleich wider sie: ein Vorfall, welcher gemeiniglich mit der Staatsklugheit, die Schätze sammlen will, verbunden ist. Durch Hülfe dieses Geldes versicherte sich der Usurpateur des Gehorsams, aber nicht der Liebe der vornehmsten Geistlichkeit, und des Adels; und da er dieser Sicherheit noch nicht trauete, bath er eine große Menge von Baronen, oder unordentlichen Soldaten, womit alle Länder in Europa wegen der allgemeinen üblen Polizey, und wegen der unruhigen Regierungen, so sehr überschwemmet waren, von dem besten Lande, und vornehmlich aus Bretagne und Flandern herüber zu kommen m). Diese gedungene Truppen schützten seinen Thron durch das Schrecken des Schwerdtes; und da mit Stephen auch alle Mißvergnügte durch neue, und dazu genommene Schrecken der Religion in Ehrfurcht erhalten möchte, verschaffte er sich eine Bulle von Rom, welche sein Recht bestätigte, und welche ihm der Pabst sehr gern gab, da er diesen Prinzen im wirklichen Besitz des Thrones fand, und in weltlichen Streitigkeiten sehr gern sah, daß man sich an seine Gewalt wandte n).

1135.

Matilda, und ihr Gemahl, Geoffrey, waren in der Normandie eben so unglücklich, als sie in England gewesen waren. Der normannische Adel, durch eine erbliche Feindseligkeit wider die Angevins getrieben, wandte sich erst an den Theobald, Grafen von Blois, den ältesten Bruder des Stephen, und bath ihn um Schutz und Beystand o); Da er aber nachmals hörete, daß Stephen sich in den Besitz der englischen Krone gesetzt hätte, und da viele von denselben eben die Ursachen hatten, die vormals vorhanden waren, eine Fortsetzung der Vereinigung mit diesem Königreiche zu wünschen, so unterwarfen sie sich dem Stephen, und jetzten ihn in den Besitz seiner Regierung p). Ludwig der Jüngere, der itzt König von Frankreich war, nahm die Huldigung von dem Eustav, dem ältesten Sohn Stephens, für dieses Herzogthum an; und um seine Verbindungen mit dieser Familie zu bestärken, verlobte er seine Schwester, Constantia, mit dem jungen Prinzen q). Der Graf von Blois entsagte allen seinen Ansprüchen, und bekam dafür einen Jahrgehalt von zwey tausend Mark; und Geoffrey selbst wurde gezwungen, mit dem Stephen auf zwey Jahre einen Stillstand zu schließen; doch mußte der König ihm

1136.

den: wenn er auch die Krone schon eine Zeitlang gehabt, und alle Gewalt der Oberherrschaft ausgeübet hatte.
k) *W. Malmes.* S. 179. *Hoveden*, S. 452. *M. Paris*, S. 51. *Hagul.* S. 314. *Brompton*, S. 1024.

1) *W. Malm.* S. 179. *Chron. Sax.* S. 238. *Gest. Stephen*, S. 929. *M. Paris*, S. 51.
m) *W. Malmes* S. 179.
n) *Hagulstad*, S. 259, 313.
o) *Order. Vitalis*, S. 902. *M. Paris*, S. 51.
p) *Order. Vital.* S. 903.
q) *Hoveden*, S. 482. *Gervas*, S. 1350.

ihm indessen eine Pension von fünf tausend Mark zahlen ʳ). Stephen, welcher eine Reise nach der Normandie unternommen hatte, vollendete alles dieses in eigner Person, und kam bald wieder nach England zurück.

Robert, Graf von Glocester, der natürliche Sohn des vorigen Königes, war ein ehelicher und fähiger Herr; und weil er dem Interesse seiner Schwester, Matilda, sehr ergeben war, und eifrig auf die Thronfolge der Linie hielt, so hatte der König vornehmlich von seinen Intrigen und seiner Widersetzung eine neue Revolution in der Regierung zu besorgen. Dieser Herr war bey der Nachricht, daß Stephen den Thron bestiegen hätte, sehr unschlüssig, was für Maasregeln er bey diesem üblen Vorfall ergreifen sollte. Dem Usurpateur den Eid der Treue zu schwören, schien ihm sehr unanständig, und ein Bruch seines der Matilda abgelegten Eides zu seyn; sich wegern, dieses Pfand von seiner Treue zu geben, hieß sich selbst verbannen, und sich gänzlich ausser Stand setzen, der königlichen Familie zu dienen, oder zu ihrer Wiederherstellung etwas beyzutragen ᵗ). Er erboth sich, dem Stephen zu huldigen, und den Eid der Treue zu schwören; aber mit der ausdrücklichen Bedingung, daß der König alle seine Stipulationen halten, und keines von den Rechten, oder Würden Roberts angreifen sollte: und Stephen sah sich durch die zahlreichen Freunde und Unterfaßen dieses Herrn genöthiget, diese Bedingungen anzunehmen ᵘ), ob er gleich wohl einsah, daß diese Vorbehaltung, die an sich selbst so ungewöhnlich, und für den Gehorsam eines Unterthans so unschicklich war, bloß die Absicht hätte, dem Robert einen Vorwand zu geben, daß er bey der ersten günstigen Gelegenheit eine Empörung erregen könnte. Die Geistlichen, welche zu dieser Zeit kaum für Unterthanen der Krone gehalten werden konnten, folgten diesem gefährlichen Beyspiele; und hiengen ihrem Huldigungseide diese Bedingung an: daß sie nur so lange gebunden wären, als der König die Freyheiten der Kirche vertheidigte, und die Kirchenzucht in Schutz nähme ᵘ). Die Baronen foderten zur Vergeltung für ihre Unterwerfung Bedingungen, welche sowohl der öffentlichen Ruhe, als der königlichen Gewalt noch schädlicher waren. Viele von denselben foderten das Recht, Schlösser zu befestigen, und sich in wehrhaften Stand zu setzen, und der König befand sich gänzlich ausser Stande, dieser übermäßigen Foderung sein Jawort zu versagen ᵡ). Gleich darauf wurde ganz England mit diesen Forteressen angefüllet, welche die Edelleute entweder mit ihren Vasallen, oder mit dienstlosen Soldaten, die aus allen Gegenden zu ihnen liefen, besetzeten. Um diese Truppen zu unterhalten, wurden ungezügelte Raubereyen an dem Volke begangen; und da die Privatfeindseligkeiten, welche das Gesetz kaum hatte zähmen können, itzt ohne allen Zwang ausbrachen, so wurde England eine Scene von ununterbrochenem Gewaltsamkeiten und Verheerungen. Unter den Edelleuten wurden die Kriege mit der äußersten Wuth in allen Gegenden geführet; die Baronen maßten sich sogar das Recht an, Geld zu schlagen, und ohne Apellation alle Handlungen der Gerichtsbarkeit auszuüben ᵞ), und da sowohl der kleinere Adel, als das Volk bey den Gesetzen keinen Schutz fand, so waren sie gezwungen in der Zeit, da die königliche Gewalt gänzlich aufgehoben war, zu ihrer Sicherheit, sich zu einem benachbarten

Chieftain

r) *M. Paris.* S. 52.
s) *W. Malmes.* S. 179.
t) Ibid *M. Paris,* S. 51.
u) Ibid. S. 179.

x) *W. Malmes.* S. 180.
y) *Trivet.* S. 19. *Gul. Neubr.* S. 372. *Chron. Heming.* S. 487. *Brompton,* S. 1035.

Chieftain zu werden, und seinen Schutz dadurch zu erkaufen, daß sie sich seinen Erpressungen unterwarfen, und ihm beystanden, wenn er andre plünderte. Die Errichtung 1136. eines Castels wurde sogleich eine Ursache, daß viele andre erbauet wurden; und auch diejenigen, welche die Erlaubniß des Königes nicht hatten, hielten sich, durch den grossen Grundsatz der Selbstvertheidigung für berechtiget, sich mit ihren Nachbarn, welche gemeiniglich auch ihre Feinde und Nebenbuhler waren, auf gleichen Fuß zu setzen. Die aristokratische Macht, welche in Feudalregierungen so tirannisch und drückend ist, war itzt zu ihrer höchsten Größe gestiegen, unter der Regierung eines Prinzen, der zwar Muth und Fähigkeit besaß, aber sich ohne Anspruch oder Recht des Thrones bemächtiget hatte, und genöthiget war, eben die Gewaltsamkeit, der er seine Herrschaft zu danken hatte, auch bey andern zu dulden.

Aber Stephen war nicht von der Gemüthsart, diese Usurpationen lange zu dulden, ohne sich zu bemühen, daß er die königliche Gewalt wieder herstellen möchte. Da er sah, daß man den königlichen Vorrechten der Krone widersprach und sie verkürzte, so gerieth auch er in die Versuchung, seine Gewalt zum einzigen Maasstabe seiner Aufführung zu machen; und alle die Verwilligungen, wozu er sich bey seiner Thronbesteigung verstanden hatte a), wie auch alle alte und eingeführte Freyheiten seiner Unterthanen zu kränken. Die gedungenen Truppen, welche vornehmlich seine Macht unterstützten, hatten den königlichen Schatz verzehret, und lebten vom Raube; und jeder Ort hatte die gegründetsten Klagen wider die Regierung. Da der Graf von Glocester mit seinen Freun- 1137. den itzt einen Plan des Aufstandes verabredet hatte, begab er sich über Meer, sandte dem König einen Fehdebrief, worinn er ihm seinen Gehorsam feyerlich aufsagte, und ihm den Bruch derjenigen Bedingungen vorwarf, welche dem Huldigungseide, den dieser Herr geschworen hatte, angehänget waren a). David, der König von Schottland, 1138. erschien zur Vertheidigung des Rechts seiner Nichte an der Spitze einer Armee, drang Krieg mit in York ein, und beging in dieser Grafschaft die grausamsten Verheerungen b). Die Schottland. Wuth seiner Mordthaten und Verwüstungen machte den nördlichen Adel erbittert, der sich sonst vielleicht verstanden hätte, zu ihm zu stoßen; und Wilhelm, Graf von Albemarle, Wilhelm Piercy, Robert von Bruß, Roger Moubray, Jbert Lacy, Walter d'Espre, mächtige Baronen in diesen Ländern, brachten eine Armee zusammen, welche sie zu Nord-Allerton ins Lager führeten, und die Ankunft des Feindes erwarteten. Hier den 22ten August. wurde eine große Schlacht geliefert, welche man die Standartenschlacht nennet, von einem hohen Crucifix, welches die Engländer auf einem Wagen errichtet hatten, und mit der Armee als ein Kriegeszeichen fortführeten c). Der König von Schottland wurde mit großer Niederlage geschlagen, und sowohl er, als sein Sohn Henrich, wären beynahe in die Hände der Engländer gefallen. Dieser glückliche Ausschlag setzte die Mißvergnügten in England in Schrecken, und könnte dem Thron Stephens einige Standhaftigkeit gegeben haben, wenn er durch das Glück nicht so stolz geworden wäre, sich mit der Geistlichkeit, die damals einem Monarchen zu mächtig war, in Streitigkeit zu setzen. Obgleich

G g 2

a) *W. Malmef.* S. 180. *M. Paris*, S. 51. Mailr. S. 166. *Hagulftad*, S. 260, 316.
a) Ibid. S. 180. *Brompton*, S. 1025.
b) *H. Hunt.* S. 388. *Hoveden*, S. 482. *M. Paris*, S. 52. *Gul. Neubr.* S. 361. Chron. de Norman. S. 977. *Trivet*, S. 7.
c) Chron. Sax. S. 241. *H. Hunt.* S. 388. *Hoveden*, S. 483. *Order. Vital.* S. 918. Chron.

1138. Obgleich die übermäßige Gewalt der Kirche in alten Zeiten die Macht der Krone schwächte, und den Lauf der Gesetze störete, so kann man doch zweifeln, ob es in Zeiten solcher Gewaltsamkeit und Beleidigung nicht vielmehr vortheilhaft war, daß der Macht des Schwerdtes, sowohl in den Händen des Prinzen, als der Edelleute einige Gränzen gesetzt wurde, und daß man das Volk lehrte, einigen Grundsätzen und Vorrechten eine Achtung zu beweisen. Das größte Unglück war, daß die Prälaten bey einigen Gelegenheiten, als Baronen handelten, wider ihren König, oder ihre Nachbarn die Kriegesgewalt brauchten, und dadurch oftmals die Unordnungen vermehrten, welche sie sollten gehoben haben. Der Bischof von Salisburn hatte, so wie der Adel, zwey starke Castele, eines zu Sherborne, das andre zu Devizes, und zu einem dritten zu Malmes-

1139. burn war bereits der Grund gelegt: sein Neffe, Alexander, Bischof von Lincoln, hatte zu Newark eine Forteresse angelegt: und Stephen, der itzt aus der Erfahrung lernete, was für Unheil mit diesen vielen Schlössern verbunden war, entschloß sich, mit der Zerstörung der Castele der Geistlichen den Anfang zu machen, weil ihre Bedienungen zu solchen kriegerischen Sicherheiten weniger berechtigten zu seyn schienen, als die Baronen d). Er bemächtigte sich, unter dem Vorwande, der ihm ein Streit gab, welcher unter dem Gefolge des Bischofes von Salisbury und des Grafen von Bretagne am Hofe entstanden war, sowohl des Prälaten, als des Bischofes von Lincoln, setzte sie ins Gefängniß, und zwang sie durch Drohungen, diese vesten Plätze, welche sie neulich errichtet hatten, auszuliefern e).

den 1ten August. Henrich, Bischof von Winchester, des Königes Bruder, bildete sich itzt ein, weil er mit der Vollmacht eines Legaten versehen war, daß er als ein geistlicher Fürst eben so mächtig wäre, wie ein weltlicher; vergaß die Bande des Blutes, welche ihn mit dem Könige verknüpften, und entschloß sich, die Vorrechte der Kirche, welche, seinem Vorgeben nach, öffentlich gekränket wären, zu schützen. Er berief einen Synode zu Westminster, und beklagte sich darin über die Gottlosigkeit der Maasregeln des Stephen, welcher wider die hohen Lehrer der Kirche Gewalt gebrauchet, und den Ausspruch eines geistlichen Gerichts nicht erwartet hatte, von dem sie doch allein, wie er sagte, gesetzlich verhöret und verurtheilet werden könnten, wofern ihre Aufführung irgend Tadel oder Strafe verdienete f). Die Synode wagte es, dem König einen Foderungsbrief zu senden, und befahl ihm, vor ihrem Gerichte zu erscheinen, und sein Verfahren zu rechtfertigen g): und anstatt daß Stephen sich über diese Schmach erbittern sollte, sandte er den Andreu de Vere dahin, seine Sache in dieser Versammlung vorzustellen. De Vere klagte die beyden Prälaten wegen Verrätherey und Aufruhr an; aber die Synode wollte ihre Sache nicht eher vornehmen, oder ihre Aufführung untersuchen, bis diejenigen Schlösser, aus deren Besitz sie gesetzt waren, ihnen erst wieder eingeräumt wären h). Der Bischof von Salisbury appellirte an den Pabst; und hätten nicht Stephen und seine Anhänger Drohungen gebrauchet, und sogar eine Begierde gezeiget, durch die Hände der Soldaten Gewalt zu verüben, so würde es zwischen der Krone und den Bischöfen sogleich aufs Aeußerste gekommen seyn i). Indem

d) *Gul. Neubr.* S. 363.
e) Chron. Sax. S. 238 *W. Malmes.* S. 181. *Order. l'ital.* S. 919. 970. *Gest. Steph.* S. 944. Chron. Norm. S. 978. *Trivet.* S. 7. Gervas. S. 1345.
f) *W. Malmes* S. 182.
g) Ibid. S. 182. *M. Paris*, S. 53.
h) bid S. 183.
i) Ibid.

Geschichte von England. Kap. VII.

Indem dieser Streit, in Verbindung mit so vielem andern Beschwerden, das Mißvergnügen unter dem Volke vermehrte, landete die Kaiserinn, welche sich von der guten Gelegenheit locken ließ, und insgeheim von dem Legaten selbst ermuntert wurde, mit dem Grafen Robert von Glocester, und einem Gefolge von hundert und vierzig Rittern in England k). Sie nahm ihre Residenz in dem Schlosse zu Arundel, dessen Thore ihr von der Adelais, der verwittweten Königinn, die itzt mit dem Wilhelm von Albini, Grafen von Susser, vermählet war, geöffnet wurden; und sie both durch Abgeordnete ihre Anhänger auf, in allen Grafschaften die Waffen zu ergreifen. Adelais, welche erwartet hatte, daß ihre Schwiegertochter das Reich mit einer weit größern Macht angreifen würde, besorgte die Gefahr l); und Matilda, um sie von ihrer Furcht zu befreyen, begab sich erst nach Bristol, welches ihrem Bruder Robert gehörte m), von da nach Glocester, wo sie sich unter dem Schutze des Milos, eines tapfern Edelmanns in dieser Gegend aufhielt, der sich ihrer Sache angenommen hatte. Bald darauf erklärten sich Geoffren, Talbot, Wilhelm Mohun, Ralph Lovel, Wilhelm Fiß-John, Wilhelm Fiß-Allan, Paganell, und viele andre Baronen für sie n): und ihre Partey, welche in dem Reiche sehr begünstigt wurde, schien gegen ihren Gegner täglich mächtiger zu werden.

Wenn wir alle kriegerischen Vorfälle erzählen wollten, die uns von Zeitverwandten und glaubwürdigen Geschichtschreibern überliefert sind; so würden wir unsre Nachrichten von dieser Regierung leicht zu einem starken Bande aufschwellen können; aber diese Vorfälle, die an sich selbst so wenig denkwürdig und in Ansehung von Zeit und Ort so verwirrt sind, würden dem Leser weder Unterricht noch Vergnügen ertheilen. Es ist genug, wenn wir sagen, daß der Krieg sich in alle Länder ausbreitete; und daß diese unruhigen Baronen, welche bereits das Joch der Regierung großen Theils abgeworfen hatten, itzt, da sie den Vorwand einer öffentlichen Sache fanden, mit doppelter Wuth ihre Raubereyen trieben, gegen einander unversöhnliche Rache ausübten und ihren Drückungen gegen das Volk keine Schranken setzten. Die Castele des Adels waren Schlupfwinkel für privilegirte Räuber geworden, welche Tag und Nacht ausfielen, auf dem offenen Lande, in den Dörfern, und sogar in den Städten Raubereyen begiengen; die Gefangenen folterten, um ein Geständniß aus ihnen zu bringen, wo sie ihre Schätze hätten; ihre Personen in die Sklaverey verkauften, und wenn sie ihnen alles was einigen Werth hatte, geraubet, ihre Häuser in Brand steckten. Weil die Grausamkeit ihrer Gemüthsart sie antrieb, muthwillige Mordthaten zu begehen, so betrog sie ihre Raubsucht um das, was sie suchten; und selbst das Eigenthum und die Personen der Geistlichen, die sonst in großen Ehren stunden, waren zuletzt nothwendiger Weise eben der Beleidigung ausgesetzet, welche das ganze übrige Königreich verwüstet hatte. Das Land lag unbebauet; die Werkzeuge des Ackerbaues waren zerschlagen und weggeworfen; und eine harte Hungersnoth, die natürliche Folge dieser Unordnungen, traf beyde Partewen gleich hart, und brachte sowohl die Räuber, als das unbeschützte Volk zu dem äußersten Mangel o).

---

k) *W. Malmef.* S. 183.
l) Ibid. S. 8:. *Gervf.* S. 1346.
m) *Gest. Steph.* S. 94. *Gervf.* S. 126.
n) *Order. Vital.* S. 91. *M. Paris.* S. 52.
o) *Chron. Sax.* S. 238. *W. Malmef.* S. 185. *Gest. Steph.* S. 95. *M. Paris.* S. 53. *Gul. Neubr.* S. 372. *Contin. Flor. Wig.* S. 665. *Gervf.* S. 1346.

1139.
den 22ten September.
Aufstand für Matilda.

1140.

Nach verschiedenen fruchtlosen Unterhandlungen und Friedenstractaten, welche diese verderblichen Feindseligkeiten niemals unterbrachen, trug sich endlich eine Begebenheit zu, welche dem öffentlichen Elende ein Ende zu versprechen schien. Ralph, der Graf von Chester und sein Halbbruder, Wilhelm von Roumara, Anhänger der Matilda, hatten das Castel zu Lincoln überfallen p); allein da die Bürger, welche dem Stephen mehr zugethan waren, ihn zu Hülfe gerufen hatten, so schloß dieser Prinz dieses Castel ein, und hoffte sich durch Sturm oder Hunger des Platzes bald zu bemächtigen. Der Graf von Glocester eilte mit einer Armee dahin, um seine Freunde zu entsetzen; und da

1141.
den 2ten Februar.

Stephen von seinem Anzuge Nachricht bekam, rückte er in dem Entschluß ins Feld, ihm ein Treffen zu liefern. Nach einem heftigen Angriff wurden die beyden Flügel der Königlichen in die Flucht getrieben; und Stephen selbst wurde von dem Feinde umringet, nachdem er große Tapferkeit bewiesen und von der Anzahl überwältiget und gefangen genommen q). Er wurde nach Glocester gebracht; und ob ihm gleich anfänglich leutselig begegnet wurde, wurde er doch bald hernach auf einigen Verdacht ins Gefängniß geworfen, und mit Ketten beschweret r).

Stephen wird gefangen.

den 2ten März.

Stephens Partey verlohr durch die Gefangenschaft ihres Anführers allen Muth, und die Baronen fanden sich täglich ein, und huldigten der Matilda. Diese Prinzeßinn mußte jedoch mitten in ihrem Glücke, daß sie des Ausganges nicht versichert wäre, wenn sie nicht das Zutrauen der Geistlichkeit gewinnen könnte; und weil die Aufführung des Legaten neulich sehr stolz gewesen war, und verrieth, daß er mehr die Absicht gehabt hatte, seinen Bruder zu bemüthigen, als gänzlich zu Grunde zu richten, so wandte sie alle ihre Kräfte an, ihn auf ihre Seite zu ziehen. Sie hielt mit ihm auf einem offenen Felde bey Winchester eine Conferenz, wo sie ihm eidlich versprach, wenn er sie für eine Königinn erkennen, wenn er ihr Recht, als der einzigen Erbinn des vorigen Königes annehmen, und zu dem Gehorsam wieder zurückkehren wollte, so wie die übrigen im Reiche ihr geschworen hätten, so sollte er dagegen gänzlich Meister der Regierung seyn, und sollte vornehmlich nach seinem Gefallen alle erledigte Bisthümer und Abteyen vergeben. Der Graf Robert, ihr Bruder, Brian Fitz-Count, Milos von Glocester und andre große Leute, wurden Garants für die Erfüllung dieses Versprechens s); und der Prälat ließ sich endlich bereden, ihr seinen Gehorsam zu versprechen, aber immer mit der Bedingung, daß sie an ihrer Seite ihre Versprechungen erfüllen sollte. Hierauf brachte er sie nach Winchester, führte sie in Procession in die Cathedralkirche, und sprach mit großer Feyerlichkeit in Gegenwart vieler Bischöfe und Aebte gegen alle, die ihr fluchten, Flüche aus, überschüttete diejenigen mit Segen, welche sie segneten, gab allen Absolution, welche ihr gehorsam wären, und that diejenigen in Bann, welche rebellisch blieben t). Theobald, der Erzbischof von Canterbury, kam bald nachher an den Hof, und schwur der Kaiserinn gleichfalls u).

Damit

p) *Order. Vital.* S. 921.
q) *Gul. Neubr.* S. 363. *Ann. Waverl.* S. 154. *Chron. Heming.* S. 482. *Hagul.* S. 269. *Gervas.* S. 1353. 1354.
r) *Chron. Sax.* S. 241. *W. Malmes.* S. 187. *H. Hunting.* S. 392. *Hoveden.* S. 487. *Chron.* *Norm.* S. 979. *M. Paris.* S. 53, 54. *Brompt.* S. 1031.
s) *W. Malm.* S. 187.
t) *Chron. Sax.* S. 242. *Contin. Flor. Wig.* S. 676.
u) *W. Malmes.* S. 187.

Damit Matilda sich der Liebe der Geistlichkeit noch mehr versichern möchte, war sie bereit, die Krone von ihren Händen zu empfangen; und anstatt die Stände des Reiches zu versammlen, eine Maasregel, welche die Staatsverfassung, wenn sie festgesetzet oder beobachtet worden wäre, nothwendig zu erfodern schien, war sie schon damit zufrieden, daß der Legate einen Kirchenrath zusammen berief, und daß in diesem ihr Recht zu dem Throne erkannt und angenommen würde. Der Legate wandte sich an die Versammlung, und sagte, man hätte in der Abwesenheit der Kaiserinn seinem Bruder Stephen erlaubet, zu regieren, und ehe er den Thron bestiegen, hätte er sie durch viele schöne Versprechungen, die Kirche zu ehren und zu erheben, die Gesetze zu schützen, und alle Misbräuche zu verbessern, hintergangen: es kränke ihn, wenn er bedächte, wie sehr dieser Prinz in allen Stücken sein Wort aus der Acht gelassen hätte; die öffentliche Ruhe wäre gestöret, täglich wären ungestraft Verbrechen begangen, Bischöfe wären ins Gefängniß gesetzt und gezwungen worden, das, was sie besessen, aufzugeben, Abteyen wären verkaufet, Kirchen geplündert, und die abscheulichsten Unordnungen wären in der Regierung eingerissen: Er selbst hätte, um diese Beschwerden abzustellen, vormals den König vor einen Rath von Bischöfen gefodert; aber anstatt ihn dahin zu bringen, daß er seine Aufführung bessere, hätte ihn vielmehr dieses Mittel beleidiget; dieser Prinz, so sehr er auch gefehlet hätte, wäre doch noch immer sein Bruder und der Gegenstand seiner Liebe; doch mußte er sein Interesse dem Nutzen seines himmlischen Vaters, der ihn itzt verworfen, und in die Hände seiner Feinde gegeben hätte, weit nachsetzen: es käme vornehmlich der Geistlichkeit zu, Könige zu wählen und zu setzen; er hätte sie deswegen zusammen berufen; und nachdem er den göttlichen Beystand angerufen hatte, erklärte er nun Matilda als die einzige Erbinn Henrichs, ihres vormaligen Monarchen, zur Königinn von England. Die ganze Versammlung gab, oder schien durch einen Zuruf oder durch Schweigen, dieser Erklärung ihren Beyfall zu geben x).

Die einzigen Layen, welche zu dieser Versammlung berufen wurden, wo das Schicksal der Krone entschieden werden sollte, waren die Londoner; und selbst von diesen verlangte man, daß sie nicht ihre Meynung sagen, sondern sich dem Schlusse der Synode unterziehen sollten. Doch waren die Abgeordneten von London nicht so leidend; sie verlangten, daß der König aus dem Gefängniß befreyet werden sollte; allein der Legate sagte ihnen, es stünde den Londonern nicht zu, welche für Edelleute in England angesehen würden, Parten mit denen Baronen zu machen, welche ihren Herrn in der Schlacht niederträchtig verlassen, und die heilige Kirche beschimpfet hätten y). Die Bürger von London nahmen sich mit Recht so viel Freyheit, wenn das wahr ist, was Fitz Stephen sagt, ein Verfasser, der damals lebte, daß diese Stadt damals nicht weniger, als 80,000 Streiter ins Feld stellen konnte z).

London

---

x) *W. Malmesf.* S. 187. Dieser Verfasser, ein Mann von Einsicht, war zugegen, und sagt, er habe sehr Licht gehabt auf das, was vorgegangen s. h. Diese Rede kann demnach für ganz zuverläßig angesehen werden.

y) *W. Malmesf.* S. 188.

z) P. 4. Könnte man sich auf diese Nachricht verlassen, so müßte London damals fast 400,000 Einwohner gehabt haben, welches noch einmal so viel ist, als es bey dem Tode der Königinn Elisabeth hatte. Aber diese nachläßigen Erzählungen, oder vielmehr Muthmaßungen verdienen wenig Glauben.

London mußte sich endlich, ungeachtet seiner großen Macht und Liebe gegen den
Stephen, der Matilda unterwerfen; und es schien, als wenn ihre Macht, durch die
kluge Leitung des Grafen Robert, über das ganze Reich bevestiget wäre: allein die Sachen blieben nicht lange in dieser Lage. Diese Prinzessinn hatte ausser den Nachtheilen
ihres Geschlechtes, welches ihren Einfluß über ein unruhiges und kriegerisches Volk schwächete, auch einen hitzigen, herrschsüchtigen Geist a), und verstund die Kunst nicht, wie
sie die Härte einer Verweigerung durch Höflichkeit mildern mußte. Stephens Gemahlinn bath, mit dem Beytritt vieler vom Adel, um die Loslassung ihres Gemahles; und
erboth sich, daß er mit dieser Bedingung der Krone entsagen, und sich in ein Kloster begeben sollte b). Der Legate verlangte, daß der Prinz Eustaz, sein Neffe, Boulogne,
und die übrigen Erbstaaten seines Vaters erben möchte c). Die Bürger von London foderten, daß für die Gesetze des Königes Henrich, welche sie hart und drückend nannten,
die Gesetze des Königes Edward eingeführet werden sollten d). Alle diese Bitten schlug
sie auf die hochmüthigste und ausdrücklichste Art ab.

Der Legate, welcher vermuthlich niemals im Ernst mit der Regierung der Matilda
zufrieden gewesen war, bediente sich der Unzufriedenheit, welche diese gebietherische Aufführung erregte, und reizte die Bürger von London heimlich zu einer Empörung. Es
wurde eine Verschwörung angelegt, sich der Person der Kaiserinn zu bemächtigen, und
sie rettete sich von der Gefahr durch eine eilfertige Entfernung e). - Sie flohe nach Winchester, wohin der Legate ihr bald nachher folgte, weil er gern allen Schein vermeiden
wollte, und eine günstige Gelegenheit erwartete, ihre Sache zu Grunde zu richten. Als
er aber alle seine Clienten zusammen gebracht hatte, so stieß er mit seiner Macht öffentlich zu dem Corps der Londoner, und den gedungenen Truppen des Stephen, die das
Reich noch nicht geräumet hatten, und belagerte Matilda in Winchester f). Da diese
Prinzessinn sehr von Hungersnoth gedrücket wurde, nahm sie die Flucht; aber in der
Flucht fiel der Graf Robert, ihr Bruder, in die Hände des Feindes g). Dieser Herr
war zwar ein Unterthan, aber doch eben so sehr das Leben und die Seele seiner Parten,
als Stephen der andern; und die Kaiserinn, welche sein Verdienst erkannte, ließ sich
eine Auswechselung der Gefangenen auf gleiche Bedingungen gefallen h). Der Bürgerkrieg wurde mit so großer Wuth, als jemals, wieder entzündet.

Da der Graf Robert sah, daß das Glück an beyden Seiten fast gleich war,
gieng er nach der Normandie, welche sich, während der Gefangenschaft des Stephen,
dem Grafen von Anjou unterworfen hatte; und beredete den Geoffrey, seinem ältesten
Sohn, Henrich, einem Prinzen von sehr großer Hoffnung, zu erlauben, daß er eine
Reise nach England übernähme, und sich an die Spitze seiner Anhänger stellte i). Dieses Mittel gab jedoch keine Entscheidung. Stephen nahm Orford nach einer langen Belagerung ein: er wurde von dem Grafen Robert zu Wilton geschlagen k): und die Kaiserinn,

Stephen kömmt wieder los.
1142.

1141.

1143.

a) Gul. Neubr. S. 363. Chron. Abb. St. Petri de Burgo, S. 74. Hagul. S. 270.
b) Contin. Flor. Wig. S. 677. Brompton, S. 1031.
c) Ibid.
d) Contin. Flor. Wig. S. 677. Gervas, S. 1355.
e) Chron. Sax. S. 242. W. Malm. S. 189.
f) Trivet, S. 10. Gul. Neubr. S. 363.
g) Chron. Sax. S. 242. Hoveden, S. 488. Gest. Steph. S. 957. Chron. Norm. S. 979.
h) Chron. Sax. S. 242. M. Paris, S. 54.
i) Chron. Norm. S. 979. M. Paris, S. 54.
k) Gest. Steph. S. 960. Trivet, S. 11. M. Paris, S. 54.

serinn, so männlich ihr Muth auch war, begab sich zuletzt, ermüdet von einer Man- 1143.
nigfaltigkeit guter und böser Schicksale, und von den beständigen Gefahren ihrer Per- 1146.
son und ihrer Familie beunruhiget, mit ihrem Sohn in die Normandie, und überließ
die Ausführung ihrer Sachen ihrem Bruder. Der Tod dieses tapfern und getreuen Fortsetzung
Herrn, welcher bald nachher erfolgte, würde ihrem Interesse schädlich gewesen seyn, des Bürger-
wenn sich nicht einige Vorfälle zugetragen hätten, die den glücklichen Fortgang des Ste- krieges.
phen hemmeten. Dieser Prinz sah, daß die Schlösser, welche die Edelleute von seiner
eignen Partey erbauet hatten, den Geist der Unabhängigkeit ermunterten, und fast eben
so gefährlich wären, als die Schlösser, welche der Feind in Händen behielt, bemühete
sich, sie zu zwingen, daß sie ihm diese Forteressen auslieferten; und durch diese billige
Foderung machte er sich viele Gemüther abwendig¹). Auch war die Artillerie der Kirche, welche sein Bruder auf seine Seite gebracht hatte, nach einiger Zeit zu der andern
Partey übergegangen. Eugenius der Dritte hatte den päbstlichen Stuhl bestiegen, und
dem Bischof von Winchester seine Vollmacht als Legate abgenommen, und sie dem Theobald, Erzbischofe von Canterbury, dem Feinde und Nebenbuhler des vorigen Legaten
gegeben. Nachdem dieser Pabst eine allgemeine Versammlung zu Rheims in Champagne zusammen berufen hatte, ernannte er fünf englische Bischöfe, welche die Kirche
vorstellen sollten, und verlangte ihre persönliche Erscheinung bey der Versammlung,
anstatt der englischen Kirche, wie es gebräuchlich gewesen war, die Wahl ihrer Abgeordneten selbst zu überlassen. Stephen, welcher, seiner Verlegenheit ungeachtet, eifrig
auf die Rechte seiner Krone hielt, wollte ihnen nicht erlauben, sich einzustellen ᵐ); und
der Pabst, welcher seinen Vortheil in diesem Streite mit einem Prinzen, der unter
einem streitigen Rechte regierte, erkannte, rächte sich damit, daß er der ganzen Partey
ein Verboth auflegte ⁿ). Durch dieses Urthel, welches itzt zum erstenmal in England
bekannt wurde, war der Gottesdienst untersagt, und alle Verrichtungen der Religion,
ausser der Taufe und Absolution sterbender Personen, hörten auf. Das Mißvergnügen
der Königlichen in dieser Situation wurde dadurch noch größer, weil sie sich mit der Partey der Matilda verglichen, welche alle Güter der Heilsordnung genoß; und Stephen
sah sich endlich gezwungen, dem römischen Stuhle eine gehörige Ehrfurcht zu bezeigen,
und dadurch seiner Partey den Schimpf wieder abzunehmen °).

Da mehr die Schwäche beyder Parteyen, als eine Abnahme ihrer Feindseligkeit 1148.
einen stillschweigenden Waffenstillstand in England verursachet hatte, so gaben sich viele
vom Adel, Roger von Mowbray, Wilhelm von Warenne, und andre, da sie keine
Gelegenheit fanden, ihren kriegerischen Muth im Lande zu zeigen, zu dem neuen Kreuzzuge an, welcher nach allen vormaligen Fehlschlägen und Unglücksfällen, itzt mit er-
staunlichem Fortgang von dem heiligen Barnard geprediget wurde ᵖ). Allein bald nachher trug sich ein Vorfall zu, welcher drohete, in England die Feindseligkeiten wieder zu
erwecken. Der Prinz Henrich, welcher sein sechszehntes Jahr angetreten hatte, wollte
gern die Ehre haben, ein Ritter zu werden, eine Ceremonie, welcher jedermann von
Stande

l) Chron. Sax. S. 243. W. Malmes. S. 181.
Trivet. S. 16 Chron. Abb. St. Petri de Burgo,
S. 75. Hagulst. S. 278.

m) Epist. St. Thom. S. 225.
n) Chron. W. Thorn S. 1807.
o) Epist. St Thom. S. 226.
p) Hagulf. S. 275, 276.

242　　　　Geschichte von England.　Kap. VII.

Stande damals sich unterziehen mußte, ehe ihm der Gebrauch der Waffen erlaubt
1148. wurde, und welche auch für die größten Prinzen für nöthig gehalten wurde. Er nahm
sich vor, seine Aufnahme von seinem Groß-Onkel, dem Könige von Schottland David,
zu empfangen; und in dieser Absicht gieng er mit einem starken Gefolge durch England,
und hatte die angesehensten von seinen Anhängern bey sich q). Er hielt sich einige Zeit
bey dem Könige von Schottland auf; that einige Einfälle in England, und erweckte durch
seine Geschicklichkeit und seine Stärke in männlichen Leibesübungen, durch seine Tapferkeit im Kriege, und seine kluge Aufführung in allen Vorfällen, die Hoffnung seiner
Partey, und gab Zeichen von den großen Eigenschaften von sich, welche er nachmals
1150. entdeckte, als er den Thron von England bestieg. Bald nach seiner Wiederkunft in
die Normandie, wurde er, mit Bewilligung der Matilda, zum Herzog ernannt r);
1151. und nahm, nach dem Tode seines Vaters, Geoffrey, welcher im folgenden Jahre erfolgte, Anjou und Maine in Besitz, und schloß eine Heyrath, welche seine Macht sehr
vergrößerte, und ihn seinem Nebenbuhler sehr furchtbar machte. Eleanor, die Tochter
und Erbinn Wilhelms, Herzogs von Guienne, und Grafens von Poictou, war sechszehen Jahre mit Ludewig dem VII. Könige von Frankreich, vermählet gewesen, und hatte
ihn in einem Kreuzzuge begleitet, worinn dieser Monarch das Commando wider die
Ungläubigen führte: weil sie hier aber die Liebe ihres Gemahles verlohren hatte, und
sogar in einigen Verdacht mit einem wohlgebildeten Saracenen gefallen war, so ließ sich
Ludewig, welcher mehr zärtlich, als politisch war, von ihr scheiden, und gab ihr diejenigen reichen Provinzen wieder, welche sie durch ihre Heyrath zu der Krone von Frankreich gebracht hatte s). Der junge Henrich, der sich weder durch die Ungleichheit der
Jahre, noch durch die Gerüchte von der Galanterie der Eleanor abschrecken ließ, war
in seinen Bewerbungen bey dieser Prinzessinn glücklich, und da er sie sechs Wochen nach
ihrer Ehescheidung heyrathete, nahm er Besitz von allen ihren Gebiethen, als ihrem
Brautschatze t). Der Glanz, den er durch diesen Zuwachs bekam, und der Anblick seines steigenden Glückes that in England solche Wirkung, daß der Primas, Erzbischof
von Canterbury, da Stephen seinem Sohn Eustaz gern die Krone versichern wollte,
und ihn bath, diesen Prinzen als seinen Nachfolger zu salben, sich weigerte, und über
See flüchtete, um der Gewalt und Rache des Stephen zu entgehen u).

1152.　Als Henrich von diesen Gesinnungen des Volks Nachricht bekam, that er einen
Einfall in England; und nachdem er zu Malmesbury einigen Vortheil über den König
gewonnen, und diesen Ort eingenommen hatte, gieng er weiter, und warf in Wallingford, welches der König belagert hatte, eine Verstärkung x). Man sah täglich einem
entscheidenden Treffen entgegen; als die Großen von beyden Seiten, erschrocken von der
Aussicht eines fernern Blutvergießens, und noch größerer Verwirrung, sich ins Mittel
schlugen, und es unter diesen streitenden Prinzen zu einer Unterhandlung brachten. Der
Tod des Eustaz, welcher unter dem Tractate erfolgte, erleichterte den Schluß desselben y);
und

q) Hoveden, S. 490. Gul. Neubr. S. 378.　　u) H. Hunt. S. 395. Epist. St. Thom. S. 225.
Gervas, S. 305.
r) M. West. S. 245.　　　　　　　　　　　　x) Gervas, S. 1367.
s) Trivet, c. 21.
t) M Paris, S. 59. Chron. Heming. S. 489.　　y) Trivet, c. 22. Gul. Neubr. S. 979.
Brompton, S. 1040.　　　　　　　　　　　Chron. Heming. S. 488. Brompton, S. 1037.

Geschichte von England. Kap. VII.

und es wurde zuletzt ein Vergleich geschlossen, worinn ausgemacht wurde, daß Stephen die Krone auf lebenslang behalten, daß die Gerechtigkeit in seinem Namen gehandhabet werden, sogar in den Provinzen, welche sich dem Henrich schon unterworfen hatten, und daß dieser letzte Prinz nach dem Tode des Stephen in dem Königreiche, und Wilhelm, Stephens Sohn, in Boulogne und seinem väterlichen Staate folgen sollte ²). Nachdem alle Barone die Beobachtung dieses Tractats beschworen, und dem Henrich, als dem Erben der Krone, gehuldiget hatten, räumte dieser Prinz das Reich; und der Tod des Stephen, welcher im folgenden Jahre nach einer kurzen Krankheit erfolgte, verhütete alle Streitigkeiten und Besorgnisse, welche in einer so bedenklichen Situation leicht hätten erfolgen können.

1152. Vergleich zwischen dem König und Prinzen Wilhelm. Tod des Königes den 25ten October.

England hatte unter der Regierung dieses Prinzen viel Elend auszustehen; aber sein persönlicher Character, wenn wir die Verwegenheit und Ungerechtigkeit seiner Usurpation übersehen, scheinet nicht sehr viel Tadel zu verdienen; und er scheinet ganz wohl geschickt gewesen zu seyn, wenn er nach einem gehörigen Rechte zur Krone gelanget wäre, die Glückseligkeit seiner Unterthanen zu befördern ª). Er besaß Fleiß, Thätigkeit und Muth im hohen Grade; es fehlte ihm nicht an Fähigkeit, er besaß die Talente, die Liebe des Volkes zu gewinnen; und ungeachtet seiner ungewissen Situation, erlaubte er sich doch keine Grausamkeit oder Rache ᵇ). Seine Gelangung zum Thron machte ihn weder ruhig noch glücklich; und obgleich die Lage von England die benachbarten Staaten verhinderte, einen dauerhaften Vortheil aus seinen Unordnungen zu ziehen, so waren doch seine innerlichen Kriege und Unordnungen höchst schädlich und verderblich. Der Hof von Rom hatte gleichfalls bey diesen Unordnungen Gelegenheit, in seinen Usurpationen weiter zu gehen; und es wurde itzt üblich, daß man sich in allen Kirchenstreitigkeiten zu dem Pabst wandte, welches sonst beständig scharf verbothen gewesen war ᶜ).

1154.

z) Chron. Sax. S. 243. Chron. Norm. S. 989. M. Paris, S. 61. Brompton, S. 1037. 1038. Rymer, B. 1. S. 13.
a) W. Malmes. S. 180.
b) M. Paris, S. 51. Hagul. S. 312.
c) H. Hunt. S. 395.

Hh 2

Das

Achtes Kapitel.
Henrich der Zweyte.

Zustand von Europa — von Frankreich — Erste Handlungen in der Regierung Henrichs — Streitigkeiten zwischen der bürgerlichen und geistlichen Gewalt — Thomas a Becket, Erzbischof von Canterbury — Streit zwischen dem König und dem Becket — Landesverordnungen von Clarendon — Verbannung des Becket — Vergleich mit ihm — Seine Wiederkunft aus der Verbannung — Seine Ermordung — Betrübniß — und Demüthigung des Königes.

1154.
Zustand von Europa.

Die großen Verbündnisse, wodurch heut zu Tage die europäischen Prinzen zugleich mit einander verbunden, und sich entgegen gesetzt sind, und welche, ob sie gleich den kleinsten Funken der Uneinigkeit unter alle ausbreiten, wenigstens den Vortheil haben, daß sie alle gewaltsame Erschütterungen oder Eroberungen in besondren Staaten verhüten, waren in alten Zeiten völlig unbekannt; und die Theorie der auswärtigen Politik in jedem Königreiche machte eine nicht so verwickelte und verflochtene Speculation aus, als itzt: der Handel hatte noch die entferntesten Nationen nicht mit einer so vesten Kette verbunden: Kriege, welche sich in einem Feldzuge, oft gar in einer Schlacht endigten, empfanden wenig von den Bewegungen entfernter Staaten: die unvollkommene Vereinigung unter den Königreichen, und die Unwissenheit derselben in Ansehung der Situation der andern, machten, daß es ihnen unmöglich war, sich in großer Menge mit einander zur Ausführung eines Entwurfes zu vereinigen; und vor allen Dingen machte der unruhige Geist und der unabhängige Zustand der Baronen, oder der großen Vasallen in jedem Staate dem Könige so viel zu schaffen, daß er gezwungen war, seine Aufmerksamkeit vornehmlich auf sein eignes Regierungs-System zu richten, und sich wenig darum bekümmern konnte, was unter andern Nationen vorgieng. Nur die Religion, nicht die Politik, zog die Augen der Prinzen auf auswärtige Länder; und heftete ihre Gedanken entweder auf das heilige Land, dessen Eroberung und Beschützung für eine Sache gehalten wurde, welche die gemeinschaftliche Ehre, und der gemeine Vortheil erfoderte; oder zog sie in Intrigen mit dem römischen Hofe, dem sie die Anordnung in geistlichen Sachen überlassen hatten, und der sich täglich mehr Freyheiten anmaßte, als sie ihm geben wollten.

Ehe der Herzog von der Normandie England eroberte, war diese Insel von den übrigen Theilen der Welt eben so sehr nach der Politik, als nach der Lage getrennet; und
die

Geschichte von England. Kap. VIII. 245

die Engländer, die sich glücklich in ihrem Lande einschränkten, hatten, außer den Einfällen der Dänen, weder Feinde noch Alliirte auf dem vesten Lande. Die auswärtigen Länder Wilhelms brachten sie mit den Königen und großen Vasallen von Frankreich in Verbindung; und indem die streitenden Foderungen des Pabstes und Kaisers in Italien einen beständigen Verkehr zwischen Deutschland und diesem Lande verursachten, machten die beyden großen Monarchen von Frankreich und England in einem andern Theile von Europa ein besonderes System aus, und führten ihre Kriege und Unterhandlungen aus, ohne von den übrigen Widerstand oder Unterstützung zu haben.

1154.
Zustand von Frankreich.

Bey dem Abgange des carlovingischen Stammes bedienten sich die Edelleute in jeder Provinz von Frankreich der Schwachheit ihres Königes; und da sie gehalten waren, zu ihrer eigenen Vertheidigung wider die Streifereyen der normännischen Freybeuter Sorge zu tragen; so hatten sie sich sowohl in bürgerlichen als militairischen Sachen eine fast unabhängige Gewalt angemaßt, und die Rechte ihrer Prinzen in sehr enge Gränzen eingeschränkt. Die Thronbesteigung des Hugo Capet hatte die königliche Gewalt dadurch einigermaßen vergrößert, daß er ein großes Lehn an die Krone brachte; allein dieses Lehn, so wichtig es auch für einen Unterthanen war, schien dennoch nur eine schwache Grundveste der Macht bey einem Prinzen zu seyn, welcher an die Spitze einer so großen Gemeine gestellet war. Die königlichen Domainen bestunden bloß aus Paris, Orleans, Estampes, Compiegne, und einigen wenigen Plätzen, welche hie und da in den nördlichen Provinzen zerstreuet lagen: in allen übrigen Theilen des Königreichs war die Gewalt des Prinzen mehr ein Name als etwas Wesentliches. Die Vasallen hatten die Gewohnheit, ja das Recht, ohne seine Erlaubniß Krieg wider einander zu führen: sie waren so gar berechtiget, wenn sie sich für beleidigt hielten, ihre Waffen gegen ihren König zu wenden: sie übten über ihre Unterfassen und Vasallen, ohne Appellation, alle bürgerliche Gerichtsbarkeit aus: weil sie mit einander auf die Krone eifersüchtig waren, so traten sie leicht zusammen, wenn ihre übermäßigen Freyheiten angegriffen wurden; und weil einige von ihnen sich die Macht und das Ansehen großer Prinzen erworben hatten; so konnte sich auch der kleinste Baron eines unmittelbaren und nachdrücklichen Schutzes versichert halten. Außer sechs geistlichen Pairsstellen, welche nebst den übrigen Freyheiten der Kirchen, die allgemeine Handhabung der Gerechtigkeit sehr zwängeten, hatte man auch in Burgundien, in der Normandie, in Guienne, Flandern, Thoulouse und Champagne sechs weltliche, welche sehr große und mächtige Herrschaften ausmachten. Und obgleich alle diese Prinzen und Baronen, wenn sie sich zusammen vereinigten, im Nothfalle, eine starke Armee ins Feld stellen konnten; so war es doch sehr schwer, diese große Maschine in Bewegung zu bringen; es war fast unmöglich, in allen ihren Theilen die Eintracht zu erhalten; die Empfindung eines gemeinschaftlichen Vortheils allein konnte sie auf eine Zeitlang unter ihrem Herrn wider einen gemeinschaftlichen Feind vereinigen; wenn aber der König die Macht der Gemeine gegen irgend einen aufrührischen Vasallen gebrauchen wollte; so bewog eben dieselbe Empfindung eines gemeinschaftlichen Vortheils die übrigen, sich dem glücklichen Erfolge seiner Anmaßungen zu widersetzen. Ludwig der Dicke, der letzte König, rückte einsmals an der Spitze einer Armee von zweymal hundert tausend Mann wider die Deutschen an seine Gränzen; und doch war ein kleiner Herr von Corbeil, von Puiset, von Couci zu einer andern Zeit im Stande, diesem Prinzen Trotz zu biethen, und einen öffentlichen Krieg wider ihn zu führen.

Die

Die Gewalt des englischen Monarchen war in seinem Königreiche weit ausgebrei-
1154. tetet, und das ungleiche Verhältniß zwischen ihm und dem Mächtigsten seiner Vasallen
war weit größer. Seine Domainen und sein Einkommen waren in Vergleichung mit
der Größe seines Staats sehr beträchtlich: er war gewohnt, von seinen Unterthanen
willkührliche Auflagen einzuheben: seine Judicatur-Gerichte übten in allen Theilen des
Königreichs eine Gerichtsbarkeit aus; er konnte, vermöge seiner Gewalt, oder vermöge eines richterlichen Urtheils, es mochte wohl oder übel gegründet seyn, jeden schädlichen Baron unter die Füsse treten; und obgleich die Feudalverfassungen, welche in seinem Königreiche herrschten, so wie in andern Staaten, eben dahin abzielten, die
Aristocratie zu erheben, und die Monarchie zu erniedrigen; so wurde doch in England,
nach itzigen Verfassungen eine große Verbindung der Vasallen erfodert, um sich ihrem
obersten Herrn zu widersetzen; und noch war kein Baron so mächtig gewesen, daß er für
sich selbst mit seinem Prinzen hätte Krieg führen, und den unterern Baronen Schutz
verschaffen können.

Indem sich Frankreich und England in diesen verschiedenen Situationen befanden,
und das letzte Reich vor dem ersten so große Vortheile hatte, konnte die Thronbesteigung Henrichs des Zweyten, eines Prinzen von großen Fähigkeiten, der auf dem vesten
Lande so reiche Provinzen besaß, für eine Begebenheit angesehen werden, welche der
französischen Monarchie gefährlich, wo nicht verderblich war, und das Gleichgewicht unter diesen Staaten gänzlich aufheben konnte. Ihm gehörte, nach dem Rechte seines
Vaters, Anjou, Touraine, Maine; nach dem Rechte seiner Mutter die Normandie;
nach dem Rechte seiner Gemahlinn, Guienne, Poictou, Saintogne, Auvergne, Pe-
rigord, Angoumois und Lincousin. Bald hernach brachte er auch Bretagne zu seinen
übrigen Staaten, und besaß bereits die Oberherrschaft in dieser Provinz, welche Carl
der Einfältige dem dänischen Rollo, diesem mächtigen Freybeuter, damals, als ihm die
Normandie abgetreten wurde, als ein Lehn eingeräumt hatte. Diese Provinzen machten mehr als den dritten Theil von der ganzen französischen Monarchie aus, und waren
weit größer und reicher, als diejenigen Gebiethe, welche der unmittelbaren Gerichtsbarkeit und Herrschaft des Königes unterworfen waren. Der Vasall war hier mächtiger
als sein Lehnsherr: die Situation, welche den Hugo Capet fähig gemacht hatte, die
Carlovingischen Prinzen abzusetzen, schien hier wieder erneuert zu seyn, und zwar mit
weit größeren Vortheilen an der Seite des Vasalls: und als zu so vielen Provinzen
England noch hinzu kam, hatte der König von Frankreich aus dieser Begebenheit für
sich und seine Familie ein großes Unglück zu besorgen. In der That aber war es dieser
Umstand, so fürchterlich er auch aussah, der den Capetischen Stamm errette, und ihn
durch seine Folgen zu derjenigen Stufe der Größe erhob, den er itzt besitzet.

Die eingeschränkte Gewalt in den Feudalverfassungen verhinderte den König von
England, daß er die Macht so vieler Staaten, die seiner Regierung unterworfen waren, nicht mit Vortheil gebrauchen konnte; und diese verschiednen Glieder, welche nicht
beysammen lagen, und in ihren Sitten nicht überein kamen, hatten sich noch niemals
zu einer einzigen Monarchie vest genug verbunden. Er wurde bald, theils, weil er seine
Residenz an einem entfernnten Ort hatte, theils weil sich die Interessen nicht zusammen vertrugen, gewissermaßen ein Fremdling für seine französischen Gebiethe; und seine
Unterthanen auf dem vesten Lande glaubten, daß sie ihrem Oberherrn, der in ihrer

Nach-

Nachbarschaft sich aufhielt, und den man für das Oberhaupt der Nation erkannte, ihre Treue weit eher schuldig wären. Dieser war allezeit bey der Hand, sie anzugreifen; ihr unmittelbarer Herr war oft zu weit entfernet, um sie zu schützen; und jedwede Unordnung in einem Theile seiner zerstreuten Gebiethe gab Vortheile wider ihn. Die übrigen mächtigen Vasallen der französischen Krone freueten sich nur, die Engländer vertrieben zu sehen, und empfanden nichts von derjenigen Eifersucht, welche aus der Unterdrückung eines Nebenvasalls, der mit ihnen einen gleichen Rang hatte, entstanden seyn würde. Auf diese Weise fand der König von Frankreich es leichter, diese viele Provinzen von England weg zu nehmen, als einen Herzog von der Normandie, oder Guienne, einen Grafen von Anjou, Maine oder Poictou zum Gehorsam zu bringen. Und nachdem er so weitläuftige Gebiethe eingezogen hatte, welche sich gleich darauf mit dem Körper der Monarchie verbanden; so fand er es leichter, auch die andern großen Lehne, welche noch getrennt und unabhängig blieben, mit der Krone zu verbinden.

<small>1154</small>

Weil aber keine menschliche Klugheit diese wichtigen Folgen voraus sehen konnte, so sah der König von Frankreich die zunehmende Größe des Hauses von Anjou oder Plantagenet mit Schrecken an; und um ihren Fortgang zu verzögern, hatte er mit dem Stephen beständig eine genaue Verbindung gehalten, und sich bemühet, das wankende Glück dieses kühnen Usurpateurs zu unterstützen. Allein nach dem Tode dieses Prinzen war es zu spät, daran zu denken, wie er sich der Thronbesteigung des Henrichs widersetzen, oder die Vollziehung derjenigen Verbindung hintertreiben wollte, welche er mit einmüthiger Bewilligung der Nation mit seinem Vorweser geschlossen hatte. Die Engländer, müde der Bürgerkriege, und des Blutvergießens und der Verheerungen überdrüßig, welche sie so viele Jahre hindurch ausgestanden hatten, waren nicht geneigt, den gesetzmäßigen Erben von der Thronfolge ihrer Monarchie auszuschließen, und so ihren Eid zu brechen a). Viele von den wichtigsten Vestungen waren in den Händen seiner Anhänger; die ganze Nation hatte Gelegenheit gehabt, die trefflichen Eigenschaften zu bemerken, welche er mit den schlechten Talenten Wilhelms, des Sohns des Stephen, zu vergleichen; und weil ihnen seine große Macht bekannt war, und sie es lieber sahen, daß so viele auswärtige Gebiethe zu der Krone von England hinzukämen, so hatten sie gar keinen Gedanken, sich ihm zu widersetzen. Henrich selbst bemerkte die Vortheile, welche mit seiner gegenwärtigen Situation verbunden waren, und übereilte sich nicht, nach England zu gehen. Er war mit der Belagerung eines Schlosses an den Gränzen der Normandie beschäfftiget, als er die Nachricht von dem Tode des Stephen bekam; und suchte eine Ehre darinn, daß er von seinem Unternehmen nicht eher abstund, als bis er es zu einem glücklichen Ausgange gebracht hatte. Hierauf trat er seine Reise an, und wurde in England mit den Zurüstungen aller Stände empfangen, welche ihm mit Vergnügen den Eid der Huldigung und der Treue schwuren.

<small>den 8ten December. 1155. Erste Handlungen der Regierung Henrichs.</small>

Die erste Handlung in der Regierung Henrichs entsprach den hohen Gedanken, welche man sich von seiner Lebhaftigkeit und seinen Fähigkeiten gemacht hatte, und weißagte die Wiederherstellung der Gerechtigkeit, und der Ruhe, deren das Königreich so lange war beraubt gewesen. Er dankte sogleich alle diejenigen Soldaten ab, welche in der Nation unendliche Unordnungen erreget hatten; und sandte sie mit ihrem Anführer,

Wilhelm

---

a) *Matth. Paris*, S. 65.   b) *Gul. Neubr.* 381.

248 Geschichte von England. Kap. VIII.

1155. Wilhelm von Ypers, dem großen Freund und Vertrauten des Stephen, außer Landes c). Er widerrief alles, was sein Vorweser d), und sogar das, was die Kaiserinn Matilda aus Noth und Zwang eingeräumet hatte; und diese Prinzeßinn, welche dem Henrich zum Besten ihren Knechten entsagt hatte, widersetzte sich einer Maaßregel nicht, welche zur Unterstützung der Krone so nothwendig war. Er verbesserte die Münzen, welche unter der Regierung seines Vorwesers ungemein schlecht geworden waren; und machte gehörige Anstalten, daß dergleichen Mißbräuche nicht wieder aufkommen möchten e). Er war strenge in der Handhabung der Gerechtigkeit, und in der Unterdrückung der Raubereyen und Gewaltthaten; und damit er das Ansehen der Gesetze wieder herstellen möchte, ließ er alle erbaute Schlösser, welche den Freybeutern und Rebellen Schutz gegeben hatten, niederreißen f). Der Graf von Albemarle, Hugo Martimer und Roger, der Sohn des Miles von Glocester, hatten Lust, sich diesem heilsamen Vorhaben zu widersetzen; allein die Ankunft des Königes mit seiner Macht zwang sie bald zum Gehorsam g).

1156. Nachdem in England alles wieder in vollkommene Ruhe gesetzt war, brach Henrich auf, um sich den Unternehmungen seines Bruders Gottfried zu widersetzen, da er in seiner Abwesenheit einen Einfall in Anjou und Maine gethan, einige Ansprüche auf diese Provinzen gemacht, und einen ansehnlichen Theil derselben in Besitz genommen hatte h). Als der König erschien, kehrte das Volk zu seinem Gehorsam zurück; Gottfried entsagte für einen jährlichen Gehalt von tausend Pfund, seinem Ansprüche, zog ab, und nahm das Land Nanz in Besitz, welches die Einwohner, die ihren Prinzen, den Grafen Hoel vertrieben, seinen Händen übergeben hatten i). Henrich reisete im folgenden Jahr nach England zurück; und damals reizten ihn die Einwohner von Wallis durch ihre Einfälle, sie anzugreifen. Die natürlichen Befestigungen des Landes machten

1157. ihm große Schwürigkeiten, und setzten ihn sogar in Gefahr. Sein Vortrab wurde in einem engen Paß angegriffen, und in die Flucht geschlagen; und Henrich von Esser, der erbliche Fähnrich, gerieth in Schrecken, warf die Fahne nieder, nahm die Flucht, und rief laut, der König wäre getödtet: und wäre dieser Prinz nicht gleich in Person hervorgetreten, und hätte seine Truppen mit großer Tapferkeit angeführet, so hätten die Folgen der ganzen Armee verderblich werden können h). Wegen dieser übeln Aufführung wurde

c) Firz-Steph. S. 13. M Paris. S. 65. Neubr. S. 381 Chron. T. Wykes, S. 30.
d) Neubr. S. 382.
e) Hoveden, S. 491.
f) Hoveden, S. 491. Firz-Steph. S. 13. M. Paris. S. 65. Neubr. S. 381. Brompt. S. 1043.
g) Neubr. S. 382. Chron. W. Heming. S. 491. Gervas. S. 1377.
h) Wilhelm von Newbridge S. 383. (dem spätere Geschichtschreiber nachgeschrieben haben) behauptet, daß Gottfried einiges Recht auf die Grafschaften Maine und Anjou gehabt habe. Er giebt vor, der Graf Gottfried sein Vater hätte ihm diese Gebiethe in einem geheimen Testamente vermacht, und befohlen, daß sein Leichnam nicht eher sollte begraben werden, bis Henrich geschworen hätte, dieses zu halten; und dieser hätte sich dazu verleiten lassen, weil ihm der Innhalt unbekannt gewesen wäre. Allein ausserdem, daß diese Geschichte an sich selbst nicht sehr wahrscheinlich ist, und nach der Erdichtung eines Mönches schmeckt, findet man sie auch bey keinem andern alten Schriftsteller, und einige von denselben widersprechen ihr; vornehmlich der Mönch von Marmoutier, welcher bessere Gelegenheiten hatte, als Newbridge, die Wahrheit zu erfahren. S. Vita Gautr. Duc. Normann, S. 103.
i) Brompton, S. 1049.
k) Neubr. S. 383. Chron. W. Heming, S. 492.

Geschichte von England. Kap. VIII.

wurde Essex nachmals von dem Robert von Montfort der Verrätherey angeklagt; sein Vermögen wurde eingezogen, und er selbst in ein Kloster gestoßen [1]). Da die Einwohner von Wallis sich unterwarfen; so wurde ihnen ein Vergleich mit England zugestanden.

1157.

Die kriegerische Gesinnung der Prinzen in diesen Zeiten bewog sie, ihre Armeen bey allen Unternehmungen, auch bey den geringsten, selbst anzuführen; und ihr schwaches Ansehen machte es ihnen gemeiniglich unmöglich, das Commando bey Gelegenheiten ihren Generalen aufzutragen. Gottfried, des Königs Bruder, starb bald nach der Zeit, nachdem er Besitz von Nanz genommen hatte; und Henrich machte Anspruch auf dieses Land, als wenn es ihm durch ein Erbrecht zugefallen wäre, und reisete dahin, um seine Foderungen durch Gewalt der Waffen zu unterstützen; ob er gleich kein andres Recht auf diese Grafschaft hatte, als die freywillige Unterwerfung oder Wahl der Unterthanen vor zwey Jahren. Conan, Herzog oder Graf von Bretagne (denn diese Titel werden diesem Prinzen von den Geschichtschreibern ohne Unterschied gegeben) behauptete, daß Nanz sich neulich durch eine Rebellion von seiner Herrschaft, zu der es dem Rechte nach gehörte, abgerissen hätte; und setzte sich gleich nach dem Tode des Gottfried im Besitz des streitigen Landes. Damit sich Ludewig, der König von Frankreich, in den Streit nicht einmischen möchte, legte Henrich einen Besuch bey ihm ab; und lockte ihn durch Liebkosungen und Höflichkeiten dahin, daß unter den Monarchen eine Allianz geschlossen wurde, und daß sie sich verabredeten, den jungen Henrich, den Erben der englischen Monarchie, mit Margaretha, der Prinzessinn von Frankreich zu versprechen [m]), obgleich der erste nur fünf Jahr alt war, und die andre noch in der Wiegen lag. Itzt war Henrich sicher, daß ihm von dieser Seite kein Hinderniß würde gelegt werden, und rückte mit seiner Armee in Bretagne ein; und Conan, der die Hoffnung verlohr, ihm widerstehen zu können, räumte dem König die Grafschaft Nanz ein. Dieser Monarch verschaffte sich durch seine Fähigkeiten aus diesem Vorfalle noch wichtigere Vortheile. Conan, welcher der unruhigen Gemüthsart seiner Unterthanen überdrüßig war, wollte sich gern der Unterstützung eines so großen Monarchen versichern; und versprach seine einzige Tochter, noch in ihrer Kindheit, mit dem dritten Sohn des Königes Gottfried, der von gleich zärtlichem Alter war. Ungefähr sieben Jahr hernach starb der Herzog von Bretagne; und Henrich setzte sich unter dem Vorwande, daß er Vormund für seinen Sohn und Schwiegertochter wäre, in den Besitz dieses Herzogthums, und schlug es zu seinen übrigen großen Gebiethen [n]).

1158.

Der König hatte Hoffnung noch mehr Länder zu erwerben; und seine thätige Gemüthsart ließ keine Gelegenheit dazu entwischen. Philippe, die Herzoginn von Guienne, und Mutter der Königinn Eleanor, war die einzige Tochter Wilhelms des Vierten, Grafen von Thoulouse; und sollte dessen Länder geerbt haben, wenn nicht dieser Prinz, aus Begierde, die Regierungsfolge bey dem männlichen Stamme zu erhalten, das Herzogthum seinen Bruder, Raymond von St. Gilles, durch einen Kaufcontract, den man damals

1159.

---

1) *M. Paris*, S. 70. *Neubr.* S. 383.   n) *Hoveden*, S. 517 *Gul. Neubr.* S. 396.
m) *M. Paris*, S. 68. *M. West*. S. 248. Chron. *W. Heming*. S. 496.
Trivet, S. 35.

Hume Gesch. v. Großbr. III. Theil.   J i

damals für eine Erdichtung und einen Betrug hielt, überlassen hätte. Hiedurch wurde
1159. der Anspruch auf die Grafschaft Thoulouse unter den männlichen und weiblichen Erben
streitig; und nachdem die Gelegenheiten günstig waren, hatte sich bald die eine, bald
die andre im Besitz gesetzt. Alfonso, der Sohn des Raymond, war der regierende Fürst;
und als Henrich das Recht seiner Gemahlinn wieder hervor suchte, nahm dieser Prinz
seine Zuflucht zu dem Könige von Frankreich, dem aus Staatsabsichten so sehr daran
gelegen war, die fernere Vergrößerung des englischen Monarchen zu verhindern. Ludewig selbst hatte damals, als er sich mit der Eleanor vermählt, die Billigkeit ihres
Anspruchs behauptet, und den Besitz von Thoulouse verlangt o); da sich aber itzt seine
Denkungsart mit seinem Interesse veränderte, so entschloß er sich, das Recht des Alfonso mit seiner Macht und seinem Ansehen zu unterstützen. Henrich sah ein, daß er
seine Ansprüche wider mächtige Gegner würde zu schützen haben; und daß nichts anders,
als eine große Armee ein Recht behaupten könnte, welches er durch Gründe und Manifeste darzuthun sich vergebens bemühet hatte.

Eine Armee, welche aus Feudalvasallen bestund, war gemeiniglich sehr unbiegsam,
und ungezogen, sowohl wegen des unabhängigen Geistes der Leute, die in derselben dienten, als auch, weil die Befehlshaberstellen weder durch die Wahl des Regenten, noch
nach der Fähigkeit und Erfahrung der Officiere ausgetheilet wurden. Jeder Baron
führte seine eigene Vasallen an: sein Rang war, entweder größer oder geringer, nachdem
sein Eigenthum groß oder klein war: selbst das höchste Commando unter den Prinzen
war oft an die Geburt gebunden: und weil die militairischen Vasallen gehalten waren,
nur vierzig Tage lang auf eigene Kosten zu dienen; so hatte der Prinz wenig Vortheil
von ihrem Dienste, ob sie gleich, wenn der Feldzug in ein weit entferntes Land gieng,
in sehr große Kosten gesetzt wurden. Henrich, der diese Unbequemlichkeiten einsah,
nahm von seinen Vasallen in der Normandie und in andern Provinzen, welche von
Thoulouse entfernet lagen, anstatt der Dienste, eine Summe Geldes, und dieser Tausch
war seinen englischen Vasallen, wegen ihrer weiten Entfernung noch vortheilhafter. Er
legte demnach auf das Lehn jedes Ritters eine Scurage von drey Pfund, eine Abgabe,
der sich die militairischen Vasallen gern unterwarfen; ob sie gleich ungebräuchlich, und
vielleicht die erste, die in der Geschichte gefunden wird p); und für dieses Geld warb er
eine Armee, welche mehr unter seinem Gebothe stund, und deren Dienste dauerhafter
und beständiger waren. Mit dem Beystande des Berenger, Grafen von Barcelona
und des Trincaval, Grafen von Nismes, den er auf seine Seite gebracht hatte, fiel er
in die Grafschaft Thoulouse ein; und nachdem er Verdun, Chastelnau, und andre
Plätze eingenommen hatte, belagerte er die Hauptstadt der Provinz, und war beynah
eines guten Erfolgs gewiß; als Ludewig, der früher, als seine Hauptarmee eintraf, sich
mit einer kleinen Verstärkung in den Ort warf. Henrich wurde von einigen seiner Minister
beredet, die Belagerung fortzusetzen, den Ludewig gefangen zu nehmen, und Friedensbedingungen nach seinem Gefallen vorzuschlagen; allein er glaubte entweder, daß es ihm
sehr zuträglich wäre, die Feudalverfassung zu beobachten, wodurch seine auswärtigen
Länder gesichert wurden; oder er trug auch für seinen Oberherrn so viel Ehrerbietung,
daß er sich erklärte, er wollte einen Ort, den dieser in Person vertheidigte, nicht angreifen;

o) *Gul. Neubr.* S. 387. *Chron. W. Heming.* p) *Vater Daniel*, B. 1. S. 1216. *Gervaf.*
S. 494. S. 1381.

Geschichte von England. Kap. VIII.

fen; und hub die Belagerung sogleich auf q). Er rückte in die Normandie, um diese Provinz vor einem Einfall zu schützen, welchen der Graf von Dreux auf Anreizung des Königs Ludewigs, seines Bruders, in dieselbe gethan hatte. Itzt wurde unter diesen beyden Monarchen der Krieg öffentlich geführet; doch verursachte er einen merkwürdigen Vorfall, und wurde durch einen Waffenstillstand, und nochmals durch einen Frieden unterbrochen, wobey jedoch unter diesen beyden eifersüchtigen Prinzen weder Zutrauen noch gutes Vernehmen herrschte. Die Vestung Gisors, welche einen Theil des für die Margaretha von Frankreich bestimmten Brautschatzes ausmachte, war, vermöge eines Vertrages, den weltlichen Rittern abgetreten worden, mit der Bedingung, daß sie nach der Vollziehung der Vermählung dem Henrich sollte eingeräumt werden. Damit der König einen Vorwand haben möchte, den Platz sogleich zu fodern, geboth er, daß die Vermählung des Prinzen und der Prinzessinn, ob sie gleich beyde noch Kinder waren, gleich vollzogen werden sollte r); und bewegte den Großmeister der Tempelherren, wie man überall argwöhnte, durch große Geschenke, daß er ihm Gisors überlieferte: Ludewig, erbittert über dieses betrügliche Verfahren, verbannte die Tempelherren aus Frankreich, und würde den König von England bekriegt haben; wenn nicht der Pabst Alexander der Dritte den Streit durch sein Ansehen vermittelt hätte. Dieser Pabst war durch den Gegenpabst, Victor den Vierten, aus Rom verjagt worden, und hielt sich damals in Frankreich auf. Damit wir uns von dem Ansehen, welches der römische Pabst in diesen Zeiten besaß, einen Begriff machen mögen, kann es nicht undienlich seyn, zu bemerken, daß die beyden Könige das Jahr vorher auf dem Schlosse Torci, an der Loire mit dem Pabst eine Zusammenkunft gehalten hatten, wobey sie ihm solche Zeichen von ihrer Ehrerbiethung gaben, daß beyde vom Pferde abstiegen, um ihn zu empfangen, daß ein jeder einen von den Zügeln des päbstlichen Pferdes anfaßte, zu Fuße neben ihm gieng, und ihn auf diese demüthige Art ins Schloß führte s).

Henrich gieng bald nachher, als seine Streitigkeiten mit dem Ludewig durch die Vermittelung des Pabstes beygelegt waren, nach England zurück; und fieng eine Unternehmung an, welche zwar nach einer gesunden Staatsklugheit nöthig war, und sogar überhaupt mit Klugheit ausgeführet wurde, aber ihn dennoch in unendliche Unruhen zog, in große Gefahr verwickelte, und sich nicht ohne einigen Verlust und Schimpf endigte.

Die Anmaßungen der Geistlichkeit, welche anfänglich nur stufenweise gestiegen waren, stiegen itzt so schleunig, und hatten eine solche Höhe erreicht, daß der Streit zwischen dem Regale und Pontificale itzt in England zu einer wirklichen Crisis gekommen war; und itzt mußte es ausgemacht werden, ob der König oder die Priester, vornehmlich der Erzbischof von Canterbury, der höchste Regent des Königreichs seyn sollte t). Der hohe Geist Henrichs, welcher alle seine Nachbarn beunruhigte, schien die Eingriffe der Unterthanen nicht lange mit einer zahmen Demuth ansehen zu können; und weil nichts so leicht die Augen der Menschen öffnet, als ihr eigner Vortheil, so war er nicht in Gefahr, in diesem Stück in den niederträchtigen Aberglauben zu fallen, welcher sein Volk in Unterthänigkeit erhielt. Er hatte vom Anfang seiner Regierung an sowohl

1159.

1160.

1161.

1162.

Streitigkeiten zwischen den bürgerlichen und geistlichen Ständen.

Ji 2 in

q) *Fitz-Steph.* S. 22. *Diceto*, S. 531.
r) *Hoveden*, S. 492. *Neubr.* S. 400. *Diceto*, S. 532. *Brompton*, S. 1450.
s) *Trivet*, S. 43.
t) *Fitz-Steph.* S. 27.

in der Herrschaft über seine auswendigen Länder, als über England, einen vesten Vor-
1162. satz gezeigt, die Anmaßungen der Geistlichen zu unterdrücken, und diejenigen Vorrechte
zu schützen, die seine Vorweser ihm übertragen hatten. Während der Spaltung zwischen der Pabstwürde des Alexander und Victor, war er mit Fleiß eine Zeitlang neutral
geblieben; und als er hörete, daß der Erzbischof von Rouen, und der Bischof von Mans
den Alexander aus eigener Macht für den rechtmäßigen Pabst erkannt hatten; wurde er
so erbittert, daß er zwar des Erzbischofes seines hohen Alters wegen schonete, aber doch
sogleich Befehl gab, die Häuser des Bischofes von Mans, und des Archidiaconus von
Rouen über den Haufen zu werfen u); und er erlaubte dem Pabst nicht eher, seine
Macht über Eines seiner Gebiethe auszuüben, als bis er die Sachen nach denenjenigen
Aussichten, welche sich gemeiniglich in die Anschläge der Fürsten mischen, untersuchet
hatte. Der sanftmüthige Charakter und die hohen Jahre des Theobald, Erzbischofes
von Canterbury, nebst dem Verdienste, daß er sich geweigert hatte, dem Eustaz, dem
Sohne des Stephen, die Krone aufzusetzen, hielt den Henrich ab, so lange dieser Primas lebte, wider die vielfältigen Anmaßungen der Geistlichen einige Maaßregeln zu
nehmen: nach seinem Tode aber beschloß der König, sich thätiger zu beweisen x); und
damit er gegen allen Widerstand sicher seyn möchte, erhob er den Becket, seinen Kanzler, auf dessen Fähigkeit er glaubte sich verlassen zu können, zu dieser Würde.

<small>den 3ten
Juni.
Thomas a
Becket wird
Erzbischof
von Canter-
bury.</small>

Thomas a Becket, der erste Mann von englischem Stamme, welcher in Verlauf
eines ganzen Jahrhunderts seit der Eroberung der Normänner zu einer ansehnlichen
Stelle gestiegen war, stammte von angesehenen Aeltern in der Stadt London ab; und
weil er Fleiß und Fähigkeit besaß, erwarb er sich bald die Gunst des Erzbischofs Theobald y), und erhielt von diesem Prälaten einige Beförderungen und Aemter. Hiedurch
war er in Stand gesetzt, um sich noch besser zu unterrichten, nach Italien zu reisen,
wo er sich zu Boulogne auf das bürgerliche und canonische Recht legte z): und als er
wieder zu Hause kam, sah man, daß er an Kenntnissen so sehr zugenommen hatte, daß
sein Gönner ihn zu der Würde eines Archidiaconus zu Canterbury beförderte, einer
Würde von großem Ansehen und Vortheil a). Nachmals brauchte ihn Theobald mit
gutem Glück zur Ausführung eines Geschäftes in Rom; und als Henrich den Thron
bestieg, wurde er diesem Monarchen als ein Mann empfohlen, der eine weitere Beförderung verdiente b). Henrich, welcher wußte, daß Becket ein Werkzeug gewesen war,
wodurch der Erzbischof seinen Entschluß unterstützt hatte, der ihm den Weg zum Thron
so sehr erleichterte, war schon für ihn eingenommen; und da er bey der nähern Bekanntschaft

---

<small>u) *Fitz-Stephen.* S. 18. Dieses Verfahren scheinet gewaltthätig und willkührlich zu seyn; es war aber der strengen Regierungsweise in diesen Zeiten gemäß. Sein Vater Gottfried gab ihm ein Beyspiel von einer noch weit größern Gewaltthätigkeit, ob er gleich als ein sanft-müthiger Prinz beschrieben wird. Als Gottfried sich der Normandie bemächtiget hatte, nahm sich das Kapitel von Seez heraus, ohne seine Bewilligung, zu der Wahl eines Bischofes zu schreiten: hierauf gab er Befehl, sie alle, nebst dem gewählten Bischof zu castriren, und ließ sich ihre Testikeln auf einer irdnen Schüssel bringen. *Fitz-Stephen* S. 44. In dem Kriege von Thoulouse legte Henrich allen Kirchen in seinen Gebiethen eine schwere und willkührliche Abgabe auf. S. *Epist. St. Thom.* S. 232.

x) *Fitz-Stephen.* S. 28.

y) *Hist. Quadripartita.* S. 6. *M. Paris*, S. 69. *Nenbr.* S. 391.

z) *Fitz-Seph.* S. 12. *Brompton*, S. 1057.

a) *Hist. Quadr.* S. 6. *M. Paris*, S. 69.

b) *Brompton*, S. 1057. *Gervas.* S. 1377.</small>

schaft sah, daß sein Geist und seine Fähigkeiten ihn zu allen wichtigen Bedienungen berechtigten, so erhob er ihn zu der Würde eines Kanzlers, einer der höchsten Bedienungen des Königreichs. Der Kanzler hatte damals, außer der Verwahrung des großen Siegels, auch alle erledigte Prälaturen und Abteyen im Besitz; er war der Vormund aller Minderjährigen und Pupillen, welche Vasallen des Königs waren; alle Baronien, welche an die Krone verfielen, stunden unter seiner Verwaltung; er hatte ein Recht auf eine Stelle im Staatsrath, wenn er auch nicht besonders gerufen wurde; und weil er auch das Amt eines Staatssecretärs verwaltete, und alle Bestallungen, Befehle und Patente unterzeichnen mußte, so war er gewissermaßen ein erster Minister, und nahm Theil an der Ausfertigung einer jeden Sache von Wichtigkeit ^c). Nachdem Becket diese hohe Bedienung bekommen hatte, wurde er nach und nach, so wie er in der Gnade stieg, zum Propst von Beverley, zum Diaconus von Hastings, und zum Constabel des Tower ernannt: er wurde in den Besitz der Würden von Eye und Berkham gesetzt, zwey großer Baronien, welche an die Krone verfallen waren; und um seine Größe zu vollenden, wurde ihm die Erziehung des Prinzen Henrich, des ältesten Sohnes und Erben der Monarchie anvertrauet ^d). Die Pracht seines Gefolges, die Kostbarkeit seines Geräths, die Ueppigkeit seiner Tafel, die Größe seiner Geschenke, waren diesen großen Bedienungen gemäß, oder übertrafen vielmehr alles, was England bey irgend einem Unterthan jemals gesehen hatte. Sein Geschichtschreiber oder Secretär, Fitz Stephens ^e), erzählet unter andern Umständen, daß sein Zimmer im Winter täglich mit reinem Stroh oder Heu, und im Sommer mit grünen Schilfe oder Zweigen bestreuet gewesen wären; damit die Herren, welche ihm ihre Aufwartung machten, und ihrer großen Menge wegen nicht alle an der Tafel sitzen konnten, nicht auf dem schmutzigen Boden sitzen, und ihre schönen Kleider beflecken möchten ^f). Er hatte eine große Menge von Rittern in seinem Dienste; die größten Baronen machten sich eine Ehre daraus, an seiner Tafel zu speisen; sein Haus war ein Erziehungsort für die Söhne des höchsten Adels; und der König selbst hatte oft die Gnade, seinen Gastmahlen beyzuwohnen. Wie sein Leben prächtig, und im Ueberfluß geführet wurde, so waren auch seine Zeitvertreibe und Beschäfftigungen munter, und nach der Weise eines Cavaliers, welche er seinem Charakter nicht für unanständig hielt; weil er nur den Orden eines Diaconus angenommen hatte. Er belustigte sich in seinen müßigen Stunden mit Jagen, Vogelbaitzen, Spielen und Wettreiten; er wagte seine Person bey verschiednen kriegerischen Handlungen ^g); er führte auf eigene Kosten sieben hundert Ritter nach Thoulouse, um dem Könige zu folgen; in den nachfolgenden Kriegen an den Gränzen der Normandie hielt er vierzig Tage lang zwölf hundert Ritter, und vier tausend von ihrem Gefolge ^h); und in einer Gesandschaft nach Frankreich, die ihm aufgetragen war, setzte er durch die Menge und Pracht des Gefolges diesen Hof in Erstaunen.

1162.

Henrich

c) *Fitz-Steph.* S. 13.
d) *Fitz-Steph.* S. 15. Hist. Quand. S. 9, 14
e) S. 15
f) John B ldwin hatte das Gut, Otterarb... [partially illegible] Stroh für

das königliche Bette, im Sommer Gras oder Kräuter und zwey Gänse, und im Winter Stroh und drey Aale schaffen mußte. Madox Bar. Anglica, S. 247.
g) *Fitz-Steph.* S. 23. Hist. Quad. p. 9.
h) *Fitz-Steph.* S. 19, 20, 28; 13.

1162. Henrich beehrte den Becket noch außerdem, daß er alle seine wichtigsten Geschäffte seiner Besorgung überließ, auch mit seiner Freundschaft und Vertraulichkeit; und wenn er Lust hatte, sich irgend ein Vergnügen zu machen, so muste sein Kanzler Theil daran haben¹). Ein Beyspiel von ihrer Vertraulichkeit wird von dem Fitz-Stephens angeführet: und weil es die Sitten dieser Zeit zeiget, so ist es vielleicht nicht undienlich, es hier zu erzählen. Als eines Tages der König und der Kanzler durch die Straßen von London ritten, sahen sie einen Bettler, der vor Kälte zitterte. Würde es nicht sehr löblich seyn, sagte der König, wenn wir diesem armen Manne bey diesem kalten Wetter ein warmes Wammes gäben? Ganz gewiß, versetzte der Kanzler; und Sie thun wohl, Sire, daß Sie auf eine so gute Handlung denken. So soll er denn gleich eins haben, rief der König: und faßte den Zipfel von dem Mantel des Kanzlers, und riß ihn mit Gewalt zu sich. Der Kanzler wollte ihn eine Zeitlang nicht fahren lassen, und beyde wären auf der Straße von ihren Pferden gefallen, wenn Becket nicht nach langer Gegenwehr das Kleid hätte fahren lassen, welches der König dem Bettler gab, der den Stand der Personen nicht kannte, und sich nicht wenig über das Geschenk verwunderte ᵏ).

Becket, der sich durch seine Gefälligkeit und Munterkeit bey seinem Herrn beliebt, und durch seinen Fleiß und seine Fähigkeiten brauchbar gemacht hatte, schien ihm die geschickteste Person zu seyn, womit er die durch den Tod des Theobald erledigte Stelle besetzen könnte; und weil ihm das Vorhaben des Königes, alle geistliche Freyheiten zu beschneiden, oder sie vielmehr in ihre alten Gränzen zurück zu setzen, bekannt war¹), und er auch schon eine Bereitwilligkeit gezeiget hatte, sich diese Einschränkung gefallen zu lassen ᵐ); so versah sich Henrich keines Widerstandes von ihm, und ließ sogleich Befehl ausgehen, daß er zum Erzbischofe sollte erwählet werden. Aber dieser Entschluß, der wider die Mennung der Mathilda und vieler anderen Minister ⁿ) gefaßt wurde, schlug am Ende sehr unglücklich aus; und nie scheinet ein Prinz, wie der Erfolg bewies, so scharffsinnig Henrich auch war, das Genie und den Charakter seines Ministers weniger gekannt zu haben.

Kaum war Becket in diese hohe Würde eingeführet, welche ihn auf lebenslang zu der zweyten Person nach dem König machte, und ihm einigen Vorwand gab, nach der ersten Würde zu streben, als er schon sein Betragen und seine Aufführung gänzlich änderte ᵒ), und sich bemühete, den Charakter der Heiligkeit wieder zu gewinnen, den ihm seine vormalige unruhige und prächtige Lebensart in den Augen des Volks natürlicher Weise geraubt haben mochte. Ohne den König zu befragen, gab er ihm sogleich die Bestallung als Kanzler zurück ᵖ) unter dem Vorwande, daß er sich künftig von allen weltlichen Angelegenheiten losmachen, und allein mit den Verrichtungen seines heiligen Amts beschäftigen müßte; in der That aber, damit er alle seine Verbindungen mit dem

Hen-

---

i) *Fitz-Steph.* S. 16. Hist. Quad. S. 8.
k) *Fitz-Steph.* S. 16.
l) *Fitz-Steph.* S. 17.
m) *Fitz-Steph.* S. 23. *Epist. St. Thom.* 232.
n) *Epist. St. Thom.* S. 167.

o) *M. Paris*, S. 69. *Neubr.* S. 393. *Diceto*, S. 534. *Gervas*, S. 1383.

p) Hist. Quad. S. 32. *M. Paris*, S. 69. *Diceto*, S. 534.

Geschichte von England. Kap. VIII.

Henrich abbrechen, und ihm ein Zeichen geben mögte, daß Becket als Primas von England eine ganz andre Person geworden wäre. Er behielt nur in seinem Gefolge, 1162. und bey seinen Bedienten diejenige alte Pracht, und den Schimmer bey, welche nöthig waren, den gemeinen Mann zu rühren: in seiner eignen Person nahm er die größte Strenge und die härteste Verläugnung an, wovon er erkannte, daß sie eben so viel, oder noch mehr zu eben diesem Endzweck beytragen würde. Auf seinem Leibe trug er Sackleinwand, welche die ganze Welt nothwendig um so viel eher sehen mußte, jemehr er sich den Schein gab, sie verbergen zu wollen q): er veränderte es so selten, daß es voll Unrath und Ungeziefer wurde r): seine tägliche Speise war Brod; sein Getränk Wasser s), welches er durch eine Einmischung von unschmackhaften Kräutern noch unangenehmer machte: er zerfleischte seinen Rücken mit der öfteren Zucht, der er sich unterzog: er wusch täglich, zur Nachahmung unsers Heilandes, dreyzehen Bettlern auf seinen Knien die Füße, und ließ sie nachmals mit Geschenken von sich t): er gewann die Liebe der Mönche durch seine öftern Freygebigkeiten an die Klöster und Hospitäler: jeder, welcher aus der Heiligkeit seine Profession machte, wurde zu seiner Unterredung gelassen, und gieng voll von Lobsprüchen, sowohl über die Demuth, als Frömmigkeit und Bußfertigkeit des heiligen Primas zu Hause: er schien beständig mit Bethen und mit Lesung frommer Bücher beschäfftigt zu seyn: seine Gesichtsbildung zeigte den Schein einer Ernsthaftigkeit, eines Tiefsinnes der Seele, und einer geheimen Andacht: und alle scharfsinnigen Leute sahen deutlich ein, daß er auf einen großen Anschlag sann, und daß der Ehrgeiz und die Prahlhaftigkeit seines Charakters sich auf einen neuen und gefährlichern Gegenstand gewandt hätten.

Becket wartete nicht so lange, bis Henrich diejenigen Entwürfe wider die geistliche 1163. Regierung anfienge, welche dieser Prinz, wie er wußte, gemacht hatte: er selbst fieng Streit zwischen dem Könige und den Angriff an; und bemühete sich, den König durch die Unerschrockenheit und Vermessenheit seiner Unternehmungen in Furcht zu setzen. Er foderte von dem Grafen von Clare, daß er die Baronie von Tunbridge, welche seit der Eroberung bey dem Hause dieses Herrn geblieben war, räumen sollte; weil der Primas vorgab, daß seinen Vorgängern, vermöge des canonischen Gesetzes verbothen wäre, sie, da sie vormals zu dem Bischofssitze von Canterbury gehöret hätte, in andre Hände zu bringen. Der Graf von Clare war, auffer dem Ansehen, welches ihm aus der Größe seiner Geburt, und aus der Größe seiner Länder zufloß, mit allen vornehmen Familien im Königreiche verwandt; seine Schwester, welche eine berühmte Schönheit war, hatte seinen Credit unter dem hohen Adel noch mehr ausgebreitet, und man glaubte sogar, daß der König sie liebte; und Becket konnte seine Entschließung, die wirklichen, oder die vorgegebenen Rechte seines Bisthums mit Eifer zu vertheidigen, nicht besser entdecken, als da er ein so mächtiges Interesse angriff u).

Wilhelm von Eynsford, ein kriegerischer Vasall der Krone, war der Patron eines Pfarrdienstes, der zu einem Gute gehörte, welches unter dem Erzbischof von Canterbury

---

q) Fitz-Steph. S. 21. Hist. Quad. S. 17,18.
Hoveden. S. 510. Trivet. S. 42.
r) Fitz-Steph. S. 24.
s) Hoveden. S. 520.
t) Fitz-Steph. S. 25. Hist. Quad. S. 19.
u) Fitz-Stephen. S. 28. Gervas. S. 1384.

terbury stund; und Becket stellete, ohne Achtung für das Recht Wilhelms, unter einem
1163. neuen ungesetzlichen Vorwande einen gewissen Laurence, zu diesem Pfarrdienst vor, den
Eynsford mit Gewalt verstoßen hatte. Der Primas, welcher sich, wie es bey geistlichen Gerichten gewöhnlich war, zugleich zum Kläger und Richter machte, ließ auf seine
summarische Art wider den Eynsford den Bann ergehen: dieser beklagte sich bey dem
Könige, daß er, da er *in Capite* unter der Krone stünde, wider den von dem Eroberer eingeführten Gebrauch, welchen nach ihm auch seine Nachfolger beobachtet hätten,
ohne vorausgesetzte Bewilligung des Monarchen diesem schrecklichen Urtheile unterworfen seyn sollte x). Heinrich, der itzt allen persönlichen Umgang mit dem Becket aufgehoben hatte, sandte ihm durch einen Boten den Befehl zu, den Eynsford los zu sprechen; allein er bekam zur Antwort: es käme nicht dem Könige zu, ihm sagen zu lassen;
wen er losfsprechen, oder in den Bann thun sollte y): und Becket ließ sich nicht eher,
als durch viele Vorstellungen und Drohungen bewegen, sich dem königlichen Befehle zu
unterwerfen; und dennoch geschah es nur mit dem allerschlechtesten Anstand.

Obgleich Henrich sich in dem Charakter des Mannes, den er zur Primatur befördert, höchlich betrogen hatte, beschloß er dennoch, von seinem ersten Vorsatze, die
Anmaßungen der Geistlichen in Schranken zu halten, nicht abzustehen. Er war völlig
Meister von seinen großen Gebieten: die Klugheit, und die Lebhaftigkeit seiner Regierung, nebst dem beständigen Glücke, welches sie begleitete, hatte sein Ansehen über den
Charakter aller seiner Vorweser erhoben z): die päbstliche Würde war durch eine Spaltung geschwächet, welche ganz Europa zertheilte: und er urtheilte richtig, daß die Krone
wegen des überwiegenden Aberglaubens des Volkes, wenn er die itzige günstige Gelegenheit vorbey ließe, gänzlich unter den Gehorsam der Geistlichkeit herunter sinken
müßte.

Die Vereinigung der bürgerlichen und geistlichen Stände dienet in jeder gesitteten
Regierung gar sehr zur Erhaltung des Friedens und der Ordnung, und verhindert die
wechselseitigen Eingriffe, welche oft die gefährlichsten Folgen nach sich ziehen; weil unter ihnen kein entscheidender Richter seyn kann. Ob die höchste Magistratsperson, welche
diese Stände vereinigt, den Namen Prinz, oder Prälat führet, darauf kömmt nichts
an: das überwiegende Gewicht, welches die weltlichen Interessen nach den gemeinen
Begriffen der Menschen gemeiniglich über die geistlichen haben, giebt dem bürgerlichen
Theil seines Charakters den größten Vorzug, und beuget in guter Zeit den groben Betrügereyen und abergläubischen Verfolgungen vor, welche in allen falschen Religionen
der vornehmste Grund der Gewalt der Geistlichkeit sind. Allein, so lange die Eingriffe
der Geistlichen ihren Fortgang haben, befindet sich der Staat durch den Widerstand der
bürgerlichen Obrigkeit gemeiniglich in Erschütterung; und es kommt den Prinzen zu, so
wohl für seinen eigenen Nutzen, als für das Interesse des Publici, daß er bey Zeiten
dafür sorge, einem so gefährlichen und hinterlistigen Nebenbuhler zurückende Schranken zu setzen. Diese Vorsicht war bisher sowohl in England, als in andern katholischen
Ländern sehr verabsäumet worden; und die Sachen schienen endlich zu einer gefährlichen

Crisis

x) *M. Paris.* S. 70. *Diceto.* S. 536.   z) *Epist. S. Thom.* S. 130.
y) *Fitz-Steph.* S. 28.

Geſchichte von England. Kap. VIII.

Criſis gekommen zu ſeyn. Jtzt ſaß ein Regent von den größten Fähigkeiten auf dem Thron: ein Prälat von dem unbiegſamſten und unerſchrockenſten Charakter beſaß die Primatur: die ſtreitenden Mächte waren mit ihrer völligen Stärke bewaffnet, und es war natürlich, zu erwarten, daß aus ihrem Kampfe etwas außerordentliches erfolgen würde. 1163.

Unter den übrigen Erfindungen, Geld zu erhalten, hatte die Geiſtlichkeit auch eine Buße für die Erſetzung der Sünden aufgebracht; und nachdem ſie den Gebrauch, große Summen, als eine Zahlung, oder eine Art von Vergütung für die Erlaſſung dieſer Bußen zu erlegen, wieder eingeführet hatten, ſo waren dadurch die Sünden des Volks ein Einkommen für die Prieſter geworden; und der König rechnete, daß ſie durch dieſe Erfindung allein mehr Geld von ſeinen Unterthanen höben, als durch alle Fonds und Auflagen in die königliche Schatzkammer floß a). Damit Henrich eine ſo ſchwere und willkürliche Auflage erleichtern möchte, verlangte er, daß ein bürgerlicher von ihm geſetzter Bedienter allen geiſtlichen Gerichten beywohnen, und künftig zu jedem Vergleich, den man mit Sündern ihrer geiſtlichen Beleidigungen wegen träfe, ſeine Einwilligung geben ſollten.

Die Geiſtlichen hatten in dieſen Zeiten aller unmittelbaren Unterwürfigkeit unter dem weltlichen Magiſtrate entſagt: ſie foderten öffentlich, in allen Criminalklagen, von der Unterſuchung vor den Juſtizgerichten zu ſeyn; und führten nach und nach ihre gleiche Freyheit in bürgerlichen Sachen ein: ihre Vergehungen konnten nur mit geiſtlichen Bußen beſtraft werden: und da ſich die Geiſtlichen in England ungemein vermehret hatten, und viele von denſelben alſo Leute von dem niedrigſten Charakter waren; ſo wurden täglich von den Geiſtlichen die ſchwärzeſten Verbrechen, Mord, Raubereyen, Ehebruch und Diebſtahl unbeſtraft begangen. Man hatte z. E. gefunden, daß ſeit der Thronbeſteigung des Königs mehr als hundert Mordthaten von Leuten dieſer Profeßion begangen waren, ohne daß ſie für dieſe Verbrechen zur Rechenſchaft gezogen wurden b); und die heiligen Orden waren ein völliger Schutz aller Greuel geworden. Ein Geiſtlicher in Worceſterſhire, welcher die Tochter eines angeſehenen Mannes geſchändet hatte, war um dieſe Zeit auch ſo weit gegangen, daß er ihren Vater ermordete; und die allgemeine Entrüſtung über dieſes Verbrechen bewegte den König, ein Gegenmittel wider einen Mißbrauch zu verſuchen, der ſo grob geworden war, und zu verlangen, daß der Geiſtliche ausgeliefert, und von der Obrigkeit nach Verdienſt beſtraft würde c). Becket drang auf die Vorrechte der Kirche; ſchloß den Verbrecher in das Gefängniß des Biſchofs ein, damit die Bedienten des Königs ihn nicht greifen möchten; behauptete, daß er nicht härter beſtraft werden könnte, als mit der Degradation: und als der König verlangte, daß er gleich nach dieſer Degradation vor einer bürgerlichen Obrigkeit verhöret werden ſollte, ſagte der Primas, es wäre unbillig, einem Menſchen wegen eines Verbrechens zweymal den Proceß zu machen d).

Hen-

a) Fitz-Seph. S. 32.
b) Neubr. C. 394.
c) Fitz-Steph. S. 33. Hiſt. Quad. S. 32.
d) Fitz Steph S. 29. Hiſt. Quad. S. 33. 45. Hoveden. S. 492. M. Paris S. 72. Diceto, S. 536, 537. Brompton, S. 1058 Gervaſ. S. 1384. Epiſt. St. Thom. S. 208, 2. 9.

1163.

Henrich ergriff eine so günstige Sache, und entschloß sich, die Geistlichkeit wegen aller Vorrechte anzugreifen, welche sie so übermäßig hoch getrieben hatten, und alle diese Streitigkeiten, die sich unter den geistlichen und bürgerlichen Gerichtsbarkeiten täglich häuften, auf einmal zu entscheiden. Er berief alle Prälaten in England zusammen, und legte ihnen diese kurze und entscheidende Frage vor: ob sie willens wären, sich den alten Gesetzen und Gebräuchen des Reichs zu unterwerfen, oder nicht? Die Bischöfe antworteten einmüthig, sie wären dazu bereit, doch behielten sie sich ihren Orden vor e): eine Antwort, wodurch sie der Verlegenheit, worein des Königs Frage sie setzte, zu entgehen, und sich dennoch bey einer günstigen Gelegenheit die Macht vorzubehalten glaubten, alle ihre vorigen Ansprüche wieder hervor zu suchen. Der König merkte diesen Kunstgriff, und gerieth in den größten Zorn. Er verließ die Versammlung mit augenscheinlichen Zeichen des Mißvergnügens: er verlangte von dem Primas, daß er sogleich die Ehrenzeichen und Castele von Eye und Berkham wieder ausliefern sollte f): die Bischöfe geriethen in Schrecken, und befürchteten noch andre Wirkungen seines Zorns. Becket allein war unbiegsam; und nichts anders, als die Vermittelung des päbstlichen Legaten Philipps, Abtes von Eleemosina, welcher sich in so ungünstigen Zeitläuften vor einem Bruche mit einem so mächtigen Prinzen fürchtete, würde ihn haben bewegen können, die Vorbehaltung zurück zu nehmen, und ein allgemeines und ausdrückliches Versprechen zu geben, daß er die alten Gebräuche beobachten wollte g).

Aber Henrich war mit einer Erklärung in diesen allgemeinen Worten nicht zufrieden: er entschloß sich, ehe es zu spät würde, diejenigen Gebräuche, welche er beobachtet wissen wollte, ausdrücklich zu benennen, und den Anmaßungen der Geistlichen eine Gränze zu setzen, ehe sie völlig eingewurzelt wären, und ehe sie sich auf das Alter berufen könnten, so wie sie sich bereits auf eine heilige Macht beriefen. Die Ansprüche der Kirche waren unverdeckt und sichtbar. Nachdem sie viele Jahrhunderte hindurch nach und nach unvermerkt weiter gegangen waren, hatten sie zuletzt die Larve abgezogen, und verschiedene Kirchenversammlungen hatten durch ihre Canons, welche sie für unwiderruflich und unfehlbar ausgaben, diese Vorrechte und Freyheiten, welche überall so anstößig waren, und dem bürgerlichen Magistrate so gefährlich zu seyn schienen, ausdrücklich benannt. Henrich hielt es also für nöthig, die Gränzen der bürgerlichen Macht gleich genau zu bezeichnen; seine gesetzlichen Gebräuche ihren göttlichen Verordnungen entgegen zu setzen; die richtigen Gränzen der beyden streitenden Gerichtsbarkeiten genau zu bestimmen; und in dieser Absicht berief er eine allgemeine Versammlung des Adels, und der Prälaten nach Clarendon, und legte ihnen diese große und wichtige Frage vor.

1164.
Den 25sten Jenner.
Verordnungen von Clarendon.

Die Baronen waren alle auf der königlichen Seite, entweder durch die Gründe, welche er anführte, oder durch den Vorzug seiner Gewalt: die Bischöfe wurden durch die allgemeine Verbindung wider sie in Furcht gesetzt: und folgende Gesetze, welche gemeiniglich die Constitutionen von Clarendon genannt werden, wurden von dieser Versammlung ohne Widerstand genehmiget h). Es wurde darinn befohlen, daß alle Processe,

e) Fitz-Steph. S. 31. Hist. Quad. S. 34. Hoveden, S. 492 Gervas. S. 355.
f) Hist. Quad. S. 35. Gervas. S. 1385.
g) Hist Quad. S. 37. Hoveden, S. 493. Gervas 1385.
h) Fitz-Steph. S. 33.

Geschichte von England. Kap. VIII.

eesse, das Vorstellungsrecht zu Kirchenämtern betreffend, in bürgerlichen Gerichten entschieden werden sollten: daß diejenigen Kirchen, welche zu den Gütern des Königs gehörten, nicht ohne seine Bewilligung auf beständig besetzet werden sollten: daß Geistliche, welche irgend eines Verbrechens angeklaget würden, vor bürgerlichen Gerichten sollten verhöret werden: daß keine Person, vornehmlich kein Geistlicher von einigem Range, ohne Erlaubniß des Königs aus dem Reiche reisen sollte: daß in Bann gethane Personen nicht gehalten seyn sollten, Sicherheit zu stellen, daß sie an dem gegenwärtigen Ort ihres Aufenthalts bleiben würden: daß Layen vor geistlichen Gerichten nicht anders, als durch gesetzliche Kläger und Zeugen von guten Namen sollten angeklagt werden: daß keiner von den vornehmsten Vasallen der Krone in den Bann gethan, noch ein Interdict auf seine Ländereyen gelegt werden sollte, ehe der König seine Einwilligung dazu gegeben hätte: daß alle Appellationen in geistlichen Sachen von dem Archidiaconus, dem Bischof, dem Primas, und von diesem dem Könige übergeben werden, und ohne Bewilligung des Königes nicht weiter geführet werden sollten: daß, wenn zwischen einem Layen und einem Geistlichen eines Guts wegen ein Proceß entstehen sollte, und wenn gestritten würde, ob das Land ein weltliches oder ein geistliches Gut sey, durch den Ausspruch von zwölf gesetzlichen Männern zuerst ausgemacht werden sollte, zu welcher Klasse es gehöre, und wenn man fände, daß es ein weltliches Gut wäre; so sollte der Streit in den bürgerlichen Gerichten völlig ausgemacht werden: daß kein Einwohner in Domainen deswegen, weil er vor einem geistlichen Gerichte nicht erscheinen wollte, eher in den Bann gethan werden sollte, bis dem höchsten königlichen Bedienten des Ortes, wo er sich aufhielte, gebothen worden sey, ihn durch bürgerliche Gewalt zu nöthigen, daß er die Kirche befriedigte: daß die Erzbischöfe, die Bischöfe und andre Geistliche für Baronen des Reichs angesehen werden sollten: daß sie die Vorrechte dieses Ranges besitzen, den Bürden desselben unterworfen, und gehalten seyn sollten, sich in allen großen Rathsversammlungen des Königs einzufinden, und allen Processen beyzuwohnen, bis der Schuldige verurtheilet wäre, entweder zu sterben, oder eines seiner Glieder zu verlieren: daß die Einkünfte der erledigten Bisthümer dem König gehören sollten; daß das Kapitel, oder diejenigen Glieder desselben, welche den König berufen würde, so lange in der königlichen Capelle sitzen sollten, bis die neue Wahl mit seiner Bewilligung gemacht hätten, und daß der erwählte Bischof der Krone huldigen sollte: daß der König, wenn irgend ein Baron oder Vasall in Capite sich weigern wollte, sich dem geistlichen Gerichte zu unterwerfen, ihn durch seine Gewalt zu dieser Unterwerfung zwingen sollte; und daß die Prälaten, wenn ein solcher dem Könige seinen Gehorsam versagte, mit ihren Kirchenstrafen dem Könige beystehen sollten, ihn zum Gehorsam zu bringen: daß Güter, welche an den König verfallen wären, in Kirchen, oder auf Kirchhöfen nicht in Schutz genommen werden sollten: daß die Geistlichkeit nicht mehr Anspruch auf das Recht machen sollte, eine Bezahlung der durch Eid oder Versprechen gemachten Schulden einzutreiben; sondern diese Processe sowohl, als andre, der Entscheidung der bürgerlichen Gerichte überlassen sollte: und daß die Söhne offenbarer Schelme nicht mehr ohne Bewilligung ihres Herrn den geistlichen Orden empfangen sollten i).

Diese

i) Hist. Quad. S. 163. M. Paris. S. 70, 71. Spelm. Conc. B. 2. S. 63. Gervas. S. 1386. 1387. Wilkins. S. 321.

1164. Diese Artikel, sechszehen an der Zahl, waren in der Absicht entworfen, daß sie den vornehmsten Mißbräuchen, welche sich in die kirchlichen Angelegenheiten eingeschlichen hatten, vorbeugen, und den Anmaßungen der Kirche, welche nach und nach immer mehr erschien, und endlich der bürgerlichen Macht den gänzlichen Untergang drohete, auf eine nachdrückliche Art ein Ziel setzen sollte. Henrich bemühete sich demnach, indem er diese Gebräuche schriftlich verfassen, und in eine Sammlung zusammen tragen ließ, allen künftigen Streitigkeiten in Ansehung derselben vorzubeugen; und indem er so viele Kirchenverordnungen durch eine national- und bürgerliche Versammlung genehmigen ließ, führte er die Oberherrschaft der gesetzgebenden Macht über alle päbstliche Befehle und geistliche Gesetze völlig ein, und gewann über die Kirchenbedienten einen sehr großen Sieg. Weil er aber wußte, daß die Bischöfe, ob sie gleich durch die gegenwärtige Verbindung der Krone und der Baronen zum Schweigen gebracht waren, dennoch die erste günstige Gelegenheit ergreifen würden, die Macht zu leugnen, welche diese Landesverordnungen gegeben hätte; so entschloß er sich, daß sie alle ihre Siegel darunter setzen und versprechen sollten, sie zu beobachten. Keiner von den Prälaten unterstund sich seinem Willen zu widersprechen, ausgenommen Becket, welcher seine Einwilligung hartnäckig verwelgerte, ob ihn gleich die Grafen Cornwall und Leichester, diese Baronen, welche in dem Reiche das größte Ansehen besaßen, sehr dazu beredeten. Zuletzt warf sich Richard von Hastings, der Großprior der Tempelherren in England ihm zu Füßen; und bat ihn mit vielen Thränen, wenn er einige Achtung für seine eigene, und für die Sicherheit der Kirche hätte, so möchte er einen großen Monarchen, der völlig auf seinem Entschluß bestünde, und sich vest vorgenommen hätte, sich an einem jeden zu rächen, der es wagen würde, ihm zu widerstehen, durch einen fruchtlosen Widerspruch nicht noch mehr zum Zorn reizen k). Als Becket sah, daß er von aller Welt, und sogar von seinen eigenen Brüdern in dieser Sache verlassen war, so fand er sich endlich gezwungen, nachzugeben; und setzte sein Siegel unter die Landesverordnungen; versprach, sie gesetzmäßig, mit aller Treue, und ohne Betrug und Vorbehaltung, zu beobachten l); und legte sogar einen Eid darauf ab m). Da der König glaubte, daß er itzt endlich mit seiner großen Unternehmung durchgedrungen wäre, so übersandte er die Verordnungen dem Pabst Alexander, der sich damals in Frankreich aufhielte, und verlangte eine Genehmigung von ihm. Aber der Pabst, welcher deutlich einsah, daß diese Gesetze in der Absicht entworfen waren, die Unabhänglichkeit Englands auf das Pabstthum, und die königliche Gewalt auf die Geistlichkeit zu gründen, verwarf sie mit den heftigsten Ausdrücken, widerrief, vernichtete und verdammte sie n). Nur sechs Artikel, die unerheblichsten, wollte er um des Friedens willen genehmigen.

Als Becket sah, daß er in einem Widerspruche Unterstützung hoffen konnte, legte er die größte Bekümmerniß an den Tag, daß er seine Einwilligung dazu gegeben hatte; und bemühete sich, alle andre Bischöfe zu bereden, daß sie in einem Bündnisse zusammen ihre gemeinschaftlichen Rechte und die Freyheiten der Kirchen vertheidigen möchten,

woran,

k) Hist Quad. S. 28. Hoveden. S. 493. m) Fitz-Steph. S. 45. Hist. Quad. S. 39.
l) Fitz-Steph. S. 35. Epist. St. Thom. S. 25. Gerunf S. 1:86.
n) Fitz-Steph. S. 35.

Geschichte von England. Kap. VIII.

woran, seinem Vorgeben nach, dem Interesse, und der Ehre Gottes so viel gelegen wäre. Er verdoppelte seine Strenge, um sich wegen seiner sträflichen Gefälligkeit selbst zu bestrafen °): er richtete seine Zucht nach dem Maaße der Abscheulichkeit seiner vermeynten Sünde ein: und wegerte sich, irgend eine Verrichtung seines erzbischöflichen Amtes auszuüben, ehe er eine Losssprechung von dem Pabst erhalten hätte, welche ihm denn bald gegeben wurde ᵖ). Als Henrich von seiner gegenwärtigen Gesinnung unterrichtet wurde, beschloß er, sich wegen dieses widerspenstigen Betragens zu rächen; und wollte ihn durch eben diejenige Macht erdrücken, welche zu unterstützen Becket für ein so großes Verdienst schätzte. Er bath sich bey dem Pabste die Bestallung eines Legaten in seinen Gebiethen aus; aber Alexander, der eben so fein war, als er, gab ihm zwar die Bestallung, doch fügte er die Clausul bey, daß sie ihm nicht die Macht geben sollte, irgend etwas zum Nachtheil des Erzbischofes von Canterbury zu vollziehen ᵠ): und da der König sah, wie fruchtlos eine solche Vollmacht seyn würde, so sandte er die Bestallung mit eben den Bothen zurück, welche sie gebracht hatten ʳ).

Indessen suchte der Primas, der sich noch immer dem Zorne des Königes ausgesetzt sah, zweymal heimlich aus dem Königreiche zu entwischen; wurde aber immer vom widrigen Winde zurückgehalten ˢ): und Henrich eilte, ihn die Wirkungen einer Hartnäckigkeit fühlen zu lassen, welche er für so sträflich hielt. Er reizte den John, Mareschall der Schatzkammer, daß er den Becket wegen einiger Ländereyen des Gutes Pageham, in dem erzbischöflichen Gerichte anklagen, und von da an das königliche Justizgericht appelliren mußte ᵗ). An dem Tage, welcher zur Untersuchung dieser Sache angesetzt war, sandte der Primas vier Ritter, um gewisse Unregelmäßigkeiten in der Appellation des John vorzustellen; und sich zugleich mit einer Unpäßlichkeit entschuldigen zu lassen, daß er an diesem Tage nicht persönlich vor Gerichte erscheinen könnte. Dieses kleine Vergehen, wofern es einmal dieser Namen verdienet, wurde für eine sträfliche Verachtung ausgeleget; die vier Ritter wurden gedrohet, und entkamen nicht ohne Mühe dem Gefängniß, weil sie dem Gerichte Unwahrheiten vorgestellet hätten ᵘ); und da Henrich entschlossen war, die Sache wider den Becket aufs äußerste zu treiben, so berief er zu Nordhampton einen großen Rath, den er zum Werkzeuge seiner Rache an diesem unbiegsamen Prälaten gebrauchen wollte.

Der König hatte den Becket aus einem niedrigen Stande zu den höchsten Aemtern erhoben; hatte ihn mit seiner Schutze, und mit seiner Freundschaft beehret; hatte sich auf seinen Beystand zur Beförderung seines Lieblingsanschlags wider die Geistlichkeit verlassen; und als er sah, daß er auf einmal sein strengster Widersacher geworden war, da sich sonst jedermann seinem Willen unterwarf, so setzte ihn der Zorn über diese mißlungene Hoffnung, und der Unwillen über eine so ausnehmende Undankbarkeit über alle

---

o) Hist. Quad. S. 40. 41. Hoveden, S. 493. M. Paris S. 71.
p) Gervas p. 1388. Parker, S. 203. Epist. St. Thom. S. 40. 41.
q) Epist. St. Thom. S. 13. 14.
r) Hoveden, S. 493. Gervas S. 1388.
s) Fitz-Steph. S. 35. Hist. Quad. S. 48. Matth. Paris, S. 72.
t) Hoved. S. 494. M. Paris, S. 72. December S. 5. 7.
u) Fitz-Steph. S. 36.

1164. Gränzen der Mäßigung weg; und es scheinet, als wenn mehr Leidenschaft, als Gerechtigkeit oder Staatsklugheit an diesem hefitgen Processe Theil gehabt habe x). Dennoch sprachen die Baronen in dem großen Rathe jedwedes Urtheil, was er ihnen vorsagte; und die Bischöfe selbst, welche ganz gewiß unter der Hand dem Becket günstig waren, und ihn für einen Märtyrer für ihre Vorrechte ansahen, traten den Uebrigen in dem Vorhaben bey, ihren Primas zu unterdrücken. Becket stellte vergebens vor, daß sein Gericht mit der größten Regelmäßigkeit und Gerechtigkeit in der Untersuchung der Sache des Mareschalls verfahren hätte, und sagte, daß man sie auch nach dem Zeugnisse des Sherifs ganz ungerecht und unbillig finden würde: daß er selbst keine Verachtung gegen das Gericht des Königs bezeiget; sondern vielmehr dadurch die Rechtmäßigkeit desselben erkannt hätte, daß er seine Abwesenheit durch vier Ritter hätte entschuldigen lassen: daß er auch, auf die Vorladung des Königs, itzt in dem großen Rathe persönlich erschienen, und bereit wäre, seine Sache wider den Mareschall zu rechtfertigen, und seine Aufführung der Untersuchung und Gerichtsbarkeit desselben zu unterwerfen: und wenn man ihn auch deswegen schuldig befände, daß er nicht erschienen wäre, so hätten doch die Gesetze auf dieses Vergehen nur eine geringe Strafe gesetzt; und weil er ein Einwohner von Kent wäre, wo sein erzbischöflicher Pallast läge, so wäre er, vermöge des Gesetzes, berechtiget, eine noch größere Nachsicht, als gewöhnlich, in der Bestimmung seiner Strafe zu erwarten y). Er wurde, dieser Gründe ungeachtet, einer Verachtung gegen das Gericht des Königes für schuldig erkläret, und verurtheilet, als wenn er die Treue gebrochen hätte, welche er seinem Könige geschworen hatte; alle seine Güter, und sein Vieh wurden eingezogen z); und damit dieser Triumph über die Kirche aufs äußerste getrieben werden möchte, wurde Henrich, der Bischof von Winchester, dieser Prälat, der unter den vorigen Regierungen so mächtig gewesen war, seiner Einwendungen ungeachtet, durch den Befehl des Gerichts gezwungen, das Urtheil wider ihn zu sprechen a). Der Primas unterwarf sich diesem Schluße; und alle Prälaten, den Bischof von London, den sich Gilbert nannte, ausgenommen, welcher durch diese besondere Aufführung dem Könige eine Gefälligkeit erzeigen wollte, wurden Bürgen für ihn b). Es ist merkwürdig, daß verschiedne normännische Baronen in diesem Rathe ihre Stimmen gaben; und wir können mit einiger Wahrscheinlichkeit schließen, daß in vielen großen Rathsversammlungen, welche seit der Eroberung zusammen berufen waren, eben dieser Gebrauch mochte beobachtet seyn. Denn derjenige Geschichtschreiber, der damals lebte, und uns eine vollständige Nachricht von den Reichsangelegenheiten gegeben hat, gedenket dieses Umstandes nicht im geringsten, als einer besondern Sache c); und Becket stehet in seinen nachmaligen Einwendungen wider die harte Begegnung, die er hatte ausstehen müssen, gar keinen Einwurf aus dieser Unregelmäßigkeit, welche uns sehr groß und augenscheinlich vorkömmt. So wenig genau bestimmtes war damals in der Regierung und Staatsverfassung.

Der König war mit diesem Urtheile, so hart und gewaltsam es auch war, noch nicht zufrieden. Den Tag darauf foderte er von dem Becket die Summe von dreyhundert

x) Newbr. S. 294.
y) Fitz-Steph. S. 37. 42.
z) Hist. Quad. S. 47. Hoveden, S. 494. Gervas, S. 1389.

a) Fitz-Steph. S. 37.
b) Ibid.
c) Ibid. S. 36.

Geschichte von England. Kap. VIII. 263

dert Pfund, als welche dem Primas die Ehrenstellen von Eye und Berkham eingetragen hätten, so lange er sie im Besitz gehabt. Becket wandte zwar zuvor ein, daß er 1164. nicht verbunden wäre, auf diese Klage zu antworten, weil derselben in seiner gerichtlichen Vorladung nicht gedacht wäre; er merkte an, daß er zur Verbesserung dieser Schlösser, und des königlichen Pallasts in London mehr Geld ausgegeben hätte, als diese Summe betrüge; dennoch sagte er, wäre er entschlossen, die Summe zu bezahlen, damit das Geld keine Gelegenheit zum Streit zwischen seinem Könige und ihm geben möchte: er versprach also zu bezahlen, und stellte sogleich Bürgen d). In der nächstfolgenden Sitzung foderte der König fünf hundert Mark von dem Becket, und versicherte, daß er sie ihm in dem Kriege von Thoulouse geliehen hätte e); zugleich verlangte er noch eine andre Summe, für welche sich der König bey einem Juden für den Becket verbürgt hatte. Gleich nach diesen beyden Foderungen machte er eine dritte von noch größerm Betrag: er verlangte von ihm, daß er die Rechnung von seiner Verwaltung als Kanzler eingeben, und die Balanz des Geldes für die Einkünfte aller Prälaturen, Abteyen und Baronien, welche in der Zeit unter seiner Aufsicht gestanden hätten, bezahlen sollte f). Becket erwiederte, weil er diese Foderungen gar nicht erwartet hätte, so hätte er sich auch auf keine Verantwortung vorbereiten können; er erbath sich aber eine Frist, und versprach, in dieser Sache eine Genugthuung zu leisten. Der König verlangte Bürgen; und Becket erbath sich die Freyheit, daß er sich in einer so wichtigen Sache mit seinen Suffraganten bereden dürfte g).

Es erhellet sowohl aus dem bekannten Charakter Henrichs, als aus der gewöhnlichen Wachsamkeit seiner Regierung, daß er damals, als er den Becket zu der Würde eines Erzbischofes von Canterbury erhob, aus guten Gründen mit seiner Verwaltung in der vormaligen hohen Bedienung, die er ihm anvertrauet hatte, wohl zufrieden gewesen seyn mußte; und daß der König, wenn dieser Prälat auch mehr Geld verschwendet hätte, als seine Stelle eintrug, dennoch versichert war, daß die Ausgaben keinen Tadel verdienten, und überhaupt seinen Nutzen befördert hatten h). Es waren seit dieser Zeit zwey Jahre verflossen; er hatte in dieser Zeit keine Foderungen an ihn gemacht; die Foderung war erst damals auf das Tapet gebracht, als der Streit über die Vorrechte der Kirche entstund; und der Primas sollte nun auf einmal so verwickelte und große Rechnungen vor einem Gerichte aufweisen, welches den festen Entschluß gezeigt hatte, ihn zu Grunde zu richten, und zu unterdrücken. Es war unmöglich, Bürgen zu finden, daß er eine so gränzenlose und ungewisse Foderung bezahlen wollte, welche der König auf vier und vierzig tausend Mark schätzte i); und Beckets Suffraganten waren in großer Verlegenheit, was für einen Rath sie ihm in einer so bedenklichen Sache geben sollten. Auf den Rath des Bischofs von Winchester both er zwey tausend Mark zu einer Befriedigung für alle Foderungen: aber dieses Anbiethen verwarf der König k). Einige Prälaten rietheten ihm, sein Erzbisthum niederzulegen, mit der Bedingung, daß er gänzlich los gesprochen würde: andre waren der Meynung, daß er sich lediglich der Gnade des Königs überlassen müßte l): aber da der Primas so aufs

Aeußerste

d) Fitz-Steph. S. 38.
e) Hist. Quad. S. 47.
f) Hoveden. S. 494. Dicet. S. 537.
g) Fitz Steph. S. 38.
h) Hoveden, S. 495.
i) Epist. St. Thom. S. 315.
k) Fitz-Steph. S. 38.
l) Ibid. S. 39. Gervas. S. 1390.

1164. Aeußerste getrieben wurde, hatte er zu viel Muth, unter der Erdrückung zu erliegen: er entschloß sich, allen seinen Feinden Troß zu biethen, sich auf den Schutz der Heiligkeit seines Charakters zu verlassen, seine Sache mit der Sache Gottes und der Religion zu vermischen, und den äußersten Wirkungen des königlichen Zornes Stand zu halten.

Nach einigen Tagen, welche Becket in Berathschlagungen zubrachte, gieng er zur Kirche, und laß die Messe; vorher aber hatte er gebothen, daß der Eingang der Communion mit diesen Worten angefangen werden sollte: Prinzen saßen, und sprachen wider mich; eine Schriftstelle, welche auf die Martern des heiligen Stephanus geht, dem sich also der Prälat in seinen Leiden, die er für seine Gerechtigkeit ausstund, stillschweigend gleich schätzte ᵐ). Er gieng aus der Kirche in seiner heiligen Kleidung an den Hof. So bald er in den Thoren des Pallastes angekommen war, nahm er das Kreuz in seine Hände, trug es als seinen Schutz in die Höhe, und gieng so in die königlichen Gemächer ⁿ). Der König, der sich in einem geheimen Zimmer befand, erstaunte über diesen Aufzug, womit der Primas ihm und seinem Hofe das Urtheil des Banns zu drohen schien; und sandte einige Prälaten zu ihm, die ihn eines so verwegenen Betragens wegen zur Rechenschaft stellen mußten. Diese Prälaten beschwerten sich bey ihm, daß er sie verleitet hätte, seinem Exempel nachzuahmen, indem er die Verordnungen von Clarendon unterzeichnet hätte; und daß er itzt, da es schon zu spät wäre, alle Unterwürfigkeit unter der bürgerlichen Gewalt abschüttteln, und sie in eine Sünde mit verwickeln wollte, welche mit aller Verletzung derer Gesetze, die sie durch ihre Stimmen eingeführet, und durch ihre Unterschrift genehmiget hätten, verbunden wäre ᵒ). Becket antwortete, er hätte zwar die Verordnungen von Clarendon gesetzmäßig, auf Ehre und Treue, und ohne Betrug und Vorbehalt unterzeichnet; allein in diesen Worten wäre in der That eine Sicherheit für die Rechte ihres Ordens enthalten; da diese mit der Sache Gottes und der Kirche verbunden wäre, so könnten sie sich weder durch Eide noch Versprechungen verbunden haben, sie zu verlassen: wenn er, und wenn sie sich gleich hätten, indem sie ihren geistlichen Vorrechten entsagt, so könnten sie dieses nicht besser vergüten, als wenn sie ihre Einwilligung wiederriefen, welche in einem solchen Fall niemals verbindend seyn könnte; und nach der Vorschrift des Pabstes handelten, der die Verordnungen von Clarendon feyerlich abgeschafft, und sie von allen Eiden losgesprochen, die sie auf die Beobachtung derselben abgelegt hätten: es wäre offenbar der veste Entschluß gefaßt, die Kirche zu unterdrücken; der Sturm wäre zuerst über ihm ausgebrochen; er wäre, wegen eines kleinen Versehens, welches ihm überdem fälschlich wäre aufgebürdet worden, auf eine tyrannische Art zu einer schweren Strafe verurtheilet; seit dem hätte man eine neue und unerhörte Foderung auf die Bahn gebracht, worinn er seine Gerechtigkeit erwarten könnte; und er sähe deutlich, daß er das Opfer seyn sollte, welches durch seinen Untergang den Weg bahnen müßte, daß alle geistlichen Freyheiten abgeschafft würden: wie verbothe ihnen allen, welche seine Suffraganten wären, einem solchen Gerichte beyzuwohnen, oder ihre Stimme zu einem Urtheile wider ihn zu geben; er legte sich und sein Erzbisthum unter den Schutz des höchsten Priesters; und berief sich wider

---

m) Hist. Quad. S. 53. *Hoveden.* S. 494. *Hoveden.* S. 494. *Neubr.* S. 394. Epist. &c. *Neubr.* S. 394. *Gervas.* S. 1391. Thom. S. 43.
n) *Fitz-Steph.* S. 40. Hist. Quad. S. 53. o) *Fitz-Steph.* S. 35.

Geschichte von England. Kap. VIII.

wider alle Strafen, welche seine unbilligen Richter ihm auflegen möchten, auf diesen: so schrecklich der Zorn eines so großen Monarchen, wie Henrich, auch wäre, so könnte sein Schwerd doch nur den Leib tödten, da das Schwerd der Kirche, welches dem Primas übergeben wäre, die Seele tödten, und den Ungehorsamen in unendliches und ewiges Verderben stürzen könnte p).

1164.

Appellationen an den Pabst, auch in geistlichen Sachen, waren in den Verordnungen von Clarendon abgeschafft, und nach dem Gesetze sträflich geworden; aber eine Appellation in einer bürgerlichen Sache, wie die Foderung des Königs an den Becker, war etwas ganz neues, und ohne Beyspiel, gieng gerade zu auf die Umstürzung der Regierung, und konnte gar mit keinem Schein entschuldiget werden, als mit der vesten und nur gar zu sichtbaren Entschließung des Königes und des großen Rathes, ohne Billigkeit, aber unter dem Schein des Gesetzes, den gänzlichen Untergang des unbiegsamen Primas zu befördern. Da der König itzt einen desto bessern Vorwand für seine Gewaltsamkeit hatte, so würde er diese Sache wider den Prälaten aufs äußerste getrieben haben; aber Becket ließ ihm nicht Zeit, seinen Proceß fortzusetzen. Er weigerte sich sogar, das Urtheil anzuhören, welches die Baronen, die von den Bischöfen getrennt saßen, nebst einigen Sheriffs und Baronen vom zweyten Range q), auf Verlangen des Königs, gesprochen hatten: er verließ den Pallast; er bath sich bey dem Henrich unmittelbar die Erlaubniß aus, Northampton zu verlassen, und da ihm diese versagt wurde, begab er sich insgeheim hinweg; wanderte eine Zeitlang in fremder Kleidung umher, setzte sich endlich zu Schiffe, und kam in Grevelingen an r).

Verbannung des Becket.

Die heftige und ungerechte Verfolgung des Becket zog ihm natürlicher Weise die Gunst des Publici zu, und machte, daß die Nation seine vormalige Undankbarkeit gegen den König, seine Kränkung aller Eide und Versprechen, und die Uebertriebenheit der geistlichen Vorrechte vergaß, für welche er ein Streiter seyn wollte. Es waren noch viel andre Ursachen, welche ihm in auswärtigen Ländern Schutz und Unterstützung verschafften. Philipp, Graf von Flandern s), und Ludwig, der König von Frankreich t), eifersüchtig über die zunehmende Größe Henrichs, machten sich ein Vergnügen daraus, ihm in seinem Lande Unruhe zu erregen. Sie vergaßen es, daß dieses eine allgemeine Sache aller Prinzen war, und stellten sich, als wenn sie den Zustand des verbannten Prälaten gar sehr bedauerten; und der letzte beehrte ihn sogar zu Soissons, einer Stadt, wo er ihn gebethen hatte seinen Aufenthalt zu nehmen, mit einem Besuch u). Der Pabst, dessen Vortheil mehr darauf beruhte, ihn zu unterstützen, nahm eine prächtige Gesandschaft, welche Henrich absandte, um den Becket anzuklagen, sehr übel auf; indem er

p) *Fitz-Steph.* S. 42. 44. 45. 46. Hist. Quad. S. 57. *Hoveden.* S. 495. M. *Paris,* S. 72. Epist. St. Thom. S. 45. 195
q) *Fitz-Steph.* S. 46. Man glaubt, daß dieser Geschichtschreiber die angesehenern Vasallen der vornehmsten Baronen verstehe: diese hatten kein Recht, im großen Rathe zu sitzen, und es war eine grobe Unregelmäßigkeit, ihnen eine Stelle zu geben: dennoch redet Becket in keiner seiner Remonstranzen dagegen. Ein neuer Beweis, wie wenig damals die Staatsverfassung vestgesetzt war.
r) Hist. Quad. S. 60. 63. 64. &c. *Hoveden.* S. 495. M. *Paris,* S. 72. *Gervas.* S. 1393.
s) Epist. St. Thom. S. 35.
t) Ibid. S. 36. 37.
u) Hist. Quad. S. 76.

er dem Becket selbst, welcher nach Sens gekommen war, um seine Sache vor dem
1164. Pabste zu rechtfertigen, Zeichen der größten Achtung bewies x). Der König zog, um
sich zu rächen, die Einkünfte von Canterbury ein; und verwies alle Verwandten und
Hausgenossen des Primas, eine Anzahl von vier hundert Personen y), welche er vor
ihrer Abreise schwören ließ, daß sie sich unverzüglich zu ihrem Schutzherrn begeben wollten z); ein Verfahren, welches man für willkührlich hätte halten können, wenn die königliche Gewalt damals einen regelmäßigen Zaum gehabt hätte. Aber dieser Staats-
streich, wodurch Henrich den Becket desto eher in Dürftigkeit zu setzen dachte, verfehlte
seine Wirkung: der Pabst sprach sie, sobald sie ans Land traten, von ihrem Eide los,
und vertheilte sie in die Klöster von Frankreich und Flandern: dem Becket selbst wurde
eine Residenz in dem Kloster Pontigny angewiesen a), wo er einige Jahre sehr prächtig
lebte, theils von einer ihm von den Einkünften dieser Abtey bewilligten Pension, theils
von Geldern, welche ihm der König von Frankreich schickte.

1165. Um sich bey dem Pabste Alexander desto beliebter zu machen, übergab er das Erzbisthum von Canterbury seinen Händen, und versicherte, daß er zu demselben durch die
Vollmacht des königlichen Befehls auf eine unkanonische Art berufen worden sey b);
Alexander bekleidete ihn hinwiederum von neuen mit dieser Würde, und nahm sich heraus, den Richterspruch, welchen der große Rath von England über ihn gefället hatte,
durch eine Bulle zu wiederrufen. Nachdem sich Henrich umsonst Mühe gegeben hatte,
eine Unterredung mit dem Pabst zu halten, der bald darauf nach Rom abreisete, wohin ihn der glückliche Zustand seiner Angelegenheiten berief; so kehrte er Anstalten vor,
den übeln Folgen desjenigen Bruchs vorzubeugen, welcher zwischen seinem Königreiche
und dem päbstlichen Stuhle bevorzustehen schien. Er ließ Befehle an seine Justiziarien ergehen, und verboth unter harten Strafen, alle Appellationen an den Pabst,
oder an den Erzbischof; er untersagte allen und jeden, von ihnen Mandate anzunehmen, oder sich in irgend einer Sache an ihre Macht zu wenden; er erklärte es für eine
Verrätherey, von einem derselben ein Interdict auf das Reich zu bringen, welche an
den weltlichen Geistlichen mit dem Verlust ihrer Augen und mit der Castration, an den
Ordensbrüdern mit dem Verlust ihrer Füße, und an den Layen mit dem Tode bestraft
werden sollte; und bedrohte die Personen selbst, nebst ihren Verwandten, welche einem
solchen Interdict Gehorsam leisten würden, mit Einziehung ihrer Güter, und mit Verbannung. Auch zwang er alle seine Unterthanen, einen Eid auf die Beobachtung dieser Befehle abzulegen c). Dieses waren Edicte von der äußersten Wichtigkeit; sie betrafen das Leben und das Eigenthum aller Unterthanen, und veränderten sogar für dasmal
die Religion der Nation, indem sie alle Gemeinschaft mit Rom abbrachen: doch waren
sie durch die bloße Gewalt des Königes gegeben, und beruhten blos auf seinem Willen
und Gefallen.

Die geistlichen Obrigkeiten, welche in der ersten Kirche von der weltlichen sehr abhiengen, hatten nach und nach eine Gleichheit und Unabhängigkeit erreicht; und obgleich

---

x) Fitz-Steph. S. 51. Hist. Quad. S. 72. 73.
77. Hoveden, S. 496. Gervas. S. 1393. Trivet, S. 46.
y) Epist. St. Thom. S. 766.
z) Fitz-Steph. S. 51. 52. Hist. Quad. S. 82.

a) M. Paris, S. 62.
b) Fitz-Steph. S. 52. Hist. Quad. S. 79.
c) Hist. Quad. S. 88. 167. Hoveden, S. 496.
M. Paris, S. 73.

gleich die Gränzen der beyden Gerichtsbarkeiten schwer auszumachen und zu bestimmen waren, so war es doch nicht unmöglich, daß nicht die Regierung durch eine Mäßigung 1165. von beyden Seiten auf die unvollkommne und unregelmäßige Art, welche alle menschliche Verfassungen begleitet, noch immer hätte geführet werden können. Weil aber die Unwissenheit der Zeit die Geistlichen täglich ermunterte, ihre Vorrechte zu erweitern, und sogar Maximen zu behaupten, welche sich mit den bürgerlichen Regierungen nicht vertragen konnten d); so hatte Henrich geglaubt, daß es die höchste Zeit wäre, ihren Anmassungen ein Ende zu machen, und in einem öffentlichen Rathe diejenige Gewalt förmlich vest zu setzen, welche dem Magistrat zukäme, und welche er inskünftige zu behaupten entschlossen war. In diesem Unternehmen ließ er sich verleiten Gebräuche wieder aufzubringen, welche zwar alt waren e), aber schon anfiengen, durch eine entgegengesetzte Gewohnheit abgeschafft zu werden, und welchen die herrschenden Meynungen und Gedanken dieser Zeit noch stärker entgegen waren. Grundsätze waren demnach auf der einen Seite, Gewalt auf der andern; und wenn die Engländer sich mehr durch das Gewissen, als durch den gegenwärtigen Vortheil hätten treiben lassen, so müßte der Streit durch den allgemeinen Abfall der Unterthanen bald wider den Henrich ausgefallen seyn. Um diesen Vorfall zu befördern, erfüllte Becket alle Oerter mit Beschwerden über die Gewaltsamkeit, welche er hatte dulden müssen f). Er verglich sich mit Christo, der vor einem weltlichen Gerichte war verurtheilet worden g), und der in den gegenwärtigen Drückungen, worunter die Kirche seufzte, von neuen gekreuziget würde: er nahm es für eine unstreitige und ausgemachte Sache an, daß seine Sache die Sache Gottes wäre h); er maßte sich den Charakter eines Streiters für das Eigenthum der Gottheit an: er behauptete, er wäre der geistliche Vater des Königes und des Volks von England i); er sagte dem Henrich sogar, daß Könige blos auf Vollmacht der Kirche regierten k); und ob er gleich auf diese Weise an seiner Seite den Schleyer eben öffentlich abgezogen hatte, als der König an der seinigen; so schien es doch immer, nach der allgemeinen Gunst, welche die Geistlichen für ihn hatten, daß in dem Streite der Vortheil auf seiner Seiten war l). Damit der König die Waffen der weltlichen Gewalt, welche er noch in Händen hatte, brauchen möchte, hob er die Bezahlung des Peterpfennigs auf m); er suchte mit dem Kaiser Friedrich Barbarossa, der damals mit dem Pabst Alexander in heftigen Kriegen verwickelt war, Allianz zu machen n); er entdeckte einige Lust, den damaligen Antipabst Paskal den Dritten, der von diesem Kaiser unterstützt wurde, zu erkennen o); und durch diese Mittel suchte er den unternehmenden, aber klugen Pabst abzuhalten, daß er wider ihn nicht zu dem Aeußersten schritte.

Ll 2 Aber

d) Quis dubitet, sagt zu Becket dem Könige, sacerdotes Christi regum & principum omniumque fidelium patres & magistros censeri. Epist. St. Thom S. 97. 148.
e) Fitz-Steph. S. 14. Hoveden, S. 518. Epist. St. Thom. S. 265.
f) Fitz-Steph. S. 53. Epist. St Thom. S. 63, 64. 226.
g) Epist. St. Thom. S. 63, 105. 194.
h) Ibid. S. 29, 30, 31, 226.
i) Fitz-Steph. S. 46. Epist. St. Thom. S. 52, 148.
k) Brady's Append. No. 56. Epist. St. Thom. S. 94. 95. 97. 99. 197. Hoveden, S. 497.
l) Epist. St. Thom. S. 268, 611.
m) Epist. St. Thom. S. 219.
n) Hist. Quad. S. 88. Epist. St. Thom, S. 116. 139.
o) Epist St. Thom. S. 106, 111, 112. M. Paris, S. 75 M. West. S. 249.

Aber die Gewaltsamkeit des Becket verursachte noch mehr, als die Natur des 1166. Streites, daß die Sachen den Parteyen nicht lange unentschieden blieben. Der Prälat, angetrieben von Rachbegierde, und ermuntert durch den gegenwärtigen Ruhm, den ihm seine Situation erwarb, trieb die Sachen zu einer Entscheidung, und gab eine Tadelschrift heraus, worinn die vornehmsten Minister des Königes namentlich in den Bann gethan, und überhaupt alle diejenigen angegriffen wurden, welche den Constitutionen von Clarendon günstig waren, oder gehorchten p): diese Constitutionen schaffte er ab, und erklärte sie für nichtig; er sprach alle von dem Eide los, welchen sie geschworen hatten, sie zu beobachten; und hielt den geistlichen Donner über den Henrich nur deswegen zurück, damit der Prinz noch durch eine zeitige Reue den Streich vermelden möchte q).

Die Situation Henrichs war so unglücklich, daß er kein andres Mittel wußte, seine Minister von dem schrecklichen Bann zu retten, als daß er sich an den Pabst selbst wandte, und seine Zuflucht zu einem Richterstuhl nahm, dessen Gewalt er selbst in diesem Artikel von den Appellationen zu schmälern gesucht hatte, und von dem ihm bekannt war, daß er sich so sehr mit der Parten seines Gegners verbunden hatte r). Allein auch von diesem Mittel konnte man nicht hoffen, daß es lange wirksam seyn würde. Becket hatte von dem Pabst die Bestallung eines Legaten über England erhalten s); und kraft dieser Macht, welche keine Appellation verstattete t), berief er die Bischöfe von London, Salisbury, und andre zu sich, und befahl unter Strafe des Banns, daß ihn bekannt lichen, welche seinetwegen abgesetzt wären, binnen zwey Monaten in alle ihre Aemter wieder einsetzen sollten u). Aber John von Oxford, der Agent des Königes zu Rom, hatte die Geschicklichkeit, Befehle auszuwirken, daß dieser Ausspruch verschoben wurde x); und machte dem Pabste so große Hoffnung zu einer baldigen Aussöhnung zwischen dem Könige und Becket, daß zween Legaten, Wilhelm de Pavie, und Otho, nach der Normandie gesandt wurden, wo sich der König damals aufhielt, und sich bemüheten, die Mittel dazu zu erfinden y). Aber die Foderungen der Parteyen waren damals noch zu widrig, daß sie hätten können verglichen werden. Der König foderte, daß alle Constitutionen von Clarendon sollten genehmiget werden z): Becket verlangte, daß, ehe man sich zu einem Vertrag einließe, er und seine Anhänger in ihre Güter wieder eingesetzt würden a): und weil die Legaten von beyden Seiten keine Vollmacht hatten, einen Definitiv-Ausspruch zu thun, so wurde bald nachher aus der Unterhandlung nichts b). Der Cardinal de Pavie, welcher dem Interesse Henrichs sehr gewogen war, gab sich auch Mühe, die Unterhandlung in die Länge zu ziehen; den Pabst durch die Nachrichten, welche er von der Aufführung dieses Prinzen einsandte, zu besänftigen; und diesem von dem römischen Stuhle alle mögliche Nachsicht zu verschaffen. Der König erhielt durch seinen Vorschub um diese Zeit eine Dispensation zu der Vermählung seines dritten Sohns Gottfried, mit der Erbinn von Bretagne; eine Verwilligung, welche in Ansehung

---

p) *Hoveden*, S. 506. *M. West.* S. 249. Epist. St. Thom. S. 148, 149, 235, 240.
q) *Fitz-Steph.* S. 56. Hist. Quad. S. 93. *M. Paris,* S. 74. Beaulieu vie de St. Thom. S. 213. Epist. St. Thom S. 149, 229 *Hoved* S. 499.
r) Epist St. Thom. S. 166, 101, 203, 234.
s) *Fitz-Steph.* S. 55. Epist. St. Thom. S. 179.
t) Epist. St. Thom. S. 218.
u) Ibid. S. 182, 183, 318, 219, 239.
x) Ibid. S. 403, 404, 408.
y) Ibid. S. 909.
z) *Hoveden*, S. 517. Epist. St. Thom, S. 345.
a) *M Paris,* S. 74. Ep.St.Th.S. 346, 349, 355.
b) *Gervas.* S. 1403. Robert de Monte.

hung der Vergehen Henrichs wider die Kirche, sowohl dem Becket, als seinem Beschützer, dem Könige von Frankreich, sehr anstößig war.

1167.

Die Verwirrungen des Feudalrechtes hatten damals die Gränzen der Macht zwischen dem Prinzen und seinen Vasallen, und zwischen einem Prinzen und den andern eben so unsicher gemacht, als die Gränzscheidungen zwischen der Krone und bischöflichen Würde; und alle Kriege nahmen ihren Ursprung aus Streitigkeiten, welche bloß von einem Judicaturgerichte sollten entschieden worden seyn, wenn ein Richterstuhl Macht genug gehabt hätte, mit seinen Decreten durchzudringen. Henrich hatte, um einige Streitigkeit auszumachen, worinn er mit dem Grafen von Auvergne, einem Vasallen des Herzogthums Guienne verwickelt war, die Länder dieses Grafen angegriffen: dieser nahm seine Zuflucht zu dem Könige von Frankreich, bath ihn, als seinen Oberherrn, um Schutz, und zündete dadurch einen Krieg zwischen diesen beyden Monarchen an. Aber dieser Krieg war, wie gewöhnlich, eben so schwach in seinen Operationen, als nichtswürdig sein Gegenstand und seine Ursache war; und wurde endlich, nachdem sich die Kriegführenden unter einander ihre Länder verheeret hatten c), und nachdem einige mahle die Baronen in Poictou und Guienne aufgestanden waren, mit einem Frieden geendigt, dessen Bedingungen dem Henrich vielmehr nachtheilig waren, und bewiesen, daß dieser Prinz, durch seine Streitigkeiten mit der Kirche, itzt die Uebermacht verlohren, welche er bisher über der Krone von Frankreich behauptet hatte: und dieses war ein neuer Bewegungsgrund für ihn, seine Zwistigkeiten beyzulegen.

Der Pabst und der König fiengen an, einzusehen, daß bey dem itzigen Zustande der Sachen keiner von ihnen einen gänzlichen und entscheidenden Sieg über den andern erhalten könnte, und daß sie eben so viel zu fürchten als zu hoffen hatten, wenn der Streit fortdauerte. Obgleich Henrich durch seine muthige Regierung sein Ansehen in allen seinen Gebiethen befestiget hatte; so konnte doch sein Thron durch einen Bann erschüttert werden; und wenn man auch England wegen seiner Lage vor der ansteckenden Seuche abergläubischer Vorurtheile sicherlich verwahren konnte; so lagen doch wenigstens seine französischen Provinzen, mit welchen den benachbarten Staaten der Verkehr offen stund, von der Seite sehr in Gefahr, eine grosse Veränderung oder Erschütterung zu erdulden d). Er konnte sich demnach nicht wohl einbilden, daß der Pabst so lange, als er noch einen solchen Zaum wider ihn hätte, die Constitutionen von Clarendon förmlich erkennen würde, da sie den päbstlichen Anmaßungen in England ein Ende machten, und zugleich den übrigen Staaten ein Beyspiel geben würden, sich eine gleiche Unabhängigkeit anzumaßen e). Der Pabst Alexander hingegen, da er mit dem Kaiser Friedrich in gefährlichen Kriegen lag, hatte mit Recht zu besorchten, daß Henrich lieber die Partey seines Feindes ergreifen, als so wichtigen Foderungen entsagen würde f) und weil die Versuche mit den geistlichen Waffen, welche Becket bisher gemacht hatte, nicht nach Wunsch ausgeschlagen waren g), und in den königlichen Ländern alles ruhig geblieben war; so schien es, als wenn der Fähigkeit und Wachsamkeit eines so großen Monarchen nichts unmöglich wäre. Die Gemüthsverfassungen beyder Parteyen, welche aus diesen Umständen

Ll 3 ständen

---

c) *Hoveden.* S. 517. *M. Paris.* S. 75. *Dicet.* S. 547. *Gervas.* S. 1402, 1403. Robert de Monte.
d) Epist. St Thom. S. 230.
e) Ibid S. 276.
f) *Fitz-Steph* S. 53. Hist. Quad. S. 75.
g) Epist. St. Thom. S. 241, 254.

ständen entstunden, veranlaßten viele Versuche, einen Vergleich zu treffen; weil aber beyde
1167. Partenen wußten, daß die Hauptpunkte des Streites damals nicht ausgemacht werden
konnten, so hatte einer gegen den andern ein beständiges Mißtrauen, und jeder war besorgt, daß er in den Unterhandlungen nicht den mindesten Vortheil verlieren möchte [h]).
1168. Die Nuncii, Gratian und Vivian, welche eine Vollmacht bekommen hatten, einen
Vergleich zu versuchen, kamen zu Damfront in der Normandie zu dem Könige [i]); und
nachdem alle Zwistigkeiten berichtiget zu seyn schienen; erboth sich der König, den Tractat, mit einem Vorbehalte für seine königliche Würde, zu zeichnen [k]); dieses erregte bey
dem Becket einen solchen Argwohn, daß die Unterhandlung am Ende fruchtlos ausschlug,
und der Bann wider die Minister des Königs erneuert wurde. Eine andre Unterhandlung wurde zu Montmirail, in Gegenwart des Königs von Frankreich und der französischen Prälaten vorgenommen, wobey Becket Henrichs Beyspiel nachahmte, und sich
mit Vorbehalt der Ehre Gottes und der Freyheiten der Kirche zu einer Unterwerfung erboth [l]); wodurch sich hinwiederum aus gleichen Ursachen der König höchlich beleidiget
1169. fand, und der Tractat fruchtlos wurde. Eine dritte Conferenz unter gleicher Vermittelung wurde abgebrochen, weil Becket auf eben den Vorbehalt drang; und sogar in einem vierten Tractate, als alle Punkte ausgemacht waren, und der Primas erwartete,
zu dem Könige geführet zu werden, und den Friedenskuß zu empfangen, welchen die
Prinzen in diesen Zeiten zu geben pflegten, und welchen man für ein sicheres Pfand der
Vergebung ansah, wollte ihm Henrich diese Ehre nicht erzeigen [m]); und wandte vor,
daß er in seinem Zorne einen übereilten Schwur gethan hätte, dem Prälaten ein solches
Zeichen von seiner Freundschaft niemals zu geben. Diese Formalität machte, daß unter
solchen eifersüchtigen Geistern der Tractat nicht geschlossen wurde; und ob man gleich
suchte, die Schwürigkeit durch eine Dispensation zu heben, wodurch der Pabst den Henrich von seinem übereilten Schwure lossagte [n]), so konnte man doch diesen Prinzen nicht
bewegen, den einmal gefaßten Entschluß zu ändern.

In einer von diesen Conferenzen, welcher der König von Frankreich beywohnte,
sagte Henrich zu diesem Monarchen: „Es sind viele Könige in England gewesen, wovon
„einige mehr, andre weniger Gewalt hatten, als ich: es sind auch viele Erzbischöfe von
„Canterbury gewesen, heilige und gute Männer, welche alle Ehrerbiethung verdienen:
„laßt den Becket mir nur diejenige Unterthänigkeit beweisen, welche die größten von sei„nen Vorgängern dem geringsten von den meinigen bewiesen haben; so soll gar kein Streit
„unter uns seyn [o].„ Ludwig wurde von diesem Zustande der Sache, und von dem Anerbiethen Henrichs, seine Sache der französischen Geistlichkeit zu überlassen, so gerühret,
daß er sich nicht enthalten konnte, den Primas für schuldig zu erklären, und ihm eine
Zeitlang seine Freundschaft zu entziehen: aber ihre gemeinschaftliche Feindseligkeit gegen
Henrichen zog bald eine Erneuerung ihres alten guten Vernehmens nach sich [p]).

Endlich

[h]) *M. Paris*, S. 85.
[i]) *M. Paris*, S. 78.
[k]) *Rymer*, vol. 1. S. 29. *Gervas.* S. 1407.
[l]) *Fitz-Steph.* S. 58. *Hist. Quad.* S. 95.
Diceto, S. 552. *Gervas.* S. 1405.

[m]) *Hist. Quad.* S. 102. *M. Paris*, S. 32.
Gervas. S. 1408.
[n]) *Fitz-Steph.* S. 68.
[o]) *Hist. Quad.* S. 95. *Gervas.* S. 1405.
[p]) *Hist. Quad.* S. 99. 100. *Gervas.* S. 1406.
Parker, S. 206.

Geſchichte von England. Kap. VIII.

Endlich waren alle Schwürigkeiten unter den Parteyen gehoben, und der König erlaubte dem Becket zurück zu kommen, unter Bedingungen, welche von dieſem Prälaten für rühmlich und vortheilhaft können angeſehen werden. Es wurde nicht von ihm gefodert, daß er eines von den Rechten der Kirche aufgeben, oder einer von denen Forderungen entſagen ſollte, welche der urſprüngliche Grund des Streits geweſen waren. Es wurde verabredet, daß alle dieſe Streitfragen in Vergeſſenheit ſollten begraben ſeyn; doch ſollte Becket, und ſeine Anhänger, ohne ſonſt eine Unterwürfigkeit zu bezeigen, in alle ihre Einkünfte wieder eingeſetzet werden q); und ſogar ſollten die Beſitzer der geiſtlichen Aemter, welche von dem Bisthume von Canterbury abhiengen, und während der Abweſenheit des Primas beſetzt wären, abgeſetzt werden, und Becket ſollte die Freyheit haben, die erledigten Stellen wieder zu beſetzen r). Gegen dieſe Verwilligungen, welche der Ehre und Würde der Krone ſo nah ans Herz griffen, hatte Henrich nur den einzigen Vortheil, daß er ſeine Miniſter von dem über ſie ausgeſprochenen Bann befreyet ſah, und das Interdict verhütete, welches auf alle ſeine Gebiethe würde gelegt worden ſeyn, wenn er ſich dieſe harten Bedingungen nicht hätte gefallen laſſen s). Es war leicht zu ſehen, wie ſehr er ſich vor dieſem Vorfalle fürchtete, da er als ein Prinz von ſo hohem Geiſte ſich ſo unrühmliche Bedingungen gefallen ließ, um demſelben zu verhüten.

Allein der König erhielt nicht einmal dieſe zeitliche Ruhe, welche er gehofft hatte, ſich durch dieſes Mittel zu erwerben. In der Hitze ſeines Streits mit dem Becket, da er alle Tage vermuthen muſte, daß ein Interdict auf ſeine Länder würde geleget, und ſogar ein Bann wider ſeine Perſonen geſprochen werden, hatte er die Vorſicht gebraucht, dem Prinzen Henrich ſeinen Sohn zum Gehülfen ſeiner königlichen Würde zu erklären, und ihn durch die Hände Rogers, des Erzbiſchofs von York, zum Könige krönen zu laſſen t). Durch dieſe Vorſicht verſicherte er dem Prinzen die Thronfolge, welche in Betracht der vielen in dieſem Stücke begangenen Unregelmäßigkeiten nicht anders, als ſehr ungewiß ſeyn konnte; und wenigſtens erhielt er doch ſeine Familie auf dem Throne, wofern der Bann die Wirkung, welche er beſorgte, haben, und ſeine Unterthanen verleiten ſollte, ihren Gehorſam gegen ihn aufzuſagen u). Obgleich dieſes Vorhaben mit der größten Geſchwindigkeit und Heimlichkeit betrieben wurde, ſo hatte doch Becket Nachricht davon bekommen; und weil es noch ausgeführet wurde; und weil er gern allen Maaßregeln Henrichs Hinderniſſe in den Weg legen wollte, und zugleich bemühet war, dieſe Beſchimpfung ſeiner ſelbſt zu verhüten, da er als Erzbiſchof von Canterbury allein das Recht verlangte, den Dienſt der Krönung zu verrichten; ſo hatte er allen Prälaten von England verbothen, dieſer Ceremonie mit beyzuwohnen x), hatte ſich von dem Pabſte dazu eine Vollmacht bewirket y), und den König von Frankreich aufgehetzet, wider die Krönung des jungen Henrichs zu proteſtiren, wofern nicht ſeine Tochter zugleich die königliche Salbung empfangen ſollte. Es herrſchte in dieſen Zeiten eine Meynung, welche mit

1170. Den 22ſten Julius. Vergleich mit dem Becket.

---

q) *Gervas.* S. 1413.
r) *Fitz-Steph.* S. 68. 69. *Hoveden,* S. 520.
s) *Hiſt. Quad.* S. 101. *Brompton,* S. 1062. *Gervaſ.* S. 1408. *Epiſt. St. Thom.* S. 704, 705, 706, 707, 712, 593, 794. *Benedict. Abbas,* p. 70.
t) *Hiſt. Quad.* S. 102, 103. *Gervaſ.* S. 1408.
u) *Fitz-Steph.* S. 65. *Pater Daniel,* B. 1. S. 1247.
x) *Epiſt. St. Thom.* S. 684. 686.
y) *Hiſt. Quad.* S. 103. *Epiſt. St. Thom.* S. 682. *Gervaſ.* S. 1422.

272   Geschichte von England. Kap. VIII.

1170. mit dem übrigen Aberglauben verwandt war, daß die königliche Salbung zur Ausübung der königlichen Macht nothwendig wäre ᵃ); und es war daher natürlich, daß sowohl der König von Frankreich, aus Vorsorge für die Sicherheit seiner Tochter, der Prinzeßinn Margarethe ᵃ), als auch Becket, aus Eifersucht für seine eigene Würde, in dem Tractate mit Henrichen, in diesem wesentlichen Punkte einige Genugthuung foderten ᵇ). Nachdem Henrich sich bey dem Ludwig wegen dieser Uebergehung der Margarethe gerechtfertiget, und sich mit der Heimlichkeit entschuldiget hatte, welche zur Ausführung dieses Vorhabens nöthig gewesen wäre; so versprach er, daß die Ceremonie noch einmal an beyden Personen, dem Prinzen und der Prinzeßinn, sollte vollzogen werden ᶜ): und versicherte den Becket, daß Roger, und die übrigen Bischöfe, ihm für die anscheinende Beschimpfung der Bischofswürde von Canterbury Genugthuung leisten, und daß er noch überdem seine Rechte durch die Verrichtung des Krönungsdienstes wiederbekommen sollte ᵈ).   Aber der heftige Geist des Becket, aufgeblasen durch die Macht der Kirche, und durch den Sieg, den er bereits über seinen König gewonnen hatte, war mit dieser freywilligen Vergütung nicht zufrieden; sondern entschloß sich, diejenige Beleidigung, welche ihm, seinem Vorgeben nach, wiederfahren war, zu einer Gelegenheit

Beckets Zurückkunft aus seiner Verbannung. zu machen, um sich an allen seinen Feinden zu rächen. Als er in England ankam, traf er den Erzbischof von York, und die Bischöfe von London und Salisbury an, welche auf der Reise zu dem Könige nach der Normandie begriffen waren; und kündigte dem Erzbischofe das Urtheil der Suspension, und den beyden Bischöfen den Bann an, welchen der Pabst auf seine Bitte wider sie hatte ergehen lassen ᵉ).   Reginald de Warenne, und Gervase de Cornhill, zween reisende Justiziarien, welche in der Verrichtung ihres Amtes durch Kent reiseten, fragten ihn, als sie von diesem kühnen Unternehmen hörten, ob er sich vorgenommen hätte, Feuer und Schwerd ins Reich zu bringen ᶠ)? Aber der Primas achtete ihren Verweis nicht, und fuhr fort, auf die prahlhafteste Art von seinem Kirchspiele Besitz zu nehmen. Er wurde in Rochester, und in allen Städten, wodurch er reisete, mit Zuruf und Freudengeschrey aufgenommen ᵍ). Als er sich Southwark näherte, kamen die Geistlichen, die Layen, Leute von allen Ständen und Alter, ihm entgegen, und feyerten mit Freudengesängen seinen siegreichen Einzug ʰ). Und ob ihm gleich von dem jungen Prinzen, welcher zu Woodstoke residirte, geboten wurde, sich zurück zu seinem Kirchspiele zu begeben, so sah er doch, daß er sich nicht betrogen hatte, da er sich auf die größeste Verehrung des Volks für seine Person und seine Würde Rechnung gemacht. Er fuhr demnach mit desto größerm Muthe fort, seine geistlichen Donner zu schleudern; und sprach wider den Robert de Broc ⁱ), und Nigel de Sackville, nebst vielen von den angesehensten Prälaten und Ministern, welche der Krönung des jungen

a) *Epist. St. Thom.* S. 708.
a) *Brompton.* S. 1061.
b) *Gervas.* S. 1408.
c) *Hoveden*, S. 518.
d) *Epist. St. Thom.* S. 803, 810.
e) *M. Paris*, S. 86 Chron. W. Heming, S. 497. *Diceto*, S. 553. *Brompton*, S. 1062 *Gervas.* S. 1413. *M.West.* S. 250. *Epist. St. Thom.* S. 816, 849.

f) *Fitz-Steph.* S. 73. *Hist. Quad.* S. 112. *Beaulieu de St. Thom.* S. 395.
g) *Hist. Quad.* S. 113. *Beaulieu Vie de St. Thom.* p. 397. *Epist. St. Thom.* S. 132.
h) *Fitz-Steph.* S. 75. *Hist. Quad.* S. 117.
i) *Hoveden*, S. 520. *Diceto*, S. 555.

gen Prinzen beygewohnet, und sich in der Verfolgung der verwiesenen Geistlichen thätig
bezeigt hatten, den Bann aus. Dieses gewaltsame Verfahren, wodurch er in der That 1170.
dem Könige selbst den Krieg ankündigte, wird gemeiniglich der rachsüchtigen Gemüthsart und dem gebietherischen Character des Becket zugeschrieben; weil aber dieser Prälat
auch ein Mann von bekannten Fähigkeiten war, so müssen wir die Ursache dieses Verfahrens, da er wider seine Feinde zu diesen äußersten Thätigkeiten schritte, nicht in seinen leidenschaften allein suchen. Seine Scharfsinnigkeit hatte ihm alle Vorhaben des Henrichs entdeckt; und er hatte die Absicht, die Ausführung derselben durch diesen kühnen
und unerwarteten Angriff zu verhüten.

Der König war durch seine Erfahrung von den Gesinnungen seines Volks unterrichtet worden, daß sein Unternehmen, die Constitutionen von Clarendon einzuführen, alle
Zweige der königlichen Macht zu bestimmen, und von der Kirche von England, und von
dem Pabste eine ausdrückliche Genehmigung dieser streitigen Vorrechte zu erzwingen, zu
kühn gewesen war. Da er sich überdem bewußt war, daß er mit Gewaltthätigkeit gesucht hatte, diesen unbiegsamen Prälaten zu beugen, oder unter den Fuß zu bringen, so
war es ihm nicht unangenehm, diese Maaßregeln ungeschehen zu machen, welche seinen
Feinden einen so großen Vortheil über ihn gegeben hatten; und er war vergnügt, daß sein
Streit sich nur auf diese zweifelhafte Art endigte, welche das äußerste war, was Prinzen in
dieser Zeit in ihren Streitigkeiten wider den römischen Stuhl gewinnen konnten. Ob
er gleich vorjetzt den Streit wider den Becket nicht fortsetzte, so behielt er sich dennoch das
Recht vor, zu behaupten, daß die Constitutionen von Clarendon, als der ursprüngliche
Grund des Streits, sowohl die alten Gebräuche, als das gegenwärtige Gesetz des Reichs
wären; und ob er gleich wußte, daß die päbstliche Geistlichkeit sie für gottlos an sich selbst
ausrief, und behauptete, daß sie auf den Ausspruch des obersten Priesters abgeschafft
wären, so hatte er sich dennoch vorgenommen, diese Gesetze, troß ihres Geschreyes, in
Ausübung zu bringen k), und sich wegen des glücklichen Fortganges in diesem gefährlichen
Unternehmen auf seine eigene Fähigkeiten, und auf den Lauf der Vorfälle zu verlassen.
Er hoffte, daß die Erfahrung Beckets nach einer sechsjährigen Verbannung, nachdem
sein Stolz durch seine Wiederherstellung völlig vergnüget wäre, zureichend seyn würde,
ihn zu lehren, daß er sich in seiner Widersetzung mehr mäßigte; oder wenn auch ein Streit
entstünde, so hoffte er doch, künftig eine günstigere Sache zu haben; und weil der Primas itzt in seiner Gewalt war l), die alten und ungezweifelten Gebräuche des Königreichs,
wider die Anmaßungen der Geistlichen mit Vortheil zu schützen. Aber Becket, der entschlossen war, durch seine Nachsicht die kirchlichen Vorrechte nicht zu verrathen m), und
besorgte, daß ein Prinz von so großer Staatsklugheit wahrscheinlicher Weise am Ende
siegen würde, wenn man ihm erlaubte, nach seiner Art zu verfahren; so entschloß er sich,
sich des ganzen Vortheils zu bedienen, den sein itziger Sieg ihm gab, und die vorsichti-
gen Anschläge des Königes durch die Heftigkeit und das harte Verfahren seiner eigenen
Kräfte zu vernichten n). Der Unterstützung von Rom aus gewiß, fürchtete er sich wenig vor Gefahren, welche sein Muth ihn verachten lehrte, und welche, wenn sie auch die

schäd-

k) *Epist. St. Thom.* S. 837. 839. m) *Epist. St. Thom.* S. 345.
l) *Fitz-Steph.* S. 65. n) *Fitz-Stephen.* S. 74.

Hume Gesch. v. Großbr. III. *Theil.* M m

schädlichsten Folgen nach sich ziehen sollten, nur seinen Ehrgeiz und seinen Durst nach Ruhm befriedigen würden o).

Als die abgesetzten, und mit dem Banne belegten Prälaten zu Bajeaux ankamen, wo damals der König sich aufhielt, und sich über das gewaltsame Verfahren des Becket bey ihm beklagten p), so merkte er gleich die Folgen; sah ein, daß sein ganzer Operationsplan über den Haufen geworfen war; erkannte, daß der gefährliche Zwist zwischen der bürgerlichen und geistlichen Gewalt, ein Zwist, welchen er zuerst selbst erregt, aber durch alle seine neulichen Negociationen und Bewilligungen beyzulegen gesucht hatte, sogleich zu seiner Entscheidung kommen müßte; und deswegen gerieth er in die äusserste Bewegung q). Der Erzbischof von York sagte ihm, daß er, so lange Becket lebte, niemals hoffen könnte, Frieden und Ruhe zu haben r); und der König selbst, welcher in einer heftigen Bewegung war, brach in einem Ausruf wider seine Bedienten aus, die ihm, wie er sagte, durch einen Mangel an Eifer den Unternehmungen dieses unbankbaren und herrschsüchtigen Prälaten s) überlassen hätten. Vier Männer von dem königlichen Gefolge, Reginald Fitz-Urse, Wilhelm von Traci, Hugo von Moreville und Richard Brito nahmen diese heftigen Ausbrüche für einen Wink an, daß Becket sterben sollte; theilten sich gleich darauf unter einander ihre Gedanken mit; schwuren, den Streit eines Prinzen zu rächen, und begaben sich heimlich von dem Hofe weg t). Einige Drohworte, welche ihnen entfallen waren, erregten einen Verdacht von ihrem Vorhaben; und der König sandte ihnen einen Bothen nach, der ihnen befahl, nichts gegen die Person des Primas zu unternehmen u): allein dieser Befehl kam zu spät, ihren tödtlichen Anschlag zu verhüten. Die vier Mörder nahmen zwar verschiedene Wege nach England, kamen aber doch fast zu gleicher Zeit zu Soltwoode bey Canterbury an x); hier nahmen sie einige Gehülfen zu sich, und giengen in großer Eile zu dem erzbischöflichen Pallast y). Sie fanden den Primas, der sich gänzlich auf die Heiligkeit seiner Würde verließ, mit einem sehr schwachen Gefolge versehen; und ob sie gleich viele Drohungen und Scheltworte wider ihn ausstießen z) war er doch so ganz furchtlos, daß er sich unverzüglich, ohne alle Vorsicht wider ihre Gewaltthätigkeit zu gebrauchen, in die St. Benedictskirche begab, um der Vesper beyzuwohnen. Sie folgten ihm nach, griffen ihn vor dem Altar an, spalteten seinen Kopf mit vielen Hieben, und giengen wieder weg, ohne den geringsten Widerstand zu finden a).

Den 29sten December. Ermordung des Thomas a Becket.

Dieses war das tragische Ende des Thomas a Becket, eines Prälaten von dem erhabensten, unerschrockensten und unbiegsamsten Geiste, welcher fähig war, vor der Welt, und vermuthlich auch vor sich selbst, die Unternehmung des Stolzes und Ehrgeizes unter dem Schleyer der Heiligkeit und des Eifers für das Beste der Frömmigkeit und Religion

---

o) *Epist. St. Thom.* S. 818. 818.
p) Hist. Quad. S. 119. *Brompton.* S. 1062. *Gervas.* S. 1414.
q) Hist. Quad. S. 119. *Neubr.* S. 401. *Trivet.* S. 52.
r) *Fitz-Steph.* S. 78.
s) *Gervas.* S. 1414. *Parker,* S. 207.
t) *M. Paris,* S. 86. *Brompton,* S. 1063. *Benedict. Abbas,* S. 10.
u) Hist. Quad. S. 144. *Trivet.* S. 55.
x) *Fitz-Steph.* S. 78. 79. Hist. Quad. S. 120.
y) *Gervas.* S. 1414.
z) *Neubr.* S. 431. *Diceto,* S. 555.
a) *Hoveden,* S. 520.

gion zu verstecken. Er würde gewiß ein außerordentlicher Mann gewesen seyn, wenn er in seinem ersten Stande geblieben wäre, und die Heftigkeit seines Charakters zur Unterstützung des Gesetzes und der Gerechtigkeit angewandt hätte; anstatt daß er durch die Vorurtheile der Zeiten verleitet wurde, alle Privatpflichten und öffentliche Verbindungen solchen Banden aufzuopfern, die er für höher hielt oder ausgab, als alle bürgerliche und politische Betrachtungen. Aber kein Mensch, der sich in das Genie dieser Zeiten versetzt, kann mit Grunde an der Aufrichtigkeit dieses Prälaten zweifeln. Der Geist des Aberglaubens hatte so sehr überhand genommen, daß er unträglich jedweden sorglosen Denker fieng, und noch mehr denjenigen, den Interesse, und Ehre, und Ruhmbegierde verbanden, ihn zu unterstützen. Alle elende Litteratur der Zeiten war auf seiner Seite: zuweilen mochte wohl ein schwacher Schimmer der gesunden Vernunft durch die dicke Wolke der Unwissenheit, oder was noch schlimmer war, durch das Blendwerk der verderbten Wissenschaft bringen, welche die Sonne ausgelöschet, und das Gesicht der Natur verhüllet hatten: aber diejenigen, welche noch von der allgemeinen Seuche unangesteckt geblieben waren, verfuhren nach keinen Grundsätzen, welche sie rechtfertigen konnten: sie hatten ihrem gänzlichen Mangel an Unterricht mehr zu danken, als ihrem Erkenntniß, wenn sie noch ein wenig Verstand behalten hatten: Thorheit hatte sich in dem Besitz aller Schulen und aller Kirchen gesetzt; und ihre Knechte trugen zugleich den Mantel der Philosophen, und die Ehrenzeichen geistlicher Würden. Wir finden durchaus in der ganzen großen Sammlung von Briefen, welche den Namen des St. Thomas führen, daß sowohl die Anhänger dieses hoch hinaus denkenden Prälaten, als er selbst die gänzlichste und gewisseste Ueberzeugung von der Richtigkeit des Glaubens, und von der Frömmigkeit ihrer Partey, und eine Verachtung für ihre Gegner hatten; in ihrem Style, wenn sie sich unter einander angreifen, herrscht nicht weniger unverständliches Geschwätz, als wenn sie Manifeste aufsetzten, die die Welt lesen sollte. Der Geist der Rache, der Gewaltsamkeit, des Ehrgeizes, welcher ihr Betragen begleitete, sind, anstatt uns einen Verdacht von ihrer Heuchley zu erregen, die sichersten Pfänder von ihrer aufrichtigen Liebe gegen eine Sache, welche diesen herrschenden Leidenschaften so sehr schmeichelte.

Henrich hatte bey der ersten Nachricht von dem gewaltsamen Verfahren des Becket Betrübniß den Vorsatz gefaßt, ihn einziehen zu lassen, und bereits einige Anstalten zu der Ausführung dieses Vorhabens vorgekehret; allein die Nachricht von seiner Ermordung setzte diesen Prinzen in die äußerste Bestürzung; und er sah sogleich die gefährlichen Folgen, die er von einem so unerwarteten Vorfalle zu befürchten hatte. Ein Erzbischof von beglaubter Heiligkeit, der vor dem Altare mitten in der Verrichtung seines Amtes, und wegen seines Eifers, die kirchlichen Vorrechte zu schützen, ermordet war, mußte sich die höchste Ehre der Märtyrer erwerben; da hingegen seine Mörder zu den blutdürstigsten Tyrannen gezählet wurden, welche sich jemals den Haß und den Fluch der Menschen zugezogen hatten. Er sah voraus, daß Interdicte und Banne, diese an sich selbst so schreckliche Waffen, eine gedoppelte Kraft erhalten müßten; da sie in einer Sache gebraucht würden, welche so geschickt, auf die menschlichen Leidenschaften zu wirken, und so ungemein bequem für die Beredsamkeit der beym Volke beliebten Prediger und Verläumder war. Er sah, daß er sich vergebens auf seine Unschuld, und selbst auf seine gänzliche Unwissenheit in Ansehung der That berufen würde: er war schuldig genug, so

bald

bald die Kirche es für gut fand, ihn für schuldig zu halten: und seine Mithülfe zu den 1170. Martern des Becket mußte eine Religionsmeynung werden, und schlechterdings eben den Glauben finden, den die vefleßten Glaubensartikel fanden. Diese Betrachtungen erregten bey dem Könige die unverstellteste Betrübniß; und weil es gar sehr zu seinem Vortheile gereichte, daß er sich von allem Verdachte befreyete; so gab er sich gar keine Mühe, seine Betrübniß zu verbergen b). Er schloß sich so sehr ein, daß er weder den Tag sah, noch Umgang mit seinen Bedienten hatte: er wollte sogar drey Tage lang weder Speise noch Unterhalt zu sich nehmen c): die Höflinge besorgten von seiner Verzweiflung gefährliche Wirkungen, und sahen sich endlich gezwungen, in seine Einsamkeit einzubrechen. Sie wandten alle Trostgründe an, beredeten ihn, Nahrung zu sich zu nehmen, und beschäftigten ihn in seiner Muße damit, daß er Anstalten machen mußte, den Folgen, welche er von dem Morde des Primas mit so gutem Grunde besorgte, vorzubeugen.

1171. und Demüthigung des Königs.

Der wichtigste Punkt für den Henrich war der, den Pabst von seiner Unschuld zu überzeugen, oder vielmehr ihn zu bereden, daß er von der Unterwerfung mehr Vortheil haben würde, als wenn er wider dieses Reich aufs äußerste verfahren wollte. Es wurden sogleich der Erzbischof von Rouen, und die Bischöfe von Worcester und Evreux, mit fünf andern Personen von geringerm Stande nach Rom gesandt d), und sie hatten Befehl, ihre Reise mit der größten Geschwindigkeit fortzusetzen. Obgleich der Name und die Gewalt des römischen Hofes in den entferntern Ländern von Europa, welche in tiefer Unwissenheit lagen, und nichts von den Charaktern und dem Betragen desselben wußten, so schrecklich waren; so fand doch der Pabst in seinen eignen Ländern so wenig Ehrfurcht, daß seine alten Feinde die Thore von Rom selbst umgaben, und seine Regierung in dieser Stadt einschränkten; und die Gesandten, welche aus einem entlegenen Ende von Europa ihm die demüthige, oder vielmehr die niederträchtige Versicherung von der Unterthänigkeit der größten Potentaten seiner Zeit überbrachten, fanden die äußerste Schwierigkeit, zu ihm zu gelangen, und sich ihm zu Fuße zu werfen. Endlich beredeten sie sich, daß Richard Barre, einer von ihrer Gesellschaft, die übrigen zurücklassen, und sich aller Gefahr des Durchkommens aussetzen sollte e), um den unglücklichen Folgen vorzubeugen, welche ein Verzug in der Befriedigung seiner Heiligkeit nach sich ziehen könnte. Als er ankam, fand er, daß Alexander bereits wider den König in die größte Wuth gesetzt war; daß Beckets Anhänger ihn täglich zur Rache anreizten; daß der König von Frankreich ihn ermuntert hatte, den furchtbarsten Bann wider England ergehen zu lassen f); und daß schon bloß die Erwähnung des Namens Henrichs von der heiligen Rathsversammlung mit allen Ausdrücken des Abscheues und der Verfluchung angehöret wurde g). Der Donnerstag vor Ostern traf itzt ein, wo der Pabst seinen jährlichen Fluch wider alle seine Feinde auszusprechen pflegt; und man erwartete, daß Henrich mit allen Vorbereitungen, welche gemacht zu werden pflegen, wenn dieses heilige Geschoß

b) *Ypod. Neust.* S. 447. *M. Paris*, S. 87. *Dieeto.* S. 556. *Gervas.* S. 1419.
c) *Hist Quad.* S. 141.
d) *Hoveden*, S. 526. *M. Paris*, S. 87.
e) *Hoveden*, S. 526. *Epist. St. Thom.* S. 863.
f) *Hoveden*, S. 523. *Spelm. Conc.* B. 2. S. 69. *Brompton.* S. 1065. *Epist. St. Thom.* S. 855. *Benedictus Abbas.* S. 14.
g) *Hoved.* S. 526. *Neubr.* 402. *Epist. St. Thom.* S. 854.

Geschichte von England. Kap. VIII. 277

schoß entladen werden soll, in der Anzahl dieser Feinde feyerlichst würde begriffen seyn ʰ).
Aber Barre fand Mittel, den Pobel zu besänftigen, und ihn von einem Verfahren ab- 1171.
zuschrecken, welches, wenn es keinen glücklichen Erfolg hätte, nachmals nicht gleich widerrufen werden konnte. Die Flüche giengen nur überhaupt auf alle Thäter, Mitschuldige,
und Beförderer der Ermordung des Becket ⁱ); und der Abt von Valasse, und die Ar-
chidiaconi von Salisbury und Lisieur, nebst andern Ministern Henrichs, welche bald
nachher ankamen, bezeugten die Unschuld ihres Prinzen, und schwuren vor dem ganzen
Consistorio, daß er sich in dieser Sache dem Gerichte des Pabstes unterziehen, und jedwede Versicherung von seiner Unterthänigkeit ablegen wollte, die er nur fodern würde ᵏ).
So listig wurde dieser schreckliche Streich abgewandt. Die Cardinäle Albert und Theo-
din wurden zu Legaten ernannt, um die Sache zu untersuchen; und bekamen Befehle, in
dieser Absicht nach der Normandie zu reisen ˡ); und obgleich die auswärtigen Länder
Henrichs von dem Erzbischofe von Sens, einem großen Anhänger des Becket ᵐ), und
päbstlichen Legaten in Frankreich mit einem Interdict belegt waren, so erhielt doch die
Erwartung, daß sich dieser Monarch von aller Beschuldigung, daß er Theil an diesem
Morde nähme, leicht rechtfertigen würde, jedermann in Zweifel, und verhütete alle böse
Folgen, die man von diesem Urtheile hätte besorgen können.

Inzwischen waren die Geistlichen nicht müßig, die Heiligkeit des Becket zu vergrößern, obgleich ihr Zorn glücklich von dem Haupte Henrichs abgewandt war. Sie
erhoben die Verdienste seiner Marter, und setzten ihn über alle Heiligen hin, welche in
verschiedenen Zeiten mit ihrem Blute den Bau des Tempels bevestiget hatten. Andre
Heilige hatten in ihren Leiden nur ein Zeugniß für die allgemeinen Lehren des Christenthums abgelegt; aber Becket hatte sein Leben für die Macht und für die Freyheiten der
Geistlichen aufgeopfert; und dieses besondre Verdienst foderte, und zwar nicht vergebens,
eine gemäße Erkenntlichkeit für sein Andenken. Die Lobreden auf seine Tugenden waren
unendlich, und die Wunderwerke, welche seine Reliquien thaten, waren zahlreicher, wurden mit mehr Unsinn, und mit mehr Unverschämtheit behauptet, als alle Wunder, welche die Legende von irgend einem Bekenner oder Märtyrer erzählet. Zwey Jahre nach
seinem Tode wurde er von dem Pabst Alexander kanonisiret ⁿ). Es wurde zur Ver-
herrlichung seiner Verdienste ein feyerliches Jubiläum eingesetzt; sein Leichnam wurde in
ein prächtiges Begräbniß gebracht; welches aus allen Gegenden der Christenheit mit
Geschenken bereichert wurde; es wurden zu demselben Wallfahrten angestellet, um seine
Vorbitte im Himmel zu erhalten; und man rechnete, daß in einem Jahre mehr als hundert tausend Pilgrimme in Canterbury angekommen waren, die bey seinem Grabe ihre
Andacht verrichtet hatten. Es ist in der That eine demüthigende Betrachtung für diejenigen, welche sich von der Liebe zum Ruhme treiben lassen, einer Schwachheit, welche
mit so vielem Rechte die schlechteste edler Gemüther genannt wird, daß der weiseste Gesetzgeber, und das erhabenste Genie, welche jemals die Welt verbessert, oder erleuchtet
haben,

Mm 3

ʰ) Hoveden. S. 527. Diceto, S. 556. Epist. St. Thom. S. 854.
ⁱ) Gervas S. 1419.
ᵏ) Diceto, S. 557. Gervas. S. 1419 Epist. St. Thom. S. 805. 807.

ˡ) Hoveden, S. 526. Neubr. S. 402. Gervas. S. 1419 Hist. Quad. S. 147
ᵐ) Hoveden, S. 543. Spelm. Concil. B. 2. S. 90.
ⁿ) Epist. St. Thom. S. 880. Diceto, S. 569.

haben, nimmer einen solchen Tribut von Lob erwarten können, als dem Andenken eines vorgegebenen Heiligen verschwendet wird, dessen ganze Aufführung muthmaßlich im höchsten Grade verhaßt und verächtlich war, und dessen Fleiß gänzlich auf Gegenstände gieng, die dem menschlichen Geschlechte verderblich waren. Nur ein Eroberer, ein Mensch, den wir nicht weniger hassen sollten, kann sich Hoffnung machen, eben so viel Ruf und Ehre zu erlangen.

Es kann nicht undienlich seyn, ehe wir diese Geschichte von dem Thomas a Becket beschließen, noch anzumerken, daß der König während des Streits mit diesem Prälaten bey allen Gelegenheiten sich sorgfältiger bewies, als sonst, seinen Eifer für die Religion an den Tag zu legen, und allen Schein einer profanen Nachläßigkeit in diesem Stücke zu vermeiden. Er gab seine Einwilligung zu der Ausschreibung einer Auflage von allen seinen Gebiethen für die Befreyung des heiligen Landes, welches itzt von dem bekannten Saladin bedrohet wurde; und diese Auflage belief sich auf zwey Pfennige von einem Pfunde im ersten Jahre, und auf einen Pfennig von einem Pfunde in den vier folgenden o). Fast alle Prinzen von Europa legten ihren Unterthanen eine gleiche Abgabe auf, welche Saladins Abgabe genannt wurde. Während dieses Zeitpunkts kamen aus Deutschland, unter Aufsicht eines gewissen Gerard über dreyßig Käßer von beyderley Geschlecht an; einfältige, unwissende Leute, welche von ihrem Glauben keine Rechenschaft ablegen konnten, sich dennoch aber bereit erklärten, für die Säße ihres Lehrers zu leiden. Sie machten in England nur eine Bekehrte, eine Frau, die eben so unwissend war, als sie selbst; dennoch erregten sie bey den Geistlichen eine solche Unruhe, daß sie den weltlichen Händen überliefert, mit einem Brandmaale vor der Stirn bestrafet, und hernach durch die Straßen gestäupt wurden. Sie schienen in ihrem Leiden zu frohlocken, und sungen, indem sie giengen: Selig seyd ihr, wenn die Menschen euch hassen und verfolgen p). Nachdem sie gestäupt waren, wurden sie mitten im Winter fast nackt fortgestoßen, und starben vor Kälte und Hunger; denn niemand hatte das Herz oder den Willen, ihnen das mindeste zu geben. Wir wissen von den besondern Grundsätzen dieser Leute nichts: denn es würde unbedachtsam seyn, wenn wir uns auf das, was die Geistlichen ihnen nachgesagt haben, verlassen wollten. Sie versichern nämlich, daß sie die Wirksamkeit der Sacramente, und die Einigkeit der Kirche geläugnet hätten. Es ist wahrscheinlich, daß sie auf eine noch feinere Art in geringern Dingen von der Regel der Orthodoxie abgiengen. Sie scheinen die ersten gewesen zu seyn, welche in England wegen Käßereyen gelitten haben.

Sobald Henrich sah, daß er sich vor dem Donner des Vaticans in keiner unmittelbaren Gefahr befand, unternahm er einen Feldzug nach Irrland: ein Anschlag, den er lange gefaßt hatte, und wodurch er sein Ansehen, welches in seinen letzten Vorfällen mit der Hierarchie ein wenig geschwächt war, wieder herzustellen hoffte.

o) Chron. Gervas. S. 1399. M. Paris, S. 74. p) Neubr. S. 391. M. Paris, S. 74. Hemming. S. 494.

Das neunte Kapitel.
Heinrich der Zweyte.*

Zustand von Irrland — Eroberung dieser Insel — Vergleich des Königs mit dem römischen Hofe — Aufruhr des Prinzen Heinrich und seiner Brüder — Kriege und Empörung — Krieg mit Schottland — Buße des Heinrich, wegen der Ermordung des Becket — Wilhelm, König von Schottland wird geschlagen und gefangen — Vergleich des Königs mit seinen Söhnen — Billige Regierung des Königs — Kreuzzüge — Aufstand des Prinzen Richard — Tod und Charakter Heinrichs — Vermischte Vorfälle in seiner Regierung.

Wie Britannien zuerst aus Gallien bevölkert war, so wurde vermuthlich Irrland aus Britannien bevölkert; und die Einwohner aller dieser Länder scheinen so viele Stämme von den Celten gewesen zu seyn, welche ihren Ursprung aus einem Alter ableiten, das viel weiter zurück liegt, als irgend eine Zeit, wovon irgend eine Geschichte oder Tradition redet. Die Irrländer waren vom Anfange in der tiefsten Barbarey und Unwissenheit begraben gewesen; und weil die Römer sie niemals überwunden oder angegriffen hatten, diese Nation, von welcher alle Abendländer ihr gesittetes Leben empfangen hatten; so blieben sie beständig in dem rohesten Zustande der Gesellschaft, und unterschieden sich nur durch diejenigen Laster, welchen die menschliche Natur, wenn sie nicht durch die Erziehung gezähmet, noch durch Gesetze eingeschränkt wird, beständig unterworfen ist. Die kleinen Fürstenthümer, worinn sie getheilet waren, übten beständige Raubereyen und Gewaltsamkeiten wider einander aus. Die ungewisse Regierungsform ihrer Prinzen war eine immerwährende Quelle von innerlichen Zerrüttungen, der gewöhnliche Anspruch eines kleinen Herrn war die Ermordung seines Vorwesers; Muth und Stärke, wenn sie auch in Ausübung der Verbrechen bewiesen wurden, standen in größern Ehren, als alle friedfertige Tugenden; und die einfältigsten Künste des Lebens, sogar Feldarbeit und Ackerbau waren ihnen fast gänzlich unbekannt. Sie hatten die Einfälle der Dänen und andrer nordischen Völker empfunden; aber diese Streifereyen, welche in den übrigen Ländern von Europa die Barbarey ausgebreitet hatten, dienten vielmehr dazu, die Irrländer zu verbessern; und die einzigen Städte, welche man in der Insel fand, waren längst der Küste von den Freybeutern aus Norwegen und Dännemark angelegt worden. Die übrigen Einwohner lebten

1172.
Zustand von Irrland.

een auf dem offenen Lande von der Viehzucht; suchten vor allen Gefahren Schutz in ihren Wäldern und Morästen; und weil sie durch die grausamsten Feindseligkeiten gegen einander getrennt waren, so waren sie immer mehr auf Mittel bedacht, sich einander zu beleidigen, als auf Anstalten, ihr gemeinschafftliches oder sogar ihr Privatinteresse zu befördern.

Ausser vielen kleinen Stämmen waren in der Zeit Henrichs des Zweyten fünf Hauptherrschaften in der Insel, Munster, Leinster, Meath, Ulster und Connaught; und weil es üblich gewesen war, daß eine von diesen in ihren Kriegen die Anführung übernommen hatte, so war gemeiniglich auch ein Prinz da, welcher vor der Hand als Monarch von Irrland zu handeln schien. Roderic Connor, König von Connaught, war damals zu dieser Würde erhoben a); allein seine Regierung, welche selbst in seinem eigenen Gebiethe schlechten Gehorsam fand, war nicht fähig, das Volk zu einigen Maaßregeln, weder zur Einführung der Ordnung, noch zur Vertheidigung gegen Ausländer zu vereinigen. Der Ehrgeiz Henrichs hatte sich sehr früh in seiner Regierung durch die Betrachtung dieser Vortheile ermuntern lassen, die Unterwerfung von Irrland zu versuchen; und es fehlte ihm nur an einem Vorwande, ein Volk anzugreifen, welches beständig in seiner Insel war eingeschränkt gewesen, und also keinem seiner Nachbaren jemals Ursache zur Klage gegeben hatte. In dieser Absicht wandte er sich an Rom, welches sich ein Recht anmaaßte, Reiche und Länder zu vergeben; und ohne die gefährlichen Streitigkeiten voraus zu sehen, welche er einst mit diesem Stuhle würde zu führen haben, war er für itzt, oder vielmehr, weil er eine eingebildete bequeme Gelegenheit fand, dazu behülflich, Ansprüchen, welche itzt allen Regenten gefährlich geworden waren, eine Bestätigung zu geben.

Hadrian der Dritte b), der damalige Pabst, war von Geburt ein Engländer; und weil er deswegen den Henrich gern verbindlich machen wollte, so ließ er sich leicht bereden, als Herr der Welt zu verfahren, und ohne etwas zu wagen oder Kosten zu machen, seiner geistlichen Gerichtsbarkeit eine grosse neu eroberte Insel beyzufügen. Die Irrländer waren schon vorher durch Missionen aus Britannien unvollkommen zum Christenthum bekehret worden; und folgten den Lehren ihrer ersten Lehrer, und hatten niemals eine Unterwerfung gegen den römischen Stuhl erkannt; eine Sache, welche der Pabst für das sicherste Zeichen ihrer unvollkommenen Bekehrung ansah. Hadrian ließ deswegen im Jahr 1156 eine Bulle zum Vortheil Henrichs ausgehen; worinn er, nachdem er gesagt, daß dieser Prinz beständig eine grosse Sorgfalt bezeigt hätte, die Kirche Gottes auf der Erden zu erweitern, und die Zahl seiner Heiligen und Erwählten im Himmel zu vermehren, sein Vorhaben, Irrland zu bezwingen, so vorstellte, als wenn es aus gleichen gottseligen Bewegungsgründen hergeflossen wäre: seine Sorgfalt, womit er sich vorher um eine apostolische Bestätigung beworben, als ein sicheres Vorzeichen seines Glücks und Sieges anführet; und nachdem er es als eine unstreitige Sache vestgesetzt, daß alle christliche Königreiche zu dem Patrimonio des heiligen Petrus gehörten, es für seine eigene Pflicht erkläret, den Saamen des Evangelii unter ihnen auszu-

---

a) Hoveden, S. 527.

b) Herr Hume muß, wofern hier kein Druckfehler ist, Hadrian den Dritten, von römischer Abkunft, der 1884 etwas über 15 Monate regierte, nicht mit zählen: sonst würde dieser, Nicolaus von Beralspeace, Hadrian der IV. seyn. Uebers.

Geschichte von England. Kap. IX.

auszustreuen, welcher an dem letzten Tage zur Frucht ihrer ewigen Seligkeit gedeihen möchte. Er ermahnet ferner den König, Irrland anzugreifen, und das Laster und die Gottlosigkeit der Eingebohrnen auszurotten, und sie zu zwingen, daß sie jährlich von jedwedem Hause einen Pfennig an den römischen Stuhl bezahlten: er giebt ihm völlig Recht und Gewalt über diese Insel; befiehlet allen Unterthanen, ihm als ihrem Herrn, zu gehorchen, und bekleidet alle solche heilige Werkzeuge, welche er in einer Unternehmung, die so auf die Ehre Gottes und auf die Seligkeit der Seelen der Menschen abzielten, zu gebrauchen für gut finden würde, mit einer völligen Macht c). Obgleich Henrich mit dieser Vollmacht bewaffnet war, so brachte er doch sein Vorhaben nicht gleich zur Ausführung; sondern wartete, da ihn wichtigere Geschäffte auf dem vesten Lande zurück hielten, auf eine günstigere Gelegenheit, Irrland anzugreifen.

1172.

Dermot Macmorrogh, König von Leinster, hatte sich durch seine ausgelassene Tiranney höchst verhaßt bey seinen Unterthanen gemacht, welche mit Vergnügen die erste Gelegenheit ergriffen, die ihnen angebothen wurde, das Joch abzuwerfen, das ihnen so schwer und drückend wurde. Dieser Prinz hatte auf die Oncach, die Gemahlinn des Erorie, Königes von Meath, einen Anschlag gefaßt; er nahm die Abwesenheit ihres Gemahls in Acht, welcher einen entfernten Theil seiner Länder besuchen mußte; und da er glaubte, seine Gemahlinn, auf einer mit einem Morast umgebenen Insel in genugsamer Sicherheit zurück gelassen zu haben, griff jener plötzlich den Ort an, und führte die Prinzeßinn davon d). Diese That, ob sie gleich bey den Irrländern gewöhnlich und für einen Beweis der Tapferkeit und des Muths angesehen wurde e), reizte doch den Gemahl der Prinzessinn zum Zorn. Er both eine Macht auf, und griff mit dem Verstande des Roderic, Königes von Connaught, die Gebiethe des Dermot an, und verjagte ihn aus seinem Reiche. Der verjagte König nahm seine Zuflucht zu dem Henrich, der sich damals in Guienne aufspielt; bath ihn, daß er ihm beystehen möchte, seine Gebiethe wieder zu gewinnen, und erboth sich, sein Königreich dafür als ein Lehn von der Krone von England zu besitzen. Henrich, der bereits die Absicht gehabt hatte, Irrland zu erobern, nahm das Erbiethen **gerne an**; weil er aber damals mit den Rebellionen seiner französischen Unterthanen, **und mit seinen Streitigkeiten mit dem römischen Stuhle** genug zu thun hatte, so schlug er **es vorizt ab**, sich mit dieser Unternehmung zu befassen, und gab dem Dermot keinen andern Beystand, als Patente, wodurch er allen seinen Unterthanen die Vollmacht ertheilte, dem irrländischen Prinzen seine Länder wieder erobern zu helfen f). Dermot gieng mit dieser Vollmacht nach Bristol; und nachdem er sich, wiewohl eine Zeitlang umsonst, bemühet hatte, Ebentheuer zu seiner Unternehmung zu bereden, schloß **er endlich mit dem Richard, Grafen von Strigul**, der den Zunamen, Strongbow führte, einen Tractat. Dieser Herr, welcher von dem hohen Hause von Klare abstammte, hatte seine Güter durch kostbare Vergnügen geschwächet; und da er zu jedem verzweifelten Unternehmen bereit war, versprach er dem Dermot seinen Beystand, unter der Bedingung, daß er ihm seine Tochter Eva geben, und ihn zum Erben aller seiner Gebiethe erklären sollte g). Indem Richard seine Hülfstruppen

c) M. Paris, S. 67. Girald Cambr. Spelm.
Concil. B. 2. S. 51. Rymer, S. 15.
d) Girald. Cambr. S. 760.
e) Spencer, B. 6.
f) Girald Cambr. S. 760
g) Ibid. S. 761.

1172. pen verſammelte, begab ſich Dermot nach Wallis; und da er hier den Robert Fitz-Stephens, den Conſtabel von Abertiwle und den Moritz Fitz-Gerald antraf, ſo beredete er auch dieſe zu ſeinem Dienſte, und erhielt von ihnen das Verſprechen, daß ſie Irland angreifen wollten. Da er nun des Beyſtandes verſichert war, ſo begab er ſich heimlich wieder in ſeinen Staat, verſteckte ſich in dem Kloſter von Fernes, welches er geſtiftet hatte, (denn dieſer Räuber war auch ein Stifter von Klöſtern), und machte alle Anſtalten, ſeine engliſchen Alliirten zu empfangen h).

Eroberung dieſer Inſel. Die Truppen des Fitz-Stephens waren am erſten in Bereitſchaft. Dieſer Herr landete in Irland mit hundert und dreyßig Rittern, ſechzig Schildknappen und dreyhundert Bogenſchützen; aber dieſes kleine Corps jagte den barbariſchen Einwohnern, weil es aus tapfern Leuten beſtund, welche in der Kriegszucht nicht unerfahren, und vollſtändig bewaffnet waren, eine Sache, wovon man in Irland gar nichts wußte, einen großen Schrecken ein, und ſchien ihnen eine große Revolution zu drohen. Die Verbindung mit dem Moritz von Prendergaſt, welcher um dieſe Zeit zehen Ritter und ſechzig Bogenſchützen herüber brachte, ſetzte den Fitz-Stephens in den Stand, die Belagerung von Weyford, einer von den bewohnten Städten zu unternehmen. Er gewann erſt eine Schlacht, und bemeiſterte ſich darauf des Platzes i). Bald darauf kam Fitz-Gerald mit zehen Rittern, dreyßig Schildknappen und hundert Bogenſchützen k). Er ließ zu den vorigen Truppen, und machte mit ihnen eine Macht aus, der in Irland nichts widerſtehen konnte. Roderic, der höchſte Monarch dieſer Inſel, wurde in einem Treffen geſchlagen; der Prinz von Oſſory mußte ſich unterwerfen, und Geiſſeln für ſein friedfertiges Verhalten geben; und Dermot, noch nicht damit zufrieden, daß er wieder in ſein Königreich Leinſter eingeſetzt wurde, wollte den Roderic vom Thron werfen, und ſtrebte allein nach der Herrſchaft über die ganze Inſel.

Um dieſe Abſichten auszuführen, ſandte er dem Grafen Strigul einen Bothen zu, foderte die Erfüllung ſeines Verſprechens von ihm, und ließ ihm die großen Vortheile vorſtellen, welche man itzt durch eine kleine Verſtärkung von kriegeriſchen Truppen aus England gewinnen könnte. Richard, der mit der allgemeinen Erlaubniß, welche Henrich allen ſeinen Unterthanen gegeben hatte, noch nicht zufrieden war, begab ſich zu dieſem Prinzen, der ſich damals in der Normandie befand; und nachdem er von ihm eine kaltſinnige und zweydeutige Genehmigung erhalten hatte, rüſtete er ſich, ſeinen Anſchlag auszuführen. Er ſandte den Raymond, einen von ſeinem Geſolge mit zehen Rittern und ſiebenzig Bogenſchützen voraus. Dieſe landeten bey Waterford, und ſchlugen ein Corps von dreytauſend Irländern, welches ſich unterſtanden hatte, ſie anzugreiffen l); und als Richard ſelbſt, welcher zweyhundert Reuter und hundert Schützen mitbrachte, einige Tage nachher zu den ſiegreichen Engländern ſtieß, eroberten ſie Waterford, und rückten weiter nach Dublin, welches ſie mit Sturm einnahmen. Roderic ließ aus Rache dem Sohn des Dermot, der als Geiſſel in ſeinen Händen war, den Kopf abſchlagen; und Richard, welcher ſich mit Eva verheyrathete, wurde bald hernach durch den Tod des Dermot König von Leinſter, und machte Anſtalten, ſeine Herrſchaft über die ganze

h) Girald. Cambr. S. 761.
i) Ibid. S. 761. 762.
k) Girald. Cambr. S. 766.
l) Ibid. 767.

ganze Insel auszubreiten. Roderic, und die übrigen irrländischen Prinzen wurden über diese Gefahr beunruhiget, sie verbanden sich mit einander, und belagerten Dublin mit einer Armee von dreyßigtausend Mann: aber der Graf Richard, der mit neunzig Rittern und ihrem Gefolge einen plötzlichen Ausfall that, schlug diese zahlreiche Armee, jagte sie aus dem Felde, und verfolgte sie mit einer großen Niederlage. Jetzt wagte es in Irrland niemand, sich den Engländern zu widersetzen [m].

1172.

Heinrich, welcher über den Fortgang seiner eigenen Unterthanen eifersüchtig wurde, sandte Befehl aus, alle Engländer zurück zu berufen, und machte Anstalten, Irrland in eigener Person anzugreifen [n]: aber Richard und die andern Ebentheurer fanden Mittel, ihn zu besänftigen, indem sie ihm die demüthigste Unterwürfigkeit bezeugten, und sich erbothen, alle ihre eroberten Länder als ein Lehn von seiner Krone zu haben [o]. Dieser Monarch landete in Irrland, an der Spitze von fünfhundert Rittern, außer den übrigen Soldaten; und fand die Irrländer durch ihr voriges Unglück so niedergeschlagen, daß er nichts weiter zu thun hatte, als die Huldigungen von seinen neuen Unterthanen anzunehmen [p]. Er ließ die meisten irrländischen Häupter oder Prinzen in dem Besitz ihrer alten Gebiethe; gab den Engländern einige Länder; bekleidete den Grafen Richard mit der Würde eines Seneschals von Irrland; und gieng nach einem Aufenthalte von einigen Monaten wieder nach England zurück. Durch diese kleine Thaten, welche kaum werth seyn würden, erzählt zu werden, wenn sie nicht so wichtige Folgen gehabt hätten, wurde Irrland überwunden, und auf ewig der englischen Krone beygefügt.

Der schlechte Zustand des Handels und des Fleißes in diesen Zeiten machte es den Prinzen unmöglich, ordentliche Armeen zu besolden, welche die eroberten Länder in Unterthänigkeit erhalten könnten; und die ausnehmende Barbarey und Armuth von Irrland konnte noch weit weniger Mittel verschaffen, diese Kosten zu tragen. Das einzige Mittel, wodurch damals eine dauerhafte Eroberung konnte gemacht oder behauptet werden, war dieses, daß man eine Menge von neuen Einwohnern ins Land schickte, die Länderey der Ueberwundenen unter ihnen austheilte, sie in alle Bedienungen von Betrag und Ansehen einsetzte, und dadurch die alten Einwohner in ein neues Volk verwandelte. Durch diese Politik hatten in alten Zeiten die nördlichen Eroberer, und in neuren der Herzog von der Normandie den Grund zu ihrer Herrschaft legen, und Königreiche aufrichten können, welche vest auf ihrem Grunde stunden, und auf die Nachkommen der ersten Eroberer erblich geworden waren. Allein der gegenwärtige Zustand von Irrland machte, daß diese Insel so wenig lockend für die Engländer wurde, daß nur wenige sich durch verzweifelte Glücksumstände von Zeit zu Zeit bereden ließen, ihren Sitz dahin zu verpflanzen [q]; und anstatt, daß sie die alten Einwohner von ihren ungebildeten Sitten hätten entwöhnen sollen, wurden sie ihnen vielmehr nach und nach gleich, und arteten von den Gewohnheiten ihrer eigenen Nation aus. Man fand es auch nöthig, den Anführern, welche unter einer solchen feindseligen Menge eine handvoll Leute commandirte, eine große militärische und wichtige Gewalt zu geben; und Gesetz und Billigkeit wurde in kurzer Zeit unter den angepflanzten Engländern eben so unbekannt,

m) *Girald. Cambr.* S. 773.
n) Ibid. S. 770.
o) Ibid. S. 775.

p) *Bened. Abb.* S. 27. 28. *Hoveden,* S. 527. *Diceto,* S. 559.
q) *Brompton,* S. 1069. *Neubr.* S. 403.

bekannt, als sie von jeher bey den irrländischen Stämmen gewesen waren. Es wurden 1172. zum Vortheil der neuen Ebentheurer Palatinate aufgerichtet; es wurde ihnen eine unabhängige Gewalt gegeben; die Eingebohrnen, welche niemals gänzlich unter den Fuß gebracht waren, behielten immer ihre Feindseligkeiten gegen die Eroberer: ihr Haß wurde durch gleiche Beleidigungen vergolten; und aus diesem Ursachen blieben die Irrländer vier Jahrhunderte hindurch immer wild und unumgänglich; und es geschah nicht eher, als in der letzten Zeit der Regierung Elisabeths, daß die Insel völlig unter den Gehorsam gebracht wurde; und nicht eher, als unter der Regierung ihres Thronfolgers, daß man von ihr Hoffnung hatte, sie würde der englischen Nation eine nützliche Eroberung werden.

Ausserdem, daß die leichte und friedfertige Unterwerfung der Irrländer dem Heinrich weiter keine Arbeit in der Insel machte, wurde er auch durch einen andern Vorfall, welcher für sein Interesse und für seine Sicherheit von der gröſten Wichtigkeit war, aus derselben zurück gerufen. Die beyden Legaten, Albert und Theobin, denen die Untersuchung seines Verfahrens bey dem Tode des Erzbischofs Becket aufgetragen war, waren in der Normandie angekommen; und weil sie nicht länger warten wollten, sandten sie ihm öfters Briefe voll Drohungen, wenn er länger anstünde, vor ihnen zu erscheinen [1]. Er eilte deswegen nach der Normandie, und hatte mit ihnen eine Conferenz zu Savigny, wo ihre ersten Foderungen so ausnehmend waren, daß er die Unterhandlung abbrach, nach Irrland zurückzugehen drohte, und es ihnen freystellete, zu thun was sie wollten. Sie sahen ein, daß die rechte Zeit itzt verflossen war, um Vortheile aus diesem tragischen Vorfalle zu ziehen; der, wenn man ihn in der ersten Hitze mit Interdicten und Banne verfolget hätte, das ganze Königreich in Brand gesetzt haben könnte. Aber die Zeit, welche Heinrich zum Glück gewonnen, hatte etwas beygetragen, die Gemüther der Menschen zu besänftigen. Der Vorfall konnte itzt nicht mehr den Einfluß haben, den er vormals hatte; und weil die Geistlichkeit alle Tage nach einem Vergleich mit dem König ausgesehen hatte, so hatte sie dem Vorgeben seiner Anhänger nicht widersprochen, welche sich sehr geschäfftig bewiesen, dem Volke seine gänzliche Unschuld an dem Morde des Primas, und seine Unwissenheit in Ansehung des von den Mördern gefaßten Anschlages vorzustellen. Die Legaten fanden sich also genöthigt, von ihren Bedingungen herabzulassen; und Heinrich war so glücklich, daß er eine Vergleich mit ihnen schloß. Er erklärte sich eidlich vor die Reliquien der Heiligen, daß er, anstatt den Mord des Erzbischofs zu gebiethen oder zu verlangen, sich vielmehr über die Nachricht von demselben zum höchsten betrübt hätte: weil aber die Hitze, welche er über das Verfahren des Prälaten an den Tag gelegt, vermuthlich Gelegenheit gegeben hatte, daß er ermordet wurde; so machte er zur Vergütung dieser Beleidigung folgende Bedingungen aus. Er versprach, alle diejenigen zu begnadigen, und sie wieder in ihre Pfarrdienste einzusetzen, welche deswegen verbannet waren, weil sie dem Becket angehangen hatten; der Bischoffsitz von Canterbury sollte in alle seine alten Güter wieder eingesetzt werden; er wollte den Tempelherren zur Unterhaltung für zweyhundert Ritter in dem heiligen Lande auf ein Jahrlang eine zureichende Summe Geldes bezahlen; er selbst wollte am nächstfolgenden Weihnachten das Kreuz nehmen, und wenn der Pabst es verlangte, drey Jahre

Vergleich des Königs mit dem Hof zu Rom.

[1] Girald. Cambr. S. 778.

re sang wider die Ungläubigen, entweder in Spanien oder in Paläſtina dienen; er wollte
nicht auf die Beobachtung ſolcher den kirchlichen Vorrechten nachtheiligen Gebräuche bringen, als in ſeiner Zeit waren eingeführet worden; er wollte auch in kirchlichen Sachen
ſich den Appellationen an den Pabſt nicht widerſetzen, ſondern ſich damit begnügen, daß
er von denen Geiſtlichen, welche aus ſeinen Gebiethen reiſten, um eine Appellation auszumachen, eine genugſame Sicherheit foderte, daß ſie nichts wider die Rechte ſeiner
Krone vornehmen wollten s). Als Henrich dieſe Verwilligungen gezeichnet hatte, erhielt er von den Legaten Abſolution: die Verwilligung des Pabſtes Hadrian wegen Irrland
wurde beſtätigt t); und nichts beweiſet ſtärker die großen Fähigkeiten dieſes Monarchen,
als daß er ſich aus einer ſo ſchweren Situation unter ſo leichten Bedingungen heraus-
wickelte. Er hatte immer behauptet, daß die zu Clarendon eingeführten Geſetze keine
einzige neue Forderung, ſondern die alten Gebräuche des Königreichs enthielten; und er
hatte, trotz den Artikeln dieſes Vertrages, noch immer die Freyheit, ſeine Foderungen
zu behaupten. Es waren zwar vermöge dieſes Tractats Appellationen an den Pabſt erlaubt; weil es aber auch dem König erlaubt war, von den Parteyen billige Sicherheit
zu fodern, und weil er ſeine Foderungen in dieſem Stücke ſo weit treiben konnte, als
er wollte; ſo war es in der That in ſeinem Vermögen, zu verhüten, daß der Pabſt aus
dieſer anſcheinenden Verwilligung keinen Vortheil ziehen konnte. Und überhaupt blieben die Conſtitutionen von Clarendon noch immer das Geſetz des Reiches; obgleich der
Pabſt und ſeine Legaten ſich ſo wenig ſcheinen vorgeſtellt zu haben, wie wenig die Macht
des Königes ſich unter einer geſetzlichen Einſchränkung befand, daß ſie damit zufrieden
waren, da er vermöge eines Tractats von einem der wichtigſten Artikel dieſer Conſtitutionen abgieng, und von den Ständen des Königreiches ſeine Widerrufung foderten.

Als Henrich von dieſem gefährlichen Streit mit den geiſtlichen und mit dem römiſchen Stuhle befreyet war, ſo ſchien er den Gipfel der menſchlichen Größe und Glückſe-
ligkeit erreichet zu haben; und in ſeinen häuslichen Umſtänden, und ſeiner politiſchen Regierung gleich glücklich zu ſeyn. Eine zahlreiche Abkunft von Söhnen und Töchtern gaben ſeiner Krone Glanz und Anſehen, verhüteten die Gefahr einer beſtrittenen Thronfolge, und drückten alle Anmaßungen der hochmüthigen Baronen zu Boden. Auch ſchien
die Vorſichtigkeit des Königs, daß er alle Zweige ſeiner Familie auf einen ſichern Fuß
zu leben ſetzte, ſehr wohl ausgedacht zu ſeyn, um unter den Brüdern alle Eiferſucht zu
verhüten, und die Größe ſeiner Familie beſtändig zu erhalten. Er hatte ſeinen älteſten Sohn
Henrich zum Könige ſalben laſſen, und ihm die Succeſſion in dem Königreich England,
im Herzogthum Normandie, und in den Grafſchaften Anjou, Maine und Touraine
zugedacht, Gebiethe, welche neben einander liegen, und ſich alſo, ſowohl gegen innerliche Empörungen, als auswärtige Angriffe leicht zu Hülfe kommen könnten. Richard,
ſein zweyter Sohn, wurde mit dem Herzogthum Guienne und mit der Grafſchaft Poictou bekleidet; Gottfried, ſein dritter Sohn, erbte von Seiten ſeiner Gemahlinn das
Herzogthum Bretagne; und ſein neu erobertes Irrland war dem Johann, ſeinem vierten
Sohne, zur Apanage beſtimmt. Er hatte auch für dieſen letzten Prinzen eine Vermählung mit der Adelais, der einzigen Tochter des Humbert, Grafens von Savoyen, und

Nn 3 Mau-

s) *M. Paris*, S. 88. Benedict. Abb. S. 94. t) *Brompton*, S. 1071. Liber Nig Scac.
Hoveden, S. 529. Dicero, S. 560. Chron. S. 47.
Gervaſ. S. 1422.

Maurienne vor, und er sollte zum Brautschatz mit ihr sehr große Länder in Piemont, 1172. Savoyen, Bresse und im Delphinat bekommen u). Aber diese Erhebung seiner Familie erregte Eifersucht und Neid bey allen seinen Nachbaren, welche eben diese Söhne, deren Glück er so sorgfältig vestgesetzt hatte, zu Mitteln gebrauchten, sein Leben in der Folge zu verbittern, und seine Regierung zu beunruhigen.

Der junge Henrich, welcher zu männlichen Jahren kam, fieng an, seinen Charakter zu entdecken, und nach Unabhängigkeit zu streben: beherzt, ehrgeizig, freygebig, prächtig, leutselig, zeigte er Eigenschaften, welche der Jugend ein großes Ansehen geben, ein schimmerndes Glück vorbedeuten; aber wenn sie nicht im reifern Alter durch Vernunft gemäßiget werden, die Vorbothen des größesten Unglücks sind x). Man sagt, daß sein Vater damals, als dieser Prinz zum Könige gesalbt wurde, um der Ceremonie eine größere Würde zu geben, als einer von seinen Bedienten bey der Tafel aufgewartet und zu seinem Sohn gesagt habe, niemals wäre ein König königlicher bedienet worden. Das ist nichts ausserordentliches, sagte der junge Henrich zu einem seiner Hofleute, daß der Sohn eines Grafen den Sohn eines Königs bedient. Diese Worte, welche man nur für einen unschuldigen Scherz, oder wohl gar für ein feines Compliment für seinen Vater hätte ansehen können, wurden gleichwohl für ein Zeichen seiner hoch hinaus denkenden Gemüthsart aufgenommen; und seine Aufführung rechtfertigte bald nachher diese Muthmaßung.

Henrich ließ nach dem Versprechen, was er sowohl dem Pabst, als dem Könige von Frankreich gegeben hatte, seinen Sohn noch einmal von der Hand des Erzbischofes von Rouen krönen, und mit ihm zugleich die Prinzeßinn Margaretha, die Braut des 1173. jungen Henrichs y). Er ließ ihn nachmals bey seinem Schwiegervater in Paris einen Besuch ablegen, und dieser bediente sich der Gelegenheit, dem jungen Prinzen diejenigen ehrgeizigen Gesinnungen einzuflößen, wozu er von Natur nur gar zu geneigt war z). Ob es gleich eine beständige Gewohnheit von Frankreich gewesen war, so lange die ca-

Aufstand des jungen Hein- richs und sei- nes Bruders.

petingische Linie den Thron besessen hatte, den Sohn bey Lebzeiten seines Vaters zu krönen, ohne ihn sogleich Theil an der königlichen Würde nehmen zu lassen; so überredete doch Ludwig seinen Schwiegersohn, daß er durch diese Ceremonie, welche man in diesen Zeiten für so wichtig hielt, ein Recht zu der Oberherrschaft erhalten hätte, und daß der König ihm nicht ohne Ungerechtigkeit den unmittelbaren Besitz aller seiner Gebiethe, oder zum wenigsten, eines Theils derselben, versagen könnte. Nach diesen ausschweifenden Vorstellungen verlangte der junge Henrich nach seiner Wiederkunft von dem Könige, daß er ihm entweder die Krone von England, oder das Herzogthum Normandie abtreten sollte a); bezeigte ein großes Mißvergnügen, daß es ihm versagt wurde, redete höchst unehrerbietig von seinem Vater, und flüchtete bald hernach, wie schon verabredet war, nach Paris, wo er von dem französischen Monarchen geschützt und unterstützet wurde b).

Indem

u) *Ypod. Neust.* S. 148. *Bened. Abb.* S. 38. *Hoveden,* S. 532. *Diceto,* S. 561. *Brompton,* S. 10·2. *Rymer,* B. 1. S. 33.
x) *Chron. Gervas.* S. 1463.
y) *Hoved.* S. 529. *Diceto,* S. 560. *Brompt.* S. 1080. *Chron. Gerv.* S. 1421. *Trivet,* S. 58.
z) *Gerald. Cambr.* S. 782.
a) *Bened. Abb.* S. 37. *Hoveden,* S. 531. *Brompt.* S. 1083. *Chron. Gerv.* S. 1424.
b) *Hoved.* S. 531. *Diceto,* S. 561. *Brompt.* S. 1083. *Heming.* S. 499.

Geschichte von England. Kap. IX.

Indem Henrich über diesen Zusaß beunruhiget war, und gefährliche Ränke, oder gar einen Krieg erwarten mußte, der, glücklich oder nicht, ihm allemal verderblich und 1173. unangenehm seyn mußte; bekam er Nachrichten von neuen Unglücksfällen, die ihm sehr müssen zu Herzen gegangen seyn. Die Königinn Eleanor, welche ihren ersten Gemahl durch ihre Galanterien erzürnet hatte, wurde durch ihre Eifersucht ihrem zweyten eben so unangenehm; und trieb auf diese Weise in den verschiedenen Zeiten ihres Lebens alle weibliche Schwachheiten aufs äußerste. Sie theilte ihr Mißvergnügen wider den Heinrich ihren beyden jüngsten Söhnen, dem Gottfried und Richard mit, überredete sie, daß sie auch ein Recht hätten, die ihnen bestimmten Gebiethe sogleich in Besitz zu nehmen, brachte es dahin, daß sie heimlich zu dem Hofe von Frankreich flüchteten c); und dachte selbst auf eine Flucht zu demselben Hofe, und hatte sogar schon Mannskleidungen angelegt, als sie auf Befehl ihres Gemahls ergriffen und in Verwahrung gebracht wurde d). Es sah Europa mit Erstaunen den besten und gütigsten Vater mit seiner Familie im Kriege; drey Knaben, welche kaum das Alter der Mannheit erreichet hatten, verlangten von einem großen Monarchen, daß er sich in der völligen Blüte seines Alters, und in der Höhe seiner Ehre ihrentwegen des Throns begeben sollte; und verschiedene Prinzen schämten sich nicht, diese unnatürlichen und ungereimten Foderungen zu unterstützen.

Da sich Henrich in diese gefährliche und unangenehme Situation gesetzt sah, nahm er seine Zuflucht zu dem römischen Hofe; und ob er gleich die Gefahr wohl einsah, welche daraus erfolgen würde, wenn die geistliche Macht sich in weltliche Streitigkeiten mischte; so wandte er sich doch an den Pabst, als an seinen Oberherrn, daß er seine Feinde in den Bann thun, und durch diese Strafe, seine ungehorsamen Kinder, welche er so ungern durch das Schwerd der Obrigkeit bestrafen wollte, zum Gehorsam bringen möchte e). Alexander, welcher sich freuete, seine Gewalt in einer so scheinbaren Sache auszuüben, ließ die von ihm verlangten Bullen ausgehen: man sah aber bald, daß diese geistlichen Waffen nicht so viel Macht hatten, als wenn sie in einem geistlichen Streite gebraucht werden; und daß die Geistlichkeit sehr nachläßig war, ein Urtheil zu unterstützen, welches gar nicht die Absicht hatte, die unmittelbaren Vortheile ihres Ordens zu befördern. Der König sah sich gezwungen, nachdem er diesen demüthigenden Schritt gethan hatte, zu den Waffen zu greifen, und solche Hülfsvölker anzuwerben, wozu sonst Tyrannen ihre Zuflucht zu nehmen pflegen, und welche ein so weiser und gerechter Monarch selten angenommen hat.

Die schlechte Regierung in allen Staaten von Europa, die vielen Privatkriege unter benachbarten Edelleuten, und die Unmöglichkeit, auf einer allgemeinen Ausübung der Gesetze zu halten, hatten eine Rotte von Banditen aufgemuntert, allenthalben die öffentliche Ruhe zu stören, die Landstraßen unsicher zu machen, das offene Land zu plündern,

---

c) Bened. Abb. S. 48. Brompton, S. 1083. Neubr S. 404.
d) Chron Gervaf. S. 1414
e) Epif? Petri Blef. Epift. 136 in Biblioth Patr. B. XXIV. S. 1048. seine Worte sind:

restrae iurisdictionis est regnum Angliae, et quantum ad feudatarii iuris obligationem, vobis duntaxat obnoxius teneur. Eben diese Papier findet sich auch ...
in Leiori B. 1. ...

dern, und allen Bemühungen der bürgerlichen Obrigkeit, und selbst dem Banne, wo-
1173. mit die Kirche auf sie donnerte, troß zu biethen ᶠ). Haufen von diesen wurden zuweilen in den Dienst eines Prinzen oder Barons, zuweilen in den Dienst eines andern genommen: oft lebten sie unter ihren eignen Anführern auf eine unabhängige Art; die friedfertigen und fleißigen Einwohner, welche sich durch ihre Raubereyen in Armuth gebracht sahen, waren oft gezwungen, ihres Unterhalts wegen, sich selbst zu einer so unordentlichen Lebensart zu verstehen: und so wurde in den Herzen eines jeden Reichs, zum Verderben des Fleißes, und der Handhabung der Gerechtigkeit, ein beständiger innerlicher Krieg geführet ᵍ). Diese nichtswürdige Räuber bekamen oft den Namen Brabançons, oft Routiers, oder Cottereaux; aber aus welchem Grunde? darüber sind die Geschichtschreiber nicht einig; und sie machten unter sich eine Art von Gesellschaft oder Regierung aus, welche allen übrigen Menschen Troß both. Die größten Monarchen schämten sich nicht, sich bey Gelegenheit ihres Beystandes zu bedienen; und weil sie durch ihre Gewohnheit zu kriegen und zu verheeren, Erfahrung, Härte und Muth erlangt hatten; so machten sie meistens den furchtbarsten Theil von derjenigen Armee aus, welche die politischen Streitigkeiten der Prinzen entschied. Viele von diesen ließen sich unter den Truppen annehmen, welche die Feinde Henrichs auf die Beine brachten ʰ); aber die großen Schätze, welche dieser Prinz gesammlet hatte, setzten ihn in den Stand, eine noch größere Menge in seine Dienste zu nehmen; und die Situation seiner Sachen machte so gar solche Banditen zu den einzigen Truppen, auf deren Treue er einiges Vertrauen setzen konnte. Seine zügellosen Baronen, welche einer wachsamen Regierung überdrüßig waren, wollten sich lieber von jungen Prinzen regieren lassen, die von öffentlichen Angelegenheiten nichts wußten, nachläßig in ihrer Aufsicht, und verschwenderisch in ihren Gnadenbezeugungen waren ⁱ); und weil der König seinen Söhnen die Nachfolge in jeder Provinz seiner Gebiethe versichert hatte, so befürchteten die Edelleute keine Gefahr, wenn sie denen anhiengen, von welchen sie wußten, daß sie dereinst ihre Beherrscher seyn würden. Durch diese Bewegungsgründe getrieben, waren viele von dem normännischen Adel zu seinem Sohne Henrich übergegangen; die Baronen von Bretagne und Gascogne schienen eben so geneigt zu seyn, sich des Streites des Gottfried und Richard anzunehmen ᵏ). Unter den Engländern hatte sich Mißvergnügen eingeschlichen; und insbesondre hatten sich die Grafen von Leicester und Chester öffentlich wider den König erkläret ˡ): zwanzig tausend Brabançons stießen demnach zu einigen Truppen, welche er aus Irland herüber brachte, und einige Baronen von geprüfter Treue machten mit diesen die einzige Macht aus, womit er seinen Feinden widerstehen wollte ᵐ):

Ludwig ließ, um seine Bundesgenossen noch enger zu verbinden, in Paris die vornehmsten Vasallen der Krone zusammen kommen, nahm ihre Billigung seiner Maasregeln an, und verpflichtete sie eidlich, der Sache des jungen Henrichs anzuhängen ⁿ).

Dieser

f) *Neubr.* S. 413.
g) *Chron. Gervas.* S. 1461.
h) *Pet. Blef.* epist. 47.
i) *Hoveden*, S. 534. *Trivet*, S. 59.
k) *Diceto*, S. 570.
l) *Ypod. Neustr.* S. 448. *Brompton.* S. 1085. *Neubr.* S. 405. *Heming.* S. 499.

m) *Hoveden*, S. 534. *Chron. Gervas.* S. 1487. *Neubr.* S. 405. *Heming.* S. 449. *Chron. T. Wykes* S. 32. *Trivet.* S. 60.

n) *Bened. Abb* S. 49. *Hoved.* S. 533. *Chron. Gervas.* S. 1424.

Geschichte von England. Kap. IX.

Dieser Prinz hingegen verband sich auf eine gleiche Art, daß er von seinen französischen Alliirten niemals abtreten wollte; und da er ein neues großes Siegel gemacht hatte °); 1173. so theilte er sehr verschwenderisch viele Theile der Länderenen unter ihnen aus, welche er von seinem Vater zu erobern gedachte P). Philipp, Graf von Flandern, Matthias, Graf von Boulogne, sein Bruder, Theobald, Graf von Blois, Henrich, Graf von Eu, erklärten sich öffentlich für den Prinzen, theils durch die allgemeine Eifersucht getrieben, welche Henrich durch seine Macht und seinen Ehrgeiz erregt hatte, theils durch die Hoffnung angelockt, aus der unbedachtsamen Gemüthsart, und aus den Bedürfnissen des jungen Prinzen Vortheile zu ziehen. Auch Wilhelm, König von Schottland, war auf die Seite dieses großen Bündnisses getreten q); und es war ein Plan verabredet worden, nach welchem man die großen und unruhigen Gebiethe des Königs auf einmal von allen Seiten angreifen wollte.

Die Grafen von Flandern und Boulogne fiengen die Feindseligkeiten zuerst an den Gränzen der Normandie an. Die Prinzen belagerten Aumale, welches durch die Verrätherey seines Grafens von gleichem Namen ihren Händen übergeben wurde r). Dieser Herr gab sich selbst gefangen, und eröffnete die Thore aller seiner übrigen Vestungen, unter dem Vorwande, als wenn er damit sein Lösegeld bezahlen wollte. Hierauf belagerten die beyden Grafen Drincourt, und bemächtigten sich desselbigen: aber der Graf von Boulogne wurde dabey in dem Angriffe tödtlich verwundet; und dieser Vorfall hielt den Fortgang der flandrischen Waffen ein wenig auf s).

In einer andern Gegend versammlete der König von Frankreich, unter einem starken Beystande von seinen Vasallen, eine große Armee von 7000 Rittern, und ihren Anhängern zu Pferde, nebst einer gemäßen Anzahl von Fußvölkern. Er nahm den jungen Henrich mit, und belagerte Verneuil, welches Hugo de Lacy, und Hugo de Beauchamp, als Commandanten tapfer vertheidigten t). Nachdem er einen Monat vor diesem Platze gelegen hatte, mußte die Besatzung, da ihr die Lebensmittel abgeschnitten waren, capituliren, und sie versprach, wenn sie in drey Tagen nicht entsetzet würde, die Stadt zu übergeben, und sich in die Citadelle zu ziehen. An dem letzten von diesen Tagen ließ sich Henrich mit seiner Armee auf den Höhen von Verneuil sehen; und Ludewig, der einen Angriff besorgte, sandte den Erzbischof von Sens, und den Grafen von Blois, in das englische Lager, und verlangte, daß auf den folgenden Tag eine Conferenz möchte angestellet werden, um einen allgemeinen Frieden wieder herzustellen, und die Zwistigkeiten zwischen dem Henrich und seinen Söhnen beyzulegen. Der König, der diesen Vergleich sehnlich wünschte, und keinen Betrug argwöhnte, willigte darein; aber Ludewig nöthigte noch an diesem Morgen die Besatzung, sich nach ihrer Capitulation zu ergeben, steckte den Ort in Brand, und fieng an, sich mit seiner Armee zurück zu ziehen.

Krieg und Einfall.

o) *Brompton,* S. 1084.
p) *Benedict. Abbas,* S. 49. *Houeden,* S. 533.
q) *Chron. Mailr.* S. 172. *Brompton,* S. 1084.
r) *Ypod. Neustr.* S. 449. *Diceto,* S. 571.

s) *Houeden,* S. 534. *Brompton,* S. 1085. *Neubr.* S. 405 *Heming.* S. 499.
t) *Houeden,* S. 534.

ben ᵘ). Henrich, entrüstet über diese Ränke, griff den Nachtrapp muthig an, schlug
1173. ihn in die Flucht, machte einige nieder, und nahm verschiedene gefangen. Die französische Armee zerstreute sich gleich darauf, weil die Zeit ihres Dienstes verflossen war, und begab sich in ihre verschiedenen Provinzen; und Heinrich hatte itzt die Freyheit, seine Vortheile wider seine andern Feinde fortzusetzen.

Die Edelleute von Bretagne waren von dem Grafen von Chester, und von Ralph de Fougeres aufgewiegelt, und in Waffen; aber ihr Fortgang wurde von einem Corps Brabanßons gehemmet, welches der König, nach dem Abzuge Ludewigs, ihnen entgegen gesandt hatte. Die beyden Armeen kamen bey Dol zu einer Action, worinn die Rebellen geschlagen, 1500 auf dem Platze getödtet, und die Anführer, der Graf von Chester und Fougeres gezwungen wurden, in der Stadt Dol Schutz zu suchen ˣ). Heinrich eilte, diesen Platz zu belagern, und trieb seinen Angriff mit solcher Hitze, daß er den Commandanten und die Besatzung zwang, sich zu Kriegsgefangnen zu ergeben ʸ). Durch diese lebhaften Maaßregeln und glückliche Ausführung wurden die Empörungen in Bretagne gänzlich gedämpft; und da der König in allen Begebden so glücklich war, verstund er sich gern zu einer Conferenz mit dem Ludwig, in der Hoffnung, daß seine Feinde, wenn sie ihre mächtigen Bemühungen gänzlich vereitelt sähen, sich gefallen lassen würden, unter mäßigen Bedingungen die Feindseligkeit zu endigen.

Die beyden Monarchen kamen zwischen Trie und Gisors zusammen; und Heinrich hatte hier das Herzeleid, seine drey Söhne in dem Gefolge seines tödtlichen Feindes zu sehen. Da Ludewig keinen andern Vorwand für den Krieg hatte, als daß er die Ansprüche der jungen Prinzen unterstützen wollte; so schlug der König solche Erbiethungen vor, welche Kinder sich schämen sollten, anzunehmen, und welche nichts anders, als seine väterliche Liebe, oder die bringende Noth seiner Angelegenheiten von ihm erpressen konnten ᶻ). Er verlangte nur, die höchste Gewalt in allen seinen Gebiethen zu behalten, both aber dem jungen Henrich die Hälfte der Einkünfte von England, nebst einigen sichern Plätzen in diesem Reiche an; oder wenn er lieber in der Normandie residiren wollte, die Hälfte der Einkünfte von diesem Herzogthume, nebst allen Einkünften von Anjou. Ein gleiches both er dem Richard in Guienne an; verhieß, dem Gottfried ganz Bretagne abzutreten; und wenn diese Erbiethungen nicht zureichen sollten, so versprach er, demselben alles das beyzulegen, was die Legaten des Pabstes, welche gegenwärtig waren, von ihm fodern würden ᵃ). Der Graf von Leicester war bey dieser Unterhandlung zugegen; und stieß, entweder aus Heftigkeit seiner Gemüthsart, oder aus der Absicht, auf einmal eine Conferenz abzubrechen, welche die Alliirten beschämen mußten, die heftigsten Vorwürfe wider den Heinrich aus, und legte sogar die Hand an seinen Degen, als wenn er zu einer Gewaltthat schreiten wollte. Diese wüthende That brachte die ganze Versammlung in Verwirrung, und machte dem Tractat ein Ende ᵇ).

Die

ᵘ) *Bened.* S. 57. 58 etc. *Hoveden*, S. 535.
Diceto. S. 570. 571. 572. *Brompton*, S. 1085,
1086, 1087.

ˣ) *Bened. Abb.* S. 63. *Hoveden*, S. 535.

ʸ) *Bened. Abb.* S. 64, 65. *Hoveden*, S. 535.
Diceto, S. 574. *Neubr.* S. 406. *Heming.* S.
500. *Trivet.* S. 61.

ᶻ) *Hoved* S. 539.

ᵃ) *Hoved.* S. 536. *Brompton*, S. 1088.

ᵇ) *Hoveden*, S. 536.

Geschichte von England. Kap. IX.   291

Die vornehmste Hoffnung der Feinde Henrichs schien itzt von dem Zustande der
Sachen in England abzuhängen, wo sein Ansehen in der größesten Gefahr zu seyn schien. 1173.
Ein Punkt des Vertrags des jungen Henrichs mit seinen auswärtigen Bundesgenossen
war, daß Kent nebst Dover und alle seine andern Vestungen, den Händen des Grafen
von Flandern überliefert werden sollten c); dennoch herrschte der national- und pa-
triotische Geist unter dem unabhängigen englischen Adel so wenig; jeder sah so sehr auf
seine und seiner Familien Vergrößerung, daß der größte Haufen, so schädlich auch diese
Bedingung war, welche den gänzlichen Ruin des Reichs nach sich gezogen haben müßte,
sich beredet hatte, einen Aufstand zu machen, und die Forderungen des Prinzen zu unterstützen. Die vornehmste Zuflucht des Königs bestund in der Kirche, und in den Bischöfen, mit welchen er itzt in vollkommner Verträglichkeit lebte; es mochten sich diese
nun aus Gemüthsbilligkeit schämen, eine so unnatürliche Rebellion zu unterstützen, oder
sie mochten auch mit der Vergütung Henrichs für den Mord des Becket, und für seine
vormaligen Eingriffe in die Freyheiten der Kirche völlig vergnügt seyn. Dieser Prinz
hatte jedoch in dem Vergleiche mit ihnen sich keines der wesentlichen Rechte der Krone begeben; er behielt noch immer die vorige kluge Eifersucht gegen den Hof von Rom, nahm
keine Legaten in England auf, wenn sie nicht vorher schwuren, daß sie gegen die königlichen Vorrechte nichts unternehmen wollten. Und er hatte sogar die Mönche von Canterbury, welche bey der Erledigung, die der Tod des Becket machte, eine Wahlfreyheit
verlangten, genöthiget, den Roger, Prior von Dover, an der Stelle jenes unruhigen Prälaten zu wählen d).

Itzt fiel der König von Schottland in Northumberland ein, und verübte große
Verheerungen; als ihm aber Richard de Lucy entgegen kam, welchen Henrich zum Beschützer des Reichs zurückgelassen hatte, so zog er sich in sein Reich zurück, und schloß einen Waffenstillstand e). Dieser Stillstand setzte den Beschützer in den Stand, daß er
mit seiner Armee ins Südliche marschiren konnte, um sich einem Einfalle zu widersetzen,
den der Graf von Leicester an der Spitze eines großen Corps aus Flandern in Suffolk
gethan hatte. Zu diesem Corps war Hugo Bigod gestoßen, der demselben sein Castel
Framingham übergeben hatte; und da sie ins Herz des Königreichs fortrückten, wo sie
von den Vasallen des Leicester unterstützet zu werden hofften, fanden sie den Lucy gegen sich,
der mit dem Beystande des Humfried Bohun, des Constabels, und der Grafen von
Arundel, Glocester und Cornwall, mit einer zwar kleinern, aber tapfern Armee bis
Farnham vorgerückt war, um sich ihnen zu widersetzen. Die flandrische Armee, welche
meistens aus Webern und andern Handwerksleuten bestund, (denn itzt fieng man an,
in Flandern Manufacturen aufzurichten) wurde den Augenblick in Unordnung gebracht,
10,000 wurden niedergemacht, der Graf von Leicester wurde gefangen genommen, und
die übrigen Angreifer waren froh, daß man ihnen nur erlaubte, sich sicher in ihr Land
zurück zu ziehen f).

O o 2   Die-

c) Hoved. S. 533. Brompton. S. 1084. Neubr. p. 508.

d) Hoved. S. 537.

e) M Paris. S. 89. Hoveden. S. 536. Diceto. S. 573. Brompton. S. 1084. Neubr. 407.

f) M. Paris. S. 89. Bened. Abb. S. 70. Hoved. S. 536. Diceto. S. 574. Brompton. S. 1089. Neubr. S. 407. Heming. S. 500.

292   Geschichte von England. Kap. IX.

1174. Diese große Niederlage nahm den Mißvergnügten den Muth nicht; da sie durch die Allianz so vieler auswärtigen Prinzen unterstützt, und von den eignen Söhnen des Königs aufgemuntert wurden, so entschlossen sie sich, bey dem Unternehmen zu verharren. Der Graf von Ferrars, Roger von Mowbray, Archetil von Malbory, Richard von Moreville, Hamo von Mascie, nebst vielen andern Freunden der Grafen von Leicester und Chester, griffen zu den Waffen g). Die Treue der Grafen von Clare und Glocester war verdächtig; und der Beschützer, ob ihm gleich Gottfried, der Bischof Lincoln, der natürliche Sohn des Königs von der schönen Rosamonde, aus allen Kräften beystund, fand es schwer, sich an allen Seiten vor so vielen offenbaren und heimlichen Feinden zu vertheidigen. Um die Verwirrung noch größer zu machen, brach der König von Schottland, als die Zeit des Waffenstillstandes verflossen war, mit einer ungeheuren Armee von 80,000 Mann in die nördlichen Provinzen ein h); und obgleich diese Armee ohne Kriegszucht und Ordnung war, und sich besser schickte, Verheerungen anzurichten, als ein kriegerisch Unternehmen auszuführen; so war sie doch wegen des itzigen unruhigen und aufrührischen Geistes im Reiche gefährlich geworden. Heinrich, der alle seine Feinde in Frankreich zu Schanden gemacht, und seine Gränzen in einen Vertheidigungsstand gesetzt hatte, sah itzt, daß England der Sitz der Gefahr war, und entschloß sich, durch seine Gegenwart die Mißvergnügten in Furcht zu setzen, oder durch seine Klugheit zum Gehorsam zu bringen. Er landete zu Southampton; und da er

Den 8ten Julii. Buße des Königs für den Mord des Becket.

wußte, wieviel Einfluß der Aberglauben über die Gemüther des Volks hat, eilte er sogleich nach Canterbury, um der Asche des Thomas a Becket eine Vergütung zu thun, und einem todten Feinde seine Ehrerbiethung zu bezeigen. So bald er im Gesichte der Kirche von ... kam, stieg er vom Pferde, gieng barfuß zu derselben, warf sich bey dem ... niß des Heiligen nieder, blieb einen ganzen Tag unter Fasten und Gebeten da, ... machte die ganze Nacht bie heiligen Reliquien; und noch nicht zufrieden mit dieser heuchlerischen Andacht gegen einen Menschen, dessen Gewaltsamkeit und Undankbarkeit seine Regierung so lange beunruhigt hatte, und der der Gegenstand seiner bittersten Feindschaft gewesen war, unterzog er sich noch einer Buße, die noch sonderbarer und demütigender war: Er ließ ein Capitel von Mönchen zusammen kommen, entkleidete sich vor ihren Augen, gab einem jeden eine Geisel, und both den Streichen, welche diese Geistlichen einer nach dem andern führten, seine bloßen Schultern dar i). Den Tag darauf bekam er Absolution, und indem er von London weg reisete, erhielt er bald nachher die angenehme Nachricht, daß seine Generale einen sehr großen Sieg über die Schottländer erfochten hätten; und da dieser Sieg an dem Tage seiner Absolution erfochten war, so sah man ihn für ein Zeichen an, daß er sich mit dem Himmel, und mit dem Thomas a Becket versöhnet hätte k).

Obgleich

g) *Benedict. Abb.* S. 54. *Hoveden,* S. 537. *Neubr.* S. 407.

h) *Heming.* S. 501.

i) *Ypod. Neustr.* S. 450. *M. Paris.* S. 90. *Hoveden,* S. 539. *Diceto,* S. 577. *Brompton.*

S. 1095. *Chron. Gervas.* S. 1427. *Neubr.* S. 410. *Chron. Dunstapr,* S. 35.

k) *Ypod. Neustr.* S. 450. *M. Paris.* S. 90. *Bened. Abb.* S. 53. *Hoved.* S. 539. *M. West.* S. 251.

Geschichte von England. Kap. IX.

Obgleich der König von Schottland, Wilhelm, vor dem Castele Prudham und andern vesten Plätzen zurückgetrieben war, so hatte er doch in den nördlichen Provinzen die schrecklichsten Verwüstungen verübt[1]); als aber Ralph de Glanville, der berühmte Rechtsgelehrte und Justiziarius, mit dem Beystande des Bernhard von Baliol, Robert von Stuteville, Odonel von Umfreville, Wilhelm von Vesci, und andrer nördlichen Baronen, nebst dem tapfern Bischof von Lincoln anrückten, so fand er es für gut, sich näher an sein Land zu ziehen, und nahm seine Stellung bey Alnwic. Hier hatte er seine Armee ungemein geschwächt, weil er viele Detachementer ausgesandt hatte, um seine Verwüstungen weiter zu treiben; und hier lag er seiner Meynung nach vor allen Angriffen der Feinde sicher.

1174. Krieg mit Schottland.

Den 13ten Julii.

Aber Glanville, der von seiner Stellung Nachricht bekommen hatte, that einen geschwinden und unermüdeten Marsch nach Newcastle; er ließ seinen Soldaten nur eine kurze Zeit, sich zu erholen, und rückte gleich gegen Abend nach Almerik. Er marschirte in dieser Nacht über dreyßig Meilen, kam am Morgen, unter Begünstigung eines Nebels, bey dem Lager der Schottländer an; und ohne auf die große Menge Feinde zu sehen, fieng er an, sie mit seinem kleinen, aber muthigen Cavalleriecorps anzugreifen. Wilhelm befand sich in einer so großen Sicherheit, daß er die Engländer anfänglich für ein Corps von seinen eignen Leuten ansah, welche wieder ins Lager zurückkämen: als ihn aber der Anblick der Fahnen von seinem Irrthume überzeugte, fieng er das Treffen mit nicht mehr, als einem Corps von hundert Reutern an, in der vesten Hoffnung, daß die zahlreiche Armee, welche er um sich hatte, bald zu seiner Hülfe eilen würde. Er wurde bey dem ersten Angriff vom Pferde geworfen und gefangen genommen; indem seine Truppen sein Unglück hörten, und mit der äußersten Eilfertigkeit von allen Seiten flohen[m]). Die zerstreuten Plünderer eilten, so geschwind sie konnten, in ihr eignes Land; und da unter ihnen selbst eine Zwietracht entstund, so fiengen sie an, sich selbst nieder zu machen, und litten mehr von ihrem eignen Schwerdte, als von dem Schwerdte ihrer Feinde[n]).

Wilhelm König von Schottland, wird geschlagen und gefangen genommen.

Dieser große und wichtige Sieg wurde endlich für den Heinrich entscheidend, und benahm den englischen Rebellen allen Muth. Der Bischof von Durham, der sich eben empören wollte, begab sich zum Gehorsam[o]): Hugo Bigod, ob er gleich eine starke Verstärkung von flandrischen Soldaten bekommen hatte, wurde gezwungen, alle seine Castele auszuliefern, und sich der Gnade des Königs zu übergeben[p]); der Graf von Ferrars und Roger von Maubray hatten keine andre Zuflucht[q]); die niedrigern Rebellen ahmten dem Beyspiele nach; ganz England wurde in wenig Wochen in Ruhe gesetzt: und weil es schien, als wenn der König unter dem unmittelbaren Schutze des Himmels stund, so hielt man es für lieblos, sich ihm länger zu widersetzen. Die Geistlichkeit erhob von neuen die Verdienste und die mächtige Vorbitte des Becket; und anstatt, daß Henrich sich diesem Aberglauben widersetzen sollte, rühmte er sich vielmehr der Freundschaft

---

1) *Benedictus Abbas.* S. 73. *Hoveden.* S. 337. *Brompton.* S. 00. Chron. *Gervas.* S. 1427. *Neubr.* S. 48
m) *Bened Abb.* S 76 *Brompton.* S. 1091. 1098. *Neubr.* S. 408 *Heming.* S 502.
n) *Neubr.* S. 409. *Heming.* S. 502.
o) *Bened. Abb.* S. 76.
p) *Diceto.* S. 573.
q) *M. Paris.* S. 91. *Heming.* S. 504.

‑‑‑ schaft dieses Heiligen, und pflanzte eine Meynung fort, welche seinem Interesse so vor-
1174. theilhaft war ʳ).

Als der junge Henrich, der sich mit dem Grafen von Flandern, und einer grossen
Armee zu Grevelingen einschiffen wollte, Nachrichten von der Unterdrückung seiner Anhänger in England bekam, ließ er alle Gedanken von der Unternehmung fahren, und
begab sich in das Lager des Königs von Frankreich, welcher in der Abwesenheit des alten Henrichs einen Einfall in die Normandie gethan, und Rouen belagert hatte ˢ). Der
Platz wurde von den Einwohnern mit grossem Muthe vertheidiget ᵗ); und da Ludwig
die Hoffnung verlohr, sich durch Gewalt desselben zu bemächtigen, versuchte er die Stadt
durch eine Kriegslist zu gewinnen, welche man in den damaligen abergläubischen Zeiten für schimpflich hielt. Er ließ in seinem Lager einen Waffenstillstand bekannt machen,
unter dem Vorwande, daß er den Feyertag des heiligen Laurenz begehen wollte; und
da die Bürger, welche sich sicher glaubten, so unvorsichtig waren, nachläßiger in ihren
Wachen zu seyn, wollte er sich ihrer Sicherheit zu Nutze machen. Zum Glück waren
einige Priester bloß aus Neubegierde auf einen Thurm gestiegen, wo die Sturmglocke
hieng; und da sie das französische Lager in Bewegung sahen, läuteten sie gleich die Glocke,
und gaben den Einwohnern eine Warnung, welche gleich zu ihren Posten eilten. Die
Franzosen, welche, da sie die Glocke hörten, in der Eile den Angriff thaten, hatten bereits an verschiedenen Oertern Mauern erstiegen; da sie aber von den erbitterten Bürgern abgetrieben wurden, mußten sie sich mit grossem Verluste zurückziehen ᵘ). Den
Tag darauf gieng Henrich, welcher zur Vertheidigung seiner normännischen Gebiethe
herüber geeilet war, im Triumph über die Brücke, und rückte im Angesicht der französischen Armee in Rouen ein. Itzt war die Stadt in völliger Sicherheit, und der König ließ, um dem französischen Monarchen Troz zu biethen, die Thore öffnen, welche
man verrammelt hatte ˣ) und bereitete sich, seine Vortheile wider seinen Feind weiter zu
verfolgen. Ludwig rettete sich aus dieser gefährlichen Situation durch eine neue Betrügerey, welche sich nicht so gut rechtfertigen läßt. Er schlug eine Conferenz vor, worinn die Bedingungen eines allgemeinen Friedens berichtiget werden sollten, und wußte, daß
Henrich sie begierig annehmen würde; indem der König von England sich aber auf die
Erfüllung dieses Versprechens verließ, zog jener mit seiner Armee in Frankreich
zurück ʸ).

Es war von beyden Theilen gleich nothwendig, einen Vergleich zu treffen. Henrich konnte es nicht länger ausstehen, seine drey Söhne in den Händen seines Feindes zu
sehen; und Ludwig fürchtete sich, es möchte dieser grosse Monarch, in allen Gegenden
siegreich, mit Ruhm gekrönet, und völlig Meister über alle seine Gebiethe, für die vielen
Gefahren und Unruhen, welche die Waffen, und noch mehr die Hinterlist Frankreichs
in seinen Streitigkeiten sowohl mit dem Becket, als mit seinen Söhnen, ihm hatten erregen können, Rache von ihm nehmen. Nachdem ein Waffenstillstand geschlossen war,
wurde

ʳ) *Hoveden*, S. 539.
ˢ) *Brompton*, S. 1096.
ᵗ) *Diceto*, S. 578.

ᵘ) *Brompton*, S. 1095. *Neubr.* S. 411. *Ho-
ming.* S. 503.
ˣ) *Hoveden*, S. 540.
ʸ) *Bened. Abb.* S. 86. *Brompton*, S. 1098.

Geſchichte von England, Kap. IX.

wurde bey Tours eine Conferenz verabredet, wo Henrich ſeinen Söhnen Bedingungen
einräumte, die bey weiten nicht ſo vortheilhaft waren, als die, welche er zuerſt ange- 1174.
bothen hatte, und ihre Demüthigung annahm. Die wichtigſten unter dieſen Verwilligungen waren einige Jahrgehalte, welche er ihnen zu bezahlen verſprach, und einige Ca- Vergleich des
ſtele, welche er ihnen zu Plätzen ihrer Reſidenz einräumen wollte; auch ſollten alle ihre Königs mit
Anhänger ſchadlos gehalten, und in ihre Aemter und Güter wieder eingeſetzet werden e). ſeinen Söhnen.

Unter allen denen, welche ſich der Sache der jungen Prinzen angenommen hatten,
war Wilhelm, König von Schottland, wegen ſeiner verhaßten und ungerechten Unternehmung, der einzige, welcher beträchtlich litte. Henrich ließ gegen 900 Ritter, die er
zu Gefangnen gemacht hatte, aus ihrer Gefangenſchaft los, ohne ein Löſegeld zu fodern a);
aber es koſtete dem Wilhelm die alte Unabhängigkeit ſeiner Krone, um ſeine Freyheit zu
erkaufen. Er erboth ſich, dem Henrich, als ſeinem Oberherrn, für Schottland, und
alle ſeine übrigen Gebiethe die Huldigung zu leiſten; er verſprach, daß alle Baronen und
Edelleute ſeines Reichs ein gleiches thun ſollten; daß die Biſchöfe ihm den Eid der Treue leiſten; daß beyde Schwören ſollten, dem Könige von England wider ihren eingebohrnen Prinzen
beyzuſtehen, wenn dieſer ſeine Verbindungen brechen würde: ferner ſollten die Veſtungen Edinburgh, Stirling, Berwic, Norborough und Jedborough, den Händen Hen- 1175.
richs übergeben werden, bis die Artickel erfüllet würden b). Dieſer harte und demüthi- den 10ten
gende Tractat wurde in aller ſeiner Strenge ausgeübt. Als dieſer Prinz freygelaſſen Auguſt.
war, brachte er alle ſeine Baronen, Prälaten und Aebte her; und ſie leiſteten in der
Kathedralkirche von York dem Henrich die Huldigung, und erkannten ihn und ſeine
Nachfolger für ihre Oberherren c). Der engliſche Monarch dehnte die Strenge der Bedingungen, welche er foderte, noch weiter aus. Er nöthigte den König und die Stän-
de von Schottland, ihm die Veſtungen Berwic und Norborough auf immer abzutre-
ten, und ihm das Caſtel von Edinburgh auf eine beſtimmte Zeit in Händen zu laſſen.
Dieſes war die erſte große Gewalt, welche England über Schottland erhielt, und in der
That der erſte wichtige Vorfall, der ſich zwiſchen dieſen Königreichen zugetragen hatte.
Wenige Prinzen ſind ſo glücklich geweſen, über ihre ſchwächere Nachbaren mit weniger
Gewaltthätigkeit und Ungerechtigkeit, als Henrich gegen den König von Schottland
ausübte, den er in der Schlacht gefangen genommen, und der ſich muthwillig in einen
Krieg eingelaſſen hatte, worinn alle Nachbaren dieſes Prinzen, und ſelbſt ſeine eigne
ganze Familie ohne Urſache wider ihn verbunden waren, ſo große Vortheile zu gewinnen.

Da ſich Henrich alſo, wider alle Erwartung, mit Ehren aus einer Situation gezogen hatte, worinn ſein Thron den größten Gefahren ausgeſetzt war, ſo beſchäftigte er
ſich verſchiedene Jahre lang mit der Verwaltung der Gerechtigkeit, der Ausübung der Gute Regie-
Geſetze und mit einer Wachſamkeit wider diejenigen Unbequemlichkeiten, welche entwe- rung des
der die vorigen Erſchütterungen ſeines Staats, oder die politiſchen Verfügungen dieſer Königs.
Zeit unvermeidlich veranlaßten. Die Verfügungen, welche er machte, zeigen eine ſolche

---

a) *Rymer*, B. 1. S. 35. Bened. Abb. S 88.   b) *M. Paris*, S. 91. Chron. Dunſt. S. 36.
Hoveden, S. 540. Diceto. S. 583. Brompton, Hoveden, S. 545. M. Weſtm. S. 251. Diceto,
S. 1098. Chron. Dunſt. S. 36. Hoving, S. 505.   S. 534. Brompton, S. 1103. Rymer, B. 1.
S. 39. Liber Niger Scaccarii, S. 36.

c) *Nevbr.* S. 418.   e) Bened. Abb. S. 113.

che Größe im Denken, welche ihn zu einem Gesetzgeber fähig machte; und sie waren meistens sowohl für die künftige als gegenwärtige Glückseligkeit seines Reichs ausgedacht.

Er gab strenge Strafgesetze wider die Räuberey, den Mord, die falsche Münze, vorsetzlichen Brand; und befahl, daß diese Verbrechen mit dem Verlust der rechten Hand und des rechten Fußes bestrafet werden sollten d). Vermuthlich hielt man diese Strafe für härter, als den Tod; die Geldvergütungen für Verbrechen, welche einen falschen Schein der Gelindigkeit haben, waren nach und nach abgekommen; und scheinen durch die Strenge dieser Verordnungen gänzlich abgeschafft zu seyn. Die abergläubische Prüfung durch die Wasserprobe war zwar von der Kirche verworfen e), aber dennoch im Gebrauch; allein Henrich befahl, daß ein jeder, der durch den Eid der verordneten Ritter der Grafschaft wegen einer Mordthat, oder einer großen Felonie angeklagt wäre, das Reich verschwören sollte, wenn er auch nach der Wasserprobe frey gesprochen wäre f).

Man nähert sich nur langsam der Vernunft und dem guten Verstande. Henrich sah zwar, wie abgeschmackt die Probe durch Duell oder eine Schlacht war, allein er wagte es dennoch nicht, sie abzuschaffen: er erlaubte nur einem jeden von den Parteyen, sich eine Untersuchung von einer Versammlung oder geschwornen Anzahl von zwölf Freysaßen auszubitten g). Diese Art von Gericht scheinet in England sehr alt gewesen zu seyn, und wurde nach den Gesetzen des Königs Alfred eingeführet: aber das barbarische und gewaltsame Genie der Zeit hatte neulich erst der Probe durch einen Zweykampf mehr Glauben zugestellt, und sie war das allgemeine Mittel geworden, alle Streitigkeiten zu entscheiden. Sie wurde in England niemals durch ein Gesetz abgeschafft, und noch unter der Regierung der Elisabeth haben wir ein Beyspiel davon: allein die Verfügung, welche dieser König wieder hervorsuchte, gewann nach und nach den Vorzug über dieselbe, weil man sie vernünftiger, und einem gesitteten Volke gemäßer fand.

Die Eintheilung Englands in vier Theile, und die Einführung der reisenden Friedensrichter, welche in jedem Theile herumziehen, und die Rechtssachen in den Grafschaften entscheiden mußten, war eine andre wichtige Verordnung dieses Prinzen, hatte gerade die Absicht, die Drückung der Baronen im Zügel zu halten, und den niedrigern Adel und das gemeine Volk in ihrem Eigenthume zu schützen h). Diese Friedensrichter waren entweder Prälaten, oder Männer von hohem Adel; und außerdem, daß sie eine Vollmacht von dem Könige hatten; konnten sie auch durch die Würde ihres eignen Charakters den Gesetzen Gewicht und Credit geben.

Damit die Handhabung der Gerechtigkeit weniger Hinderniß finden möchte, ließ der König mit Wachsamkeit alle neu erbaute Castele des Adels niederreißen, so wohl in England, als in seinen auswärtigen Gebiethen; und ließ keine Vestung in solchen Händen, welche ihm mit Grunde verdächtig seyn konnten i).

Damit aber durch diese Zerstörung der vesten Plätze das Königreich nicht entblößet würde, so verordnete der König eine Waffenanstalt, wodurch alle seine Unterthanen verbunden wurden, sich in einen gehörigen Vertheidigungsstand ihrer selbst, und des Reichs zu setzen. Jedermann, der ein Rittergut besaß, mußte für jedes Gut einen Panzer, einen

d) Bened. Abh. S. 132. *Hovden*, S. 549.
e) Seld. Spicileg. ad Eadm. S. 204.
f) Bened. Abh. S. 132.
g) *Glanv.* Lib. 2. Cap. 7.
h) *Hovden*, S. 590.
i) Bened. Abh. S. 202. *Diceto*, S. 585.

einen Helm, einen Schild und eine Lanze haben; jeder freye Sasse, der für sechszehn Mark Güter besaß, mußte sich eben so bewaffnen; jedermann, der für zehen Mark im Vermögen hatte, mußte ein eisernes Band zur Bedeckung des Halses, eine eiserne Haube, und eine Lanze haben; alle Bürger mußten sich mit einer eisernen Haube, einer Lanze und einem Wammes versehen, das ist, mit einem Panzer, der mit Wolle, Hanf, oder dergleichen Materialien ausgestopft war k). Es scheinet, als wenn das Bogenschießen, womit sich die Engländer nachmals so berühmt machten, damals noch nicht sehr gemein geworden war, der Speer war das vornehmste Gewehr, dessen sie sich im Treffen bedienten.

Die Geistlichen und die Layen befanden sich damals in einer schlechten Situation gegen einander, die sich mit einer gesitteten, ja auch mit einer jeden Regierung durchaus nicht zu vertragen schien. Wenn ein Geistlicher eine Mordthat begangen hatte, so konnte er nur durch Heruntersetzung bestrafet werden: wenn er ermordet wurde, so hatte der Mörder nur den Bann und die Kirchenstrafen zu dulden; und das Verbrechen wurde durch Bußen und Abbitten vergütet l). Daher hielten sich die Mörder des Thomas a Becket selbst, ob sie gleich die abscheulichste Bosheit begangen hatten, welche der Denkungsart dieser Zeiten höchst entgegen war, sicher in ihren Häusern auf, ohne daß Henrich selbst sie zur Rechenschaft foderte, dem doch in Ansehung der Ehre und des Vortheils so viel daran gelegen war, daß er dieses Verbrechen bestrafte, und der bey allen Gelegenheiten den größten Abscheu vor demselben an den Tag legte, oder sich wenigstens so stellte. Nur damals erst, als sie sahen, daß jedermann ihre Gegenwart, als solche Personen vermied, die im Bann gethan waren, ließen sie sich bewegen, eine Reise nach Rom zu thun, sich dem Pabst zu Füßen zu werfen, und sich der Buße zu unterziehen, die er ihnen auflegte: nach der Zeit besaßen sie ungestöret ihre Ehre und ihre Güter, und scheinen sogar das Zutrauen und die gute Meynung des Publici wieder erhalten zu haben. Weil aber der König, vermöge der Constitutionen von Clarendon, welche er noch immer in Kraft zu erhalten bedacht war m), die Geistlichen unter das Gericht einer bürgerlichen Obrigkeit gezogen hatte; so schien es auch nicht mehr als billig zu seyn, daß er ihnen durch eben diese Macht, welcher sie unterworfen waren, auch Schutz gab; und es wurde das Gesetz gegeben, daß die Mörder eines Geistlichen, in Gegenwart des Bischofes, oder seines Officiales, vor der Versammlung der Friedensrichter verhöret werden sollten; auch sollte ein solcher außer der gewöhnlichen Strafe für einen Mord, seiner Güter für verlustig erkläret, und sein Haabe und sein Vieh eingezogen werden n).

Der König gab ein sehr billiges Gesetz, daß man sich der Güter eines Vasallen für die Schulden seines Herrn nicht anders bemächtigen sollte, als wenn sich der Vasall für diese Schuld verbürget hätte. Ferner sollen die Pachtgelder der Vasallen dem Gläubiger des Herrn, und nicht dem Herrn selbst, bezahlet werden. Es ist merkwürdig, daß der König dieses Gesetz in einer Rathsversammlung gab, welche er zu Verneuil hielt,

k) Bened. Abb. S. 305. Chron. Gervas. S. 1459 Annal. Waverl. S. 161.
l) Petri Blessen. Epist. 73. apud Bibl. Patr. Tom. 24. S. 992.
m) Chron. Gervas. S. 1433.
n) Dicet. S. 592. Chron. Gervas. S. 1433.

298		Geschichte von England. Kap. IX.

1176. hielt, und welche sowohl aus einigen Prälaten und Baronen aus England, als auch aus der Normandie, Poictou, Anjou, Maine, Touraine und Bretagne bestand; und daß die Verordnung in allen diesen verschiedenen Gebiethen eingeführet wurde °): ein gewisser Beweis, wie unordentlich die alte Feudalregierung war, und wie sehr sich die Könige in einigen Stücken dem Despotismus näherten, ob sie gleich in andern kaum einige Gewalt zu haben schienen. Sobald ein Prinz, der so gefürchtet und geehret wurde, wie Henrich, nur den Schein einer allgemeinen Einwilligung zu einer Verordnung hatte, welche billig und gerecht war, so wurde sie gleich ein eingeführtes Gesetz, das alle sich gefallen ließen. Wenn der Prinz gehaßt und verachtet war; wenn die Edelleute, die ihn unterstützten, wenig Einfluß hatten; wenn die Launen der Zeiten das Volk auf die Gedanken brachten, die Gerechtigkeit seiner Verordnungen in Zweifel zu ziehen, so hatte der zahlreichste und gültigste Staatsrath keine Gewalt. Auf diese Weise war alles Verwirrung und Unordnung; man hatte keine ordentliche Begriffe von einer Staatsverfassung; Zwang und Gewalt entschieden alles.

Das Glück, welches Henrich in seinen Kriegen gehabt hatte, ermunterte seine Nachbarn gar nicht, etwas wider ihn zu unternehmen; und seine Unterhandlungen mit ihnen in den übrigen Zeiten seines Lebens enthalten nichts denkwürdiges. Schottland blieb in dem Zustande einer Feudalunterwürfigkeit, wozu er es gebracht hatte, und machte ihm weiter keine Unruhe. Er sandte seinen vierten Sohn, Johann, nach Irland in der Absicht, eine völlige Eroberung von dieser Insel zu machen; aber der Muthwillen und die Unfähigkeit, wodurch dieser Prinz die vornehmsten Irländer erbitterte, zwangen den König bald, ihn zurück zu rufen ᵖ). Der König von Frankreich war auf einen sehr niedrigen Aberglauben verfallen, und ließ sich durch eine Andacht, welche aufrichtiger war, als des Henrichs, verleiten, eine Pilgrimschaft nach dem Grabe des Becket zu thun ᑫ), in der Absicht, ihn um seine Vorbitte für die Genesung seines ältesten Sohnes Philipp zu bitten. Vermuthlich glaubte er, daß er zu der Gunst dieses Heiligen, ihrer alten genauen Freundschaft wegen, wohl berechtiget sey; und hoffte, Becket, der nie in Schutz genommen hätte, so lange er auf der Welt gewesen wäre, würde ihr, da er eine so hohe Stufe im Himmel erreichet hätte, seinen alten Freund und Wohlthäter nicht vergessen. Die Mönche, welche einsahen, daß es hieben auf die Ehre ihres Heiligen ankäme, unterließen nicht auszustreuen, daß das Gebet des Ludewig erhöret, und der junge Prinz durch die Vorbitte des Becket wieder hergestellet sey ʳ). Dieser König wurde bald nach her von einem Schlage gerühret, der ihn des Verstandes beraubte: Philipp übernahm die Regierung, ob er gleich nur ein Jüngling von funfzehn

1180. Jahren war, bis zu dem Tode seines Vaters, welcher bald nachher erfolgte, und ihm den Weg zum Throne öffnete; und er wurde der geschickteste und größte Monarch, welcher seit der Zeit Carls des Großen dieses Reich beherrschet hat. Dennoch gaben dem Henrich seine höhern Jahre und seine größere Erfahrung, indem sie seinen Ehrgeiz mäßig-

o) Bened. Abb. S. 248. Es war gewöhnlich, daß die Könige von England nach der Eroberung von Irland Baronen und Gliedern dieses Landes zu dem englisch n Parlament foderten. Molineux's Case of Ireland. S. 64. 65. 66.

p) Bened. Abb. S. 95.
q) M. Paris, S. 145. Bened. Abb. S. 3. 8. Hoveden, S. 598. M. West. S. 252. Diceto, S. 604.
r) Bened. Abb. S. 320. Hoveden, S. 592. Brompton, S. 1140.

mäßigten, einen solchen Vortheil über diesen Prinzen, daß auf eine lange Zeit keine gefährliche Nebenbuhlerschaft unter ihnen entstund. Anstatt daß der englische Monarch 1180. Vortheile aus seiner Situation hätte ziehen sollen, wandte er vielmehr seine guten Dienste an, die Streitigkeiten beyzulegen, welche in der königlichen Familie von Frankreich entstunden; und er war so glücklich, daß er zwischen dem Philipp, seiner Mutter und seinem Onkel einen Vergleich stiftete *s*). Diese Dienste wurden von dem Philipp sehr schlecht vergolten, da er, als er zu männlichen Jahren kam, alle häusliche Zwistigkeiten in der Familie von England zu vergrößern suchte, und die Söhne Henrichs in ihrem undankbaren und ungehorsamen Betragen gegen ihn unterstützte.

Der junge Henrich, der eben so ungeduldig war, Macht zu erhalten, als unfähig, dieselbe zu gebrauchen, erneuerte seine Foderung bey dem Könige, daß er ihm die Normandie abtreten sollte; und da es ihm abgeschlagen wurde, flüchtete er mit seiner Gemahlinn zu dem französischen Hofe; da er aber sah, daß Philipp nicht geneigt war, sich seinetwegen in einen Krieg einzulassen, so nahm er die angebothene Versöhnung seines Vaters an, und unterwarf sich ihm. Es war ein grausamer Umstand in dem Schicksal des Königs, daß er vor den sträflichen Unternehmungen seiner Söhne keine andre Ruhe hoffen konnte, als durch ihre Zwietracht und Feindschaft unter einander, welche seine Familie in Unruhe setzte, und seinen Staat erschütterte. Richard, den er zum Herrn von Guienne gemacht hatte, und der seine Tapferkeit und seinen kriegerischen Geist in der Unterdrückung der Empörungen seiner unruhigen Baronen gezeigt hatte, wollte den Befehlen Henrichs nicht gehorchen, seinem ältern Bruder für dieses Herzogthum zu huldigen, und vertheidigte sich gegen den jungen Henrich und Gottfried, welche mit vereinigten Waffen seine Länder mit Krieg überzogen *t*). Der König legte diesen Zwist mit einiger Schwürigkeit bey; sah aber gleich darauf, daß sein ältester Sohn sich in Verschwörungen eingelassen hatte, und im Begriff war, die Waffen wider ihn zu ergreifen. Indem der junge Prinz dieses sträfliche Vorha‐ 1183. ben ausführen wollte, überfiel ihn bey Martel, einem Castele bey Turenne, wohin er sich aus Mißvergnügen begeben hatte, ein Fieber; und da er seinen Tod vor Augen sah, so wurde er endlich über seinen Ungehorsam gegen seinen Vater von Gewissensbissen gerühret. Er sandte einen Bothen an den König, der nicht weit entfernt war; ließ ihm seine Reue über seine Fehler sagen, und ihn um einen Besuch bitten, damit er wenigstens mit der Beruhigung sterben möchte, daß er von ihm Vergebung erhalten hätte. Henrich, welcher so oft die Undankbarkeit und Gewaltsamkeit des Prinzen erfahren hatte, besorgte, seine Krankheit möchte gänzlich erdichtet seyn, und hatte nicht den 11 Junii das Herz, sich den Händen seines Sohnes anzuvertrauen *u*). Als er aber bald darauf Tod des jun‐ Nachricht von dem Tode des jungen Henrichs, und die Beweise von seiner aufrichtigen gen Henrichs. Reue erhielt, wurde dieser gutherzige Prinz von der tiefsten Traurigkeit gerühret. Er fiel dreymal in Ohnmacht; er klagte seine eigne Hartherzigkeit an, daß er seinem sterbenden Sohne die letzte Bitte versagt hätte, und bejammerte, daß er diesen Prinzen

Pp 2

der

s) Bened. Abb. S. 325. *Hoveden*, S. 593. *u*) Bened. Abb. S. 392. *Hoveden*, S. 620.
Brompton, S. 1142 Chron. *Gervas*, S. 1459. Brompton, S. 1143. Chron. *Gervas*. S. 1463.
t) *Ypod. Neust.* S. 451. Bened. Abb. S. Neubr. S. 422. *Heming*. S. 507.
383. *Diceto*, S. 617.

300   Geschichte von England.   Kap. IX.

der letzten Gelegenheit beraubt hätte, seine Beleidigungen zu vergüten, und in den Busen seines versöhnten Vaters sein Herz auszugließen *). Der junge Henrich starb im acht und zwanzigsten Jahre seines Alters.

1183.

Die Aufführung seiner übrigen Kinder waren nicht so beschaffen, daß sie den König wegen seines Verlustes trösten konnte. Weil der Prinz Henrich keine Nachkommen hinterlassen hatte, so war Richard der Erbe aller seiner Länder geworden; und der König hatte die Absicht, daß Johann, sein dritter Sohn und Liebling, zu seiner Apanage Guienne erben sollte: aber Richard wollte darein nicht willigen, flohe in dieses Herzogthum, und machte sogar Zurüstungen zu einem Kriege, sowohl gegen seinen Vater, als seinen Bruder Gottfried, der ist in den Besitz von Bretagne gesetzt war. Henrich ließ die Eleanor, seine Königinn und Erbinn, von Guienne kommen, und verlangte von dem Richard, daß er ihr die Herrschaft über diese Gebiethe abtreten sollte; welches dieser Prinz willig that, weil er entweder einen Aufstand von den Gasconiern für sie besorgte, oder auch noch eine Empfindung des Gehorsams für sie hatte, und er begab sich in Frieden zu dem Hofe seines Vaters. Kaum war dieser Streit beygelegt, als Gottfried, vielleicht der lasterhafteste in der unglücklichen Familie des Henrichs, zu Gewaltthaten griff; foderte, daß seinen Gebiethen von Bretagne noch Anjou beygefüget werden sollte; und da es ihm versagt wurde, zu dem Hofe von Frankreich flüchtete, und wider seinen Vater zu den Waffen grif y). Henrich wurde von dieser Gefahr befreyet, indem er die betrübte Nachricht von dem Tode seines Sohnes erhielt, welcher in einem Turnierspiele zu Paris getödtet war z). Die Wittwe des Gottfried wurde bald nach seinem Tode von einem Sohn entbunden, welcher den Namen Arthur bekam, und unter der Vormundschaft seines Großvaters, der als Herzog von der Normandie, auch Oberherr von Bretagne war, mit diesem letzten Herzogthume bekleidet wurde. Philipp, als der oberste Herr, machte ihm das Recht auf diese Vormundschaft eine Zeitlang streitig; er mußte aber den Neigungen der Bretagner nachgeben, welche die Regierung Henrichs vorzogen.

Kreuzzüge.

Aber die Nebenbuhlerschaft unter diesen mächtigen Prinzen, und alle ihre kleineren Interessen schienen ist der allgemeinen Leidenschaft für die Eroberung des heiligen Landes, und der Vertreibung der Saracenen Platz zu machen. Diese Ungläubigen, ob sie gleich der unermeßlichen Ueberschwemmung der Christen in dem ersten Kreuzzuge hatten weichen müssen, hatten dennoch, nachdem der Strom vorüber war, wieder Muth gefaßt; sie hatten die Colonien der Europäer von allen Seiten angegriffen, sie in große Noth gesetzt, und gezwungen, die Abendländer um Hülfe zu ersuchen. Ein zweyter Kreuzzug unter dem Kaiser Conrad und Ludwig dem Siebenden, Könige von Frankreich, worinn über 200,000 Menschen umgekommen waren, hatte ihnen nur auf eine Zeitlang Ruhe verschaft; und diese Prinzen kamen mit wenig Ehre nach Europa zurück, nachdem sie so zahllose Armeen verlohren, und die Blüthe ihres Adels an ihren Seiten hatten fallen sehen. Aber diese wiederholten Unglücksfälle, welche die abendliche Welt von Volk und Schätzen entblößten, waren noch nicht zureichend, die Menschen von ihrer

---

x) Bened. Abb. S. 393. *Hoveden*, S. 621.   z) Benedict. Abb. S. 451. Chron. *Gervas. Trivet.* B. 1. S. 84.   S. 1480.
y) *Neubr.* S. 422.

Geschichte von England. Kap. IX.

der Leidenschaft für diese geistlichen Ebentheuer zu befreyen; und ein neuer Vorfall entzündete den Eifer der geistlichen und der kriegerischen Ebentheurer der lateinischen Christen mit neuer Wuth. Da sich Saladin, ein Prinz von vieler Großmuth, Tapferkeit und Klugheit, auf dem Thron von Aegypten vestgesetzt hatte, fieng er an, seine Eroberungen über alle Morgenländer auszubreiten; und weil er sah, daß die Colonien der Kruziaten dem Fortgange seiner Waffen ein unüberwindliches Hinderniß in den Weg legten, so wandte er die ganze Macht seiner Staatsklugheit und Tapferkeit daran, dieses kleine und unfruchtbare, aber wichtige Land zu erobern. Er machte sich der Zwistigkeiten unter den Christen zu Nutze; und nachdem er unter der Hand den Grafen von Tripoly, der ihre Armeen commandirte, genommen hatte, grif er mit einer grossen Macht ihre Gränzen an, und erfochte durch Hülfe der Verrätherey des Grafen, zu Tiberiade einen vollständigen Sieg über sie, welche die Macht des bereits schwachen Königreichs Jerusalem gänzlich vernichtete. Die heilige Stadt selbst fiel, nach einem schwachen Widerstande, in seine Hände. Das Königreich Antiochien war fast gänzlich überwältiget; und ausser einigen am Meer gelegenen Städten, war von diesen gepralten Eroberungen nichts wichtiges mehr übrig, was fast ein Jahrhundert vorher die Bemühung des ganzen Europa gekostet hatte a).

1183.

1187.

Die westlichen Christen erstaunten, als sie diese traurige Nachricht hörten. Der Pabst Urban der Dritte starb, wie man sagt, vor Gram; und sein Nachfolger, Gregorius der Siebente, wandte die ganze Zeit seines kurzen Pontificats an, alle Christen, welche seine Gewalt erkannten, zu den Waffen zu ermuntern. Ueberall rief man, daß diejenigen unwürdig wären, ein Erbtheil im Himmel zu haben, welche das Erbtheil Gottes auf der Erden nicht von der Herrschaft der Ungläubigen befreyeten, und dasjenige Land, welches durch die Fußtapfen des Erlösers geheiliget wäre, nicht von der Sklaverey erlöseten. Nachdem Wilhelm, Erzbischof von Tyre, zwischen dem Heinrich und Philipp bey Gisors eine Conferenz veranstaltet hatte, stellte er alle diese Bewegungsgründe vor, gab eine bewegliche Beschreibung von dem elenden Zustande der morgenländischen Christen, und wandte alle Gründe an, die herrschenden Leidenschaften der Zeit, Aberglauben und Begierde nach Ruhm im Kriege, rege zu machen b). Die beyden Monarchen nahmen gleich das Kreuz an; viele von ihren angesehensten Vasallen ahmeten ihrem Beyspiele nach c); und weil der Kaiser Friedrich der Erste in eben dieses Bündniß trat, so hatte man einige gegründete Hoffnung eines guten Ausschlages, und schmeichelte sich, daß endlich ein Unternehmen, welches unter der Anführung vieler unabhängigen Heerführer, oder schwacher Prinzen fehlgeschlagen war, durch die Bemühung so mächtiger und geschickter Monarchen glücklich würde ausgeführet werden.

1188. den 21ten Januar.

Die Könige von Frankreich und England schrieben eine Abgabe aus, welche von denen, die zu Hause blieben, den Zehnten aller beweglichen Güter betrug d); weil aber die meisten Ordensbrüder von dieser Bürde befreyet waren, so wollten auch die weltlichen Geistlichen eine gleiche Frenheit haben; sie sagten, es wäre nur ihre Pflicht, den Kruziaten mit ihren Gebethen beyzustehen; und wurden nicht ohne einige Schwürigkeit genöthiget, von einem Widerstande abzustehen, welcher Leuten, die die vornehm-

Pp 3

a) M. Paris, S. 100.   c) Neubr. S. 43; Heming. S. 512.
b) Bened. Abb. S. 531.   d) Bened. Abb. S. 458.

sten Anstifter dieser Unternehmung gewesen waren, so ungemein übel stund ⁿ). Diese
1188. Abneigung der Geistlichen ist vielleicht ein Zeichen, daß die enthusiastische Hitze für die
Kreuzzüge, welche das Volk zuerst ergriffen hatte, itzt durch Zeit und Unfall sehr abgenommen hatte, und daß diese Raserey vornehmlich nur von dem militärischen Geiste, und der Liebe zum Ruhm bey grossen Monarchen unterstützet wurde.

1189. Ehe aber diese grosse Maschine in Bewegung gesetzet werden konnte, waren noch sehr grosse Hindernisse zu übersteigen. Philipp, eifersüchtig auf die Grösse Henrichs, ließ sich mit dem jungen Richard in ein Bündniß ein, wirkte auf seine ehrgeizige und ungeduldige Gemüthsart, und beredete ihn, daß er, anstatt diejenige Monarchie, welche er dereinst erben sollte, zu unterstützen und zu vergrössern, durch Beunruhigung und Zerrüttung derselben eine gegenwärtige Gewalt und Freundschaft suchte. Um einen
Aufstand des Vorwand zu den Feindseligkeiten zwischen den beyden Königen zu finden, brach Richard
Prinzen Richard. in das Gebiethe des Reymond, des Grafen von Toulouse ein, welcher sich sogleich über diese Gewaltthat bey dem Könige von Frankreich, als seinem Oberherrn, beklagte. Philipp that dem Henrich deswegen Vorstellung, bekam aber die Antwort, Richard hätte vor dem Erzbischof von Dublin in der Beichte ausgesagt, daß er sein Unternehmen wider den Raymond auf Gutheissen des Philipp selbst übernommen, und auf seinen Befehl ausgeführet hätte. Der König von Frankreich, welcher durch diese Entdeckung mit Schaam und Verwirrung sollte überhäuft gewesen seyn, setzte dennoch seinen Anschlag fort, und fiel in die Provinzen Berry und Auvergne ein, unter dem Vorwande, als wenn er den Streit des Grafen von Toulouse rächen wollte ᶠ). Henrich rächte sich damit, daß er über die Gränzen Frankreichs streifte, und Dreur verbrannte. Da dieser Krieg, welcher alle Hoffnungen eines guten Fortgangs des vorgenommenen Kreuzzuges zerstörte, ein grosses Aergerniß gab; so hielten die beyden Könige an dem gewöhnlichen Orte zwischen Gisors und Trie eine Conferenz, um Mittel zu finden, wie sie ihre Zwistigkeiten beylegen könnten. Sie giengen noch feindseliger aus einander, als sie vorhin gewesen waren; und Philipp ließ, um seinen Verdruß zu zeigen, einen grossen Ulmbaum, worunter die Conferenzen gemeiniglich waren gehalten worden, niederhauen ᵍ); als wenn er allem Verlangen nach einem Vergleich entsagt, und entschlossen wäre, den Krieg wider den König von England aufs äusserste zu führen. Allein seine eigne Vasallen wollten ihm in einer so verhaßten Sache nicht dienen ʰ); und er sah sich gezwungen, noch einmal zu einer Conferenz mit dem Henrich zu schreiten, und sich zu Friedensbedingungen zu erbiethen. Diese Bedingungen waren so beschaffen, daß sie dem Könige von England völlig die Augen öffneten, und deutlich die Untreue seines Sohnes, und seine heimliche Allianz mit Philipp bewiesen, wovon er vorhin nur einigen Verdacht gehabt hatte. Der König von Frankreich verlangte, daß Richard zum Könige von England bey Lebzeiten seines Vaters gekrönt, mit allen seinen über Meer gelegenen Gebiethen bekleidet, und sogleich mit der Alice, der Schwester Philipps, mit welcher er vormals versprochen worden, und welche bereits nach England gebracht war, vermählet werden sollte ⁱ). Henrich hatte so unglückliche Wirkungen erfahren, sowohl da er seinen ältesten Sohn krönen ließ, als von der Allianz des Prinzen mit der königlichen Familie von Frankreich, daß er diese Bedingung verwarf; und Richard fiel sogleich, nach einer Verabredung mit dem Philipp,
von

e) *Petri Blessen*, Epist. 112.
f) Bened. Abb. S. 508.
g) Bened.Abb. S.517, 532. h) Ibid. S. 519.
i) Ibid. S. 521. *Hoveden*, S. 652.

Geſchichte von England. Kap. IX.

von ihm ab ᵏ), huldigte dem Könige von Frankreich für alle die Herrſchaften, welche Henrich von dieſer Krone beſaß, und empfieng die Inveſtitur, als wenn er bereits der rechtmäßige Eigner geweſen wäre. Einige Geſchichtſchreiber behaupten, daß Henrich ſich ſelbſt in die Alice verliebt hätte; und geben dieſes für noch einen Grund an, warum er dieſe Bedingungen ausſchlug: allein er hatte ſo viele andre, gerechte und billige Bewegungsgründe dazu, daß man ohne Noth eine Urſache aufſuchte, welche die große Klugheit und das hohe Alter des Monarchen einigermaßen unwahrſcheinlich machet.

Der Cardinal Albano, der Legat des Pabſtes, mißvergnügt über die zunehmenden Hinderniſſe des Kreuzzuges, that den Richard, als die vornehmſte Triebfeder der Zwietracht, in den Bann: aber der Bannſpruch, der, wenn er gehörig vorbereitet, und von der Geiſtlichkeit mit Eifer unterſtützet wurde, oft großen Einfluß hatte, war in dieſer Sache ganz unwirkſam. Die vornehmſten von Poictou, Guienne, Normandie und Anjou waren auf der Seite des jungen Prinzen; und da ſie ſahen, daß er itzt die Inveſtitur von ſeinem Oberherrn erhalten hatte, ſo erklärten ſie ſich für ihn, und thaten Einfälle in die Gebiethe derer, welche dem alten König anhiengen. Henrich, welcher täglich durch Abfälle ſeiner aufrühriſchen Unterthanen beunruhiget wurde, und von dieſer unruhigen Gemüthsart noch ſchlimmere Folgen befürchtete, nahm noch einmal ſeine Zuflucht zu der päbſtlichen Gewalt; und brachte den Cardinal Anagny, welcher nach dem Albano Legate geworden war, dahin, daß er dem Philipp drohete, ein Interdict auf alle ſeine Gebiethe zu legen. Aber Philipp, welcher ein Prinz von großer Lebhaftigkeit und Fähigkeit war, verachtete die Drohung; und ſagte dem Anagny, es käme dem Pabſt nicht zu, ſich in die weltlichen Streitigkeiten der Prinzen, noch viel weniger in die Zwiſtigkeiten zu miſchen, die er mit ſeinen aufrühriſchen Vaſallen hätte. Er gieng gar ſo weit, daß er dem Cardinal eine Parteylichkeit vorwarf, und ihn beſchuldigte, daß er von dem Könige von England eine Beſtechung angenommen hatte ˡ); und Richard war noch heftiger, wollte ſein Schwerd wider den Legaten ziehen; und nur die gegenwärtigen verhinderten ihn, daß er keine Gewalt wider ihn begieng ᵐ).

Der König von England ſah ſich itzt gezwungen, ſeine Gebiethe mit den Waffen zu vertheidigen, und wider Frankreich und ſeinen älteſten Sohn, einen Prinzen von großer Tapferkeit, auf ſo nachtheiligen Bedingungen einen Krieg zu führen. Ferte-Barnard fiel zuerſt in die Hände der Feinde: darauf wurde Mans mit Sturm erobert; und Henrich, der ſich in dieſen Platz geworfen hatte, entkam nicht ohne Schwierigkeit ⁿ); Amboiſe, Chaumont und Chateau de Loire öffneten ihre Thore, ſobald Philipp und Richard erſchienen. Tours war berennet, und der König, der ſich nach Saumur begeben hatte, und täglich Beyſpiele von der Feigheit und Treuloſigkeit ſeiner Commandanten ſah, erwartete den unglücklichſten Ausgang von allen ſeinen Unternehmungen. Indem er in dieſem Zuſtande der Verzweiflung war, bothen der Herzog von Burgund, der Graf von Flandern, und der Erzbiſchof von Rheims ihre guten Dienſte an; und die Nachricht, welche er von der Uebergabe der Stadt Tours erhielt, die ihn vollends von

dem

ᵏ) *Brompton.* S. 1149. *Neubr.* S. 437.
l) *M. Paris.* S. 104. *Bened. Abb.* S. 542. *Hoveden.* S. 652.

m) *M. Paris.* S. 104.
n) *M. Paris.* S. 105. *Bened. Abb.* S. 543. *Hoved.* S. 653.

dem verzweifelten Zustande seiner Sachen überzeugten, schlug seinen Muth so nieder, daß er sich alle die harten Bedingungen gefallen ließ, die man ihm auftrug. Er gab seinen Willen, daß Richard die Prinzeßinn Alice heyrathen; daß dieser Prinz die Huldigung und den Eid der Treue von allen seinen Unterthanen, sowohl in England, als in seinen jenseit des Meers gelegnen Gebiethen empfangen sollte; er selbst wollte dem Könige von Frankreich zu einer Vergütung der Kriegskosten 20,000 Mark bezahlen; seine eignen Baronen sollten versprechen, ihn mit Gewalt anzuhalten, daß er diesen Traktat hielte, und wenn er ihn beleidigte, so sollten sie wider ihn auf die Seite des Philipps und Richards treten; und alle seine Vasallen, welche sich mit Richard verbunden hätten, sollten für diese Beleidigung strafloß erkläret werden o).

1189.

Aber das Herzeleid, welches Henrich, der sonst gewohnt gewesen war, in den meisten Tractaten vorzuschreiben, bey diesen nachtheiligen demüthigenden Bedingungen empfand, war noch das geringste, was er bey dieser Gelegenheit ausstund. Als er eine Liste von denjenigen Baronen forderte, die er wegen ihrer Verbindung mit dem Richard begnadigen sollte; so erstaunte er, als er an der Spitze derselben den Namen seines zweyten Sohns Johann fand p), welcher beständig sein Liebling gewesen war, dessen Vortheile ihm so sorgfältig am Herzen lagen, und der, weil er so viel bey ihm vermochte, sogar den Richard zur Eifersucht bewogen hatte q). Dieser unglückliche Vater, der schon mit Sorgen und Betrübniß überladen war, brach, als er diese letzte Kränkung seiner väterlichen Zärtlichkeit sah, in Ausdrücken der äußersten Verzweiflung aus; verfluchte den Tag, woran er sein elendes Daseyn empfangen hatte, und belegte seine undankbaren und ungehorsamen Kinder mit einem Fluche, den er sich niemals bereden ließ zu widerrufen r). Je mehr sein Herz zur Freundschaft und Liebe geneigt war, je mehr empfand es die grausame Vergeltung, womit seine vier Söhne, einer nach dem andern, seine väterliche Sorge belohnten; und dieser letzte Streich beraubte ihn fast alles Trostes im Leben, schlug seinen Muth gänzlich nieder, und zog ihm ein langsames Fieber zu, woran

Den 6ten Julii. Tod

er bald nachher auf dem Castele Chinon bey Saumur verstarb. Sein natürlicher Sohn, Gottfried, der sich allein gegen ihn gehorsam aufgeführet hatte, begleitete seinen Leichnam zu dem Kloster Fontevrault; wo er in der Abteykirche zur Schau stund. Den Tag darauf kam Richard dahin, um den todten Körper seines Vaters zu sehen, und da er, ungeachtet seiner sträflichen Aufführung, nicht ganz ohne Edelmuth war, so wurde er bey dem Anblicke von Schrecken und Gewissen gerührt; und als die Beystehenden bemerkten, daß in eben diesem Augenblicke Blut aus dem Munde und der Nase seines Körpers floß s); so rief er nach dem gemeinen Aberglauben aus, er wäre der Mörder seines Vaters, und legte eine tiefe Empfindung des ungehorsamen Betragens, welches seinen Vater zu früh ins Grab gebracht hatte, wiewohl zu spät, an den Tag t).

und Charakter des Königs.

Also starb in dem acht und funfzigsten Jahre seines Alters, und im fünf und dreyßigsten seiner Regierung, der größte Prinz seiner Zeit, in Ansehung der Weisheit, Tugend

o) M. Paris, S. 106. Benedict. Abb. S. 545. Hoveden, S. 653.
p) Hoveden, S. 654.
q) Bened. Abb. 541.
r) Hoveden, S. 654.
s) Bened. Abb. S. 547. Brompton. S. 1151.
t) M. Paris, S. 107.

genb und Fähigkeit, und der mächtigste in Ansehung der Herrschaft unter allen denen, welche jemals den Thron von England besessen hatten. Sein Charakter, sowohl im öffentlichen, als im Privatleben, ist fast ohne Tadel; und er scheinet alle Vollkommenheiten des Leibes und der Seele besessen zu haben, welche einem Menschen Hochachtung oder Liebe erwerben können. Er war von mittelmäßiger Statur, stark und wohl proportionirt; sein Gesicht war lebhaft und einnehmend; sein Umgang leutselig und angenehm; seine Rede ungezwungen, überredend, und immer in seiner Gewalt. Er liebte den Frieden; doch besaß er Tapferkeit und Klugheit im Kriege; war vorsichtig ohne Furchtsamkeit, strenge in der Gerechtigkeit ohne Härte, und mäßig, ohne mürrisch zu seyn. Er sorgte für seine Gesundheit, und erhielt sich durch ein enthaltsames Leben, und durch öftere Leibesübungen, vornehmlich durch Jagen, vor der Fettigkeit, wozu er etwas geneigt war. Wenn er einige Muße erhalten konnte, so suchte er sich entweder in einem gelehrten Umgange, oder durch Lesen zu erholen; und bildete seine natürlichen Talente mehr durch Studiren aus, als sonst ein Prinz seiner Zeit. Er war in seiner Liebe und in seinen Feindschaften eifrig und standhaft; und seine lange Erfahrung von der Undankbarkeit und Treulosigkeit der Menschen zerstörte niemals das natürliche Gefühl seiner Gemüthsart, welches ihn zur Freundschaft und Gesellschaft geneigt machte. Viele Schriftsteller, welche seine Zeitgenossen waren, haben uns seinen Charakter aufgezeichnet u); und er ist in den meisten Zügen dem Charakter seines mütterlichen Großvaters Henrichs des Ersten, ungemein gleich: nur dieses ausgenommen, daß der Ehrgeiz, welcher in beyden eine herrschende Leidenschaft war, doch in dem ersten Henrich keine so untadelhafte Mittel fand, sich auszulassen, und daß dieser Prinz zu Maasregeln griff, welche an sich sträflich und zugleich die Ursache noch andrer Verbrechen waren, wovon die Aufführung seines Großsohns glücklich befreyet war.

Dieser Prinz brachte so, wie die meisten seiner Vorfahren von dem normännischen Stamme, den Stephen ausgenommen, mehr Zeit auf dem vesten Lande, als in dieser Insel zu: wenn er ausser Landes war, so hatte er den englischen hohen und niedern Adel bey sich: der französische hohe und niedere Adel begleitete ihn, wenn er sich in England aufhielte. Beyde Nationen handelten in dieser Regierung, als wenn sie Ein Volk gewesen wären; und in vielen Stücken scheinet die gesetzgebende Gewalt derselben nicht unterschieden worden zu seyn. Weil der König und die englischen Baronen alle von französischer Abkunft waren, so erhielten die Sitten dieses Volks den Vorzug, und wurden für das Hauptmuster der Nachahmung angesehen. Es scheinet daher, als wenn alle auswärtige Verbesserungen in der Litteratur, oder in dem gesitteten Leben, in Gesetzen oder in Künsten, ist in grosser Maaße nach England verpflanzt geworden sind; und diese Nation scheinet in allen Vollkommenheiten, welche damals Mode waren, gar nicht unter irgend einem andern von ihren Nachbarn auf dem vesten Lande gewesen zu seyn. Die einfältigen, aber vernünftigen Sitten und Grundsätze der Sachsen wurden gegen die gekünstelten Schauspiele der Ritterschaft, und gegen die Spitzfindigkeiten der Schulphilosophie umgewechselt: die Feudalbegriffe von der bürgerlichen Regierung, die römischen

Mey-

Vermischte Vorfälle in dieser Regierung.

---

u) *Petri Blef. Epist.* 46, 47. in Bibliotheca Patrum, B. 24. S. 985, 986. etc. *Girald. Camb.* S. 783. etc.

Hume Gesch. v. Großbr. III. Theil.

Meynungen von der Religion hatten sich gänzlich des Volks bemächtiget: durch die ersten waren die Gedanken von der Unterwürfigkeit unter einem Prinzen bey den Baronen einiger maaßen geschwächet, durch die letzte war die andächtige Neigung zu dem Ansehen des Pabstes unter der Geistlichkeit sehr vergrößert. Die normännischen und andre fremde Familien, welche sich in England niedergelassen, hatten schon tiefe Wurzeln geschlagen; und da sie völlig mit dem Volke vereiniget waren, welches sie anfänglich drückten und verachteten, so glaubten sie nicht mehr, daß sie zu dem Besitze ihres Vermögens des Schutzes der Krone bedürften, oder ihre Ländereyen für ungewiß und unabhängig anzusehen hätten. Sie strebten nach eben der Freyheit und Unabhängigkeit, welche sie ihre Brüder auf dem vesten Lande genießen sahen, und wollten diese übermäßigen Kronrechte und willkührlichen Gewohnheiten einschränken, welche sie aus Noth des Krieges und der Gewaltsamkeit bey einer Eroberung anfänglich bey ihren Monarchen hatten dulden müssen. Auch breitete das Andenken einer gleichern Regierung unter den sächsischen Prinzen, welches noch immer mit der englischen fortdauerte, den Geist der Freyheit noch weiter aus, und machte, daß die Baronen sowohl für sich selbst eine größere Unabhängigkeit wünschten, als sie gern dem Volke zukommen ließen. Und es dauerte nicht lange, als schon die geheime Veränderung in der Sinnesart der Menschen zuerst in dem Staate heftige Erschütterungen, und hernach in den Maasregeln der Regierung eine augenscheinliche Veränderung hervorbrachte.

Die Geschichte von allen diesen vorhergehenden Königen von England seit der Eroberung, geben augenscheinliche Beweise von den Unordnungen, welche mit der Feudalregierung verknüpft sind; von der Ausgelassenheit der Baronen, ihrem Geiste der Empörung wider den Prinzen, und die Gesetze, und ihrer Feindschaft wider einander. Die Aufführung der Baronen in den über Meer gelegenen Gebiethen dieser Monarchen, gab vielleicht noch schrecklichere Beyspiele von diesen Erschütterungen; und die Geschichte von Frankreich bestehet verschiedene Menschenalter hindurch fast gänzlich aus Erzählungen von dieser Art. Die Städte konnten, so lange diese gewaltthätige Regierung dauerte, weder sehr volkreich noch sehr zahlreich seyn; und es kommen Beyspiele vor, welche beweisen, daß diese Städte, ob sie gleich sonst immer der vornehmste Sitz der Gesetze und Freyheit sind, überhaupt eine sehr nachläßige und unordentliche Policey hatten, und eben den Unordnungen unterworfen waren, wodurch das Land gemeiniglich unsicher gemacht wurde. Es war in London zur Gewohnheit geworden, daß eine große Anzahl von Söhnen und Verwandten angesehener Bürger, bis auf hundert, oder mehr, sich in ausgelassenen Rotten zusammen thaten, in die Häuser der Reichen einbrachen, sie plünderten, die Reisenden beraubten und ermordeten, und alle Arten von Unordnungen ungestraft begiengen: durch diese Verbrechen war es so gefährlich geworden, des Nachts auf der Straße zu gehen, daß die Bürger sich nach Sonnen Untergang eben so wenig aus ihren Häusern wagten, als wenn sie sie den Angriffen eines öffentlichen Feindes ausgesetzet wären. Der Bruder des Grafen von Ferrars war von einigen dieser Nachtschwärmer ermordet worden, und der Tod einer Person von so edler Geburt, welcher weit mehr angesehen wurde, als der Tod so vieler tausend von geringerm Stande, brachte den König so auf, daß er schwur, sich an den Verbrechern zu rächen, und von der Zeit an in der Ausübung der Gesetze weit strenger wurde *).

*) Bened. Abb. S. 196.

Geschichte von England. Kap. IX.

Die Geschichtschreiber geben uns noch ein andres Beyspiel, welches beweiset, wie weit solche Schwärmereyen getrieben wurden, und wie offenbar die Verbrecher ihre Raubereyen begiengen. Eine Bande von denselben hatte das Haus eines reichen Bürgers angegriffen, in der Absicht, es zu plündern; war mit Hammern und Keilen durch die steinerne Mauer ins Haus gebrochen, und bereits mit dem Degen in der Faust eingedrungen; als der Bürger, vom Kopfe bis zu Füßen bewaffnet, mit dem Beystande seiner getreuen Diener kam, und sich ihnen widersetzte. Er hieb dem ersten Räuber, der hereintrat, die rechte Hand ab, und that einen so starken Widerstand, daß seine Nachbarn Zeit hatten, sich zu versammeln, und ihm zu Hülfe zu kommen. Der Mensch, dem die Hand abgehauen war, wurde gefangen; und man reizte ihn, durch Versprechungen der Gnade, seine Gelichter zu entdecken. Unter diesen befand sich ein gewisser Johann Sener, den man unter die reichsten und angesehensten Bürger von London zählte. Er wurde durch die Ordealprobe überwiesen; und ob er gleich 500 Mark für sein Leben bot, so wollte doch der König das Geld nicht annehmen, und ließ ihn aufhängen 7).

Die Genauigkeit, womit Henrich die Gerechtigkeit verwaltete, hatte ihm ein so grosses Ansehen erworben, daß sogar auswärtige und entfernte Prinzen ihn zum Schiedsrichter erwählten, und ihre Streitigkeiten seinem Urtheile unterwarfen. Sancho, König von Navarra, der einige Streitigkeiten mit dem Alphonso, Könige von Castilien hatte, ließ sich gefallen, obgleich Alphonso die Tochter des Henrichs geheyrathet hatte, diesen Prinzen zu einem Friedensstifter zu wählen; und beyde erboten sich, drey Castele zu einem Unterpfande, daß sie von seinem Ausspruche nicht abgehen wollten, in neutrale Hände zu geben. Henrich ließ die Sache vor seinem Staaterathe untersuchen, und fällte ein Urtheil, dem sich beyde Parteyen willig unterwarfen. Diese beyden spanischen Könige sandten einen tapfern Streiter an den Hof von England, um ihre Sache durch die Waffen auszumachen, wenn Henrich den Zweykampf erwählen sollte z).

Henrich schaffte die barbarische und abgeschmackte Gewohnheit, daß man Schiffe für verfallen erklärte, welche an Küsten gescheitert waren, so weit ab, daß das Schiff und die Güter den Eignern wiedergegeben wurden, wenn nur ein einziger Mensch, oder ein Thier darauf noch am Leben war a).

Die Regierung Henrichs war wegen einer Neuerung merkwürdig, welche seine Nachfolger nach ihm noch weiter trieben, und welche für die Regierung die wichtigsten Folgen hatte. Diesen Prinzen mißfiel diejenige Art der Kriegsmacht, welche vermöge der Feudalverfassung eingeführet war, und welche dem Könige sehr wenig Dienste leistete, so beschwerlich sie auch den Unterthanen wurde. Die Baronen oder militarischen Vasallen kamen spät ins Feld; sie waren nur verpflichtet, vierzig Tage zu dienen; sie waren in allen ihren Operationen unerfahren und unordentlich; und sie brachten gern eben den widerspenstigen und unabhängigen Geist mit ins Lager, zu dem sie in ihrer bürgerlichen Regierung gewöhnet waren. Henrich führte daher den Gebrauch ein, daß er

Dq 2 sich

---

y) *Bened. Abb* S. 197. 198.
z) *Rymer*, B 4. S 45 *Bened. Abb.* S. 172.   a) *Rymer*, B. 1. S. 36. *Diceto*, S. 597. *Brompton*, S. 1122.

sich ihrer Kriegsdienste für einen Sold bediente; und er hob von den Gütern der Baronien und der Ritter Scutagen ein, anstatt von seinen Vasallen eine persönliche Erscheinung zu fordern. In der Geschichte der Schatzkammer wird in seinem zweyten, fünften und achtzehnten Jahre, dieser Gelder gedacht [b]; und andre Schriftsteller geben uns Nachrichten von noch drey andern [c]. Wenn der Prinz auf diese Weise Geld erhalten hatte, so schloß er mit einigen von den Ebenbürtigen, welche sich damals in Europa überflüßig fanden, einen Vergleich: sie suchten ihm Soldaten von gleichem Charakter auf, welche verbunden waren, auf eine bestimmte Zeit zu dienen; die Armeen wurden auf diese Weise nicht so zahlreich, aber sie waren brauchbarer, als wenn sie aus den militärischen Vasallen der Krone bestunden: die Feudalverfassungen fiengen an, nachzulassen: die Könige wurden raubsüchtig nach Gelde, worauf ihre ganze Macht beruhete: die Baronen, welche kein Ende der Erpressungen sahen, suchten ihr Eigenthum zu vertheidigen: und weil gleiche Ursachen in den verschiedenen Ländern von Europa gleiche Wirkungen hatten, so verlohren die Kronen, oder erwarben sich Ansehen, nachdem sie in diesem Kampfe glücklich waren.

Dieser Prinz war auch der erste, welcher eine Abgabe von den beweglichen Gütern, und von dem persönlichen Vermögen seiner Unterthanen nahm, sie mochten Edelleute oder Volk seyn. Ihr Eifer für die heiligen Kriege machte, daß sie sich dieser Neuerung unterwarfen; und da man einmal das Beyspiel eingeführet hatte, so wurde diese Taxe bey den folgenden Regierungen das gewöhnliche Mittel, die Bedürfnisse der Krone herbey zu schaffen. Die Taxe des Dänengeldes, welche der ganzen Nation so verhaßt war, wurde unter dieser Regierung erlassen.

Die Könige in England hatten die übliche Gewohnheit, die Ceremonie ihrer Krönung alle Jahr dreymal zu wiederholen, und die Stände zu diesem großen Freudenfeste zusammen zu berufen. Henrich erneuerte sie nach dem ersten Jahre seiner Regierung niemals; weil er fand, daß sie sehr kostbar und sehr unnütz war. Keiner von seinen Nachfolgern brachte sie wider auf. Man hat es für eine große Gnadenhandlung von diesem Prinzen gehalten, daß er die Strenge der Forstgesetze milderte, und eine Uebertretung derselben nicht am Leben, sondern mit Geldbußen, Gefängniß, und mit andern mäßigen Strafen ahndete.

Weil wir hier einige abgesonderte Beyspiele sammlen, welche das Genie der Zeit zeigen, und welche sich nicht so gut in den Zusammenhang der Geschichte schicken, so ist es vielleicht nicht unrecht, daß wir hier des Streites zwischen dem Roger, Erzbischof von York, und dem Richard, Erzbischof von Canterbury erzählen. Wir können auf die Gewaltsamkeit der militärischen Leute und Layen schließen, wenn die Geistlichen so weit gehen konnten. Als im Jahre 1176 der Cardinal Huguezun als Legate nach Britannien gesandt war, berief er eine Versammlung der Geistlichen zu London; und weil beyde Erzbischöfe verlangten, zu seiner rechten Hand zu sitzen, so erregte diese Frage des Vorranges einen Streit unter ihnen. Die Mönche und Anhänger

[b] *Madox.* S. 435. 436. 437. 438.   [c] *Tyrrel.* B. 2. S. 466. from the records.

ger des Erzbischofs Richard fielen über den Roger her, in Gegenwart des Cardinals und der Synode, warfen ihn zu Boden, traten ihn mit Füßen, und zerschlugen 1189.
ihn so sehr, daß er halb todt aufgenommen, und sein Leben nicht ohne Schwierigkeit
aus ihrer Gewalt errettet wurde. Der Erzbischof von Canterbury mußte dem Legaten
eine große Summe Geldes geben, um alle Klagen über diese abscheuliche That zu unterdrücken [d]).

Dieser König hinterließ nur zween ächte Söhne, den Richard, der ihm in der Regierung folgte, und den Johann, welcher gar kein Land erbte, obgleich sein Vater die
Absicht gehabt hatte, ihm einen Theil von seinen großen Gebiethen zu hinterlassen. Er
wurde deswegen gemeiniglich Lackland [e]) genannt. Henrich hinterließ drey ächte
Töchter, die Mathildis, welche im Jahre 1156 gebohren, und an den Herzog Henrich von Sachsen vermählet war; die Eleanor, welche im Jahre 1162 gebohren wurde, und mit dem Alphonso, Könige von Casilien verheprathet war; und Johanna,
welche im Jahre 1165 gebohren, und mit dem Könige Wilhelm von Sicilien vermählet war [f]).

Alle Geschichtschreiber haben gesagt, daß Henrich von sehr verliebter Gemüthsart
gewesen sey, und sie gedenken zweyer natürlichen Söhne von der Rosamonde, einer
Tochter des Lord Clifford, nämlich des Richard Longespee, oder Langschwerd, (von dem
Schwerdte, welches er gemeiniglich trug, also genannt) welcher nachmals mit der Ela,
der Tochter und Erbinn des Grafen von Salisbury vermählet wurde; und des Gottfried,
der zuerst Bischof von Lincoln, und darauf Erzbischof von York wurde. Alle übrige
Umstände der Geschichte, welche man gemeiniglich von dieser Dame erzählet, scheinen
Fabeln zu seyn.

[d]) Bened. Abb. S. 138, 139. Brompton, S. 1109. Chron. Gervaf. S. 1433. Noubr. S. 413.

[e]) Nach einer wörtlichen Uebersetzung, Man gelland, sine terra. Uebers.

[f]) Diceto, S. 616.

Das zehnte Kapitel.
Richard der Erste.

Zurüstungen des Königs zum Kreuzzuge — Er bricht auf — Vorfälle in Sicilien — Ankunft des Königs in Palästina — Zustand von Palästina — Unordnungen in England — Heldenthaten des Königs in Palästina — Seine Zurückkunft aus Palästina — Gefangenschaft in Deutschland — Krieg mit Frankreich — Der König wird losgelassen — Seine Zurückkunft in England — Krieg mit Frankreich — Tod — und Charakter des Königs — Vermischte Verfügungen in seiner Regierung.

1189.
10tes Kap.

Die Reue des Richard über sein ungehorsames Betragen gegen seinen Vater war sehr dauerhaft, und hatte einen Einfluß über ihn, indem er nach seiner Thronbesteigung seine Minister und Diener wählte. Diejenigen, welche seine Empörung unterstützt und befördert hatten, erstaunten, da sie sahen, daß sie, anstatt die Ehre und das Zutrauen zu finden, was sie erwartet hatten, bey dem neuen Könige in Ungnade stunden, und bey allen Gelegenheiten von ihm gehasset und verachtet wurden. Die getreuen Minister des Henrich, welche sich allen Unternehmungen seiner Söhne muthig widersetzet hatten, wurden mit offenen Armen aufgenommen, und hieben in denen Bedienungen, welche sie für ihren vorigen König so redlich geführet hatten [a]. Diese kluge Aufführung war vielleicht eine Folge der Ueberlegung; aber bey einem Prinzen, der, wie Richard, so sehr von Leidenschaften, und so wenig von der Staatsklugheit beherrschet wurde, schrieb man sie meistens einem noch tugendhaftern und rühmlichern Grundsatze zu.

Damit Richard einer Person von seinen Aeltern den Bruch der Treue, den er wider die andre begangen hatte, vergüten möchte, so fertigte er sogleich Befehle aus, die verwittwete Königinn aus dem Verhaft, worinn sie so lange gewesen war, loszulassen [b]; und übergab ihr die Regierung von England so lange, bis er zurückkommen würde. Seine Güte gegen seinen Bruder Johann war fast verschwenderisch und unbedachtsam. Außerdem, daß er ihm die Grafschaft Mortaigne in der Normandie gab, ihm

[a] *Hoveden*, S. 655. *Bened. Abb.* S. 547. M. Paris, S. 107.
[b] *Benedict. Abb.* S. 549. M. Paris, S. 107. Trivet, S. 97. Diceto, S. 646. Gervas. S. 1547.

Geschichte von England. Kap. X.

ihm einen Jahrgehalt von vier tausend Mark verwilligte, ihn mit der Avisa, einer Tochter des Grafen von Glocester verheyrathete, von dem er alle Güter dieser reichen Familie erbte, vermehrte er diese Apanage, welche der vorige König ihm bestimmet hatte, noch durch andre große Schenkungen und Bewilligungen. Er gab ihm das ganze Gut des Wilhelm Peverell, welches an die Krone gefallen war: er räumte ihm den Besitz von acht Schlössern mit den Wäldern, und dazu gehörigen Ehrenstellen ein c): er übergab ihm nicht weniger, als sechs Grafschaften, Cornwal, Devon, Sommerset, Nottingham, Dorset, Lancaster und Derby d): und indem er sich bemühete, diesen lasterhaften Prinzen durch Gunstbezeugungen auf seine Seite zu ziehen, gab er ihm zu viel Macht, von ihm abzutreten, so bald er wollte.

1189.

Der König, den mehr die Liebe zu einem Ruhm im Kriege, als der Aberglaube trieb, handelte vom Anfang seiner Regierung an, so, als wenn der einzige Zweck seiner Regierung die Befreyung des heiligen Landes, und die Eroberung Jerusalems von den Saracenen gewesen wäre. Da dieser Eifer wider die Ungläubigen den Unterthanen bekannt gemacht wurde, so brach er in London an dem Tage seiner Krönung aus, und machte, daß das Volk einen Kreuzzug für weniger gefährlich und sehr vortheilhaft hielt. Die Vorurtheile dieser Zeiten machten, daß man Geldlehne auf Zinsen Wucher nannte; doch weil es nothwendig war, so war es beständig fort geschehen, und der größte Theil von diesem Handel fiel allenthalben in die Hände der Juden; welche wegen ihrer Religion bereits ehrlos waren, also keine Ehre mehr zu verlieren hatten, und eine Profeßion, die an sich selbst schon verhaßt war, mit aller möglichen Härte, und oft mit Raubereyen und Erpreßungen trieben. Dieses Volk hatte sich durch seinen Fleiß und seine Sparsamkeit in den Besitz alles baaren Geldes gesetzet, welches es, bey dem Müßiggange und der Verschwendung der Engländer, und andrer europäischen Völker, zu übermäßige und unbillige Zinsen auszuleihen pflegte. Die Mönche tadeln dieses als einen großen Schandflecken in der weisen und gerechten Regierung Henrichs, daß er dieses ungläubige Volk sorgfältig vor allen Beleidigungen und Beschimpfungen schützte; aber der Eifer des Richard gab dem Pöbel einen Vorwand, seine Feindschaft wider dasselbe auszulassen. Der König hatte eine Erklärung ausgeben lassen, worinn den Juden verboten wurde, sich bey seiner Krönung nicht sehen zu lassen; einige aber, die ihm von ihrer Nation reiche Geschenke brachten, nahmen sich, in Zuversicht auf dieses Verdienst, die Freyheit, sich dem Saale zu nähern, worinn er speisete; und da sie gesehen wurden, wurden sie von den Nebenstehenden beleidiget und beschimpfet e). Sie nahmen die Flucht; das Volk lief ihnen nach; es breitete sich das Gerücht aus, der König hätte Befehl gegeben, alle Juden nieder zu machen; ein so angenehmer Befehl wurde in einem Augenblicke an denen vollzogen, welche dem Pöbel in die Hände fielen; diejenigen, welche zu Hause geblieben waren, sahen sich in gleicher Gefahr; und das Volk, getrieben von Raubsucht und Eifer, brach in die Häuser, und plünderte sie, nachdem es die Eigenthümer getödtet hatte. Wenn die Juden ihre Häuser verriegelten, und sich muthig vertheidigten, so legte der Pöbel Feuer an, und bahnte sich durch die Flammen den Weg, seine

Zurüstung des Königs zum Kreuzzuge.

---

c) M Paris, S. 107.   e) Hoveden, S. 657. Bened. Abb. S. 560.
d) Hoveden, S. 65 Bened. Abb. S. 556. M. Paris, S. 108. Brompton, S. 1156. Knyton, W. Heming. S. 518. Brompton, S. 1138. gloson, S. 2401.
Knyghton, S. 2401.

seine Räuberey und Gewaltthätigkeit auszuüben f); die gewöhnliche Ausgelassenheit von London, welche die Gewalt des Monarchen kaum in Schranken hielt, brach mit Wuth aus, und setzte diese Beleidigungen fort; hierauf wurden die Häuser der reichen Bürger, wenn sie schon Christen waren, angegriffen und geplündert g); und endlich hörte die Unordnung auf, weil der Pöbel müde und satt war. Als der König den Glanville bevollmächtigte, die Urheber dieser Verbrechen aufzusuchen, fand man so viele der angesehensten Einwohner schuldig, daß man es für klüger hielt, die Klage liegen zu lassen; und nur sehr wenige wurden für diese Abscheulichkeit zur gerechten Strafe gezogen h). Aber die Unordnung blieb nicht allein in London. Da die Einwohner der andern Städte von England von dieser Hinrichtung der Juden hörten, so ahmten sie dem barbarischen Beyspiele nach i); und in York ermordeten fünf hundert von dieser Nation, die auf das Schloß geflüchtet waren, um sich zu retten, weil sie den Platz nicht vertheidigen konnten, ihre eigne Weiber und Kinder, warfen die todten Körper über die Mauern auf den Pöbel herunter, legten Feuer an, und kamen in der Flamme um k). Der kleine Adel auf der Nachbarschaft, welcher den Juden schuldig war, lief in die Kathedralkirche, wo die Verschreibungen verwahret wurden, und machte mit den Pappieren vor dem Altar ein feyerliches Freudenfeuer l).

Die alte Situation von England, da das Volk wenig Reichthum, und das Publicum keinen Credit besaß, machte es den Königen unmöglich, die Kosten eines hartnäckigen und anhaltenden Krieges zu tragen, wenn er auch nur an den Gränzen geführet wurde: vielweniger konnten sie ordentliche Mittel finden, in einer so großen Entfernung, als Paläſtina war, Feldzüge zu thun, welche mehr einer Folge von einer Raferey des Volkes, als einer vernünftigen Ursache, oder überlegten Staatsklugheit zuzuschreiben waren. Richard wußte demnach, daß er alle zu seinem Unternehmen nöthige Schätze mitnehmen müßte, und daß sowohl die Entfernung, als auch die Armuth sein Land außer Stand setzten, ihn mit diesen beständigen Zuschüssen zu versehen, welche die Erfordernisse eines so gefährlichen Krieges nothwendig machen müßten. Sein Vater hatte ihm einen Schatz von mehr, als hundert tausend Mark hinterlassen m); und der König, der gegen den itzigen Ruhm alles andre aus den Augen setzte, bemühete sich, diese Summe durch alle Mittel zu vergrößern, so schädlich sie auch dem Lande, oder so gefährlich für die königliche Gewalt sie auch seyn mochten n). Er verkaufte die Einkünfte und Ländereyen der Krone; die höchsten und mächtigsten Aemter, so gar die Aemter eines Forſtmeiſters und Sheriffs, welche vormals so wichtig waren o), wurden itzt feil; die Würde eines Oberjuſtitiarius, in deſſen Händen die ganze Ausübung der Geſetze ruhete, wurde dem Hugh de Puzas, Biſchofe von Durham, für tauſend Mark verkaufet;

eben

f) *Ann. Waverl.* S. 163. *Knyghs.* S. 2401.
g) *Hoved.* S. 657. *Bened. Abb.* S. 560. *M. Paris*, S. 108 *W. Heming*, S. 514.
h) *Diceto*, S. 647 *Knyghton*, S. 2401.
i) *Chron. de Dunſt.* S. 43. *Wykes*, S. 34. *W. Heming.* S. 516. *Diceto*, S. 651.
k) *Hoveden*, S. 665. *Bened. Abb.* S. 586. *M. Paris*, S. 111.

l) *W. Heming*, S. 518.
m) *Hoveden*, S. 656.
n) *Bened. Abb.* S. 568.
o) Die Sheriffs hatten in alten Zeiten sowohl die Verwaltung der Gerechtigkeit, als die Aufsicht über das königliche Einkommen, welches ihnen in der Graffschaft anvertrauet war. S. *Hale of Sheriffs Accounts.*

Geschichte von England. Kap. X.

eben dieser Prälat kaufte die Grafschaft Northumberland auf Lebenszeit p); viele von den Creuzfahrern, denen ihr Gelübde gereuet hatte, erkauften sich die Freyheit, es zu brechen; und Richard, welcher mehr Geld, als Menschen bedurfte, erließ es ihnen auf diese Bedingungen gern. Von der Hoffnung nach dem Ruhme, welcher damals keine andre, als Kriege wider die Ungläubigen begleitete, entflammet, war er gegen alle andre Betrachtungen blind; und wenn einige von seinen weisern Ministern wider diese Veräußerung der Einkünfte und Macht der Krone redeten, so antwortete er: wenn er einen Käufer finden könnte, so wollte er auch London selbst verkaufen q). Nichts konnte in der That mehr beweisen, wie wenig er gegen die Kreuzzüge alle andre künftige Vortheile achtete, als daß er die Vasallschaft von Schottland für eine so kleine Summe, nämlich für 10,000 Mark, nebst den Forteressen Rorborough und Berwic verkaufte, dieser wichtigsten Eroberung, welche sein Vater in dem Laufe seiner siegreichen Regierung gemacht hatte; und daß er von dem Wilhelm die Huldigung in den gewöhnlichen Ausdrücken bloß für diejenigen Gebiethe annahm, welche dieser Prinz von England hatte r). Die Engländer von allen Rangen und Ständen hatten eine Menge von Erpressungen auszustehen: man gebrauchte gegen Schuldige und Unschuldige Drohungen, um Geld von ihnen zu erzwingen; und wenn es gegen die Reichen an Vorwänden fehlte, so zwang der König sie, durch die Furcht, daß sie ihm mißfallen würden, ihm Summen zu leihen, welche er ihnen, wie er ganz wohl wußte, niemals wieder bezahlen konnte.

Aber obgleich Richard alle Vortheile und Betrachtungen dem guten Fortgange seines frommen Unternehmens aufopferte, zeigte er doch in seinem Betragen den Schein der Heiligkeit so wenig, daß Fulk, der Curat von Neuilly, ein eifriger Prediger der Kreuzzüge, der sich durch dieses Verdienst die Freyheit erworben hatte, die kühnsten Wahrheiten zu sagen, ihm rieth, sich von seinen bekanntesten Lastern, sonderlich seinem Stolze, Geize, und seiner Wollust, welche er die drey Lieblingstöchter des Königs nannte, los zu machen. Euer Rath ist gut, sagte Richard; und ich schenke hiermit den ersten den Tempelherren, den andern den Benedictinern, und die dritte meinen Prälaten.

Da Richard besorgte, daß in seiner Abwesenheit Anschläge auf England gemacht werden möchten; so legte er dem Prinzen Johann und seinem natürlichen Bruder Gottfried eine eidliche Verpflichtung auf, daß niemand von ihnen vor seiner Zurückkunft in dieses Königreich kommen sollte; doch fand er es für gut, dieses Verboth noch vor seinem Aufbruche wieder einzuziehen s). Die Regierung wurde den Händen des Hugh, Bischofs von Durham, und des Longshamp, Bischofs von Ely überlassen, welche er zu Justiziarien und Aufsehern des Reiches ernannte t). Der letzte war ein Norman von niedriger Geburt, und von heftigem Charakter. Er hatte sich durch List und Kunstgriffe in Gunst eingeschmeichelt, war von dem Richard zum Kanzler ernannt, und war auch durch seine Vorstellung von dem Pabst mit einer Vollmacht als Legate versehen, damit

p) *M. Paris*, S. 109.
q) *W. Heming*, S. 519. *Knyghton*, S. 2402.
r) *Hoveden*, S. 662. *Rymer*, B. 1. S. 64. *M. West.* S. 257.
s) *Hoveden*, S. 664. Bened. Abb. S. 584. *Brampton*, S. 1171.
t) *Hoveden*, S. 663. Bened. Abb. S. 584. *M. Paris*, S. 110.

Hume Gesch. v. Großbrit. III. Theil.

mit er durch diese Vereinigung aller Arten von Macht in seiner Person die öffentliche
1189. Ruhe desto besser sichern möchte u). Alle kriegerische und unruhige Köpfe versammelten sich zu dem Könige, und wollten sich gegen die Ungläubigen in Asien zeigen: bereit, ihm in seinen Unternehmungen zu folgen, wohin er von seinen Neigungen, seinen Verbindungen, und durch Botschaften von dem Könige von Frankreich getrieben wurde x).

Der Kaiser Friedrich, ein Prinz von großem Muth und vieler Klugheit, war bereits an der Spitze von 150,000 Mann, welche er in Deutschland, und in allen nordischen Staaten zusammen gebracht hatte, auf dem Marsche nach Palästina begriffen; und nachdem er alle Hindernisse, welche die List der Griechen, und die Macht der Ungläubigen ihm in den Weg legten, überstiegen hatte, war er schon bis an die Gränzen von Syrien gekommen; als er sich in der Zeit der größten Sommerhitze in dem kalten Fluß Cydnus badete, und in eine tödliche Krankheit fiel, welche seinem Leben und seiner kühnen Unternehmung ein Ende machte y). Seine Armee erreichte, unter der Anführung seines Sohnes, Conrad, Palästina; war aber durch Mühsamkeiten, Hunger, Krankheiten, und das Schwerd so sehr geschmolzen, daß sie sich kaum auf acht tausend Mann belief, und zu schwach war, gegen die große Macht, Tapferkeit und Klugheit des Saladin etwas auszurichten. Diese wiederholten Unglücksfälle, welche die Kreuzzüge begleitet hatten, zeigten den Königen von Frankreich und England die Nothwendigkeit, einen andern Weg nach dem gelobten Lande zu nehmen; und sie entschlossen sich, ihre Armeen zu Wasser dahin zu senden, Lebensmittel mitzunehmen, und durch Hülfe ihrer Seemacht mit ihren Staaten und mit den westlichen Ländern von Europa eine Communication offen zu erhalten. Der erste Sammelplatz waren die Felder von Vezelay, an
1190. den Gränzen von Burgund z); und Philipp und Richard fanden, als sie dahin ka-
den 29sten men, ihre Armeen gegen 100,000 Mann stark a); eine unüberwindliche Macht, wel-
Junii. che von Ehre und Religion beseelet, von zwey kriegerischen Monarchen geführt, mit allem versehen war, was nur ihre Länder hergeben konnten, und nicht anders, als durch ihre eignen Versehen, oder durch die unüberwindlichen Schwürigkeiten der Natur hätte überwunden werden können.

Der König Der französische und englische Prinz wiederholten hier ihr Versprechen einer wechsel-
bricht zum seitigen Freundschaft, setzten ihr Wort zum Pfande, daß sie ihre Reiche während des
Kreuzzuge Kreuzzuges nicht angreifen wollten, ließen sich darüber von allen ihren Baronen und
auf. Prälaten Eide geben, und setzten sich dem Interdicte und dem Bann aus, wenn sie diese öffentliche und feyerliche Verpflichtung jemals kränken würden b). Sie trennten sich darauf; Philipp nahm den Weg nach Genua, Richard nach Marseille, in der Absicht, daselbst ihre Flotten zu finden, welchen diesen Haven zum Sammelplatze angewiesen
den 14ten waren c). Sie stachen in See, und wurden fast zu gleicher Zeit durch Unwetter gezwun-
September. gen, in Messina Schutz zu suchen, wo sie den ganzen Winter aufgehalten wurden. Dieser Vorfall legte den Grund zu denen Feindseligkeiten, welche diesem Unternehmen schädlich wurden.

Richard

---

u) *Hoved.* S. 665. 702. *Bened. Abb.* S. 585.
x) *M Paris,* S. 109. *Diceto,* S. 649. *Rymer,* B. 1 S. 63.
y) *Bened. Abb.* S. 566.
z) *Hoveden,* S. 660.

a) *Vinisauf,* S. 305.
b) *Hoveden,* S. 654. *Bened. Abb.* S. 583. *Trivet.* S. 9. *Vinisauf,* S. 305.
c) *Hoveden,* S. 660. *Bened. Abb.* S. 590. *M. Paris,* S. 112. *Diceto,* S. 605.

Geschichte von England. Kap. X.

Richard und Philipp waren durch die Lage und Gröſſe ihrer Gebiethe Nebenbuh- 1190. ler der Macht; durch ihr Alter und ihre Neigungen Nebenbuhler der Ehre; und dieſe Urſachen des Wetteifers, welche dieſe Prinzen, wenn ſie im Felde wider einen gemein- ſchaftlichen Feind beſchäfftiget geweſen wären, zu kriegeriſchen Thaten hätten anſpornen können, erregten in ihrer itzigen Muße und Ruhe unter Monarchen von ſo feurigem Charakter Streitigkeiten. Da ſie gleich ſtolz, ehrgeizig, unerſchrocken und unbiegſam waren, ſo wurden ſie durch den geringſten Schein einer Beleidigung aufgebracht, und waren unfähig, durch Nachgeben von beyden Seiten, dieſe Urſachen der Klagen zu ver- tilgen, welche unvermeidlich unter ihnen entſtehen mußten. Der aufrichtige, redliche, abſichtsloſe, unpolitiſche, heftige Richard gab ſich bey allen Gelegenheiten der Tücke ſei- nes Gegners bloß; welcher vorſichtig, eigennützig, betrügeriſch, ſich allemal dieſer Vortheile wider ihn zu bedienen wußte: und alſo machten es ſowohl die Umſtände ihrer Gemüthsarten, worinn ſie ſich ähnlich, als andre, worinn ſie verſchieden waren, ih- nen unmöglich, in derjenigen Harmonie zu bleiben, welche zu dem guten Ausſchlage ihrer Unternehmung ſo nothwendig war.

Der letzte König von Sicilien und Neapel war Wilhelm der Zweyte, welcher die *Verrichtun-* Johanna, Schweſter des Richard geheyrathet, und da er ohne Erben ſtarb, ſeine Län- *gen in Sici-* der ſeiner Tante von väterlicher Seite, der Conſtantia vermachte, als der einzigen recht- *lien.* mäßigen noch lebenden Erbinn des Roger, des erſten Fürſten dieſer Staaten, welcher mit dem königlichen Titel war beehret worden. Dieſe Prinzeſſinn war in Hoffnung dieſer reichen Erbſchaft mit Henrich dem Sechſten, dem itzigen Kaiſer, vermählet d); aber Tan- cred, ihr natürlicher Bruder, hatte ſich unter den Baronen ein ſolches Intereſſe erwor- ben, daß er ſich der Abweſenheit Henrichs zu Nutze gemacht, ſich auf den Thron geſetzt hatte, und ſeinen Anſpruch durch Gewalt und Waffen wider die Bemühungen der Deut- ſchen behauptete e). Die Ankunft der Cruziaten erregte natürlicher Weiſe Beſorgniſſe wegen ſeiner unbeſtändigen Herrſchaft; und er wußte nicht, von wem er am meiſten zu fürchten hatte, ob von der Gegenwart des franzöſiſchen oder engliſchen Monarchen. Philipp ſtund mit dem Kaiſer, ſeinem Nebenbuhler, in einer genauen Allianz: Richard war über ſein hartes Verfahren gegen die verwittwete Königinn verdrüßlich, welche der Prinz von Sicilien in Palermo deswegen veſt geſetzt hatte, weil ſie ſich mit allem ihrem Anſehen ſeiner Thronfolge widerſetzet hatte. Tancred ſah alſo die gegenwärtige Verle- genheit ein, und entſchloß ſich, dieſen beyden mächtigen Prinzen den Hof zu machen; und war in ſeinen Bemühungen nicht unglücklich. Er überredete den Philipp, es ſchickte ſich für ihn gar nicht, daß er durch einen Anſchlag wider einen chriſtlichen Prin- zen ſeine Unternehmungen gegen die Ungläubigen unterbräche: Er ſetzte die Königinn Jo- hanna wieder in Freyheit; und fand ſogar Mittel, mit dem Richard eine Allianz zu machen, welcher durch einen Tractat ausmachte, daß er ſeinen Neffen, Arthur, den jungen Herzog von Brettagne mit einer von den Töchtern Tancreds verheyrathen wollte f). Ehe aber dieſe Freundſchaftsartikel geſchloſſen wurden, hatte Richard, der ſo wenig dem Tancred, als den Einwohnern von Meſſina trauete, ſeine Quartiere in den Vorſtädten genommen, und ein kleines Fort beſetzet, welches den Hafen beſchießen konnte; und er war

---

d) Benedict. Abb. S. 580.
e) Hoveden, S. 663.
f) Hoveden, S. 676, 677. Benedict. Abb. S. 615.

war gegen ihre Unternehmungen ungemein auf seiner Hut. Die Bürger schöpften Verdacht: unter ihnen und den Engländern fielen wechselseitige Beschimpfungen und Angriffe vor: Philipp, der seine Truppen in der Stadt verleget hatte, bemühete sich, den Streit beyzulegen, und unterredete sich deswegen mit dem Richard. Indem diese beyden Könige, welche auf dem offenen Felde zusammen kamen, sich hierüber beredeten, schien es, als wenn ein Corps Sicilianer gegen sie anzog; und Richard trat hervor, um sich nach der Ursache dieser ausserordentlichen Bewegung zu erkundigen g). Die Engländer, trotzig auf ihre Macht, und von vorigen Feindseligkeiten entflammet, wünschten nur einen Vorwand, die Messiner anzugreifen; und sie schlugen sie bald aus dem Felde, trieben sie in die Stadt, und drangen mit ihnen durch die Thore. Der König wandte sein Ansehen an, sie vom Plündern und von Ermordung der vertheidigungslosen Einwohner abzuhalten; allein er befahl, daß zum Zeichen seines Sieges die Fahne von England auf den Mauern aufgestecket werden sollte. Philipp, der diesen Platz für sein Quartier hielt, widersetzte sich dieser Beschimpfung, und befahl einigen von seinen Truppen, die Fahnen wieder wegzunehmen, aber Richard ließ ihm durch einen Bothen sagen, ob er selbst gleich diesen Anstoß entfernen wollte, so wollte er es doch von andern nimmer geschehen lassen; und wenn der König von Frankreich etwas so schimpfliches wider ihn versuchte, so sollte es ihm ohne das größte Blutvergießen nicht gelingen. Philipp, zufrieden mit dieser Art von hochmüthiger Unterwerfung, wiederrief seine Befehle h); der Zwist war dem Schein nach beygeleget; aber es blieb noch immer ein Rest von Groll und Eifersucht in den Herzen der beyden Monarchen.

1191. Tancred, der sie, zu seiner eignen Sicherheit, noch immer gehässiger gegen einander machen wollte, übte einen Kunstgriff aus, der noch schädlichere Folgen hätte nach sich ziehen können. Er zeigte dem Richard einen Brief, den der König von Frankreich gezeichnet hatte, und der ihm, wie er sagte, von dem Herzog von Burgund überreichet war. In diesem Briefe ersuchte dieser Prinz den Tancred, in die Quartiere der Engländer zu fallen, und versprach, ihm zu helfen, und sie, als gemeinschaftliche Feinde nieder zu machen. Der unbedachtsame Richard glaubte der Aussage, war aber zu aufrichtig, daß er sein Mißvergnügen dem Philipp nicht hätte entdecken sollen, der den Brief durchaus leugnete, und den sicilianischen Prinzen der Verfälschung und Betrügerey beschuldigte. Richard war entweder völlig befriediget, oder schien es doch zu seyn i).

Damit dieses Mißtrauen und diese Beschwerden unter ihnen nicht größer werden möchten, wurde vorgeschlagen, daß sie durch einen feyerlichen Tractat die Wurzel aller künftigen Zwistigkeiten abschnitten, und alle Punkte, worüber nach diesem unter ihnen ein Streit entstehen könnte, berichtigen sollten. Aber dieses Mittel gab zu einem neuen Streit Anlaß, welcher noch gefährlicher hätte werden können, als alle vorigen, und welcher gar sehr die Ehre der Familie Philipps betraf. Wenn Richard in allen Tractaten mit Henrich dem Zweyten so stark darauf drang, daß ihm erlaubt werden sollte, sich mit der Alice von Frankreich zu verheyrathen, so hatte er nur einen Vorwand zum Streit gesucht; und hatte niemals die Gedanken, eine Prinzeßinn in sein Bette zu nehmen, welche man wegen einer sträflichen Liebe mit ihrem eignen Vater in Verdacht zog. Nachdem er Herr wurde, sprach er gar nicht mehr von der Vollziehung dieser Allianz:

---

g). Bened. Abb. S. 608.
h) Hoveden, S. 674.

i) Hoveden, S. 688. Bened. Abb. S. 642, 643. Brompton, S. 1195.

Geschichte von England, Kap. X.

er machte sogar Anstalten, die Berengaria, die Tochter des Sanches, Königs von Navarra, worein er sich während seines Aufenthalts in Guienne verliebt hatte, zu heyrathen k). Die Königinn Eleanor wurde mit dieser Prinzeßinn täglich in Messina erwartet l): und als Philipp ihm den Antrag that, daß er seine Schwester Alice heyrathen möchte, sah sich Richard gezwungen, es ihm völlig abzuschlagen. Hoveden, und andre Geschichtschreiber sagen sogar m), er hätte so überzeugende Beweise von der Untreue der Alice vorzuzeigen und zu erweisen gewußt, daß sie von dem Henrich ein Kind gebohren hätte, daß ihr Bruder von seinem Vorschlage abgestanden wäre, und den Schimpf seines Hauses lieber in Schweigen und Vergessenheit hätte begraben wollen. Es erhellet aus dem Tractat genugsam, der noch vorhanden ist n), daß er, seine Bewegungsgründe mochten nun seyn, welche sie wollten, dem Richard erlaubte, seine Hand der Berengaria zu geben; und nachdem er alle andre Streitigkeiten mit diesem Prinzen beygeleget hatte, segelte er sogleich nach dem heiligen Lande ab. Richard wartete noch einige Zeit auf seine Mutter und Braut; und als sie kamen, theilte er seine Flotte in drey Esquadres, und brach zu seiner Unternehmung auf. Die Königinn Eleanor gieng nach England zurück; aber Berengaria und die verwittwete Königinn von Sicilien, seine Schwester, begleiteten ihn auf seinem Feldzuge o).

Die englische Flotte hatte, da sie den Hafen von Messina verließ, einen wüthenden Sturm; und die Esquadre, worauf sich die beyden Prinzeßinnen befanden, wurde an die Küste von Cypern verschlagen, und einige von den Schiffen litten bey Limisso in dieser Insel Schiffbruch. Isaac, der Prinz von Cypern, der sich den prächtigen Titel Kaiser anmaßte, plünderte die Schiffe, welche gestrandet waren, warf die Seeleute und Fremden ins Gefängniß, und versagte sogar den Prinzeßinnen in ihrem gefährlichen Zustande die Freyheit, in den Hafen von Limisso einzulaufen p). Aber Richard, der bald hernach anlangte, rächte sich wegen dieser Beleidigung sattsam an ihm. Er setzte seine Truppen an Land; schlug den Tyrannen, der sich seiner Landung widersetzen wollte; nahm Limisso mit Sturm ein; gewann den andern Tag noch einen Sieg, zwang den Isaac, sich auf Gnade zu ergeben; und setzte Gouverneurs über die Insel q). Da der griechische Prinz ins Gefängniß gesetzt, und in eiserne Ketten gelegt wurde, beklagte er sich über die schlechte Achtung, womit ihm begegnet wurde: hierauf ließ Richard silberne Ketten für ihn machen; und dieser Kaiser freute sich über diese Unterscheidung, und gab dem Sieger seine Erkenntlichkeit für diese Großmuth zu erkennen r). Hier heyrathete der König die Berengaria s), welche darauf wieder zu Schiffe gieng, und die Tochter des cyprischen Prinzen mit nach Palästina nahm; eine gefährliche Nebenbuhlerinn, von der man glaubte, daß sie ihr die Liebe ihres Gemahls entwandt hätte. So unmoralisch war der Charakter und das Betragen der Helden, welche sich zu dieser frommen Unternehmung verstunden.

Die englische Armee kam noch zu rechter Zeit, um die Ehre der Belagerung von Acre, oder Ptolomais zu theilen: vor mehr, als zwey Jahren war diese Stadt schen von

den 12ten April.

den 12ten May.

Des Königs Ankunft in Palästina.

---

k) *Vinisauf*, S. 316.
l) *M. Paris*, S. 112. *Trivet*. S. 102. *W. Heming*, S. 519.
m) *Hoveden*, S. 688.
n) *Rymer*, B. 1. S. 69. *Chron. de Dunst.* S. 44.
o) *Bened. Abb.* S. 644.

p) *Vinisauf*. S. 319. 320. *W. Heming*. S. 523.
q) *Bened. Abb.* S. 645. *Trivet*. S. 103.
r) Ibid. S. 650. *Ann. Waverl.* S. 164. *Vinisuf*. S. 318. *W. Heming*. S. 523.
s) *Hoveden*, S. 692. *Bened. Abb.* S. 650. *Knyghton*, S. 2404.

von der sämmtlichen Macht aller Cruziaten in Palästina angegriffen, und mit den äußersten Kräften des Saladin und der Saracenen vertheidiget worden. Die Ueberreste der deutschen Armee, welche der Kaiser Friedrich dahin geführet hatte, und die getrennten Corps der Cruziaten, welche beständig aus den Abendländern eindrangen, hatten den König von Jerusalem in den Stand gesetzet, diesen wichtigen Versuch zu unternehmen t): aber nachdem Saladin eine starke Besatzung unter dem Commando des Caracos u), seines Lehrers in der Kriegskunst, hinein geleget hatte, und die Belagerer durch beständige Angriffe und Streifereyen beunruhigte, hatte er den Ausgang verzögert, und die Macht der Feinde geschwächet. Die Ankunft des Philipp und Richard gab den Christen ein neues Leben; und da diese Prinzen einmüthig Hand anlegten, und die Gefahr und Ehre in allen Actionen theilten, so erregten sie die Hoffnung, daß sie am Ende über die Ungläubigen siegen würden. Sie beredeten sich zu folgenden Operationen: wenn der französische Monarch die Stadt angriff, so bewachte der englische die Trencheen: am andern Tage, wenn der englische Prinz den Angriff that, so trat der französische an seine Stelle, und deckte die Angreifer. Der Wetteifer unter diesen ehebegierigen Königen und ehebegierigen Nationen erzeugte außerordentliche Thaten; und Richard insbesondre, der von einem hitzigern Muth, als Philipp beseelet war, und dem romantischen Geiste der damaligen Zeiten näher kam, zog die Aufmerksamkeit aller Welt auf sich, und erwarb sich einen großen und glänzenden Ruhm. Aber diese Eintracht war von sehr kurzer Dauer; und es ergaben sich bald Gelegenheiten zu Zwietracht unter diesen eifersüchtigen und hochmüthigen Prinzen.

Zustand von Palästina. Da die Familie von Boulogne, welche zuerst auf den Thron von Jerusalem war gesetzt worden, mit einer weiblichen Erbinn ausstarb, so heyrathete Fulk, der Graf von Anjou, Großvater Henrichs des Zwenten von England, die Erbinn dieses Königreiches, und brachte diesen Titel einem jüngern Zweige seiner Familie. Da sich auch der Anjevinische Stamm mit einer weiblichen Erbinn endigte, so war Guy de Lusignan durch eine Vermählung mit der Erbinn Sibylla zu diesem Titel gelanget; und ob er schon durch den Einfall des Saladin sein Königreich verlohr, so wurde er doch von allen Cruziaten noch für den König von Jerusalem erkannt x). Als aber Sibylla während der Belagerung von Acre ohne Erben starb, so verlangte ihre jüngere Schwester, Isabella, diesen königlichen Titel, und foderte daß Lusignan seine Ansprüche ihrem Gemahl Conrad, Marquis von Monferrat, abstehen sollte. Lusignan behauptete, daß der königliche Titel nicht könnte vergeben oder veräußert werden, machte sich an den Richard, kam in Cypern zu ihm, ehe er von da abgieng, und beredete ihn, sich seiner anzunehmen y). Philipp bedurfte keines andern Grundes, um die Parten des Conrad zu ergreifen; und die entgegengesetzten Absichten dieser beyden großen Monarchen brachten Faction und Zwist in die christliche Armee, und hielten alle Operationen auf z). Die Tempelherren, die Genueser und die Deutschen erklärten sich für den Philipp und Conrad; die Flemings, die Pisaner, die Ritter des St. Johannis Hospitals hiengen dem Lusignan und Richard an. Aber dieser Streitigkeiten ungeachtet, sahen sich die Saracenen endlich

---

t) *Vinisauf*, S. 269, 271, 279.
u) *Diceto*, S. 654.
x) *Vinisauf*, S. 281.

y) *Trivet*, S. 104. *Vinisauf*, S. 342. *W. Heming*, S. 524.
z) *Hoveden*, S. 643. *M. Paris*, S. 115. *W. Heming*, S. 524. *Knyghton*, S. 2405.

Geſchichte von England. Kap. X.

ſich durch die Belagerung aufs Aeuſſerſte gebracht, und ergaben ſich zu Kriegsgefangenen; verſtatteten, um ihr Leben zu retten, den Cruplaten andre Vortheile ᵃ), nämlich die Loslaſſung der Gefangenen, und die Auslieferung des Holzes des wahren Kreuzes ᵇ); Den 12ten Julii und endlich gewann dieſe große Unternehmung, welche ſo lange die Aufmerkſamkeit des ganzen Europa und Aſiens auf ſich gezogen hatte, nach dem Verluſt von 300,000 Menſchen einen glücklichen Ausgang.

Aber Philipp, verdrüßlich über den Vorzug, welchen Richard ſich anmaßte und erworben hatte, und in den Gedanken, daß er durch ſeine Gegenwart in Europa viele Vortheile gewinnen könnte, anſtatt die Hoffnung fernerer Eroberungen zu verfolgen, und die heilige Stadt von der Sklaverey zu befreyen, erklärte ſich, daß er wieder nach Frankreich zurück gehen wollte; und ſchützte zu ſeiner Entſchuldigung, daß er die gemeine Sache verließe, den ſchwachen Zuſtand ſeiner Geſundheit vor ᶜ). Doch ließ er dem Richard zehen tauſend von ſeinen Soldaten, unter dem Commando des Herzogs von Burgund; und ſchwur noch einmal, daß er wider des Königes Gebiethe, ſo lange er abweſend wäre, keine Feindſeligkeiten ausüben wollte. Aber kaum war er in Italien angekommen, ſo verlangte er ſchon von dem Pabſt Cöleſtin dem Dritten, daß er ihn von dieſem Eide losſprechen ſollte ᵈ): da es ihm abgeſchlagen wurde, ſetzte er dennoch, wiewohl auf eine verdecktere Art, einen Anſchlag fort, welchen der gegenwärtige Zuſtand von England ſo lockend machte, und welcher ſowohl ſeinen Groll, als ſeine Ehrbegierde auf eine ſo vorzügliche Art befriedigte.

Gleich nachher, als Richard England verließen, und ſeinen Marſch nach dem heill. Unordnung gen Lande angetreten hatte, brachen unter den beyden Prälaten, welche er zu Aufſehern in England, des Reichs beſtellet hatte, die größten Feindſeligkeiten aus, und ſetzen das ganze Königreich in Brand. Longchamp, der von Natur eingebildet, durch die Gunſt ſeines Herrn aufgeblaſen, und mit der Vollmacht eines Legaten bekleidet war, konnte ſich nicht zu einer Gleichheit mit dem Biſchof von Durham herablaſſen; und gieng gar ſo weit, daß er ſeinen Collegen vesſ ſetzen ließ, und ihn zwang, ſeiner Grafſchaft Northumberland, und ſeinen andern Würden zu entſagen, um ſeine Freyheit wieder zu erhalten ᵉ). Als der König von dieſen Zwiſtigkeiten Nachricht bekam, befahl er ſchriftlich von Marſeille aus, daß der Biſchof in alle ſeine Würden wieder eingeſetzt werden ſollte; aber Longchamp war dennoch ſo vermögen, nicht zu gehorchen, unter dem Vorgeben, daß ihm die wahren Gedanken des Königes beſſer bekannt wären ᶠ). Er fuhr immer fort, das Reich allein zu beherrſchen; dem ganzen Adel höchſt trotzig zu begegnen; und ſeine Macht und Reichthümer mit einer verhaßten Prahlerey zu zeigen. Er that keine Reiſe, ohne eine Wache von funfzehenhundert ausländiſchen Soldaten bey ſich zu haben, welche aus dem ausgelaſſenen Haufen geſammlet waren, der ſich damals allenthalben aufhielt ᵍ). Edelleute und Ritter machten ſich eine Ehre daraus, in ſeinem Gefolge zu ſeyn ʰ) ſein Hofſtaat zeigte eine königliche

---

a) *Hoved.* S. 695. *M. Paris.* S. 115.
b) *Viniſauf.* S. 341.
c) *Bened. Abb.* S. 657. *Viniſauf.* S. 343. *W. Heming.* S. 527. *Knyghton.* S. 2405.
d) *Bened. Abb.* S. 20. *W. Heming.* S. 527. *Brompton.* S. 1221.
e) *Hoved.* S. 665. *Knyghton.* S. 2403.
f) *W. Heming.* S. 528.
g) *Hoved.* S. 701.
h) *M. Paris.* S. 114. *W. Heming.* S. 528.

gliche Pracht: und wenn er auf seiner Reise durch das Königreich in einem Kloster ein-
1191. kehrte, so sollen seine Begleiter, wie man sagt, stark genug gewesen seyn, in einer Nacht
die Einkünfte von verschiedenen Jahren zu verzehren i). Da der König, welcher länger in Europa zurück blieb, als der hochmüthige Prälat erwartete, von dieser Pralerey, welche sogar weiter gieng, als die Gewohnheiten dieser Zeit den Geistlichen erlaubten, und zugleich von dem trotzigen und tyrannischen Betragen seines Ministers Nachricht erhielt, fand er es für gut, seine übermäßige Gewalt einzuschränken; und fertigte
neue Befehle aus, worinn Walter, Erzbischof von Rouen, Wilhelm Marshal, Graf
von Strigul, Geoffrey Fitz-Peter, Wilhelm Briewere und Hugh Bardolf, zu Räthen des Longchamp ernannt, und ihm befohlen wurde, ohne ihren Beytritt und ihre
Billigung keine Sache von Wichtigkeit zu unternehmen k). Aber dieser Mann hatte
durch sein gewaltthätiges Betragen einen so allgemeinen Schrecken erreget, daß sich selbst
der Erzbischof von Rouen, und der Graf von Strigul nicht unterstehen durften, diesen Befehl des Königs vorzuzeigen; und Longchamp behielt immer eine uneingeschränkte Macht über die Nation l). Als er aber so weit gieng, daß er den Geoffrey,
Erzbischof von York, der sich seinem Vorfahren widersetzet hatte m), ins Gefängniß
warf, so erregte sein Bruch der geistlichen Freyheiten eine solche allgemeine Unruhe, daß
der Prinz Johann, verdrüßlich über den kleinen Antheil, den er an der Regierung hatte,
und persönlich von dem Longchamp beleidiget, es wagte, zu Reading die Prälaten
und Edelleute zu einer allgemeinen Rathsversammlung zu berufen, und ihn vor derselben vorzuladen. Longchamp hielt es für gefährlich, seine Person in ihre Hände zu wagen, und verschloß sich in dem Tower zu London n): da er aber bald gezwungen wurde,
diese Forteresse zu übergeben, flohe er über Meer, in einer Frauenkleidung, und wurde
seiner Bedienungen als Kanzler und Oberjustiziarius beraubt; diese letzte Bedienung bekam der Erzbischof von Rouen, ein Prälat von großer Klugheit und Mäßigung o).
Indessen gab dem Longchamp seine Bedienung als Legate, welche der Pabst Cölestin
erneuret hatte, auch in seiner Abwesenheit in dem Reiche ein großes Ansehen, setzte ihn
in den Stand, die Regierung zu beunruhigen, und beförderte die Absichten Philipps,
welcher alle Gelegenheiten suchte, die Gebiethe des Richard zu beunruhigen. Dieser
1192. Monarche versuchte zuerst einen offenbaren Krieg in der Normandie; als sich aber der
französische Adel weigerte, ihm zu dem Angriffe eines Staates behülflich zu seyn, den
er geschworen hatte zu beschützen, und weil der Pabst, welcher der allgemeine Beschützer aller Prinzen war, die das Kreuz genommen hatten, ihm mit geistlichen Strafen
drohete, so stund er von diesem Vorhaben ab, und bediente sich wider England der Mittel einer heimlichen Staatslist und Intrigue. Er machte den Prinzen Johann von
seinem Gehorsam abwendig; versprach ihm seine Schwester Alice zur Gemahlinn; erboth sich, ihm alle jenseit dem Meere belegene Länder des Richard in Besitz zu geben;
und hätten nicht die Macht der Königinn Eleanor, und die Drohungen des englischen
Staats-

i) *Hoveden*, S. 680. *Benedictus Abbas*, S. 626. 700. *Brompton*, S. 1193.
k) *Hoveden*, S. 687. *Bened. Abb.* S. 640. *Diceto*. S. 659. *Brompton*, S. 1194.
l) *Hoveden*, S. 687.
m) *Hoveden*, S. 701. *Bened. Abb.* S. 697. *W. Heming.* S. 529.
n) *Bened. Abb.* S. 698. *M. Paris*, S. 117. *W. Heming.* S. 530. *Brompton*. 1196.
o) *W. Heming.* S. 530.

Geschichte von England. Kap. X.

Staatsrathes die Neigungen dieses unruhigen Prinzen zurück gehalten, so war er schon in Bereitschaft über See zu gehen, und sein sträfliches Unternehmen auszuführen. 1192.

Die Eifersucht Philipps wurde alle Augenblicke größer, durch den Ruhm, den sich Richard durch seine Heldenthaten in den Morgenländern erwarb, ein Ruhm, der diesem Nebenbuhler einen doppelten Glanz gab, wenn man ihn mit dem Verfahren Philipps verglich, der diese so beliebte Sache verlassen hatte. Aus Neid war er demnach geneigt, diesen Ruhm zu verdunkeln, den er nicht erworben hatte; und er ergriff jeden Vorwand, dem Könige von England die heftigsten und unwahrscheinlichsten Verläumdungen aufzubürden. Es befand sich in Asien ein kleiner Prinz, gemeiniglich der Alte des Berges genannt, der über seine fanatischen Unterthanen eine solche Gewalt erworben hatte, daß sie allen seinen Befehlen blindlings gehorchten; einen Meuchelmord für ein verdienstliches Werk hielten, wenn sein Gebot ihn geheiliget hatte; die Gefahr, und selbst den gewissen Tod gern suchten, wenn sie nur seine Befehle ausführen konnten; und sich einbildeten, wenn sie ihr Leben um seinetwillen aufopferten, so würden die größten Freuden des Paradieses die unausbleibliche Belohnung für ihren frommen Gehorsam seyn. Dieser Prinz hatte die Gewohnheit, wenn er sich beleidigt glaubte, heimlich einige von seinen Unterthanen gegen seinen Beleidiger abzusenden, ihnen die Ausübung seiner Rache aufzutragen, sie auf alle Art zu unterrichten, wie sie ihr Vorhaben verbergen sollten; und seine Vorsichtigkeit war fähig, jemanden, so mächtig er auch seyn mochte, gegen die Anschläge dieser seinen und verwegenen Meuchelmörder zu sichern. Die größten Monarchen fürchteten diesen Prinzen der Assassin, (denn so nannte man sein Volk; daher das Wort in den meisten europäischen Sprachen aufgenommen ist) und Conrad, der Marquis von Monferrat, begieng die größte Unvorsichtigkeit, daß er ihn beleidigte und beschimpfte. Die Einwohner von Tyrus, welche von diesem Herrn beherrschet wurden, hatten einige mit gefährlichen Leuten umgebracht: der Prinz verlangte Genugthuung: denn wie er sich rühmte, daß er niemals eine Beleidigung anfienge q); so hatte er auch seine ordentlichen und eingeführten Formalitäten, womit er Vergütung forderte: Conrad begegnete seinen Gesandten verächtlich: der Prinz gab seinen Todesbefehl aus: zwey von seinen Unterthanen, welche sich verkleidet unter die Wachen des Conrad geschlichen hatten, tödteten ihn öffentlich auf den Straßen von Sidon; und als sie ergriffen, und zu den grausamsten Martern verurtheilet wurden, frohlockten sie mitten in ihren Quaalen, und freueten sich, daß sie vom Himmel bestimmet wären, in einer so gerechten und verdienstlichen Sache zu leiden.

Jedermann in Palästina wußte, von welcher Hand der Streich kam. Richard war von allem Verdachte gänzlich frey. Obgleich dieser Monarch vormals die Sache Lusignans wider den Conrad unterstützet hatte, so hatte er doch die übeln Folgen von diesen Streitigkeiten erkannt, und dem ersten freywillig das Königreich Cyprus, doch mit der Bedingung gegeben, daß er seinem Nebenbuhler alle Ansprüche auf die Krone von Jerusalem abtreten sollte r). Conrad selbst hatte auf seinem Sterbebette seine Wit-

Große Thaten des Königs in Paläsina.

---

p) *W. Heming.* S. 532. *Brompton.* S. 1243.
q) *Rymer,* B. 1. S. 71.
r) *Vinisauf.* S. 391.

1192. Wittwe dem Schutze des Richard empfohlen a); der Prinz der Assassins gestund in einem förmlichen Berichte, den er nach Europa schickte, die That t): dennoch fand es der König von Frankreich für gut, auf diesen Grund die allergrößeste Verläumdung zu erbauen, und dem Richard den Mord des Marquis von Monferrat Schuld zu geben, weil er sich vormals seiner Erhebung widersetzet hatte. Er erfüllete ganz Europa mit seinem Geschrey wider dieses Verbrechen; nahm für seine eigene Person eine Wache an, um sich vor einem gleichen Anschlage zu sichern u); und bemühte sich, durch diese elenden Kunstgriffe die Schande zu verbergen, daß er die Länder eines Prinzen angriff, den er selbst verlassen hatte, und der mit so vielem Ruhme in einem Kriege begriffen war, welchen man überall für die gemeinschaftliche Sache des Christenthums erkannte.

Aber die Heldenthaten Richards in Palästina waren die beste Rechtfertigung für seine Aufführung. Die Cruziaten unter seiner Anführung entschlossen sich, bey der Eröffnung des Feldzuges, die Belagerung von Ascalon zu versuchen, um sich dadurch den Weg zur Belagerung von Jerusalem zu bahnen; und in diesem Entschluß marschirten sie die Seeküsten hinab. Saladin wollte ihnen den Weg verlegen; und stellte sich mit einer Armee von 300,000 Mann in den Weg. Hier wurde eine der größten Schlachten der damaligen Zeiten geliefert; und die berühmteste, wenn wir den kriegerischen Muth der Anführer, die Anzahl und Tapferkeit der Truppen, und die große Mannigfaltigkeit der Vorfälle betrachten, welche mit derselben verbunden waren. Im Anfange der Schlacht wurde sowohl der rechte Flügel der Christen, welchen d'Avesnes anführte, als der linke unter dem Commando des Herzogs von Burgund, gebrochen und geschlagen; aber Richard, der im Mitteltreffen commandirte, stellte das Treffen wieder her; griff den Feind mit unvergleichlicher Unerschrockenheit und Gegenwart des Geistes an; verrichtete die Dienste eines vollkommnen Generals und tapfern Soldaten, und verschaffte nicht nur seinen beyden Flügeln Zeit, sich wieder zu setzen, sondern erhielt auch über die Saracenen einen vollständigen Sieg, von welchem vierzig tausend Mann auf dem Felde geblieben seyn sollen x). Ascalon fiel bald darauf in die Hände der Christen: andre Belagerungen giengen glücklich von statten: Richard rückte also so weit, daß er Jerusalem, diesen Endzweck seiner Unternehmungen, schon im Gesichte hatte; als er den Verdruß empfand, zu sehen, daß er alle Hoffnung eines glücklichen Ausganges aufgeben, und dem Laufe seiner Siege ein Ziel setzen müßte. Die Cruziaten setzten anfänglich, beseelet von dem enthusiastischen Eifer für die heiligen Kriege, alle Betrachtungen der Sicherheit, oder des Vortheils in der Ausführung ihres Vorhabens aus den Augen; und da sie sich auf einen unmittelbaren Beystand vom Himmel verließen, sahen sie nichts anders vor sich, als Ruhm und Sieg in dieser Welt, und eine Krone der Herrlichkeit in der folgenden. Aber eine lange Abwesenheit aus ihrem Vaterlande, Ungemächlichkeit, Krankheit, Mangel, und die Abwechselungen des Glücks, welche gemeiniglich mit dem Kriege verbunden sind, hatten nach und nach die Wuth geschwächet, der nichts gerade

---

a) *Brompton*, S. 1243.
t) *Rymer*, B. 1. S. 71. *Trivet*. S. 124. *W. Heming*. S. 544. *Diceto*. S. 680.
u) *W. Heming*. S. 532. *Brompton*, S. 1243.
x) *Hoveden*, S. 648. *Benedict. Abb.* S. 677. *Diceto*, S. 662. *Brompton*, S. 1214.

rade zu widerstehen konnte; und jedermann, außer dem Könige von England, bezeigte ein Verlangen, eilig wieder nach Europa zurück zu kehren. Die Deutschen und Italiäner erklärten sich, daß sie von dem Unternehmen abstehen wollten; die Franzosen bestunden noch hartnäckiger darauf: der Herzog von Burgund bediente sich aller Gelegenheiten, den Richard zu kränken, und ihm entgegen zu seyn, um dem Philipp eine Gefälligkeit zu erzeigen y) und es schien durchaus nothwendig zu seyn, daß er itzt alle Hoffnung einer fernern Eroberung aufgeben, und nur den Christen durch einen Vergleich mit dem Saladin das versichern müßte, was sie bisher erobert hatten. Richard schloß demnach mit diesem Monarchen einen Stillstand; und machte aus, daß Acre, Joppa, und andre Seestädte in Palästina, in den Händen der Crujaten blieben, und daß alle Christen die Freyheit haben sollten, unbeunruhiget ihre Pilgrimschaften nach Jerusalem zu thun z). Der Stillstand war auf drey Monate, drey Wochen, drey Tage und drey Stunden geschlossen; eine magische Zahl, welche vermuthlich die Europäer ersonnen hatten, und welche durch einen Aberglauben angegeben war, der sich zu dem Gegenstande des Krieges gut schickte.

Die Freyheit, welche Saladin den Christen erlaubte, ihre Pilgrimschaften nach Jerusalem vorzunehmen, war ein leichtes Opfer für ihn; und die wütenden Kriege, welche er zur Vertheidigung des unfruchtbaren Landes von Judäa führte, waren nicht bey ihm, wie bey den Christen, Folgen des Aberglaubens, sondern der Staatsklugheit. In der That war der Vorzug an Wissenschaft, Mäßigung, Menschenliebe, damals gänzlich auf der Seite der Saracenen, und dieser tapfere Kaiser insbesondre zeigte, in dem Verfolge dieses Krieges, einen Geist und eine Großmuth, welche selbst seine abergläubischen Feinde erkennen und bewundern mußten. Richard, der eben so kriegerisch, als tapfer war, hatte mehr von dem barbarischen Charaktere an sich; und machte sich einiger Grausamkeit schuldig, welche seinen berühmten Siegen einen Schandflecken anhiengen. Als Saladin die Capitulation von Acre nicht unterzeichnen wollte, befahl der König von England, alle seine Gefangenen, gegen fünf tausend Mann, hinzurichten; und die Saracenen fanden sich gezwungen, dieses noch durch eine gleiche Grausamkeit an den Christen zu vergelten a). Saladin starb zu Damascus bald nach dem geschlossenen Stillstande mit den Crujaten, und es ist merkwürdig, daß er, ehe er starb, Befehl gab, seinen Todtenkittel, als eine Fahne durch alle Straßen der Stadt zu tragen; ein Herold gieng voran, und rief mit lauter Stimme: Dieses ist alles, was der mächtige Saladin, der Ueberwinder der Morgenländer, behalten hat! In seinem letzten Willen befahl er, den Armen ohne Unterschied, sie mochten Juden, Christen, oder Mahometaner seyn, Allmosen austheilen.

Nach dem Stillstande war keine Sache von Wichtigkeit mehr übrig, welche Zurückkunft den Richard in Palästina zurück halten konnte; und die Nachrichten, die er von den des Königs Ränken des Königs von Frankreich, und seines Bruders Johann erhielt, brachten ihn aus Palä- auf stina.

---

y) Vinisauf. S. 380.
z) Trivet. S. 123.
a) Hoveden, S. 697 Bened. Abb S. 673. M. Paris. S. 135. Vinisauf. S. 345. W. Heming. S. 511.

324 Geschichte von England. Kap. X.

auf die Gedanken, daß seine Gegenwart in Europa nöthig seyn würde [b]). Weil er sich nicht wagte, durch Frankreich zu gehen, seegelte er durch das adriatische Meer; und da er bey Aquileja Schiffbruch litte, legte er die Kleidung eines Pilgrims an, in der Absicht, seinen Weg heimlich durch Deutschland zu nehmen. Da er von dem Gouverneur von Istria [c]) verfolgt wurde, sah er sich gezwungen, den geraden Weg nach Engla[nd] zu verlassen, und durch Wien zu gehen; hier verriethen sein Aufwand und seine Freygebigkeiten den Monarchen in der Kleidung eines Pilgrims; und er wurde auf Befehl des Leopold, Herzogs von Oesterreich [d]), vest gesetzet. Dieser Prinz hatte bey der Belagerung von Acre unter dem Richard gedienet; weil er aber von diesem hochmüthigen Monarchen beleidiget worden, so war er so unedel, sich der itzigen Gelegenheit zu bedienen, um zugleich seinen Geiz und seine Rachbegierde zu befriedigen, und warf ihn ins Gefängniß [e]). Der Kaiser Heinrich der Sechste, welcher den Richard gleichfalls für einen Feind ansah, weil er mit dem Tancred, Könige von Sicilien, Allianz gemacht hatte, sandte Bothen an den Herzog von Oesterreich, und verlangte, daß der königliche Gefangene ihm ausgeliefert würde, und versprach zur Belohnung für diesen Dienst eine große Geldsumme auszuzahlen [f]). Also sah sich der König von England, der die ganze Welt mit seinem Ruhm und seiner Ehre erfüllet hatte, in Zeiten, wo die Sachen sehr bedenklich stunden, in einem Gefängnisse, und mitten in Deutschland [g]), mit Ketten beschweret, und gänzlich in der Gewalt seiner Feinde, welche die niederträchtigsten und geizigsten unter der Sonnen waren.

Der englische Rath gerieth in Bestürzung, als er diese Nachricht erhielt; und sah alle gefährliche Folgen voraus, welche natürlicher Weise aus dieser Begebenheit erfolgen konnten; die verwittwete Königinn schrieb öftere Briefe an den Pabst Cölestin, beschwerte sich über die Beleidigungen, welche ihr Sohn ausgestanden hätte, und stellte vor, wie gottlos es wäre, den berühmtesten Prinzen im Gefängniß zu halten, der doch die Fahnen Christi ins gelobte Land geführet hätte; sie sprach den apostolischen Stuhl um den Schutz an, den er auch dem Geringsten von den Cruziaten schuldig wäre; und machte dem Pabste Vorwürfe, daß er in einer Sache, der Gerechtigkeit, die Religion, die Würde der Kirche, so sehr beträfe; einer Sache, wobey es Seiner Heiligkeit ganz wohl anstünde, zu ihrer Unterstützung in eigner Person nach Deutschland zu reisen, den geistlichen Donner so lange über diesen gottlosen Beleidigern zurück hielte [h]). Der Eifer des Cölestin entsprach der Ungeduld der Königinn nicht; und die Regierung von England mußte eine Zeitlang für sich selbst mit allen ihren innerlichen und auswärtigen Feinden kämpfen.

Der König von Frankreich, welcher sogleich von dem Kaiser Nachricht von der Gefangenschaft Richards erhalten hatte [i]), rüstete sich, sich dieses Vortheils zu bedienen; und wandte alle

---

b) *Brompton*, S. 1243.
a) *Rymer*, B. 1. S. -0.
d) *Hoveden*, S. 717. M. *Paris*, S. 121. *Trivet*. S. 124. *Knighton*. S. 2407.
e) M. *Paris*, S. 118. W. *Heming*. S. 535. *Brompton*. S. 1250.

f) M. *West.* S. 258.
g) Chron. T. *Wikes*, S. 35.
h) *Rymer*, B. 1. S. 72. 73. 74. 75. 76. etc.
i) *Rymer*, B. 1. S. 70.

Geschichte von England. Kap. X. 325

alle Mittel an, Gewalt und List, Krieg und Unterhandlung, um die Gebiethe, und die
Person seines unglücklichen Nebenbuhlers in seine Gewalt zu bekommen. Er suchte die 1193.
Verläumdung wieder hervor, daß Richard den Marquis von Monferrat ermordet hätte;
und durch dieses ungereimte Vorgeben verführte er seine Baronen, den Eid zu brechen, womit sie sich verbunden hatten, daß sie, so lange der Kreuzzug dauerte, niemals, unter keinem Vorwande, die Gebiethe des Königs von England angreifen wollten k). Er machte dem Kaiser die größten Versprechungen, wenn er ihm den königlichen Gefangenen ausliefern, oder wenigstens in beständiger Gefangenschaft behalten
wollte; und er schloß sogar mit dem Könige von Dännemark eine Heyrathsallianz, und
foderte, daß der alte Anspruch der Dänen auf die Krone von England ihm sollte abgetreten, auch eine Anzahl von Schiffen zu Hülfe gegeben werden, um ihn zu unterstützen l). Aber von allen Unterhandlungen Philipps war die mit dem Prinzen Johann
die glücklichste, der aller seiner Bande mit seinem Bruder, seinem Herrn und seinem
Wohlthäter vergaß, und an nichts anders dachte, als wie er sich der Gelegenheit des öffentlichen Elendes zu seinem eignen Vortheil bedienen möchte. Dieser Verräther reisete
auf die erste Einladung von Frankreich aus dem Lande, besprach sich mit dem Philipp,
und schloß einen Tractat, dessen Gegenstand der beständige Untergang seines unglücklichen Bruders war m). Er versprach, dem Philipp einen großen Theil von der Normandie in die Hände zu liefern n); und dagegen empfieng er die Investitur aller jenseit dem
Meere belegnen Gebiethe Richards; und verschiedene Geschichtschreiber erzählen, daß er
sogar dem Könige von Frankreich wegen der Krone von England huldigte.

Diesem Tractate zufolge fiel Philipp in die Normandie ein; und bemächtigte sich,
durch die Verrätherey seines Emissarien, des Johann, ohne Widerstand vieler Forteressen,
Neuf-Chatel, Neauste, Pacey, Ivree o): er brachte die Grafschaften Eu und Aumale unter sich; und da er anrückte, Rouen zu belagern, drohete er, alle Einwohner
nieder zu machen, wenn sie sich unterstünden, sich seiner Waffen im geringsten zu widersetzen. Zum Glück erschien in diesem kritischen Augenblicke Robert, der Graf von
Leicester, ein tapferer Herr, der in dem Kreuzzuge große Ehre eingelegt hatte; der, da er
glücklicher, als sein Herr auf seiner Rückreise durchgekommen war, das Commando in
Rouen übernahm, und sich so bezeigte, daß er durch seine Gegenwart und sein Beyspiel den verzweifelten Normännern Muth einflößte p). Philipp wurde so oft zurück
geschlagen, als er angriff; die Zeit des Dienstes seiner Vasallen verfloß; und er verstund sich mit der englischen Regierung zu einem Stillstande, erhielt dagegen das Versprechen einer Summe von 20,000 Mark, und bekam zu einer Sicherheit für diese
Summe vier Schlösser in die Hände q).

Der Prinz Johann, der in der Absicht, die allgemeine Verwirrung zu vergrößern,
nach England übergieng, war in seinen Unternehmungen nicht so glücklich. Er konnte
Ss 3 sich

k) Hoveden, S. 717. Brompton. S. 1244.
l) Hoveden, S. 731. W. Heming. S. 538.
Brompton, S. 1244. Knyghton. S. 2416.
m) Hoved. S. 724. W. Heming. S. 536.
n) Rymer, B. 1. S. 85.
o) W. Heming. S. 537.
p) Hoved S. 724. M Paris, S. 122.
q) Hoveden, S. 730. 731. Rymer, B. 1.
S. 81.

sich nur der Schlösser zu Windsor und Wallingford bemächtigen; als er aber in London kam, und das Königreich, als Erbe seines Bruders begehrte, von dessen Tode er gewisse Nachrichten empfangen zu haben vorgab, wurde er von allen Baronen abgewiesen, und man machte Anstalten, sich ihm zu widersetzen, und ihn zum Gehorsam zu bringen [r]. Die Justiziarien, unterstützet durch die allgemeine Liebe des Volkes, sorgten so gut für die Vertheidigung des Reiches, daß Johann gezwungen war, nach einigen fruchtlosen Versuchen einen Stillstand mit ihnen zu schließen; und ehe dieser zu Ende lief, fand er es für klug, sich nach Frankreich zu begeben, und bekannte öffentlich seine Allianz mit Philipp [s].

Unterdessen mußte der Stolz des Richard in Deutschland alle Arten von Beleidigung und Schmach erdulden. Die französischen Gesandten erklärten ihn, im Namen ihres Herrn, für einen Vasallen der Krone von Frankreich, und verkündigten ihm, daß alle seine Lehngüter an seinen Lehnsherrn verfallen wären. Der Kaiser begegnete ihm mit der größesten Härte, und setzte ihn in einen elendern Zustand, als den schlechtesten Verbrecher, damit er ihm ein desto größeres Verlangen nach seiner Freyheit machen, und ein desto größeres Lösegeld für ihn erhalten möchte. Er wurde sogar zu Worms an einem Reichstage vorgeführet, und von dem Henrich wegen vieler Verbrechen und Versehen angeklaget; daß er mit dem Tancred, dem Usurpateur in Sicilien, Allianz gemacht; daß er die Waffen der Cruziaten wider einen christlichen Prinzen gewandt, und Cypern unter sich gebracht; daß er den Herzog von Oesterreich vor Acre beschimpfet; daß er den Fortgang der christlichen Waffen durch seine Streitigkeiten mit dem Könige von Frankreich gehemmet; daß er den Conrad, Marquis von Monferrat, ermordet; mit dem Saladin einen Stillstand geschlossen, und Jerusalem in den Händen des saracenischen Kaisers gelassen hätte [t]. Richard, der unter allem seinem Unglücke seinen Muth nicht verlohr, und dessen Genie durch diese seichten oder ärgerlichen Anklagen nur noch mehr ermuntert wurde, sagte zuvor, seine königliche Würde setze ihn über alle Verantwortung vor jedem andern Richterstuhle, als vor dem Himmel hinweg; dennoch wollte er sich, seiner Ehre wegen herablassen, seine Aufführung vor dieser großen Versammlung zu rechtfertigen. Er merkte an, daß er an der Erhebung des Tancred keinen Theil genommen; daß er nur einen Tractat mit einem Prinzen geschlossen hätte, welchen er im Besitz des Thrones gefunden: der König, oder vielmehr der Tyrann von Cyprus, hätte ihn durch das unedelste und ungerechteste Verfahren zum Zorne gereizet; und ob er gleich diesen Angreifer bestrafet, so hätte er doch den Fortgang seines Hauptunternehmens keinen Augenblick verzögert: wenn er jemals etwas in der Höflichkeit gegen den Herzog von Oesterreich versehen hätte; so wäre er für diesen Fehler der Hitze schon genug bestrafet worden, und es wäre für Leute, welche sich für eine so heilige Sache verbunden hätten, anständiger, daß sie sich ihre Schwachheiten vergäben, als eine so geringe Beleidigung mit einer unbarmherzigen Rache verfolgen: man hätte genugsam aus dem Ausgange gesehen, ob der König von Frankreich, oder er den meisten Eifer bezeigt hätte, das heilige Land wieder zu erobern; und wer von ihnen am ersten Privatleiten-

r) Howden, S. 724. s) W. Heming. S. 536.
t) M. Paris, S. 121. W. Heming. S. 536.

Geschichte von England. Kap. X.

vatleidenschaften und Feindseligkeiten dem großen Gegenstande aufzuopfern fähig gewesen sey: wenn die ganze Aufführung seines Lebens nicht bewiesen hätte, daß er unfähig 1193. wäre, einen niederträchtigen Meuchelmord zu begehen, und wenn sie ihn nicht selbst vor den Augen seiner Feinde frey spräche; so würde er sich itzt vergebens rechtfertigen, und die vielen unbeantwortlichen Gründe vorstellen, welche er für sich anführen könnte; und ob es ihn gleich kränke, daß er mit dem Saladin einen Waffenstillstand hätte machen müssen; so schäme er sich desselben doch so wenig, daß er sich vielmehr dieser Begebenheit rühme, und es für eine sehr große Ehre hielte, daß er, von aller Welt verlassen, und nur von seinem Muthe, und von dem kleinen Reste seiner Nationaltruppen unterstützt, dennoch von dem mächtigsten und tapfersten Kaiser, den jemals die Morgenländer hervorgebracht hätten, solche Bedingungen erhalten hätte. Nachdem Richard sich so herabgelassen hatte, seine Aufführung zu rechtfertigen, brach er im Zorn über die grausame Bewegung aus, die er hätte erdulden müssen; daß er, als ein Streiter des Kreuzes, welcher dieses ehrwürdige Zeichen noch trüge, nachdem er für die gemeine Sache des Christenthums das Blut und die Schätze seines Volks verschwendet, auf seiner Zurückreise nach seinem Lande aufgehalten, in ein Gefängniß geworfen, in Ketten gelegt und gezwungen würde, sich zu verantworten, als wenn er ein Unterthan, oder ein Uebelthäter wäre; und was ihn noch mehr kränke, dadurch abgehalten würde, Zurüstungen zu einem neuen Kreuzzuge zu machen, den er nach Verlauf des Waffenstillstandes zu unternehmen gedächte, um das Grab Christi, welches so lange durch die Herrschaft der Ungläubigen entweihet wäre, zu befreien. Der Geist und die Beredsamkeit Richards machten einen solchen Eindruck auf die deutschen Prinzen, daß sie sich höchlich über die Aufführung des Kaisers beklagten. Der Pabst drohete ihm mit dem Bann; und Henrich, welcher den Vorschlägen des Königs von Frankreich, und des Prinzen Johann Gehör gegeben hatte, sah, daß es ihm unmöglich seyn würde, ihr niederträchtiges Vorhaben auszuführen, und den König von England noch länger in der Gefangenschaft zu behalten. Er schloß daher mit ihm wegen seiner Loslassung einen Tractat, Der König und versprach ihm für die Summe von 150,000 Mark, gegen 300,000 Pfund nach wird losgeunserm Gelde, seine Freyheit zu geben, 100,000 Mark sollten davon bezahlet wer- sprochen. den, ehe er seine Freyheit empfienge; und für den Rest sollten sieben und sechzig Geisseln geliefert werden u). Der Kaiser machte zugleich dem Richard, um der Schande dieses Tractats einen Firniß zu geben, ein Geschenk mit dem Königreiche Arles, welches die Provence, das Delphinat, Narbonne, und andre Staaten begriff, worauf das Reich einige veraltete Ansprüche hatte, aber der König schlug sie sehr weislich aus x).

Die Gefangenschaft eines Oberherrn war einer von den Fällen, für welchen durch die Feudalbelehnungen gesorget war; und alle Vasallen waren in einem solchen Falle verbunden, zu seiner Erlösung Hülfe zu leisten. Es wurden daher von jedem Rittersitze in England zwanzig Schillinge gehoben y). Weil aber dieses Geld langsam einlief, und zu der vorgesetzten Absicht nicht zureichte, so ersetzte der freywillige Eifer des Volks den Mangel mit Begierde z). Die Kirchen und Klöster schmolzen ihr Silbergeschirr,

u) *Hoveden*, S. 729. *M. Paris*, S. 122. y) *Hoveden*, S. 726. 731.
Diceto, S. 670. *Rymer*, B. 1. S. 84.   z) *M. Paris*, S. 122. *Ann. Waverl.* S. 164.
x) *Hoveden*, S. 732.   *W. Heming.* S. 538.

1194.
Den 4ten Februar.

schirr auf 30,000 Mark am Werthe, ein, die Bischöfe, Aebte, und Edelleute erlegten einen vierten Theil ihres jährlichen Einkommens; die Geistlichkeit der Parochie gab einen zehnten Theil ihrer Zehnten her; und als die erforderliche Summe gesammlet war, reiseten die Königinn Eleanor, und Walter, der Erzbischof von Rouen, mit derselben nach Deutschland; bezahlten dem Kaiser und dem Herzoge von Oesterreich zu Mainz das Geld; gaben ihm für den Ueberrest Geisseln; und befreyten den Richard aus seiner Gefangenschaft. Er entkam zu einer sehr kritischen Zeit. Man hatte entdeckt, daß Henrich den Bischof von Liege hatte ermorden lassen, und daß er ein gleiches an dem Herzoge von Louvaine versuchet hatte; und weil er sich bey den deutschen Prinzen dieser Thaten wegen sehr verhaßt gemacht hatte, so war er entschlossen, in einer Allianz mit dem Könige von Frankreich Schutz zu suchen a); den Richard als den Feind dieses Prinzen in ewiger Gefangenschaft zu behalten, das Geld, was er bereits für seine Loslassung bekommen hatte, einzustecken, und von dem Philipp und dem Prinzen Johann, welche sich sehr freygebig gegen ihn erbothen, neue Summen zu erpressen b). Er gab daher Befehle, den Richard zu verfolgen und festzusetzen; aber der König, welcher so viel eilte, als er nur konnte, war schon in der Mündung der Schelde zu Schiffe gegangen, und bereits weit vom Lande, als die Bothen des Kaisers zu Antwerpen ankamen.

Ankunft des Königs in England Den 20sten März.

Die Freude der Engländer war sehr groß, als sie ihren Monarchen wieder sahen, der soviel Unglück ausgestanden, der sich so vielen Ruhm erworben, und der den Ruhm seines Namens in den entferntesten Morgenländern ausgebreitet hatte, wohin das Gerücht von ihnen noch niemals hatte kommen können c). Er gab ihnen bald nach seiner Ankunft Gelegenheit, ihre Freude öffentlich an den Tag zu legen, da er Befehl ergehen ließ, daß er zu Winchester noch einmal gekrönt werden wollte; als wenn er sich durch diese Ceremonie wieder auf den Thron einführen lassen, und die Schmach seiner Gefangenschaft abwischen wollte d). Ihr Vergnügen wurde selbst dadurch nicht gedämpfet, daß er bekannt machte, wie er entschlossen sey, diese übermäßigen Verwilligungen wieder zurück zu nehmen, welche er aus Noth vor seiner Abreise in das heilige Land hatte einräumen müssen. Die Baronen erklärten gleichfalls in einer großen Versammlung alle Güter des Prinzen Johann in England, wegen seiner Verrätherey, für verfallen; und stunden dem Könige bey, die Forteressen einzunehmen, welche noch in den Händen der Anhänger seines Bruders geblieben waren e); und nachdem Richard in England alles in Ordnung gebracht hatte, gieng er mit einer Armee nach der Normandie; denn er war ungeduldig, den Philipp zu bekriegen, und sich wegen der vielen Beleidigungen zu rächen, die er von diesem Monarchen gelitten hatte f). Sobald als Philipp hörte, daß der König aus seiner Gefangenschaft befreyet war, schrieb er an seinen Mitverschwornen Johann in folgenden Worten: Nehmet euch in Acht, der Teufel ist wieder los g).

Wenn

a) *Hoveden*, S. 727. *Neubr. W. Heming.* S. 539.
b) *Hoveden*, S. 733.
c) *W. Heming.* S. 539.
d) *Hoveden*, S. 732. *M. Paris*, S. 128.
e) *Hoved.* S. 737. *Annal. Waverl.* S. 165. *W. Heming.* S. 540.
f) *Hoveden*, S. 740.
g) *Hoveden*, S. 739.

Geschichte von England. Kap. X.

Wenn wir zwey so mächtige und kriegerische Monarchen betrachten, welche eine persönliche Feindschaft wider einander entflammte, wechselseitige Beleidigungen erbitterten, die Eifersucht verhetzte, und welche, durch gegeneinander laufende Interessen getrieben, und durch den Stolz und die Heftigkeit ihrer eignen Gemüthsart gereizet wurden, so muß natürlicher Weise unsre Neubegierde größer werden, und wir müssen einen hartnäckigen und wütenden Krieg erwarten, der sich durch die größten Vorfälle unterscheiden, und mit irgend einer merkwürdigen Catastrophe endigen würde. Dennoch sind die Begebenheiten, welche bey diesen Feindseligkeiten erfolgten, so unerheblich, daß schwerlich ein Geschichtschreiber eine so große Liebe zu kriegerischen Beschreibungen haben wird, daß er wagen sollte, sie umständlich zu erzählen: ein gewisser Beweis von der großen Schwachheit der Prinzen in diesen Zeiten, und von dem geringen Ansehen, welches sie über ihre widerspenstigen Vasallen besaßen. Die ganze Summe der Thaten von beyden Seiten bestehet darinn, daß ein Schloß eingenommen, eine zerstreute Partey überfallen, und ein Ranconter der Reuterey gehalten wurde, welcher mehr einem Getümmel, als einer Schlacht gleich sah. Richard zwang den Philipp, die Belagerung von Verneuil aufzuheben; er nahm Loches ein, eine kleine Stadt in Anjou; er machte sich Meister von Baumont und einigen andern Plätzen von kleiner Wichtigkeit, und nach diesen kleinen Thaten fiengen die beyden Könige schon an, Conferenzen zu halten. Philipp drang darauf, daß, wenn ein allgemeiner Friede geschlossen wäre, den Baronen von beyden Seiten verbothen werden sollte, wider einander Privatkriege zu führen: aber Richard antwortete, dieses wäre ein Recht, was seine Vasallen foderten, und er könnte es ihnen nicht nehmen h). Nach dieser fruchtlosen Unterhandlung erfolgte eine Action bey Frettewal zwischen der französischen und englischen Reuterey, worinn die erste geschlagen, und die Schriften und Papiere des Königs von Frankreich, welche damals gemeiniglich allenthalben waren, wo er war, genommen wurden i): Philipp hatte für diese Niederlage seine Rache durch einen Vortheil, den er vor Vaudreuil erhielt: und endlich wurde wegen der Schwachheit beyder Monarchen ein Waffenstillstand auf ein Jahr unter ihnen geschlossen k).

Unter diesem Kriege trat der Prinz Johann von Philipp ab, warf sich seinem Bruder zu Füßen, und erhielt durch Vorbitte der Königinn Eleanor Gnade l). Ich vergebe ihm, sagte der König, und hoffe, daß ich seine Beleidigungen eben so bald vergessen werde, als er meine Gnade. Johann war so gar unfähig, zu seiner Pflicht zurück zu kehren, ohne eine Niederträchtigkeit zu begehen. Ehe er die Parten Philipps verließ, ladete er alle Officiere zum Essen ein, welche dieser Prinz in die Citadelle von Evreux gelegt hatte; ließ sie unter der Mahlzeit verrätherisch niedermachen, fiel mit Beystand der Bürger über die Besatzung her, hieb sie nieder, und übergab alsbann den Platz seinem Bruder m).

h) *Hoved.* S. 741.
i) Ibid.
k) *W. Heming.* S. 541.
l) *M. Paris.* S. 122. *W. Heming.* S. 542.
m) *Phillipid.* lib. 4. S. 143. *Rigord.* S. 77.

330 Geschichte von England. Kap. X.

Der König von Frankreich war der Hauptgegenstand des Zorns und der Feind-
1194. schaft Richards: die Aufführung sowohl seines Bruders Johann, als des Kaisers, und
des Herzogs von Oesterreich, waren so niederträchtig und klein gewesen, und hatten von
jedermann sich so viel Haß und Vorwurf zugezogen, daß der König sich für ihre Beleidigungen genugsam gerächet glaubte; und weil es unmöglich ist, daß man denjenigen,
den man verachtet, wirklich hassen kann, so scheinet es, als wenn er niemals die Gedanken gehabt habe, sich an ihnen zu rächen. Der Herzog von Oesterreich hatte um diese
Zeit durch einen Fall vom Pferde in einem Turnierspiele sein Bein gebrochen, und lag
an einem Fieber krank; und da er bey Annäherung seines Todes sich über die Ungerechtigkeit gegen den Richard ein Gewissen machte, so befahl er in seinem Testamente, daß
alle englischen Geisseln in Freyheit gesetzet, und die noch nicht bezahlte Schuld erlassen
werden sollte n): sein Sohn, welcher geneigt zu seyn schien, diesen Befehlen nicht zu gehorchen, wurde von den Geistlichen gezwungen, sie auszuüben o). Der Kaiser suchte
sich auch die Freundschaft Richards zu erwerben, und erboth sich, ihm eine Quittung für
1195. seine ganze Schuld zu geben, wenn er mit ihm eine Offensivallianz wider den König von
Frankreich schließen wollte; ein Vorschlag, der dem Richard sehr angenehm war, und
den er begierig annahm. Der Tractat mit dem Kaiser kam nicht zu Stande; er diente
aber dazu, den Krieg zwischen Frankreich und England noch vor Verfluß des Waffen-
stillestandes wieder anzuzünden. Dieser Krieg unterschied sich eben so wenig durch merkwürdige Vorfälle, als der vorige. Nachdem sie sich einander das offene Land verwüstet, und einige nichtsbedeutende Castele eingenommen hatten, schlossen diese beyden
1196. Könige zu Louviers einen Frieden, und traten sich einander einige Länder ab p). Ihre
Unfähigkeit, Krieg zu führen, veranlassete diesen Frieden: ihre Feindschaft gegen einander bewegte sie von neuem zu einem Kriege, ehe noch zwey Monate verflossen waren.
Richard glaubte, daß er itzt eine Gelegenheit gefunden hätte, seinem Nebenbuhler einen harten Streich zu versetzen, wenn er mit den Höfen von Flandern, Toulouse, Boulogne, Champagne, und andern wichtigen Vasallen der Krone von Frankreich ein Bündniß schlösse q). Allein, er erfuhr bald, wie wenig diese Prinzen es aufrichtig meynten;
und war nicht fähig, diesem Reiche einen Schaden zuzufügen, so lange es von einem Prinzen, so lebhaft und thätig, als Philipp, beherrschet wurde. Der merkwürdigste Vorfall in diesem Kriege war der, daß der Bischof von Beauvais, ein kriegerischer Prälat,
aus dem Hause Dreux, und ein naher Vetter des Königs von Frankreich, gefangen genommen wurde. Richard, der diesen Bischof kriegte, warf ihn ins Gefängniß, und
legte ihn in Ketten; und als der Pabst seine Freyheit verlangte, und ihn als seinen
Sohn zurück foderte, sandte der König seiner Heiligkeit den Panzer, den dieser Prälat
im Treffen getragen hatte, und der ganz mit Blute beflecket war; und antwortete ihm
mit den Worten, welche dem Patriarchen Jakob seine Söhne sagten: Dieses haben
wir gefunden, siehe nun zu, ob es der Rock deines Sohnes sey, oder nicht r).
Dieser Krieg zwischen England und Frankreich wurde zwar mit so großer Feindseligkeit

n) M. Paris, S. 125. W. Heming, S. 542. Diceto, S. 678.
o) Rymer, B. 1. S. 88. 102.
p) Rymer, B. 1. S. 91.
q) W. Heming. S. 549. Brompton. S. 1273. Rymer. B. 1. S. 94.
r) Genes. Cap. XXXVII. v. 32. M. Paris, S. 128. Brompton. S. 1273.

Geschichte von England. Kap. X.

seit geführet, daß beyde Könige ihren Gefangnen sehr oft die Augen ausstechen ließen, wurde dennoch aber bald durch einen Waffenstillstand auf fünf Jahre geendiget; und 1196. gleich nach der Unterzeichnung des Tractats waren die Könige schon wieder im Begriffe, wegen einer neuen Beleidigung zu Feindseligkeiten zu schreiten, als die Vermittelung des Cardinals von St. Maria, des Legaten des Pabstes, den Streit beylegte *). Dieser Prälat bewog die Prinzen sogar, einen Tractat zu einem dauerhaftern Frieden vorzunehmen; aber der Tod des Richard machte der Unterhandlung ein Ende.

Vidomar, Viscomte von Limoges, ein Vasall des Königs, hatte einen Schatz 1199. gefunden, wovon er diesem Prinzen einen Theil zum Geschenke sandte. Richard, als oberster Herr, verlangte den ganzen Schatz; und belagerte an der Spitze einiger Brabançons den Viscomte in dem Castel von Chalus bey Limoges, um ihn zu zwingen, daß er seine Forderung erfüllte t). Die Besatzung wollte sich ergeben; allein der König antwortete, da er sich die Mühe gegeben hätte, herüber zu kommen, und diesen Platz in Person zu belagern, so wollte er ihn auch mit Gewalt einnehmen, und sie alle hängen lassen. An eben dem Tage rückte Richard, in der Gesellschaft des Marcadee, des Anführers der Brabançons vor das Castel, um es zu recognosciren, als ein gewisser Bertrand de Gourdon, ein Bogenschütze, nach ihm zielte, und ihn mit einem Pfeile durch Den 28sten die Schulter schoß. Der König gab dennoch Befehl zum Sturme, nahm den Platz ein, März. und ließ die ganze Besatzung hängen, bis auf den Gourdon, der ihn verwundet hatte, und den er einer ausgesuchtern und grausamern Hinrichtung aufbehielt u).

Die Wunde war an sich selbst nicht gefährlich; aber die Ungeschicklichkeit des Wundarztes machte sie tödtlich, indem er den Pfeil herauszog, zersplitterte er die Schulter des Richard so sehr, daß ein Krebs daraus entstund; und dieser Prinz sah nun wohl, daß sein Leben zu Ende gieng. Er ließ den Gourdon kommen; und fragte ihn: Elender, was habe ich dir jemals gethan, daß du so nach meinem Leben stundest? Was du mir gethan hast? antwortete kaltsinnig der Gefangne; Du tödtetest mit eigner Hand meinen Vater, und meine zween Brüder; und mich wolltest du hängen lassen: ich bin itzt in deiner Gewalt, und du kannst dich rächen, und mich die größten Martern erdulden lassen: aber ich werde sie alle mit Vergnügen erdulden, da ich den Trost habe, daß ich die Welt von einem so schädlichen Menschen mit eigner Hand befreyet x). Richard, gerührt durch die Billigkeit dieser Antwort, und gedemüthiget von der nahen Ankunft seines Todes, gab Befehl, den Gourdon los zu lassen; aber Marcadee ergriff den unglücklichen Mann, ohne daß Richard es wußte, ließ ihn lebendig schinden, und hernach aufhängen. Richard Den 6ten starb im zehnten Jahre seiner Regierung, und im zwey und vierzigsten seines Alters, und April. ließ keinen Erben nach. Tod

Der glänzendste Theil von dem Character dieses Prinzen waren seine kriegerischen und Characegere Talente. Kein Mensch, selbst in diesen romanhaften Zeiten, trieb den persönlichen ter des Kö-Muth und die Unerschrockenheit höher, als er; und diese Eigenschaft erwarb ihm den nigs. Zunamen der Löwenherzige, cœur de Lion. Er liebte die Ehre mit Hitze, und vornehmlich

---

s) *Rymer*, B. 1. S. 109. 110.   x) *Hoveden*, S. 791. *Brompton*, S. 1277.
t) *Hoveden*, S. 791. *Knyghton* S. 2413.   *Knyghton*. S. 2413.
u) Ibid.

332   Geschichte von England. Kap. X.

1199. nehmlich die Ehre im Kriege; und weil seine Klugheit im Felde nicht geringer war, als seine Tapferkeit; so scheinet er alle nöthige Talente, ihn zu erlangen, beseßen zu haben. Auch sein Zorn war heftig, sein Stolz unüberwindlich, und daher hatten sowohl seine Unterthanen, als seine Nachbarn Ursache, so lange seine Regierung dauerte, eine beständige Scene des Blutvergießens und der Gewaltsamkeit zu befürchten. Mit einem ungestümen und heftigen Geiste unterschied er sich durch alle die guten und bösen Eigenschaften, welche mit diesem Character verbunden sind: er war offenherzig, freymüthig, großmüthig, aufrichtig und tapfer; er war rachsüchtig, herrschsüchtig, ehrgeizig, hochmüthig und grausam; und folglich geschickter, die Menschen durch den Glanz seiner Unternehmungen zu blenden, als entweder ihre Glückseligkeit, oder seine Größe, durch eine gesunde und wohlgeordnete Polizey zu beförbern. Weil militarische Talente einen großen Eindruck auf den gemeinen Mann machen, so scheinet er bey seinen englischen Unterthanen sehr beliebt, und der erste Prinz von dem normännischen Stamme gewesen zu seyn, welcher eine aufrichtige Liebe und Hochachtung für sie hegte; doch brachte er nur vier Monate in diesem Reiche zu. Der Kreuzzug beschäftigte ihn fast drey Jahre lang; er saß gegen vierzehn Monate in der Gefangenschaft; die übrige Zeit seiner Regierung brachte er entweder im Kriege, oder mit Zurüstungen zum Kriege wider Frankreich zu; und er erfreute sich so sehr über den Ruhm, den er in den Morgenländern erworben hatte, daß er scheint entschlossen gewesen zu seyn, ungeachtet aller vorigen Unglücksfälle, sein Reich noch ferner zu erschöpfen, und sich in einem neuen Feldzuge wider die Ungläubigen in neue Gefahr zu setzen.

Vermischte Vorfälle in dieser Regierung.

Obgleich die Engländer ein Vergnügen an dem Ruhme fanden, den die kriegerischen Talente ihres Königs ihnen erwarben, so war doch seine Regierung sehr drückend, und durch die hohen Auflagen, welche er ausschrieb, und oft ohne Bewilligung der Stände, oder des großen Raths, sehr willkührlich. In dem neunten Jahre seiner Regierung schrieb er von jeder Hyde Landes fünf Schillinge aus; und weil die Geistlichkeit ihren Theil nicht geben wollte, setzte er sie aus dem Schutze des Gesetzes; und befahl den bürgerlichen Gerichten bey keiner Schuld, welche sie fordern möchten, einen Ausspruch für sie zu thun y). Er ließ in seiner Regierung alle seine Freybriefe zweymal von neuem siegeln, und die Partheyen mußten dafür die Gebühren bezahlen z). Man sagt, daß Hubert, sein Justiziarius, in einer Zeit von zwey Jahren nicht weniger, als eine Summe von einer Million und hundert tausend Mark, nach Frankreich ihm zugesandt habe, nach Abzug der Kosten für die Regierung in England. Aber diese Rechnung ist ganz unglaublich, wenn wir nicht annehmen, daß er mit den Domainen der Krone ungemein verschwenderisch war. Ein König, der ein solches Einkommen besitzt, könnte unmöglich vierzehn Monate lang in der Gefangenschaft geblieben seyn, weil er nicht 150,000 Mark an den Kaiser bezahlen konnte, und zuletzt für einen Drittheil dieser Summe noch Geiseln lassen mußte. Der Preiß der Waaren unter seiner Regierung ist gleichfalls ein gewisser Beweis, daß keine so ungeheure Summe von dem Volke gehoben werden konnte. Eine Hyde Landes, oder hundert und zwanzig Morgen, wurden gemeiniglich das Jahr für zwanzig Schillinge nach damaligem Gelde vermiethet. Der allgemeine und

---

y) *Hoveden*, S. 743. *Tyrrel.* B. 2. S. 563.
z) *Prynne's Chronol. vindic.* B. 1. S. 1133.

Geschichte von England. Kap. X.

und gesetzte Preiß für einen Ochsen war vier Schillinge; für ein Arbeitspferd eben so viel; für ein Schwein einen Schilling, für ein Schaaf mit guter Wolle zehen Pfennige, mit 1199. schlechter Wolle sechs Pfennige ᵃ). Diese Waaren scheinen seit der Zeit der Eroberung in ihrem Preiße nicht sehr gestiegen zu seyn.

Richard erneuerte die harten Gesetze wider die Uebertreter in seinen Förstern, welche er mit Castration und mit Verlust ihrer Augen bestrafte, so wie unter der Regierung seines Urgroßvaters. Er führete durch ein Gesetz ein Gewicht und Maaß im ganzen Königreiche ein ᵇ): eine nützliche Anordnung, wovon jedoch sein Nachfolger, aus Neigung zum Gelde, und aus Noth, für Geld Ausnahmen machte.

Die Unordnungen in London, welche aus der schlechten Polizey entstunden, waren unter seiner Regierung sehr hoch gestiegen, und im Jahre 1196 schienen die Uebelthäter eine ordentliche Verschwörung gemacht zu haben, welche der Stadt den Untergang drohete. Es war ein gewisser Wilhelm Fiz-Osbert, gemeiniglich Langbart genannt, ein Rechtsgelehrter, der sich unter den niedrigen Bürgern sehr beliebt gemacht hatte, und weil er sie bey aller Gelegenheit vertheidigte, sich den Namen eines Vorsprechers oder Retters der Armen erwarb. Er zeigte sein Ansehen dadurch, daß er die reichern Bürger beleidigte und beschimpfte, mit welchen er in einer Art von Feindschaft lebte, und welche alle Augenblicke den Gewaltsamkeiten und Beleidigungen von ihm und seinen lüderlichen Abgeordneten ausgesetzet waren; Alle Tage wurden Mordthaten auf den Straßen begangen; bey Tage wurden Häuser erbrochen und geplündert, und man sagte, daß nicht weniger, als 52,000 Personen ein Bündniß gezeichnet hätten, wodurch sie sich verpflichteten, allen Befehlen dieses gefährlichen Straßenräubers zu gehorchen; der Erzbischof Hubert, der damals oberster Friedensrichter war, foderte ihn vor sein Gericht, um seine Aufführung zu verantworten; aber er kam in einer so guten Begleitung, daß es niemand wagte, ihn anzuklagen, oder wider ihn zu zeugen, und da der Primas die Ohnmacht der Gesetze erkannte, so begnügte er sich damit, daß er von den Bürgern für ihre gute Aufführung Geißeln nahm. Doch hatt er ein wachsames Auge auf den Wilhelm; und da er sich einer günstigen Gelegenheit bediente, ließ er ihn in Gewahrsam nehmen; aber der Verbrecher ermordete einen von den öffentlichen Bedienten, flüchtete mit seiner Beyschläferinn in die Kirche der St. Maria le Bow, und vertheidigte sich daselbst mit Gewalt und Waffen. Endlich wurde er aus seinem Winkel herausgetrieben, verurtheilt, und zum unendlichen Schmerze des Pöbels hingerichtet; dieser war seinem Andenken so sehr ergeben, daß er den Galgen stahl, demselben eben die Ehrerbietung wie dem Kreuze bewies, und mit einem gleichen Eifer die Nachrichten von den Wundern, welche dieser Galgen thun sollte, ausbreitete und bezeugte ᶜ). Aber obgleich die Anhänger dieses Aberglaubens von dem Friedensrichter bestraft wurden ᵈ), so wurde er doch von der eingeführten Geistlichkeit so wenig unterstützt, weil ihr Eigenthum durch solche aufrührische Gewohnheiten in Gefahr gesetzet war, daß er auf einmal abnahm und verschwand.

a) Hoveden. S. 745.
b) M.Paris. S. 109. 134. Trivet. S. 127. S. 492. 493.
Ann. Waverl. S. 165. Hoveden. S. 774.
c) Hoved. S. 765. Diceto. S. 691. Neubr.
d) Gervas. S. 1591.

Das eilfte Kapitel

Johann.

Der König gelangt zum Thron — Seine Vermählung — Krieg mit Frankreich — Mord des Arthur, Herzogs von Bretagne — Der König wird aus allen seinen französischen Provinzen vertrieben — Streitigkeiten mit dem Hofe von Rom — Der Cardinal Langton wird zum Erzbischof von Canterbury ernannt — Interdikt des Reichs — Bann wider den König — Der König demüthiget sich vor dem Pabst — Mißvergnügen der Baronen — Aufstand der Baronen — Die Magna Charta — Erneuerung der Bürgerkriege — Prinz Ludewig wird herüber gerufen — Der Tod — und Charakter des Königs.

1199.
Der König besteigt den Thron.

Das edle und freye Genie der Alten, nach welchem sie die Regierung einer einzigen Person allemal für eine Art von Tyranney und gewaltsamer Anmaßung ansahen, und sich von einer gesetzmäßigen und ordentlichen Monarchie keinen Begriff machen konnten, machten auch, daß sie nichts von den Rechten der Erstgeburt, und von einer Repräsentation der Thronfolge wußten; Erfindungen, welche so nöthig sind, in den Stammlinien der Prinzen Ordnung zu erhalten, die Uebel der bürgerlichen Uneinigkeit, und ungerechten Anmaßungen zu verhüten, und in dieser Regierungsart eine Mäßigung zu erzeugen, indem sie dem regierenden Herrn Sicherheit geben. Diese Neuerungen entstunden aus dem Feudalgesetze, welches anfänglich das Recht der Erstgeburt einführete, und einen solchen Unterschied zwischen der Familie des ältern und jüngern Bruders machte, daß der Sohn der erstern für berechtiger gehalten wurde, vor seinem Onkel, seinem Großvater nachzufolgen; wenn schon jener dem verstorbenen Monarchen näher verwandt war. Aber obgleich dieser Fortgang der Begriffe natürlich war, so kam man doch nur nach und nach darauf. In der Zeit, wovon wir reden, war zwar der Gebrauch der Repräsentation eingeführet, aber doch noch nicht ganz vestgesetzt; und die Gemüther der Menschen waren noch zwischen zwenen widrigen Grundsätzen unentschlossen. Als Richard den heiligen Krieg anfieng, erklärte er seinen Neffen, den Arthur, Herzog von Bretagne, zu seinem Nachfolger; und setzte in einer förmlichen Verordnung zu seinem Vortheile das Recht seines Bruders Johann aus den Augen, welcher

Geschichte von England. Kap. XI.

cher jünger, als Gottfried, der Vater dieses Prinzen war a). Aber Johann war mit dieser Beistimmung so wenig zufrieden, daß er damals, als er bey dem englischen Ministerio so viel Ansehen gewann, indem er den Kanzler und Reichsjustiziarius Longchamp vertrieb, alle englische Baronen beredete, zu schwören, daß sie sein Succeßionsrecht unterstützen wollten; und Richard that dagegen nichts, um die Ordnung, die er erst eingeführet hatte, wieder herzustellen, oder in Sicherheit zu setzen. Er gab sich sogar Mühe, in seinem letzten Willen seinen Bruder Johann zum Erben aller seiner Gebiethe zu erklären b). Er mochte nun den Arthur, welcher erst zwölf Jahre alt war, für unfähig halten, seinen Thron wider die Faction des Johann zu behaupten, oder er mochte sich von der Eleanor, der Mutter des Königs, welche die Constantia, die Mutter des jungen Herzogs haßte, und sich vor dem Einfluß fürchtete, den diese Prinzeßinn, unter der Regierung ihres Sohns, natürlicher Weise haben würde, dazu haben bereden lassen. Ein Testament war in diesen Zeiten sehr gültig, wenn es auch die Thronfolge in einem Reiche betraf; und Johann hatte Ursache, zu hoffen, daß dieses Recht, nebst dem scheinbaren Rechte in andern Betrachtungen, ihm die Nachfolge sichern würde; aber die Idee der Repräsentation scheinet damals in Frankreich einen größern Fortgang gehabt zu haben, als in England; und die Baronen in den jenseit dem Meere gelegenen Provinzen, Anjou, Maine und Touraine, erklärten sich augenblicklich für die Nachfolge des Arthurs c), und sprachen den französischen Monarchen, als ihren Oberherrn, um Beystand an. Philipp, welcher nur eine Gelegenheit wünschte, dem Johann Unruhen zu machen, um seine Gebiethe zu zerrütten, nahm sich der Sache des jungen Herzogs von Bretagne an, nahm ihn in seinen Schutz, und sandte ihn nach Paris, um mit seinem Sohn Ludewig dort erzogen zu werden d). Bey diesem Vorfalle eilte Johann, bey den vornehmsten Gliedern der Monarchie seine Gewalt auf vesten Fuß zu setzen; und nachdem er Elanor nach Poictou und Guienne gesandt hatte, wo ihr Recht unstreitig war, und wo sie sogleich erkannt wurde; eilte er nach Rouen, und als er dort mit dem Herzogthum Normandie bekleidet war, gieng er ohne Zeitverlust nach England. Hubert, der Erzbischof von Canterbury, Wilhelm Mareschall, Graf von Strigul, der bald hernach zum Grafen von Pembroke, und Gottfried Fitz-Peter, der Justiziarius, diese drey Minister, welche bey dem vorigen Könige am beliebtesten waren, waren bereits auf seine Seite gebracht e); und die Unterwerfung, oder die Genehmigung aller andern Baronen setzte ihn ohne Widersetzung in Besitz des Throns.

Der König kehrte bald nach Frankreich wieder zurück, um den Krieg wider Philipp zu führen, und die von ihm abgefallenen Provinzen von seinem Neffen Arthur wieder zu erobern. Die Allianzen, welche Richard mit dem Grafen von Flandern f), und andern mächtigen französischen Baronen geschlossen hatte, dauerte noch, ob sie gleich nicht viel gewirket hatte; und setzte den Johann in Stand, sich wider die Bemühung
seines

---

a) *Hoveden*, S. 677. M. *Paris*, S. 112. Chron de Dunst. S. 43. *Rymer*, B 1. S. 66. 68 *Bened.* Abb. S. 619.
b) *Hoveden*, S. 792. *Trivet*. S. 138.
c) *Hoveden*, S. 792. M. *Paris*, S. 137. M. *West.* S. 253. *Knyghton*. S. 2414.
d) Ibid.
e) *Hoved.* S. 793. M. *Paris*, S. 137.
f) *Rymer*, B 1. S. 114. *Hoveden*, S. 794. M. *Paris*, S. 138.

1199. seines Feindes zu vertheidigen. In einer Action zwischen den Franzosen, und den Truppen von Flandern, wurde der erwählte Bischof von Cambray von den ersten gefangen genommen; und als der Cardinal von Capua seine Freyheit verlangte, warf ihm Philipp, anstatt ihm zu willfahren, die vergeblichen Bemühungen vor, welche er sich selbst für den Bischof von Beauvais, der in gleichen Umständen war, gegeben hätte. Der Legat legte, um seine Unpartheylichkeit zu zeigen, sogleich ein Interdikt auf das Königreich Frankreich, und das Herzogthum Normandie; und die beyden Könige fanden sich genöthiget, diese militarischen Prälaten gegen einander auszuwechseln.

1200. Nichts setzte den König mehr in den Stand, diesen Krieg zu einem glücklichen Ausgang zu bringen, als der eigennützige, und zu Ränken geneigte Charakter Philipps, der sich in denen Provinzen, die sich für den Arthur erkläret hatten, so aufführte, daß er für das Interesse dieses Prinzen gar keine Achtung bezeigte; und der Constantia einen starken Argwohn einflößete, daß er die Absicht hätte, sich der ganzen Herrschaft über dieselben zu bemächtigen g). Sie fand daher Mittel, ihren Sohn heimlich aus Paris zu entführen; sie übergab ihn den Händen seines Onkels; lieferte ihm die Provinzen wieder aus, welche ihm angehangen hatten, und ließ ihn demselben wegen des Herzogthums Bretagne huldigen, welches gemeiniglich für ein halbes Lehn von der Normandie angesehen wurde. Aus diesem Vorfalle sah Philipp, daß er nicht hoffen könnte, wider den Johann etwas auszurichten; und weil er wegen seiner unordentlichen Ehescheidung von der Ingelburga, der dänischen Prinzeßin, womit er sich vermählet hatte, mit einem Interdikt bedrohet wurde, so wünschte er sehr, Frieden mit England zu schließen. Nach einigen fruchtlosen Conferenzen wurden die Bedingungen endlich bestimmt; und es schien, als wenn die beyden Monarchen in diesem Traktat nicht nur gesonnen wären, den gegenwärtigen Streit zu endigen, sondern auch allen künftigen Ursachen der Zwietracht vorzubeugen, und alle Streitigkeiten abzuthun, welche nach diesem unter ihnen entstehen könnten. Sie bestimmten die Gränzen von allen ihren Ländern; sicherten gegen einander das Interesse ihrer Vasallen; und um die Vereinigung desto dauerhafter zu machen, gab Johann seine Nichte Blancha von Castille dem ältesten Sohne Philipps, dem Prinzen Ludwig zur Gemahlinn, und gab ihr zur Aussteuer die Baronien Issoudun und Gracai, und andre Güter in Berri mit. Neun Baronien von dem Könige von England, und eben so viel von Frankreich, waren die Garants für diesen Traktat; und diese alle schwuren, daß sie sich wider denjenigen König, welcher einen einzigen Artikel kränken würde, erklären, und die Sache des beleidigten Monarchen vertheidigen wollten h). So viel Freyheit nahmen sich damals diese Vasallen, und ihre Prinzen litten es.

Vermählung des Königs. Johann, der nun, seiner Meynung nach, von Seiten Frankreichs sicher war, hieng seiner Liebe gegen die Isabella, die Tochter und Erbinn des Aymar Taillefer, Grafen von Angouleme nach; sie war eine Dame, worein er sich sehr verliebt hatte. Seine Gemahlinn, die Königinn und Erbinn der Familie von Glocester, war noch am Leben: Isabella

---

g) *Hoveden*, S. 795.

h) *Norman. Duchesnii*, S. 1055. *Rymer*, B. 1. S. 117, 118, 119. *Hoved.* S. 814. *Chron. Dunst.* B. 1. S. 47.

Geschichte von England. Kap. XI.

Isabella war an den Grafen de la Marche vermählet, und war diesem Herrn bereits übergeben; obgleich wegen ihrer zarten Jahre die Vermählung noch nicht vollzogen war. 1200. Johann übersah aus Liebe alle diese Hindernisse: er beredete den Grafen von Angouleme, seine Tochter ihrem Gemahl zu entführen; und weil er einen oder den andern Vorwand fand, so ließ er sich von seiner Gemahlinn scheiden, und heyrathete die Isabella '); ohne auf die Drohung des Pabstes, der wider dieses verbotene Verfahren eiferte, oder auf die Rache des beleidigten Grafen zu achten, welcher bald Mittel fand, seinen mächtigen und stolzen Nebenbuhler zu bestrafen.

Johann besaß nicht die Kunst, sich seine Baronen entweder durch Liebe, oder 1201. durch Furcht zu verbinden; der Graf de la Marche, und sein Bruder, der Graf von Eu, machten sich des allgemeinen Mißvergnügens wider ihn zu Nutze, und erregten in Poictu und in der Normandie Unruhen; und zwangen den König, zu den Waffen zu greifen, um diesen Aufstand seiner Vasallen zu unterdrücken. Er berief die Baronen von England zusammen, und verlangte von ihnen, daß sie unter seiner Fahne über Meer gehen, und die Rebellen demüthigen sollten; er sah, daß er in diesem Königreiche eben so wenig Ansehen besaß, als in den über Meer gelegenen Provinzen. Die englischen Baronen antworteten einmüthig, daß sie ihn in diesem Feldzuge nicht eher begleiten wollten, als er ihnen versprechen würde, ihre Freyheiten wieder herzustellen, und sie dabey zu erhalten k); das erste Zeichen einer regelmäßigen Verbindung, und eines ordentlichen Plans der Freyheit unter diesen Edelleuten: aber die Sachen waren zu der entworfnen Staatsveränderung noch nicht reif genug. Johann zerstörte ihre Eintracht, indem er den Baronen drohete, und viele von ihnen nöthigte, ihm in die Normandie zu folgen, und zwang die übrigen, welche zurück blieben, ihm von jedem Ritterlehn, als einen Preiß für diese Befreyung von dem Kriegsdienste, zwey Mark Scutage zu bezahlen.

Die Macht, welche Johann mitnahm, und diejenige, welche in der Normandie zu ihm stieß, machte ihn viel stärker, als seine mißvergnügten Baronen waren; und dieses um so viel mehr, weil Philipp sie öffentlich gar nicht unterstützte, und noch zur Zeit entschlossen zu seyn schien, standhaft in der Vereinigung zu bleiben, welche er mit England geschlossen hatte. Aber der König, übermüthig wegen seines Sieges, machte Forderungen, welche alle seine Vasallen beunruhigten, und das allgemeine Mißvergnügen noch weiter ausbreiteten. Weil damals die Rechtsgelehrsamkeit erforderte, daß die Rechtshändel in dem Gerichte des Herrn vornehmlich durch einen Zweykampf ausgemacht würden, so hatte er gewisse Vorfechter bey sich, welche er als Kämpfer hielt, und welche mit den Baronen fechten sollten, um alle Streitigkeiten auszumachen, die er mit ihnen haben möchte l). Der Graf de la Marche und die übrigen Edelleute sahen dieses Verfahren für eine Beschimpfung und Beleidigung an, und erklärten sich, daß sie niemals gegen Leute von so niedrigem Stande ihren Degen ziehen würden. Der König drohete

i) *Hoveden*, S. 803. *M. Paris*, S. 140. *Trivet*. S. 140. *Annal. Waverl* S. 166. *Ypod. Neustr* S. 458. *Ann. Morgan*. S. 12. *M. West*. S. 263.

k) *Annal. Burt.* S. 261.

l) *Annal. Burt.* S. 262.

drohete ihnen **Rache**: aber er hatte nicht Muth genug, die Macht, die er wider sie in
1201. Händen hatte, zu gebrauchen, oder die Ungerechtigkeit zu vollführen, und die Edelleute, die sich ihm widersetzten, zu zertreten.

Krieg wider Frankreich.
Diese Regierung, die eben so schwach, als gewaltthätig war, gab den beleidigten Baronen sowohl Muth als Neigung, ihre Widersetzung noch weiter zu treiben. Sie wandten sich an den König von Frankreich, beklagten sich, daß ihnen an dem Hofe des Johan Gerechtigkeit versagt würde; foderten von ihm, als ihrem obersten Herrn, Ersetzung, und baten ihn, seine Macht anzuwenden, und ihren gänzlichen Untergang zu verhüten. Philipp merkte seinen Vortheil, öffnete seine Ohren großen Projekten, warf sich für die französischen Baronen ins Mittel, und fieng an, in einem hohen und dro-
1202. henden Tone mit dem Könige von England zu reden. Johann, der wider die Gewalt Philipps nichts einwenden konnte, antwortete, erst käme es ihm zu, ihnen einen Proceß vor den Pairs in seinen Gerichten zu erlauben; und ehe er sich dieser Pflicht nicht geweigert hätte, dürfte er sich nicht vor den Pairs in dem höchsten Gerichte des Königs von Frankreich verantworten m); und er versprach, die Baronen durch ein aufrichtiges und billiges Gericht zu befriedigen. Als die Edelleute nach diesem Versprechen ein sicheres Geleite foderten, damit sie an seinen Hof kommen möchten, schlug er es ihnen erstlich ab: als Philipp seine Drohungen wiederholte, versprach er ihnen, ihre Foderung zu bewilligen; er brach dieses Versprechen; neue Drohungen zwangen ihn, dem Philipp die Forteressen Tillieres und Boutavant, zu einer Sicherheit der Vollziehung auszuliefern; er brach auch dieses Versprechen; seine Feinde, welche sowohl seine Schwachheit, als Treulosigkeit erkannten, verbanden sich noch immer vester in dem Entschluß, ihn aufs äußerste zu treiben; und ein neuer und mächtiger Allierter trat bald auf den Schauplatz, um ihnen Muth zu machen, diese verhaßte und verächtliche Regierung anzugreifen.

1203. Der junge Herzog von Bretagne, der itzt zu männlichem Alter kam, erkannte den gefährlichen Charakter seines Onkels, und entschloß sich durch eine Vereinigung mit dem Philipp, und mit den mißvergnügten Baronen, sowohl seine Sicherheit, als seine Beförderung zu suchen. Er gieng zu der französischen Armee, welche schon wider den König von England Feindseligkeiten angefangen hatte; er wurde von dem Philipp mit allen Ehrenbezeigungen empfangen; wurde von ihm zum Ritter gemacht; heurathete seine Tochter, Maria; und wurde nicht nur in dem Herzogthum Bretagne, sondern auch in den Grafschaften Anjou und Maine eingesetzt, welche er vormals seinem Onkel abgetreten hatte n). Den Alliirten glückte jedes Unternehmen. Tillieres und Boutavant wurden von dem Philipp erobert, nachdem sie einen schwachen Widerstand gethan hatten; Mortimar und Liors fielen fast ohne allen Widerstand in seine Hände; hierauf berennete dieser Prinz Gournal; und indem er die Schleusen eines Sees öfnete, der in der Nähe lag, ließ er einen solchen Strom von Wasser in diesen Platz, daß die Besatzung ihn verließ, und der französische Monarch ohne einen Schwerdtstreich sich dieser wichtigen Vestung bemächtigte. Der Fortgang der französischen Waffen war schnell, und versprach wichtigere Folgen, als in diesen Zeiten mit kriegerischen Unternehmungen verbunden zu seyn pflegten. Zur Beantwortung aller Vorschläge, welche der König von

Eng-

---

m) *Philipp.* lib. 6.   n) *Trivet.* S. 142.

England zum Frieden that, drang Philipp darauf, daß er alle seine über Meer gelegene Gebiethe seinem Neffen abtreten, und sich mit dem Königreiche von England begnügen sollte: als sich eine Begebenheit ereignete, welche die Schaale zum Vortheil des Johann zu verändern, und ihm eine entschiedene Uebermacht über seine Feinde zu geben schien. 1203.

Der junge Arthur, begierig nach dem Ruhm im Kriege, war an der Spitze einer kleinen Armee in Poictu eingebrochen: und indem er vor Mirabel vorbey marschirte, hörte er, daß seine Großmutter, die Königinn Eleanor, welche sich seinem Interesse immer widersetzet hatte, sich an diesem Orte aufhielt, und von einer schwachen Besatzung, und nur von verfallenen Vestungswerken beschützet war o). Er entschloß sich sogleich, die Forteresse zu belagern, und sich ihrer Person zu bemächtigen: aber Johann wurde durch einen so dringenden Vorfall aus seiner Trägheit aufgeweckt, brachte eine Armee von Engländern und Brabançons zusammen, und rückte aus der Normandie mit eilfertigen Märschen an, um seine königliche Mutter zu entsetzen. Er fiel in das Lager des Arthur, ehe dieser Prinz die Gefahr merkte; zerstreute seine Armee, nahm ihn nebst dem Grafen de la Marche, Gottfried de Lusignan, und den angesehensten von den abgefallenen Baronen gefangen, und gieng triumphirend in die Normandie zurück p). Philipp, welcher in diesem Herzogthum vor Arques lag, hob die Belagerung auf, und zog sich bey seiner Annäherung zurück q). Der größte Theil der Gefangnen wurde nach England hinüber gesandt; aber Arthur wurde in dem Castele Falaise eingeschlossen. Den 1ten August.

Hier hatte der König mit seinem Neffen eine Conferenz; stellte ihm die Thorheit seiner Ansprüche vor, und verlangte von ihm, daß er der französischen Allianz entsagen sollte, wodurch er sich hätte verleiten lassen, wider seine ganze Familie Feindschaft zu machen: aber der tapfere Jüngling, den sein Unglück nur noch stolzer machte, behauptete, daß seine Sache gerecht wäre, blieb bey seinem Anspruche nicht nur auf die französischen Provinzen, sondern auch auf die Krone von England; und verlangte von seiner Seite, daß er den Sohn seines ältern Bruders in den Besitz seines Erbtheils setzen sollte r). Johann, welcher aus diesem Zeichen des Muthes erkannte, daß der junge Prinz, ob er ihr gleich ein Gefangner war, dereinst doch sein gefährlichster Feind werden möchte, entschloß sich, aller Gefahr zuvor zu kommen, und seinen Enkel aus dem Wege zu schaffen; und man hörte weiter nichts von dem Arthur. Die Umstände, welche mit dieser That der Finsterniß verbunden waren, wurden ohne Zweifel von den Thätern sorgfältig verborgen gehalten, und werden von den Geschichtschreibern verschiedentlich erzählet: aber die wahrscheinlichste Nachricht ist folgende: Man sagt, der König habe zuerst dem Wilhelm de la Braye, einem von seinen Bedienten, den Auftrag gegeben, den Arthur aus dem Wege zu schaffen; aber Wilhelm antwortete, er wäre ein Edelmann und kein Henker; und schlug es ihm durchaus ab. Es wurde ein andres Werkzeug des Mordes gefunden, und mit gehörigen Briefen nach Falaise gesandt; aber Hubert de Bourg, Kammerherr des Königs, und Constable des Schlosses, stellte sich, als wenn er den Befehl Mord des Arthur Herzogs von Bretagne.

o) Annal. Waverl. E. 167. M. West. E. 264.
p) M. West. E. 264.
q) Ann. Burg. E. 213. M. West. E. 264.
r) Ibid.

Befehl des Königs selbst vollziehen wollte, streute das Gerücht aus, daß der junge Prinz gestorben sey, und ließ öffentlich alle Feyerlichkeiten seines Begräbnisses begehen. Da er aber sah, daß die Bretagner Rache für diesen Mord gelobten, und daß alle abgefallene Baronen noch hartnäckiger bey ihrer Empörung verharreten; so hielt er es für klug, das Geheimniß zu offenbaren, und die Welt zu unterrichten, daß der Herzog von Bretagne noch am Leben, und in seiner Verwahrung wäre. Diese Entdeckung schlug zum Unglück des jungen Prinzen aus. Johann ließ ihn erst von da auf das Schloß von Rouen bringen; und indem er bey Nachtzeit in einem Boote an diesen Ort kam, ließ er den Arthur vor sich bringen. Der Prinz, der seine Gefahr erkannte, und durch die Fortdauer seines Unglücks, und die Annäherung seines Todes muthloser war, warf sich seinem Onkel zu Füßen, und bat um Gnade; aber der barbarische Tyrann antwortete ihm nichts, erstach ihn mit eigner Hand, band einen Stein an den todten Körper, und warf ihn in die Seine.

Die ganze Welt wurde von Abscheu über diese unmenschliche That gerühret; und von diesem Augenblick an hatte der König, verflucht von seinen Unterthanen, über sein Volk und seine Baronen in seinen Gebiethen nur eine sehr ungewisse Gewalt. Die Bretagner, erbittert über den Verlust ihrer besten Hoffnung, lagen in einem unversöhnlichen Kriege wider ihn; sie setzten die Erbfolge in ihrer Regierung vest, und sich selbst in den Stand, den Mord ihres Herrn zu rächen. Johann hatte seine Nichte Eleanor, die Schwester des Arthur, gemeiniglich das Mädchen von Bretagne genannt, in seine Gewalt bekommen; er nahm sie mit nach England, und behielt sie daselbst in steter Gefangenschaft '); aber die Bretagner wählten, weil sie diese Prinzeßinn wieder zu erhalten verzweifelten, die Alice, eine jüngere Tochter der Constantia, von der zweyten Ehe mit dem Guide Thouars zur Regentinn; und übergaben die Regierung dieses Herzogthums diesem Herrn. Unterdessen brachte Constantia, die Mutter des ermordeten Prinzen, welche von allen Ständen in Bretagne unterstützet wurde, ihre Klagen vor den Philipp, als ihren Oberherrn, und bat um Gerechtigkeit wegen dieser unmenschlichen Gewaltthat, welche Johann an der Person des Arthur, eines so nahen Verwandten, verübt hatte, der ungeachtet der Huldigung, welche er wegen der Normandie geleistet, dennoch immer für einen der vornehmsten Vasallen der Krone gehalten wurde. Philipp nahm ihre Klage mit Vergnügen an; forderte den Johann vor seinen Richterstuhl; und da er nicht erschien, that er, mit Beystimmung der Pairs, einen Richterspruch über diesen Prinz; erklärte ihn der Felonie und des Mordes für schuldig; und verurtheilte ihn, daß er an seinem Oberherrn sich aller Herrschaften und Lehngüter in Frankreich verlustig gemacht hätte ').

Der König verliert alle seine französischen Provinzen.

Der König von Frankreich, dessen thätiger und ehrgeiziger Geist sich bisher entweder durch die gesunde Staatsklugheit des Henrichs, oder durch das kriegerische Genie des Richard hatte einschränken lassen, sah itzt eine günstige Gelegenheit wider diesen niederträchtigen und verhaßten Prinzen, faßte den Entschluß, die Engländer, oder vielmehr den König von England aus Frankreich zu vertreiben, und so viele wichtige Lehngüter wieder

') Trivet. S. 145. T. Wikes, S. 36. Ypod. Neust. S. 459. ') W. Heming. S. 455. M. West. S. 164. Knyghton. S. 2420.

wieder an die Krone zu bringen, welche von derselben seit verschiedenen Altern waren getrennet gewesen. Viele von den andern großen Vasallen, deren Eifersucht ihnen 1203. hätte im Wege stehen, und die Vollziehung dieses Projektes verhindern können, waren itzt nicht im Stande, sich derselben zu widersetzen; und die übrigen sahen entweder gleichgültig zu, oder stunden ihrem Oberherrn auch in dieser gefährlichen Vergrößerung bey. Die Grafen von Flandern und Blois waren in dem heiligen Kriege begriffen; der Graf von Champagne war ein Kind, und stund unter der Vormundschaft Philipps: das Herzogthum Bretagne, erbittert über den Mord seines Prinzen, beförderte alle seine Maasregeln aus allen seinen Kräften; und der allgemeine Abfall der Vasallen des Johann machte ihnen jedes Unternehmen leicht und glücklich. Nachdem Philipp jenseit der Loire verschiedene Castele und Forteressen weggenommen, welche er entweder mit Garnisonen besetzte, oder schleifte, nahm er den Grafen von Alanßon gnädig auf, welcher von dem Johann abfiel, und dem Könige von Frankreich alle ihm vertraute Plätze übergab; hierauf ließ Philipp seine Armee auseinander gehen, um ihr nach den Beschwerlichkeiten des Feldzuges einige Ruhe zu geben. Johann brachte in der Geschwindigkeit einige Truppen zusammen, belagerte Alanßon; und Philipp, dessen zerstreute Armee nicht zeitig genug zum Entsatz wieder zusammengebracht werden konnte, hätte beynahe den Schimpf ansehen müssen, daß sein Freund und Bundsgenosse unterdrückt wurde. Aber sein thätiges und fruchtbares Genie fand wider dieses Uebel ein Mittel. Es wurde zu eben der Zeit, zu Moret in Gatinois, ein Tournierspiel gehalten, wohin sich der ganze höchste Adel aus Frankreich und aus den benachbarten Ländern begeben hatte, um seinen Muth und seine Geschicklichkeit zu zeigen. Philipp zeigte sich ihnen, bat sie in seiner Verlegenheit um ihren Beystand, und wies mit den Fingern nach den Feldern von Alanßon, als nach dem rühmlichen Felde, wo sie ihren Muth und ihren kriegerischen Geist am besten beweisen könnten. Diese tapfern Ritter schwuren, daß sie sich an dem niederträchtigen Mörder, diesem Schandfleck der Waffen und der Ritterschaft rächen wollten. Sie gaben sich mit allem ihrem Gefolge unter die Anführung Philipps, und brachen sogleich auf, um die Belagerung von Alanßon aufzuheben. Als Johann von ihrer Ankunft hörte, flohe er, und hinterließ in der Eile seine Gezelte, Maschinen, und seine Bagage dem Feinde.

Diese schwache Bemühung war die letzte That dieses trägen und feigen Prinzen, zur Vertheidigung seiner Herrschaften. Von der Zeit an blieb er in gänzlicher Unthätigkeit zu Rouen; und brachte seine ganze Zeit bey seiner jungen Gemahlinn mit Lustbarkeiten und Zeitvertreiben zu, als wenn sein Staat sich in der tiefsten Ruhe, oder seine Angelegenheiten in den glücklichsten Umständen befunden hätten. Wenn er jemals vom Kriege redete; so geschah es nur in der Absicht, daß er sich ein prahlhaftes Ansehen geben möchte, welches ihn in den Augen aller vernünftigen Leute nur verächtlicher und lächerlicher machte. Laßt die Franzosen nur fortfahren, sagte er, was ihnen Jahre Zeit zu erobern gekostet hat, das will ich in Einem Tage wieder gewinnen u). Seine Dummheit und Trägheit waren so außerordentlich, daß das Volk sich bemühete, seine Verblendung durch eine Zauberey zu erklären, und glaubte, daß er durch

---

u) *M. Paris*, S. 146. *M. West*. S. 266.

durch eine Beschwörung oder Zauberey in diese Schlafsucht versetzet wäre. Da die
1203. englischen Baronen sahen, daß sie ihre Zeit unnütz verschwendeten, und daß sie den Schimpf leiden mußten, den Fortgang der französischen Waffen ohne Widerstand zu sehen, so entzogen sie sich ihren Fahnen, und kehrten heimlich nach ihrem Lande zurück ⁾). Keinem einzigen fiel es ein, einen Mann zu vertheidigen, der sich selbst zu verlassen schien; und seine Unterthanen sahen sein Schicksal mit eben der Gleichgültigkeit an, der er in dieser dringenden Noth sich selbst zu überlassen schien.

Indem Johann alle häusliche Hülfsmittel für seine Sicherheit aus den Augen ließ, beging er die Kleinmüthigkeit, sich an eine auswärtige Macht zu wenden, und sie um Schutz zu bitten. Er wandte sich an den Pabst Innocentius den Dritten, und bat ihn, mit seiner Macht zwischen ihm und dem Könige von Frankreich ins Mittel zu treten. Innocentius, welcher sich über eine Gelegenheit, sein Ansehen zu zeigen, freuete, sendte dem Philipp Befehle, den Fortgang seiner Waffen zu hemmen, und mit dem Könige von England Frieden zu machen. Aber die französischen Baronen empfiengen diesen Befehl mit Unwillen; verwarfen die weltliche Gewalt, welche der Pabst sich anmaßte; und gelobten, daß sie ihrem Prinzen bis aufs äußerste wider alle seine Feinde beystehen wollten; und Philipp, anstatt dem Befehle des Pabstes zu gehorchen, fuhr fort, und belagerte Chateau-Gaillard, die wichtigste Forteresse, welche noch übrig war, die Gränzen von der Normandie zu beschützen.

1204. Chateau-Gaillard lag theils auf einer Insel in dem Fluß Seine, theils auf einem gegenüber liegenden Felsen; und war durch alle Vortheile gesichert, welche es nur durch Kunst oder Natur erhalten konnte. Der vorige König, welcher sein Auge auf diese günstige Lage gerichtet, hatte keine Arbeit oder Kosten geschonet, es zu bevestigen; und es wurde von dem Roger de Laci, Constable von Chester, einem muthigen Officier, an der Spitze einer zahlreichen Besatzung vertheidiget. Philipp, welcher keine Hoffnung hatte, diesen Platz mit Gewalt einzunehmen, wollte ihn durch Hunger gewinnen; und um ihm die Gemeinschaft mit dem benachbarten Lande abzuschneiden, schlug er eine Brücke über die Seine, indem er es von der Landseite mit seiner Armee einschloß. Der Graf von Pembroke, derjenige Mann, der an dem englischen Hofe den größten Muth, und die größte Fähigkeit besaß, entwarf einen Plan, wie man durch die französischen Verschanzungen durchbrechen, und einen Entsatz in den Ort werfen könnte: er nahm eine Armee von 4000 Mann zu Fuße, und 3000 zu Pferde mit, und griff bey Nachtzeiten das Lager Philipps plötzlich mit großem Fortgange an; und hatte Befehl zurück gelassen, daß eine Flotte von siebenzig platten Fahrzeugen die Seine hinaufsegeln, und in demselben Augenblicke die Brücke angreifen sollte. Aber da der Wind und der Strom des Flusses die Schiffe aufhielt, so vereitelten sie diesen Operationsplan; und es war schon Morgen, ehe die Flotte ankam; als Pembroke, der zwar im Anfange der Action glücklich gewesen war, bereits mit einem ansehnlichen Verlust zurück getrieben war, und der König von Frankreich schon Zeit gewonnen hatte, sich gegen diese neuen Angreifer zu vertheidigen, welche gleichfalls geschlagen wurden. Nach diesem Unglück that Johann nichts weiter, um Chateau-Gaillard zu entsetzen, und Philipp hatte alle Zeit, die Belagerung

g) *M. Paris*, S. 146. *M. West.* S. 264.

Lagerung fortzusetzen, und zu endigen. Roger de Laci vertheidigte sich ein Jahr lang sehr hartnäckig; und nachdem er alle Angriffe tapfer zurückgeschlagen, und alle Härte 1204. des Hungers geduldig ausgestanden hatte, wurde er endlich durch einen plötzlichen Angriff zu Nachtzeiten überwältiget, und mit der ganzen Garnison gefangen genommen y). Philipp, welcher wußte, wie man die Tapferkeit auch bey einem Feinde schätzen muß, begegnete ihm mit der größten Höflichkeit, und gab ihm die ganze Stadt Paris zu dem Ort seiner Gefangenschaft.

Als dieses Bollwerk der Normandie einmal überwunden war, so lag die ganze Provinz den Angriffen Philipps offen; und der König von England verlohr die Hoffnung, sie noch länger vertheidigen zu können. Er ließ heimlich seine Schiffe fertig machen, um eine schimpfliche Flucht zu nehmen; und damit die Normänner nicht länger an seiner Entschließung zweifeln möchten, daß er sie verlassen wollte, so ließ er die Vestungswerke von Pont de l'Arche Moulineur, und Montfort l'Amauri schleifen. Weil er nicht das Herz hatte, einem von seinen Baronen zu trauen, da er glaubte, daß sie alle miteinander wider ihn eine Verschwörung gemacht hätten, so übergab er die Regierung über die Provinz dem Archas Martin und Lupicaire, zweyen um Sold dienenden Brabanzions, welche er in seinem Dienst behalten hatte. Da Philipp itzt seiner Beute gewiß war, setzte er seine Eroberungen wider die niedergeschlagenen Normänner muthig und glücklich fort. Falaise wurde zuerst belagert; und Lupicaire, welcher in dieser unüberwindlichen Forteresse Commandant war, übergab den Platz, gieng hernachmals mit seinen Truppen auf eine niederträchtige Art zum Philipp über, und verübte wider seinen alten Herrn selbst Feindseligkeiten. Caen, Cautance, Seez, Evreur, Bajeur, fielen bald in die Hände der französischen Monarchen, und die ganze Niedernormandie wurde unter seinen Gehorsam gebracht. Um seine Unternehmung an der andern Seite der Provinz zu befördern, brach Gui de Thouars an der Spitze der Bretagner in dieses Gebieth, und nahm Mont St. Michael, Avranches, und alle andre Forteressen in der Nachbarschaft weg. Die Normänner, welche einen Abscheu vor dem französischen Joche hatten, und sich bis aufs äußerste vertheidiget haben würden, wenn ihr Prinz sich nur hätte sehen lassen, um sie anzuführen, fanden kein andres Mittel, als sich zu unterwerfen; und alle Städte öffneten ihre Thore, sobald Philipp nur erschien. Nur Rouen, Arques, und Verneuil entschlossen sich, ihre Freyheiten zu behaupten; und schlossen ein Bündniß, daß sie sich unter einander vertheidigen wollten. Philipp fieng mit dem Angriff auf Rouen an; und die Einwohner waren gegen Frankreich von einem solchen Haß entflammet, daß sie, so bald sie seine Armee erscheinen sahen, über alle Eingebohrne des Landes herfielen, welche sie in ihren Mauren fanden, und sie niedermachten. Nachdem aber der König von Frankreich seine Operationen glücklich 1205. anfieng, und einige von ihren Außenwerken eingenommen hatte, sahen die Bürger keine Den 1sten Zuflucht mehr, und wollten capituliren; sie verlangten nur dreyßig Tage Zeit, wo sie Junii. ihrem Prinzen ihre Gefahr berichten, und sich Hülfe wider ihren Feind erbitten könnten. Nach Verlauf dieser Zeit, da kein Entsatz ankam, eröffnete sie dem Philipp die Thore z); und die ganze Provinz ahmte bald nachher ihrem Beyspiele nach, und unterwarf

y) *Trivet.* S. 144. *Gul. Brito, lib. 7. Ann.* z) *Trivet.* S. 147. *Yped. Neust.* S. 459. *Waverl.* S. 168.

warf sich dem Sieger. Also wurde dieses wichtige Land wieder mit der Krone von
1205. Frankreich vereiniget, nachdem es beynahe vor dreyhundert Jahren von Carl dem Einfältigen, dem Rollo, dem ersten Herzoge abgetreten war: und die Normänner, welche wohl sahen, daß diese Eroberung entscheidend war, baten sich die Freyheit aus, daß sie nach den französischen Gesetzen regiert würden; welches Philipp, der nur einige Veränderungen in den alten normännischen Gebräuchen machte, ihnen gern bewilligte. Aber der französische Monarch besaß zu viel Ehrgeiz und Genie, in dem itzigen Laufe seines Glücks still zu stehen. Er drang mit seiner siegreichen Armee in die westlichen Provinzen ein; brachte Anjou, Maine, Turaine und einen Theil von Poictou bald unter seine Gewalt ᵃ); und auf diese Art bekam die französische Krone unter der Regierung eines geschickten und thätigen Prinzen einen solchen Zuwachs von Macht und Größe, welche verschiedene Menschenalter erfordert haben würde, erhalten zu werden.

Als Johann in England kam, beklagte er sich, um die Schande seiner eignen Aufführung zu verbergen, höchlich über seine Baronen, welche, wie er vorgab, seine Fahne in der Normandie verlassen hätten; und erpressete willkührlich einen siebenden Theil von allen ihren beweglichen Gütern, als eine Strafe für ihre Beleidigung von ihnen ᵇ). Bald hernach zwang er sie, in eine Scutage von zwey und einem halben Mark, von jedem Ritterlehne, zu einem Feldzuge in die Normandie zu bezahlen; allein er wagte es nicht, den Dienst ins Werk zu richten, wozu er dieses Geld gefordert hatte. Im folgenden Jahre foderte er alle Baronen auf, ihn in einem auswärtigen Feldzuge zu begleiten; und ließ alle Schiffe aus den Häfen zusammen bringen; als ihm aber einige von seinen Ministern widersprachen, so änderte er sein Vornehmen, dankte seine Flotte und seine Armee ab; und beklagte sich von neuen über seine Baronen, daß sie ihn verlassen hätten: hernach stach er mit einer kleinen Armee in See, und seine Unterthanen glaubten, daß er entschlossen sey, sich der äußersten Gefahr auszusetzen, um seine Gebiethe zu beschützen, und wieder zu gewinnen: allein sie erstaunten, als sie ihn einige Tage hernach wieder in dem Hafen zurück kommen sahen, ohne daß er das geringste unternommen hatte. Im folgenden Frühjahr hatte er den Muth, seine feindseligen Anschläge
1206. einen Schritt weiter zu treiben. Gui de Thouars, welcher die Regierung über Bretagne führte, wurde über den schnellen Fortgang, den sein Alliirter, der König von Frankreich hatte, eifersüchtig, versprach dem Könige von England, mit allen seinen Truppen zu ihm zu stoßen; und Johann wagte sich mit einer starken Armee außer Landes, und landete zu Rochelle. Er marschirte nach Angers, nahm es ein, und verwandelte es in einen Aschenhaufen; aber die Annäherung Philipps setzte ihn in Schrecken; und er that sogleich Friedensvorschläge, und bestimmte einen Ort, wo er sich mit seinem Feinde besprechen wollte: aber anstatt sein Wort zu halten, stahl er sich mit seiner Armee weg, schiffte sich zu Rochelle ein, und kehrte, mit einer neuen Schande beladen, nach England zurück. Die Vermittelung des Pabstes verschaffte ihm endlich mit dem Könige von Frankreich einen Waffenstillstand von zwey Jahren ᶜ); fast alle jenseit dem Meere gelegene Provinzen waren ihm entrissen; und seine englischen Baronen sahen sich und ihr
Land

ᵃ) *Trivet.* S. 149. ᶜ) *Rymer*, B. I. S. 141.
ᵇ) *M. Paris*, S. 146. *M. West.* S. 265.

Geschichte von England. Kap. XI.

Land beschimpft, und in jeder Unternehmung zu Schanden gemacht, ob sie gleich mit Auflagen und fruchtlosen Feldzügen waren geplagt worden.

1206.

In einer Zeit, wo man die persönliche Tapferkeit für eine Haupteigenschaft ansah, mußte eine solche Aufführung, wie des Johann, welche zu allen Zeiten schimpflich ist, einer besondern Verachtung unterworfen seyn, und er konnte sich von der Zeit an Rechnung machen, daß er seine unruhigen Vasallen mit sehr zweifelhafter Gewalt beherrschen würde. Aber die Regierung, welche die normännischen Prinzen führten, hatte die königliche Macht so hoch und so weit über die gewöhnliche Weise der Feudalverfassungen aufgewunden, daß sie erst durch neue Beleidigungen und Beschimpfungen erniedriget werden mußte, ehe die Baronen sich Hoffnung machen konnten, sich wider den Johann zu empören, um seine übertriebene Vorrechte zu beschneiden. Die Kirche, welche sich damals nicht scheuete, mit den mächtigsten und muthigsten Monarchen zu streiten, machte sich zuerst der Schwachheit des Johann zu Nutze; und legte ihm unter den beschwerlichsten Umständen des Trotzes und der Verachtung ein Joch auf.

Damals war der päbstliche Stuhl im Besitze des Innocentius des Dritten, der diese Würde im sieben und dreyßigsten Jahre seines Alters erhalten hatte, einen hohen und unternehmenden Geist besaß, und also seinem Ehrgeitz den Zügel schießen ließ, und vielleicht öffentlicher, als irgend einer von seinen Vorgängern, unternahm, diejenige Uebermacht, die ihm alle europäische Prinzen eingeräumet hatten, in eine wirkliche Herrschaft über sie zu verwandeln. Die Hierarchie, welche unter dem Schutze des römischen Pabstes stund, hatte ihre Anmaßungen über die bürgerliche Gewalt schon ungemein hoch getrieben; aber, um sie noch mehr zu erweitern, und sie dem römischen Hofe nützlich zu machen, war es nöthig, daß die Geistlichen selbst unter eine unumschränkte Monarchie gebracht, und dem geistlichen Oberhaupte gänzlich unterworfen wurden. In dieser Absicht machte Innocentius zuerst den Versuch, nach Gefallen Abgaben aufzulegen; er machte sich in dem ersten Jahre dieses Jahrhunderts der bey dem Volke beliebten Raserey für die Kreuzzüge zu Nutze; er sandte durch ganz Europa Sammler aus, welche auf seinen Befehl den vierzehnten Theil aller geistlichen Einkünfte einhoben, zur Befreyung des heiligen Landes, und von den Layen eine freywillige Beysteuer von gleichem Betrage empfiengen d). In eben diesem Jahre versuchte Hubert, Erzbischof von Canterbury, noch eine andre Neuerung, welche der geistlichen und päbstlichen Gewalt günstig war. Er berief in der Abwesenheit des Königs, kraft seiner Vollmacht, als Legate, eine Synode von allen englischen Geistlichen zusammen, dem Verbothe des Gottfried, Fitz-Peters, des Oberjustiziarius zuwider; und doch wurde dieser Eingriff in die königliche Gewalt, der erste von dieser Art, niemals bestraft. Aber bald nachher trug sich eine günstige Begebenheit zu, welche einen so hoch hinausdenkenden Pabst, als Innocentius war, in den Stand setzte, seine Anmaßungen gegen einen so verächtlichen Prinzen, als Johann war, noch weiter zu treiben.

Streitigkeit des Königs mit dem Hofe von Frankreich.

Der Primas Hubert starb im Jahr 1205, und weil die Mönche oder Canonici der Christkirche in Canterbury ein Recht hatten, in der Wahl ihres Erzbischofes ihre Stimme

d) *Rymer,* Vol. I. S. 119.

Stimme zu geben, so kamen einige von den Jüngern dieses Ordens, welche nur auf diesen Vorfall warteten, noch in derselben Nacht, da Hubert starb, heimlich zusammen; und wählten ohne einiges *Congée d'elire* von dem Könige, ihren Unterprior Reginald zu seinem Nachfolger, setzten ihn vor Mitternacht auf den Erzbischöflichen Thron ein; banden ihm die größte Heimlichkeit ein, und sandten ihn augenblicklich nach Rom, daß er daselbst um die Bestätigung seiner Wahl ansuchen möchte e). Die Eitelkeit des Reginald siegte über seine Klugheit; und er traf nicht so bald in Flandern ein, als er schon die Absicht seiner Reise einem jeden entdeckte, so, daß es bald darauf in England bekannt wurde f). Der König wurde über die Neuheit des Unternehmens, daß man ein so wichtiges Amt, ohne sein Wissen oder seine Einwilligung besetzt hatte, erbittert: die wahlenden Bischöfe von Canterbury, welche sonst der Wahl ihres Primas beyzuwohnen pflegten, waren nicht weniger ungehalten, daß man sie von dieser Wahl ausgeschlossen hatte: die ältern Mönche der Christkirche fanden sich durch dieses unordentliche Verfahren der Jüngern beleidigt: die Jüngern selbst, beschämt über ihre Aufführung, und verdrießlich über die Leichtsinnigkeit des Reginald, wollten ihre Wahl ungültig seyn lassen g): und alle mit einander waren einmüthig gesonnen, die falschen Maasregeln, welche man genommen hatte, wieder aufzuheben. Weil aber Johann wußte, daß diese Sache vor einem höhern Richterstuhl untersuchet werden würde, welchem die königliche Gewalt in Besetzung der Kirchenämter sehr verhaßt war, wo so gar die Sache der Wahlbischöfe nicht so günstig aufgenommen wurde, als die Sache der Mönche; so entschloß er sich die neue Wahl ganz untadelhaft zu machen. Er überließ die Sache gänzlich den Canonicis der Christkirche: er ließ das Recht fahren, welches seine Vorgänger behauptet hatten, und wagte nichts mehr, als daß er ihnen nur unter der Hand sagen ließ, sie würden ihm einen sehr angenehmen Dienst erzeigen, wenn sie den Bischof von Norwich, Johann Gray, zu ihrem Primas wählten h). Es wurde demnach die Wahl dieses Prälaten ohne eine einzige Stimme dawider vollzogen; und um allen Streit zu verhüten, bemühete sich der König, die Wahlbischöfe zu bereden, daß sie nicht auf ihrem Rechte, der Wahl beyzuwohnen, bestehen möchten: aber diese Prälaten beharrten bey ihren Foderungen, und sandten einen Agenten ab, der ihre Sache vor den Innocentius ausmachen sollte: indem der König und die Mönche von der Christkirche zwölfe von ihrem Orden abfertigten, um vor eben diesem Richterstuhl die Gültigkeit der Wahl des Bischofes von Norwich auszumachen.

Also lagen drey verschiedene Foderungen vor dem Pabste, den alle Parteyen für den höchsten Schiedsrichter der Sache erkannten. Da die Foderung der Wahlbischöfe den gewöhnlichen Maasregeln des päbstlichen Hofes so sehr entgegen war, so wurde sie bald bey Seite gelegt. Die Wahl des Reginald war so offenbar betrüglich und unregelmäßig, daß es nicht möglich war, sie zu schützen; aber Innocentius behauptete, obgleich diese Wahl null und nichtig wäre, so hätte sie doch von dem höchsten Priester erst dafür erkannt werden müssen, ehe die Mönche zu einer neuen Wahl hätten schreiten können; und folglich wäre die Wahl des Bischofs von Norwich eben so uncanonisch, als die Wahl seines

e) M Paris, S. 148. M. West. p. 266.   g) M. West. S. 166.
f) Ibid.   h) M. Paris. S. 149. M. West. S. 266.

seines Mitbewerbers i). Man machte sich demnach diese Spitzfindigkeit zu Nutze, um ein Exempel einzuführen, wodurch die Erzbischofswürde von Canterbury, die wichtigste 1207. würde in der Kirche nächst dem päbstlichen Throne, nach der Zeit auf immer von dem Willen des römischen Hofes abhangen sollte.

Indem der Pabst viele heftige Streitigkeiten führte, um dem Prinzen das Recht, Investituren zu vergeben, aus den Händen zu winden, und die Layen von aller Gewalt auszuschließen, daß sie Kirchenbedienungen besetzen könnten, wurde er von der gesammten Macht der Geistlichkeit unterstützet, welche nach Unabhängigkeit strebte, und mit aller Hitze des Ehrgeizes, und allem Eifer des Aberglaubens unter seinen heiligen Fahnen fochte. Aber kaum war dieser Punkt nach großem Blutvergießen und starken Erschütterungen vieler Staaten in einem ziemlichen Grade ausgemacht, als der siegreiche Anführer, wie gewöhnlich, seine Waffen schon wider seine eigene Gemeine kehrte, und nach der Ehre strebte, alle Gewalt in seiner Person zusammen zu fassen. Durch die Erfindung der Reserven, zum voraus gemachten Anstalten, Commendas k), und andrer Ränke, maßte sich der Pabst nach und nach an, die erledigten Kirchenbedienungen zu besetzen; und die Fülle seiner apostolischen Gewalt, welche keiner Einschränkung unterworfen war, ersetzte allen Mangel an Recht in derjenigen Person, welche er zu dem Amte ernannte. Die Kirchengesetze, nach welchen die Wahlen eingerichtet wurden, waren mit Fleiß verworren und dunkel gemacht: es entstunden öfters unter den Candidaten Streitigkeiten; täglich wurde an den Hof von Rom appelliret: der apostolische Stuhl übte oit ausserdem, daß er aus diesen Streitigkeiten Geld zog, die Gewalt aus, daß er beyde streitende abwies, und unter dem Vorwande, als wenn er den Zwist vermeiden wollte, eine dritte Person ernannte, welche den streitenden Parteyen angenehmer seyn möchte.

Der gegenwärtige Streit über die Wahl zu dem Erzbisthum von Canterbury gab dem Innocentius Gelegenheit, auf dieses Recht Anspruch zu machen; und er unterließ nicht, seinen Vortheil zu merken, und sich desselben zu bedienen. Er ließ die zwölf Mönche, welche von dem Convent abgesandt waren, um die Sache des Bischofs von Norwich auszumachen, zu sich kommen; und befahl ihnen, unter Strafe des Bannes, den Cardinal Langton, einen Engländer von Geburt, der aber in Frankreich erzogen, und durch sein Interesse und seine Neigungen mit dem römischen Hofe verbunden war, zu ihrem Primas zu wählen l). Die Mönche stellten vergeblich vor, daß sie von dem Convent dazu keine Vollmacht hätten; daß eine Wahl ohne ein vorhergehendes Ausschreiben von dem Könige für höchst unregelmäßig würde erkannt werden; und daß sie nur bloß Agenten für eine andre Person wären, deren Recht sie weder Macht noch Freyheit hätten, zu vergeben. Niemand von ihnen hatte den Muth, bey dieser Widersetzung zu beharren, ausser einem einzigen mit Namen Elias von Beantefield: alle übrigen ließen sich, durch die Drohungen und die Gewalt des Pabstes geschreckt, seine Befehle gefallen, und schritten zu der von ihnen geforderten Wahl.

Der Cardinal Langton wird zum Erzbischof von Canterbury ernannt.

i) M. Paris. S. 155. Chron. de Mailr. S. 182.
k) Commendas, lateinisch Commenda, ein erledigtes Benefiz, das einem zur Besetzung anvertrauet wird.

l) M. Paris. S. 155. Ann. Waverl. S. 169. W. Heming. S. 553. Knygbton. S. 2415.

1207. Innocentius, welcher erkannte, daß diese offenbare Usurpation von dem Hofe von England höchst übel würde genommen werden, schrieb an den Johann einen lindernden Brief, sandte ihm vier goldene Ringe mit kostbaren Steinen besetzt, und bemühete sich, den Werth seines Geschenks dadurch zu vergrößern, daß er ihm die vielen Geheimnisse schrieb, welche in denselben steckten. Er bath ihn, daß er die Form der Ringe, ihre Anzahl, ihre Materie, und ihre Farbe genau betrachten möchte. Ihre Form, sagte er, wäre rund, und bedeutete die Ewigkeit, welche weder Anfang noch Ende hätte; hieraus müßte er lernen, daß es seine Pflicht wäre, von irrdischen Dingen nach den himmlischen zu streben; von zeitlichen Dingen nach den ewigen. Da die Zahl vier eine Quadratzahl wäre, so deute sie Standhaftigkeit der Seelen an, die sich weder durch Glück noch Unglück zerstören ließe, und sich auf immer auf die veste Basis der vier Haupt-tugenden gründete. Gold wäre die Materie der Ringe, und da es das kostbarste Metall wäre, so bedeute es Weisheit, die größte Vollkommenheit, die von dem Salomon mit Recht den Reichthümern, der Gewalt, und allen äußerlichen Dingen vorgezogen würde. Die blaue Farbe des Smaragds stellte den Glauben vor; die grüne Farbe des Saphirs die Hoffnung; die rothe Farbe des Rubins die Liebe, und der Glanz des Topases die guten Werke m). Durch diese Grillen gedachte Innocentius dem Johann für eines der wichtigsten Vorrechte seiner Krone zu bezahlen, was er ihm geraubt hatte; Grillen, welche Innocentius vermuthlich selbst bewunderte: Denn es ist, vornehmlich in einer barbarischen Zeit, sehr leicht möglich, daß ein Mann mit großen Talenten in öffentlichen Geschäften einen lächerlichen Geschmack in Wissenschaften und Künsten verbinden kann.

Johann gerieth in die äußerste Wuth, als er dieses Unternehmen des römischen Hofes hörte n); und ließ sogleich seinen Zorn an den Mönchen der Christkirche aus, welche er geneigt fand, die von ihren Brüdern zu Rom gemachte Wahl zu unterstützen. Er sandte den Fulk de Cantelupe, und den Henrich de Cornhulle, zween Ritter von seinem Gefolge, Männer von heftigen Gemüthsarten, und groben Sitten, sie aus dem Kloster zu vertreiben, und ihre Einkünfte in Besitz zu nehmen. Diese Ritter traten mit bloßen Schwerdern in das Kloster, gebothen dem Prior, und den Mönchen, sich aus dem Reiche wegzumachen, und droheten ihnen, wenn sie nicht gehorchten, so wollten sie den Augenblick sie und das Kloster verbrennen o). Innocentius, der aus der Gewaltsamkeit und Heftigkeit dieses Verfahrens voraus sah, daß Johann am Ende in dem Streite unterliegen würde, beharrte mit desto größerem Muthe bey seinen Foderungen, und ermahnte den König, daß er sich Gott und der Kirche nicht länger widersetzen, noch diejenige Sache verfolgen möchte, wofür der heilige Märtyrer St. Thomas sein Leben aufgeopfert, und welche ihn den größten Heiligen des Himmels gleich gemacht hätte p): eine genugsame Warnung für den Johann, daß er sich das Beyspiel seines Vaters zu Nutze machen, und sich der Vorurtheile und eingeführten Grundsätze seiner Unterthanen erinnern möchte, welche eine tiefe Verehrung für diesen Märtyrer hegten, und seine Verdienste für den Gegenstand ihrer größten Ehre und Freude hielten.

De

m) *Rymer*, Vol. I. S. 139. *M. Paris*, S. 155.
n) *Rymer*, Vol. I. S. 143.
o) *M. Paris*, S. 156. *Trivet* S. 151. Annal. Waverl. S. 169
p) *M. Paris*, S. 157.

Geschichte von England. Kap. XI.

Da der Pabst sah, daß Johann noch nicht genugsam gezähmet und gedemüthiget war, so sandte er drey Prälaten, die Bischöfe von London, Ely und Worchester, um ihm sagen zu lassen, wenn er bey seinem Ungehorsam beharrete, so würde Innocentius sich genöthiget sehen, ein Interdict über das Reich ergehen zu lassen ᵃ). Alle übrige Prälaten warfen sich ihm zu Füßen, und bathen ihn mit Thränen in den Augen, das Aergerniß dieses Urtheils zu vermeiden, sich geschwind seinem geistlichen Vater zu unterwerfen, den neuerwählten Primas von seinen Händen anzunehmen, und die Mönche der Christkirche in alle ihre Rechte und Güter wieder einzusetzen. Er brach in die unanständigsten Schmähungen wider die Prälaten aus, schwur bey den Zähnen Gottes, (sein gewöhnlicher Eid,) daß er, wenn der Pabst sich unterstünde, ein Interdict über sein Reich ergehen zu lassen, alle Bischöfe und Geistliche von England zu ihm senden, und alle ihre Güter einziehen wollte, und drohete, daß er von der Zeit an einem jeden Römer, den er in seinem Reiche antreffen würde, die Augen ausstechen, und die Nase abschneiden lassen wollte, um ihnen ein Zeichen zu geben, woran man sie von allen andern Nationen unterscheiden könnte ᵇ). Bey aller dieser eitlen Heftigkeit stund Johann mit seinem Adel so übel, daß er sich niemals unterstund, die Stände des Reichs zusammen zu berufen, welche in einer so gerechten Sache, wahrscheinlicher Weise, einem jeden andern Monarchen würden angehangen, und die Freyheiten der Nation wider diese augenscheinlichen Anmaßungen des römischen Hofes mit Nachdruck vertheidiget haben. Da also Innocentius die Schwäche des Königs einsah, ließ er endlich das Interdict wider ihn ergehen, welches er noch einige Zeit verschoben hatte ᶜ).

Das Urtheil des Interdicts war damals das große Werkzeug der Rache und Staatsklugheit, dessen sich der römische Hof bediente. Es wurde wegen der kleinsten Beleidigungen wider die Fürsten ausgesprochen; und machte, daß der Untergang von Millionen Menschen, auch sogar in Ansehung ihrer geistlichen und ewigen Wohlfahrt in die Schuld einer einzigen Person verflochten wurde. Die Ausübung desselben war mit List so eingerichtet, daß sie im höchsten Grade die Sinnen rührte, und mit unwiderstehlicher Gewalt auf die abergläubischen Gemüther des Volks wirkte. Die Nation wurde auf einmal aller äußerlichen Ausübung ihrer Religion beraubt; den Altären wurden ihre Verzierungen genommen: die Kreuze, die Reliquien, die Bilder, die Statuen der Heiligen wurden auf die Erde gelegt; und die Priester deckten sie sorgfältig zu, sogar für sich selbst, wenn sie hinzutraten und sie verehren wollten, als wenn die Luft selbst angesteckt wäre, und sie durch Berührung beflecken würde. In keiner Kirche wurden die Glocken angezogen; die Glocken selbst wurden aus ihren Angeln gehoben, und mit andern heiligen Geräthe auf die Erde gesetzt. Die Messe wurde mit verschlossenen Thüren gehalten; und außer den Priestern wurde niemand dazu gelassen. Die Layen nahmen an keinen Religionsgebräuchen Theil, außer daß den neugebohrnen Kindern die Taufe gegeben, und den Sterbenden das Abendmahl gereichet wurde: die Todten wurden in keinen geweiheten Boden begraben; sie wurden in Gruben geworfen, oder auf dem freyen Felde verbrannt; und ihr Leichenbegängniß wurde weder unter Gebethen, noch unter einer andern heiligen Ceremonie vollzogen. Die Heyrathen wurden auf den Kirchhöfen gefeyert ᵈ);

Interdict auf das Königreich.

1207.

ᵃ) *Par. it.* S. 157. ᵇ) Ibid.
ᶜ) *M. Par. ii.* S. 157. *Trivet.* S. 152. Ann. ᵈ) *Chron. Dunst.* Vol. I. S. 51.
Waverl. S. 170. *M. West.* S. 268.

1207. und damit jede Handlung des Lebens die Zeichen von diesem schrecklichen Zustande haben möchte, so wurde dem Volke gebothen, sich wie in den Fasten, oder an andern hohen Bußtägen, der Fleischspeisen zu enthalten; es wurde ihm alles Vergnügen und alle Gastereyen untersagt; es durfte so gar keiner den andern grüßen, oder nur seinen Bart scheeren, und einige Achtsamkeit auf seine Person und seinen Aufzug wenden. Alle Umstände trugen das Zeichen der tiefsten Traurigkeit, und der größten Furcht vor dem göttlichen Zorn, und seiner Rache.

Damit der König seine weltlichen Schrecken ihren geistlichen entgegen setzen möchte, so zog er sogleich aus eigner Macht die Güter aller derer Geistlichen ein, welche dem Interdict gehorchten u); verbannte die Prälaten, schränkte die Mönche in ihrem Kloster ein, und gab ihnen von ihren eignen Gütern nur so viel, als sie zu ihrem Unterhalt und zu ihrer Kleidung nothwendig brauchten. Er bewies allen Anhängern des Langton, und einem jeden, der eine Neigung bezeigte, dem römischen Hofe zu gehorchen, die äußerste Härte: und damit er die Geistlichen von der zärtlichsten Seite kränken, und sie zugleich dem Tadel und dem Gelächter aussetzen möchte, warf er alle ihre Beyschläferinnen ins Gefängniß, und forderte hohe Geldstrafen und Confiscationen, als einen Preiß für ihre Freyheit x).

Nachdem die Kirchengesetze, welche den unehelichen Stand unter der Geistlichkeit einführten, durch die eifrigen Bemühungen des Erzbischof Anselm in England strenger ausgeübt wurden, so verfielen die Geistlichen fast alle, und offenbar auf die Weise, sich Beyschläferinnen zu halten; und der Hof von Rom, der keinen Vortheil dabey hatte, es zu verbiethen, widersetzte sich dieser Weise sehr nachläßig. Die Gewohnheit hatte so sehr überhand genommen, daß einige deutsche Synoden vor der Reformation der jungen Geistlichkeit den Gebrauch der Beyschläferinnen nicht nur erlaubte, sondern auch, um Aergerniß zu verhüten, anbefohl y); und es war allenthalben gebräuchlich, daß die Priester sich an ihren Ordinarius wandten, und von ihm eine förmliche Freyheit zu dieser Nachsicht erhielten. Der Bischof sorgte gemeiniglich dafür, daß diese Gewohnheit nicht in ein lüderliches Leben ausartete: er schränkte den Priester auf den Umgang mit einem Weibe ein, befahl ihm, ihrem Bette getreu zu seyn, und nöthigte ihn, für ihren und seiner Kinder Unterhalt zu sorgen; und obgleich das Kind in Ansehung der Gesetze für unächt gehalten wurde, war dieser Umgang doch in der That eine Art von Ehe, so wie sie noch in Deutschland unter den Edelleuten im Gebrauch ist; und ein aufrichtiger Mensch kann sie für eine Appellation von der Tyranney der bürgerlichen und geistlichen Verordnungen, an die tugendhaftern und untrüglichern Gesetze der Natur ansehen.

Der Streit zwischen dem Könige und dem römischen Stuhl dauerte einige Jahre lang; und obgleich viele Geistliche, aus Furcht vor der Strafe, den Befehlen des Johann gehorchten, und den Gottesdienst verrichteten, so gehorchten sie doch nur mit dem äußersten Widerwillen, und wurden von sich selbst, und von dem Volke für Leute angesehen, welche ihre Grundsätze verriethen, und ihr Gewissen zeitlichen Absichten und Vortheilen aufopferten. Und in dieser gewaltsamen Situation unternahm der König,

---

u) Ann. *Waverl.* S. 170.
x) M. *Paris*, S. 158. Ann. *Waverl.* S. 170.
y) Padre *Paolo*, Hist. Conc. Trid. lib. I.

nig, um seiner Regierung einen Glanz zu geben, kriegerische Feldzüge gegen Schottland, Irrland, und die Einwohner von Wallis a); und er siegte meistens mehr aus Schwachheit seiner Feinde, als durch seinen eigenen Muth, oder durch seine Fähigkeiten. Unterdessen vermehrte die Gefahr, worein seine Regierung durch das Mißvergnügen der Geistlichen beständig gesetzet war, seine natürliche Neigung zur Tyranney; und er scheinet sogar muthwillig alle Stände der Nation beleidigt zu haben; vornehmlich seine Edelleute, von welchen er allein Unterstützung und Beystand erwarten konnte. Er entehrete ihre Familien durch seine lüderlichen Liebesstreiche; er gab Befehle aus, worinn er verboth, gefiedertes Wild zu jagen, und hielt sie dadurch von ihrer liebsten Beschäfftigung und ihrem angenehmsten Zeitvertreibe ab *); er befahl, daß alle Zäune und Hecken bey seinen Wäldern niedergerissen würden, damit seine Hirsche bequemer auf die Felder kommen, und weiden könnten; und er belastete die Nation beständig mit willkührlichen Auflagen und Abgaben. Da ihm der allgemeine Haß bekannt war, den er sich zugezogen hatte, so foderte er von seinen Edelleuten Geißeln für die Sicherheit ihres Gehorsames; und sie mußten ihre Söhne, ihre Neffen oder ihre Verwandte seinen Händen überliefern. Als seine Bothen mit einem gleichen Befehl zu dem Castel des Wilhelm de Brouse, eines Barons von großem Ansehen, kamen, antwortete die Gemahlinn dieses Herrn, sie würde ihren Sohn nimmer den Händen desjenigen anvertrauen, der seinen eignen Neffen umgebracht hätte, als er bey ihm im Gewahrsam gewesen wäre. Ihr Gemahl gab ihr wegen der Härte ihrer Antwort einen Verweis; da er aber seine Gefahr erkannte, floh er mit seiner Gemahlinn und seinem Sohn sogleich nach Irrland, wo er sich zu verbergen suchte. Der König fand die unglückliche Familie in ihrer Zuflucht auf; bemächtigte sich der Frau und des Sohns, die er im Gefängniß verhungern ließ; und der Baron selbst kam eben davon, indem er nach Frankreich flüchtete b).

Die römische Kirche hatte listig eine Gradation in ihren Verurtheilungen erfunden, wodurch sie ihre Beleidiger in Furcht erhielt, und ihnen noch immer eine Gelegenheit ließ, durch Unterwerfung den nächstfolgenden Fluch abzuwenden. Wenn sie hartnäckig blieben, so konnte die Kirche den Schrecken des Volks wider sie durch neue Ankündigung des Grimms, und der Rache des Himmels noch einmal erneuren. Da die Ankündigung des Interdicts bey dem Johann nicht tiefe Wirkungen gehabt hatte, und da sein Volk, so äußerst mißvergnügt es auch war, noch zur Zeit abgehalten wurde, einen offenbaren Aufstand wider ihn zu erregen; so mußte er bald dem Bann entgegen sehen; und er hatte Ursache zu besorgen, daß, aller seiner Vorsichtigkeit ungeachtet, die gefährlichsten Folgen daraus entspringen möchten. Nun war ein Zuge die übrigen Auftritte, welche eben zu dieser Zeit in Europa gespielet wurden, und die unbegränzte und zügellose Macht des Pabstthums entdeckten. Innocentius hatte, ohne durch seinen Streit mit dem Könige von England den Muth sinken zu lassen, den Kaiser Otto, einen Neffen des Johann, in den Bann gethan c); und diesen mächtigen und stolzen Prinzen genöthigt, sich seiner Macht zu unterwerfen. Er ließ einen Kreuzzug wider die Albigenser

1207.

1208.

1209.

---

a) *W. Heming.* S. 556. ypod. Nenst. S. 460. *Knyghton*, S. 2420.

a) *M. Westm.* S. 268.

b) *M. Paris.* S. 158. 161. Chron Dunst. Vol I. S. 52. Ann. Waverl. S. 172. Ann. Marg. S. 15 M. West. S. 268. 269.

c) *M. Paris*, S. 160. Trivet, S. 154. M. West, S. 169.

ser bekannt machen, eine Art von Enthusiasten in den südlichen Theilen von Frankreich, welche er Ketzer nannte, weil sie mit andern Enthusiasten die Gebräuche der Kirche aus der Acht ließen, und sich der Macht der Geistlichkeit widersetzten. Das Volk aus allen Theilen von Europa, getrieben von seinem Aberglauben, und von seiner Leidenschaft für Kriege und Ebentheuer, drängte sich haufenweise zu seiner Fahne. Simon von Montfort, der General des Kreuzzuges, erwarb sich in diesen Provinzen eine Oberherrschaft; der Graf von Thoulouse, welcher die Albigenser vertheidigte, wurde seiner Länder beraubt; und diese Sectirer selbst, ob sie gleich die unschuldigsten auf der Welt waren, und am wenigsten beleidigten, wurden unter allen Umständen der äußersten Gewaltsamkeit und Barbarey ausgerottet. Hier war demnach eine Armee, und ein General, deren Eifer und Tapferkeit zu fürchten war, in Bereitschaft, wider den Johann zu agiren; und nachdem Innocentius den Donner lange zurück gehalten hatte, gab er endlich den Bischöfen von London, Ely und Worchester, die Vollmacht, den Bann wider ihn zu verkündigen d). Diese Prälaten gehorchten, obgleich ihre Brüder sich abschrecken ließen, das Urtheil in den verschiedenen Kirchen ihrer Diöcesen, wie es der Pabst verlangt hatte, bekannt zu machen.

Der Bann des Königs.

Kaum war der Bann bekannt, so sah man schon die Wirkung desselben. Gottfried, der Archidiaconus von Norwich, welcher eine ansehnliche Bedienung bey der Schatzkammer besaß, erhielt die Nachricht davon, als er sich eben im Gerichte befand; entdeckte seinen Brüdern die Gefahr, unter einem Könige zu dienen, der in den Bann gethan wäre; und verließ gleich darauf den Stuhl, und begab sich aus dem Gerichte weg. Johann gab Befehl, sich seiner zu bemächtigen, ihn ins Gefängniß zu werfen, seinen Kopf mit einer großen bleyernen Kutte zu bedecken; und durch diese und andre harte Begegnungen machte er seinem Leben bald ein Ende e): es fehlte auch diesem Gottfried weiter nichts, als die Würde und der Rang des Decket, um zu einer gleich hohen Stelle im Himmel mit diesem großen und berühmten Märtyrer erhoben zu werden. Hugo de Wells, der Kanzler des Königs, war von ihm zum Bischof von Lincoln ernannt, und bat um Erlaubniß, außer Landes zu reisen, um seine Einsegnung von dem Erzbischof zu Rouen zu erhalten. Aber kaum kam er nach Frankreich, so eilte er schon nach Pontigny, wo Langton sich aufhielt, und bewies ihm, als seinem Primas, seine Ehrerbietung. Da die Bischöfe sich eben so sehr der Eiferucht des Königs, als dem Hasse des Volks ausgesetzet sahen, so stahlen sie sich nach und nach aus dem Reiche, und zuletzt waren nur noch drey Prälaten da, welche die Verrichtungen des bischöflichen Amtes ausüben konnten f). Viele von den Edelleuten, durch die Tyranney Johanns geschreckt, und einer oder der andern Sache wegen bey ihm verhaßt, ahmten dem Beyspiele der Bischöfe nach; und die meisten von den übrigen, welche da blieben, wurden mit Grund in Verdacht gezogen, daß sie heimlich ein Bündniß wider ihn geschlossen hätten g). Johann wurde über seinen gefährlichen Zustand beunruhiget; ein Zustand, welchen Klugheit, Muth und Liebe beym Volke zu rechter Zeit hätten verhüten können, welche aber keine Tugenden oder Fähigkeiten itzt wieder gut machen konnten. Er verlangte eine Conferenz mit dem Langton zu Dover; erboth sich, ihn für den Primas zu erkennen,

d) M. Paris, S. 159. M. West. S. 270. f) Ann. Waverl. S. 170. Ann. Marg. S. 14.
e) M. Paris, S. 159.   g) M. Paris, S. 162. M. West. S. 170. 271.

Geschichte von England. Kap. XI.

sich dem Pabste zu unterwerfen, die verbannten Geistlichen wieder aufzunehmen, ja ihnen eine bestimmte Summe Geldes zu einer Vergütung für die Zinsen ihrer eingezogenen Güter zu zahlen. Aber Langton, der itzt seinen Vortheil merkte, war mit diesen Erbiethungen noch nicht zufrieden: er foderte, daß den Geistlichen alles wiedergegeben, und alles ersetzet werden sollte; eine so übermäßige Foderung, daß der König, der vermuthlich nicht das Vermögen hatte, sie zu erfüllen, und voraus sah, daß diese Schätzung des Schadens eine unendliche Summe betragen würde, zuletzt die Conferenz h) abbrach. 1209.

Die nächste Stuffe der päbstlichen Verurtheilung war, daß die Unterthanen des Johann von ihrem Eide der Treue und des Gehorsams losgesprochen wurden, und ein jeder unter dem Banne seyn sollte, der etwas mit ihm öffentlich, oder ins Geheim zu thun hätte, an seinem Tische, und in seinem Rathe, oder auch nur im Privatumgange i); und dieses Urtheil wurde mit aller möglichen Feyerlichkeit wider ihn angekündiget. Weil aber Johann bey seiner Hartnäckigkeit beharrete, so war nichts mehr übrig, als der Ausspruch, daß er abgesetzt sey; welches zwar eigentlich mit dem vorigen schon verbunden war, aber durch die List der römischen Kirche von demselben abgesondert wurde; und Innocentius entschloß sich, diesen letzten Donnerkeil auf den widerspenstigen Monarchen zu schleudern. Weil aber ein Urtheil von dieser Art eine bewaffnete Macht erfoderte, um es zu vollziehen, so sah der Pabst umher, und bestimmte endlich den Philipp, König von Frankreich, zu derjenigen Person, in deren mächtige Hand er dieses Gewehr, dieses letzte Hülfsmittel der geistlichen Gewalt, am besten geben könnte. Er both diesem Monarchen, außer der Vergebung aller seiner Sünden, und unendlicher geistlicher Vortheile, auch das Eigenthum und den Besitz von England, zu einer Belohnung für seine Arbeit an k). 1212.

Es war allen Prinzen daran gelegen, daß sie sich diesen übermäßigen Anmaßungen des römischen Pabstes widersetzten, wodurch sie selbst Vasallen wurden, und zwar Vasallen, welche gänzlich von der päbstlichen Krone abhiengen: doch selbst Philipp, der fähigste Monarch dieser Zeit, ließ sich durch den gegenwärtigen Vortheil, und durch die Hoffnung einer so lockenden Beute verführen, dieses freygebige Anerbiethen des Pabstes anzunehmen, und dadurch diejenige Gewalt zu genehmigen, welche ihm nächster Tage, wenn er sich jemals ihren gränzenlosen Anmaßungen widersetzen würde, vom Thron herunter stoßen könnte. Er warb eine große Armee; berief alle Vasallen seiner Krone zu Rouen zu sich; brachte eine Flotte von 1700 großen und kleinen Schiffen in den Seehäfen der Normandie und Piccardie zusammen; und breitete sich, theils aus einem Eifer der damaligen Zeit, theils durch die persönliche Achtung, welche man ihm überall bezeigte, eine Macht, welche der Größe des Unternehmens gewachsen zu seyn schien. Der König hingegen ließ Cirkularschreiben ausgehen, geboth allen seinen militarischen Vasallen, zu Dover zu erscheinen, und befahl sogar allen Leuten von gehöriger Leibesbeschaffenheit, das Reich in dieser äußersten Gefahr zu vertheidigen. Es erschien eine unendliche Menge, woraus er eine Armee von 60,000 Mann aussuchte; eine un- 1213.
über-

---

h) *Annal. Waverl.* S. 171.   i) *M. Paris,* S. 161. *M. West.* S. 270.
                            k) *M. Paris,* S. 162. *M. West.* S. 271.

überwindliche Macht, wenn sie durch Liebe mit ihrem Prinzen vereiniget, und durch einen geziemenden Eifer zur Vertheidigung ihres Vaterlandes beseelet gewesen wäre¹). Aber das Volk ließ sich vom Aberglauben beherrschen, und sah seinen König mit Abscheu, als einen Menschen an, den das Urtheil des Pabstes verfluchet hatte. Außerdem waren die Baronen, welche gleichen Vorurtheilen Gehör gaben, seiner Tyranney überdrüßig; und viele von denselben stunden in dem Verdachte, daß sie mit dem Feinde ein geheimes Vernehmen unterhielten; und die Unfähigkeit und Feigheit des Königs selbst, welcher schlecht geschickt war, mit so großen Schwierigkeiten zu kämpfen, machten, daß die Nation sich von den Angriffen der Franzosen die unglücklichsten Wirkungen prophezeihete.

Pandolph, den der Pabst zu seinem Legaten erwählet und ersehen hatte, der Anführer dieses wichtigen Feldzuges zu seyn, hatte sich, ehe er Rom verließ, bey seinem Herren eine Unterredung ausgebeten, und ihn gefraget, wenn der König von England in diesen verzweifelten Umständen geneigt seyn sollte, sich dem apostolischen Stuhle zu unterwerfen, ob er sich alsdenn mit ihm in einen Vergleich einlassen sollte ᵐ)? Innocentius, welcher mehr Vortheile von dem Vertrage mit einem Prinzen erwartete, der in seinem Charaktere, und in seinem Glücke so tief gefallen war, als von einer Allianz mit einem großen und siegreichen Monarchen, der nach so großen Eroberungen zu mächtig werden möchte, sich durch geistliche Ketten binden zu lassen, sagte dem Pandolph die Bedingungen, auf welche er sich mit dem Könige von England versöhnen wollte. Sobald demnach der Legate in dem nördlichen Theilen von Frankreich ankam, sandte er zwey Ritter oder Tempelherren zu dem Johann, um sich von ihm eine Unterredung zu Dover auszubitten, welche ihm denn gern verwilliget wurde; er stellte dem Könige hier seinen zweifelten Zustand, die Abneigung seiner Unterthanen, die geheime Verbindung seiner Vasallen wider ihn, die mächtige Ausrüstung Frankreichs, in so starken, und vermuthlich auch so wahren Farben vor, daß sich Johann auf Gnade ergab ⁿ), und alle Bedingungen, welche Pandolph ihm vorlegte, unterschrieb. Er versprach unter andern Artikeln, daß er sich gänzlich dem Urtheile des Pabstes unterwerfen wollte; daß er den Langton für den Primas erkennen; daß er alle vertriebene Geistliche und Layen, welche des Streites wegen verbannet wären, wieder einsetzen; daß er ihnen alle ihre Güter wieder herstellen, den Schaden vergüten, und augenblicklich 8,000 Pfund, als einen Theil der Bezahlung auszahlen wollte; auch sollte ein jedweder, dem wegen seiner Anhänglichkeit an den Pabst der Schutz des Gesetzes versagt, oder der deswegen ins Gefängniß geworfen war, von Stunde an wieder in Gunst und Gnade aufgenommen werden ᵒ). Vier Baronen schwuren mit dem Könige, daß sie diesen schimpflichen Tractat halten wollten ᵖ).

Aber die Schmach des Königs war noch nicht aufs höchste getrieben. Pandolph forderte von ihm, daß er zum Beweise seines Gehorsams gegen den Pabst, sein Reich

l) M. Paris, S. 163. M. West, S. 271.
m) M. Paris, S. 162.
n) M. West, S. 271.

o) Rymer, B. 1 S. 166. M. Paris, S. 163. Annal Burt, S. 258.
p) Rymer, B. 1. S. 170. M. Paris, S. 163.

der Kirche abtreten sollte, und beredete ihn, daß er auf keine Weise den Angriff der Franzosen besser vereiteln könnte, als wenn er sich auf diese Weise unter den unmittelbaren Schutz des apostolischen Stuhls begäbe. Johann, welcher sich unter der Angst eines gegenwärtigen Schreckens befand, trug kein Bedenken, sich diese Bedingungen gefallen zu lassen. Er gab einen öffentlichen Brief aus, worinn er sagte, daß er nicht aus Furcht gezwungen, sondern aus eignem freyen Willen und auf den gemeinschaftlichen Rath, und die Bewilligung seiner Baronen, für die Erlassung seiner, und der Sünden seiner Familie, England und Irland an Gott, an den heiligen Petrus und Paulus, und an den Pabst Innocentius, und an alle seine Nachfolger auf den apostolischen Stuhl abgetreten hätte. Er ließ sich gefallen, diese Gebiethe von der Kirche von Rom zum Lehn zu tragen, für eine jährliche Zahlung von 1000 Mark, 700 für England, und 300 für Irland: und machte aus, wenn er, oder seine Nachfolger sich unterstehen würden, diesen Vertrag zu widerrufen, oder zu brechen, so sollten sie von Stunde an alles Recht auf ihre Gebiethe verlohren haben; es sey denn, daß sie bey einer Ermahnung ihre Beleidigung bereueten q).

1213.

Diesem Vertrage zufolge, legte Johann bey dem Pandolph, als dem Legaten des Pabstes, mit allen demüthigenden Gebräuchen, welche das Feudalrecht von den Vasallen vor ihren Lehnsherrn und Gebiethern verlangte, seine Huldigung ab. Er kam ohne Waffen vor den Pandolph, welcher auf einem Throne saß; er warf sich vor ihm auf seine Knie; er hub seine beyden Hände auf, und legte sie in die Hände des Pandolph; er schwur dem Pabste Treue; und zahlte einen Theil des Tributs aus, den er ihm für sein Reich, als für das Erbtheil des heiligen Petrus, schuldig war. Der Legate, gebläht durch diesen höchsten Triumph der priesterlichen Gewalt, konnte sich nicht enthalten, übermäßige Zeichen der Freude und des Frohlockens zu entdecken: er trat das Geld mit Füßen, welches zum Zeichen der Unterwerfung des Reichs dahin gelegt war: ein Stolz, den jedoch niemand von den gegenwärtigen, außer dem Erzbischof von Dublin, anzumerken wagte, so beleidigend er auch für alle Engländer war. Ob aber gleich Pandolph den König dahin gebracht hatte, daß er sich diesen niederträchtigen Bedingungen unterwarf, so wollte er doch den Bann und das Interdikt nicht eher aufheben, als bis man den Verlust der Geistlichen geschätzet hätte, und bis ihnen eine völlige Vergütung und Wiederherstellung würde gemacht seyn.

15ten May.

Johann, der in diese niedrige Situation unter einer auswärtigen Gewalt gebracht war, zeigte noch eben die Tyranney über seine Unterthanen, welche die vornehmste Ursache seines ganzen Unglücks gewesen war. Ein gewisser, mit Namen Peter Ponifret, ein Einsiedler, hatte geweissaget, dieser König würde in eben diesem Jahre seine Krone verlieren; und wegen dieser kühnen Weissigung war er in Corfecastle ins Gefängniß geworfen. Johann entschloß sich itzt, ihn als einen Betrüger zur Strafe zu ziehen; und ob sich gleich der Mann darauf berief, daß seine Prophezeihung erfüllet wäre, und daß der König die königliche und unabhängige Krone, die er vormals getragen, verlohren hätte; so wurde doch diese Vertheidigung für eine Vergrößerung seiner Schuld ausgelegt;

Y y 2

q) Rymer, B. 1. S. 176. M. Paris, S. 165. Trivet. S. 158. Ann. Waverl. S. 177. W. Heming. S. 554. M. West. S. 271. 272. Annal. Burt. S. 259.

legt; er wurde an Pferdeschweifen nach der Stadt Warham fortgeschleppt, und daselbst, 1213. mit seinem Sohn, an einen Galgen gehangen ˢ).

Als Pandolph, nachdem er die Huldigung von dem Johann empfangen hatte, an dem Hof von Frankreich zurück kam; wünschte er dem Philipp wegen des glücklichen Ausgangs seines frommen Unternehmens Glück, und sagte ihm, Johann wäre itzt, aus Schrecken vor den französischen Waffen, zu einer rechten Erkenntniß seiner Sünden gekommen; er wäre zu dem Gehorsam unter den apostolischen Stuhl zurückgekehret; hätte sich sogar gefallen lassen, dem Pabste für seine Gebiete zu huldigen; und da er sein Reich zu einem Theil des Erbe des heiligen Petrus gemacht hätte, so wäre es jedem christlichen Prinzen unmöglich, ohne die offenbareste und die allergrößeste Gottlosigkeit, ihn anzugreifen ˢ). Philipp gerieth über diese Nachricht in die äußerste Wuth: er eiferte, daß ein Feldzug, den er auf Anreizung des Pabstes unternommen, der ihm über 60,000 Pfund Sterling gekostet hätte, zu einer Zeit vereitelt worden sey, wo sein glücklicher Ausgang ganz gewiß gewesen wäre: er beklagte sich, daß alle Kosten auf ihn fielen, und aller Vortheil auf den Innocentius; er drohete, daß er sich von diesen heuchlerischen Vorwänden nicht länger wollte betrügen lassen: er ließ seine Vasallen zusammen kommen, stellte ihnen die üble Begegnung vor, die man ihm bewiese; zeigte die eigennützige und betrügliche Aufführung des Pabstes; bat sie um ihren Beystand, damit er sein Unternehmen wider England ausführen möchte, und sagte ihnen, daß er, trotz dem Verbothe und den Drohungen des Legaten, bey demselben beharren wollte. Die französischen Baronen waren damals zwar nicht viel weniger unwissend und abergläubisch, als die Engländer; doch so sehr hängt der Einfluß dieser Religionsgrundsätze von der gegenwärtigen Denkungsart der Menschen ab; sie alle gelobten, ihrem Prinzen in seinem beschlossenen Feldzuge zu folgen; und waren entschlossen, sich den Ruhm und die Reichthümer nicht nehmen zu lassen, welche sie von dieser Unternehmung schon lange erwartet hatten. Der Graf von Flandern allein, welcher zum voraus mit dem Johann einen geheimen Tractat geschlossen hatte, erklärte sich wider die Ungerechtigkeit und Gottlosigkeit dieses Unternehmens, und zog mit seinen Truppen ab ᵗ); und damit Philipp sich einen so gefährlichen Feind nicht im Rücken lassen möchte, wandte er seine Waffen zuerst wider diesen Prinzen. Unterdessen wurde die englische Flotte unter dem Grafen von Salisbury, einem natürlichen Bruder des Königs, versammlet; und ob sie gleich schwächer an der Zahl war, bekam sie doch Befehl, die Franzosen in ihren Häfen anzugreifen. Salisbury verrichtete seinen Dienst mit so gutem Glücke, daß er 300 Schiffe nahm; und 100 andre zu Grunde richtete ᵘ): und da Philipp sah, daß er es unmöglich verhüten konnte, daß nicht auch die übrigen in die Hände des Feindes fielen; so ließ er sie selbst verbrennen, und machte es sich dadurch unmöglich, sein Unternehmen weiter fortzusetzen.

Johann

---

s) *M. Paris.* S. 165. Chron. Dunst. B. 1. S. 56. Chron. Mailr. S. 186. 187. T H'ykes. S. 37. Ann. Waverl. S. 179. M. West. S. 270. 271. Knygthon. S. 2324.

s) *Trivet.* S. 160.

t) *M. Paris.* S. 166.

u) *M Paris.* S. 166. Chron. Dunst. B. 1. S. 59. Trivet. S. 157.

Johann, der über seine itzige Sicherheit frohlockte, unempfindlich über sein voriges Unglück, war von seinem Glücke so aufgeblasen, daß er auf nichts geringeres dachte, als auf einen Einfall in Frankreich, und auf eine Wiedereroberung aller derer Provinzen, welche die glücklichen Waffen Philipps ihm vormals geraubt hatten. Er schlug diesen Feldzug den Baronen vor, welche bereits zur Vertheidigung des Reichs versammlet waren. Aber die englischen Baronen haßten und verachteten ihren Prinzen: sie prophezeiheten sich in keinem Unternehmen Glück, welches unter einem solchen Anführer unternommen wurde: sie beriefen sich darauf, daß die Zeit ihres Dienstes schon verflossen, und ihr ganzer Vorrath verzehret wäre, und weigerten sich, sein Unternehmen zu unterstützen x). Der König blieb jedoch bey seinem Vorhaben, begab sich mit einigen Anhängern zu Schiffe, und seegelte nach Jersey, in der thörichten Meynung, als wenn die Baronen, welche zurück geblieben wären, sich endlich schämen würden, zu Hause zu bleiben y). Da er aber sah, daß ihm diese Hoffnung fehl schlug, kehrte er wieder nach England zurück; both einige Truppen auf, und drohete, sich an allen seinen Edelleuten zu rächen; weil sie ihm abtrünnig und ungehorsam gewesen wären. Hier schlug sich der Erzbischof von Canterbury, der mit den Edelleuten im Bündniß stund, ins Mittel; verboth dem Könige hart, an dergleichen Unternehmen zu denken; und drohete ihm mit einem neuen Bann, wenn er sich unterstünge, Krieg wider seine Unterthanen anzufangen, ehe das Reich noch von dem Urtheile des Interdicts befreyet wäre z).

Die Kirche hatte die verschiedenen Flüche, welche sie wider den Johann ergehen lassen, eben so nach und nach, wie sie dieselben angekündiget, wieder aufgehoben. Seine Absetzung war dadurch für nichtig erkläret, daß er seine Huldigung ablegte, und daß er in den Rang der Vasallen aufgenommen war, und seine Unterthanen wurden wieder an ihren Eid der Treue gebunden. Die verwiesenen Prälaten kamen damals, den Langton an ihrer Spitze, in großem Triumph wieder zurück; und da der König von ihrer Ankunft hörte, gieng er ihnen entgegen, warf sich vor ihnen auf die Erde, und bat sie mit Thränen, mit ihm, und mit dem Königreiche von England Mitleiden zu haben a). Da der Primas diese Zeichen einer wahren Reue sah, führte er ihn in das Capitelhaus zu Winchester, und legte ihm daselbst einen Eid vor, worinn er noch einmal dem Pabst Julii. Innocentius und seinen Nachfolgern Treue und Gehorsam schwur; die heilige Kirche und Geistlichkeit zu lieben, zu unterstützen, und zu vertheidigen versprach; sich verbindlich machte, daß er die guten Gesetze seiner Vorfahren, und vornehmlich die Gesetze des heiligen Eduard, wieder herstellen, und die bösen Gesetze abschaffen wollte; zugleich auch seinen Entschluß an den Tag legte, daß er in allen seinen Gebiethen Recht und Gerechtigkeit handhaben wollte b). Hierauf sprach ihn der Primas in der gehörigen Form los, und zog ihn, zur großen Freude des ganzen Volks, mit an seine Tafel. Inzwischen lag das Urtheil des Interdikts noch immer auf dem Königreiche. Es kam ein neuer Legate, Nicolas, Bischof von Frescam, an die Stelle des Pandolph nach England; und er erklärte sich, daß der Pabst gesonnen wäre, dieses Urtheil nicht eher aufzuheben, als bis der Geistlichkeit alles wiederhergestellt, was ihnen genommen, und bis ihnen aller zugefügter

20sten

x) M. Paris, S. 166.
y) Ibid.
z) M. Paris, S. 167.

a) M. Paris, S. 166. Ann. Waverl. S. 178.
b) M. Paris, S. 166.

1213. gefügter Schaden völlig wieder erſetzet wäre c). Er erlaubte nur, daß in den Kirchen die Meſſe mit leiſer Stimme geleſen wurde, bis dieſer Verluſt und dieſer Schaden, zur Befriedigung der Parteyen, geſchätzet werden könnte. Es wurden gewiſſe Baronen ernannt, welche Rechnungen von den Anſprüchen führen ſollten d); und Johann erſtaunte über die Größe der Summen, wozu die Geiſtlichen ihren Verluſt trieben. Die Mönche von Canterbury allein foderten nicht weniger, als 20,000 Mark, 23,000 für das Bisthum von Lincoln e); und da der König ſah, daß dieſe Forderungen endlos waren, bot er der Geiſtlichkeit überhaupt eine Summe von 100,000 Mark an. Die Geiſtlichen verwarfen das Erbiethen mit Verachtung; aber der Pabſt, der ſeinem neuen Vaſallen, welchen er in den Erklärungen ſeines Gehorſams eifrig, und ordentlich in dem Abtrage des an Rom verſprochenen Tributes fand, gern eine Gunſt bezeigen wollte, gab ſeinem Legaten Befehle, 40,000 anzunehmen f). Die Folge aus dem allen war, daß die Biſchöfe und die angeſehenſten Aebte eine größere Erſetzung bekamen, als ſie mit Recht hätten fordern können; und daß die niedrigern Geiſtlichen ſich über ihren Verluſt zufrieden geben mußten g): und nachdem das Urtheil des Interdicts aufgehoben war, erneuerte der König auf die feyerlichſte Art, und in einem neuen öffentlichen Briefe mit einem goldnen Siegel, die Erklärungen ſeiner Huldigung, und ſeines Gehorſams gegen den Stuhl von Rom h).

1214. Als dieſe verdrießliche Sache endlich zu Ende gekommen war, begab ſich der König, als ob er nun nichts weiter zu erwarten hätte, als Triumphe und Siege, nach Poictou, welches noch immer ſeine Herrſchaft erkannte i); und führte Krieg in die Länder Philipps. Er belagerte ein Caſtel bey Angiers; aber die Annäherung des Prinzen Ludewigs, des Sohns Philipps, nöthigte ihn, die Belagerung ſo eilfertig aufzuheben, daß er ſeine Gezelte, Bagage und Maſchinen im Stiche ließ; und mit Schimpf wieder nach England zurück gieng. Um eben dieſe Zeit vernahm er den großen und entſcheidenden Sieg, den der König von Frankreich bey Bovines über den Kaiſer Otto erfochten hatte, da dieſer an der Spitze von 150,000 Deutſchen in Frankreich eingerückt war; ein Sieg, welcher die Ehre Philipps auf ewig beveſtigte, und allen ſeinen Gebiethen eine völlige Sicherheit gab. Johann konnte demnach künftig auf nichts mehr denken, als wie er ſein eignes Reich im Frieden beherrſchen möchte; und ſeine genaue Verbindung mit dem Pabſte, welche er entſchloſſen war, zu erhalten, was es auch koſten möchte, verſicherte ihn, wie er glaubte, daß er dieſes gewiß thun würde. Allein der letzte und der betrübteſte Auftritt der Unglücksfälle dieſes Prinzen erwartete ihn noch; und er war dazu beſtimmt, noch eine größere Reihe von demüthigenden Umſtänden zu ertragen, als irgend einem andern Monarchen zugeſtoßen waren.

Mißvergnügen der Baronen.

Die Einführung des Feudalrechtes in England durch Wilhelm den Eroberer, hatte die Freyheiten, ſo unvollkommen ſie auch waren, welche die alten Sachſen in ihrer Regierung

c) Trivet. S. 160. Annal. Waverl. S. 178.
d) Brady's Append. No. 103. 104.
e) Chron. Dunſt. B. 1 S. 64.
f) M. Paris, S. 173. Chron. Dunſt. B. 1. S. 62.
g) Annal. Waverl. S. 179.
h) M. Paris, S. 172.
i) Die Königin Eleanor ſtarb im Jahr 1203. oder 1204.

gierung genossen, sehr geschwächet, und das ganze Volk in einen Vasallenstand unter den König, oder die Baronen, und sogar den größten Theil desselben in einen wirklichen Sklavenstand gesetzt. Auch die Nothwendigkeit, den Händen eines Prinzen eine große Gewalt anzuvertrauen, der eine kriegerische Herrschaft über eine überwundene Nation führen sollte, hatte die normännischen Baronen genöthiget, sich eine strengere und unumschränktere Gewalt gefallen zu lassen, als diejenige war, der sich Leute von ihrem Range in andern Feudalregierungen gemeiniglich zu unterziehen pflegten. Die Vorrechte der Krone, welche einmal sehr hoch gestiegen waren, ließen sich nicht leicht wieder herunter setzen; und die Nation hatte eine Zeit von hundert und funfzig Jahren hindurch unter einer Tyranney geseufzet, die allen Königreichen unbekannt war, welche die normännischen Eroberer gegründet hatten. Henrich der Erste hatte dem Volke einen Frenbrief gegeben, der in vielen Stücken seinen Freyheiten günstig war; damit er es locken möchte, daß es seinen ältern Bruder Robert ausschlösse. Stephen hatte diesen Brief erneuert; Henrich der Zweyte hatte ihn bestätiget; aber die Verwilligungen aller dieser Prinzen waren noch immer ohne Wirkung geblieben; und dieselbe unumgränzte, wenigstens unordentliche Macht, wurde von ihnen und ihren Nachfolgern beständig ausgeübt. Das einzige Glück war noch dieses, daß den Händen der Baronen, und des Volkes die Waffen noch nicht entrissen waren. Die Nation konnte noch immer, durch ein großes Verbündniß ihre Freyheiten vertheidigen: und nichts war wahrscheinlicher, als daß der Charakter, die Aufführung, und das Schicksal des gegenwärtigen Monarchen eine allgemeine Vereinigung und Verbindung wider ihn erwecken mußte. Eben so verhaßt, als verächtlich, sowohl öffentlich, als in seinem Privatleben, both er den Baronen Trotz durch seinen Stolz, entehrte ihre Familien durch seine Galanterien, erbitterte sie durch seine Tyranney, und machte alle Stände von Menschen durch seine endlosen Erpressungen mißvergnügt k). Die Wirkung von diesem ungesetzlichen Verfahren hatte sich bereits in der allgemeinen Forderung gezeigt, welche die Baronen machten, daß ihnen ihre Freyheiten wieder hergestellt werden sollten; und nachdem er sich mit dem Pabste dadurch versöhnet hatte, daß er die Unabhängigkeit seines Reichs abgetreten, hatte die ganze Welt einen so niedrigen Begriff von ihm, daß sie alle miteinander glaubten, sie könnten itzt mit Sicherheit und Ehre auf ihre Forderungen bringen.

Aber nichts beförderte dieses Bündniß so sehr, als der Beytritt des Erzbischofes von Canterbury; eines Mannes, dessen Andenken bey den Engländern allemal in Ehren stehen sollte, ob er gleich der Nation durch einen so augenscheinlichen Eingriff des römischen Stuhls aufgedrungen wurde. Dieser Prälat hatte den Entwurf gemacht, die Regierung zu verbessern, und hatte sich den Weg zu dieser großen Neuerung dadurch gebahnet, daß er diese besondern oben gedachten Clauseln in den Eid mit einrückte, welchen er dem Könige vorlas, ehe er ihn von dem Banne lossprechen wollte; er mochte nun durch die Großmuth seiner Natur, oder durch seine Liebe für das öffentliche Beste dazu bewogen werden, oder mochte wider den Johann feindselig gesinnet seyn, weil er sich seiner Wahl so lange widersetzet hatte, oder weil er glaubte, daß eine Vergrößerung der Freyheit des Volks dienlich seyn würde, die Vorrechte der Kirche zu vermehren, und in

Sicher-

k) Chron. Mailr. S. 188. T. Wykes, S. 36. Ann. Waverl. S. 181. W. Heming. S. 557.

Sicherheit zu setzen. Bald nachher zeigte er in einer Privatversammlung einiger vornehmen Baronen zu London eine Abschrift von dem Freyheitsbriefe Henrichs des Ersten, und sagte, daß er sie zum Glück in einem Kloster gefunden hätte; und ermahnte sie, darauf zu dringen, daß dieser Freyheitsbrief wieder erneuert und beobachtet würde. Die Baronen schwuren, daß sie eher ihr Leben verlieren, als sich einer so gegründeten Forderung begeben wollten [1]). Das Bündniß fieng nun an, sich weiter zu verbreiten, und fast alle Baronen von England in sich zu begreifen; und Langton berief eine zahlreichere Versammlung zu St. Edmondbury, unter dem Vorwande einer Andacht. Er zeigte dieser Versammlung noch einmal den alten Freyheitsbrief Henrichs vor; erneuerte seine Ermahnungen zur Eintracht und zum Muth in der Ausführung ihres Vorhabens, und stellte ihnen mit den stärksten Worten die Tyranney vor, der sie so lange unterworfen gewesen waren, und von der sie itzt sich und ihre Nachkommen befreyen müßten [m]). Die Baronen, entflammt durch seine Beredsamkeit, angespornt durch das Andenken des ihnen geschehenen Unrechts, und ermuntert durch den Schein ihrer Gewalt, und ihrer Menge, legten feyerlich einen Eid vor dem hohen Altare ab, daß sie einander anhangen, auf ihrer Forderung bestehen, und den König ohne Ende so lange bekriegen wollten, bis er sich ihre Forderung gefallen ließe [n]). Sie beredeten sich, daß sie nach der Weihnachtsfeyer insgesammt ihre gemeinschaftliche Bitte vortragen wollten; und unterdessen giengen sie auseinander, nachdem einer dem andern versprochen hatte, daß sie sich in einen Vertheidigungsstand setzen, Leute werben, Waffen ankaufen, und ihre Castele mit den nöthigen Lebensmitteln versehen wollten.

1215. Die Baronen erschienen an dem bestimmten Tage in London; und verlangten von
Den 6ten dem Könige, daß er ihnen, zufolge des vor dem Primas abgelegten Eides, und vermöge ihrer billigen Rechte, eine Erneuerung des Freyheitsbriefes Henrichs, und eine Bestätigung der Gesetze des heiligen Eduard verwilligen möchte. Der König, beunruhiget sowohl durch ihren Eifer, als durch ihre Gewalt, bat sich eine Bedenkzeit aus; versprach, daß er ihnen bey der Osterfeyer eine ausdrückliche Antwort auf ihre Bitte geben wollte; und both ihnen den Erzbischof von Canterbury, den Bischof von Eln, und den Mareshall, Grafen von Pembroke, als Bürgen an, daß er sein Wort halten wollte [o]). Die Baronen nahmen die Bedingungen an, und begaben sich im Frieden wieder nach ihren Castelen.

Den 15ten Unter dieser Zeit bemühete sich Johann, um das Bündniß der Baronen zu zerreissen, oder sie unter den Fuß zu bringen, sich der geistlichen Macht zu versichern, von deren Einflusse er in seinen noch so frischen Unglücksfällen eine so üble Erfahrung hatte. Er verwilligte der Geistlichkeit einen Freybrief, welcher auf ewig diesem wichtigen Kronrechte entsagte, für welches sein Vater, und alle seine Ahnen so eifrig gestritten hatten, trat ihnen die freye Wahl bey allen Erledigungen ab, und behielt sich nur die Gewalt vor, ein Congé d'elire auszufertigen, und der Wahl seine Bestätigung zu geben; und erklärte sich, daß die Wahl auch dann, wenn eines von diesen beyden zurück bliebe, für rechtmäßig und gültig gehalten werden sollte [p]). Er gelobte eine Armee wider die Ungläubigen

---

l) M. Paris, S. 167.
m) Ibid. S. 165.
n) Ibid. S. 167.

o) M. Paris, S. 176. M. West. S. 273.
p) Rymer, B. I. S. 197.

gläubigen nach Palästina zu führen, und nahm das Kreuz an, in der Hoffnung, daß er von der Kirche denjenigen Schutz erhalten würde, welchen sie einem jeden gab, der in 1215. diese heilige und verdienstliche Verbindung trat q). Er sandte seinen Agenten, Wilhelm von Mauclerc, nach Rom, um sich bey dem Pabst über die Tyrannen seiner Baronen zu beklagen, und sich von diesem mächtigen Richterstuhle ein günstiges Urtheil zu verschaffen r). Auch die Baronen waren an ihrer Seite nicht nachläßig in ihrer Bemühung, den Pabst auf ihre Seite zu ziehen. Sie sandten den Eustaz de Vescie nach Rom; trugen ihre Sache dem Innocentius als ihrem Feudalherrn vor; und bathen ihn, daß er bey dem Könige mit seiner Gewalt ins Mittel treten, und ihn zwingen möchte, daß er ihnen ihre billigen und ungezweifelten Rechte wieder herstellete und bestätigte s).

Innocentius sah ungern die Unruhen, welche in England entstanden waren, und war sehr geneigt, den Johann in seinen Foderungen zu begünstigen. Er hatte keine andre Hoffnung, seine neulich erworbene Oberherrschaft zu behaupten und zu erweitern, als wenn er einen so niederträchtigen und ausgearteten Prinzen unterstützte, der bereitwillig war, seiner gegenwärtigen Sicherheit alles aufzuopfern; und er sah voraus, daß die Baronen, wenn die Staatsverwaltung in die Hände so tapferer und hochmüthiger Leute fallen würde, die Ehre, Freyheit und Unabhängigkeit der Nation mit eben der Hitze behaupten würden, womit sie itzt ihre eignen verfochten. Er schrieb demnach Briefe an die Prälaten, an den Adel, und an den König selbst. Er ermahnte die ersten, daß sie sich Mühe geben möchten, unter den streitenden Parteyen Frieden zu stiften, und der bürgerlichen Zwietracht ein Ende zu machen; den andern gab er sein Mißfallen über ihre Aufführung zu verstehen, daß sie Gewalt brauchten, um von ihrem Könige wider seinen Willen Bewilligungen zu erzwingen: dem letzten rieth er, seinen Edelleuten gnädig und glimpflich zu begegnen, und ihnen diejenigen von ihren Foderungen einzuräumen, welche billig und vernünftig schienen t).

Die Baronen sahen aus dem Innhalte dieser Briefe leicht, daß sie sich Rechnung machen müßten, sowohl den Pabst, als den König zum Feinde zu haben; aber sie waren schon zu weit gegangen, als daß sie von ihren Foderungen wieder hätten zurück treten können; und ihre Leidenschaften waren so sehr rege gemacht, daß selbst der Aberglauben nicht mehr vermögend war, sie im Zaume zu halten. Sie sahen auch vorher, daß die Donner Roms, wenn sie nicht durch die Kräfte der englischen Geistlichen unterstützet wären, wenig gegen sie ausrichten würden; und merkten, daß sowohl die angesehenen Prälaten, als die kleinere Geistlichkeit die größte Billigung ihrer Sache an den Tag legten. Ausserdem, daß diese Leute von einer Nationalliebe für Gesetze und Freyheit eingenommen waren, Glückseligkeiten, woran sie selbst Theil zu nehmen hofften; kamen auch noch sehr starke Ursachen hinzu, welche ihre andächtige Neigung für den apostolischen Stuhl schwächeten. Es erhellet aus allen neulichen Usurpationen des Papstes selbst, daß er alle Vortheile, welche aus diesem Siege entstanden, den sie unter seinen Fahnen
jedoch

q) *Rymer*, Vol. I. S. 200. *Trivet*, S. 162.   s) Ibid.
T. *Wykes*, S. 37 M. *West*. S. 273.   t) *Rymer*, Vol. I. S. 196. 197.
r) *Rymer*, Vol. I. S. 184.

jedoch mit ihrer eigenen Gefahr, allenthalben über die bürgerliche Obrigkeit erfochten hatten, allein ziehen wollte. Der Pabst maßete sich eine despotische Gewalt über alle Kirchen an: ihre besondern Gebräuche, Vorrechte, und Freyheiten wurden mit Verachtung angesehen: so gar setzte er die Canons allgemeiner Versammlungen durch seine dispensirenden Gewalt aus den Augen: die ganze Regierung der Kirche fand ihren Mittelpunkt in dem Hofe Roms: alle Beförderungen flossen folglich in diesen Canal; und die Provincialgeistlichkeit sah, oder wenigstens empfand sie, daß es nothwendig sey, diese übermäßigen Ansprüche einzuschränken. Der Legat, Nicholas, hatte in der Besetzung der vielen erledigten Stellen, welche unter der Zeit eines Interdicts von sechs Jahren in England vorgefallen waren, auf die allerwillkührlichste Art verfahren; und bey der Vergebung der Würden gar nicht auf persönliche Verdienste, auf Rang, auf die Neigung der Wählenden, oder auf die Gebräuche des Landes gesehen. Die englische Kirche war überall mißvergnügt, und langzten selbst, wiewohl er seine Erhebung einer neuen Anmaßung des römischen Stuhls zu verdanken hatte, war nicht sobald in seine hohe Bedienung eingesetzt, als er eifersüchtig über die Freyheiten wurde, welche mit derselben verknüpft waren, und mit dem Lande, welches seiner Gerichtsbarkeit unterworfen, Verbindungen schloß. Diese Ursachen eröffneten zwar nur langsam die Augen der Nation, doch fehlten sie nicht, ihre Wirkung zu haben. Sie setzten den Anmaßungen des Pabstthumes Gränzen: erst wurde der Strom gehemmet, hernach floß er wider den Pabst zurück: und man kann es auf keine andre Weise begreifen, wie dieses Zeitalter, das so geneigt zum Aberglauben, und so tief in Unwissenheit versunken, oder vielmehr einer unächten Gelehrsamkeit ergeben war, der Gefahr entwischen konnte, in eine völlige und gänzliche Sklaverey unter dem Hofe von Rom zu fallen.

Aufstand der Baronen.

Um die Zeit, da die Briefe des Pabstes in England ankamen, kamen die mißvergnügten Baronen bey der Annäherung des Osterfestes, wo sie die Antwort des Königes auf ihre Bitte erwarteten, wie sie sich verabredet hatten, zu Stamford zusammen, und *Den 27 April.* versammleten eine Macht, welche aus mehr, als 2000 Rittern bestund, ausser ihrem Gefolge, und ausser den niedrigern Personen, welche unzählbar waren. Stolz auf ihre Macht rückten sie mit einem Corps nach Brackley, ungefähr funfzehen Meilen von Oxford, als dem Orte, wo der Hof sich damals aufhielt; und hier erhielten sie durch den Erzbischof von Canterbury, und den Grafen von Pembrock, eine Gesandschaft von dem Könige, welche zu wissen verlangte, was das für Freyheiten wären, die sie mit so vielem Eifer von ihrem Könige foderten? Sie überreichten diesen Bothen eine Schedul, worinn die vornehmsten Foderungen der Artikel aufgezeichnet waren. Kaum wurde diese dem Könige gezeigt; so brach er in eine wütende Heftigkeit aus, und fragte: warum die Baronen nicht auch sein Reich von ihm verlangten? und schwur, daß er ihnen solche Freyheiten, die ihn selbst zum Sklaven machen müßten, niemals verwilligen würde u).

Kaum hörten die Edelleute, daß Johann ihnen eine abschlägige Antwort gegeben hatte, so erwählten sie schon den Robert Fitz Walter zu ihrem General, den sie den Marschall der Armee Gottes, und der heiligen Kirche nannten, und ohne weitere

---

u) M. Paris, S. 176.

Geschichte von England. Kap. XI.

re Ceremonie fuhren sie fort, Krieg wider den König anzufangen. Sie belagerten das Castel Northampton funfzehen Tage lang, wiewohl ohne Fortgang *a)*: die Thore von Bedford-Castle wurden ihnen von Wilhelm Beauchamp, dem es zugehörete, freywillig geöffnet: sie rückten auf ihrem Wege nach London vor Ware, wo sie mit den vornehmsten Bürgern ein gutes Vernehmen aufrichteten: sie wurden in diese Hauptstadt ohne Widersetzung aufgenommen: und da sie itzt die große Uebermacht ihrer Kräfte erkannten, so gaben sie Erklärungen aus, worinn sie die andern Baronen auffoderten, zu ihnen zu stoßen, und ihnen droheten, falls sie sich weigerten, oder Anstand nähmen, ihre Häuser und Güter zu verheeren *y)*. Um ihnen zu zeigen, was sie von ihren glücklichen Waffen zu gewarten hätten, thaten sie aus London Streifereyen, und verwüsteten Thiergärten und Pallästte des Königs; und alle diejenigen Baronen, welche bisher den Schein gehabt hatten, als wenn sie die königliche Parten unterstützten, freueten sich, diesen Vorwand gefunden zu haben, daß sie öffentlich einer Sache beytreten konnten, der sie ins geheim beyfielen. Der König befand sich zu Odiham, in Surrey, in einem kleinen Gefolge von nicht mehr, als sieben Rittern; und nachdem er verschiedene Mittel versuchet hatte, dem Streiche zu entwischen, nachdem er sich erbothen hatte, alle Streitigkeiten dem Pabst allein zu überlassen, oder acht Baronen, davon vier von ihm selbst, und vier von den Alliirten gewählet werden sollten *z)*; fand er sich genöthiget, sich ihrem Willen zu unterwerfen.

Es wurde zwischen dem Könige, und den Baronen zu Runnemede, zwischen Winsor und Stoines, einem Platze, der wegen dieser großen Begebenheit von jeher so berühmt gewesen ist, eine Conferenz angesetzt. Die beyden Partenen stunden in verschiedenen Lägern, gleich offenbaren Feinden; und nach einer Untersuchung einiger Tage unterzeichnete und untersiegelte der König, mit einer Bereitwilligkeit, die ein wenig verdächtig war, den Freyheitsbrief, den man von ihm foderte. Diese berühmte Schrift, welche gemeiniglich die *Magna Charta* genannt wird, räumte entweder sehr wichtige Freyheiten und Vorrechte allen Ständen von Leuten in dem Reiche, der Geistlichkeit, den Baronen und dem Volke ein, oder sicherte sie auch.

Der Geistlichkeit war die Wahlfreyheit ausgemacht: der erste Freybrief des Königs, worinn die Nothwendigkeit eines königlichen *Congi d' elire*, und seiner Bestätigung für unnöthig erkläret war, wurde bestätiget: alle Einschränkungen der Klagen nach Rom wurden entfernet, da einem jeden die Freyheit zugestanden wurde, aus dem Königreiche zu reisen, wenn er wollte: und es wurde verordnet, daß die Strafen der Geistlichkeit für ein Versehen, nach ihren Layengütern, nicht nach ihren geistlichen Benefizien eingerichtet werden sollten.

Die Vorrechte, welche den Baronen eingeräumet wurden, bestunden entweder in Verringerungen der Strenge des Feudalgesetzes, oder in Bestimmungen solcher Punkte, welche in diesem Gesetze willkührlich und zweydeutig gelassen, oder durch den Gebrauch so geworden waren. Die Einlösungsgelder der Erben, welche in ein militärisches Lehn traten, wurden auf einen gewissen Fuß gesetzt: ein Graf zahlte hundert Pfund, ein Ba-

x) M. Paris, S. 177. Chron. Dunst. Vol. I. S. 71.
y) M. Paris, S. 177.
z) Rymer, Vol. I. S. 200.

ron 100 Mark, ein Ritter 100 Schillinge. Es wurde in dem Briefe verordnet, daß ein Erbe, wenn er minderjährig wäre, gleich nach seiner Volljährigkeit sein Gut antreten sollte, ohne einige Abgabe zu bezahlen: der König sollte seine Vormundschaften nicht verkaufen; er sollte nur von dem Gute einen billigen Vortheil nehmen, ohne das Eigenthum zu verwüsten, oder ihm zu schaden; er sollte die Castele, Häuser, Mühlen, Thiergärten und Teiche unterhalten; und wenn er die Vormundschaft für das Gut dem Sherif, oder einem andern anvertraute, so sollte er sie vorher nöthigen, Bürgen dafür zu stellen. So lange die Minderjährigkeit eines Barons dauerte, da seine Ländereyen unter Vormundschaft stehen, und nicht in seiner eignen Gewalt sind, sollte keine Schuld, die ein Jude zu fodern hätte, Interesse tragen. Erben sollten nicht unter ihrem Range verheyrathet werden, und ehe die Vermählung vollzogen worden, sollten die nächsten Verwandten der Personen davon unterrichtet werden. Eine Wittwe sollte, ohne Einlösegeld zu zahlen, ihren Wittwensitz antreten, welcher der dritte Theil der Einkünfte ihres Gemahls war: sie sollte nicht gezwungen werden, sich zu verheyrathen, so lange sie unverheyrathet bleiben wollte; sie sollte nur Sicherheit stellen, daß sie sich, ohne Bewilligung ihres Herrn, nie verheyrathen wollte. Der König sollte keinen Anspruch auf die Vormundschaft eines minderjährigen machen, welcher Ländereyen vermöge einer militarischen Vasallschaft von einem Baron hätte, unter dem Vorwande, daß er auch für Landdienste, oder andre Pachtbedingungen, Ländereyen von der Krone hätte. Scutagen sollten auf eben den Fuß angeschlagen werden, wie in den Zeiten Henrichs des Ersten; und es sollte kein andres Scutage oder Beysteuer, auffer in den dreyen allgemeinen Feudalfällen, nämlich in der Gefangenschaft des Königs, oder wenn sein ältester Sohn zum Ritter gemacht, oder seine älteste Tochter verheyrathet würde, auf eine andre Art aufgelegt werden, als durch den großen Rath des Reichs; die Prälaten, Grafen und großen Baronen sollten zu diesem großen Rathe eingeladen werden, und zwar ein jeder durch ein besonderes Ausschreiben; die kleineren Baronen aber durch eine allgemeine Einladung des Sherifs. Der König sollte sich wegen einer Verschuldung an die Krone, nicht des Landes eines Barones bemächtigen, wenn der Baron so viel Güter und Vieh besäße, als zureiche, die Schuld zu bezahlen. Niemand sollte gehalten seyn, für sein Lehn mehr Dienste zu leisten, als wozu er nach seinen Pachtbedingungen verbunden wäre. Kein Statthalter oder Constable eines Schlosses sollte einen Ritter zwingen, Geld für Schloßwachen auszugeben, wenn er diesen Dienst in eigner Person, oder durch einen andern dazu geschicksen Mann verrichten wollte; und wenn der Ritter selbst auf Befehl des Königs zu Felde wäre, so sollte er von allen andern Arten Diensten frey seyn; keinem Vasallen sollte erlaubt seyn, von seinen Ländereyen so viel zu verkaufen, daß er außer Stand gesetzet würde seinem Herrn seinen Dienst zu leisten.

Dieses waren die vornehmsten Punkte, welche zum Vortheil der Baronen entworfen waren; und wenn der Freyheitsbrief nichts mehr in sich gefaßt hätte, so würde die Glückseligkeit und Freyheit der Nation dadurch nur wenig befördert worden seyn; weil er nur den Zweck gehabt haben würde, die Macht und Unabhängigkeit einer Klasse von Menschen zu vermehren, welche schon gar zu mächtig waren, und deren Joch dem Volke noch schwerer hätte werden können, als das Joch eines unumschränkten Monarchen. Aber die Baronen, welche diesen merkwürdigen Freybrief allein auffetzten, und dem Prinzen aufdrun-

Geschichte von England. Kap. XI.

aufbrungen, sahen sich genöthiget, noch andre Punkte von einer weitläuftigern und wohl-
thätigern Beschaffenheit einzurücken. Sie konnten den Beytritt des Volks nicht erwar- 1215.
ten, ohne mit ihrem eignen Interesse zugleich das Interesse der niedrigen Stände darein zu begreifen; und alle Verwahrungsmittel, welche die Baronen ihrer selbst wegen
machen mußten, um sich der freyen und gleichmäßigen Verwaltung der Gerechtigkeit zu
versichern, zielten gerades weges auf das Beste der ganzen Gemeine ab. Folgende waren die vornehmsten Punkte von dieser Art.

Es war verordnet, daß alle oben gedachte Vorrechte und Freyheiten, welche den
Baronen wider den König bewilliget worden, von den Baronen auf ihre Untervasallen
ausgedehnet werden sollten. Der König verpflichtete sich, keine Vollmacht zu vergeben,
wodurch ein Baron die Freyheit bekäme, Beysteuren von seinen Vasallen zu fodern, auffer in den dreyen Feudalfällen. Einerley Gewicht und einerley Maaß sollte in dem ganzen Königreiche beobachtet werden. Den Kaufleuten sollte erlaubt seyn, alle Handels-
geschäffte zu verrichten, ohne daß man von ihnen willkührliche Zölle und Auflagen fodern
dürfte: ihnen und allen freyen Leuten sollte erlaubt seyn, nach Gefallen aus dem Königreiche zu reisen, und wieder zurück zu kommen. London, alle Städte und Flecken, sollten
ihre alten Freyheiten, Vorrechte und Gebräuche behalten: man sollte von ihnen nichts
anders, als auf Bewilligung des großen Raths, Hülfsgelder fodern. Keine Städte,
und keine einzelne Personen sollten gehalten seyn, anders Brücken zu bauen, oder zu unterhalten, als nach altem Gebrauch. Die Güter eines jedweden freyen Menschen sollten
unter seinem eignen Willen stehen, daß er damit nach Gefallen verfahren könnte; wenn
er ohne Testament stürbe, so sollten seine Erben in seinen Besitz treten. Kein Bedienter der Krone sollte ohne Bewilligung des Eigenthümers Pferde, Wagen oder Holz weg-
nehmen. Die Justizgerichte des Königs sollten in gewisse Plätze verlegt werden, und
nicht mehr seiner Person folgen: sie sollten einem jedweden offen stehen; und die Gerechtigkeit sollte von ihnen nicht mehr erkauft, versaget oder verzögert werden. Die Sheriffs sollten unfähig seyn, Processe der Krone zu führen, und sollten keine Person blos
wegen Gerüchte oder Argwohn, sondern auf den Beweis gesetzmäßiger Zeugen vors Gerichte ziehen. Kein Freyer sollte genommen, oder ins Gefängniß gesetzt, oder aus seinem
freyen Lehne und seinen Freyheiten gesetzt, oder des Schutzes der Gesetze für verlustig
oder für verbannet erkläret, oder auf eine andre Weise beschädiget oder beleidiget werden,
es sey denn, daß es durch das gesetzmäßige Urtheil seiner Pairs, oder durch das Landes-
gesetz geschähe: und allen denen, welche in diesem oder in den beyden vorigen Regierungen gelitten hätten, sollten ihre Rechte und Eigenthümer wieder hergestellet werden. Ein
jeder Freyer sollte, nach Verhältniß, an Gelde gestraft werden; und es sollte von ihm keine Geldstrafe gehoben werden, welche ihn zu Grunde richten könnte: selbst ein Knecht,
oder ein Bauer sollte durch keine Strafe seiner Wagen, Pflüge oder seines Ackergerä-
thes beraubt werden. Dieses war der einzige Punkt, der für das Beste dieser Leute,
welche damals vermuthlich die größte Anzahl in dem Königreiche ausmachten, eingerückt
war.

Man muß gestehen, daß die erstern Artikel der großen Charte solche Milderungen
und Erklärungen der Feudalrechte enthalten, welche sehr vernünftig und billig sind; und
daß der letztere Theil den vornehmsten Umriß der gesetzmäßigen Regierung enthält, und

für

für eine gleiche Austheilung der Gerechtigkeit und den freyen Genuß eines Eigenthums gesorget hat, als die vornehmsten Absichten, weswegen die menschliche Gesellschaft zuerst gestiftet wurde, welche zu wiederrufen das Volk ein beständiges und unentäußerliches Recht hat, und welche für das wichtigste zu halten, und in Acht zu nehmen, keine Zeit, kein eingeführtes Beyspiel, keine Landesverordnung, kein positiver Befehl, es abschrecken sollte. Ob man gleich die Sicherungen, welche durch diesen Freybrief gemacht waren, nach dem Genie der damaligen Zeit für gar zu kurz gefaßt, und gar zu entblößet von Umständen ansehen konnte, um die Erfüllung ihrer Artikel, wider die Chikanen der Rechtsgelehrten, welche von Gewalt und Macht unterstützet waren, sicher zu erhalten: so bestimmte doch die Zeit den Sinn aller zweydeutigen Ausdrücke immer mehr und mehr; und diejenigen großmüthigen Baronen, welche diese Verwilligungen zuerst erzwungen, hatten noch immer ihr Schwerd in der Hand, und konnten es wider diejenigen kehren, welche sich unter irgend einem Vorwande unterstunden, von dem Originalinnhalte und Sinne dieses Briefes abzugehen. Es ist nun aus dem Innhalte dieses Briefes leicht zu bestimmen, was das für Gesetze des Königs Eduard waren, welche die englische Nation so viele Geschlechtsfolgen hindurch mit einer so hartnäckigen Standhaftigkeit wieder aufgesucht, und hergestellte haben wollte. Es waren diese die letzten Artikel der *Magna Charta*; und die Baronen, welche bey dem Anfang dieser Unruhen die sächsischen Gesetze wieder hervorgesucht haben wollten, glaubten ohne Zweifel, daß sie das Volk durch Verschaffung dieser Bewilligungen, welche die vornehmsten Gegenstände enthielten, wornach man so lange gestrebt hatte, genugsam befriediget hätten. Was wir aber am meisten bewundern, ist die Klugheit und Mäßigung dieser hochmüthigen Edelleute, da sie doch durch Beleidigungen erbittert, durch Widersetzung aufgebracht, und durch einen völligen Sieg über ihren König aufgeblasen waren. Sie ließen sich selbst in dieser Fülle der Gewalt gefallen, einige Artikel von dem Freybriefe Heinrichs des Ersten, den sie doch zum Grunde ihrer Foderung gemacht hatten, fahren zu lassen, vornehmlich die Abschaffung der Vormundschaften, einen wichtigen Punkt; und es scheint, als wenn sie sorgfältig genug gewesen sind, die Macht und das Einkommen der Krone nicht zu sehr zu verringern. Wenn es demnach scheinet, als wenn sie andre Foderungen gar zu hoch getrieben haben, so kann es allein dem treulosen und tyrannischen Charakter des Königs zugeschrieben werden, wovon sie längst die Erfahrung gehabt hatten, und von dem sie voraus sahen, daß er ihn verleiten würde, wenn sie nicht noch für eine anderweitige Sicherheit sorgten, ihre Freyheiten bald zu kränken, und das zu widerrufen, was er einmal verstattet hatte. Dieses allein gab Gelegenheit zu den andern, dem Ansehen nach übermäßigen Artikeln, welche noch als eine Vormauer für die Sicherheit der großen Charte hinzugethan wurden.

Die Baronen zwungen den König, zu verstatten, daß London in ihren Händen blieb, und der Tower der Aufsicht des Primas übergeben würde, bis den funfzehnten des folgenden Augustmonats, oder bis verschiedene Artikel des großen Freyheitsbriefes erfüllet seyn würden [a]. Um sich dieses Endzwecks zu versichern, erlaubte er ihnen fünf und zwanzig Glieder aus ihren eignen Mitteln zu Aufsehern der öffentlichen Freyheit zu wählen; und der

[a] *Rymer*, Vol. I. S. 201. Chron. Dunst. Vol. I. S. 73.

der Gewalt dieser Männer wurde weder in der Größe, noch in der Dauer eine Gränze gesetzt. Wenn eine Klage über eine Beleidigung des Freybriefes entstund, entweder 1215. von dem Könige, den Justiziarien, den Sheriffs, oder den Forstmeistern, so konnten vier von diesen Baronen den König ermahnen, die Beschwerden abzustellen; und wenn ihnen die Genugthuung versagt wurde; so konnten sie den ganzen Rath der fünf und zwanziger zusammen berufen, welche in Verbindung mit dem großen Rathe die Macht hatten, ihn zu zwingen, daß er den großen Freybrief halten mußte; und wenn er sich widersetzte, so konnten sie Krieg wider ihn anfangen, seine Castele angreifen, und alle Gewalt gebrauchen, nur nicht wider seine königliche Person, und wider die Personen seiner Königinn, und seiner Kinder. Alle Menschen im ganzen Königreiche waren, unter Strafe der Confiscation, verbunden, den fünf und zwanzig Baronen Gehorsam zu schwören; und die Freysassen in jeder Grafschaft mußten zwölf Ritter wählen, welche diejenigen üblen Gewohnheiten anzeigten, die nach dem Innhalt des großen Freybriefes eine Verbesserung erforderten b). Die Namen dieser Aufseher waren die Grafen von Clare, Albemarle, Gloceſter, Winchester, Hereford, Roger Bigod, Graf von Norfolk, Robert de Vere, Graf von Orford, Wilhelm de Mareſhall der Jüngere, Robert Fitz-Walter, Gilbert de Clare, Euſtaz de Veſcen, der Major von London, Wilhelm de Moubran, Gottfried de Say, Roger de Meubezon, Wilhelm von Huntingfield, Robert de Roſſ, der Conſtable von Cheſter, Wilhelm de Aubennie, Richard de Percy, Wilhelm Malet, John Fitz-Robert, Wilhelm de Lanvalen, Hugo de Bigod und Roger de Montfichet c). Diese Männer waren durch diesen Vertrag in der That mit der Oberherrſchaft in dem Königreiche bekleidet: sie wurden zu Nebenverordneten mit dem Könige gemacht, oder waren vielmehr in der Handhabung der ausübenden Gewalt noch über den König; und weil in der Regierung kein Umſtand war, der nicht mittelbar oder unmittelbar mit der Sicherheit und Beobachtung des großen Freyheitsbriefes in Verwandſchaft ſtund; ſo konnte ſich ſchwerlich ein Zufall ereignen, worinn ſie nicht geſetzmäßig mit ihrer Gewalt ins Mittel treten konnten.

Johann schien sich allen diesen Anordnungen leidentlich zu unterwerfen, so ſehr ſie auch ſeine Majestät beleidigten. Er ſandte Ausschreiben an alle Sheriffs, und gebot ihnen, einen jeden anzuhalten, daß er den fünf und zwanzig Baronen Gehorsam ſchwöre d). Er dankte alle seine auswärtigen Truppen ab: er gab vor, daß seine Regierung künftig nach einer andern Regel geführet würde, und der Freyheit und Unabhängigkeit ſeines Volkes geneigter wäre. Aber er verſtellte ſich nur so lange, bis er eine günſtige Gelegenheit finden würde, alles, was er verwilliget hatte, wieder aufzuheben. Die Beleidigungen und Unanſtändigkeiten, welche er bisher von dem Pabſte und dem Könige von Frankreich erduldet hatte, ſchienen nur einen kleinen Eindruck bey ihm zu machen, weil ſie von ſeines Gleichen oder von Mächtigern herkamen: aber die Empfindung dieſer beſtändigen Unterwürfigkeit unter ſeinen rebelliſchen Unterthanen drang tief in ſeine Seele ein, und er war entſchloſſen, alles zu wagen, um eine ſo ſchimpfliche Skla-

b) Dieses scheinet ein gewisser Beweis zu seyn, daß das Haus der Gemeinen damals noch nicht vorhanden war; sonst konnten die Ritter und die Bürger von den verschiedenen Grafschaften den Lords eine Liste von Beschwerden eingegeben haben, ohne zu einer neuen Wahl zu ſchreiten
c) M Paris, S. 181.
d) Ibid. S. 182.

Sklaverey abzuwerfen e). Er wurde mürrisch, still, zurückhaltend: er mied die Gesellschaft seiner Höflinge und Edelleute; er begab sich auf die Insel Wight, als ob er seine Schaam und Verwirrung verbergen wollte; aber in dieser Einsamkeit dachte er auf die schädlichste Rache an allen seinen Feinden f). Er sandte ins geheim seine Emissarien aus, um fremde Soldaten zu werben, und die raubsüchtigen Brabançons, durch die Hoffnung zu seinen Diensten einzuladen, daß sie die Beute von England theilen, und die verfallenen Güter so vieler reichen Baronen, welche sich einer Rebellion schuldig gemacht, und die Waffen wider ihn ergriffen hätten, erndten sollten g). Auch sandte er einen Boten nach Rom ab, der dem Pabst den großen Freybrief, den er hatte zeichnen müssen, vorlegen, und sich vor diesem Richterstuhle über die Gewaltsamkeit, welche man sich wider ihn bedienet hatte, beklagen sollten h).

Innocentius, der sich für einen Feudalherrn des Königreichs ansah, wurde erbittert über die Verwegenheit der Baronen, die sich zwar gestellet, als wenn sie sich an seine Gewalt wendeten, aber sich doch unterfangen hatten, ohne Erwartung seiner Einwilligung, einem Prinzen, der sich dadurch, daß er seine Krone und seine Unabhängigkeit dem römischen Pabste abgetreten, unmittelbar unter den päbstlichen Schutz gesetzt hätte, solche Bedingungen aufzubringen. Er gab daher deswegen eine Bulle aus, worinn er, vermöge der Fülle der apostolischen Gewalt, und vermöge der Macht, welche Gott ihm anvertrauet, Königreiche zu bauen, und zu zerstören, zu pflanzen, und auszurotten, den ganzen Freybrief als ungerecht an sich selbst, als durch Zwang erhalten, und als schimpflich für die Würde des apostolischen Stuhls für nichtig und abgeschafft erklärte. Er verbot den Baronen, die Beobachtung desselben zu verlangen; er sprach den König und alle seine Unterthanen von allen Eiden los, welche sie darauf hatten ablegen müssen; und kündigte überhaupt einem jeden den Bann an, welcher fortfahren würde, solche verrätherische und unbillige Foderungen zu unterstützen i).

Die Bürgerkriege gehen wieder an.

Da die auswärtigen Truppen mit dieser Bulle zugleich eintrafen, so wagte es itzt der König, die Larve abzuziehen; und wiederrief, unter der Vollmacht des päbstlichen Ausspruchs, alle Freyheiten, welche er seinen Unterthanen verwilliget, und zu beobachten so feyerlich geschworen hatte. Aber man fand in dem Versuche, daß das geistliche Gewehr weniger Kraft hatte, als der König aus eigner Erfahrung Grund hatte zu erwarten. Der Primas weigerte sich, dem Befehle des Pabstes zu gehorchen, und den Bannspruch wider die Baronen bekannt zu machen; und ob er gleich nach Rom gefodert wurde, um daselbst einer allgemeinen Versammlung beyzuwohnen; ob er gleich wegen seines Ungehorsams gegen den Pabst, und wegen seines geheimen Verständnisses mit den Feinden des Königes, abgesetzt k); obgleich ein neuer und besonderer Bann namentlich wider die vornehmsten Baronen verkündiget wurde l); so fand Johann dennoch, daß seine Unterthanen, sein Adel, und selbst seine Geistlichkeit der Vertheidigung ihrer

e) *M. Paris*, S. 183.
f) Ibid.
g) Ibid. Chron. Dunst. B. 1. S. 72. Chron. Mailr. S. 188.
h) *M. Paris*, S. 183. Chron. Dunst. B. 1. S. 73.

i) *Rymer*, B. 1. S. 203, 204, 205, 208. *M. Paris*, S. 184. 185. 187.

k) *M. Paris*, S. 189.

l) *Rymer*, B. 1. S. 211. *M. Paris*, S. 192.

Geschichte von England. Kap. XI.

ihrer Freyheiten und ihrer Verbindung wider ihn getreu blieben. Das Schwerd seiner auswärtigen besoldeten Truppen war das einzige, worauf man sich in der Wiederherstellung seiner Gewalt verlassen konnte. 1215.

Es scheinet, als wenn die Baronen nach der Zeit, da sie den großen Freybrief erhalten hatten, sich in eine schädliche Sicherheit haben einschläfern lassen, und keine vernünftige Maasregeln genommen haben, ihre Armee wieder zu versammeln, falls eine auswärtige Macht ins Reich gezogen würde. Der König war anfänglich Meister des Schlachtfeldes, und belagerte gleich darauf das Castel von Rochester, welches Wilhelm de Albiney, an der Spitze von 140 Rittern mit ihrem Gefolge, hartnäckig vertheidigte; doch mußte er es zuletzt durch Hunger übergeben. Johann, erbittert über diesen Widerstand, wollte den Commendanten und die ganze Besatzung aufhängen lassen; da ihm aber Wilhelm de Mauleon die Gefahr vorstellte, daß die Feinde Repressalien gebrauchen würden, so begnügte er sich darmit, daß er nur die niedrigern Gefangnen auf diese barbarische Art hinrichten ließ ᵐ). Die Gefangenschaft des Wilhelm de Albiney, des besten Officiers unter den alliierten Baronen, war ein unersetzlicher Verlust für ihre Sache; und es wurde von der Zeit an dem Fortgange der königlichen Waffen kein regelmäßiger Widerstand gethan. Die raubsüchtigen und barbarischen Truppen, aufgehetzet von einem grausamen und erbitterten Prinzen, wurden wider die Güter, die Vasallen, die Länder, die Häuser, die Thiergärten der Baronen losgelassen, und breiteten durch das ganze Königreich Verwüstung aus. Man sah nichts anders, als die Flammen der Dörfer und Castele, welche in Asche verwandelt wurden; die Bestürzung, und das Elend der Einwohner, Martern, wodurch die Soldaten sie zwangen, ihre versteckten Schätze anzugeben ⁿ), und eben so barbarische Repressalien, welche die Baronen und ihre Anhänger an den königlichen Domänen, und an den Gütern dererjenigen ausübten, welche der Krone noch anhiengen ᵒ). Der König marschirte der Länge nach durch ganz England, von Dover an, bis nach Berwick, und verwüstete die Provinzen an allen Seiten; und sah jedes Gut, welches nicht unmittelbar sein Eigenthum war, für gänzlich feindlich, und der militarischen Execution unterworfen an. Der hohe Adel der nördlichen Länder insbesondere, welcher in der Wiedererlangung seiner Freyheiten die größte Gewaltsamkeit bewiesen, und in einem besondern Körper vor sich selbst, sogar über die Verwilligung des großen Freybriefes ihren Mißfallen an den Tag gelegt hatten, flohe vor dem Könige, weil er keine Gnade hoffen konnte, mit seinen Weibern und seiner Familie, und erwarb sich die Freundschaft des Alexanders, des jungen Königs von Schottland dadurch, daß er ihm huldigte ᵖ).

Den 30sten November.

Die Baronen, welche in die äußerste Noth gesetzt, und mit dem gänzlichen Verluste ihrer Freyheiten und ihres Lebens bedrohet waren, griffen zu einem Mittel, das eben so verzweifelnd war. Sie wandten sich an den Hof von Frankreich, und erboten sich, den Ludwig, den ältesten Sohn Philipps, für ihren Herrn zu erkennen; unter der Bedingung, 1216. Der Prinz Ludwig wird herüber gerufen.

m) *M. Paris.* S. 157.
n) *Chron. de Mailr.* S. 190. *Ann. Waverl.* S. 181. *M. West.* S. 274. 275.
o) *M. Paris.* S. 190. *W. Heming.* S. 558.
p) *Chron. de Mailr.* S. 190. *W. Heming.* S. 558.

Hume Gesch. v. Großbrit. III. Theil.   Aaa

bingung, daß er sie vor der Gewaltsamkeit ihres erbitterten Prinzen schützen sollte q).

1216. Obgleich die Empfindung der gemeinen Rechte der Menschen, der einzigen Rechte, welche gänzlich unläugbar sind, sie entschuldiget haben könnte, daß sie ihren König absetzten; so wegerten sie sich doch vor dem Philipp auf eine Forderung zu bringen, welche unsrer Fürsten gemeiniglich so unangenehm ist, und in ihren königlichen Ohren so hart klinget. Sie versicherten, daß Johann unfähig wäre, in der Regierung zu folgen; weil er unter der Regierung seines Bruders einer Beleidigung wegen verurtheilet wäre; ob gleich diese Verurtheilung wieder aufgehoben war, und obgleich selbst Richard ihn in seinem Testamente zum Nachfolger erkläret hätte. Sie gaben vor, er wäre bereits durch das Urtheil der Pairs von Frankreich wegen der Ermordung seines Neffen, nach dem Gesetze, abgesetzet; obgleich dieses Urtheil kein andres Land, als seine jenseit dem Meere belegene Gebiethe angehen konnte, für welche er allein dieser Krone gehuldiget hatte. Nach einem wahrscheinlichern Grunde behaupteten sie, daß er sich bereits dadurch selbst abgesetzt hätte, weil er dem Pabste gehuldiget, die Beschaffenheit seiner Oberherrschaft verändert, und eine unabhängige Krone für ein Lehn, oder eine Vasallschaft unter einem auswärtigen Prinzen vergeben hätte. Und da Blancha von Castilien, die Gemahlinn Ludewigs, von mütterlicher Seite vom Henrich dem Zweyten abstammete; so behauptete sie, obgleich viele andre Prinzen in der Ordnung der Thronfolge vor ihr stunden, daß sie die königliche Familie nicht ausschlössen, indem sie ihren Gemahl zu ihrem Könige wählten.

Philipp gerieth gar sehr in Versuchung, sich der reichen Beute zu bemächtigen, die man ihm anbot. Der Legat des Pabstes drohete ihm mit Interdicten und Bann, wenn er das heilige Erbtheil des heiligen Peters angriffe, oder einen Prinzen, welcher unter dem unmittelbaren Schuße des Stuhls stünde r); weil aber Philipp des Gehorsams seiner eignen Unterthanen versichert war, so hatten sich seine Grundsäße mit den Zeitläuften verändert; und er achtete ist alle päbstliche Strafen so wenig, als er vormals sich ehrerbiethig gegen dieselben gestellet hatte. Sein vornehmster Zweifel betraf die Treue, welche er von den englischen Baronen in ihrer neuen Verbindung erwarten könnte, und die Gefahr, seinen Sohn und Erben den Händen solcher Leute anzuvertrauen, die durch irgend einen Eigensinn mit ihrem eingebohrnen Herrn Frieden machen, und ein Pfand von einem so großen Werthe ihm aufopfern möchten. Er foderte daher von den Baronen fünf und zwanzig Geisseln von der edelsten Geburt im Reiche s); und da er diese Sicherheit erhalten hatte, so sandte er anfänglich eine kleine Armee zum Beystande der Alliirten, und her nachmals eine zahlreichere Macht hinüber, welche mit dem Ludewig selbst an ihrer Spiße ankam.

Die erste Wirkung von der Erscheinung des jungen Prinzen in England war diese, daß die ausländischen Truppen von dem Johann austraten, und, weil sie meistens in Flandern und andern Provinzen von Frankreich geworben waren, sich weigerten, wider den Erben ihrer Monarchie zu dienen t). Die Gascogner, und die Soldaten aus Poitou, welche noch immer Unterthanen des Johann waren, hiengen ihm allein an; aber sie

q) *M. West.* S. 274. *Knyghton.* S. 2423.

r) *M. Paris,* S. 194. *M. West.* S. 275.

s) *M. Paris,* S. 193. *Chron. Dunst.* B. 1. S. 74.

t) *M. Paris,* S. 195.

Geschichte von England. Kap. XL.

sie waren zu schwach, diejenige Uebermacht im Felde zu behaupten, welche sie bisher wider die alliirten Baronen gehabt hatten. Viele angesehene Edelleute, die Grafen 1216. von Salisbury, Arundel, Varenne, Orford, Albemarle, und Wilhelm Mareschall der Jüngere verließen die Partey des Johann; seine Castele fielen täglich in die Hände seiner Feinde: Dover war der einzige Platz, welcher durch die Tapferkeit und Treue des Hubert de Burg, des Commandanten, dem Fortgange der Waffen Ludewigs Widerstand that u): und die Baronen hatten die betrübte Hoffnung, am Ende ihrer Absicht glücklich zu seyn, und der Tyranney ihres eignen Königs dadurch zu entgehen, daß sie sich und der Nation ein fremdes Joch auflegten. Aber diese Vereinigung zwischen den Franzosen und den englischen Edelleuten dauerte nur eine sehr kurze Zeit; und die Unvorsichtigkeit Ludewigs, welcher bey allen Gelegenheiten den ersten einen sichtbaren Vorzug beweis, vermehrte diejenige Eifersucht, welche die letztern in ihren Umständen natürlicher Weise fassen mußten x). Auch sagt man, daß der Viscomte Mölun, einer von Ludewigs Höflingen zu London krank wurde, und da er sah, daß sein Tod nahe war, einige von seinen Freunden unter den englischen Baronen kommen ließ, sie vor ihrer Gefahr warnete, und ihnen die geheime Absicht Ludewigs vorstellte, sie und ihre Familien, als Verräther ihres Prinzen, auszurotten, und ihre Güter und Würden seinen eignen Unterthanen zu geben, auf deren Treue er sich mit größerer Treue verlassen könnte y). Diese Geschichte, sie mag nun wahr oder falsch seyn, wurde überall erzählet; und weil sie mit andern Umständen übereinstimmte, wodurch sie glaubhaft wurde; so gereichte sie der Sache Ludewigs zum großen Nachtheile. Der Graf von Salisbury, und andere Edelleute giengen wieder zu der Partey des Johann über z); und weil die Menschen in einem bürgerlichen Kriege sehr leicht ihre Parteyen verändern, besonders in Kriegen, wo ihre Macht sich auf eine erbliche und unabhängige Gewalt gründet, und nicht aus der Meynung, oder der Gunst des Volkes herkömmt; so hatte der Monarch von Frankreich Ursache, eine plötzliche Veränderung seines Glücks zu besorgen. Der König versammlete eine ansehnliche Armee, in der Absicht, für seine Krone ein entscheidendes Treffen zu liefern, als er aber von Lynne nach Lincolnshire marschiren wollte, führte seine Straße ihn längst der Seeküste, welche mit hohem Wasser überschwemmet war; und weil er zu seinem Marsche nicht die rechte Zeit wählte, verlohr er alle seine Wagen, Schätze, Bagage und Regalien im Wasser. Die Bekümmerniß über dieses Unglück, und der Gram über den verzweifelten Zustand seiner Sachen vermehrten seine Krankheit, welche ihm damals zugestoßen war. Und ob er gleich das Castel von Newark erreichte, mußte er doch daselbst liegen bleiben; und seine Krankheit machte bald nachher seinem Leben, im neun und vierzigsten Jahre seines Alters, und im siebenzehnten seiner Regierung, ein Ende; und befreyte die Nation von den Gefahren, denen sie auf beyden Seiten ausgesetzt war, er mochte glücklich oder unglücklich seyn.

Der Charakter dieses Prinzen bestehet bloß aus einer Verwickelung von Lastern, die Tod und eben so niederträchtig und verhaßt, als verderblich für ihn selbst waren. Feigheit, Unbeständigkeit, Thorheit, Leichtsinnigkeit, Ausgelassenheit, Undankbarkeit, Verrätherey, Tyranney, *Charakter des Königs*

Aaa 2   und

---

u) *M. Paris.* S. 191. *Chron. Dunst.* B. 1. S. 75. 76. y) *M. Paris,* S. 194. *M. West.* S. 277.
x) *W. Heming.* S. 559.   z) *Chron. Dunst.* B. 1. S. 78.

und Grausamkeit, alle diese Eigenschaften zeigen sich in den verschiedenen Vorfällen seines Lebens gar zu offenbar, als daß man einigen Grund haben könnte, dieses unangenehme Gemälde durch das Vorurtheil der alten Geschichtschreiber auf einige Weise für überladen zu halten. Es ist schwer zu sagen, ob seine Aufführung gegen seinen Vater, seinen Bruder, oder gegen seine Unterthanen am sträflichsten war; oder ob nicht seine Verbrechen in diesen Stücken noch durch die Niederträchtigkeit übertroffen wurde, die sich in seinen Unterhandlungen mit dem Könige von Frankreich, mit dem Pabste, und mit den Baronen äußerte. Als seine Gebiethe durch den Tod seines Bruders auf ihn fielen, waren sie weit größer, als sie seit seiner Zeit von irgend einem englischen Monarchen sind beherrschet worden: aber er verlohr zuerst durch seine üble Aufführung die blühenden Provinzen in Frankreich, dieses alte Erbtheil seiner Familie: er unterwarf sein Reich einer schimpflichen Vasallschaft unter den römischen Stuhl: er sah die Vorrechte seiner Krone durch das Gesetz verringert, und noch mehr durch Faction herunter gebracht; und starb endlich, als er in Gefahr war, von einer auswärtigen Macht gänzlich vertrieben zu werden, und entweder sein Leben elendiglich im Gefängnisse zu endigen, oder als ein Flüchtling vor den Verfolgungen seiner Feinde Schutz zu suchen.

Die Vorurtheile gegen diesen Prinzen waren so groß, daß man glaubte, er habe zu dem Miramolin, oder Kaiser von Marocco, eine Gesandschaft geschickt, und sich erbothen, seine Religion zu verändern, und ein Mahometaner zu werden, wenn dieser Monarch ihn in Schutz nehmen wollte. Aber ob diese Geschichte gleich auf sehr wahrscheinliche Authorität von dem *Matthias Paris* a) erzählet wurde; so ist sie doch an sich selbst höchst unwahrscheinlich: wenn man ausnimmt, daß nichts so unglaublich ist, was man nicht von der Thorheit und Bosheit des Johann glauben könnte.

Die Mönche machen diesem Prinzen große Vorwürfe, wegen seiner Gottlosigkeit, sogar wegen seiner Untreue; und erzählen uns als ein Exempel von derselben, daß er eines Tages einen sehr fetten Hirsch gefangen, und ausgerufen habe: wie dick und wohl gemästet ist dieses Thier; und doch wollte ich schwören, daß es niemals eine Messe gehört hat b). Dieser witzige Einfall über die gewöhnliche Fettigkeit der Priester, machte mehr, als alle seine gräuliche Verbrechen und Ungerechtigkeiten, daß sie ihn für einen Atheisten hielten.

Johann hinterließ zween ächte Söhne, den Henrich, der den ersten October im Jahr 1207 gebohren, und itzt neun Jahr alt war, und den Richard, der den sechsten Jenner 1209 gebohren war; und drey Töchter, Johanna, welche mit dem Könige von Schottland vermählet war; Eleanor, welche zuerst mit Wilhelm Marschall dem Jüngern, Grafen von Pembroke, und hernach mit Simon Mountfort, Grafen von Leicester, und Isabella, welche mit dem Kaiser Friedrich dem Zweyten verheyrathet war. Alle diese Kinder hatte er mit Isabella von Angoulesme, seiner zweyten Gemahlinn. Seine unächten Kinder waren zahlreicher; aber keines von denselben that sich auf irgend eine Art hervor.

a) S. 169. b) M. Paris, S. 170.

Zweyter Anhang.

Die Feudal= und Angel=Normännische Regierung und Sitten.

Ursprung des Feudalrechtes — Sein Fortgang — Feudalregierung von England — Das Feudalparlament — Die Gemeinen — Richterliche Gewalt — Einkommen der Krone — Handel — Die Kirche — Bürgerliche Gesetze — Sitten.

Das Feudalrecht ist der vornehmste Grund, sowohl der politischen Regierung, als der Rechtsgelehrsamkeit, welche die Normänner einführten. Unsre Materie fodert demnach, daß wir uns von diesem Rechte einen richtigen Begriff machen, um den Zustand sowohl dieses Königreiches zu erklären, als auch aller andern Reiche von Europa, welche in diesen Zeiten nach ähnlichen Verfassungen regieret wurden. Und ob ich gleich merke, daß ich hier viele Anmerkungen und Betrachtungen wiederholen muß, welche andre schon gemacht haben a); so wird es jedoch, weil, nach der Anmerkung eines großen Geschichtschreibers b), ein jedes Buch so vollständig als es möglich seyn, und sich niemals in irgend einer wichtigen Sache auf andre Bücher beziehen sollte, nothwendig seyn, daß ich hier in einem kurzen Entwurf von diesem wunderbaren Gebäude liefere, welches verschiedene Jahrhunderte in solcher Mischung von Freyheit und Unterdrückung, von Ordnung und Anarchie, Standhaftigkeit und Veränderung fortgedauert hat, die niemals in einer andern Zeit, oder in einem andern Theile der Welt gewesen sind.

Nachdem die nördlichen Nationen die Provinzen des römischen Reiches unter sich gebracht hatten, fanden sie sich genöthiget, ein Regierungssystem einzuführen, wodurch sie ihre Eroberung, sowohl wider die Empörung ihrer Unterthanen, welche sich in diesen Provinzen aufhielten, als wider die Angriffe andrer Stämme, die es sich könnten einfallen lassen, ihnen diese neueroberten Länder zu rauben, sichern möchten. Die große Veränderung der Umstände machte, daß sie hier von denenjenigen Gebräuchen abgiengen, welche unter ihnen herrschten, als sie noch in den Wäldern von Deutschland wohnten; doch war es natürlich, daß sie auch nach ihrer itzigen Verfassung von ihren alten Gebräuchen so viel beybehielten, als mit ihrer neuen Situation bestehen konnte.

Zweyter Anhang.

Ursprung des Feudalrechts.

Aaa 3   Weil

---

a) L'Esprit des loix. Doctor Robertsons Historie von Schottland. Dalrymple of feudal Tenures.   b) *Padre de Paolo* Hist. Conc. Trid.

Zweyter Anhang.

Weil die deutschen Regierungen mehr ein Bündniß von unabhängigen Kriegern waren, als einbürgerliche Unterwerfung, so bekamen sie ihre vornehmste Stärke aus vielen untern und freywilligen Verbindungen, welche einzelne Personen unter einem besondern Haupte oder Anführer ausmachten, und welche man mit unverletzlicher Treue zu beschützen für den höchsten Punkt der Ehre hielt. Der Ruhm des Oberhauptes bestund in der Zahl, in der Tapferkeit, und in der eifrigen Liebe seiner Unterfassen. Die Pflicht der Unterfassen erfoderte, daß sie ihr Oberhaupt in allen Kriegen begleiteten, daß sie an seiner Seite fochten und stürben, und daß sie seine Ehre, oder seine Gunst für eine zureichende Belohnung für alle ihre Dienste halten mußten c). Der Prinz selbst war nichts anders, als ein großer Anführer, der aus allen, wegen seiner größern Tapferkeit, oder eines bessern Adels ausgesuchet wurde; und der seine Gewalt einer freywilligen Verbindung oder Liebe eines andern Anführers zu danken hatte.

Wenn ein Stamm, der nach diesen Begriffen regieret, und durch diese Grundsätze getrieben wurde, ein großes Land unter sich brachte; so sah er, so nothwendig es auch war, daß die Glieder sich in einer kriegerischen Verfassung erhielten, daß sie dennoch nicht zusammen blieben, noch ihre Quartiere in verschiedenen Städten nehmen konnten, und daß ihre Sitten und Gebräuche ein Hinderniß waren, sich der natürlichen Mittel zu bedienen, welche eine gesittete Nation in gleichen Umständen gebrauchet haben würde. Ihre Unwissenheit in der Kunst der Finanzen, und vielleicht auch die Verwüstungen, welche von solchen gewaltsamen Eroberungen unzertrennlich sind, machten es ihnen unmöglich, so viele Auflagen einzuheben, daß sie davon zahlreiche Armeen halten konnten; und ihr Widerwillen gegen eine sklavische Unterordnung, imgleichen ihre Liebe zu dem ländlichen Vergnügen machte ihnen das Leben im Lager, oder in Besatzungen, wenn es in Friedenszeiten fortdauerte, höchst verhaßt und ekel. Sie nahmen demnach von den eroberten Ländern so viel, als ihnen nöthig dünkte; einen Theil bestimmten sie zur Unterstützung der Würde ihres Prinzen und der Regierung; andre Stücke theilten sie, unter dem Namen der Lehne, unter den Vornehmsten aus. Diese machten eine neue Theilung unter ihren Unterfassen; bey allen diesen Ausrheilungen bedungen sie sich ausdrücklich aus, daß sie dieselben wieder zurücknehmen könnten, wenn sie wollten, und daß der Besitzer, so lange er sie hätte, beständig bereit seyn sollte, zur Vertheidigung der Nation ins Feld zu ziehen. Und ob schon die Eroberer gleich darauf aus einander giengen, um ihre neueroberten Länder zu bewohnen, so machte doch ihre kriegerische Denkungsart, daß sie die Bedingungen, wozu sie sich verbunden hatten, bereitwillig erfülleten. Sie kamen bey dem ersten Lärm zusammen; ihre gewohnte Neigung gegen ihren Anführer machte, daß sie sich seinen Befehlen willig unterwarfen; und so lag beständig eine ordentliche militairische Macht, wiewohl versteckt, in Bereitschaft, bey jedem Vorfall das Interesse und die Ehre der Gemeine zu vertheidigen.

Wir müssen uns nicht einbilden, daß die nordischen Eroberer alle eroberten Länder, oder nur den größten Theil in Besitz nahmen; oder daß das ganze Land, welches so besetzt wurde, diesen militairischen Diensten unterworfen war. Diese Meynung wird von der Geschichte aller Nationen auf dem vesten Lande widerleget. Sogar der Begriff, den uns

c) *Tacit. de mor. Germ.*

uns der römische Geschichtschreiber von den deutschen Sitten giebt, kann uns überzeugen, daß dieses kühne Volk sich mit einem so ungewissen Unterhalte niemals befriediget, oder nur gefochten haben würde, um sich Sitze zu verschaffen, welche nur so lange die seinigen wären, so lange es den Oberherren gefallen möchte. Obgleich die nordischen Anführer Länder annahmen, welche, weil sie gewissermaaßen für einen Kriegessold angesehen wurden, von dem Könige, oder dem General nach Gefallen wieder zurück genommen werden konnten; so nahmen sie doch auch Güter in Besitz, welche erblich und unabhängig waren; und diese setzen sie in den Stand, ihre angebohrne Freyheit zu vertheidigen, und ohne die Gunst des Hofes, die Ehre ihres Ranges, und ihrer Familie zu unterstützen.

Zwenter Anhang.

Fortgang des Feudalrechtes.

Allein es ist ein großer Unterschied in den Folgen unter der Austheilung eines Unterhaltes an Gelde, und unter der Anweisung gewisser Ländereyen, welche mit der Bedingung gewisser Kriegesdienste beschweret sind. Die Auszahlung des ersten bey Wochen, Monaten oder Jahren, ruft immer wieder den Begriff einer freywilligen Gabe von dem Prinzen zurück, und erinnert den Soldaten an die Ungewißheit des Pachtes, nach welchem er seine Vollmacht besitzt. Aber die Neigung, welche sich natürlicher Weise nach einem bestimmten Theil Landes bildet, erzeuget nach und nach den Gedanken, als wenn man etwas eigenes besäße, und macht, daß der Besitzer seinen abhängigen Zustand, und die Bedingung vergißt, welche anfänglich mit dem ihm anvertrauten verbunden war. Es schien billig zu seyn, daß eher, der ein Feld gebauet und besäet hatte, auch die Erndte hätte: daher wurden Lehngüter, welche anfänglich gänzlich von dem Willkühr abhiengen, bald auf Jahre lang vergeben. Ein Mensch, der sein Geld im Bauen, in Pflanzen, oder in andern Verbesserungen verwandt hatte, wollte auch die Früchte von seiner Arbeit und seinen Kosten einerndten: daher wurden sie hernach auf eine Zeit von gewissen Jahren ausgegeben. Es würde hart gewesen seyn, einen Mann aus seinem Besitz zu treiben, der beständig seine Pflicht gethan, und die Bedingungen erfüllet hatte, unter welchen er seine Länder ursprünglich empfieng: daher hielten sich die Anführer in einer nachfolgenden Zeit berechtiget, den Genuß auf Lehnländereyen auf Lebenslang zu haben. Man fand, daß ein Mensch sein Leben im Treffen freywilliger wagen würde, wenn er versichert wäre, daß seine Familie seine Güter erben, und nach seinem Tode dem Mangel und der Armuth nicht ausgesetzt wäre: daher wurden die Lehngüter erblich auf Familien, und fielen in einem Alter auf den Sohn, und nachmals auf den Enkel, dann auf die Brüder, und nach der Zeit auf noch entferntere Verwandte ᵃ). Der Gedanke eines Eigenthums schlich sich nach und nach für den Gedanken eines Kriegessoldes ein; und jedwedes Jahrhundert gab der Beständigkeit der Lehn- und Pachtgüter noch einen merklichen Zusatz.

In allen diesen nach einander erworbenen Rechten wurde der Anführer von seinen Vasallen unterstützet; welche, da sie schon ursprünglich mit ihm in einer großen Verbindung stunden, die durch einen beständigen Wechsel von guten Diensten, und durch die Freundschaften, welche aus der Nachbarschaft, und der Abhängigkeit von einander entstanden, noch vermehret wurde, geneigt waren, ihrem Anführer wider alle seine Feinde zu folgen, und ihm in seinen Privatstreitigkeiten willig eben denjenigen Gehorsam zu bezeigen, zu dem sie, vermöge ihrer Lehngüter, in auswärtigen Kriegen verbunden waren.

ᵃ) Lib. Feud. lib. I. lit. 1.

ren. Indem er neue Vorwände erfand, den Besitz seiner Oberlehne zu sichern, hofften sie eben den Vortheil zu finden, und ihre Unterlehne auf einen gewissen Fuß zu setzen; und sie widersetzten sich mit Eifer der Aufbringung eines neuen Herren, der geneigt seyn würde, den Besitz ihrer Ländereyen seinen eigenen Lieblingen und Vasallen zuzuwenden, wie er denn auch dazu ein völliges Recht hatte. Die Gewalt des Monarchen nahm nach und nach ab; und die Edelleute, wovon ein jedweder durch die Liebe seiner eigenen Vasallen gestärket war, wurden zu mächtig, durch den Befehl von dem Thron vertrieben zu werden; und versicherten sich dessen, was sie zuerst durch eine Anmaßung erworben hatten, durch ein Gesetz.

In diesem ungewissen Zustande der höchsten Gewalt mußte man sogleich unter denen Theilen von Ländern, welche Feudalvasallen unterworfen waren, und unter denen, welche unter einem Allodial oder freyen Rechte besessen wurden, einen Unterschied gemerket haben. Obgleich die letztern Arten des Besitzes anfänglich für unendlich besser gehalten worden waren, so fand man doch bald, daß sie durch die nach und nach entstandenen Veränderungen, welche in das öffentliche und Privatrecht eingeführet waren, weit schlechter, als die ersten geworden. Die Besitzer eines Feudallandes, vereinigt durch eine regelmäßige Unterordnung unter einem Anführer, und durch die wechselseitigen Neigungen der Vasallen, hatten eben diejenigen Vorzüge vor den Besitzern der andern, welche eine abgerichtete Armee vor einer zerstreueten Menge hat; und waren im Stande, an ihren hülflosen Nachbaren ungestraft alle Beleidigungen zu begehen. Ein jeder eilte demnach, denjenigen Schutz zu suchen, den er so nothwendig fand; und jeder Allodialeigenthümer übergab seine Länder den Händen des Königes, oder irgend eines Edelmannes, der wegen seiner Macht oder Tapferkeit in Ansehen stund; und bekam sie unter der Bedingung einiger Feudaldienste wieder zurück e); welche zwar freylich eine etwas beschwerliche Bürde waren, aber sich dadurch genugsam bezahlt machten, daß sie ihn mit den benachbarten Eignern in Verbindung setzten, und ihn unter den Schutz eines mächtigen Anführers brachten. Also verursachte die Abnahme der politischen Regierung nothwendig die Ausbreitung der feudalischen. Die Reiche von Europa waren überhaupt in Baronien, und diese hingegen in kleinere Lehnsgüter abgetheilet; und die Neigung der Vasallen zu ihrem Anführer, welche anfänglich ein wesentlicher Theil der Sitten der Deutschen war, wurde noch immer durch eben die Ursachen unterhalten, woraus sie zuerst entstund; nämlich durch die Nothwendigkeit eines wechselseitigen Schutzes, und die unter dem Haupte und den Gliedern fortgesetzte Bezeigung von Wohlthaten und Diensten.

Allein es war noch ein andrer Umstand, welcher die Feudalabhängigkeiten bestärkte, und die Vasallen mit ihren Oberherren durch noch unauflöslichere Bande verknüpften. Sowohl die nordischen Eroberer, als die ersten Griechen und Römer nahmen eine Policey an, welche allen Nationen unvermeidlich ist, die es in neuen Erfindungen noch nicht weit genug gebracht haben; und sie verbanden allenthalben die bürgerliche Gerichtsbarkeit mit der militairischen Gewalt. Das Recht war in seinem Anfange keine verwickelte Wissenschaft, und wurde mehr nach Maximen der Billigkeit verwaltet, welche der gesunden Vernunft von selbst einleuchten, als nach einer Menge von spitzfündigen Grundsätzen, welche durch tiefe Schlüsse aus der Analogie auf eine Mannigfaltigkeit von Fällen

e) *Marculf* From. 47. apud. *Lindenbr.* S. 1238.

Geschichte von England. Zweyter Anhang.

Fällen angewandt werden. Ein Officier, wenn er auch sein Leben im Felde zugebracht hätte, konnte alle gesetzliche Streitigkeiten schlichten, welche in dem ihm anvertrauten District vorfallen konnten; und seine Entscheidungen mußten einen geschwinden und bereitwilligen Gehorsam bey Leuten finden, welche eine Ehrerbietung für seine Person hatten, und gewohnt waren, unter seiner Anführung zu agiren. Der Vortheil, der aus den Strafen floß, welche damals meistens im Gelde bestunden, war noch eine andre Ursache, warum er die richterliche Gewalt zu behalten suchte; und wenn sein Lehn erblich wurde, so wurde auch dieses Vorrechte, welches wesentlich mit demselben verbunden war, auf seine Nachkommen fortgepflanzt. Die Grafen und andre Magistratspersonen, deren Macht nur eine Officialmacht war, geriethen in die Versuchung, dem Feudalherrn nachzuahmen, dem sie in so vielen Stücken gleich waren, auch ihre Würde beständig und erblich zu machen; und bey der Abnahme der königlichen Gewalt fanden sie keine Schwürigkeit, das, was sie suchten, auszuführen. Auf diese Art wurde das ungeheure Gebäude der Feudalsubordination ganz vest und weitläuftig; es machte allenthalben einen wesentlichen Theil der politischen Staatsverfassung aus; und die normännischen und andre Baronen, welche den Schicksalen des Wilhelm anhiengen, waren so sehr daran gewöhnet, daß sie sich kaum von einer andern Art der bürgerlichen Regierung einen Begriff machen konnten f).

Die Sachsen, welche England eroberten, fanden es nicht so nöthig, sich in einer kriegerischen Verfassung zu erhalten; weil sie die alten Einwohner ausrotteten, und vor neuen Feinden durch das Meer gesichert waren: und das Maaß des Landes, welches sie den Bedienungen zulegten, scheinet von geringem Werthe gewesen zu seyn; und dauerte eben deswegen in seinem ursprünglichen Zustande länger, und wurde beständig von denen, welchen eine Befehlhaberstelle anvertrauet war, so lange besessen, als es ihnen gefiel. Diese Bedingungen waren zu ungewiß, um die normännischen Oberhäupter zu befriedigen, welche in ihrem eigenen Lande unabhängigere Ländereyen und Gerichtsbarkeiten besaßen; und Wilhelm sah sich gezwungen, in der neuen Austheilung der Länder die Belehnungen nachzuahmen, welche nun auf dem vesten Lande allgemein geworden waren. England wurde plötzlich ein Feudalreich g), und erhielt alle Vortheile, und zugleich alle Unbequemlichkeiten, welche mit dieser Art der bürgerlichen Staatsverfassung verbunden sind.

Nach den Grundsätzen des Feudalrechtes war der König der oberste Herr über das Eigenthum an Ländereyen; und alle Besitzer, welche die Früchte, oder das Einkommen von einem Theile besaßen, hatten diese Vorrechte entweder mittelbar oder unmittelbar von ihm; und ihr Eigenthum wurde gewissermaaßen für eine Sache angesehen, die man unter Bedingungen besitzet h). Man sah das Land beständig für eine Art von Benefiz an, welches der ursprüngliche Begriff von einem Feudaleigenthum war; und der Vasall

---

f) Die Begriffe von der Feudalregierung waren so sehr eingewurzelt, daß sich selbst die Rechtsgelehrten in diesen Zeiten keinen Begriff von andern Staatsverfassungen machen konnten Regnum, sagt Bracton, lib. 2 Cap. 34. quod ex comitatibus et baronibus dicitur esse constitutum

g) Coke Comm. on tit. S. 1. 2. ad sect. 1.
h) Sommer, von Gavelk, S. 109. Smith de Rep. lib. 3. Cap. 10.

Vasall war dagegen seinem Baron, so wie der Baron selbst für sein Land, der Krone gewisse bestimmte Dienste schuldig. Der Vasall war verbunden, seinen Baron im Kriege zu vertheidigen; und der Baron war verpflichtet, an der Spitze seiner Vasallen für die Vertheidigung des Königes und des Reichs zu fechten. Aber ausser diesen Kriegesdiensten, welche nur bey Vorfällen gefodert wurden, waren ihnen noch andre von bürgerlicher Beschaffenheit aufgeleget, welche beständig und immer fortdauerten.

Die nordischen Nationen wußten nichts davon, daß ein Mensch, der zur Ehre erzogen, oder zu den Waffen gewöhnet war, ohne seine eigene Bewilligung von dem unumschränkten Willen eines andern beherrschet, oder daß die Verwaltung der Gerechtigkeit jemals nach der Privatmeynung eines Magistrats, ohne Beystimmung andrer Personen, deren Interesse erfodern möchte, seine willkührlichen und unbilligen Ausspruche einzuschränken, besorget werden könnte. Wenn demnach der König nöthig fand, Dienste von seinen Baronen oder vornehmsten Vasallen zu fodern, wozu sie nach ihrer Belehnung nicht verbunden waren, so mußte er sie zusammen berufen, um ihre Einwilligung zu erhalten: und wenn ein Streit unter den Baronen selbst entschieden werden sollte, so mußte die Sache in ihrer Gegenwart untersuchet, und nach ihrer Meynung, oder nach ihrem Rath entschieden werden. In diesen beyden Stücken, Beyfall oder Rath, bestunden vornehmlich die bürgerlichen Dienste der alten Baronen; und diese begri en alle wichtige Vorfälle der Regierung in sich. Aus einem Gesichtspunkte sahen die Baronen diese Dienste für ihr vornehmstes Vorrecht, aus einem andern für eine beschwerliche Bürde an. Daß keine wichtige Sachen ohne ihren Beyfall und Rath ausgemacht werden könnten, wurde überhaupt für die Hauptsicherheit ihrer Güter und Würden angesehen; weil sie aber keinen unmittelbaren Vortheil davon hatten, daß sie bey Hofe erschienen, und durch die Entfernung von ihren eigenen Gütern großen, Unbequemlichkeiten und Kosten unterworfen waren, so war ein jeder froh, wenn er sich von der Ausübung dieser Gewalt in jedem kleinen Umstande befreyen konnte; und freuete sich, daß er zu dieser Pflicht selten berufen wurde, und daß andre sich an seiner Statt der Bürde unterzogen. Der König hingegen sorgte aus verschiedenen Gründen gemeiniglich, daß bey jeder festgesetzten, oder zufälligen Versammlungszeit, die Anzahl der Baronen voll war. Diese Erscheinung war das hauptsächlichste Zeichen, daß sie seiner Krone unterworfen waren, und zog sie aus derjenigen Unabhängigkeit, die sie sich auf ihren eigenen Schlössern und Ländereyen so gerne geben wollten; und wenn wenige bey der Versammlung erschienen, so hatten die Entscheidungen weniger Ansehen, und fanden bey der ganzen Gemeine keinen so bereitwilligen Gehorsam.

In den Gerichten der Baronen gieng es eben so, als bey dem Könige in dem höchsten Rathe der Nation. Die Vasallen mußten versammlet werden, um durch ihre Stimme jede Streitfrage zu entscheiden, welche die Baronie angieng, und sie saßen zugleich mit ihrem Oberherrn in allen bürgerlichen und peinlichen Processen, welche in den Gränzen ihrer Gerichtsbarkeit vorfielen. Sie waren verbunden, an dem Hofe ihrer Baronen zu erscheinen, und ihnen Dienste zu leisten; und weil ihre Vasallschaft kriegerisch, und folglich ehrenvoll war, so wurden sie in seine Gesellschaft aufgenommen, und er beehrte sie mit seiner Freundschaft. Auf diese Weise wurde ein Reich nur für eine Baronie und eine Baronie für ein kleines Reich angesehen. Die Baronen waren in dem Nationalrathe gegen ein-

Geschichte von England. Zweyter Anhang.

einander Pairs, und gewissermaaßen Gesellschafter des Königs: Die Vasallen waren in dem Gerichte der Baronie gegen einander Pairs und Gesellschafter der Baronen¹).

Aber obgleich diese Aehnlichkeit in so weit statt fand, so fielen doch die Vasallen, nach dem natürlichen Lauf der Dinge in den Feudalverfassungen überall in eine größere Unterthänigkeit unter den Baron, als der Baron unter den König; und diese Regierungen mußten nothwendig und untrüglich die Gewalt der Edelleute vergrößern. Das große Oberhaupt, welches auf seinem Landgute, oder auf seinem Schlosse wohnte, welches er gemeiniglich bevestigen durfte, verlohr größtentheils seine Verbindung und Bekanntschaft mit dem Prinzen; und vergrößerte täglich ein Ansehen über die Vasallen der Baronie. Diese empfiengen von ihm die Unterweisung in allen militairischen Uebungen: seine Gastfreyheit ladete sie in seinen Saal ein, der Gesellschaft beyzuwohnen: ihre Mösse, welche groß war, machte, daß sie beständig um seine Person waren, und Theil an seinen ländlichen Lustbarkeiten und Zeitvertreiben nahmen: sie konnten ihren Ehrgeiz auf keine andre Art befriedigen, als wenn sie in seinem Gefolge eine Figur machten; seine Gunst und Unterstützung war ihre größte Ehre: sein Mißfallen setzte sie in Verachtung und Schimpf: und sie empfanden alle Augenblicke, wie nöthig ihnen sein Schutz war, sowohl in denen Streitigkeiten, welche mit andern Vasallen vorfielen, als auch, was noch wichtiger war, in den täglichen Angriffen und Beleidigungen, welche die benachbarten Baronen verübten. In Zeiten eines allgemeinen Krieges erwarb sich der Prinz, der an der Spitze seiner Armee gieng, und der höchste Beschützer des Staats war, allemal einen Zuwachs seiner Gewalt, welche er in den Zwischenzeiten des Friedens und der Ruhe verlohr: aber die nachläßige Polizey, welche mit den Feudalverfassungen verbunden war, nährte eine beständige, obgleich geheime Feindseligkeit unter den verschiedenen Gliedern des Staats; und die Vasallen fanden keine andre Sicherheit vor den Beleidigungen, denen sie unaufhörlich ausgesetzet waren, als dadurch, daß sie ihrem Anführer vest anhiengen, und in eine demüthige Unterwürfigkeit unter ihn geriethen.

Wenn die Feudalregierung der wahren Freyheit selbst der militairischen Vasallen so wenig günstig war, so war sie der Unabhängigkeit und Sicherheit der übrigen Glieder des Staats, oder dererjenigen, die wir im eigentlichen Verstande das Volk nennen, noch schädlicher. Ein großer Theil desselben waren Serfs, und lebten in einem Stande der gänzlichen Sklaverey und Knechtschaft: die übrigen Bewohner des Landes trugen ihre Pachtgelder in Diensten ab, welche großentheils willkührlich waren; und konnten in einem Gerichte der Baronie von Leuten, welche glaubten, daß sie ein Recht hätten, sie zu unterdrücken, und tyrannisch zu beherrschen, keine Vergütung der Beleidigungen hoffen. Die Städte lagen entweder in den Ländern des Königs, oder in den Ländern der großen Baronen, und waren fast gänzlich dem unumschränkten Willen ihrer Herren unterworfen. Der kranke Zustand des Handels machte, daß die Einwohner des Landes arm und verächtlich blieben, und die politischen Verfügungen waren so eingerichtet, daß sie diese Armuth beständig machen mußten. Die Baronen und der niedrige Adel lebten auf dem Lande mit Ueberfluß und Gastereyen; beförderten keine Künste, und beküm-

merten

---

i) *Du Cange* Gloss. in verb. Par. Cujac. Common. in Lib. Feudal. lib. 1. lit. 1. S. 18. *Spelm.* Gloss. in verb.

merten sich um die künstlichen Producte der Manufacturen gar nicht: auſſer dem Kriegeshandwerke ſtunden alle andre in Verachtung: und wenn ein Kaufmann oder Manufacturier durch Fleiß und Sparſamkeit einigen Reichthum erwarb, ſo ſah er ſich nur durch den Neid und den Geldgeiz der kriegeriſchen Edelleute neuen Beleidigungen ausgeſetzet.

Dieſe Urſachen zuſammen gaben den Feudalregierungen einen ſo ſtarken Hang zur Ariſtocratie, daß die königliche Gewalt in allen europäiſchen Staaten ſehr verdunkelt ward, und anſtatt die Zunahme der monarchiſchen Macht zu befürchten, konnte man vielmehr erwarten, daß die Gemeine allenthalben in ſo viel unabhängige Baronien zerfallen, und die politiſche Verbindung, wodurch ſie vereiniget war, verlieren würde. In Wahlreichen ſtimmte der Erfolg gemeiniglich mit dieſer Erwartung überein; und die Baronen, welche bey jeder Erledigung des Thrones mehr Fuß faßten, erhuben ſich faſt zu einem Stand der unumſchränkten Macht, und opferten ihrer Gewalt ſowohl die Rechte der Krone, als die Freyheit des Volkes auf. Aber Erbmonarchien hatten einen Grundſatz von Gewalt vor ſich, welcher nicht ſo leicht umgeſtoßen werden konnte; und es waren verſchiedene Urſachen vorhanden, welche in den Händen eines Prinzen noch immer einen Grad des Einfluſſes erhielten.

Der größeſte Baron konnte die Grundſätze der Feudalverfaſſung niemals aus den Augen verlieren, welche ihn verpflichteten, ſeinem Prinzen als ein Vaſall Unterthänigkeit und Treue zu bezeigen; weil er alle Augenblicke verbunden war, zu dieſen Grundſätzen ſeine Zuflucht zu nehmen, wenn er von ſeinen eigenen Vaſallen Treue und Unterwerfung foderte. Die kleinern Baronen, da ſie ſahen, daß die Verrichtungen der königlichen Gewalt ſie gegen die Beleidigungen und Beſchimpfungen ihrer mächtigern Nachbarn ſchutzlos laſſen würde, hiengen natürlicher Weiſe der Krone an, und beförderten die Ausübung der allgemeinen und gleichen Geſetze. Dem Volke war noch mehr daran gelegen, daß die Größe des Monarchen erhalten würde; und da der König der geſetzmäßige Magiſtrat war, der durch jede Erſchütterung und Unterdrückung litte, und der die großen Edelleute für ſeine unmittelbare Nebenbuhler anſah, ſo nahm er das heilſame Amt eines allgemeinen Vormundes und Beſchützers der Gemeine an. Auſſer den Vorrechten, womit das Geſetz ihn bekleidete, machten ihn auch ſeine große Domainen, und ſeine zahlreichen Unterſaſſen im gewiſſen Verſtande zu dem größten Baron in ſeinem Reiche; und wenn er perſönlichen Muth und Geſchicklichkeit beſaß, (denn ſeine Umſtände erfoderten dieſe Vortheile) ſo war er gemeiniglich im Stande, ſein Anſehen zu erhalten, und ſich in ſeiner Stelle als Haupt der Gemeine, und die vornehmſte Quelle des Geſetzes und der Gerechtigkeit zu behaupten.

Den erſten Königen von dem normänniſchen Stamme kam noch ein andrer Umſtand zu ſtatten, welcher ſie vor den Eingriffen der Baronen ſchützte. Sie waren Generale einer ſiegenden Armee, welche in einer kriegeriſchen Verfaſſung bleiben, und eine große Unterwürfigkeit gegen ihren Anführer erhalten mußte, um ſich vor der Empörung der zahlreichen Eingebohrnen zu ſichern, denen ſie alle ihre Länder und Freyheiten geraubet hatten. Aber obgleich dieſer Umſtand die Gewalt Wilhelms und ſeiner unmittelbaren Nachfolger unterſtützte, und ſie ſehr unumſchränkt machte; ſo gieng ſie doch verlohren,

Geschichte von England. Zweyter Anhang 381

so bald die normännischen Baronen anfiengen, mit der Nation zusammen zu fließen, eine Sicherheit in ihren Gütern zu erwerben, und ihren Einfluß über ihre Vasallen, Untersassen und Sklaven zu befestigen. Und die unermäßlichen Güter, welche der Eroberer seinen vornehmsten Heerführern geschenket hatte, dienten dazu, ihre Unabhängigkeit zu unterstützen, und sie ihrem Könige furchtbar zu machen.

Er gab z. E. dem Hugo de Abrincis, seinem Schwestersohne, die ganze Grafschaft Chester, welche er zu einem Palatinat erhob, und durch seine Verwilligung von der Krone fast unabhängig machte k). Robert, Graf von Mortaigne, hatte 973 Pachtländer und Herrschaften: Allan, Graf von Bretagne, und Richmond besaß 442. Odo, Bischof von Bajeux, 439 l), Gottfried, Bischof Coutance 280. m) Walter Gispard, Graf von Buckingham, 107 n), Wilhelm, Graf von Wareme 298, ausser 28 Flecken, oder Meyerhöfen in der Grafschaft York, o), Todeni 81 p), Roger Bigod 123 q), Robert, Graf von Ew 119 r), Roger Mortimer 132, ausser verschiedenen Meyerhöfen s) Robert von Stafford 130 t), Walter von Eurus, Graf von Salisbury 46 u), Gottfried von Mandeville 118 x), Richard von Klare 171 y), Hugo von Beauchamp 47 z), Baldewin von Ribvers 164 a), Henrich von Ferrers 222 b), Wilhelm von Percy 119 c), Norman von d'Arcy 3 d). Der Ritter Henrich Spellmann rechnet, daß in der großen Grafschaft Norfolk zu den Zeiten des Eroberers nicht über 66 Besitzer eigner Länder waren e). Leute, welche solche fürstliche Einkünfte und Gerichtsbarkeiten besaßen, konnten nicht lange als Unterthanen gehalten werden. Der große Graf Wareme zog sein Schwerd, als er unter einer folgenden Regierung gefragt wurde, was für ein Recht er auf die Länder hätte, die er besäße, und zeigte es, als sein Recht vor; indem er hinzu setzte, Wilhelm der Bastard hätte das Königreich nicht selbst erobert, sondern die Baronen, und unter andern auch sein Ahnherr, hätten sich in der Unternehmung mit ihm zugleich gewaget f).

Die höchste gesetzgebende Gewalt von England bestund in dem Könige, und dem großen Rathe, oder in dem, was nachmals das Parlament genannt wurde. Man zweifelt nicht, daß nicht die Erzbischöfe, Bischöfe und die angesehensten Aebte Glieder waren, welche diesen Rath ausmachten. Sie hatten, vermöge eines zwiefachen Rechtes,

Das Feudalparlament.

Zweyter Anhang.

k) Cambd. in Chesh. Spelm. Gloss. in verb. Comes Palatinus.
l) Brady. Hill. S. 198. 200.
m) Order. Vital.
n) Dug. Bar. Vol. I. S. 60. aus dem Domesday-book.
o) Id. S. 74.
p) Id. S. 111. 112.
q) Id. S. 131.
r) Id. S. 136.
s) Id. S. 138.
t) Id. S. 156.
u) Id. S. 174.
x) Dugd. Bar. Vol. I. S. 210. aus dem Domesday-book.
y) Id. S. 207.
z) Id. S. 223.
a) Id. S. 254.
b) Id. S. 257.
c) Id. S. 269.
d) Id. S. 369. Es ist merkwürdig, daß die Familie von d'Arcy, nebst der von Windsor, die einzigen männlichen Abkömmlinge von allen Baronen des Eroberers gewesen zu seyn scheinen, welche itzt noch unter den Pairs vorhanden sind.
e) Spelm. Gloss. in verb. Domesday-book.
f) Dugdale Bar. Vol. I. S. 79. Id. origines Juridicales. S. 13.

Zweyter Anhang. Rechtes, einen Sitz: durch Präscription, da sie dieses Vorrecht den ganzen sächsischen Zeitraum hindurch seit der ersten Einführung des Christenthums gehabt hatten: und vermöge ihres Rechtes als Baronen; da sie von dem König *in capite* für militairische Dienste belehnet waren. Diese beyden Rechte der Prälaten wurden niemals genau unterschieden. Als die Anmaßungen der Kirche so hoch gestiegen waren, daß die Bischöfe nach einer abgesonderten Herrschaft strebten, und ihren Sitz im Parlamente für eine Herabsetzung der bischöflichen Würde ansahen; so stellten die Könige vor, daß sie Baronen, und deswegen gehalten wären, nach den allgemeinen Grundsätzen des Feudalrechtes, in seinen großen Rathsversammlungen vor ihm zu erscheinen g). Doch blieben noch einige Gewohnheiten übrig, welche der Meynung nach ihr Recht bloß aus dem alten Besitz herleiteten. Wenn ein Bischof erwählt wurde, saß er schon im Parlamente, ehe der König ihm seine weltlichen Einkünfte zugestellet hatte; und unter der Erledigung eines Bisthumes wurde der Aufseher der geistlichen Güter eingeladen, zugleich mit den Bischöfen zu erscheinen.

Die Baronen machten einen andern wesentlichen Theil des großen Raths der Nation aus. Diese waren unmittelbar auf militairische Bedingungen von der Krone belehnet: sie waren die geehrtesten Glieder des Staats, und hatten ein Recht, in allen öffentlichen Berathschlagungen befragt zu werden: sie waren die unmittelbaren Vasallen der Krone, und waren ihre Erscheinung in dem Gerichte ihres Oberherrn als einen Dienst schuldig. Ein Schluß, der ohne ihre Bewilligung gefaßt war, durfte sich nur einen schlechten Gehorsam versprechen: und keine Entscheidung einer Rechtssache, oder Streitigkeit unter ihnen, hatte einige Gültigkeit, wenn sie nicht durch die Stimme, und den Rath des ganzen Körpers einmüthig geschlossen war. Die Würde eines Grafen war sowohl an Bedienungen und Länder gebunden, als erblich; und weil alle Grafen auch Baronen waren, so wurden sie für militairische Vasallen der Krone angesehen, in dieser Betrachtung in dem allgemeinen Rath aufgenommen, und machten den ehrwürdigsten und mächtigsten Zweig desselben aus.

Allein es war noch eine andre Klasse von den unmittelbaren militairischen Vasallen der Krone da, welche eben so zahlreich waren, als die Baronen; nämlich die Vasallen *in Capite*, die zu Ritterdiensten verbunden waren; und diese, so weit sie auch an Macht und Vermögen unter jenen stunden, hatten doch auch eine Belehnung, welche eben so ehrenvoll war, als die Belehnung der andern. Eine Baronie bestund gemeiniglich aus verschiedenen Ritterlehnen; und obgleich die Anzahl der Länder nicht genau scheinet bestimmet gewesen zu seyn, so bestund sie doch selten aus weniger, als aus 40 Hufen Landes h). Wenn aber jemand von dem Könige nur 1 oder 2 Ritterlehne hatte, so war er noch immer ein unmittelbarer Vasall des Königes, und hatte, als ein solcher, Recht auf einen Sitz in dem allgemeinen Rathe. Weil aber diese Erscheinung gemeiniglich für eine Last gehalten wurde, und zwar eine gar zu große Last, als daß ein Mann von geringem Vermögen sie beständig tragen könnte; so ist es wahrscheinlich, daß er zwar ein Recht hatte, wenn es ihm gefiel, einen Zutritt zu fodern, doch aber durch keine Strafe

---

g) *Spelm.* Gloss. in verbo *Baro.*
h) Vier Hufen machten ein Ritterlehn; die Einlösung einer Baronie war zwölfmal so groß, als die für ein Ritterlehn: hieraus können wir ihren Werth schließen. *Spelm.* Gloss. in verbo *Feodum.*

Geſchichte von England. Zweyter Anhang.

Strafe gezwungen war, wie die Baronen ordentlich zu erſcheinen. Alle unmittelbare Zweyter An-
militairiſche Vaſallen der Krone beliefen ſich nicht völlig auf 700, als das Domesday-hang.
buch aufgeſetzet wurde; und weil ſich die Glieder bey irgend einem Vorwande gern ent-
ſchuldigten, daß ſie nicht erſchienen; ſo konnte die Verſammlung bey keiner Gelegenheit
leicht zu zahlreich ſeyn, um öffentliche Angelegenheiten abzumachen.

So weit war die Beſchaffenheit des allgemeinen Rathes, oder alten Parlaments Die Gemei-
ohne allen Zweifel und Streit ausgemacht. Die einzige Frage ſcheint die Gemeinen nen.
aber die Repräſentanten der Grafſchaften und Flecken zu betreffen; ob auch ſie in den
frühern Zeiten weſentliche Glieder des Parlaments waren? Ueber dieſe Frage wurde
einſtmals in England mit großer Heftigkeit geſtritten; aber die Gewalt der Zeit, und des
Augenſcheines iſt ſo groß, daß ſie zuweilen ſo gar über die Faction ſiegen kann; und die
Frage ſcheinet durch eine allgemeine Uebereinſtimmung, und ſo gar durch ihren eigenen
Ausſpruch zuletzt wider die herrſchende Partey ausgemacht zu ſeyn. Man kömmt darinn überein, daß die Gemeinen nicht eher einen Theil des großen Rathes ausmachten, als
einige Zeiten nach der Eroberung; und daß die militairiſchen Vaſallen der Krone allein
dieſe höchſte und geſetzgebende Geſellſchaft waren.

Die Vaſallen eines Barones hiengen durch ihre Belehnung unmittelbar von ihm
ab; ſie mußten in ſeinen Gerichten erſcheinen, und bezeigten dem Könige alle ihren Gehorſam, vermöge derjenigen Abhängigkeit, worinn ihr Herr nach ſeiner Belehnung unter ſeinem Prinzen und Oberherrn ſtund. Ihr Land, welches mit in der Baronie
begriffen war, wurde im Parlamente von dem Baron ſelbſt repräſentiret, von dem man
nach den Erdichtungen des Feudalrechtes vorausſetzte, daß er directe das Eigenthum derſelben beſäße; und man würde es für unſchicklich gehalten haben, ihm einen andern Repräſentanten zu geben. Er ſtund gegen ihn eben ſo, wie er und die andern Baronen
gegen den König ſtunden: die erſten waren Pairs der Baronie, die letzten waren Pairs
des Reichs: die Vaſallen beſaßen in ihrem Diſtrikte einen niedrigern Rang; der Baron bekleidete eine höhere Würde in der großen Verſammlung: ſie waren gewiſſer maaſ-
ſen zu Hauſe ſeine Geſellſchafter; er war in dem Gerichte der Geſellſchafter des Königs:
und nichts kann den Feudalbegriffen, und derjenigen ſtufenweiſen Unterordnung, welche
dieſen alten Verfaſſungen weſentlich waren, offenbarer entgegen laufen, als wenn man
ſich einbildet, der König würde Leute, welche von einem ſo weit niedrigern Range, oder
Klaſſe, waren, und welche ihrem Lehnherrn unmittelbar ihren Gehorſam bezeigen mußten, der zwiſchen ihnen und dem Throne ſtund [1], um Rath oder Beyfall anſprechen.

Wenn es unvernünftig iſt, zu denken, daß die Vaſallen einer Baronie jemals berufen wurden, ihre Meynungen in Nationalverſammlungen zu geben; obgleich ihre Belehnung militairiſch, edel, und anſtändig war; ſo kann man noch weit weniger annehmen, daß die Handwerker und Einwohner der Flecken, deren Stand noch weit niedriger war, zu dieſem Vorrechte zugelaſſen werden würden. Es erhellet aus dem Domesday, daß die Flecken zu den Zeiten der Eroberung faſt nichts mehr, als Dörfer waren; und daß die Einwohner in einer völligen Abhängigkeit unter dem Könige, und unter den Großen lebten, und ſich in einem Zuſtande befanden, der nur wenig beſſer war,
als

[1] *Spelm.* Gloſſ. in verbo *Baro.*

Zweyter Anhang

als Knechtschaft ᵏ). Sie waren damals noch nicht einmal incorporiret; sie machten keine Gemeine aus; wurden für keinen politischen Körper angesehen; und da sie in der That nichts anders waren, als eine Anzahl von niedrigen und abhängigen Handwerksleuten, welche ohne ein besonderes bürgerliches Band in der Nachbarschaft zusammen lebten, so war es unmöglich, daß sie unter den Ständen des Reichs Repräsentanten haben konnten. Selbst in Frankreich, einem Lande, welches in den Künsten, und in dem bürgerlichen Leben früher einen Fortgang machte, als England, geschah die erste Corporation 60 Jahr nach der Eroberung, unter dem Herzoge von der Normandie; und die Errichtung dieser Gemeinen war eine Erfindung Ludewigs des Dicken, wodurch er sein Volk von der Sklaverey unter den Lords befreyen, und durch Hülfe gewisser Freyheiten, und einer besondern Gerichtsbarkeit, schützen wollte ˡ). Ein alter französischer Schriftsteller nennet sie eine neue und gottlose List, um den Sklaven die Freyheit zu verschaffen, und sie zu ermuntern daß sie die Herrschaft ihrer Herren abschüttelten ᵐ). Der berühmte Freybrief, wie er genannt wird, des Eroberers für die Stadt London, war nichts anders, als ein Schutzbrief, und eine Erklärung, daß die Bürger nicht wie Sklaven gehalten werden sollten; ob er ihn gleich zu einer Zeit ausgab, wo er den Schein der Güte und Gelindigkeit annahm ⁿ). Nach dem englischen Feudalrechte war dem Oberherrn verbothen, seine weibliche Pupille an einen Bürger oder Knecht zu verheyrathen ᵒ); eine solche nahe Verwandschaft fand man unter diesen beyden Klassen, und so tief stunden sie unter dem großen oder kleinen Adel. Ausserdem, daß der große und kleine Adel den Vorzug der Geburt, der Reichthümer, der bürgerlichen Gewalt und Freyheiten hatte, waren sie auch allein bewafnet; ein Umstand, der ihnen in einer Zeit, wo nur das Gewerbe des Krieges ein Ehrenstand war, und wo die nachläßige Ausübung der Gesetze so sehr zur offenbaren Gewaltsamkeit ermunterte, und sie in allen Zänkereyen und Streitigkeiten so entscheidend machte, einen sehr grossen Vorzug gab ᵖ).

Die große Aehnlichkeit unter den Feudalregierungen in Europa ist einem jeden bekannt, der etwas von der alten Geschichte weis; und die Forscher der Alterthümer aller auswärtigen Länder, in welchen die Frage niemals durch Streitigkeiten der Parteyen verwirret wurden, haben gestanden, daß die Gemeinen sehr spät zugelassen sind, an der gesetzgebenden Macht Theil zu nehmen. Vornehmlich bestunden in der Normandie, deren Verfassung nach aller Wahrscheinlichkeit das Model war, wornach Wilhelm sein neues Regierungsgebäude in England einrichtete, die Stände gänzlich aus der Geistlichkeit und aus dem hohen Adel; und die ersten incorporirten Flecken oder Gemeinen waren Rouen und Falaise, welche durch eine Verwilligung des Wilhelm August im Jahre 1207 ihrer Freyheiten genossen ᑫ). Alle alte englische Geschichtschreiber nennen, wenn sie des grossen Raths der Nation erwähnen, denselben eine Versammlung der Baronen,

---

k) Liber homo, bedeutete in alten Zeiten einen Mann vom Stande; denn es war schwerlich ein einziger frey. Spelm. Gloss. in verbo.
l) Du Cange's Gloss. in verb. communia communitas.
m) Guibertus de vita sua, lib. 3. cap. 7.
n) Seas von Merton, 12:5. cap. 6.
o) Hollingshed vol. III. S. 15.
p) Modox's Baron. Angl S. 10.
q) Norman. Du Chesnii, S. 1066. Du Cange Gloss. in verb. commune.

Geschichte von England. Zwenter Anhang.

des Adels, und der großen Leute; und man kann aus keinem ihrer Ausdrücke, wiewohl sich 100 Stellen anführen ließen, ohne die äusserste Gewalt eine Meynung erzwingen, welche zeiget, daß die Gemeinen wesentliche Glieder dieses Körpers gewesen wären r). Die *Magna Charta* des Königes Johann verbietet, daß nicht anders eine Auflage, oder Scutage ausgeschrieben werden solle, als auf Bewilligung des großen Raths; und um größerer Sicherheit willen bestimmet sie die Personen, welche ein Recht in diesem Rathe haben, nämlich die Prälaten, und die unmittelbaren Vasallen der Krone, ohne der Gemeinen zu gedenken: diese Stelle ist so vollständig, so gewiß und deutlich, daß nichts, als ein Parteneifer einer gegenseitigen Meynung Glauben verschaffen haben kann.

Wahrscheinlicher Weise war es das Beyspiel der französischen Baronen, welches die Engländer so kühn machte, daß sie eine größere Unabhänglichkeit von ihren Prinzen verlangten. Es ist auch wahrscheinlich, daß die Flecken und Corporationen in England nach dem Beyspiele von Frankreich eingeführet waren. Man kann es also, als eine nicht unwahrscheinliche Muthmaaßung vortragen, daß sowohl die Vorrechte der Pairs, als die Freyheit der Gemeinen ursprünglich ein Gewächs dieses Landes waren.

In alten Zeiten bekümmerte man sich sehr wenig darum, in den gesetzgebenden Versammlungen eine Stelle zu haben. Man sah vielmehr die Erscheinung in denselben für eine Bürde an, welche durch keinen Vortheil oder Ehre, die der Bemühung und den Kosten gemäß waren, vergolten wurde. Der einzige Grund, warum man diese öffentliche Versammlung einführete, war von Seiten des Unterthans, daß er einige Sicherheit vor den Angriffen der willkührlichen Gewalt hätte; und von Seiten des Königes, weil er verzweifelte, Leute von einem so unabhängigen Geiste, ohne ihren Beytritt, und ihre eigene Bewilligung zu regieren. Aber die Gemeinen, oder die Einwohner der Flecken, waren noch zur Zeit nicht in einem so hohen Betracht gekommen, daß sie eine Sicherheit gegen ihren Prinzen fodern, oder sich einbilden konnten, daß sie Macht, oder Rang genug haben würden, auch wenn sie einen Platz unter einem Körper von Repräsentanten hätten, ihm dieselbe abzudringen. Der einzige Schutz, wornach sie strebten, war wider die Gewaltsamkeit und Ungerechtigkeit ihrer Nebenbürger; und diesen Vortheil erwartete jedermann von den Justitzgerichten, oder von der Macht irgend eines großen Herrn, an den er durch das Gesetz, oder durch seine eigene Wahl gebunden war. Der König hingegen war des Gehorsams in der ganzen Gemeine genugsam versichert, wenn er sich nur den Beytritt des hohen Adels verschaffen konnte. Auch hatte er nicht Ursache zu besorgen, daß irgend eine Klasse des Staats seiner und ihrer verbundenen Macht widerstehen könnte. Die militairischen Vasallen konnten sich nicht einfallen lassen, sich ihrem Prinzen, und ihrem Oberherrn zu widersetzen: die Flecken und Handwerksleute konnten sich eben so wenig solche Gedanken machen: und also haben wir Ursache

r) Zuweilen gedenken die Geschichtschreiber des Volks, als eines Theils des Parlaments; aber sie verstehen allemal die Layen im Gegensatze gegen die Geistlichkeit. Zuweilen findet man das Wort *communitas*: aber es bedeutet allmal *communitas Baronii*. Diese Punkte werden deutlich bewiesen von dem Doctor Brady.

sache, aus der bekannten Situation der Menschen in diesen Zeiten zu schließen, daß die Gemeinen niemals zu Mitgliedern der gesetzgebenden Gesellschaft erwählet wurden, wenn auch die Geschichte hierüber schwiege.

Die ausübende Gewalt der Angelnormännischen Regierung beruhete bey dem Könige; und außer den gesetzten Versammlungen des Nationalrathes an den dreyen großen Festen, zu Weihnachten, Ostern *) und Himmelfahrt, pflegte er sie auch bey jedem plötzlichen Vorfalle zusammen kommen zu lassen. Er konnte nach Gefallen seine Baronen und ihre Vasallen zu sich berufen, aus welchen die militairische Macht des Reichs bestund; und er konnte sie 40 Tage lang dazu gebrauchen, daß sie entweder einem auswärtigen Feinde widerstehen, oder seine rebellischen Unterthanen zum Gehorsam bringen mußten. Und was von großer Wichtigkeit war, die ganze richterliche Gewalt war in seinen Händen, und wurde von Bedienten und Ministern ausgeübet, welche er ernannte.

Der allgemeine Plan der angelnormännischen Regierung war dieser: das Gericht der Baronie mußte diejenigen Streitigkeiten entscheiden, welche unter den verschiedenen Vasallen, oder Unterthanen der Baronie entstunden; das Gericht der Hunderte, und das Gericht der Grafschaft, welche beständig noch eben so fortdauerte, als in den sächsischen Zeiten t), mußten unter den Unterthanen der verschiedenen Baronien richten u), und die *Curia Regis*, oder das königliche Gericht, mußte über die Baronen selbst das Urtheil sprechen *). Allein, so einfältig auch dieser Plan, so war er doch mit einigen Umständen verbunden, welche aus einer sehr großen Gewalt, die der Eroberer sich heraus nahm, entsprungen, und zu der Vermehrung des königlichen Vorrechts beytrugen; und so lange der Staat nicht durch Waffen beunruhiget wurde, alle Stände der Gemeine in gewissem Grade in Abhängigkeit und Subordination setzten.

Der König selbst saß oft in seinem Gerichte, welches beständig seine Person begleitete x): er hörte daselbst die Rechtshändel an, und sprach sein Urtheil y): und ob ihm gleich die übrigen Glieder durch Rath beystunden, so kann man sich doch nicht einbilden, daß

---

s) *Dugd.* Orig. Jurid. S. 15. *Spelm.* Gloss. in verbo *parliamentum*.

t) *Ang.* Sacra, Vol. I. S. 934 &c. *Dugd.* Orig. Jurisf. S. 27. 29. *Madox.* Histor. of Exch. S. 75. 76. *Spelm.* Gloss. in verbo *hundred*.

u) Keine von allen Feudalregierungen in Europa hatte eine solche Einrichtung, wie die Gerichte der Grafschaft waren, welche der Eroberer, vermöge seiner großen Ansehens, von dem sächsischen Gebräuchen noch aufbehielt. Alle Freysassen der Grafschaften, sogar die größten Baronen, waren verbunden, in diesen Gerichten den Sheriffs beyzuwohnen, und ihnen in der Verwaltung der Gerechtigkeit beyzustehen. Hiedurch wurden sie oft, und auf eine merkliche Art an die Abhängigkeit von dem Könige, oder von dem höchsten Magistrate erinnert: sie machten mit ihren Nebenbaronen und Freysassen eine Art von Gemeine aus; sie wurden oft aus ihrem privat und unabhängigen Zustande, der dem Feudalsystem eigen war, gezogen; und wurden zu Gliedern eines politischen Körpers gemacht; und vielleicht hat diese Einführung der Gerichte der Grafschaften in England größere Wirkungen auf die Regierung gehabt, als bisher noch von Geschichtschreibern deutlich angezeigt, oder von Alterthumsforschern aufgesuchet sind. Die Baronen konnten sich von dieser Erscheinung bey dem Sheriff und reisenden Richtern nicht frey machen, als in der Regierung Heinrichs des Dritten.

v) *Brady* Præf. 134.

x) *Madox.* Hist. of Exch. S. 103.

y) *Bracton*, lib. 3. cap. 9 §. 1. Cap. 10. §. 1.

Geschichte von England. Zweyter Anhang.

daß leicht eine Entscheidung von ihm erhalten werden könnte, die seiner Neigung, oder Zweyter Anmerkung entgegen war. In seiner Abwesenheit hatte der erste Justiziarius den Vorsitz, hang. welcher die erste Magistratsperson im Staate, oder gewissermaaßen ein Vicekönig war, von dem alle bürgerlichen Angelegenheiten des Königreiches abhiengen a). Die andern vornehmsten Bedienten der Krone, der Constabel, Mareschal, Seneschal, Kammerherr, Schatzmeister und Kanzler ᵃ) waren Glieder mit solchen Feudalbaronen, welche es für gut befunden, sich einzustellen, und mit den Baronen der Schatzkammer, welche anfänglich gleichfalls Feudalbaronen waren, und vom Könige ernannt wurden b). Dieser Gerichtshof, welcher zuweilen das Gericht des Königes genannt wurde, zuweilen das Gericht der Schatzkammer sprach in allen bürgerlichen oder peinlichen Sachen, und enthielt alle die Geschäffte zusammen, welche itzt unter vier Gerichtshöfen, nämlich der Kanzeley, der königlichen Bank, der Common Pleas, und der Schatzkammer vertheilet sind c).

Eine solche Zusammenhäufung von Gewalten war an sich selbst eine grosse Quelle der Macht, und machte die Gerichtsbarkeit des Gerichtes allen Unterthanen schrecklich; aber die Wendung, welche die gerichtlichen Processe bald nach der Eroberung bekamen, diente noch mehr dazu, ihre Gewalt zu vermehren, und die königlichen Vorrechte zu vergrößern. Wilhelm hatte unter andern gewaltsamen Veränderungen, welche er unternahm, und durchtrieb, auch das normännische Recht in England eingeführet d), hatte verordnet, daß alle Processe in dieser Sprache geführet werden sollten, und hatte in die englische Rechtsgelehrsamkeit alle Maximen und Grundsätze eingewebet, welche die Normänner, die schon in dem gesitteten Leben weiter gekommen, und von Natur zanksüchtig waren, in der Handhabung der Gerechtigkeit zu beobachten pflegten. Das Recht wurde itzt eine Wissenschaft, welche anfänglich gänzlich in die Hände der Normänner fiel; und welche auch noch damals, als sie schon unter den Engländern bekannt war, so viel Fleiß und Studiren erforderte, daß die Laien in diesen unwissenden Zeiten unfähig waren, ihrer mächtig zu werden; und sie war ein Geheimniß, welches sich fast allein auf die Geistlichen, und vornehmlich auf die Mönche, einschränkete e). Die grossen Bedienten der Krone, und die Feudalbaronen, welche militairische Leute waren, fanden sich ungeschickt, in diese Dunkelheiten einzudringen; und ob sie gleich ein Recht auf den Sitz im höchsten Judicaturgerichte hatten, so wurden doch die Angelegenheiten des Gerichtes von dem ersten Justiziarius und von den Gesetzbaronen, welche Leute waren, die der König ernannte, und welche gänzlich unter seinem Befehl stunden, ganz allein geführet f). Dieser natürliche Lauf der Dinge wurde durch die Vielfältigkeit der Geschäffte befördert, welche in dieses Gericht flossen, und welche sich täglich durch die Appellationen aus allen niedrigern Judicaturgerichten des Reichs vermehreten.

z) *Spelm.* Gloss. in verb. *justitiarius.*
a) *Madox.* Hist. Exch. S. 27. 29. 33. 38. 41. 54. Die Normänner führeten den Gebrauch ein, Freybriefe zu untersiegeln; und der Kanzler hatte das Amt, das grosse Siegel zu verwahren. *Ingulph. Dugd.* S. 33. 34.
b) *Madox* Hist. of the Exch. S. 134. 135. *Gerv. Dorob.* S. 1387.
c) *Madox* Hist. of the Exch. S. 56. 70.
d) *Dial. de Scac.* S. 30. apud *Madox.* Hist. of the Exchequer.
e) *Malmes.* lib. IV. S. 122.
f) *Dugd.* Orig. Jurid. S. 25.

388 Geschichte von England. Zweyter Anhang.

Zweyter Anhang.

In den sächsischen Zeiten wurde in den königlichen Gerichten keine Appellation angenommen, es sey denn, daß die niedrigern Gerichte Gerechtigkeit versagt, oder aufgeschoben hatten; und eben diese Gewohnheit wurde in den meisten Feudalreichen von Europa beobachtet. Aber die große Gewalt des Eroberers führte in England eine Macht ein, welche die Monarchen von Frankreich nicht eher erhalten konnten, als bis unter der Regierung des heiligen Ludewigs, welcher fast 200 Jahre hernach lebte. Er gab seinem Gerichte die Vollmacht, Appellationen sowohl aus den Gerichtshöfen der Baronie, als den Gerichten der Grafschaften anzunehmen; und hiedurch brachte er die Verwaltung der Gerechtigkeit zuletzt in die Hände des Königes g). Und damit nicht etwa die Kosten und die Mühe einer Reise zu den Gerichten die Kläger abschrecken, und sie bewegen möchten, mit den Aussprüchen der niedrigern Gerichte zufrieden zu seyn; so wurden nachmals reisende Richter eingeführet, welche durch das Königreich zogen, und alle Streitsachen, die ihnen vorgetragen wurden, untersuchten h). Durch dieses Mittel wurden die Gerichtshöfe der Baronie in Ehrfurcht gehalten, und wenn sie noch einigen Einfluß behielten, so entstund er doch bloß aus der Besorgniß, welche die Vasallen haben konnten, daß sie ihren Oberherrn dadurch beleidigen möchten, wenn sie von seinen Gerichten appellirten. Aber die Gerichte der Grafschaft geriethen in großen Mißcredit; und weil man fand, daß die Freysassen in den verwickelten Grundsätzen und Formalien des Gesetzes unwissend waren; so brachten die Rechtsgelehrten nach und nach alle Angelegenheiten vor die Richter des Königes, und verliessen das alte einfältige und beym Volke beliebte Gericht. Nach dieser Art schlugen die Formalitäten der Gerechtigkeit, welche man, so verdrießlich und mühsam auch zu seyn scheinen, zur Unterstützung der Freyheit in allen monarchischen Regierungen nöthig findet, anfänglich durch viele zusammen laufende Ursachen zum großen Vortheil der königlichen Gewalt aus.

Die Macht der normännischen Könige wurde auch sehr durch ein großes Einkommen unterstützet; und zwar durch ein Einkommen, welches vestgesetzt, beständig war, und von seinen Unterthanen nicht abhieng. Das Volk hatte, wenn es nicht zu den Waffen griff, kein Zwangsmittel wider den König, und keine regelmäßige Sicherheit für die gehörige Austheilung der Gerechtigkeit. In diesen Tagen der Gewaltsamkeit giengen viele Unterdrückungen unbemerkt hin; und bald hernach berief man sich öffentlich darauf, als auf Exempel, welche man, ohne das Gesetz zu beleidigen, nicht streitig machen, oder im Zügel halten könnte. Prinzen und Minister waren zu unwissend, als daß sie den Vortheil erkennen sollten, welcher mit einer billigen Regierung verknüpfet ist; und es war noch keine eingeführte Rathsversammlung, welche das Volk schützen, und dadurch, daß sie dem Könige Zuschüsse versagte, ihn regelmäßig und friedfertig an seine Pflicht erinnern, und die Ausübung der Gesetze in Sicherheit setzen könnte.

Der

---

g) Madox. Hist. of the Exch. S. 65. Glanv. lib. 2. cap. 1. — LL Hen I. §. 31. apud Wilkins. S. 240 Fitz-Stephens, S. 36. Coker Comment. on the statute of Marlbridge. cap. 20.

h) Madox. Hist. of the Exch. S. 83 83. 100 Gerv Doroh S. 4 0. Was die an eln normän ii sch n Baronen bewog, daß sie sich n fe Appellationen von ihren Gerichten an das königliche Kammergericht desto eher gefallen ließen, war dieses, daß sie dergleichen Appellationen an das Herzogliche Kammergericht schon in der Normandie gewohnt waren Siehe Gilberts Geschichte von der Kammer, S. 1. 2 obgleich der Verfasser es für zweifelhaft hält, ob nicht das normännische Gericht vielmehr nach dem englischen eingerichtet war S. 6.

Geschichte von England. Zwenter Anhang.

Zwenter Anhang.

Der vornehmste Zwang des festgesetzten Einkommens des Königes bestund in den königlichen Domainen und Kronländern, welche sehr groß waren, und ausser einer grossen Anzahl von Ländereyen, auch die meisten vornehmsten Städte des Reichs begriffen. Es war durch das Gesetz ausgemacht, daß der König nichts von seinen Domainen entäussern, und daß er selbst, oder sein Nachfolger, zu jeder Zeit dergleichen Donationen wieder zurück nehmen könnte i); aber dieses Gesetz wurde niemals ordentlich beobachtet; welches die Krone bey Zeiten zum Glück etwas abhängiger machte. Die Pachtgelder für die Kronländer, bloß als so viele Reichthümer betrachtet, waren eine Quelle der Macht: Der Einfluß des Königes über seine Vasallen, und die Einwohner der Städte vermehrte seine Macht: aber die andern zahlreichen Zweige seines Einkommens gaben ausserdem, daß sie seine Schatzkammer versorgten, schon durch ihre Beschaffenheit der willkührlichen Gewalt eine große Weite, und waren eine Stütze der Kronrechte; wie aus der Anführung derselben erhellen wird.

Der König war niemals mit den bestimmten Pachtgeldern zufrieden, sondern schrieb oft sowohl von den Einwohnern der Städte, als des Landes, welche in seinen Domainen lebten, nach Gefallen schwere Abgaben aus. Da aller Kauf und Handel verboten war, um den Diebstahl zu verhüten, ausser in den Flecken und öffentlichen Marktplätzen k), so verlangte er für alle Güter, die verkauft wurden, Zölle l). Er nahm zwey Fässer aus jedem Schiffe, welches Wein hatte, eines vor, und das andre hinter dem Mast. Alle Güter gaben von ihrem Werthe seinen Zollhäusern nach gleichem Verhältniß m): Die Fahrt über Brücken und Flüße war mit willkührlichen Zöllen beschweeret n): und obgleich die Flecken nach und nach sich die Freyheit erkauften, diese Auflagen zu pachten, so zog doch das Einkommen aus diesem Handel Vortheil; es wurden oftmals für die Erneurung und Bestätigung ihrer Freyheiten neue Summen gefodert o); und so wurde das Volk in beständiger Abhängigkeit erhalten.

So war der Zustand der Einwohner in den königlichen Domainen. Aber die Besitzer der Ländereyen, oder die militairischen Vasallen waren zwar sowohl durch das Gesetz, als durch das große Vorrecht, daß sie Waffen führten, besser beschützet; doch waren sie durch die Beschaffenheit ihrer Belehnungen den Angriffen der Gewalt sehr ausgesetzt, und besaßen nicht das, was wir in unsern Zeiten für eine sehr dauerhafte Sicherheit halten würden. Der Eroberer verstattete durch seine Gesetze, daß die Baronen nicht gehalten seyn sollten, mehr zu bezahlen, als ihre gesetzte Dienste p), es sey denn, daß er im Kriege gefangen wäre, daß sein ältester Sohn zum Ritter geschlagen, und seine älteste Tochter verheyrathet würde, wo sie eine billige Beysteuer zu dem Lösegeld für seine Person, und ein gewisses in den andern Fällen zahlen mußten. Was bey diesen Gelegenheiten für eine billige Beysteuer gelten sollte, war nicht bestimmt; und die Foderungen der Krone hiengen in sofern von des Königs Willkühr ab.

Der

i) *Fleta*, lib. I. Cap. 8. 17. lib. 3. cap. 6 §. 3. *Bracton*, 2. cap.
k) *L. L. Wilh.* 1. cap. 61.
l) *Madox*, S. 530.
m) *Madox*, S. 519. Dieser Schriftsteller sagt, einen funfzehnten Theil. Aber es ist nicht leicht, diese Berechnung mit andern Zeugnissen zu vergleichen.
n) *Madox*, S. 529.
o) *Madox*, Hist. of the Exch. S. 275. 276. 277. &c.
p) *L. L. Wilh.* Cong. §. 55.

Zweyter Anhang.

Der König konnte im Kriege die persönliche Erscheinung seiner Vasallen fodern; das ist, aller Eigenthümer, welche Ländereyen besaßen; und wenn sie selbst keine Dienste thun wollten, so mußten sie ihm eine Vergütung an Gelde bezahlen, und dieses wurde Scutage genannt. Die Summe desselben war unter einigen Regierungen sehr ungewiß und unbestimmt. Sie wurde zuweilen eingefordert, ohne, daß man den Vasallen die Wahl erlaubte, ob sie in Person Dienste thun wollten q); und es war eine gewöhnliche List des Königs, einen Feldzug vorzugeben, damit er ein Recht haben könnte, von seinen militairischen Vasallen Scutage einzufordern. Das Dänengeld war eine andre Art von Landtare, welche die ersten normännischen Könige nach Willkühr und wider die Gesetze des Eroberers einfoderten r). Moneyage war gleichfalls eine allgemeine Landtare von gleicher Beschaffenheit, welche die beyden normännischen Könige einhoben, und Henrich der Erste durch einen Freybrief abschaffte s). Sie bestund in einem Schillinge, der alle drey Jahre von jedem Heerde bezahlet wurde, um den König zu bewegen, daß er sich seines Vorrechtes nicht bedienen möchte, die Münzen zu verschlimmern. In der That erhellet es aus diesem Freybriefe, daß der Eroberer, ob er gleich seinen militairischen Vasallen die Befreyung von Auflagen und Tallagen gegeben hatte, doch sich eben so wenig, als sein Sohn Wilhelm, verbunden erachtete, diese Regel zu beobachten; sondern von allen Landgütern des Reichs nach Gefallen Abgaben foderte. Das Aeußerste, was Henrich verwilliget, ist, daß das Land, welches von den militairischen Vasallen selbst gebauet wird, nicht so beschweret seyn sollte; doch behält er sich die Macht vor, den Pächtern Abgaben aufzulegen: und da es bekannt ist, daß der Freybrief Henrichs niemals in einem einzigen Artikel gehalten worden, so können wir versichert seyn, daß dieser Prinz und seine Nachfolger auch diese kleine Güte wieder zurücknahmen, und von allen Ländern aller ihrer Unterthanen willkürliche Auflagen hoben. Diese Auflagen waren zuweilen sehr schwer: denn Wilhelm Malmesbury sagt uns, daß in der Regierung des Wilhelm Rufus die Pächter der Abgaben wegen den Landbau liegen ließen, und daß daraus eine Hungersnoth erfolgte t).

Die Confiscationen waren ein großer Zweig der Gewalt, und des Einkommens für den König, vornehmlich in den ersten Regierungen nach der Eroberung. Wenn keine Abkömmlinge von dem ersten Baron da waren, so fiel sein Land an die Krone, und vermehrete beständig die Güter des Königs. Der König hatte in der That nach dem Gesetze eine Macht, diese ausgestorbenen Güter zu entäußern; aber hierdurch besaß er das Vermögen, das Glück seiner Freunde und Diener auf vesten Fuß zu setzen, und dadurch seine Gewalt zu vergrößern. Zuweilen behielt er sie selbst, und sie wurden nach und nach mit seinen königlichen Domainen vermischt, und es wurde schwer, sie von jenen zu unterscheiden. Diese Verwirrung ist vermuthlich die Ursache, warum der König das Recht bekam, seine Domainen zu veräußern.

Aber außer denen Gütern, welche in Ermangelung der Erben der Krone zufielen, war es auch in den alten Zeiten etwas sehr Gemeines, daß der Krone, wegen Verbrechen, oder wegen Beleidigung der Pflicht gegen ihren Oberherrn, Güter zufielen. Wenn der

---

q) *Gervase de Tilbury*, S. 25.
r) *Madox's* Hist. of. the Exch. S. 475.
s) *M. Paris*, S. 38.

t) So auch Chron. *Abb St. Petri de Burgo*, S. 55. *Knyghton*, S. 2,66.

Geschichte von England. Zwepter Anhang.

der Vasall drepmal eingeladen war, an dem Hofe seines Herrn zu erscheinen und ihm zu huldigen; und er versäumte es, und wollte nicht gehorchen, so verlohr er alles Recht auf seine Ländereyen u). Wenn er seine Belehnung läugnete, oder den Gehorsam versagte, war er eben dieser Strafe unterworfen x). Wenn er sein Gut ohne Erlaubniß seines Herrn verkaufte y), oder wenn er es auf andre Lehnsbedingungen, oder auf ein andres Recht verkaufte, als diejenigen waren, wornach er es selbst besaß z), so verlohr er sein ganzes Recht auf dasselbe. Wenn er den Feinden seines Herrn anhieng a), wenn er im Kriege von ihm abtrat b), wenn er seine Geheimnisse verrieth c), eine Gemahlinn, oder seine nähern Verwandtinnen beschlief d), oder sich nur unanständige Freyheiten bey ihnen erlaubte e), so konnte er durch Verlust seiner Güter bestraft werden. Die höhern Verbrechen, als Räuberey, Plünderungen, Mordbrennen u. d. g. wurden Felonie genannt; und weil man sie für Mangel an Treue gegen seinen Herrn auslegte, so verlohr man dadurch sein Leben f). Wenn auch der Felon ein Vasall eines Barons war, so verfiel zwar sein Land an seinen unmittelbaren Herrn, doch konnte der König ein Jahr lang Besitz davon nehmen, und hatte das Recht, es zu verderben und zu zerstören, wenn der Baron ihm nicht eine billige Vergütung dafür zahlte g). Wir haben hier nicht alle Arten von Felonien erzählet, oder von solchen Verbrechen, wodurch man seiner Güter verlustig wurde: wir haben genug gesagt, um zu beweisen, daß der Besitz eines Feudaleigenthums in alten Zeiten etwas Ungewisses war, und daß der erste Begriff, daß es eine Art von Belehnung oder Benefiz war, niemals gänzlich verlohren gieng.

Wenn ein Baron starb, so nahm der König sein Gut sogleich in Besitz; und ehe der Erbe sein Recht wieder erlangte, mußte er sich an die Krone wenden, und um die Freyheit ansuchen, daß er für sein Land Huldigung leisten, und dem Könige ein Vergütigungsgeld zahlen dürfte. Dieses Geld war anfänglich nicht durch das Gesetz, wenigstens nicht durch die Gewohnheit bestimmt: der König war oft sehr unmäßig in seinen Foderungen, und behielt das Land so lange im Besitz, bis er befriediget war.

Wenn der Erbe minderjährig war, so zog der König so lange alle Einkünfte des Gutes, bis er volljährig geworden war; und er konnte zu der Erziehung und dem Unterhalte des jungen Barons so viel Geld aussetzen, als er wollte. Diese Gewohnheit gründete sich gleichfalls auf den Gedanken, daß ein Lehngut ein Benefiz war, und daß das Einkommen desselben, weil der Erbe keine Kriegsdienste thun konnte, dem Obern zufiel, der an seiner Stelle einen andern nahm. Es ist augenscheinlich, daß durch dieses Mittel ein großer Theil des Eigenthums an Ländereyen beständig in den Händen des Prinzen seyn mußte, und daß dadurch alle edle Familien in beständiger Abhängigkeit erhalten wurden. Wenn der König jemanden die Vormundschaft über einen reichen Erben übergab, so hatte er Gelegenheit, einen Liebling, oder einen Minister zu bereichern: wenn er es verkaufte, so konnte er eine ansehnliche Summe Geldes einheben. Simon

von

u) *Holtom.* de Feud. Disp. cap. 38. S. 187.
x) Lib. Feud. Lib. 3. tit. 1. lib. 4. tit. 21. 39.
y) Lib. Feud. Lib. 1. tit. 21.
z) Id lib. 4. tit. 44
a) Id. lib 3. tit. 1.
b) Id. lib. 4. tit. 14. 21,
c) Id. lib. 4. tit. 14.
d) Id. lib. 1. tit. 14. 21.
e) Id. lib. 1. tit. 1.
f) *Spelm.* Gloss. in verb. *Felonia*.
g) *Spelm.* Gloss. in verb. *Felonia* Glanville, Lib. 7. Cap. 17.

von Mountfort bezahlte Henrich dem Dritten für die Vormundschaft über den Gilbert von Umfreville 10,000 Mark; eine ungeheure Summe in diesen Zeiten [h]).

Wenn es eine Erbinn war, so hatte der König das Recht, ihr einen Gemahl von ihrem Range anzubieten, welchen er wollte. Selbst ein männlicher Erbe konnte sich nicht ohne königliche Erlaubniß verheyrathen; und es war gebräuchlich, daß sie große Summen zahlten für die Erlaubniß, daß sie selbst wählen dürften [i]). Niemand durfte, weder durch Verkauf, noch durch ein Testament, ohne Bewilligung des Oberherrn, sein Land veräußern. Der Besitzer wurde niemals für einen völligen Eigenthümer angesehen: er war beständig gewissermaßen ein Beneficiat; und konnte seinen Oberherrn nicht zwingen, jedweden Vasall anzunehmen, der ihm nicht gefiel.

Geldstrafe, Americiaments und Oblatas, wie sie genennet wurden, waren ein anderer wichtiger Zweig der königlichen Gewalt, und seines Einkommens. Die alten Denkbücher der Schatzkammer, welche noch verhanden sind, liefern erstaunliche Nachrichten von den zahlreichen Geldstrafen und Americiaments, welche in diesen Tagen gehoben wurden [k]), und von den seltsamen Erfindungen, worauf man verfiel, Geld von den Unterthanen zu erpressen. Es scheinet, als wenn sich die alten Könige von England gänzlich auf den Fuß der barbarischen östlichen Prinzen setzten, zu welchen sich kein Mensch ohne Geschenke wagen durfte; welche alle ihre guten Dienste verkauften, und sich in allen Geschäfften aufdrangen, damit sie einen Vorwand finden möchten, Geld zu erpressen. Selbst die Gerechtigkeit wurde offenbar gekauft und verkauft; das Gericht des Königs selbst, ob es gleich das höchste Gericht im Königreiche war, stund keinem andern offen, als dem, der dem Königreiche Geschenke brachte. Die Bestechungen, welche einliefen, damit die Gerechtigkeit beförderet, verzögert [l]), aufgeschoben und ohne Zweifel auch verkehret werden möchte, wurden in dem öffentlichen Register in die königlichen Einkünfte eingetragen, und sind noch als Denkmäler der ewigen Unbilligkeit und Tirannen dieser Zeiten verhanden. Die Baronen der Schatzkammer, z. E. der erste Adel des Königreiches, schämte sich nicht, als einen Artikel ihren Denkbüchern einzuverleiben, daß die Grafschaft Norfolk eine Summe bezahlte, damit redlich mit ihr umgegangen würde [m]); der Flecken Yarmouth habe bezahlt, damit der Brief des Königs, den er für seine Freyheiten hatte, nicht beleidiget würde [n]); Richard, der Sohn Gilberts, habe eine Summe erleget, damit der König ihm beystehen möchte, seine Schuld von den Juden wieder zu bekommen [o]); Serlo, der Sohn des Terlavastan, damit ihm erlaubt werden möchte, sich zu vertheidigen, im Fall er wegen eines gewissen Todtschlages [p]) angeklaget werden sollte; Walter von Dutton zahlte, um ein freyes Gericht zu haben, wenn er verklaget würde, daß er einen andern verwundet hätte [q]); Robert von Essart zahlte, um eine Untersuchung zu haben, ob Roger der Schlachter und Wace, und Humphren, ihn der Räuberey und des Diebstahls aus Neid und Bosheit beschuldiget hätte, oder nicht [r]); Wilhelm Buhuß bezahlte, um eine Untersuchung zu haben, ob er aus Bosheit, oder mit Grunde wegen des Todes eines

h) Madox's Hist. of Exch. S. 223.
i) Id. S. 320.
k) Id. S. 272.
l) Id. S. 274. 309.
m) Id. S. 295.
n) Id. S. ibid.
o) Id. S. 296.
p) Id. S. ibid.
q) Id. S. ibid.
r) Id. S. 298.

eines gewissen Godwin angeklaget wäre s). Ich habe diese wenigen Beyspiele aus einer großen Anzahl ausgesuchet, welche Madox aus einer noch größern auslas, die in den alten Rollen der Schatzkammer aufbehalten sind t).

Zuweilen both die proceßirende Parteyen dem Könige einen gewissen Theil, eine Hälfte, ein Drittheil oder ein Viertheil von denen Schulden, zu bezahlen, welche er als Ausüber der Gerechtigkeit ihr zu erhalten helfen würde u). Theophania von Westland erbot sich, die Hälfte von 212 Mark zu bezahlen, damit sie von dem Jakob von Jughleston diese Summe bezahlt erhielte x); Solomon der Jude verpflichtete sich, den siebenden Mark von der Summe zu bezahlen, die er von dem Hugo de la Hose zurück bekommen würde y). Nicolas Morel versprach 60 Pfund zu bezahlen, wenn der Graf von Flandern gezwungen würde, ihm 343 Pfund zu bezahlen, die er von ihm geliehen hätte; und diese 60 Pfund sollten von dem ersten Gelde abgezogen werden, was dem Nicolas von dem Grafen würde ausgezahlet werden z).

Weil der König sich die ganze Macht über den Handel anmaßte, so mußte man ihm für die Freyheit bezahlen, Handel oder Gewerbe von irgend einer Art zu treiben a). Hugo Oisel bezahlte 400 Mark für die Freyheit, in England zu handeln b). Nigel von Havene gab 50 Mark für seine Handlungsgemeinschaft mit dem Gervas von Hanton c): die Leute von Worcester erlegten 100 Schillinge, damit sie die Freyheit haben möchten, gefärbte Tücher zu kaufen und zu verkaufen d): verschiedene andre Städte bezahlten für eine gleiche Freyheit e). Der Handel des Königreiches war in der That dem Könige so sehr übergeben, daß er Gilden, Corporationen und Monopolien aufrichtete, wo es ihm gefiel, und nahm für diese ausnehmenden Privilegien Summen Geldes ein f).

Es war kein Profit so klein, worauf der König nicht aufmerksam gewesen wäre. Henrich, der Sohn des Arthur, gab 10 Hunde, um wider die Gräfinn von Kopland die Erkennung für ein Ritterlehn zu erhalten g). Roger, der Sohn des Nicholas, gab 20 Lampreten, und 20 Aelse, um eine Untersuchung zu haben, ob Gilbert, der Sohn des Alured, dem Robert 100 Hammeln gegeben habe, um seine Bestätigung für gewisse Länder zu erhalten, oder ob Roger sie ihm gewaltsam abgenommen hätte h). Gottfried Fitz-Pierre, der erste Justiziarius, gab 2 gute norwegische Falken, damit Walter le Madine die Freyheit haben möchte, 100 Pfund Käse aus den Gebiethen des Königs hinaus zu bringen i).

Es ist lustig, zu bemerken, mit was für seltsamen Geschäften der König sich zuweilen befaßte, und niemals ohne ein Geschenk: die Gemahlinn des Hugo von Neville gab dem Könige 2000 Hüner, daß sie eine Nacht bey ihrem Gemahl schlafen dürfte k);
und

s) *Madox's* Hist. of Hist. Exch. S. 301.   c) *Madox's* Hist of Exch. S. 123.
t) Chap. XII.   d) Id. S. 324.   e) Id. ibid.
u) Id. S. 311.   x) Id. ibid.   f) Id. S. 232. 233. etc.
y) Id. S. 79. 312.   z) Id. S. 312.   g) Id. S. 298.   h) Id. S. 305.
a) Id. S. 313.   b) Id. ibid.   i) Id. S. 325.   k) Id. S. 326.

Zweyter Anhang. und sie brachte 2 Bürgen mit, davon ein jeder für 100 Hüner stund. Es ist wahrscheinlich, daß ihr Gemahl gefangen saß, wodurch ihr denn der Zugang zu ihm verboten war. Der Abt von Rucford zahlte 10 Mark für die Erlaubniß, bey Wellpang Häuser zu erbauen, und Leute auf sein Land zu setzen, damit er daselbst verhüten möchte, daß sein Holz nicht gestohlen würde l); Hugo der Archidiaconus von Wells gab eine Tonne Wein für die Erlaubniß, 600 Lasten Korn zu führen, wohin er wollte m); Peter von Peraries gab 20 Mark für die Erlaubniß, Fische einsalzen zu dürfen, wie Peter Chevalier zu thun pflegte n).

Der Schutz und die guten Dienste des Königes wurden in allen Stücken gekauft und verkauft. Robert Grislet bezahlte 20 Mark Silber, daß der König ihm in einer gewissen Klage wider den Grafen von Mortaigne helfen möchte o). Robert von Cundet gab 30 Mark Silbers, damit der König ihn nicht zu einem Vergleiche mit dem Bischofe von Lincoln bringen p); Ralph von Breckham gab einen Falken, daß der König ihn in Schutz nehmen möchte q); und dieses ist sehr oft eine Ursache, warum etwas bezahlet wurde: John, der Sohn des Ordgard, gab einen norwegischen Falken, um ein Bittschreiben von dem Könige an den König von Norwegen zu erhalten, daß er ihm die beweglichen Güter seines Bruders Gobart möchte zukommen lassen r); Richard von Neville gab 20 Reitpferde, um von dem Könige ein Empfehlungsschreiben an die Isolda Biset zu erhalten, daß sie ihn zum Manne nehmen möchte s); Roger Fitz Walter gab 3 gute Reitpferde, um einen Brief von dem Könige an die Mutter des Roger Bertram zu erhalten, daß sie ihn heyrathen möchte t); Eling, der Dechant, bezahlte 100 Mark, damit seine Beyschläferinn und seine Kinder auf Bürgschaft losgelassen würden u); der Bischof von Winchester gab eine Tonne guten Wein, weil er den König nicht erinnert hatte, daß er der Gräfinn von Albemarle einen Gürtel geben wollte x); Robert de Beaur gab 5 der besten Reitpferde, damit der König von der Gemahlinn des Henrich Pinnel schweigen möchte y). Es finden sich in den Nachrichten der Schatzkammer viele andre sonderbare Beyspiele von gleicher Beschaffenheit z). Inzwischen ist es billig, anzumerken, daß eben diese lächerliche

l) *Madox's* Hist. of Exch. S. 326.
m) Id. S. 320. n) Id. S. 316.
o) Id. S. 329. p) Id. S. 330.
q) Id. S. 332. r) Id. ibid.
s) Id. S. 333. t) Id. ibid.
u) Id. S. 342. Pro habenda amica sua et filis ei.
x) Id. S. 352.
y) Id. ibid. Vt Rex taceret de vxore Henrici Pinel.
z) Wir wollen die Neubegierde des Lesers befriedigen, und noch einige Beweise aus dem *Madox* hierher setzen. S. 332. Hugo Oisel sollte dem Könige zwey Röcke von einer guten grünen Farbe geben, um ein Patent von ihm an die Kaufleute von Flandern zu erhalten, nebst einer Foderung, daß sie ihm 1000 Mark bezahlten, welche er in Flandern verlohren hatte. Der Abt Hyde bezahlte dreyßig Mark, um von dem Könige an den Erzbischof von Canterbury ein Schreiben zu erhalten, daß er gewisse Mönche, welche wider den Abt waren, wegschaffen möchte. Roger von Trybanton bezahlte zwanzig Mark und einen Klepper, um von dem Könige ein Schreiben an den Richard von Umfreville zu erhalten, daß er ihm seine Schwester zur Frau geben sollte, und an die Schwester, daß sie ihn für ihren Gemahl annehmen möchte: Wilhelm von Ebrewingworth zahlte fünf Mark für einen Brief des Königs an den Abt von Persore, daß er ihm, wie vorhin, seine Zehnten im Frieden zukommen liesse: Matheas von Hereford, ein Schreiber, bezahlte zehen Mark für einen Brief, worinne dem Bischof von Landaph geboten wurde, daß er ihn friedfertig bey seiner Kirche zu Chenfrith lassen möchte: Andreas Reulun gab drey niederländische Lappen für einen Befehl des Königs an den Prior von Chilesland,

Geschichte von England. Zweyter Anhang.

herrliche Weise, und gefährliche Mißbräuche auch in der Normandie, und vermuthlich auch in allen andern Staaten von Europa im Schwange waren a). England war in diesem Stücke nicht barbarischer, als seine Nachbarn.

Diese unbilligen Gewohnheiten der normännischen Könige waren so bekannt, daß bey dem Tode des Hugo Bigod in der Regierung Henrichs des Zweyten, des besten und gerechtesten von diesen Prinzen, der älteste Sohn, und die Wittwe dieses Herrn zu Hofe kamen, und sich durch Versprechungen reicher Geschenke an den König bemüheten, den Besitz dieses reichen Erbtheils zu erlangen. Der König war so billig, zu befehlen, daß die Sache vor dem großen Rathe untersuchet würde; inzwischen bemächtigte er sich doch alles Geldes und aller Schätze des Verstorbenen b). Peter von Blois, ein einsichtsvoller, und sogar ein schöner Schriftsteller dieser Zeiten, macht eine pathetische Beschreibung von der Erkäuflichkeit der Gerechtigkeit, und von den Unterdrückungen der Armen unter der Regierung Henrichs; und trägt kein Bedenken, sich über diese Mißbräuche bey dem Könige selbst zu beschweren c). Wir können leicht urtheilen, wie es unter der Regierung böserer Prinzen hergegangen seyn mag. Die Artikel der Untersuchung, betreffend die Aufführung der Sherifs, welche Henrich im Jahr 1170 bekannt machte, zeigen sowohl die große Macht, als Ausgelassenheit dieser Bedienten d).

Amerciamente, oder Strafen für Verbrechen und Uebertretungen, waren ein anderer wichtiger Zweig des königlichen Einkommens e). Die meisten Verbrechen wurden durch Geld abgekauft; die aufgelegten Geldstrafen waren durch keine Regel, oder Verordnung eingeschränkt; und zogen öfters den gänzlichen Verfall der Person, auch für die geringsten Uebertretungen, nach sich. Die Forstgesetze insbesondere waren eine große Quelle der Unterdrückung. Der König besaß acht und sechzig Förste, dreyzehn Jagden, und 781 Thiergärten in verschiedenen Theilen von England f); und wenn wir die ausnehmende Liebe der Engländer und Normänner zur Jagd bedenken, so waren diese so viele dem Volke gelegte Schlingen, wodurch man es zu Uebertretungen lockte, und es so weit brachte, daß es von den willkührlichen und strengen Gesetzen, welche der König auf sein eignes Ansehen zu geben für gut befunden hatte, erreicht werden konnte.

Aber die offenbarsten Handlungen der Tyranney und Unterdrückung waren diejenigen, welche wider die Juden begangen wurden, die gänzlich außer dem Schutze des

Dbb 2 Geseo-

kesand, daß er einem zwischen ihnen gemachten Vertrag erfüllen sollte. Heinrich de Fontibus gab ein lombardisches Pferd von Werth, um einen Befehl des Königs an den Heinrich Fitz-Herveyn zu erhalten, daß er ihm seine Tochter zur Gemahlinn geben möchte. Roger Nicholas versprach alle Lampreten, die er nur würde bekommen können, um einen Befehl des Königs an den Grafen Wilhelm Mareschall zu erhalten, daß er ihm die Meyerey von Langeford in Pacht lassen möchte. Die Bürger von Glocester versprachen 300 Lampreten, daß sie nicht möchten gezwungen werden, die Gefangnen von Poictu mit den Nothwendigkeiten zu versehen, wenn sie nicht wollten. Derselbe S. 352. Jor-

dan, der Sohn des Reainals, bezahlte zwanzig Mark, für den Befehl des Königs an Wilhelm Penel, daß er ihm das Land von Will. Ricemuit, und die Aufsicht über seine Erben abtreten möchte; und wenn Jordan dieses erhielte, so sollte er die zwanzig Mark bezahlen, sonst aber nicht. Id. S. 333.

a) Id. S. 359.
b) Bened. Abb. S. 180. 181.
c) Pet. Bles. Epist. 95. apud Bibl. Patrum, B. 24. S. 2014.
d) Hoveden. Chron. Gervas. S. 1410.
e) Madox's Chap. XIV.
f) Spelm. Gloss. in verbo Foresta.

Zweyter Anhang

Gesetzes, der Bigotterie des Volks höchst verhaßt, und der unermeßlichen Raubsucht des Königs und seiner Minister ausgesetzt waren. Außer vielen andern Unanständigkeiten, denen sie beständig ausgesetzt waren, sehen wir auch, daß sie einsmals alle ins Gefängniß geworfen wurden, und die Summe von 66000 Mark für ihre Freyheit bezahlen mußten [g]: zu einer andern Zeit bezahlte der Jude Isaac allein 5100 Mark [h]; Brun 3000 Mark [i]; Jurnet 2000 Mark: Brunet 500 Mark: ein andermal wurden von der Licorica, der Wittwe des David, eines Juden von Orford, 6000 Mark gefordert; und sie wurde sechs der reichsten und vernünftigsten Juden von England übergeben, welche für die Summe Bürgen seyn mußten [k]. Henrich der Dritte borgte von dem Grafen von Cornwall 5000 Mark, und zur Sicherheit der Wiederbezahlung gab er ihm Handscheine auf alle Juden in England [l]. Das Einkommen, welches aus Erpressungen der Nation eingetrieben wurde, war so groß, daß ein besondres Gericht der Schatzkammer niedergesetzt wurde, die Aufsicht darüber zu haben [m].

Handel.

Wir können leicht von dem niedrigen Zustande des Handels unter den Engländern urtheilen, da die Juden, aller dieser Unterdrückungen ungeachtet, noch immer ihre Rechnung finden konnten, unter ihnen Handel zu treiben, und ihnen Geld zu leihen. Und weil auch die Verbesserungen des Ackerbaues sowohl durch die unermeßlichen Ländereyen des Adels, als durch den ungewissen Zustand des Feudaleigenthums sehr zurück gehalten wurden; so siehet man leicht, daß keine Art von Fleiß damals in dem Königreiche statt finden konnte [n].

Sir Henrich Spelmann [o] behauptet, als eine ungezweifelte Wahrheit, daß unter den Regierungen der ersten normännischen Prinzen, jedes Edikt des Königs, welches mit Bewilligung des Geheimdenraths ausgegeben wurde, die volle Kraft eines Gesetzes hatte. Aber die Baronen waren gewiß nicht so geduldig, daß sie eine willkührliche und despotische Gewalt den Händen ihres Königs anvertrauen sollten. Man siehet nur, daß die Staatsverfassung der königlichen Macht noch keine bestimmten Gränzen gesetzt hatte, daß das Recht bey jedwedem Vorfalle, Proclamationen auszugeben, Gehorsam gegen dieselben zu verlangen, ein Recht, von dem man beständig glaubte, daß es der Krone beywohne, sehr schwer von einer gesetzgebenden Gewalt zu unterscheiden ist; daß die höchste Unvollkommenheit der alten Gesetze, und die geschwinden Vorfälle, welche sich in so unruhigen Regierungen oft ereigneten, den Prinzen nöthigten, öfters die versteckte Macht seines Vorrechts auszuüben; daß er natürlicher Weise, weil das Volk damit zufrieden war, immer weiter gieng, und sich in vielen wichtigen Stücken eine Gewalt anmaßte, von welcher er sich, durch ausdrückliche Verordnungen, Freybriefe und Verwilligungen ausgeschlossen hatte, und welche überhaupt dem allgemeinen Genie der Staatsverfassung zuwider war; und daß das Leben, die persönliche Freyheit, und das Eigen-

---

g) Madox's Histor. of the Exch. S. 131. Dieß trug sich in der Regierung des Königs Johann zu.
h) Id. S. 151. i) Id. S. 153.
k) Id. S. 68 l) Id. S. 154.
m) Id. Chap. VII
n) Wir sehen aus den Auszügen, welche uns Brady in seiner Abhandlung von den Flecken, aus dem Domesday mitgetheilet hat, daß fast alle Flecken von England bey dem Stoße der Eroberung gelitt n, und zwischen dem Tode des Bekenners, und der Zeit, wo das Domesday aufgesetzet wurde, sehr abgenommen hatten.

o) Gloss. in verb. *Iudicium Dei.*

Geschichte von England. Zweyter Anhang.

Eigenthum aller seiner Unterthanen wider die Ausübung seiner willkührlichen Macht weniger durch das Gesetz, als durch die unabhängige Macht, und die Privatverbindungen der einzelnen Personen unter einander gesichert wurden. Es erhellet aus dem großen Freybriefe selbst, daß nicht nur Johann ein tyrannischer Prinz, und Richard ein gewaltsamer, sondern auch ihr Vater, Henrich, unter dessen Regierung, von der man am wenigsten vermuthen kann, daß grobe Mißbräuche herrschen, gewohnt waren, blos aus eigner Gewalt, ohne gesetzlichen Proceß, die Freyleute gefangen zu setzen, zu verbannen, und zu verurtheilen.

Ein großer Baron sah sich in alten Zeiten in seinem eigenen Gebiethe gewissermaßen für einen Souverain an; und hatte Hofleute und Dependenten bey sich, welche ihm eifriger ergeben waren, als die Staatsminister, und die großen Bedienten gemeiniglich ihrem Souverain. Er führte oft an seinem Hofe das Gepränge einer königlichen Würde; indem er einen Justitiarius, Constable, Mareschall, Kammerherrn, Seneschall und Kanzler ernannte; und jedem von diesen Bedienten sein eignes Amt, und seine Aufsicht gab. Er war gemeiniglich sehr ämsig, seine Gerichtsbarkeit auszuüben; und fand ein so großes Vergnügen an diesem Bilde der königlichen Herrschaft, daß man es nöthig erachtete, seine Thätigkeit einzuschränken, und ihm durch ein Gesetz zu verbieten, daß er dergleichen Gericht nicht zu oft hielte P). Man darf nicht zweifeln, daß er nicht dem Exempel, einer geizigen und filzigen Erpressung, welches ihm der Prinz gab, getreu nachgeahmet habe; und daß er alle seine guten und schlimmen Dienste, seine Gerechtigkeit und Ungerechtigkeit, auf gleiche Art feil hatte. Er hatte die Macht, mit Bewilligung des Königs, selbst von den freyen Bürgern, welche in seiner Baronie lebten, Talage einzufodern; und weil seine Bedürfnisse ihn raubsüchtig machten, so war seine Gewalt gemeiniglich noch drückender und tyrannischer, als des Königs q). Er lag beständig in erblichen oder persönlichen Feindseligkeiten oder Bündnissen gegen seine Nachbaren; und nahm oft alle nichtswürdige Ebentheurer und Verbrecher in Schutz, welche ihm nützlich seyn konnten, seine gewaltsamen Absichten zu erreichen. Er allein war im Stande, in Zeiten der Ruhe, in seinem Gebiethen die Ausübung der Gerechtigkeit zu verhindern; und wenn er sich mit einigen mißvergnügten Baronen von hohem Range, und großer Macht verband, konnte er den ganzen Staat in Erschütterungen setzen. Und überhaupt war zwar die königliche Macht in Gränzen gesetzt, und oft in sehr enge Gränzen; doch war dieser Zügel unregelmäßig, und wurde oft die Quelle großer Unordnungen. Er war auch nicht aus der Freyheit des Volks, sondern aus der militairischen Macht vieler kleinen Tyrannen abgeleitet, welche ihrem Prinzen so gefährlich, als drückend für die Unterthanen war.

Die Macht der Kirche war ein andres Bollwerk wider die königliche Macht; aber diese Vertheidigung war auch eine Ursache von vielem Unheil und Unbequemlichkeiten. Die betitelte Geistlichkeit war vielleicht nicht so geneigt zu unmittelbarer Gewaltsamkeit, als die Baronen; weil sie aber auf eine gänzliche Unabhängigkeit von dem Staate Anspruch machten, und sich immer mit dem Scheine der Religion decken konnte, so wurde sie

Die Kirche.

p) Dugd. Iurid. orig. S. 26.   q) Madox's Hist. of Exch. S. 520.

Hume Gesch. v. Großbr. III. Theil.   E e e

Zweyter Anhang. sie in einem Betracht ein Hinderniß gegen die Einrichtung des Königreichs, und gegen die regelmäßige Ausübung der Gesetze. Die Polizey des Eroberers war in diesem Stücke ein wenig zu tadeln. Er vermehrte die abergläubische Verehrung gegen Rom, wozu diese Zeit schon so geneigt war; und zerriß diejenigen Bande, welche in den Zeiten der Sachsen zwischen den Layen und den geistlichen Ständen eine Vereinigung erhalten hatten. Er verboth den Bischöfen, einen Sitz in den Gerichten der Grafschaften zu nehmen; er erlaubte nur, daß kirchliche Sachen vor geistlichen Gerichten untersucht würden '); und erhob die Gewalt der Geistlichen so sehr, daß er von 60,215 Ritterlehnen, worein er England abtheilte, nicht weniger als 28015 unter die Kirche gab ²).

Bürgerliches Recht Das Recht der Erstgeburt wurde nach dem Feudalrechte beobachtet: eine Gewohnheit, welche dadurch schädlich wird, daß sie eine ungleiche Vertheilung des Privateigenthums einführet und erhält; aber in einem andern Betracht dadurch vortheilhaft ist, daß sie das Volk gewöhnet, einen Vorzug für den ältesten Sohn zu bezeigen, und dadurch eine Theilung, oder einen Streit in der Thronfolge der Monarchie zu verhüten. Die Normänner führten den Gebrauch der Zunamen ein, welche ihren Nutzen haben, die Kenntnisse der Familien und der Stammlinien zu erhalten; eben dieses thut auch der Unterschied der Wapen, welche um die Zeit des Königs Richard in Gebrauch kamen. Sie schafften keine von den alten ungereimten Probearten, durch das Kreuz oder das Ordeal ab; und sie thaten noch eine neue Ungereimtheit hinzu, nämlich die Probe des Zweykampfs ³), welche ein ordentlicher Theil der Rechtsgelehrsamkeit wurde, und mit aller ersinnlichen Ordnung, Methode, Andacht und Feyerlichkeit begangen wurden ⁴).

und Sitten. Die Begriffe von der Ritterschaft scheinen auch von den Normännern eingeführet zu seyn; man findet von diesen phantastischen Einfällen unter den einfältigen und bäurischen Sachsen gar keine Spuren. Die Feudalverfassungen erzeugten dadurch, daß sie eine Klasse von Menschen zu einer Art von Souverainen erhoben, die persönliche Tapferkeit so nothwendig, und einem Ritter und Baron zu seinem eignen Beschützer und Rächer machten, denjenigen militairischen Stolz und die Empfindung der Ehre, welche von den Poeten und Romanenschreibern dieser Zeit mehr ausgebildet und verschönert wurde, und sich dadurch in Ritterschaft endigte. Der tugendhafte Ritter fochte nicht nur in seinen eignen Streitigkeiten; sondern auch in dem Streite des Unschuldigen, des Hülflosen, und vornehmlich für die Schöne, von welcher er annahm, daß sie beständig unter dem Schutze seines tapfern Arms stund. Der unhöfliche Ritter, welcher aus seinem Schlosse Raubereyen an den Reisenden, und Gewaltthätigkeit an Jungfrauen begieng, war der Gegenstand seines beständigen Zorns; und er tödtete ihn ohne Bedenken, ohne gerichtliche Untersuchung, und ohne Einwendung, wo er ihn antraf.

Die

---

r) *Char. Will.* apud *Wilkins* S. 230. *Spel.* Cono. Vol II. S. 14.

s) *Spelm* Gloss. in verb *manus mortua.* Wir müssen uns nicht einbilden, wie einige gethan haben, daß die Kirche Ländereyen in diesem Verhältnisse besaß, sondern nur, daß sie und ihre Vasallen einen solchen proportionirten Theil von dem Eigenthum an Ländereyen hatte.

t) LL. Will. cap. 68.

u) *Spelm.* Gloss. in verb. *campus.* Das letzte Beyspiel von diesen Zweykämpfen war in dem funfzehnten Jahre der Elisabeth, so lange hatte sich diese ungereimte Gewohnheit erhalten.

Die große Unabhängigkeit der Menschen machte, daß persönliche Ehrliebe und Treue das vornehmste Band unter ihnen war; und die Haupttugend eines jeden wahren Ritters, oder eines ächten Bekenners der Ritterschaft wurde. Die Feyerlichkeiten des Zweykampfs so, wie sie nach dem Gesetze eingeführet waren, verbanneten den Gedanken von allem dem, was unbillig oder ungleich in den Rencontern war; und erhielt unter den Streitenden einen Schein der Höflichkeit, bis auf den Augenblick, wo das Gefecht angieng. Die leichtgläubigkeit dieser Zeit pfropfte auf diesen Stamm den Einfall von Riesen, Zauberern, Drachen und Bezauberungen u), und von tausend Wundern mehr, welche sich in den Zeiten der Kreuzzüge, wo sich diejenigen, welche aus einer weiten Entfernung zurückkamen, die Freyheit nahmen, ihren leichtgläubigen Zuhörern jede Erdichtung aufzubürden, noch immer mehr vermehrten. Diese Gedanken von der Ritterschaft steckten die Schriften, und den Umgang der Menschen einige Zeiten hindurch an; und auch damals, da sie schon großen theils durch die Wiedererweckung der Gelehrsamkeit verbannet waren, hinterließen sie noch die neue Galanterie, und das Point d'Honneur, welche noch immer ihren Einfluß behaupten, und die ächten Abkömmlinge dieser alten Thorheiten sind.

Die Verwilligung des großen Briefes, oder vielmehr die Einführung desselben (denn es verfloß eine ansehnliche Zeit zwischen dem einen und dem andern) gab nach und nach einer neuen Art von Regierung den Ursprung, und führte einige Ordnung und Gerechtigkeit in die Regierung ein. Die folgenden Auftritte unserer Geschichte sind daher von den vorhergehenden etwas unterschieden. Jedoch enthielt der große Freybrief keine Einführung neuer Gerichtshöfe, Magistrate, oder Senate, noch auch eine Abschaffung der alten. Sie führete keine neue Austheilung der mächtigen Aemter in die politischen oder öffentlichen Gesetze des Königreiches ein. Sie schützte nur, und zwar bloß durch wörtliche Ausdrücke, vor solchen tyrannischen Gewohnheiten, welche sich mit keiner gesitteten Regierung, und mit der gleichen Freyheit werden, sich mit keiner einzigen Regierung vertragen. Die barbarische Ausgelassenheit der Könige, und vielleicht auch der Edelleute, war von der Zeit an ein wenig eingeschränkt, die Nation gewann etwas mehr Sicherheit für ihr Eigenthum, und ihre Freyheiten; und die Regierung näherte sich etwas mehr demjenigen Entzweck, wozu sie ursprünglich eingeführet ist, nämlich der Austheilung der Gerechtigkeit und der Beschützung der Bürger. Handlungen der Gewaltsamkeit und Unbilligkeit von der Krone, welche vormals nur für Beleidigungen einzelner Personen angesehen wurden, und vornehmlich nach Verhältniß der Anzahl der Macht, und der Würde der Person, welche sie trafen, gefährlich waren, wurden itzt gewissermaßen für öffentliche Beleidigungen und Kränkungen des Freybriefes angesehen, der zur allgemeinen Sicherheit gegeben war. Und so wurde die Besetzung des großen Freybriefes, ohne daß er das geringste in der Austheilung der politischen Gewalt zu ändern schien, eine Art von Epoche in der Staatsverfassung.

u) Es war in allen gesetzlichen Zweykämpfen ein Theil von dem Eide der Kämpfer, daß sie kein Kraut und keine Zauberworte, und keine Hetereyen bey sich hätten, wodurch sie sich den Sieg verschaffen könnten. *Dugd.* orig. iurid. S. 82.

E N D E.

www.ingramcontent.com/pod-product-compliance
Lightning Source LLC
Chambersburg PA
CBHW020740020526
44115CB00030B/702